ARGONÁUTICAS
APOLÔNIO DE RODES

Coleção Textos

Dirigida por:

João Alexandre Barbosa (1937-2006)
Roberto Romano (1946-2021)
Trajano Vieira
João Roberto Faria
J. Guinsburg (1921-2018)

Equipe de realização – Coordenação de texto: Luiz Henrique Soares e Elen Durando; Preparação de texto: Manuela Penna Azi; Revisão: Marcio Honorio de Godoy; Ilustração: Sergio Kon; Projeto de capa: Adriana Garcia; Produção: Ricardo W. Neves e Sergio Kon.

ARGONÁUTICAS
APOLÔNIO DE RODES

FERNANDO RODRIGUES JUNIOR
ORGANIZAÇÃO, TRADUÇÃO, TEXTOS E NOTAS

Esta publicação contou com o apoio da Fapesp (processo n. 2019/11984-8), por meio do programa "Auxílio à Pesquisa – Publicações".

As opiniões, hipóteses e conclusões ou recomendações expressas neste material são de responsabilidade exclusiva do autor e não necessariamente refletem a visão das pessoas ou agências mencionadas nesta página.

Dados Internacionais de Catalogação na Publicação (CIP)
(Câmara Brasileira do Livro, SP, Brasil)

Argonáuticas de Apolônio de Rodes / organização, tradução, textos e notas Fernando Rodrigues Junior. -- 1. ed. -- São Paulo : Perspectiva : Fapesp - Fundação de Amparo à Pesquisa do Estado de São Paulo, 2021. -- (Textos ; 40)

Bibliografia
ISBN 978-65-5505-056-1
1. Literatura grega antiga I. Rodrigues Junior, Fernando. II. Série.

21-60660   CDD-880

Índices para catálogo sistemático:
1. Literatura grega antiga   880
Aline Graziele Benitez – Bibliotecária – CRB-1/3129

Direitos reservados em língua portuguesa à

EDITORA PERSPECTIVA LTDA.

Rua Augusta, 2445, cj. 1
01413-100 São Paulo SP Brasil
Tel: (11) 3885-8388
www.editoraperspectiva.com.br
2021

SUMÁRIO

Nota Introdutória 9
Cronologia. 15
Estrutura do Enredo das "Argonáuticas". 17
Mapa. 20

ARGONÁUTICAS
     Livro 1 24
     Livro 2. 104
     Livro 3. 180
     Livro 4 262

ENSAIOS CRÍTICOS
     Algumas Considerações Sobre as "Argonáuticas" . . . 369
     A Discussão Sobre o Heroísmo nas "Argonáuticas". . 405

Bibliografia 455
Índice de Nomes. 463
Agradecimentos 475

NOTA INTRODUTÓRIA

As *Argonáuticas* de Apolônio de Rodes, compostas no século III a.C., constituem o mais antigo relato preservado sobre a expedição dos argonautas à Cólquida, em busca do velocino de ouro. Essa história já era mencionada desde, pelo menos, Homero (século VIII a.c.), no entanto nenhum poema anterior abordando integralmente a viagem chegou até nós, e não há sequer indício de que uma epopeia voltada especificamente a esse assunto tenha sido redigida antes do período helenístico (323-31 a.C.). Não seria, portanto, exagero afirmar que a fama adquirida pela tripulação de argonautas rumo a regiões distantes e desconhecidas com o objetivo de adquirir o tosão de ouro mediante o cumprimento de provas sobre-humanas decorra do poema de Apolônio. A saga de Jasão e seus companheiros, navegando em direção ao Oriente numa nau dotada de voz chamada Argo, foi reproduzida em outras obras literárias, na música, na pintura, na escultura, no cinema e nos quadrinhos. Todas essas versões, em escala maior ou menor, bebem, ainda que de forma indireta, da fonte proporcionada pelos versos de Apolônio. Só por esse fato as *Argonáuticas* já deveriam ser incluídas entre as obras mais significativas da literatura grega, tendo em vista a longa tradição formada a partir delas. No entanto suas qualidades vão além da divulgação de uma narrativa mítica tradicional e demonstram a importância de Apolônio no âmbito da literatura helenística e da literatura grega como um todo.

As *Argonáuticas* foram redigidas na primeira metade do século III a.C., na cidade de Alexandria, capital do Império Ptolomaico. Ao mesmo tempo que era poeta, Apolônio também exercia a função de filólogo e comentador dos textos homéricos, além de ter ocupado o cargo de bibliotecário-chefe na famosa Biblioteca de Alexandria. Tudo isso se reflete no grande eruditismo demonstrado ao longo de seus versos, tanto na reconstrução da linguagem empregada na *Ilíada* e na *Odisseia*, como no constante diálogo com a tradição literária precedente, imitando e aludindo a poetas como Homero, Hesíodo, Píndaro, Sófocles e Eurípides, sem contar às obras de inúmeros autores que serviram de fonte para a redação das *Argonáuticas*, mas que não chegaram até nós, tais como as *Corintíacas* de Eumelo, a *Lide* de Antímaco e as *Naupácticas*.

As *Argonáuticas* possuem 5835 versos divididos em quatro livros. O foco da narrativa se centra especificamente na viagem dos argonautas e, por conseguinte, quase nenhum destaque é dado a fatos anteriores ao início da expedição, motivando a sua realização, bem como a eventos que ocorrem após o regresso dos gregos ao porto de Págasas, no final do livro 4. Em linhas gerais, os livros 1 e 2 se dedicam à narração da viagem durante o percurso de ida, saindo do norte da Grécia e atingindo a Cólquida através do Mar Negro e do rio Fásis. O livro 3 é voltado aos acontecimentos nessa região, tendo como destaque o encontro entre Jasão e Medeia, a filha do rei Eeta, que se tornará a principal aliada dos argonautas e os auxiliará a roubar o velocino do próprio pai. Também é narrado o cumprimento das provas exigidas pelo rei para que os argonautas pudessem adquirir o almejado tosão de ouro. O último livro relata a fuga dos argonautas, acompanhados de Medeia, e a longa viagem de retorno, permeada por muitas aventuras que evocam episódios presentes ao longo da peregrinação de Odisseu pelo mar entre os livros 9 e 12 da *Odisseia*.

Por meio da concentração da narrativa num objeto específico – a viagem dos argonautas –, Apolônio conseguiu proporcionar unidade narrativa a um material mítico composto por aventuras dispersas e independentes entre si. Pouco se fala sobre os motivos que justificaram o início da expedição, e todos os eventos anteriores à navegação são sinteticamente resumidos em treze versos que se situam no prólogo do poema (*Arg.* 1.5-17). Quando o enredo finalmente tem início, após a descrição do catálogo de heróis que integrarão a tripulação, o navio já se encontra no porto prestes a zarpar e os heróis se dirigem para lá. Poucas referências aos acontecimentos antecedentes são feitas durante a narrativa; o poeta pressupõe que o público conheça tais dados por fazerem parte de um repertório mítico compartilhado através de uma longa tradição.

Há vários relatos díspares acerca dos antecedentes da expedição dos argonautas. Para facilitar a compreensão do leitor, será apresentada com brevidade, nas próximas linhas, a versão relatada por Apolodoro (séculos I-II d.C.) em *Biblioteca Histórica* 1.9.1-16. O eólida Atamante gerou, unido a Néfele, dois filhos: Frixo e Hele. Ao abandonar Néfele e desposar Ino, a madrasta passou a perseguir os enteados e persuadiu o marido a sacrificar Frixo no altar de Zeus, em obediência a um oráculo forjado. Hermes e Zeus intercederam e auxiliaram na fuga dos irmãos em direção ao Oriente, montados num carneiro voador dotado de um velo áureo. Hele tombou sobre o mar no estreito que, a partir de então, passou a ser designado por seu nome – o Helesponto –, ao passo que Frixo chegou à Cólquida e foi recebido pelo rei Eeta, desposando sua filha Calcíope e tendo com ela quatro filhos. O carneiro foi sacrificado a Zeus e seu velo de ouro foi retirado e guardado num bosque sagrado, vigiado por uma serpente que nunca se punha a dormir.

Também pertencia à linhagem de Éolo a jovem Tiro, filha de Salmoneu, que unida a Posidão gerou Pélias e Neleu. Após a união com o deus, Tiro foi desposada pelo eólida Creteu, rei de Iolco, e gerou Esão, o pai de Jasão. Após a morte de Creteu, o trono de Iolco deveria ser ocupado por Esão, mas seu meio-irmão Pélias acabou por usurpá-lo. Jasão foi retirado às pressas da cidade antes que o novo tirano voltasse sua atenção à criança, visto que ela poderia ser uma ameaça no futuro ao reivindicar o poder. O garoto foi levado ao local onde residia Quirão para se esconder da fúria do tio e ser educado pelo centauro.

Durante seu reinado, Pélias recebeu um oráculo segundo o qual ele correria perigo ao contemplar um homem usando uma única sandália. Quando se reencontrou com Jasão pela primeira vez, ele notou que o sobrinho havia perdido um calçado ao ter atravessado a correnteza do rio Anauro, antes de chegar a Iolco. Jasão pretendia somente obter o direito de voltar a residir em sua cidade natal, no entanto Pélias passou a arquitetar um plano para evitar o cumprimento do oráculo que lhe fora endereçado. Em outras versões, como a de Píndaro em *Pítica* 4, Jasão retorna para exigir o trono de Iolco, que lhe pertenceria por direito, todavia não há qualquer referência a essa requisição na narrativa de Apolônio. A estratégia adotada por Pélias para manter o poder foi condicionar a presença de Jasão na cidade à realização de uma expedição que se dirigisse à Cólquida, com a finalidade de recuperar o velocino de ouro. De acordo com outras versões da história (Arg. 2.1194-95 e 3.336-39), Pélias teria sido aconselhado a recuperar o velocino de modo a apaziguar a ira de Zeus, motivada pela tentativa do sacrifício de Frixo perpetrada por Atamante sobre seu altar. O Esônida reuniu grande número de heróis, pertencentes à geração anterior dos guerreiros que irão lutar em Troia, e partiu numa nau intitulada Argo, construída com o auxílio de Atena. A narrativa de Apolônio tem início nesse instante, quando os participantes da expedição estão reunidos e a embarcação se encontra prestes a partir. Como já foi mencionado acima, os eventos anteriores à viagem são ocasionalmente evocados em diferentes momentos da ação, pressupondo do leitor um conhecimento prévio de todas essas referências mitológicas.

A influência exercida pelas *Argonáuticas* de Apolônio na literatura subsequente é imensurável. A *Eneida* de Virgílio, apesar de abordar um material mítico distinto, segue com proximidade o estilo adotado pelo poeta de Rodes e sua maneira de dialogar com o modelo homérico. Também foram compostas por Públio Terêncio Varrão (I a.C.) e por Caio Valério Flaco (I d.C.) epopeias latinas intituladas *Argonáuticas*, dialogando, em escala maior ou menor, com a narrativa de Apolônio, tendo em vista que seu poema se tornou o principal relato sobre a expedição dos argonautas na Antiguidade. A partir do século III a.c. foi impossível abordar a história da viagem de Jasão à Cólquida sem se reportar, ainda que de maneira indireta, à versão de Apolônio. Em outras palavras, as *Argonáuticas* foram alçadas à condição de clássico de modo a jamais serem ignoradas ao longo de toda a Antiguidade.

Poucos poemas épicos voltados à matéria heroica foram preservados, proporcionando uma compreensão acerca desse gênero bastante fragmentada e incompleta. Dentre as inúmeras longas epopeias heroicas em língua grega que foram compostas desde o período arcaico até o início da Idade Média, somente as obras de quatro autores sobreviveram por meio da tradição manuscrita: Homero (VIII a.C.), Apolônio de Rodes (III a.C.), Quinto de Esmirna (possivelmente II d.C.) e Nono de Panópolis (V d.C.). Nesse quadro lacunar, as *Argonáuticas* de Apolônio desempenham um importante papel não somente por conta de suas qualidades literárias, mas também por servirem como testemunho fundamental das transformações pelas quais a epopeia passou. Ainda que se valham do mesmo metro, da mesma linguagem e estabeleçam um diálogo com os lugares comuns explorados nos poemas homéricos, as *Argonáuticas* se distanciam da *Ilíada* e da *Odisseia* ao buscarem adaptar a elocução épica a um novo contexto literário. Elementos que constituem a estrutura do gênero épico são dotados de um novo sentido, de modo que a epopeia é adaptada a características próprias da poética helenística, fornecendo um novo paradigma literário a ser seguido por vários autores nos séculos seguintes, como Virgílio.

CRONOLOGIA

Primeira metade do século III a.C. – Nascimento de Apolônio, provavelmente em Alexandria ou adjacências. Há várias hipóteses para o epíteto, "Ródio": uma seria o fato de sua mãe ser proveniente de Rodes; outra, de ter redigido ali no exílio a segunda (e melhor) versão de *Argonáuticas*; e, a terceira, por ser ele o autor de um poema em honra à fundação da cidade de Rodes.

[S. d.]   Estabelece sua reputação como um dos mais proeminentes estudiosos da obra de Homero no período alexandrino.

C. 247/245 a.C. Teria sido bibliotecário-chefe no reinado de Ptolomeu II Filadelfo (284-246 a.C.) ou no de Ptolomeu III Evérgeta (246-222 a.C.), do qual foi muito provavelmente tutor.

Segunda metade do século III a.C. Morre, também provavelmente em Alexandria, onde é sepultado.

ESTRUTURA DO ENREDO DAS "ARGONÁUTICAS"

Livro 1

1. (1-22): Prólogo e antecedentes da narrativa principal.
2. (23-233): Catálogo de argonautas.
3. (234-518): Partida de Iolco; seleção do líder.
4. (519-608): Viagem até Lemnos.
5. (609-909): Estadia em Lemnos.
6. (910-1152): Viagem a Cízico e estadia entre os dolíones.
7. (1153-1362): Viagem a Mísia; rapto de Hilas e abandono de Héracles.

Livro 2

1. (1-163): Pugilato entre Polideuces e Ámico.
2. (164-536): Encontro com Fineu em Tínia e suas profecias; perseguição às Harpias.
3. (537-647): Passagem pelas Rochas Cianeias.
4. (648-719): Viagem à ilha de Tínia e epifania de Apolo.

18 ARGONÁUTICAS

5. (720-898): Viagem à terra dos mariandinos e estadia nessa região; morte de Idmão e Tífis.
6. (899-1029): Viagem ao longo do Mar Negro em direção à Cólquida.
7. (1030-1227): Chegada à ilha de Ares e desafio contra as aves; resgate dos filhos de Frixo.
8. (1228-1285): Viagem e chegada à Cólquida.

Livro 3

1. (1-5): Invocação a Érato.
2. (6-166): Hera e Atena solicitam o auxílio de Afrodite; Eros é subornado por Afrodite para alvejar Medeia.
3. (167-438): Embaixada dos argonautas até Eeta; Eros fere Medeia; Eeta propõe o desafio para a obtenção do velocino.
4. (439-608): Retorno de Jasão à nau e conversa com os companheiros.
5. (609-824): Sonho de Medeia; Calcíope solicita a ajuda da irmã; conflitos internos de Medeia.
6. (825-1162): Encontro entre Jasão e Medeia.
7. (1163-1277): Preparação para o desafio.
8. (1278-1407): O desafio de Jasão.

Livro 4

1. (1-5): Invocação à musa.
2. (6-108): Fuga de Medeia.
3. (109-252): Roubo do velocino.
4. (253-390): Início da viagem de regresso através do rio Istro.
5. (391-481): Assassinato de Apsirto.
6. (482-658): Passagem pelo Erídano e pelo Ródano.
7. (659-752): Purificação realizada por Circe em Eea.

8. (753-981): Passagem pelas sirenas, Cila, Caríbdis e pelas Planctas.
9. (982-1227): Chegada a Drépane e estadia na terra dos feácios; casamento de Jasão e Medeia.
10. (1228-1379): Uma tempestade leva os argonautas à Líbia.
11. (1380-1484): Viagem pelo lago Tritão e pelo Jardim das Hespérides.
12. (1485-1637): Morte de Canto e Mopso, saída para o mar.
13. (1638-1693): Medeia derrota o gigante Talos.
14. (1694-1781): Aparição de Apolo e retorno ao porto de Págasas.

MAPA
A jornada dos argonautas.

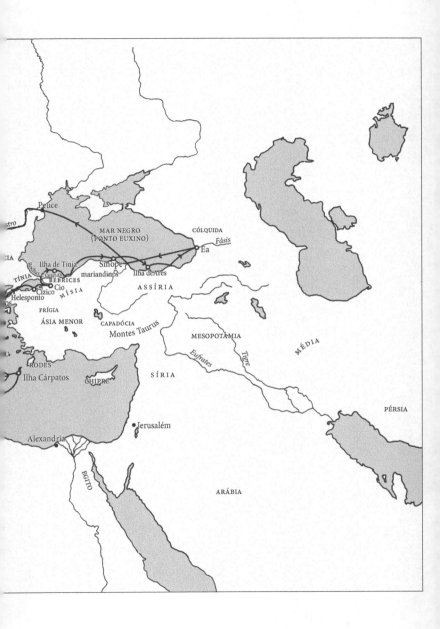

ARGONÁUTICAS[1]

---

1. Esta tradução usou como texto base a edição das *Argonáuticas* de Apolônio de Rodes feita por Hermann Fränkel (1961), indicada na bibliografia. Em algumas passagens da tradução, o leitor poderá notar, à margem, uma numeração irregular dos versos. Isso se deve aos critérios de ordenação desses versos adotados por Fränkel.

LIVRO 1

Ἀρχόμενος σέο Φοῖβε παλαιγενέων κλέα φωτῶν
μνήσομαι οἳ Πόντοιο κατὰ στόμα καὶ διὰ πέτρας
Κυανέας βασιλῆος ἐφημοσύνῃ Πελίαο
χρύσειον μετὰ κῶας ἐύζυγον ἤλασαν Ἀργώ.
5 Τοίην γὰρ Πελίης φάτιν ἔκλυεν, ὥς μιν ὀπίσσω
μοῖρα μένει στυγερή, τοῦδ᾽ ἀνέρος ὅντιν᾽ ἴδοιτο
δημόθεν οἰοπέδιλον ὑπ᾽ ἐννεσίῃσι δαμῆναι·
δηρὸν δ᾽ οὐ μετέπειτα τεὴν κατὰ βάξιν Ἰήσων,
χειμερίοιο ῥέεθρα κιὼν διὰ ποσσὶν Ἀναύρου,
10 ἄλλο μὲν ἐξεσάωσεν ὑπ᾽ ἰλύος ἄλλο δ᾽ ἔνερθεν
κάλλιπεν αὖθι πέδιλον ἐνισχόμενον προχοῇσιν·
ἵκετο δ᾽ ἐς Πελίην αὐτοσχεδόν, ἀντιβολήσων
εἰλαπίνης ἣν πατρὶ Ποσειδάωνι καὶ ἄλλοις
ῥέζε θεοῖς, Ἥρης δὲ Πελασγίδος οὐκ ἀλέγιζεν·
15 αἶψα δὲ τόνγ᾽ ἐσιδὼν ἐφράσσατο, καί οἱ ἄεθλον
ἔντυε ναυτιλίης πολυκηδέος, ὄφρ᾽ ἐνὶ πόντῳ
ἠὲ καὶ ἀλλοδαποῖσι μετ᾽ ἀνδράσι νόστον ὀλέσσῃ.
Νῆα μὲν οὖν οἱ πρόσθεν ἔτι κλείουσιν ἀοιδοὶ
Ἄργον Ἀθηναίης καμέειν ὑποθημοσύνῃσι·

Começando por ti, Febo, lembrarei as glórias dos antigos
homens que pela foz do Ponto e através das Rochas
Cianeias, por ordem do rei Pélias, conduziram
a bem construída Argo em direção ao áureo tosão.
Pois Pélias ouviu um oráculo segundo o qual esperava, 5
no porvir, um terrível destino: ser morto pelos planos do varão
que visse, oriundo do povo, calçando uma só sandália.
Não muito tempo depois, de acordo com a tua profecia, Jasão,
ao atravessar a pé a correnteza do invernal Anauro,
salvou uma sandália do lodo, mas deixou 10
a outra no fundo, retida pela correnteza.
Ele logo se dirigiu a Pélias para participar
da festa que o rei oferecia a seu pai, Posidão,
e aos outros deuses, sem lembrança de Hera Pelásgica.
Assim que Pélias o viu, refletiu e lhe preparou 15
uma aflitiva viagem marítima, imaginando que no mar
ou entre estrangeiros o retorno lhe fosse inviável.
Os aedos de outrora ainda gloriam a nau
construída por Argos, segundo as instruções de Atena.

26 ARGONÁUTICAS

20 νῦν δ᾽ ἂν ἐγὼ γενεήν τε καὶ οὔνομα μυθησαίμην
ἡρώων, δολιχῆς τε πόρους ἁλός, ὅσσα τ᾽ ἔρεξαν
πλαζόμενοι· Μοῦσαι δ᾽ ὑποφήτορες εἶεν ἀοιδῆς.
Πρῶτά νυν Ὀρφῆος μνησώμεθα, τόν ῥά ποτ᾽ αὐτή
Καλλιόπη Θρήικι φατίζεται εὐνηθεῖσα
25 Οἰάγρῳ σκοπιῆς Πιμπληίδος ἄγχι τεκέσθαι.
αὐτὰρ τόνγ᾽ ἐνέπουσιν ἀτειρέας οὔρεσι πέτρας
θέλξαι ἀοιδάων ἐνοπῇ ποταμῶν τε ῥέεθρα·
φηγοὶ δ᾽ ἀγριάδες κείνης ἔτι σήματα μολπῆς
ἀκτῇ Θρηικίη Ζώνης ἔπι τηλεθόωσαι
30 ἑξείης στιχόωσιν ἐπήτριμοι, ἃς ὅγ᾽ ἐπιπρό
θελγομένας φόρμιγγι κατήγαγε Πιερίηθεν.
Ὀρφέα μὲν δὴ τοῖον ἑῶν ἐπαρωγὸν ἀέθλων
Αἰσονίδης Χείρωνος ἐφημοσύνῃσι πιθήσας
δέξατο, Πιερίη Βιστωνίδι κοιρανέοντα·
35 ἤλυθε δ᾽ Ἀστερίων αὐτοσχεδόν, ὅν ῥα Κομήτης
γείνατο, δινήεντος ἐφ᾽ ὕδασιν Ἀπιδανοῖο
Πειρεσιὰς ὄρεος Φυλληίου ἀγχόθι ναίων,
ἔνθα μὲν Ἀπιδανός τε μέγας καὶ δῖος Ἐνιπεύς
ἄμφω συμφορέονται, ἀπόπροθεν εἰς ἓν ἰόντες.
40 Λάρισαν δ᾽ ἐπὶ τοῖσι λιπὼν Πολύφημος ἵκανεν
Εἰλατίδης, ὃς πρὶν μὲν ἐρισθενέων Λαπιθάων,
ὁππότε Κενταύροις Λαπίθαι ἐπὶ θωρήσσοντο,
ὁπλότερος προμάχιζε· τότ᾽ αὖ βαρύθεσκέ οἱ ἤδη
γυῖα, μένεν δ᾽ ἔτι θυμὸς ἀρήιος ὡς τὸ πάρος περ·
45 οὐδὲ μὲν Ἴφικλος Φυλάκῃ ἔνι δηρὸν ἔλειπτο,
μήτρως Αἰσονίδαο, κασιγνήτην γὰρ ὄπυιεν
Αἴσων Ἀλκιμέδην Φυλακηίδα· τῆς μιν ἀνώγει
πηοσύνη καὶ κῆδος ἐνικρινθῆναι ὁμίλῳ·
οὐδὲ Φεραῖς Ἄδμητος ἐυρρήνεσσιν ἀνάσσων
50 μίμνεν ὑπὸ σκοπιὴν ὄρεος Χαλκωδονίοιο·
οὐδ᾽ Ἀλόπῃ μίμνον πολυλήιοι Ἑρμείαο
υἱέες εὖ δεδαῶτε δόλους, Ἔρυτος καὶ Ἐχίων·
τοῖσι δ᾽ ἐπὶ τρίτατος γνωτὸς κίε νισσομένοισιν
Αἰθαλίδης· καὶ τὸν μὲν ἐπ᾽ Ἀμφρυσσοῖο ῥοῇσιν

LIVRO I

Mas agora eu narrarei a estirpe e os nomes   20
dos heróis, os caminhos pelo longo mar e suas façanhas
durante a viagem. Que as musas sejam as intérpretes deste canto.
Primeiro lembraremos de Orfeu, o qual, conta-se,
a própria Calíope pariu após ter se deitado
com o trácio Eagro, perto do cume do Pimpleia.   25
Dizem que ele encantava as pedras duras nas montanhas
e a correnteza dos rios com o som de seus cantos.
Os carvalhos selvagens ainda são sinais
dessa melodia, abundantes por toda a costa trácia de Zone,
alinhados em filas cerradas. Ele, de longe,   30
fez com que descessem da Piéria encantados pela lira.
Tal Orfeu, chefe da Piéria Bistônide,
o Esônida recebeu como auxiliar de seus trabalhos,
em obediência às ordens de Quirão.
Logo veio Asterião, que Cometa   35
gerou sobre as águas do volteante Apídano,
em Pirésias, morando perto do monte fileio,
onde o grande Apídano e o divino Enipeu,
vindos de longe, confluem e se tornam um só.
Depois de deixar Larisa, chegou Polifemo   40
Ilátida, outrora o mais jovem dos vigorosos lápitas,
o qual combatera quando estes se encouraçaram
contra os centauros. Agora já lhe pesavam os membros,
mas o ânimo ainda continuava belicoso como antes.
Nem Íficlo, tio do Esônida, foi deixado por muito tempo   45
em Fílace, pois Esão lhe desposara a irmã,
a Filácida Alcímede. A aliança e o parentesco
exortaram-no a se juntar à tripulação.
Nem Admeto, soberano de Feras, rica em carneiros,
ficou sob o cume do monte calcodônio.   50
Nem em Álope ficaram os filhos de Hermes,
opulentos e conhecedores de dolos, Érito e Equião.
Ao partirem, veio com eles o terceiro irmão,
Etálida. Próximo ao curso do Anfriso,

55 Μυρμιδόνος κούρη Φθιὰς τέκεν Εὐπολέμεια,
τῶ δ' αὖτ' ἐκγεγάτην Μενετηίδος Ἀντιανείρης.
Ἦλυθε δ' ἀφνειὴν προλιπὼν Γυρτῶνα Κόρωνος
Καινεΐδης, ἐσθλὸς μέν, ἑοῦ δ' οὐ πατρὸς ἀμείνων.
Καινέα γὰρ ζωόν †περ ἔτι κλείουσιν ἀοιδοί†
60 Κενταύροισιν ὀλέσθαι, ὅτε σφέας οἶος ἀπ' ἄλλων
ἤλασ' ἀριστεύων, οἱ δ' ἔμπαλιν ὁρμηθέντες
οὔτε μιν ἀγκλῖναι προτέρω σθένον οὔτε δαΐξαι,
ἀλλ' ἄρρηκτος ἄκαμπτος ἐδύσετο νειόθι γαίης,
θεινόμενος στιβαρῇσι καταΐγδην ἐλάτῃσιν.
65 Ἦλυθε δ' αὖ Μόψος Τιταρήσιος, ὃν περὶ πάντων
Λητοΐδης ἐδίδαξε θεοπροπίας οἰωνῶν·
βῆ δὲ καὶ Εὐρυδάμας Κτιμένου πάις, ἄγχι δὲ λίμνης
Ξυνιάδος Κτιμένην Δολοπηίδα ναιετάασκεν·
καὶ μὴν Ἄκτωρ υἷα Μενοίτιον ἐξ Ὀπόεντος
70 ὦρσεν, ἀριστήεσσι σὺν ἀνδράσιν ὄφρα νέοιτο.
Εἵπετο δ' Εὐρυτίων τε καὶ ἀλκήεις Ἐριβώτης,
υἷες ὁ μὲν Τελέοντος, ὁ δ' Ἴρου Ἀκτορίδαο·
ἤτοι ὁ μὲν Τελέοντος ἐυκλειὴς Ἐριβώτης,
Ἴρου δ' Εὐρυτίων. σὺν καὶ τρίτος ἦεν Ὀιλεύς,
75 ἔξοχος ἠνορέην καὶ ἐπαΐξαι μετόπισθεν
εὖ δεδαὼς δήιοισιν, ὅτε κλίνειε φάλαγγας.
Αὐτὰρ ἀπ' Εὐβοίης Κάνθος κίε, τόν ῥα Κάνηθος
πέμπεν Ἀβαντιάδης λελιημένον· οὐ μὲν ἔμελλε
νοστήσειν Κήρινθον ὑπότροπος, αἶσα γὰρ ἦεν
80 αὐτὸν ὁμῶς Μόψον τε δαήμονα μαντοσυνάων
πλαγχθέντας Λιβύης ἐπὶ πείρασι δῃωθῆναι.
ὣς οὐκ ἀνθρώποισι κακὸν μὴ πιστὸν ἐπαυρεῖν,
ὁππότε καὶ κείνους Λιβύη ἔνι ταρχύσαντο,
τόσσον ἑκὰς Κόλχων ὅσσον τέ περ ἠελίοιο
85 μεσσηγὺς δύσιές τε καὶ ἀντολαὶ εἰσορόωνται.
Τῷ δ' ἄρ' ἐπὶ Κλυτίος τε καὶ Ἴφιτος ἠγερέθοντο,
Οἰχαλίης ἐπίουροι, ἀπηνέος Εὐρύτου υἷες,
Εὐρύτου ᾧ πόρε τόξον Ἑκηβόλος, οὐδ' ἀπόνητο
δωτίνης· αὐτῷ γὰρ ἑκὼν ἐρίδηνε δοτῆρι.

LIVRO I

a Filíade Eupolêmia, filha de Mirmidão, pariu-o.   55
Já os outros dois nasceram da Menetide Antianira.
Veio, após abandonar a rica Girtona, Corono
Cenida, não melhor que seu pai, apesar de valoroso.
Pois Ceneu, quando ainda vivia – os aedos ainda gloriam –,
foi morto pelos centauros ao persegui-los sozinho   60
e longe dos outros, bravamente. Ao retornarem,
não conseguiram derrubá-lo nem feri-lo,
mas penetrou na terra inteiro e firme,
golpeado impetuosamente por robustos pinheiros.
Veio, por sua vez, Mopso Titarésio, a quem o Letida,   65
entre todos, ensinou os presságios dos pássaros.
Foi também Euridamante, filho de Ctímeno, que morava
em Ctímene, na terra dos dólopes, perto do lago Xiníade.
E Áctor, de Opunte, mandou o filho Menécio
partir junto com os valorosos homens.   70
Seguiram Euricião e o forte Eríbota,
filhos, um de Teleão e o outro do Actórida Iro.
De Teleão era filho o glorioso Eríbota,
de Iro, Euricião. Com eles veio também Oileu,
superior em coragem e hábil na perseguição   75
dos inimigos, quando dispersava as falanges.
Da Eubeia veio Canto, que o Abantíada Caneto
enviara tendo cedido ao desejo do filho. Não
retornaria a Cerinto, pois era sua sorte
e igualmente a de Mopso, conhecedor de vaticínios,   80
serem mortos ao vagarem pelos confins da Líbia.
Bem se nota que não há mal inatingível aos homens,
pois ergueram, na Líbia, uma sepultura aos dois heróis,
tão longe dos colcos quanto a distância
contemplada entre o sol nascente e o poente.   85
A ele se juntaram Clício e Ífito,
guardiões da Ecália, filhos do cruel Êurito,
a quem Apolo Flecheiro concedeu um arco, mas o presente
não lhe foi vantajoso, pois quis rivalizar com o próprio doador.

ARGONÁUTICAS

90 Τοῖσι δ' ἐπ' Αἰακίδαι μετεκίαθον, οὐ μὲν ἄμ' ἄμφω
οὐδ' ὁμόθεν, νόσφιν γὰρ ἀλευάμενοι κατένασθεν
Αἰγίνης, ὅτε Φῶκον ἀδελφεὸν ἐξενάριξαν
ἀφραδίῃ· Τελαμὼν μὲν ἐν Ἀτθίδι νάσσατο νήσῳ,
Πηλεὺς δ' ἐν Φθίῃ ἐριβώλακι ναῖε λιασθείς.
95 Τοῖς δ' ἐπὶ Κεκροπίηθεν ἄρήιος ἤλυθε Βούτης,
παῖς ἀγαθοῦ Τελέοντος, ἐυμμελίης τε Φάληρος·
Ἄλκων μιν προέηκε πατὴρ ἑός· οὐ μὲν ἔτ' ἄλλους
γήραος υἷας ἔχεν βιότοιό τε κηδεμονῆας,
ἀλλά ἑ τηλύγετόν περ ὁμῶς καὶ μοῦνον ἐόντα
100 πέμπεν, ἵνα θρασέεσσι μεταπρέποι ἡρώεσσι.
Θησέα δ', ὃς περὶ πάντας Ἐρεχθεΐδας ἐκέκαστο,
Ταιναρίην ἀίδηλος ὑπὸ χθόνα δεσμὸς ἔρυκε,
Πειρίθῳ ἑσπόμενον κοινὴν ὁδόν· ἦ τέ κεν ἄμφω
ῥήιτερον καμάτοιο τέλος πάντεσσιν ἔθεντο.
105 Τῖφυς δ' Ἁγνιάδης Σιφαιέα κάλλιπε δῆμον
Θεσπιέων, ἐσθλὸς μὲν ὀρινόμενον προδαῆναι
κῦμ' ἁλὸς εὐρείης, ἐσθλὸς δ' ἀνέμοιο θυέλλας,
καὶ πλόον ἠελίῳ τε καὶ ἀστέρι τεκμήρασθαι.
αὐτή μιν Τριτωνὶς ἀριστήων ἐς ὅμιλον
110 ὦρσεν Ἀθηναίη, μέγα δ' ἤλυθεν ἐλδομένοισιν·
αὐτὴ γὰρ καὶ νῆα θοὴν κάμε, σὺν δέ οἱ Ἄργος
τεῦξεν Ἀρεστορίδης κείνης ὑποθημοσύνῃσι·
τῶ καὶ πασάων προφερεστάτη ἔπλετο νηῶν
ὅσσαι ὑπ' εἰρεσίῃσιν ἐπειρήσαντο θαλάσσης.
115 Φλείας δ' αὖτ' ἐπὶ τοῖσιν Ἀραιθυρέηθεν ἵκανεν,
ἔνθ' ἀφνειὸς ἔναιε, Διωνύσοιο ἕκητι
πατρὸς ἑοῦ, πηγῇσιν ἐφέστιος Ἀσωποῖο.
Ἀργόθεν αὖ Ταλαὸς καὶ Ἄρηιος, υἷε Βίαντος,
ἤλυθον ἴφθιμός τε Λεώδοκος, οὓς τέκε Πηρώ
120 Νηληίς, τῆς ἀμφὶ δύην ἐμόγησε βαρεῖαν
Αἰολίδης σταθμοῖσιν ἐν Ἰφίκλοιο Μελάμπους.
Οὐδὲ μὲν οὐδὲ βίην κρατερόφρονος Ἡρακλῆος
πευθόμεθ' Αἰσονίδαο λιλαιομένου ἀθερίξαι·
ἀλλ' ἐπεὶ ἄιε βάξιν ἀγειρομένων ἡρώων

LIVRO I   31

A eles também chegaram os Eácidas, não juntos   90
ou do mesmo lugar, pois fugiram para morar
longe de Egina, depois de assassinarem o irmão Foco
irrefletidamente. Telamão morava na ilha Ática
e Peleu morava afastado, na Ftia.
A eles também veio, da Cecrópia, o belicoso Buta,   95
filho do nobre Teleão, e Falero, de forte lança.
Alcão, seu pai, deixou que partisse. Não tinha outros
filhos para cuidarem de sua velhice e subsistência,
mas, apesar de lhe ser muito caro e único,
enviou-o para se distinguir entre os corajosos heróis.   100
Quanto a Teseu, que brilhou entre todos os Erectidas,
uma corrente invisível o retinha sob o solo do Tênaro,
depois de seguir com Píritoo uma via comum. Ambos,
certamente, tornariam o fim da labuta mais fácil a todos.
O Hagníada Tífis abandonou o povo sifeu,   105
na região dos téspios, hábil em prever o movimento
das ondas do vasto mar e hábil em interpretar
as tempestades de vento e o trajeto do sol e das estrelas.
A própria Tritônide Atena ordenou que se juntasse à tripulação
de valorosos e ele veio aos que assim ansiavam.   110
Ela própria construiu a nau veloz e Argos
Arestórida a fabricou segundo suas instruções.
Por isso era superior a todas as naus
que, pelos remos, experimentaram o mar.
Fliante a eles chegou vindo de Aretireia,   115
onde, opulento, morava graças a Dioniso,
seu pai, num lar próximo às fontes do Asopo.
De Argos, por sua vez, vieram Tálao e Areio,
filhos de Biante, e o robusto Leódoco, os quais Pero
Nelida pariu, por quem sofreu uma grave aflição   120
o Eólida Melampo, nos estábulos de Íficlo.
Não, nem a força de Héracles magnânimo,
conforme nos informamos, foi negligente ao desejo do Esônida.
Mas ouviu rumores acerca da reunião dos heróis,

32 ARGONÁUTICAS

125 νεῖον ἀπ' Ἀρκαδίης Λυρκήιον Ἄργος ἀμείψας,
τὴν ὁδὸν ᾗ ζωὸν φέρε κάπριον ὅς ῥ' ἐνὶ βήσσῃς
φέρβετο Λαμπείης Ἐρυμάνθιον ἂμ μέγα τῖφος,
τὸν μὲν ἐνὶ πρώτοισι Μυκηνάων †ἀγορῇσι
δεσμοῖς ἰλλόμενον μεγάλων ἀπεσείσατο νώτων,
130 αὐτὸς δ' ᾗ ἰότητι παρὲκ νόον Εὐρυσθῆος
ὡρμήθη· σὺν καί οἵ Ὕλας κίεν, ἐσθλὸς ὀπάων
πρωθήβης, ἰῶν τε φορεὺς φύλακός τε βιοῖο.
Τῷ δ' ἐπὶ δὴ θείοιο κίεν Δαναοῖο γενέθλη,
Ναύπλιος· ἦ γὰρ ἔην Κλυτονήου Ναυβολίδαο,
135 Ναύβολος αὖ Λέρνου, Λέρνον γε μὲν ἴδμεν ἐόντα
Προίτου Ναυπλιάδαο, Ποσειδάωνι δὲ κούρη
πρίν ποτ' Ἀμυμώνη Δαναῖς τέκεν εὐνηθεῖσα
Ναύπλιον, ὃς περὶ πάντας ἐκαίνυτο ναυτιλίῃσιν.
Ἴδμων δ' ὑστάτιος μετεκίαθεν ὅσσοι ἔναιον
140 Ἄργος, ἐπεὶ δεδαὼς τὸν ἑὸν μόρον οἰωνοῖσιν
ἤιε, μή οἱ δῆμος ἐυκλείης ἀγάσαιτο·
οὐ μὲν ὅγ' ἦεν Ἄβαντος ἐτήτυμον, ἀλλά μιν αὐτός
γείνατο κυδαλίμοις ἐναρίθμιον Αἰολίδῃσιν
Λητοΐδης, αὐτὸς δὲ θεοπροπίας ἐδίδαξεν
145 οἰωνούς τ' ἀλέγειν ἠδ' ἔμπυρα σήματ' ἰδέσθαι.
Καὶ μὴν Αἰτωλὶς κρατερὸν Πολυδεύκεα Λήδη
Κάστορά τ' ὠκυπόδων ὦρσεν δεδαημένον ἵππων
Σπάρτηθεν, τοὺς ἥγε δόμοις ἔνι Τυνδαρέοιο
τηλυγέτους ὠδῖνι μιῇ τέκεν· οὐδ' ἀπίθησεν
150 λισσομένοις, Ζηνὸς γὰρ ἐπάξια μήδετο λέκτρων.
Οἱ δ' Ἀφαρητιάδαι Λυγκεὺς καὶ ὑπέρβιος Ἴδας
Ἀρήνηθεν ἔβαν, μεγάλῃ περιθαρσέες ἀλκῇ
ἀμφότεροι· Λυγκεὺς δὲ καὶ ὀξυτάτοις ἐκέκαστο
ὄμμασιν, εἰ ἐτεόν γε πέλει κλέος ἀνέρα κεῖνον
155 ῥηιδίως καὶ νέρθεν ὑπὸ χθονὸς αὐγάζεσθαι.
Σὺν δὲ Περικλύμενος Νηλήιος ὦρτο νέεσθαι,
πρεσβύτατος παίδων ὅσσοι Πύλῳ ἐξεγένοντο
Νηλῆος θείοιο· Ποσειδάων δέ οἱ ἀλκήν
δῶκεν ἀπειρεσίην, ἠδ' ὅττι κεν ἀρήσαιτο

LIVRO I 33

quando há pouco prosseguia da Arcádia a Argos Lirceia 125
levando um javali ainda vivo que pastava
no vale de Lampeia, sobre o vasto pântano de Erimanto,
o qual, na entrada da ágora de Micenas,
retirou de suas largas costas envolvido por correntes;
ele próprio, por sua vontade e contra o desígnio de Euristeu, 130
partiu. Com ele veio Hilas, hábil acompanhante,
em plena juventude, portador das flechas e guardião do arco.
Depois dele veio um descendente do divino Dânao,
Náuplio. Era filho do Naubólida Clitoneu,
e Náubolo, por sua vez, de Lerno. Sabemos que Lerno 135
era filho de Preto Nauplíada. Deitando-se
outrora com Posidão, a Danaide Amímone pariu
Náuplio, que se distinguia entre todos na navegação.
Idmão foi o último a chegar, dos que moravam
em Argos. Embora conhecesse seu destino pelos pássaros, 140
partiu para que o povo não depreciasse sua glória.
Ele não era verdadeiramente filho de Abante, mas
gerou-o, para ser contado entre os ilustres Eólidas,
o próprio Letida e lhe ensinou os presságios,
a atenção aos pássaros e a observação dos sinais ígneos. 145
E a etólia Leda enviou o forte Polideuces
e Cástor, hábil em guiar cavalos de ágeis patas,
de Esparta, ambos paridos na casa de Tíndaro,
gêmeos caríssimos. Não ficou impassível às suas súplicas,
pois tinha pensamentos dignos do leito de Zeus. 150
Os Afarecíadas Linceu e Idas soberbo
vieram de Arene, ambos confiantes em sua grande
força. Linceu se distinguia pela aguda visão,
caso seja verdadeira a glória adquirida por facilmente
enxergar com clareza, mesmo sob a terra. 155
Com eles, Periclímeno Neleio decidiu-se por vir,
o mais velho dos filhos que, em Pilo, nasceram
do divino Neleu. Posidão lhe concedeu
força infinita e, ao combater, a capacidade de assumir

34 ARGONÁUTICAS

160 μαρνάμενος, τὸ πέλεσθαι ἐνὶ ξυνοχῇ πολέμοιο.
Καὶ μὴν Ἀμφιδάμας Κηφεύς τ' ἴσαν Ἀρκαδίηθεν,
οἳ Τεγέην καὶ κλῆρον Ἀφειδάντειον ἔναιον,
υἷε δύω Ἀλεοῦ· τρίτατός γε μὲν ἔσπετ' ἰοῦσιν
Ἀγκαῖος· τὸν μέν ῥα πατὴρ Λυκόοργος ἔπεμπε,
165 τῶν ἄμφω γνωτὸς προγενέστερος, ἀλλ' ὁ μὲν ἤδη
γηράσκοντ' Ἀλεὸν λίπετ' ἂμ πόλιν ὄφρα κομίζοι,
παῖδα δ' ἑὸν σφετέροισι κασιγνήτοισιν ὄπασσε·
βῆ δ' ὅγε Μαιναλίης ἄρκτου δέρος, ἀμφίτομόν τε
δεξιτερῇ πάλλων πέλεκυν μέγαν· ἔντεα γάρ οἱ
170 πατροπάτωρ Ἀλεὸς μυχάτῃ ἐνέκρυψε καλιῇ,
αἴ κέν πως ἔτι καὶ τὸν ἐρητύσειε νέεσθαι.
Βῆ δὲ καὶ Αὐγείης, ὃν δὴ φάτις Ἠελίοιο
ἔμμεναι, Ἠλείοισι δ' ὅγ' ἀνδράσιν ἐμβασίλευεν
ὄλβῳ κυδιόων· μέγα δ' ἵετο Κολχίδα γαῖαν
175 αὐτόν τ' Αἰήτην ἰδέειν σημάντορα Κόλχων.
Ἀστέριος δὲ καὶ Ἀμφίων Ὑπερασίου υἷες
Πελλήνης ἄφ' ἵκανον Ἀχαιίδος, ἥν ποτε Πέλλης
πατροπάτωρ ἐπόλισσεν ἐπ' ὀφρύσιν Αἰγιαλοῖο.
Ταίναρον αὖτ' ἐπὶ τοῖσι λιπὼν Εὔφημος ἵκανε,
180 τόν ῥα Ποσειδάωνι ποδωκηέστατον ἄλλων
Εὐρώπη Τιτυοῖο μεγασθενέος τέκε κούρη·
κεῖνος ἀνὴρ καὶ πόντου ἐπὶ γλαυκοῖο θέεσκεν
οἴδματος, οὐδὲ θοοὺς βάπτεν πόδας, ἀλλ' ὅσον ἄκροις
ἴχνεσι τεγγόμενος διερῇ πεφόρητο κελεύθῳ·
185 καὶ δ' ἄλλω δύο παῖδε Ποσειδάωνος ἵκοντο,
ἤτοι ὁ μὲν πτολίεθρον ἀγαυοῦ Μιλήτοιο
νοσφισθεὶς Ἐργῖνος, ὁ δ' Ἰμβρασίης ἕδος Ἥρης
Παρθενίην Ἀγκαῖος ὑπέρβιος· ἴστορε δ' ἄμφω
ἠμὲν ναυτιλίης ἠδ' ἄρεος εὐχετόωντο.
190 Οἰνεΐδης δ' ἐπὶ τοῖσιν ἀφορμηθεὶς Καλυδῶνος
ἀλκήεις Μελέαγρος ἀνήλυθε, Λαοκόων τε –
Λαοκόων Οἰνῆος ἀδελφεός, οὐ μὲν ἰῆς γε
μητέρος, ἀλλά ἑ θῆσσα γυνὴ τέκε. τὸν μὲν ἄρ' Οἰνεύς
ἤδη γηραλέον κοσμήτορα παιδὸς ἴαλλεν,

LIVRO I

35

a forma que lhe agradasse, no aperto da guerra.   160
E Anfidamante e Cefeu vieram da Arcádia,
moradores da Tegeia e dos domínios de Afidante,
ambos filhos de Aleu. Anceu, o terceiro,
seguiu-os. Seu pai Licurgo o enviou,
irmão mais velho de ambos. Ele próprio   165
ficou na cidade para cuidar do já envelhecido Aleu,
mas permitiu que o filho partisse com seus irmãos.
Ele veio com uma pele de urso do Mênalo, brandindo
um grande machado na destra. Pois suas armas
Aleu, o avô paterno, escondera no fundo de um celeiro,   170
na tentativa de impedir, de alguma maneira, que ele partisse.
Também veio Áugias, que diziam ser filho
de Hélio e reinava sobre os eleios,
orgulhoso de sua riqueza. Muito desejava ver
a terra colca e o próprio Eeta, chefe dos colcos.   175
Astério e Anfião, filhos de Hiperásio,
chegaram da acaia Pelene, a qual outrora Peles,
seu avô paterno, fundou sobre as colinas do Egíalo.
Após abandonar o Tênaro, por sua vez, chegou-lhes Eufemo,
de pés mais velozes que os outros, o qual Europa,   180
filha do robusto Tício, pariu a Posidão.
Este homem corria sobre as ondas do glauco
mar e não afundava os ágeis pés, mas, ao molhar
as pontas, era levado pela líquida rota.
E os outros dois filhos de Posidão vieram: 185
da cidade do admirável Mileto partiu
Ergino, enquanto de Partênia, sede de Hera
Imbrásia, o soberbo Anceu. Ambos se gabavam
de serem versados na navegação e na guerra.
A eles, oriundo de Calidão, veio o forte   190
Meleagro Enida, e Laocoonte;
Laocoonte era irmão de Eneu, mas não tinham a mesma
mãe, já que uma serva o havia parido. Eneu
enviou-o já velho para cuidar de seu filho.

36 ARGONÁUTICAS

195 ὧδ᾽ ἔτι κουρίζων περιθαρσέα δῦνεν ὅμιλον
ἡρώων· τοῦ δ᾽ οὔ τιν᾽ ὑπέρτερον ἄλλον ὀίω
νόσφιν γ᾽ Ἡρακλῆος ἐπελθέμεν, εἴ κ᾽ ἔτι μοῦνον
αὖθι μένων λυκάβαντα μετετράφη Αἰτωλοῖσιν·
καὶ μήν οἱ μήτρως αὐτὴν ὁδόν, εὖ μὲν ἄκοντι
200 εὖ δὲ καὶ ἐν σταδίῃ δεδαημένος ἀντιφέρεσθαι,
Θεστιάδης Ἴφικλος ἐφωμάρτησε κιόντι,
σὺν δὲ Παλαιμόνιος Λέρνου πάις Ὠλενίοιο –
Λέρνου ἐπίκλησιν, γενεήν γε μὲν Ἡφαίστοιο·
τούνεκ᾽ ἔην πόδε σιφλός, ἀτὰρ χέρας οὔ κέ τις ἔτλη
205 ἠνορέην τ᾽ ὀνόσασθαι, ὃ καὶ μεταρίθμιος ἦεν
πᾶσιν ἀριστήεσσιν Ἰήσονι κῦδος ἀέξων.
Ἐκ δ᾽ ἄρα Φωκήων κίεν Ἴφιτος, Ὀρνυτίδαο
Ναυβόλου ἐκγεγαώς· ξεῖνος δέ οἱ ἔσκε πάροιθεν,
ἦμος ἔβη Πυθώδε θεοπροπίας ἐρεείνων
210 ναυτιλίης, τόθι γάρ μιν ἑοῖς ὑπέδεκτο δόμοισι.
Ζήτης αὖ Κάλαΐς τε Βορήιοι υἷες ἱκέσθην,
οὕς ποτ᾽ Ἐρεχθηὶς Βορέῃ τέκεν Ὠρείθυια
ἐσχατιῇ Θρήκης δυσχειμέρου· ἔνθ᾽ ἄρα τήνγε
Θρηίκιος Βορέης ἀνερείψατο Κεκροπίηθεν,
215 Ἰλισσοῦ προπάροιθε χορῷ ἔνι δινεύουσαν,
καί μιν ἄγων ἔκαθεν, Σαρπηδονίην ὅθι πέτρην
κλείουσιν ποταμοῖο παρὰ ῥόον Ἐργίνοιο,
λυγαίοις ἐδάμασσε περὶ νεφέεσσι καλύψας.
τὼ μὲν ἐπ᾽ ἀστραγάλοισι ποδῶν ἑκάτερθεν ἐρεμνάς
220 σεῖον ἀειρομένω πτέρυγας, μέγα θάμβος ἰδέσθαι,
χρυσείαις φολίδεσσι διαυγέας· ἀμφὶ δὲ νώτοις
κράτος ἐξ ὑπάτοιο καὶ αὐχένος ἔνθα καὶ ἔνθα
κυάνεαι δονέοντο μετὰ πνοιῇσιν ἔθειραι.
Οὐδὲ μὲν οὐδ᾽ αὐτοῖο πάις μενέαινεν Ἄκαστος
225 ἰφθίμου Πελίαο δόμοις ἔνι πατρὸς ἑῆος
μιμνάζειν, Ἄργος τε θεᾶς ὑποεργὸς Ἀθήνης,
ἀλλ᾽ ἄρα καὶ τὼ μέλλον ἐνικρινθῆναι ὁμίλῳ.
Τόσσοι ἄρ᾽ Αἰσονίδῃ συμμήστορες ἠγερέθοντο.
τοὺς μὲν ἀριστῆας Μινύας περιναιετάοντες

LIVRO I

Assim, ainda bem jovem, ingressou na corajosa tripulação 195
de heróis. Creio que não viria ninguém superior
a ele, exceto Héracles, se, somente por um ano, em sua terra
permanecesse e fosse instruído pelos etólios.
E seu tio materno o acompanhou pelo mesmo caminho,
hábil em resistir na lança e no combate 200
corpo a corpo, o Testíada Íficlo,
e com ele Palemônio, filho de Lerno de Oleno,
de Lerno por nome, mas da raça de Hefesto.
Por isso mancava nos dois pés, contudo ninguém ousaria
censurar seus braços e sua coragem. Ele se juntou 205
a todos os valorosos para aumentar o renome de Jasão.
Dentre os foceus veio Ífito, nascido do Ornítida
Náubolo. No passado Jasão fora seu hóspede,
quando foi a Pito consultar o oráculo
sobre a viagem. Lá ele o recebeu em sua casa. 210
Vieram Zeta e Cálais, por sua vez, filhos de Bóreas,
os quais a Erectida Orítia pariu a Bóreas
no extremo da Trácia invernal. Levou-a
da terra Cecrópia o trácio Bóreas,
enquanto ela dançava nas margens do Ilisso, 215
e após levá-la para longe, num lugar chamado Rocha
Sarpedônia, próximo à correnteza do rio Ergino,
possuiu-a envolto por nuvens sombrias.
Quando se erguiam, os dois agitavam escuras asas
no calcanhar, de cada lado dos pés, brilhando com áureas plumas, 220
grande maravilha de se ver. Ao redor das costas,
por toda parte, do alto da cabeça e do pescoço,
a negra cabeleira se agitava com o sopro do vento.
Não, nem Acasto, filho do robusto Pélias,
o próprio, desejava permanecer na casa 225
de seu pai, nem Argos, ajudante da deusa Atena,
mas também os dois seriam admitidos na tripulação.
Tais foram os conselheiros do Esônida reunidos.
Os moradores das redondezas chamavam estes valorosos

38 ARGONÁUTICAS

230 κίκλησκον μάλα πάντας, ἐπεὶ Μινύαο θυγατρῶν
οἱ πλεῖστοι καὶ ἄριστοι ἀφ᾽ αἵματος εὐχετόωντο
ἔμμεναι, ὡς δὲ καὶ αὐτὸν Ἰήσονα γείνατο μήτηρ
Ἀλκιμέδη Κλυμένης Μινυηίδος ἐκγεγαυῖα.
Αὐτὰρ ἐπεὶ δμώεσσιν ἐπαρτέα πάντ᾽ ἐτέτυκτο
235 ὅσσα περ ἐντύνονται †ἐπαρτέα ἔνδοθι νῆες,
εὖτ᾽ ἂν ἄγῃ χρέος ἄνδρας ὑπεὶρ ἅλα ναυτίλλεσθαι,
δὴ τότ᾽ ἴσαν μετὰ νῆα δι᾽ ἄστεος, ἔνθα περ ἀκταί
κλείονται Παγασαὶ Μαγνήτιδες· ἀμφὶ δὲ λαῶν
πληθὺς σπερχομένων ἄμυδις θέον, οἱ δὲ φαεινοί
240 ἀστέρες ὣς νεφέεσσι μετέπρεπον. ὧδε δ᾽ ἕκαστος
ἔννεπεν εἰσορόων σὺν τεύχεσιν ἀίσσοντας·
"Ζεῦ ἄνα, τίς Πελίαο νόος; πόθι τόσσον ὅμιλον
ἡρώων γαίης Παναχαιίδος ἔκτοθι βάλλει;
αὐτῆμάρ κε δόμους ὀλοῷ πυρὶ δῃώσειαν
245 Αἰήτεω, ὅτε μή σφιν ἑκὼν δέρος ἐγγυαλίξῃ·
ἀλλ᾽ οὐ φυκτὰ κέλευθα, πόνος δ᾽ ἄπρηκτος ἰοῦσιν."
Ὣς φάσαν ἔνθα καὶ ἔνθα κατὰ πτόλιν· αἱ δὲ γυναῖκες
πολλὰ μάλ᾽ ἀθανάτοισιν ἐς αἰθέρα χεῖρας ἄειρον,
εὐχόμεναι νόστοιο τέλος θυμηδὲς ὀπάσσαι.
250 ἄλλη δ᾽ εἰς ἑτέρην ὀλοφύρετο δακρυχέουσα·
"Δειλὴ Ἀλκιμέδη, καὶ σοὶ κακὸν ὀψέ περ ἔμπης
ἤλυθεν, οὐδ᾽ ἐτέλεσσας ἐπ᾽ ἀγλαΐῃ βιότοιο.
Αἴσων αὖ μέγα δή τι δυσάμμορος· ἦ τέ οἱ ἦεν
βέλτερον, εἰ τὸ πάροιθεν ἐνὶ κτερέεσσιν ἐλυσθείς
255 νειόθι γαίης κεῖτο, κακῶν ἔτι νῆις ἀέθλων.
ὣς ὄφελεν καὶ Φρίξον, ὅτ᾽ ὤλετο παρθένος Ἕλλη,
κῦμα μέλαν κριῷ ἅμ᾽ ἐπικλύσαι· ἀλλὰ καὶ αὐδήν
ἀνδρομέην προέηκε κακὸν τέρας, ὥς κεν ἀνίας
Ἀλκιμέδῃ μετόπισθε καὶ ἄλγεα μυρία θείη."
260 Αἱ μὲν ἄρ᾽ ὣς ἀγόρευον ἐπὶ προμολῇσι κιόντων·
ἔνδον δὲ δμῶές τε πολεῖς δμωαί τ᾽ ἀγέροντο
μήτηρ τ᾽ ἀμφασίῃ βεβολημένη, ὀξὺ δ᾽ †ἑκάστην
δῦνεν ἄχος· σὺν δέ σφι πατὴρ ὀλοῷ ὑπὸ γήραι
ἐντυπὰς ἐν λεχέεσσι καλυψάμενος γοάασκεν.

LIVRO I   39

todos de mínias, porque a maioria e os melhores   230
gabavam-se de descender do sangue das filhas
de Mínias. Assim também gerou o próprio Jasão
sua mãe Alcímede, nascida da Miníade Clímene.
Depois de ser preparado, pelos servos, todo o equipamento
com o qual as naus são equipadas em seu interior,   235
quando a necessidade leva os homens a navegar pelo mar,
eles atravessaram a cidade até a nau, onde a costa
é chamada de Págasas da Magnésia. Ao redor
a multidão se aglomerava e corria, enquanto eles,
como astros brilhantes entre as nuvens, distinguiam-se. Cada um   240
assim dizia ao vê-los empunhando armas:
"Zeus soberano, qual é o desígnio de Pélias? Aonde manda,
fora de toda a terra da Acaia, tal tripulação de heróis?
No mesmo dia destruiriam, com o funesto fogo, o palácio
de Eeta, caso não lhes cedesse voluntariamente o velo.   245
Mas a rota lhes é inescapável e a tarefa, vã."
Assim falavam por toda parte na cidade. As mulheres
erguiam a mão para o céu em prece, para que os imortais
concedessem o retorno como desejavam seus corações.
Uma se lamentava à outra, enquanto vertiam lágrimas: 250
"Infeliz Alcímede, apesar de tardio um mal
alcançou-te e não terminaste a vida com alegria.
Esão, por sua vez, é muito infortunado. Ser-lhe-ia
melhor se, envolvido outrora por roupas fúnebres,
repousasse sob a terra e ainda ignorasse estes funestos trabalhos.   255
Quando Hele pereceu, uma negra onda também deveria
ter submerso Frixo com o carneiro. Mas uma voz
humana o funesto monstro emitiu de modo a provocar,
no futuro, sofrimento e inumeráveis dores a Alcímede."
Assim falavam e eles se dirigiam aos portões da cidade.   260
Muitos servos e servas haviam se reunido
e a mãe de Jasão permanecia muda. Uma aguda dor
consumia cada serva. Com elas o pai se punha a gemer
escondido no leito, envolto pela funesta velhice.

265 αὐτὰρ ὁ τῶν μὲν ἔπειτα κατεπρήυνεν ἀνίας,
θαρσύνων· δμώεσσι δ' ἀρήια τεύχε' ἀείρειν
πέφραδεν, οἱ δέ τε σῖγα κατηφέες ἡείροντο.
μήτηρ δ' ὡς τὰ πρῶτ' ἐπεχεύατο πήχεε παιδί,
ὣς ἔχετο κλαίουσ' ἀδινώτερον, ἠΰτε κούρη
270 οἰόθεν ἀσπασίως πολιὴν τροφὸν ἀμφιπεσοῦσα
μύρεται, ᾗ οὔκ εἰσιν ἔτ' ἄλλοι κηδεμονῆες,
ἀλλ' ὑπὸ μητρυιῇ βίοτον βαρὺν ἡγηλάζει·
καί ἑ νέον πολέεσσιν ὀνείδεσιν ἐστυφέλιξεν,
τῇ δέ τ' ὀδυρομένῃ δέδεται κέαρ ἔνδοθεν ἄτῃ,
275 οὐδ' ἔχει ἐκφλύξαι τόσσον γόον ὅσσον ὀρεχθεῖ –
ὣς ἀδινὸν κλαίεσκεν ἑὸν πάιν ἀγκὰς ἔχουσα
Ἀλκιμέδη· καὶ τοῖον ἔπος φάτο κηδοσύνῃσιν·
"Αἴθ' ὄφελον κεῖν' ἦμαρ, ὅτ' ἐξειπόντος ἄκουσα
δειλὴ ἐγὼ Πελίαο κακὴν βασιλῆος ἐφετμήν,
280 αὐτίκ' †ἀπὸ ψυχὴν μεθέμεν κηδέων τε λαθέσθαι,
ὄφρ' αὐτός με τεῇσι φίλαις ταρχύσαο χερσίν,
τέκνον ἐμόν· τὸ γὰρ οἶον ἔην ἔτι λοιπὸν ἐέλδωρ
ἐκ σέθεν, ἄλλα δὲ πάντα πάλαι θρεπτήρια πέσσω.
νῦν γε μὲν ἡ τὸ πάροιθεν Ἀχαιάδεσσιν ἀγητή
285 δμωὶς ὅπως κενεοῖσι λελείψομαι ἐν μεγάροισιν,
σεῖο πόθῳ μινύθουσα δυσάμμορος, ᾧ ἔπι πολλήν
ἀγλαΐην καὶ κῦδος ἔχον πάρος, ᾧ ἔπι μούνῳ
μίτρην πρῶτον ἔλυσα καὶ ὕστατον, ἔξοχα γάρ μοι
Εἰλείθυια θεὰ πολέος ἐμέγηρε τόκοιο.
290 ὤ μοι ἐμῆς ἄτης· τὸ μὲν οὐδ' ὅσον οὐδ' ἐν ὀνείρῳ
ὠισάμην, εἰ Φρίξος ἐμοὶ κακὸν ἔσσετ' ἀλύξας."
Ὣς ἥγε στενάχουσα κινύρετο, ταὶ δὲ γυναῖκες
ἀμφίπολοι γοάασκον ἐπισταδόν· αὐτὰρ ὁ τήνγε
μειλιχίοις ἐπέεσσι παρηγορέων προσέειπεν·
295 "Μή μοι λευγαλέας ἐνιβάλλεο μῆτερ ἀνίας
ὧδε λίην, ἐπεὶ οὐ μὲν ἐρωήσεις κακότητος
δάκρυσιν, ἀλλ' ἔτι κεν καὶ ἐπ' ἄλγεσιν ἄλγος ἄροιο.
πήματα γάρ τ' ἀίδηλα θεοὶ θνητοῖσι νέμουσιν·
τῶν μοῖραν κατὰ θυμὸν ἀνιάζουσά περ ἔμπης

LIVRO I   41

Mas Jasão acalmava o sofrimento de todos com palavras   265
encorajadoras. Ordenou que os escravos trouxessem as armas
de guerra e eles as trouxeram cabisbaixos, em silêncio.
A mãe imediatamente agarrou o filho com os braços
e o segurava chorando copiosamente, como uma garota
solitária em pranto ao abraçar com alegria   270
a grisalha nutriz; não há ninguém mais para defendê-la,
mas leva uma vida dura nas mãos da madrasta;
há pouco, com muitas censuras, a madrasta a maltratou;
enquanto lamenta, seu coração é aprisionado pela loucura
e não pode extravasar todo o gemido que palpita;   275
assim Alcímede copiosamente chorava e segurava seu filho
nos braços. E, com aflição, disse tais palavras:
"Que bom seria se naquele dia em que, infeliz,
ouvi proferirem a funesta ordem do rei Pélias,
eu logo deixasse a alma partir e esquecesse as aflições,   280
para que tu mesmo me sepultasses com tuas queridas mãos,
filho meu. Este era o último desejo que ainda esperava
de ti, já que desfruto, há tempos, de todas as outras recompensas.
Outrora admirada pelas acaias, agora
serei abandonada numa casa vazia, como uma serva,   285
consumindo-me infortunada com saudade de ti, por quem muito
brilho e renome eu tive outrora, por quem somente,
pela primeira e última vez, eu soltei a faixa virginal, pois a deusa
Ilítia absolutamente impediu que eu tivesse vasta prole.
Ai, que desgraça a minha! Nem sequer em sonho   290
eu pensaria que a fuga de Frixo seria a minha ruína."
Assim ela lamentava ofegante. As servas
que estavam próximas gemiam. Mas Jasão
disse-lhe, consolando-a com doces palavras:
"Não te precipites tanto assim em tristes aflições   295
por minha causa, mãe, pois não escaparás do infortúnio
com lágrimas, mas ainda acumularás dor sobre dores.
Pois os deuses distribuem aos mortais sofrimentos imprevisíveis.
Apesar da aflição em teu coração, suporta o destino

300 τλῆθι φέρειν. θάρσει δὲ συνημοσύνησιν Ἀθήνης,
ἠδὲ θεοπροπίησιν, ἐπεὶ μάλα δεξιὰ Φοῖβος
ἔχρη, ἀτὰρ μετέπειτά γ᾽ ἀριστήων ἐπαρωγῇ.
ἀλλὰ σὺ μὲν νῦν αὖθι μετ᾽ ἀμφιπόλοισιν ἕκηλος
μίμνε δόμοις, μηδ᾽ ὄρνις ἀεικελίη πέλε νηί·
305 κεῖσε δ᾽ ὁμαρτήσουσιν ἔται δμῶές τε κιόντι."
Ἦ, καὶ ὁ μὲν προτέρωσε δόμων ἔξ ὦρτο νέεσθαι.
οἷος δ᾽ ἐκ νηοῖο θυώδεος εἶσιν Ἀπόλλων
Δῆλον ἀν᾽ ἠγαθέην ἠὲ Κλάρον, ἢ ὅγε Πυθώ
ἢ Λυκίην εὐρεῖαν ἐπὶ Ξάνθοιο ῥοῇσι –
310 τοῖος ἀνὰ πληθὺν δήμου κίεν, ὦρτο δ᾽ ἀυτή
κεκλομένων ἄμυδις. τῷ δὲ ξύμβλητο γεραιή
Ἰφιὰς Ἀρτέμιδος πολιηόχου ἀρήτειρα,
καί μιν δεξιτερῆς χειρὸς κύσεν· οὐδέ τι φάσθαι
ἔμπης ἱεμένη δύνατο προθέοντος ὁμίλου,
315 ἀλλ᾽ ἡ μὲν λίπετ᾽ αὖθι παρακλιδόν, οἷα γεραιή
ὁπλοτέρων, ὁ δὲ πολλὸν ἀποπλαγχθεὶς ἐλιάσθη.
Αὐτὰρ ἐπεί ῥα πόληος ἐυδμήτους λίπ᾽ ἀγυιάς,
ἀκτήνδ᾽ ἵκανεν Παγασηίδα, τῇ μιν ἑταῖροι
δειδέχατ᾽ Ἀργῴῃ ἄμυδις παρὰ νηὶ μένοντες.
320 στῆ δ᾽ ἄρ᾽ ἐπιπρομολών, οἱ δ᾽ ἀντίοι ἠγερέθοντο·
ἐς δ᾽ ἐνόησαν Ἄκαστον ὁμῶς Ἄργον τε πόληος
νόσφι καταβλώσκοντας, ἐθάμβησαν δ᾽ ἐσιδόντες
πασσυδίη Πελίαο παρὲκ νόον ἰθύοντας·
δέρμα δ᾽ ὁ μὲν ταύροιο ποδηνεκὲς ἀμφέχετ᾽ ὤμους
325 Ἄργος Ἀρεστορίδης λάχνῃ μέλαν, αὐτὰρ ὁ καλήν
δίπλακα, τήν οἱ ὄπασσε κασιγνήτη Πελόπεια·
ἀλλ᾽ ἔμπης τὼ μέν τε διεξερέεσθαι ἕκαστα
ἔσχετο, τοὺς δ᾽ ἀγορήνδε συνεδριάασθαι ἄνωγεν.
αὐτοῦ δ᾽ ἱλλομένοις ἐπὶ λαίφεσιν ἠδὲ καὶ ἱστῷ
330 κεκλιμένῳ μάλα πάντες ἐπισχερὼ ἑδριόωντο.
τοῖσιν δ᾽ Αἴσονος υἱὸς ἐυφρονέων μετέειπεν·
"Ἄλλα μέν, ὅσσα τε νηὶ ἐφοπλίσσασθαι ἔοικεν,
πάντα μάλ᾽ εὖ κατὰ κόσμον ἐπαρτέα κεῖται ἰοῦσιν,
τῶ οὐκ ἂν δηναιὸν ἐχοίμεθα τοῖο ἕκητι

LIVRO I

por eles traçado. Confia na amizade de Atena, 300
nos presságios, pois muito favoráveis foram os oráculos
de Febo e, por fim, no auxílio dos valorosos.
Mas tu, fica aqui em casa, tranquila entre as tuas
servas, e não te tornes uma ave agourenta para a nau.
Para lá me acompanharão meus aliados e escravos." 305
Disse e saiu de casa para imediatamente partir.
Qual Apolo sai de um templo perfumado
atravessando a sagrada Delos, ou Claro, ou Pito,
ou a vasta Lícia, próximo à correnteza do Xanto,
tal Jasão ia através do povo e um grito foi proferido 310
ao mesmo tempo que todos o encorajavam. Aproximou-se dele
a velha Ifíade, sacerdotisa de Ártemis, protetora da cidade,
e beijou-lhe a mão direita. Nada pôde falar,
embora desejasse, pois a multidão passava à sua frente,
mas, por ser uma velha, foi deixada de lado pelos 315
mais jovens, enquanto ele se distanciava ao ser levado.
Depois que deixou as bem construídas ruas da cidade,
chegou à costa de Págasas, onde os companheiros
saudaram-no, esperando perto da nau Argo.
Ali ele parou e os outros se reuniram à sua frente. 320
Perceberam Acasto e Argos ao longe, descendo
a cidade, e se espantaram ao vê-los avançarem
impetuosamente, contra o desígnio de Pélias.
Argos Arestórida envolvia os ombros com uma pele de touro
de pelos negros que chegava até os pés. O outro vestia 325
um manto duplo dado por sua irmã Pelópia.
Entretanto Jasão se absteve de interrogar os dois detalhadamente
e os exortou a se sentarem juntos em assembleia.
Lá mesmo, sobre as velas enroladas e o mastro
inclinado, todos se sentaram enfileirados. 330
Disse-lhes, de modo prudente, o filho de Esão:
"A equipagem conveniente a um navio está pronta
e tudo está preparado em boa ordem para partirmos.
Não seria por esse motivo, portanto, que tardaríamos

44 ARGONÁUTICAS

335 ναυτιλίης, ὅτε μοῦνον ἐπιπνεύσουσιν ἀῆται·
ἀλλὰ φίλοι, ξυνὸς γὰρ ἐς Ἑλλάδα νόστος ὀπίσσω,
ξυναὶ δ᾽ ἄμμι πέλονται ἐς Αἰήταο κέλευθοι,
τούνεκα νῦν τὸν ἄριστον ἀφειδήσαντες ἕλεσθε
ὄρχαμον ἡμείων, ᾧ κεν τὰ ἕκαστα μέλοιτο,
340 νείκεα συνθεσίας τε μετὰ ξείνοισι βαλέσθαι."
Ὣς φάτο. πάπτηναν δὲ νέοι θρασὺν Ἡρακλῆα
ἥμενον ἐν μέσσοισι, μιῇ δέ ἑ πάντες ἀυτῇ
σημαίνειν ἐπέτελλον· ὁ δ᾽ αὐτόθεν ἔνθα περ ἧστο
δεξιτερὴν ἀνὰ χεῖρα τανύσσατο, φώνησέν τε·
345 "Μή τις ἐμοὶ τόδε κῦδος ὀπαζέτω· οὐ γὰρ ἔγωγε
πείσομαι, ὣς δὲ καὶ ἄλλον ἀναστήσεσθαι ἐρύξω.
αὐτὸς ὅτις ξυνάγειρε καὶ ἀρχεύοι ὁμάδοιο."
Ἦ ῥα μέγα φρονέων· ἐπὶ δ᾽ ἤνεον ὡς ἐκέλευεν
Ἡρακλέης. ἀνὰ δ᾽ αὐτὸς ἀρήιος ὤρνυτ᾽ Ἰήσων
350 γηθόσυνος, καὶ τοῖα λιλαιομένοις ἀγόρευεν·
"Εἰ μὲν δή μοι κῦδος ἐπιτρωπᾶτε μέλεσθαι,
μηκέτ᾽ ἔπειθ᾽, ὡς καὶ πρίν, ἐρητύοιτο κέλευθα.
νῦν γε μὲν ἤδη Φοῖβον ἀρεσσάμενοι θυέεσσιν
δαῖτ᾽ ἐντυνώμεσθα παρασχεδόν. ὄφρα δ᾽ ἴωσιν
355 δμῶες ἐμοὶ σταθμῶν σημάντορες οἷσι μέμηλεν
δεῦρο βόας ἀγέληθεν ἐὺ κρίναντες ἐλάσσαι,
τόφρα κε νῆ᾽ ἐρύσαιμεν ἔσω ἁλός, ὅπλα δὲ πάντα
ἐνθέμενοι πεπάλαχθε κατὰ κληῖδας ἐρετμά·
τείως δ᾽ αὖ καὶ βωμὸν ἐπάκτιον Ἐμβασίοιο
360 θείομεν Ἀπόλλωνος, ὅ μοι χρείων ὑπέδεκτο
σημανέειν δείξειν τε πόρους ἁλός, εἴ κε θυηλαῖς
οὗ ἔθεν ἐξάρχωμαι ἀεθλεύων βασιλῆι."
Ἦ ῥα, καὶ εἰς ἔργον πρῶτος τράπεθ᾽. οἱ δ᾽ ἐπανέσταν
πειθόμενοι· ἀπὸ δ᾽ εἵματ᾽ ἐπήτριμα νηήσαντο
365 λείῳ ἐπὶ πλαταμῶνι, τὸν οὐκ ἐπέβαλλε θάλασσα
κύμασι, χειμερίη δὲ πάλαι ἀποέκλυσεν ἅλμη.
νῆα δ᾽ ἐπικρατέως Ἄργου ὑποθημοσύνῃσιν
ἔζωσαν πάμπρωτον ἐυστρεφεῖ ἔνδοθεν ὅπλῳ
τεινάμενοι ἑκάτερθεν, ἵν᾽ εὖ ἀραροίατο γόμφοις

LIVRO I   45

o início da navegação, tão logo soprem os ventos.   335
Mas, caros, o retorno à Hélade, no porvir, nos é comum
e nos são comuns as rotas até a terra de Eeta,
por isso, sem receio, escolhei dentre nós o melhor
para ser o líder, a quem caberá se ocupar de cada detalhe,
como travar disputas e pactos com estrangeiros."   340
Assim falou. Os jovens fitaram o corajoso Héracles,
sentado ao centro. Todos, com um só grito,
exortaram-no a ocupar o posto. Mas, no mesmo lugar
onde estava sentado, ele estendeu a mão direita e disse:
"Que ninguém me conceda esse renome. Pois eu não   345
obedecerei e também impedirei que outro se levante.
Que o responsável pela nossa união seja o líder do grupo."
Disse muito prudentemente e todos elogiavam as ordens
de Héracles. O marcial Jasão se ergueu alegre
e proferiu tais coisas aos que ansiavam por ouvi-lo: 350
"Se realmente me confiais cuidar do renome,
então não mais nos detenhamos das rotas, como antes.
Agora, após invocar Febo com sacrifícios,
preparemos imediatamente um banquete. Enquanto chegam
meus escravos responsáveis pelos estábulos, encarregados   355
de trazer para cá os bois bem selecionados do rebanho,
poderíamos arrastar a nau até o mar; depois de inserir todos
os utensílios, sorteai os remos de acordo com os bancos.
Nesse ínterim, construamos um altar costeiro
para Apolo Protetor dos Embarques, que, por oráculo,   360
prometeu-me sinalizar e mostrar os caminhos do mar,
se eu começasse, com sacrifícios, os trabalhos do rei."
Disse e voltou-se, primeiro, à tarefa. Os outros se levantaram
em obediência. Empilharam as roupas
sobre um rochedo liso que o mar não alcançava   365
com suas ondas, mas que outrora a invernal água salobra o banhara.
Conforme as instruções de Argos, primeiro cingiram
com força a nau por dentro, com um cabo bem torcido,
estendendo-o de cada lado, para as pranchas se ajustarem bem

46   ARGONÁUTICAS

370 δούρατα καὶ ῥοθίοιο βίην ἔχοι ἀντιόωσαν.
σκάπτον δ᾽ αἶψα κατ᾽ εὖρος ὅσον †περιβάλλεται χῶρος†,
†ἠδὲ κατὰ πρώειραν ἔσω ἁλὸς ὁσσάτιόν περ
ἑλκομένη χείρεσσιν ἐπιδραμέεσθαι ἔμελλεν,
αἰεὶ δὲ προτέρω χθαμαλώτερον ἐξελάχαινον
375 στείρης· ἐν δ᾽ ὁλκῷ ξεστὰς στορέσαντο φάλαγγας·
τὴν δὲ κατάντη κλῖναν ἐπὶ πρώτῃσι φάλαγξιν,
ὥς κεν ὀλισθαίνουσα δι᾽ αὐτάων φορέοιτο.
ὕψι δ᾽ ἄρ᾽ ἔνθα καὶ ἔνθα μεταστρέψαντες ἐρετμά
πήχυιον προύχοντα περὶ σκαλμοῖσιν ἔδησαν,
380 τῶν δ᾽ ἐπαμοιβαδὶς αὐτοὶ ἐνέσταθεν ἀμφοτέρωθεν
στέρνα θ᾽ ὁμοῦ καὶ χεῖρας ἐπήλασαν. ἐν δ᾽ ἄρα Τῖφυς
βήσαθ᾽, ἵν᾽ ὀτρύνειε νέους κατὰ καιρὸν ἐρύσσαι.
κεκλόμενος δ᾽ ἤυσε μάλα μέγα, τοὶ δὲ παρᾶσσον
ᾧ κράτεϊ βρίσαντες ἰῇ στυφέλιξαν ἐρωῇ
385 νειόθεν ἐξ ἕδρης, ἐπὶ δ᾽ ἐρρώσαντο πόδεσσιν
προπροβιαζόμενοι· ἡ δ᾽ ἕσπετο Πηλιὰς Ἀργώ
ῥίμφα μάλ᾽, οἱ δ᾽ ἑκάτερθεν ἐπίαχον ἀίσσοντες·
αἱ δ᾽ ἄρ᾽ ὑπὸ τρόπιδι στιβαραὶ στενάχοντο φάλαγγες
τριβόμεναι, περὶ δέ σφιν ἀιδνὴ κήκιε λιγνύς
390 βριθοσύνῃ· κατόλισθε δ᾽ ἔσω ἁλός. οἱ δέ μιν αὖθι
ἂψ ἀνασειράζοντες ἔχον προτέρωσε κιοῦσαν·
σκαλμοῖς δ᾽ ἀμφὶς ἐρετμὰ κατήρτυον, ἐν δέ οἱ ἱστόν
λαίφεά τ᾽ εὐποίητα καὶ ἁρμαλιὴν ἐβάλοντο.
Αὐτὰρ ἐπεὶ τὰ ἕκαστα περιφραδέως ἀλέγυναν,
395 κληῖδας μὲν πρῶτα πάλῳ διεμοιρήσαντο,
ἄνδρ᾽ ἐντυναμένω δοιὼ μίαν· ἐκ δ᾽ ἄρα μέσσην
ᾕρεον Ἡρακλῆι καὶ ἡρώων ἄτερ ἄλλων
Ἀγκαίῳ, Τεγέης ὅς ῥα πτολίεθρον ἔναιεν·
τοῖς μέσσην οἴοισιν ἀπὸ κληῖδα λίποντο
400 αὔτως, οὔτι πάλῳ· ἐπὶ δ᾽ ἔτρεπον αἰνήσαντες
Τῖφυν ἐυστείρης οἰήια νηὸς ἔρυσθαι.
Ἔνθεν δ᾽ αὖ λάιγγας ἁλὸς σχεδὸν ὀχλίζοντες,
νήεον αὐτόθι βωμὸν ἐπάκτιον, Ἀπόλλωνος
Ἀκτί⬛ου Ἐμβασίοιό τ᾽ ἐπώνυμον· ὦκα δὲ τοίγε

LIVRO I   47

às cavilhas e resistirem à força oposta das ondas.   370
Em seguida cavaram um fosso tão largo quanto a nau,
desde a proa até o mar, distância que,
puxada com as mãos, ela estava prestes a percorrer.
Prosseguiam cavando cada vez mais fundo
que a quilha. Estenderam toras polidas no canal   375
e inclinaram a nau sobre as primeiras toras,
para que fosse levada escorregando através delas.
Por toda parte inverteram os remos para cima,
proeminentes em um côvado, e os prenderam aos toletes.
Alternadamente, eles próprios se colocaram de cada lado   380
e empurraram a nau com o peito e com as mãos. Tífis
embarcou para incitar os jovens a puxarem na hora certa.
Ao exortá-los gritou bem alto e eles logo,
carregando com força, arrastaram-na num impulso,
do fundo da rampa, e avançaram com os pés   385
agressivamente. A Pelíade Argo seguiu
rápido enquanto, de cada lado, eles se lançavam aos gritos.
Sob a carena, as robustas toras gemeram
durante a fricção e uma fumaça escura foi exalada
por conta do peso. A nau escorregou até o mar. Puxando-a   390
com cordas, eles a impediram de ir adiante.
Dos dois lados ajustaram os remos nos toletes e dispuseram
o mastro, as velas bem-feitas e as provisões.
Depois de, habilmente, se ocuparem de cada detalhe,
primeiro dividiram os bancos por sorteio,   395
dois homens ocupando cada um. Escolheram o do meio
para Héracles e, à exclusão dos outros heróis,
para Anceu, morador da cidade de Tegeia.
Somente a eles deixaram o banco do meio,
sem sorteio. E, em comum acordo, confiaram   400
a Tífis o cuidado com o timão da nau de bela quilha.
Depois, reunindo pedras perto do mar,
ergueram, lá mesmo, um altar costeiro dedicado
a Apolo Costeiro e Protetor dos Embarques. Eles

48   ARGONÁUTICAS

405 φιτροὺς ἀζαλέης στόρεσαν καθύπερθεν ἐλαίης.
τείως δ' αὖτ' ἀγέληθεν ἐπιπροέηκαν ἄγοντες
βουκόλοι Αἰσονίδαο δύω βόε· τοὺς δ' ἐρύσαντο
κουρότεροι ἑτάρων βωμοῦ σχεδόν, οἱ δ' ἄρ' ἔπειτα
χέρνιβά τ' οὐλοχύτας τε παρέσχεθον. αὐτὰρ Ἰήσων
410 εὔχετο κεκλόμενος πατρώιον Ἀπόλλωνα·
"Κλῦθι ἄναξ Παγασάς τε πόλιν τ' Αἰσωνίδα ναίων
ἡμετέροιο τοκῆος ἐπώνυμον, ὅς μοι ὑπέστης
Πυθοῖ χρειομένῳ ἄνυσιν καὶ πείραθ' ὁδοῖο
σημανέειν, αὐτὸς γὰρ ἐπαίτιος ἔπλευ ἀέθλων·
415 αὐτὸς νῦν ἄγε νῆα σὺν ἀρτεμέεσσιν ἑταίροις
κεῖσέ τε καὶ παλίνορσον ἐς Ἑλλάδα. σοὶ δ' ἂν ὀπίσσω
τόσσων ὅσσοι κεν νοστήσομεν ἀγλαὰ ταύρων
ἱρὰ πάλιν βωμῷ ἐπιθήσομεν, ἄλλα δὲ Πυθοῖ,
ἄλλα δ' ἐς Ὀρτυγίην ἀπερείσια δῶρα κομίσσω·
420 νῦν δ' ἴθι, καὶ τήνδ' ἡμιν, Ἑκηβόλε, δέξο θυηλήν,
ἥν τοι τῆσδ' ἐπίβαθρα χάριν προτιθείμεθα νηός
πρωτίστην· λύσαιμι δ', ἄναξ, ἐπ' ἀπήμονι μοίρῃ
πείσματα σὴν διὰ μῆτιν· ἐπιπνεύσειε δ' ἀήτης
μείλιχος, ᾧ κ' ἐπὶ πόντον ἐλευσόμεθ' εὐδιόωντες."
425 Ἦ, καὶ ἅμ' εὐχωλῇ προχύτας βάλε. τὼ δ' ἐπὶ βουσίν
ζωσάσθην, Ἀγκαῖος ὑπέρβιος Ἡρακλέης τε·
ἤτοι ὁ μὲν ῥοπάλῳ μέσσον κάρη ἀμφὶ μέτωπα
πλῆξεν, ὁ δ' ἀθρόος αὖθι πεσὼν ἐνερείσατο γαίῃ·
Ἀγκαῖος δ' ἑτέροιο κατὰ πλατὺν αὐχένα κόψας
430 χαλκείῳ πελέκει κρατεροὺς διέκερσε τένοντας,
ἤριπε δ' ἀμφοτέροισι περιρρηδὴς κεράεσσιν.
τοὺς δ' ἕταροι σφάξαν τε θοῶς δεῖράν τε βοείας,
κόπτον δαίτρευόν τε καὶ ἱερὰ μῆρ' ἐτάμοντο,
κὰδ δ' ἄμυδις τάγε πάντα καλύψαντες πύκα δημῷ
435 καῖον ἐπὶ σχίζῃσιν· ὁ δ' ἀκρήτους χέε λοιβάς
Αἰσονίδης. γήθει δὲ σέλας θηεύμενος Ἴδμων
πάντοσε λαμπόμενον θυέων ἄπο, τοῖό τε λιγνὺν
πορφυρέαις ἑλίκεσσιν ἐναίσιμον ἀίσσουσαν·
αἶψα δ' ἀπηλεγέως νόον ἔκφατο Λητοΐδαο·

LIVRO I   49

rapidamente o cobriram com ramos de oliveira seca.   405
Nesse ínterim os vaqueiros do Esônida haviam retirado
dois bois do rebanho e os traziam. Os companheiros
mais jovens os arrastaram para perto do altar, enquanto os outros
forneceram a água lustral e os grãos de cevada. Então Jasão
fez uma prece invocando Apolo Paternal: 410
"Ouve, soberano habitante de Págasas e da cidade de Esão,
cujo nome vem de nosso genitor, tu que me prometeste,
quando consultei o oráculo em Pito, sinalizar o cumprimento e
os limites do caminho, pois és o próprio responsável por esses trabalhos.
Conduz a nau, com os companheiros sãos e salvos,   415
até a Cólquida e de volta à Hélade. Depois, em tua honra,
depositaremos em teu altar esplêndidos sacrifícios
de tantos touros quantos retornarmos, e também
a Pito e a Ortígia levarei inumeráveis presentes.
Agora vem, Apolo Flecheiro, e recebe o sacrifício   420
que te oferecemos como primeiro sinal de gratidão
ao embarcarmos na nau. Que eu solte as amarras, soberano,
segundo o teu plano, com um destino sem pesares. E que o vento
sopre doce, com o qual viajaremos tranquilos pelo mar."
Disse e durante a prece lançou grãos de cevada. Cingiram-se   425
para sacrificar os bois o soberbo Anceu e Héracles.
Este golpeou um boi com a clava no meio da cabeça,
sobre a fronte, fazendo-o subitamente cair por terra.
Anceu, após golpear o largo pescoço do outro
com um brônzeo machado, cortou seus fortes tendões   430
e o animal abatido tombou sobre ambos os chifres.
Os companheiros imediatamente os degolaram, esfolaram a pele,
talharam, despedaçaram, bem como cortaram as coxas consagradas
e, após envolver todas juntas numa espessa camada de gordura,
queimaram-nas na lenha. O Esônida verteu a libação   435
pura. Idmão se alegrava ao contemplar o clarão
do sacrifício brilhando por toda parte e a fumaça lançada
em sombrias espirais, como um presságio favorável.
Em seguida revelou abertamente o desígnio do Letida:

440 "Ὑμῖν μὲν δὴ μοῖρα θεῶν χρειώ τε περῆσαι
ἐνθάδε κῶας ἄγοντας, ἀπειρέσιοι δ' ἐνὶ μέσσῳ
κεῖσέ τε δεῦρό τ' ἔασιν ἀνερχομένοισιν ἄεθλοι·
αὐτὰρ ἐμοὶ θανέειν στυγερῇ ὑπὸ δαίμονος αἴσῃ
τηλόθι που πέπρωται ἐπ' Ἀσίδος ἠπείροιο.
445 ὧδε κακοῖς δεδαὼς ἔτι καὶ πάρος οἰωνοῖσιν
πότμον ἐμόν, πάτρης ἐξήιον, ὄφρ' ἐπιβαίην
νηός, ἐυκλείη δὲ δόμοις ἐπιβάντι λίπηται."
Ὣς ἄρ' ἔφη· κοῦροι δὲ θεοπροπίης ἀίοντες
νόστῳ μὲν γήθησαν, ἄχος δ' ἕλεν Ἴδμονος αἴσῃ.
450 ἦμος δ' ἠέλιος σταθερὸν παραμείβεται ἦμαρ,
αἱ δὲ νέον σκοπέλοισιν ὕπο σκιόωνται ἄρουραι,
δειελινὸν κλίνοντος ὑπὸ ζόφον ἠελίοιο,
τῆμος ἄρ' ἤδη πάντες ἐπὶ ψαμάθοισι βαθεῖαν
φυλλάδα χευάμενοι πολιοῦ πρόπαρ αἰγιαλοῖο
455 κέκλινθ' ἐξείης· παρὰ δέ σφισι μυρί' ἔκειτο
εἴδατα καὶ μέθυ λαρόν, ἀφυσσαμένων προχόοισιν
οἰνοχόων. μετέπειτα δ' ἀμοιβαδὶς ἀλλήλοισιν
μυθεῦνθ' οἷά τε πολλὰ νέοι παρὰ δαιτὶ καὶ οἴνῳ
τερπνῶς ἑψιόωνται, ὅτ' ἄατος ὕβρις ἀπείη.
460 ἔνθ' αὖτ' Αἰσονίδης μὲν ἀμήχανος εἰν ἑοῖ αὐτῷ
πορφύρεσκεν ἕκαστα, κατηφιόωντι ἐοικώς·
τὸν δ' ἄρ' ὑποφρασθεὶς μεγάλῃ ὀπὶ νείκεσεν Ἴδας·
"Αἰσονίδη, τίνα τήνδε μετὰ φρεσὶ μῆτιν ἑλίσσεις;
αὔδα ἐνὶ μέσσοισι τεὸν νόον. ἦέ σε δαμνᾷ
465 τάρβος ἐπιπλόμενον, τό τ' ἀνάλκιδας ἄνδρας ἀτύζει;
ἴστω νῦν δόρυ θοῦρον, ὅτῳ περιώσιον ἄλλων
κῦδος ἐνὶ πτολέμοισιν ἀείρομαι, οὐδέ μ' ὀφέλλει
Ζεὺς τόσον ὁσσάτιόν περ ἐμὸν δόρυ, μή νύ τι πῆμα
λοίγιον ἔσσεσθαι μηδ' ἀκράαντον ἄεθλον
470 Ἴδεω γ' ἑσπομένοιο, καὶ εἰ θεὸς ἀντιόῳτο·
τοῖόν μ' Ἀρήνηθεν ἀοσσητῆρα κομίζεις."
Ἦ, καὶ ἐπισχόμενος πλεῖον δέπας ἀμφοτέρῃσι
πῖνε χαλίκρητον λαρὸν μέθυ, δεύετο δ' οἴνῳ
χείλεα κυάνεαί τε γενειάδες. οἱ δ' ὁμάδησαν

LIVRO I   51

"O destino e a necessidade que os deuses vos reservam é para cá   440
retornardes trazendo o tosão, mas nesse ínterim, durante a ida
e durante a volta, inumeráveis são os trabalhos.
Quanto a mim, foi determinado por uma divina sorte
odiosa morrer em algum lugar longínquo, em solo asiático.
Conhecendo com antecedência, por funesto augúrio,   445
a minha sina, abandonei a pátria para embarcar
na nau e, ao embarcar, deixar boa glória em minha casa."
Assim ele disse. Os jovens, ao ouvirem a profecia sobre o retorno,
alegraram-se, mas também se afligiram pela sorte de Idmão.
No momento em que o sol ultrapassa o meio-dia   450
e, aos poucos, os campos são sombreados pelos rochedos,
quando o sol se deita sob o crepúsculo vespertino,
então todos, após estenderem sobre a areia
uma espessa folhagem ao longo da grisalha praia,
deitaram-se em sequência. Ao lado deles havia incontáveis   455
alimentos e o delicioso vinho que os escanções serviam
em jarras. Em seguida conversavam entre si
como os jovens, em meio ao banquete e ao vinho,
agradavelmente se divertem, na ausência do pernicioso excesso.
O Esônida, ao contrário, estava hesitante e consigo próprio   460
refletia sobre cada detalhe com uma triste aparência.
Ao percebê-lo, Idas o censurou em voz alta:
"Esônida, que plano revolves no pensamento?
Anuncia entre nós o teu desígnio. Ou, por acaso, te doma
o pavor repentino que assusta os homens covardes?   465
Juro por essa lança impetuosa com a qual, nas guerras, alcanço
maior renome que os demais – nem mesmo me é tão útil
Zeus quanto minha lança – que não haverá um vil
sofrimento nem um trabalho impossível
enquanto Idas te seguir, mesmo se um deus se opuser.   470
Trazes contigo, de Arene, tal defensor."
Disse e, segurando o copo cheio com as duas mãos,
bebia o delicioso vinho puro molhando
os lábios e a negra barba. Todos bradaram

52 ARGONÁUTICAS

475 πάντες ὁμῶς, Ἴδμων δὲ καὶ ἀμφαδίην ἀγόρευσεν·
"Δαιμόνιε, φρονέεις ὀλοφώια καὶ πάρος αὐτῷ,
ἠέ τοι εἰς ἄτην ζωρὸν μέθυ θαρσαλέον κῆρ
οἰδάνει ἐν στήθεσσι, θεοὺς δ᾽ ἀνέηκεν ἀτίζειν;
ἄλλοι μῦθοι ἔασι παρήγοροι οἷσί περ ἀνήρ
480 θαρσύνοι ἕταρον· σὺ δ᾽ ἀτάσθαλα πάμπαν ἔειπας.
τοῖα φάτις καὶ τοὺς πρὶν ἐπιφλύειν μακάρεσσιν
υἷας Ἀλωιάδας, οἷς οὐδ᾽ ὅσον ἰσοφαρίζεις
ἠνορέην, ἔμπης δὲ θοοῖς ἐδάμησαν ὀιστοῖς
ἄμφω Λητοΐδαο, καὶ ἴφθιμοί περ ἐόντες."
485 Ὣς ἔφατ᾽· ἐκ δ᾽ ἐγέλασσεν ἄδην Ἀφαρήιος Ἴδας,
καί μιν ἐπιλλίζων ἠμείβετο κερτομίοισιν·
"Ἄγρει νυν τόδε σῆσι θεοπροπίῃσιν ἐνίσπες,
εἰ καὶ ἐμοὶ τοιόνδε θεοὶ τελέουσιν ὄλεθρον
οἷον Ἀλωιάδῃσι πατὴρ τεὸς ἐγγυάλιξε·
490 φράζεο δ᾽ ὅππως χεῖρας ἐμὰς σόος ἐξαλέαιο,
χρειὼ θεσπίζων μεταμώνιον εἴ κεν ἀλῴης."
Χώετ᾽ ἐνιπτάζων· προτέρω δέ κε νεῖκος ἐτύχθη,
εἰ μὴ δηριόωντας ὁμοκλήσαντες ἑταῖροι
αὐτός τ᾽ Αἰσονίδης κατερήτυεν· †ἂν δὲ καὶ† Ὀρφεύς,
495 λαιῇ ἀνασχόμενος κίθαριν, πείραζεν ἀοιδῆς.
Ἤειδεν δ᾽ ὡς γαῖα καὶ οὐρανὸς ἠδὲ θάλασσα,
τὸ πρὶν ἔτ᾽ ἀλλήλοισι μιῇ συναρηρότα μορφῇ,
νείκεος ἐξ ὀλοοῖο διέκριθεν ἀμφὶς ἕκαστα·
ἠδ᾽ ὡς ἔμπεδον αἰὲν ἐν αἰθέρι τέκμαρ ἔχουσιν
500 ἄστρα, σεληναίης τε καὶ ἠελίοιο κέλευθοι·
οὔρεά θ᾽ ὡς ἀνέτειλε, καὶ ὡς ποταμοὶ κελάδοντες
αὐτῇσιν νύμφῃσι καὶ ἑρπετὰ πάντ᾽ ἐγένοντο.
ἤειδεν δ᾽ ὡς πρῶτον Ὀφίων Εὐρυνόμη τε
Ὠκεανὶς νιφόεντος ἔχον κράτος Οὐλύμποιο·
505 ὥς τε βίῃ καὶ χερσὶν ὁ μὲν Κρόνῳ εἴκαθε τιμῆς,
ἡ δὲ Ῥέῃ, ἔπεσον δ᾽ ἐνὶ κύμασιν Ὠκεανοῖο·
οἱ δὲ τέως μακάρεσσι θεοῖς Τιτῆσιν ἄνασσον,
ὄφρα Ζεὺς ἔτι κοῦρος, ἔτι φρεσὶ νήπια εἰδώς,
Δικταῖον ναίεσκεν ὑπὸ σπέος, οἱ δέ μιν οὔπω

LIVRO I

ao mesmo tempo e Idmão dirigiu-lhe a palavra abertamente: 475
"Desgraçado, desde antes já pensas coisas malfazejas
ou o vinho puro infla, no teu peito, um coração
audacioso para a ruína e te leva a desprezar os deuses?
Há outras palavras de exortação com as quais um homem
encoraja outro, mas tu disseste impiedades. 480
Dizem que, outrora, assim também os afortunados foram injuriados
pelos filhos de Aloeu, com os quais nem um pouco te igualas
em vigor, no entanto ambos foram domados pelas ágeis
flechas do Letida, apesar de serem robustos."
Assim falou. Idas, filho de Afareu, riu copiosamente 485
e, piscando os olhos, respondeu-lhe com ultrajes:
"Vamos, diz, por meio dos teus vaticínios,
se também a mim os deuses reservam uma morte
semelhante à que teu pai concedeu aos filhos de Aloeu.
Mas pensa em como escaparás salvo de minhas mãos 490
se fores pego predizendo uma vã profecia."
Ele o censurava encolerizado. A querela teria continuado
se os companheiros e o próprio Esônida não os interpelassem
e retivessem os contendentes. E Orfeu,
erguendo a cítara com a mão esquerda, ensaiava um canto. 495
Ele cantava como a terra, o céu e o mar,
outrora confundidos entre si numa forma única,
foram separados por conta de uma funesta discórdia;
e como, no éter, os astros e as rotas da lua e do sol
sempre possuem uma demarcação fixa; 500
como as montanhas se ergueram e como os rios sonoros,
com suas próprias ninfas, e todos os animais surgiram.
Ele cantava como, no princípio, Ofião e Eurínome,
a Oceanide, tinham o domínio do Olimpo nevado;
e como, pela força dos braços, eles cederam a honra a Crono 505
e Reia e caíram em meio às ondas do Oceano.
Então ambos reinaram sobre os afortunados deuses Titãs,
enquanto Zeus, ainda jovem, ainda com espírito pueril,
morava na gruta de Dicte. Os ciclopes nascidos da terra

54   ARGONÁUTICAS

510 γηγενέες Κύκλωπες ἐκαρτύναντο κεραυνῷ,
βροντῇ τε στεροπῇ τε· τὰ γὰρ Διὶ κῦδος ὀπάζει.
Ἦ, καὶ ὁ μὲν φόρμιγγα σὺν ἀμβροσίῃ σχέθεν αὐδῇ·
τοὶ δ᾽ ἄμοτον λήξαντος ἔτι προύχοντο κάρηνα,
πάντες ὁμῶς ὀρθοῖσιν ἐπ᾽ οὔασιν ἠρεμέοντες
515 κηληθμῷ· τοῖόν σφιν ἐνέλλιπε θέλκτρον ἀοιδῆς.
οὐδ᾽ †ἐπὶ δὴν μετέπειτα κερασσάμενοι Διὶ λοιβάς,
ᾗ θέμις, ἑστηῶτες ἐπὶ γλώσσῃσι χέοντο
αἰθομέναις, ὕπνου δὲ διὰ κνέφας ἐμνώοντο.
Αὐτὰρ ὅτ᾽ αἰγλήεσσα φαεινοῖς ὄμμασιν Ἠώς
520 Πηλίου αἰπεινὰς ἴδεν ἄκριας, ἐκ δ᾽ ἀνέμοιο
εὔδιοι ἐκλύζοντο τινασσομένης ἁλὸς ἀκταί,
δὴ τότ᾽ ἀνέγρετο Τῖφυς, ἄφαρ δ᾽ ὀρόθυνεν ἑταίρους
βαινέμεναί τ᾽ ἐπὶ νῆα καὶ ἀρτύνασθαι ἐρετμά.
σμερδαλέον δὲ λιμὴν Παγασήιος ἠδὲ καὶ αὐτή
525 Πηλιὰς ἴαχεν Ἀργὼ ἐπισπέρχουσα νέεσθαι·
ἐν γάρ οἱ δόρυ θεῖον ἐλήλατο, τό ῥ᾽ ἀνὰ μέσσην
στεῖραν Ἀθηναίη Δωδωνίδος ἥρμοσε φηγοῦ.
οἱ δ᾽ ἀνὰ σέλματα βάντες ἐπισχερὼ ἀλλήλοισιν,
ὡς ἐδάσαντο πάροιθεν ἐρεσσέμεν, ᾧ ἐνὶ χώρῳ
530 εὐκόσμως σφετέροισι παρ᾽ ἔντεσιν ἑδριόωντο·
μέσσῳ δ᾽ Ἀγκαῖος μέγα τε σθένος Ἡρακλῆος
ἵζανον, ἄγχι δέ οἱ ῥόπαλον θέτο· καί οἱ ἔνερθε
ποσσὶν ὑπεκλύσθη νηὸς τρόπις. εἵλκετο δ᾽ ἤδη
πείσματα καὶ μέθυ λεῖβον ὕπερθ᾽ ἁλός, αὐτὰρ Ἰήσων
535 δακρυόεις γαίης ἀπὸ πατρίδος ὄμματ᾽ ἔνεικεν.
οἱ δ᾽, ὥστ᾽ ἠίθεοι Φοίβῳ χορὸν ἢ ἐνὶ Πυθοῖ
ἤ που ἐν Ὀρτυγίῃ ἢ ἐφ᾽ ὕδασιν Ἰσμηνοῖο
στησάμενοι, φόρμιγγος ὑπαὶ περὶ βωμὸν ὁμαρτῇ
ἐμμελέως κραιπνοῖσι πέδον ῥήσσωσι πόδεσσιν –
540 ὣς οἱ ὑπ᾽ Ὀρφῆος κιθάρῃ πέπληγον ἐρετμοῖς
πόντου λάβρον ὕδωρ, ἐπὶ δὲ ῥόθια κλύζοντο·
ἀφρῷ δ᾽ ἔνθα καὶ ἔνθα κελαινὴ κήκιεν ἅλμη
δεινὸν μορμύρουσα περισθενέων μένει ἀνδρῶν,
στράπτε δ᾽ ὑπ᾽ ἠελίῳ φλογὶ εἴκελα νηὸς ἰούσης

LIVRO I

ainda não o haviam tornado forte com o raio,   510
o trovão e o relâmpago. Pois é isso que concede renome a Zeus.
Disse e reteve, ao mesmo tempo, a forminge e sua divina voz.
Quando terminou, todos avidamente ainda esticavam
a cabeça com os ouvidos atentos, paralisados
pela sedução. Ele assim os fascinara por meio do canto.   515
Pouco depois, mesclando as libações a Zeus,
como é o costume, de pé as verteram sobre as línguas ardentes
das vítimas e, em seguida, ocuparam-se do sono durante a noite.
Mas quando a resplandecente Aurora com olhos brilhantes
viu os altos cumes do Pelião e, por conta do vento,   520
os tranquilos promontórios eram golpeados pelo mar agitado,
então Tífis despertou e prontamente incitou os companheiros
a embarcarem na nau e ajustarem os remos.
Terrivelmente gritou o porto de Págasas e a
própria Argo Pelíade, ansiosa por partir.   525
Pois ela possuía, incrustada, uma viga divina do carvalho
de Dodona ajustada por Atena no meio da quilha.
Dirigindo-se aos seus bancos, um após o outro,
nos lugares em que antes haviam sorteado para remar,
sentaram-se ordenadamente ao lado das armas.   530
No meio, Anceu e a grande robustez de Héracles
tomaram assento e, perto de si, ele pôs a clava. Sob seus pés
a carena da nau submergiu. Logo puxavam
as amarras e vertiam vinho sobre o mar. Jasão,
lacrimejando, desviou os olhos da terra pátria.   535
Como os jovens em Pito ou em Ortígia ou próximo
 às águas do Ismeno formam um coro a Febo,
ao som da forminge e ao redor do altar, ao mesmo tempo
golpeando ritmicamente o solo com ágeis pés;
assim, ao som da cítara de Orfeu, eles feriam com remos   540
a impetuosa água do mar quebrando as ondas.
A sombria água marinha jorrava por toda parte, espumosa,
num murmúrio espantoso causado pela força dos robustos homens.
As armas brilhavam sob o sol, semelhantes a uma chama,

545 τεύχεα· μακραὶ δ᾽ αἰὲν ἐλευκαίνοντο κέλευθοι,
ἀτραπὸς ὣς χλοεροῖο διειδομένη πεδίοιο.

πάντες δ᾽ οὐρανόθεν λεῦσσον θεοὶ ἥματι κείνῳ
νῆα καὶ ἡμιθέων ἀνδρῶν γένος, οἳ τότ᾽ ἄριστοι
πόντον ἐπιπλώεσκον· ἐπ᾽ ἀκροτάτῃσι δὲ νύμφαι
550 Πηλιάδες σκοπιῇσιν ἐθάμβεον, εἰσορόωσαι
ἔργον Ἀθηναίης Ἰτωνίδος ἠδὲ καὶ αὐτούς
ἥρωας χείρεσσιν ἐπικραδάοντας ἐρετμά·
αὐτὰρ ὅγ᾽ ἐξ ὑπάτου ὄρεος κίεν ἄγχι θαλάσσης
Χείρων Φιλλυρίδης, πολιῇ δ᾽ ἐπὶ κύματος ἀγῇ
555 τέγγε πόδας, καὶ πολλὰ βαρείῃ χειρὶ κελεύων
νόστον ἐπευφήμησεν ἀπηρέα νισσομένοισιν·
σὺν καί οἱ παράκοιτις, ἐπωλένιον φορέουσα
Πηλεΐδην Ἀχιλῆα, φίλῳ δειδίσκετο πατρί.
Οἱ δ᾽ ὅτε δὴ λιμένος περιηγέα κάλλιπον ἀκτήν
560 φραδμοσύνῃ μήτι τε δαΐφρονος Ἀγνιάδαο
Τίφυος, ὅς ῥ᾽ ἐνὶ χερσὶν ἐΰξοα τεχνηέντως
πηδάλι᾽ ἀμφιέπεσκ᾽, ὄφρ᾽ ἔμπεδον ἐξιθύνοι,
δή ῥα τότε μέγαν ἱστὸν ἐνεστήσαντο μεσόδμῃ,
δῆσαν δὲ προτόνοισι, τανυσσάμενοι ἑκάτερθεν·
565 κὰδ δ᾽ αὐτοῦ λίνα χεῦαν, ἐπ᾽ ἠλακάτην ἐρύσαντες,
ἐν δὲ λιγὺς πέσεν οὖρος· ἐπ᾽ ἰκριόφιν δὲ κάλωας
ξεστῇσιν περόνῃσι διακριδὸν ἀμφιβαλόντες
Τισαίην εὔκηλοι ὑπὲρ δολιχὴν θέον ἄκρην.
τοῖσι δὲ φορμίζων εὐθήμονι μέλπεν ἀοιδῇ
570 Οἰάγροιο πάις Νηοσσόον εὐπατέρειαν
Ἄρτεμιν, ἣ κείνας σκοπιὰς ἁλὸς ἀμφιέπεσκεν
ῥυομένη καὶ γαῖαν Ἰωλκίδα. τοὶ δὲ βαθείης
ἰχθύες ἀΐσσοντες ὕπερθ᾽ ἁλός, ἄμμιγα παύροις
ἄπλετοι, ὑγρὰ κέλευθα διασκαίροντες ἕποντο·
575 ὡς δ᾽ ὁπότ᾽ ἀγραύλοιο μετ᾽ ἴχνια σημαντῆρος
μυρία μῆλ᾽ ἐφέπονται ἄδην κεκορημένα ποίης
εἰς αὖλιν, ὁ δέ τ᾽ εἶσι πάρος, σύριγγι λιγείῃ
καλὰ μελιζόμενος νόμιον μέλος – ὣς ἄρα τοίγε
ὡμάρτευν· τὴν δ᾽ αἰὲν ἐπασσύτερος φέρεν οὖρος.

LIVRO I

enquanto a nau seguia. As longas rotas embranqueciam, 545
como uma vereda perceptível ao longo da planície verde.
Naquele dia todos os deuses contemplavam, do céu,
a nau e a raça dos semideuses, os melhores
que navegavam pelo mar. Nos mais elevados cumes,
as ninfas Pelíades se espantavam ao observar 550
a obra de Atena Itônide e os próprios
heróis agitando os remos com as suas mãos.
Da mais alta montanha, Quirão Filírida veio
para perto do mar. Na orla grisalha pelas ondas,
ele molhava os pés e muito os exortava com vigorosa mão, 555
desejando-lhes, ao partirem, um retorno sem danos.
Com ele a esposa levava em seus braços
Aquiles Pelida e o mostrava ao caro pai.
Quando deixaram para trás a costa circular do porto,
graças à prudência e à astúcia do habilidoso Tífis 560
Hagníada, que, em suas mãos, manejava com técnica
o bem polido leme de modo a guiá-lo com firmeza,
ergueram o grande mastro sobre a carlinga
e o prenderam com estais esticados de uma parte à outra.
Soltaram as velas após içá-las até o alto do mastro. 565
Uma brisa melodiosa as embalou. No convés, enrolavam
separadamente as adriças em torno dos polidos cunhos,
enquanto ultrapassavam, tranquilos, o largo promontório Tiseu.
Ao som da forminge, o filho de Eagro a eles celebrava,
com harmonioso canto, a Guardiã das Naus, de nobre pai, 570
Ártemis, que vela por aqueles cumes marinhos
e, ao mesmo tempo, também protege a terra de Iolco. Os peixes
saltavam para fora do mar profundo, grandes mesclados
a pequenos, e seguiam aos pulos as úmidas rotas.
Como quando, atrás das pegadas de um rústico pastor, 575
seguem inúmeras ovelhas bem fartas de folhagem
até o aprisco, enquanto ele vai à frente com a melodiosa siringe,
entoando belamente um canto pastoral; assim os peixes
acompanhavam a nau, sempre carregada pelo impetuoso vento.

58   ARGONÁUTICAS

580 Αὐτίκα δ' ἠερίη πολυλήιος αἶα Πελασγῶν
δύετο, Πηλιάδας δὲ παρεξήμειβον ἐρίπνας,
αἰὲν ἐπιπροθέοντες, ἔδυνε δὲ Σηπιὰς ἄκρη·
φαίνετο δ' εἰναλίη Σκίαθος, φαίνοντο δ' ἄπωθεν
Πειρεσιαὶ Μάγνησσά θ' ὑπεύδιος ἠπείροιο
585 ἀκτὴ καὶ τύμβος Δολοπήιος. ἔνθ' ἄρα τοίγε
ἑσπέριοι ἀνέμοιο παλιμπνοίῃσιν ἔκελσαν·
καί μιν κυδαίνοντες ὑπὸ κνέφας ἔντομα μήλων
κεῖαν ὀρινομένης ἁλὸς οἴδματι, διπλόα δ' ἀκταῖς
ἤματ' ἐλινύεσκον. ἀτὰρ τριτάτῳ προέηκαν
590 νῆα, τανυσσάμενοι περιώσιον ὑψόθι λαῖφος·
τὴν δ' ἀκτὴν Ἀφέτας Ἀργοῦς ἔτι κικλήσκουσιν.
Ἔνθεν δὲ προτέρωσε παρεξέθεον Μελίβοιαν,
ἀκτήν τ' αἰγιαλόν τε δυσήνεμον †εἰσορόωντες·
ἠῶθεν δ' Ὁμόλην αὐτοσχεδὸν εἰσορόωντες
595 πόντῳ κεκλιμένην παρεμέτρεον. οὐδ' ἔτι δηρόν
μέλλον ὑπὲκ ποταμοῖο βαλεῖν Ἀμύροιο ῥέεθρα·
κεῖθεν δ' Εὐρυμένας τε πολυκλύστους τε φάραγγας
Ὄσσης Οὐλύμποιό τ' ἐσέδρακον, αὐτὰρ ἔπειτα
κλίτεα Παλλήναια, Καναστραίην ὑπὲρ ἄκρην,
600 ἤνυσαν, ἐννύχιοι πνοιῇ ἀνέμοιο θέοντες.
ἦρι δὲ νισσομένοισιν Ἄθω ἀνέτειλε κολώνη
Θρηικίη, ἣ τόσσον ἀπόπροθι Λῆμνον ἐοῦσαν
ὅσσον ἐς ἔνδιόν κεν εὔστολος ὁλκὰς ἀνύσσαι,
ἀκροτάτη κορυφῇ σκιάει καὶ ἐσάχρι Μυρίνης.
605 τοῖσιν δ' αὐτῆμαρ μὲν ἄεν καὶ ἐπὶ κνέφας οὖρος
πάγχυ μάλ' ἀκραής, τετάνυστο δὲ λαίφεα νηός·
αὐτὰρ ἅμ' ἠελίοιο βολαῖς ἀνέμοιο λιπόντος,
εἰρεσίῃ κραναὴν Σιντηίδα νῆσον ἵκοντο.
Ἔνθ' ἄμυδις πᾶς δῆμος ὑπερβασίῃσι γυναικῶν
610 νηλειῶς δέδμητο παροιχομένῳ λυκάβαντι.
δὴ γὰρ κουριδίας μὲν ἀπηνήναντο γυναῖκας
ἀνέρες ἐχθήραντες, ἔχον δ' ἐπὶ ληιάδεσσι
τρηχὺν ἔρον, ἃς αὐτοὶ ἀγίνεον ἀντιπέρηθεν
Θρηικίην δῃοῦντες· ἐπεὶ χόλος αἰνὸς ὄπαζε

LIVRO I   59

Logo a terra dos pelasgos, rica em trigo, mergulhava   580
na bruma e, ao navegarem adiante, passavam ao longo
dos penedos do Pelião e o promontório de Sépias mergulhava.
Escíato aparece no mar e, por conta do céu claro,
ao longe aparecem Pirésias, a costa da Magnésia
e a tumba de Dólops. Aí eles atracaram a nau   585
durante a tarde, por causa dos ventos contrários.
E em sua honra, ao crepúsculo, queimaram algumas ovelhas
sacrificadas, enquanto o mar era agitado pelas ondas. Por dois
dias permaneceram na costa, mas no terceiro partiram
na nau, esticando até o alto a enorme vela.   590
Essa costa ainda é chamada Partida de Argo.
Mais à frente, eles passaram pela Melibeia
e contemplaram a costa e a praia batida pelos ventos.
Logo contemplando, desde a aurora, Hômola,
situada no mar, contornaram-na. Pouco depois   595
estavam prestes a ultrapassar a correnteza do rio Amiro.
De lá fitaram Eurímenas e os penhascos do Ossa
e do Olimpo, batidos pelas ondas, mas em seguida
passaram pelas colinas de Palene, além do promontório
de Canastra, ao navegarem com o sopro do vento durante a noite.   600
De manhã, ao seguirem, ergueu-se o trácio monte
Atos que, estando tão longe de Lemnos quanto
o percurso de uma embarcação bem equipada até o meio-dia,
com altíssimo cume estendia sua sombra até Mirina.
Durante o dia e até o crepúsculo, soprou-lhes uma brisa   605
muito forte e as velas da nau estavam estendidas.
Mas depois de o vento partir com os raios do sol,
chegaram, com remos, à rochosa ilha Síntia.
Lá, por um crime cometido pelas mulheres, os homens do povo
foram assassinados impiedosamente no ano anterior.   610
Pois haviam rejeitado suas esposas legítimas,
motivados pelo ódio, mas mantinham um fervoroso
amor pelas cativas trazidas da costa oposta,
após saquearem a Trácia. Perseguia-os a terrível cólera

615 Κύπριδος, οὕνεκά μιν γεράων ἐπὶ δηρὸν ἄτισσαν.
ὦ μέλεαι ζήλοιό τ' ἐπισμυγερῶς ἀκόρητοι·
οὐκ οἶον σὺν τῆσιν ἑοὺς ἔρραισαν ἀκοίτας
ἀμφ' εὐνῇ, πᾶν δ' ἄρσεν ὁμοῦ γένος, ὥς κεν ὀπίσσω
μή τινα λευγαλέοιο φόνου τείσειαν ἀμοιβήν.
620 οἴη δ' ἐκ πασέων γεραροῦ περιφείσατο πατρός
Ὑψιπύλεια Θόαντος, ὃ δὴ κατὰ δῆμον ἄνασσε,
λάρνακι δ' ἐν κοίλῃ μιν ὕπερθ' ἁλὸς ἧκε φέρεσθαι,
αἴ κε φύγῃ. καὶ τὸν μὲν ἐς Οἰνοίην ἐρύσαντο
(πρόσθεν, ἀτὰρ Σίκινόν γε μεθύστερον αὐδηθεῖσαν)
625 νῆσον ἐπακτῆρες (Σικίνου ἄπο, τόν ῥα Θόαντι
νηιὰς Οἰνοίη νύμφη τέκεν εὐνηθεῖσα)·
τῇσι δὲ βουκόλιαί τε βοῶν χάλκειά τε δύνειν
τεύχεα πυροφόρους τε διατμήξασθαι ἀρούρας
ῥηίτερον πάσῃσιν Ἀθηναίης πέλεν ἔργων,
630 οἷς αἰεὶ τὸ πάροιθεν ὁμίλεον. ἀλλὰ γὰρ ἔμπης
ἦ θαμὰ δὴ πάπταινον ἐπὶ πλατὺν ὄμμασι πόντον
δείματι λευγαλέῳ ὁπότε Θρήικες ἴασι·
τῷ καὶ ὅτ' ἐγγύθι νήσου ἐρεσσομένην ἴδον Ἀργώ,
αὐτίκα πασσυδίῃ πυλέων ἔκτοσθε Μυρίνης
635 δήια τεύχεα δῦσαι ἐς αἰγιαλὸν προχέοντο,
Θυιάσιν ὠμοβόροις ἴκελαι, φὰν γάρ που ἱκάνειν
Θρήικας· ἡ δ' ἅμα τῇσι Θοαντιὰς Ὑψιπύλεια
δῦν' ἐνὶ τεύχεσι πατρός. ἀμηχανίῃ δ' ἔσχοντο
ἄφθογγοι, τοῖόν σφιν ἐπὶ δέος ἠωρεῖτο.
640 Τείως δ' αὖτ' ἐκ νηὸς ἀριστῆες προέηκαν
Αἰθαλίδην κήρυκα θοόν, τῷπέρ τε μέλεσθαι
ἀγγελίας καὶ σκῆπτρον ἐπέτραπον Ἑρμείαο
σφωιτέροιο τοκῆος, ὅ οἱ μνῆστιν πόρε πάντων
ἄφθιτον· οὐδ' ἔτι νῦν περ ἀποιχομένου Ἀχέροντος
645 δίνας ἀπροφάτους ψυχὴν ἐπιδέδρομε λήθη·
ἀλλ' ἥγ' ἔμπεδον αἰὲν ἀμειβομένη μεμόρηται,
ἄλλοθ' ὑποχθονίοις ἐναρίθμιος, ἄλλοτ' ἐς αὐγάς
ἠελίου ζωοῖσι μετ' ἀνδράσιν – ἀλλὰ τί μύθους
Αἰθαλίδεω χρειώ με διηνεκέως ἀγορεύειν;

LIVRO I   61

de Cípris, porque há muito tempo a privaram de honras.   615
Ó infelizes, lamentavelmente vítimas do insaciável ciúme.
Não somente aniquilaram seus esposos com as cativas
na cama, mas também toda a raça masculina, para que, no porvir,
não fossem castigadas por conta desse deplorável assassinato.
De todas somente Hipsípile, filha de Toante, poupou   620
o venerável pai, que reinava sobre o povo,
e o colocou numa côncava urna para que, levado pelo mar,
fugisse. Os pescadores o puxaram em direção à ilha
Eneia, outrora assim chamada, mas posteriormente Sicino,
cujo nome deriva de Sicino, gerado quando   625
a ninfa náiade Eneia deitou-se com Toante.
A todas essas mulheres os rebanhos de bois, vestir
as brônzeas armas e arar os campos férteis em trigo
eram atividades mais fáceis que os trabalhos de Atena,
dos quais antes sempre se ocupavam. No entanto   630
com frequência fixavam os olhos sobre o vasto mar,
deploravelmente temendo quando os trácios viriam.
Por isso quando, perto da ilha, viram Argo empurrada por remos,
logo, todas juntas, saindo dos portões de Mirina,
espalhavam-se pela praia vestidas com armas hostis,   635
semelhantes às tíades comedoras de carne crua, pois diziam
que os trácios haviam chegado. Com elas Hipsípile Toantíade
vestia as armas do pai. Por conta da incerteza, mantinham-se
sem voz, tamanho era o pavor que as acometia.
Enquanto isso, os valorosos enviaram da nau   640
o ágil arauto Etálida, a quem haviam confiado
ocupar-se das mensagens e do cetro de Hermes,
seu genitor, que lhe concedera imperecível memória
de todas as coisas. Nem mesmo agora que partiu para os indizíveis
turbilhões do Aqueronte o esquecimento penetrou sua alma.   645
Mas lhe coube por destino uma eterna alternância,
ora contando entre os que estão sob a terra, ora entre
os homens que vivem à luz do sol. Mas qual a necessidade
de eu relatar continuamente essas histórias sobre Etálida?

62 ARGONÁUTICAS

650 ὅς ῥα τόθ᾽ Ὑψιπύλην μειλίξατο δέχθαι ἰόντας
ἤματος ἀνομένοιο διὰ κνέφας. οὐδὲ μὲν ἠοῖ
πείσματα νηὸς ἔλυσαν ἐπὶ πνοιῇ βορέαο.
Λημνιάδες δὲ γυναῖκες ἀνὰ πτόλιν ἷζον ἰοῦσαι
εἰς ἀγορήν, αὐτὴ γὰρ ἐπέφραδεν Ὑψιπύλεια.
655 καί ῥ᾽ ὅτε δὴ μάλα πᾶσαι ὁμιλαδὸν ἠγερέθοντο,
αὐτίκ᾽ ἄρ᾽ ἥγ᾽ ἐνὶ τῇσιν ἐποτρύνουσ᾽ ἀγόρευεν·
"Ὦ φίλαι, εἰ δ᾽ ἄγε δὴ μενοεικέα δῶρα πόρωμεν
ἀνδράσιν, οἷά τ᾽ ἔοικεν ἄγειν ἐπὶ νηὸς ἔχοντας,
ἤια καὶ μέθυ λαρόν, ἵν᾽ ἔμπεδον ἔκτοθι πύργων
660 μίμνοιεν, μηδ᾽ ἄμμε κατὰ χρειὼ μεθέποντες
ἀτρεκέως γνώωσι, κακὴ δ᾽ ἐπὶ πολλὸν ἵκηται
βάξις, ἐπεὶ μέγα ἔργον ἐρέξαμεν· οὐδέ τι πάμπαν
θυμηδὲς καὶ τοῖσι τόγ᾽ ἔσσεται εἴ κε δαεῖεν.
ἡμετέρη μὲν νῦν τοίη παρενήνοθε μῆτις·
665 ὑμέων δ᾽ εἴ τις ἄρειον ἔπος μητίσεται ἄλλη,
εἰρέσθω· τοῦ γάρ τε καὶ εἵνεκα δεῦρο κάλεσσα."
Ὡς ἄρ᾽ ἔφη, καὶ θῶκον ἐφίζανε πατρὸς ἑοῖο
λάινον. αὐτὰρ ἔπειτα φίλη τροφὸς ὦρτο Πολυξώ.
γήραϊ δὴ ῥικνοῖσιν ἐπισκάζουσα πόδεσσιν,
670 βάκτρῳ ἐρειδομένη, πέρι δὲ μενέαιν᾽ ἀγορεῦσαι·
τῇ καὶ παρθενικαὶ πίσυρες σχεδὸν ἑδριόωντο
ἀδμῆτες, λευκῇσιν ἐπιχνοάουσαι ἐθείραις.
στῆ δ᾽ ἄρ᾽ ἐνὶ μέσσῃ ἀγορῇ, ἀνὰ δ᾽ ἔσχεθε δειρήν
ἦκα μόλις κυφοῖο μεταφρένου, ὦδέ τ᾽ ἔειπεν·
675 "Δῶρα μέν, ὡς αὐτῇ περ ἐφανδάνει Ὑψιπυλείῃ,
πέμπωμεν ξείνοισιν, ἐπεὶ καὶ ἄρειον ὀπάσσαι·
ὕμμι γε μὴν τίς μῆτις ἐπαυρέσθαι βιότοιο,
αἴ κεν ἐπιβρίσῃ Θρήιξ στρατὸς ἠέ τις ἄλλος
δυσμενέων, ἅ τε πολλὰ μετ᾽ ἀνθρώποισι πέλονται,
680 ὡς καὶ νῦν ὅδ᾽ ὅμιλος ἀνωίστως ἐφικάνει;
εἰ δὲ τὸ μὲν μακάρων τις ἀποτρέποι, ἄλλα δ᾽ ὀπίσσω
μυρία δηιοτῆτος ὑπέρτερα πήματα μίμνει.
εὖτ᾽ ἂν δὴ γεραραὶ μὲν ἀποφθινύθωσι γυναῖκες,
κουρότεραι δ᾽ ἄγονοι στυγερὸν ποτὶ γῆρας ἵκησθε,

LIVRO I 63

Ele persuadiu Hipsípile a receber os recém-chegados 650
ao final do dia, durante o crepúsculo. Mas nem na aurora
eles soltaram as amarras da nau, por conta do sopro de Bóreas.
As mulheres lemnienses vinham pela cidade e se sentavam
em assembleia, pois a própria Hipsípile ordenara.
E quando todas, num grande grupo, haviam se reunido, 655
logo, em meio a elas, proferiu um discurso de exortação:
"Ó caras, vamos conceder presentes agradáveis
aos homens, coisas que convêm levar na nau,
provisões e o saboroso vinho, para que sempre permaneçam
fora dos muros e, por necessidade, não nos sigam, 660
descubram com exatidão o ocorrido e se espalhe um funesto
rumor, pois perpetramos um ato terrível. De modo algum
isso lhes alegrará o coração, caso venham a saber.
Tal é o nosso plano agora apresentado.
Se uma outra de vós planeja algo melhor, 665
que diga. Também por esse motivo vos chamei aqui."
Assim ela disse e se sentou sobre o assento pétreo
de seu pai. Em seguida, levantou-se a cara nutriz Polixo,
cambaleando sobre os pés contraídos pela velhice,
apoiando-se num bastão. Contudo desejou falar. 670
Perto dela estavam acomodadas quatro virgens
indômitas, cobertas por branca cabeleira.
Ela se pôs de pé no meio da assembleia, ergueu o pescoço
com dificuldade sobre as costas recurvadas e falou assim:
"Como agrada à própria Hipsípile, enviemos 675
presentes aos estrangeiros, já que é melhor concedê-los.
Mas qual é o vosso plano para garantir a sobrevivência,
caso nos ataque o exército trácio ou algum outro
inimigo, coisas que muitas vezes acontecem entre os homens,
como agora mesmo essa tripulação chega inesperadamente? 680
Mesmo que um dos afortunados nos livre disso, no porvir outros
pesares inumeráveis e superiores à batalha permanecem.
No momento em que as mulheres velhas perecerem
e as mais jovens alcançarem a odiosa velhice estéreis,

685 πῶς τῆμος βώσεσθε, δυσάμμοροι; ἦε βαθείαις
αὐτόματοι βόες ὕμμιν ἐνιζευχθέντες ἀρούραις
γειοτόμον νειοῖο διειρύσσουσιν ἄροτρον,
καὶ πρόκα τελλομένου ἔτεος στάχυν ἀμήσονται;
ἢ μὲν ἐγών, εἰ καί με τὰ νῦν ἔτι πεφρίκασιν
690 Κῆρες, ἐπερχόμενόν που ὀίομαι εἰς ἔτος ἤδη
γαῖαν ἐφέσσεσθαι, κτερέων ἀπὸ μοῖραν ἑλοῦσα
αὔτως ᾗ θέμις ἐστί, πάρος κακότητι πελάσσαι·
ὁπλοτέρῃσι δὲ πάγχυ τάδε φράζεσθαι ἄνωγα.
νῦν γὰρ δὴ παρὰ ποσσὶν ἐπήβολός ἐστ’ ἀλεωρή,
695 εἴ κεν ἐπιτρέψητε δόμους καὶ ληίδα πᾶσαν
ὑμετέρην ξείνοισι καὶ ἀγλαὸν ἄστυ μέλεσθαι.”
Ὣς ἔφατ’· ἐν δ’ ἀγορὴ πλῆτο θρόου, εὔαδε γάρ σφιν
μῦθος· ἀτὰρ μετὰ τήνγε παρασχεδὸν αὖτις ἀνῶρτο
Ὑψιπύλη, καὶ τοῖον ὑποβλήδην ἔπος ηὔδα·
700 “Εἰ μὲν δὴ πάσῃσιν ἐφανδάνει ἥδε μενοινή,
ἤδη κεν μετὰ νῆα καὶ ἄγγελον ὀτρύναιμι.”
Ἦ ῥα, καὶ ἀμφίπολον μετεφώνεεν ἆσσον ἐοῦσαν·
“Ὄρσο μοι, Ἰφινόη, τοῦδ’ ἀνέρος ἀντιόωσα
ἡμετερόνδε μολεῖν ὅστις στόλου ἡγεμονεύει,
705 ὄφρα τί οἱ δήμοιο ἔπος θυμηδὲς ἐνίσπω·
καὶ δ’ αὐτοὺς γαίης τε καὶ ἄστεος, αἴ κ’ ἐθέλωσι,
κέκλεο θαρσαλέως ἐπιβαινέμεν εὐμενέοντας.”
Ἦ, καὶ ἔλυσ’ ἀγορήν· μετὰ δ’ εἰς ἑὸν ὦρτο νέεσθαι.
ὣς δὲ καὶ Ἰφινόη Μινύας ἵκεθ’· οἱ δ’ ἐρέεινον
710 χρεῖος ὅ τι φρονέουσα μετήλυθεν. ὦκα δὲ τούσγε
πασσυδίῃ μύθοισι προσέννεπεν ἐξερέοντας·
“Κούρη τοί μ’ ἐφέηκε Θοαντιὰς ἐνθάδ’ ἰοῦσαν
Ὑψιπύλη καλέειν νηὸς πρόμον ὅστις ὄρωρεν,
ὄφρα τί οἱ δήμοιο ἔπος θυμηδὲς ἐνίσπῃ·
715 καὶ δ’ αὐτοὺς γαίης τε καὶ ἄστεος, αἴ κ’ ἐθέλητε,
κέκλεται αὐτίκα νῦν ἐπιβαινέμεν εὐμενέοντας.”
Ὣς ἄρ’ ἔφη, πάντεσσι δ’ ἐναίσιμος ἥνδανε μῦθος·
Ὑψιπύλην δ’ εἴσαντο καταφθιμένοιο Θόαντος
τηλυγέτην γεγαυῖαν ἀνασσέμεν. ὦκα δὲ τόνγε

LIVRO I 65

como, então, vivereis, infelizes? Acaso em espessos 685
campos vossos bois atrelados vão, por si sós,
puxar por um alqueire o arado que fende a terra
e subitamente, completado um ano, ceifar a espiga?
Na verdade, mesmo que ainda agora eu cause horror
às Ceres, penso que já no ano seguinte a terra 690
terá me coberto e receberei as devidas honras fúnebres,
como é o costume, antes que o pior se aproxime.
Exorto as mais jovens a bem refletir sobre isso.
Pois agora está diante dos vossos pés uma maneira eficaz
de escapar, se confiardes as casas, todos os vossos bens 695
e o governo desta esplêndida cidade aos estrangeiros."
Assim disse. A assembleia se encheu de murmúrios, pois lhes
agradou o discurso. Depois dela, Hipsípile novamente
ergueu-se e respondeu com tais palavras:
"Se este pensamento agrada a todas, 700
enviemos imediatamente um mensageiro até a nau."
Assim disse e se dirigiu a uma serva que estava próxima:
"Ergue-te, Ifínoe, e suplica a esse homem
que comanda a expedição para vir a nosso palácio
a fim de que eu lhe profira a agradável decisão do povo. 705
E também convida os homens, caso queiram, a logo
entrarem, benevolentes, em nossa terra e cidade."
Disse e dissolveu a assembleia. Ergueu-se e retornou à sua casa.
Da mesma forma, Ifínoe se dirigiu até os mínias. Eles perguntavam
o motivo planejado de sua vinda. De imediato ela respondeu 710
aos que lhe questionavam com estas palavras:
"A filha de Toante enviou-me até aqui,
Hipsípile, de modo a convidar o chefe da nau, seja ele quem for,
a fim de que ela lhe profira a agradável decisão do povo.
E também convida os homens, caso queirais, a logo 715
entrardes, benevolentes, em nossa terra e cidade."
Assim disse, e as palavras auspiciosas agradaram a todos.
Pressupuseram que, após a morte de Toante, Hipsípile,
sua cara filha, se tornara soberana. De imediato enviaram

66 ARGONÁUTICAS

720 πέμπον ἴμεν, καὶ δ' αὐτοὶ ἐπεντύνοντο νέεσθαι.
Αὐτὰρ ὅγ' ἀμφ' ὤμοισι, θεᾶς Ἰτωνίδος ἔργον,
δίπλακα πορφυρέην περονήσατο, τήν οἱ ὄπασσε
Παλλάς, ὅτε πρῶτον δρυόχους ἐπεβάλλετο νηός
Ἀργοῦς, καὶ κανόνεσσι δάε ζυγὰ μετρήσασθαι.
725 τῆς μὲν ῥηίτερόν κεν ἐς ἠέλιον ἀνιόντα
ὄσσε βάλοις ἢ κεῖνο μεταβλέψειας ἔρευθος·
δὴ γάρ τοι μέσση μὲν ἐρευθήεσσα τέτυκτο·
ἄκρα δὲ πορφυρέη πάντη πέλεν, ἐν δ' ἄρ' ἑκάστῳ
τέρματι δαίδαλα πολλὰ διακριδὸν εὖ ἐπέπαστο.
730 Ἐν μὲν ἔσαν Κύκλωπες ἐπ' ἀφθίτῳ ἡμμένοι ἔργῳ,
Ζηνὶ κεραυνὸν ἄνακτι πονεύμενοι· ὃς τόσον ἤδη
παμφαίνων ἐτέτυκτο, μιῆς δ' ἔτι δεύετο μοῦνον
ἀκτῖνος· τὴν οἵγε σιδηρείης ἐλάασκον
σφύρησιν, μαλεροῖο πυρὸς ζείουσαν ἀυτμήν.
735 Ἐν δ' ἔσαν Ἀντιόπης Ἀσωπίδος υἱέε δοιώ,
Ἀμφίων καὶ Ζῆθος, ἀπύργωτος δ' ἔτι Θήβη
κεῖτο πέλας· τῆς οἵγε νέον βάλλοντο δομαίους
ἱέμενοι· Ζῆθος μὲν ἐπωμαδὸν ἤερταζεν
οὔρεος ἠλιβάτοιο κάρη, μογέοντι ἐοικώς·
740 Ἀμφίων δ' ἐπὶ οἷ χρυσέῃ φόρμιγγι λιγαίνων
ἤιε, δὶς τόσση δὲ μετ' ἴχνια νίσσετο πέτρη.
Ἑξείης δ' ἤσκητο βαθυπλόκαμος Κυθέρεια
Ἄρεος ὀχμάζουσα θοὸν σάκος, ἐκ δέ οἱ ὤμου
πῆχυν ἔπι σκαιὸν ξυνοχὴ κεχάλαστο χιτῶνος
745 νέρθε παρὲκ μαζοῖο· τὸ δ' ἀντίον ἀτρεκὲς αὕτως
χαλκείῃ δείκηλον ἐν ἀσπίδι φαίνετ' ἰδέσθαι.
Ἐν δὲ βοῶν ἔσκεν λάσιος νομός, ἀμφὶ δὲ τῆσιν
Τηλεβόαι μάρναντο καὶ υἱέες Ἠλεκτρύωνος,
οἱ μὲν ἀμυνόμενοι, ἀτὰρ οἵγ' ἐθέλοντες ἀμέρσαι,
750 λῃσταὶ Τάφιοι· τῶν δ' αἵματι δεύετο λειμών
ἑρσήεις, πολέες δ' ὀλίγους βιόωντο νομῆας.
Ἐν δὲ δύω δίφροι πεπονήατο δηριόωντε·
καὶ τοῦ μὲν προπάροιθε Πέλοψ ἴθυνε τινάσσων
ἡνία, σὺν δέ οἱ ἔσκε παραιβάτις Ἱπποδάμεια·

LIVRO I

Jasão e também eles próprios se prontificaram a ir.   720
Ele afivelou em torno dos ombros a obra da deusa Itônide,
um manto púrpura que lhe fora concedido por
Palas, quando primeiro dispunha as escoras de carvalho
da nau Argo e ensinava a medir as vigas com réguas.
Seria mais fácil ergueres os dois olhos para o sol   725
nascente que contemplares aquele manto vermelho.
Pois, de fato, o centro era avermelhado,
a borda era púrpura e, em cada extremidade,
foram bem bordadas, separadamente, muitas cenas.
Ali estavam os ciclopes compenetrados numa obra imperecível,   730
fabricando para o soberano Zeus o raio. Ele já brilhava
completamente, ainda lhe faltando somente
um lampejo. Eles o forjavam com férreos
martelos, hálito fervente do impetuoso fogo.
Também estavam os dois filhos de Antíope Asópide,   735
Anfião e Zeto, e Tebas ainda sem torres situava-se
perto. Há pouco eles haviam ardorosamente lançado
as pedras fundamentais. Zeto erguia sobre os ombros
o cume de uma montanha elevada e parecia fatigado.
Anfião, depois dele, ia tocando a áurea forminge,   740
e uma rocha duas vezes maior lhe seguia os passos.
Em seguida estava representada a Citereia de espessos cachos,
segurando o ágil broquel de Ares, e de seu ombro
o laço da túnica caía até o braço esquerdo,
por debaixo do seio. Em frente a ela, com exatidão,   745
sua imagem aparecia visível no escudo brônzeo.
Também havia um denso pasto de bois e por eles
os teleboas e os filhos de Electrião lutavam,
estes em defesa, mas aqueles, os piratas táfios,
querendo roubá-los. O prado orvalhado se umedecia   750
com o sangue deles e muitos aniquilavam os poucos pastores.
Também havia dois carros de guerra em disputa.
O da frente era guiado por Pélops, agitando
as rédeas, e Hipodâmia era sua acompanhante.

68 ARGONÁUTICAS

755 τοῦ δὲ μεταδρομάδην ἐπὶ Μυρτίλος ἤλαεν ἵππους,
σὺν τῷ δ᾽ Οἰνόμαος, προτενὲς δόρυ χειρὶ μεμαρπώς,
ἄξονος ἐν πλήμνῃσι παρακλιδὸν ἀγνυμένοιο
πῖπτεν, ἐπεσσύμενος Πελοπήια νῶτα δαΐξαι.
Ἐν καὶ Ἀπόλλων Φοῖβος ὀιστεύων ἐτέτυκτο,
760 βούπαις, οὔπω πολλός, ἐὴν ἐρύοντα καλύπτρης
μητέρα θαρσαλέως Τιτυὸν μέγαν, ὅν ῥ᾽ ἔτεκέν γε
δῖ᾽ Ἐλάρη, θρέψεν δὲ καὶ ἂψ ἐλοχεύσατο Γαῖα.
Ἐν καὶ Φρίξος ἔην Μινυήιος, ὡς ἐτεόν περ
εἰσαΐων κριοῦ, ὁ δ᾽ ἄρ᾽ ἐξενέποντι ἐοικώς.
765 κείνους κ᾽ εἰσορόων ἀκέοις ψεύδοιό τε θυμόν,
ἐλπόμενος πυκινήν τιν᾽ ἀπὸ σφείων ἐσακοῦσαι
βάξιν, ὃ καὶ δηρὸν περιπορπίδα θηήσαιο.
Τοῖ᾽ ἄρα δῶρα θεᾶς Ἰτωνίδος ἦεν Ἀθήνης·
δεξιτερῇ δ᾽ ἕλεν ἔγχος ἑκηβόλον, ὅ ῥ᾽ Ἀταλάντη
770 Μαινάλῳ ἔν ποτέ οἱ ξεινήιον ἐγγυάλιξε,
πρόφρων ἀντομένη, πέρι γὰρ μενέαινεν ἕπεσθαι
τὴν ὁδόν· ἀλλ᾽, ὅσον αὐτὸς ἑκών, ἀπερήτυε κούρην,
δεῖσε γὰρ ἀργαλέας ἔριδας φιλότητος ἕκητι.
Βῆ δ᾽ ἴμεναι προτὶ ἄστυ, φαεινῷ ἀστέρι ἶσος,
775 ὅν ῥά τε νηγατέῃσιν ἐεργόμεναι καλύβῃσιν
νύμφαι θηήσαντο δόμων ὕπερ ἀντέλλοντα,
καί σφισι κυανέοιο δι᾽ αἰθέρος ὄμματα θέλγει
καλὸν ἐρευθόμενος, γάνυται δέ τε ἠιθέοιο
παρθένος ἱμείρουσα μετ᾽ ἀλλοδαποῖσιν ἐόντος
780 ἀνδράσιν, ᾧ κέν μιν μνηστὴν κομέωσι τοκῆες –
τῷ ἴκελος προπόλοιο κατὰ στίβον ἤιεν ἥρως·
καί ῥ᾽ ὅτε δὴ πυλέων τε καὶ ἄστεος ἐντὸς ἔβησαν,
δημότεραι μὲν ὄπισθεν ἐπεκλονέοντο γυναῖκες
γηθόσυναι ξείνῳ· ὁ δ᾽ ἐπὶ χθονὸς ὄμματ᾽ ἐρείσας
785 νίσσετ᾽ ἀπηλεγέως, ὄφρ᾽ ἀγλαὰ δώμαθ᾽ ἵκανεν
Ὑψιπύλης. ἄνεσαν δὲ θύρας προφανέντι θεράπναι
δικλίδας, εὐτύκτοισιν ἀρηρεμένας σανίδεσσιν·
ἔνθα μιν Ἰφινόη κλισμῷ ἔνι παμφανόωντι
ἐσσυμένως καλῆς διὰ παστάδος εἷσεν ἄγουσα

LIVRO I 69

Mirtilo conduzia os cavalos do carro em perseguição,   755
junto de Enomau, que segurava com a mão a lança esticada.
Quando o eixo da roda se rompeu no centro, ele caiu
de lado, no momento em que iria dilacerar as costas de Pélops.
Também havia Febo Apolo, um menino robusto,
ainda não muito crescido, lançando flechas contra o grande   760
Tício, que audaciosamente puxara o véu de sua mãe. Ele fora gerado
pela divina Elara, mas a Terra o nutriu e novamente o pariu.
Também havia o mínia Frixo, como se realmente
estivesse escutando o que o carneiro parecia lhe falar.
Ao vê-los emudecerias e tua compreensão seria enganada,   765
na esperança de escutares deles um consistente
rumor e, por muito tempo, ficarias esperançoso a contemplar.
Tais foram os presentes da deusa Atena Itônide.
Ele pegou com a destra a lança que atinge ao longe,
dada outrora por Atalanta no Mênalo como dom de hospitalidade, 770
quando foi de bom grado a seu encontro, pois muito desejava
segui-lo nessa viagem. Mas ele mesmo decidiu reter a garota,
por temer os dolorosos conflitos provocados pelo amor.
Caminhou até a cidade, semelhante a um astro brilhante
que, reclusas em seus novos aposentos,   775
as recém-casadas contemplam ao se erguer sobre a casa,
e que encanta seus olhos com um belo brilho avermelhado
através do céu escuro; e a virgem se regozija,
desejosa por um rapaz que mora em terra estrangeira,
a quem seus genitores a destinaram como noiva;   780
semelhante a esse astro, o herói seguia o caminho da mensageira.
E quando atravessaram os portões da cidade,
a população feminina se lançava atrás deles,
alegres com o estrangeiro. Fixando os olhos no solo,
ele caminhava sem preocupação até chegar ao esplêndido palácio 785
de Hipsípile. Ao aparecer, as servas lhe abriram as portas
com duplo batente, ajustadas com tábuas bem trabalhadas.
Então Ifínoe logo o conduziu através de um belo pórtico
e o fez sentar sobre uma poltrona toda reluzente,

70 ARGONÁUTICAS

790 ἀντία δεσποίνης. ἡ δ' ἐγκλιδὸν ὄσσε βαλοῦσα
παρθενικὴ ἐρύθηνε παρηίδας· ἔμπα δὲ τόνγε
αἰδομένη μύθοισι προσέννεπεν αἱμυλίοισιν·
"Ξεῖνε, τίη μίμνοντες ἐπὶ χρόνον ἔκτοθι πύργων
ἧσθ' αὕτως; ἐπεὶ οὐ μὲν ὑπ' ἀνδράσι ναίεται ἄστυ,
795 ἀλλὰ Θρηικίης ἐπινάστιοι ἠπείροιο
πυροφόρους ἀρόωσι γύας. κακότητα δὲ πᾶσαν
ἐξερέω νημερτές, ἵν' εὖ γνοίητε καὶ αὐτοί.
εὖτε Θόας ἀστοῖσι πατὴρ ἐμὸς ἐμβασίλευε,
τηνίκα Θρηικίους οἵ τ' ἀντία ναιετάουσι
800 Λήμνου ἀπορνύμενοι λαοὶ πέρθεσκον ἐναύλους
ἐκ νηῶν, αὐτῇσι δ' ἀπείρονα ληίδα κούραις
δεῦρ' ἄγον. οὐλομένη δὲ θεᾶς πορσύνετο μῆνις
Κύπριδος, ἥ τέ σφιν θυμοφθόρον ἔμβαλεν ἄτην·
δὴ γὰρ κουριδίας μὲν ἀπέστυγον ἔκ τε μελάθρων
805 ᾗ ματίῃ εἴξαντες ἀπεσσεύοντο γυναῖκας,
αὐτὰρ ληιάδεσσι δορικτήταις παρίαυον,
σχέτλιοι. ἦ μὲν δηρὸν ἐτέτλαμεν, εἴ κέ ποτ' αὖτις
ὀψὲ μεταστρέψωσι νόον· τὸ δὲ διπλόον αἰεί
πῆμα κακὸν προύβαινεν. ἀτιμάζοντο δὲ τέκνα
810 γνήσι' ἐνὶ μεγάροις, σκοτίη δ' ἄρα θάλλε γενέθλη·
αὕτως δ' ἀδμῆτες κοῦραι, χῆραί τ' ἐπὶ τῇσι
μητέρες, ἂμ πτολίεθρον ἀτημελέες ἀλάληντο·
οὐδὲ πατὴρ ὀλίγον περ ἑῆς ἀλέγιζε θυγατρός,
εἰ καὶ ἐν ὀφθαλμοῖσι δαϊζομένην ὁρόωτο
815 μητρυιῆς ὑπὸ χερσὶν ἀτασθάλου· οὐδ' ἀπὸ μητρός
λώβην ὡς τὸ πάροιθεν ἀεικέα παῖδες ἄμυνον,
οὐδὲ κασιγνήτοισι κασιγνήτη μέλε θυμῷ·
ἀλλ' οἶαι κοῦραι ληίτιδες ἔν τε δόμοισιν
ἔν τε χοροῖς ἀγορῇ τε καὶ εἰλαπίνῃσι μέλοντο,
820 εἰσόκε τις θεὸς ἄμμιν ὑπέρβιον ἔμβαλε θάρσος,
ἂψ ἀνερχομένους Θρηκῶν ἄπο μηκέτι πύργοις
δέχθαι, ἵν' ἢ φρονέοιεν ἅπερ θέμις, ἠέ πῃ ἄλλῃ
αὐταῖς ληιάδεσσιν ἀφορμηθέντες ἵκοιντο.
οἱ δ' ἄρα θεσσάμενοι παίδων γένος ὅσσον ἔλειπτο

LIVRO I
71

diante de sua senhora. Baixando os olhos,   790
a face da virgem se ruborizou. No entanto, mesmo envergonhada,
dirigiu-se a ele com sedutoras palavras:
"Estrangeiro, por que permaneceste por tanto tempo
do lado de fora dos muros, já que a cidade não é habitada
por homens, pois migraram para o continente trácio   795
e aram os campos férteis em trigo? Farei um relato verídico
sobre todo o infortúnio para que também vós bem o conheceis.
Quando Toante, meu pai, reinava sobre os cidadãos,
pessoas do nosso povo partiam dos navios, pilhavam
as moradias dos trácios que habitam diante   800
de Lemnos e traziam para cá, com garotas, um infinito
butim. Cumpriu-se a ira funesta da deusa
Cípris, que lhes inspirou uma loucura destruidora.
Pois passavam a rejeitar as esposas legítimas e, cedendo
à insensatez, expulsavam as mulheres de suas casas   805
enquanto dormiam com as cativas conquistadas pela lança,
infortunados. Suportamos por um tempo, na esperança
de que mais tarde eles novamente mudassem o pensamento, mas
um funesto pesar continuava duplamente a crescer. Desprezavam
os filhos legítimos em seus lares e uma descendência bastarda florescia. 810
Dessa forma, as garotas indômitas, acompanhadas das mães
viúvas, vagavam negligenciadas pela cidadela.
Nem o pai se inquietava, um pouco que fosse, com a filha,
mesmo se a visse, com seus olhos, maltratada
pelas mãos de uma madrasta insensata. Nem os filhos,   815
como antes, protegiam a mãe do ultrajante insulto,
nem os irmãos se preocupavam, em seu ânimo, com a irmã.
Mas somente se preocupavam com as garotas cativas
em casa, nos coros, na ágora e nas festas,
até que um deus nos inspirou a coragem extrema   820
de não mais recebê-los dentro dos muros ao retornarem
da Trácia, para que fossem sensatos quanto ao que é certo
ou partissem para outro lugar com suas cativas.
Depois de reclamarem pelos filhos homens que foram

825 ἄρσεν ἀνὰ πτολίεθρον, ἔβαν πάλιν ἔνθ' ἔτι νῦν περ
Θρηικίης ἄροσιν χιονώδεα †ναιετάουσιν.
τῶ ὑμεῖς στρωφᾶσθ' ἐπιδήμιοι· εἰ δέ κεν αὖθι
ναιετάειν ἐθέλοις καί τοι ἅδοι, ἦ τ' ἂν ἔπειτα
πατρὸς ἐμεῖο Θόαντος ἔχοις γέρας· οὐδέ σ' ὀίω
830 γαῖαν ὀνόσσεσθαι, περὶ γὰρ βαθυλήιος ἄλλων
νήσων Αἰγαίη ὅσαι εἰν ἁλὶ ναιετάουσιν.
ἀλλ' ἄγε νῦν ἐπὶ νῆα κιὼν ἑτάροισιν ἐνίσπες
μύθους ἡμετέρους, μηδ' ἔκτοθι μίμνε πόληος."
Ἴσκεν, ἀμαλδύνουσα φόνου τέλος οἷον ἐτύχθη
835 ἀνδράσιν· αὐτὰρ ὁ τήνγε παραβλήδην προσέειπεν·
"Ὑψιπύλη, μάλα κεν θυμηδέος ἀντιάσαιμεν
χρησμοσύνης ἣν ἄμμι σέθεν χατέουσιν ὀπάζεις.
εἶμι δ' ὑπότροπος αὖτις ἀνὰ πτόλιν, εὖτ' ἂν ἕκαστα
ἐξείπω κατὰ κόσμον. ἀνακτορίη δὲ μελέσθω
840 σοίγ' αὐτῇ καὶ νῆσος· ἔγωγε μὲν οὐκ ἀθερίζων
χάζομαι, ἀλλά με λυγροὶ ἐπισπέρχουσιν ἄεθλοι."
Ἦ, καὶ δεξιτερῆς χειρὸς θίγεν, αἶψα δ' ὀπίσσω
βῆ ῥ' ἴμεν· ἀμφὶ δὲ τόνγε νεήνιδες ἄλλοθεν ἄλλαι
μυρίαι εἱλίσσοντο κεχαρμέναι, ὄφρα πυλάων
845 ἐξέμολεν. μετέπειτα δ' ἐυτροχάλοισιν ἀμάξαις
ἀκτὴν εἰσανέβαν ξεινήια πολλὰ φέρουσαι,
μῦθον ὅτ' ἤδη πάντα διηνεκέως ἀγόρευσε
τόν ῥα καλεσσαμένη διεπέφραδεν Ὑψιπύλεια·
καὶ δ' αὐτοὺς ξεινοῦσθαι ἐπὶ σφεὰ δώματ' ἄγεσκον,
850 ῥηιδίως· Κύπρις γὰρ ἐπὶ γλυκὺν ἵμερον ὦρσεν,
Ἡφαίστοιο χάριν πολυμήτιος, ὄφρα κεν αὖτις
ναίηται μετόπισθεν ἀκήρατος ἀνδράσι Λῆμνος.
ἔνθ' ὁ μὲν Ὑψιπύλης βασιλήιον ἐς δόμον ὦρτο
Αἰσονίδης· οἱ δ' ἄλλοι ὅπη καὶ ἔκυρσαν ἕκαστος,
855 Ἡρακλῆος ἄνευθεν, ὁ γὰρ παρὰ νηὶ λέλειπτο
αὐτὸς ἑκὼν παῦροί τε διακρινθέντες ἑταῖροι.
αὐτίκα δ' ἄστυ χοροῖσι καὶ εἰλαπίνῃσι γεγήθει
καπνῷ κνισήεντι περίπλεον· ἔξοχα δ' ἄλλων
ἀθανάτων Ἥρης υἷα κλυτὸν ἠδὲ καὶ αὐτήν

LIVRO I 73

deixados na cidadela, eles retornaram aos campos 825
nevados da Trácia onde ainda agora moram.
Por isso vós podeis ficar neste lugar. Se aqui
quiseres morar e isso for do teu agrado, então
terás, de fato, as honrarias de meu pai Toante. Não creio
que terás motivos para censurar a terra, pois é mais fértil 830
em relação às outras ilhas que moram no mar Egeu.
Agora vai até a nau, diz aos companheiros
as nossas palavras e não permaneças fora da cidade."
Ela falou, mas omitiu como foi realizado o assassinato
dos homens. Jasão em resposta lhe disse: 835
"Hipsípile, aceitaremos teu muito agradável auxílio
concedido a nós, que dele necessitamos.
Estarei de volta à cidade quando tudo tiver relatado
em ordem. Mas mantém para ti mesma a soberania
e a ilha. Não é por desprezo que eu estou 840
a recusá-las, mas tristes trabalhos me impulsionam."
Disse, tocou-lhe a mão direita e, de imediato,
retornou. Ao seu redor, por todos os lados, inúmeras
jovens se aglomeravam alegres, até que ele saiu
pelos portões. Em seguida elas chegaram à costa 845
em carroças ligeiras, trazendo muitos dons de hospitalidade,
quando Jasão já havia contado detalhadamente aos companheiros
tudo o que Hipsípile lhe dissera ao tê-lo chamado.
E os levaram para hospedá-los em suas casas,
sem esforço. Pois Cípris lhes suscitou um doce desejo, 850
por graça do muito astuto Hefesto, para que Lemnos, no futuro,
fosse novamente habitada por homens e permanecesse intacta.
Então o Esônida se dirigiu ao palácio real
de Hipsípile. E também os outros, cada um aonde por acaso
chegasse, exceto Héracles, pois fora deixado junto à nau 855
por vontade própria, com poucos companheiros à parte.
Logo a cidade se alegrava com coros e festas,
circundada pela fumaça da carne assada. Mais que os outros
imortais, o glorioso filho de Hera e a própria

74 ARGONÁUTICAS

860 Κύπριν ἀοιδῆσιν θυέεσσί τε μειλίσσοντο.
Ἀμβολίη δ᾽ εἰς ἦμαρ ἀεὶ ἐξ ἤματος ἦεν
ναυτιλίης. δηρὸν δ᾽ ἂν ἐλίνυον αὖθι μένοντες,
εἰ μὴ ἀολλίσσας ἑτάρους ἀπάνευθε γυναικῶν
Ἡρακλέης τοίοισιν ἐνιπτάζων μετέειπεν·
865 "Δαιμόνιοι, πάτρης ἐμφύλιον αἷμ᾽ ἀποέργει
ἡμέας, ἦε γάμων ἐπιδευέες ἐνθάδ᾽ ἔβημεν
κεῖθεν, ὀνοσσάμενοι πολιήτιδας, αὖθι δ᾽ ἔαδεν
ναίοντας λιπαρὴν ἄροσιν Λήμνοιο ταμέσθαι;
οὐ μάλ᾽ ἐυκλειεῖς γε σὺν ὀθνείῃσι γυναιξίν
870 ἐσσόμεθ᾽ ὧδ᾽ ἐπὶ δηρὸν ἐελμένοι, οὐδὲ τὸ κῶας
αὐτόματον δώσει τις ἑλεῖν θεὸς εὐξαμένοισιν.
ἴομεν αὖτις ἕκαστοι ἐπὶ σφεά· τὸν δ᾽ ἐνὶ λέκτροις
Ὑψιπύλης εἶᾶτε πανήμερον, εἰσόκε Λῆμνον
παισὶν ἐπανδρώσῃ, μεγάλη τέ ἑ βάξις ἔχῃσιν."
875 Ὣς νείκεσσεν ὅμιλον· ἐναντία δ᾽ οὔ νύ τις ἔτλη
ὄμματ᾽ ἀνασχεθέειν οὐδὲ προτιμυθήσασθαι,
ἀλλ᾽ αὔτως ἀγορῆθεν ἐπαρτίζοντο νέεσθαι
σπερχόμενοι. ταὶ δέ σφιν ἐπέδραμον, εὖτ᾽ ἐδάησαν·
ὡς δ᾽ ὅτε λείρια καλὰ περιβρομέουσι μέλισσαι
880 πέτρης ἐκχύμεναι σιμβληΐδος, ἀμφὶ δὲ λειμών
ἑρσήεις γάνυται, ταὶ δὲ γλυκὺν ἄλλοτ᾽ ἐπ᾽ ἄλλον
καρπὸν ἀμέργουσιν πεποτημέναι – ὣς ἄρα ταίγε
ἐνδυκὲς ἀνέρας ἀμφὶ κινυρόμεναι προχέοντο,
χερσὶ δὲ καὶ μύθοισιν ἐδεικανόωντο ἕκαστον,
885 εὐχόμεναι μακάρεσσιν ἀπήμονα νόστον ὀπάσσαι.
ὣς δὲ καὶ Ὑψιπύλη ἠρήσατο, χεῖρας ἑλοῦσα
Αἰσονίδεω, τὰ δέ οἱ ῥέε δάκρυα χήτει ἰόντος·
"Νίσσεο, καί σε θεοὶ σὺν ἀπηρέσιν αὖτις ἑταίροις
χρύσειον βασιλῆι δέρος κομίσειαν ἄγοντα,
890 αὔτως ὡς ἐθέλεις καί τοι φίλον. ἤδε δὲ νῆσος
σκῆπτρά τε πατρὸς ἐμεῖο παρέσσεται, ἢν καὶ ὀπίσσω
δή ποτε νοστήσας ἐθέλῃς ἄψορρον ἱκέσθαι·
ῥηιδίως δ᾽ ἂν ἑοῖ καὶ ἀπείρονα λαὸν ἀγείραις
ἄλλων ἐκ πολίων. ἀλλ᾽ οὐ σύγε τήνδε μενοινήν

LIVRO I   75

Cípris eram propiciados com cantos e sacrifícios.   860
Sempre era posposto, dia após dia, o retorno à navegação.
Por muito tempo eles lá teriam permanecido inativos
se Héracles, reunindo os companheiros longe
das mulheres, não tivesse lhes dito em tom de censura:
"Infortunados, afasta-nos da pátria o sangue   865
familiar ou viemos para cá necessitados de casamentos,
ultrajando nossas concidadãs, e nos agradou morar
aqui mesmo, dividindo o opulento campo de Lemnos?
Não seremos muito gloriosos aqui reclusos por muito
tempo com mulheres estrangeiras, nem um deus,   870
após preces, nos concederá conquistar o tosão autômato.
Retornemos, cada um de nós, às nossas casas e abandonemos
Jasão no leito de Hipsípile por todo o dia, até que povoe
Lemnos com filhos e obtenha uma grande reputação."
Assim censurou a tripulação. Diante dele ninguém   875
suportou erguer os olhos nem lhe dirigir a palavra.
Mas se apressaram em deixar a reunião e preparar
a partida. Quando souberam, as mulheres correram até eles.
Como quando as abelhas zumbem ao redor dos belos lírios
ao saírem da pétrea colmeia e, no entorno, o prado   880
orvalhado está radiante, enquanto, ora aqui, ora acolá,
elas colhem o doce fruto durante o voo; assim as lemnienses,
num lamento, zelosamente se espalhavam em torno dos homens
e, com mãos e palavras, despediam-se de cada um,
rogando aos afortunados a concessão de um retorno sem pesares. 885
Assim também Hipsípile implorava, ao segurar as mãos
do Esônida, e as lágrimas escorriam por saudade do que partia.
"Vai, e que os deuses te tragam de volta junto
aos companheiros intactos, levando ao rei o velo áureo,
assim como queres e te é caro. Esta ilha   890
e o cetro de meu pai estarão à disposição se no porvir,
após teu retorno, quiseres outra vez vir para cá.
Facilmente reunirias, subordinado a ti, um povo infinito
oriundo de outras cidades. Mas tu não terás esta intenção,

ARGONÁUTICAS

σχήσεις, οὔτ᾽ αὐτὴ προτιόσσομαι ὧδε τελεῖσθαι·
μνώεο μήν, ἀπεών περ ὁμῶς καὶ νόστιμος ἤδη,
Ὑψιπύλης· λίπε δ᾽ ἧμιν ἔπος, τό κεν ἐξανύσαιμι
πρόφρων, ἢν ἄρα δή με θεοὶ δώωσι τεκέσθαι."
Τὴν δ᾽ αὖτ᾽ Αἴσονος υἱὸς ἀγαιόμενος προσέειπεν·
"Ὑψιπύλη, τὰ μὲν οὕτω ἐναίσιμα πάντα γένοιτο
ἐκ μακάρων· τύνη δ᾽ ἐμέθεν πέρι θυμὸν ἀρείω
ἴσχαν᾽, ἐπεὶ πάτρην μοι ἅλις Πελίαο ἕκητι
ναιετάειν· μοῦνόν με θεοὶ λύσειαν ἀέθλων.
εἰ δ᾽ οὔ μοι πέπρωται ἐς Ἑλλάδα γαῖαν ἱκέσθαι
τηλοῦ ἀναπλώοντι, σὺ δ᾽ ἄρσενα παῖδα τέκηαι,
πέμπε μιν ἡβήσαντα Πελασγίδος ἔνδον Ἰωλκοῦ
πατρί τ᾽ ἐμῷ καὶ μητρὶ δύης ἄκος, ἢν ἄρα τούσγε
τέτμῃ ἔτι ζώοντας, ἵν᾽ ἄνδιχα τοῖο ἄνακτος
σφοῖσιν πορσύνωνται ἐφέστιοι ἐν μεγάροισιν."
Ἦ, καὶ ἔβαιν᾽ ἐπὶ νῆα παροίτατος. ὡς δὲ καὶ ἄλλοι
βαῖνον ἀριστῆες, λάζοντο δὲ χερσὶν ἐρετμά
ἐνσχερὼ ἑζόμενοι· πρυμνήσια δέ σφισιν Ἄργος
λῦσεν ὑπὲκ πέτρης ἁλιμυρέος· ἔνθ᾽ ἄρα τοίγε
κόπτον ὕδωρ δολιχῇσιν ἐπικρατέως ἐλάτῃσι.
ἑσπέριοι δ᾽ Ὀρφῆος ἐφημοσύνῃσιν ἔκελσαν
νῆσον ἐς Ἠλέκτρης Ἀτλαντίδος, ὄφρα δαέντες
ἀρρήτους ἀγανῇσι τελεσφορίῃσι θέμιστας
σωότεροι κρυόεσσαν ὑπεὶρ ἅλα ναυτίλλοιντο.
τῶν μὲν ἔτ᾽ οὐ προτέρω μυθήσομαι, ἀλλὰ καὶ αὐτή
νῆσος ὁμῶς κεχάροιτο καὶ οἳ λάχον ὄργια κεῖνα
δαίμονες ἐνναέται, τὰ μὲν οὐ θέμις ἄμμιν ἀείδειν·
κεῖθεν δ᾽ εἰρεσίῃ Μέλανος διὰ βένθεα Πόντου
ἱέμενοι, τῇ μὲν Θρηκῶν χθόνα τῇ δὲ περαίην
Ἴμβρον ἔχον καθύπερθε· νέον γε μὲν ἠελίοιο
δυομένου Χέρνησον ἐπὶ προύχουσαν ἵκοντο.
ἔνθα σφιν λαιψηρὸς ἄη νότος, ἱστία δ᾽ οὔρῳ
στησάμενοι κούρης Ἀθαμαντίδος αἰπὰ ῥέεθρα
εἰσέβαλον. πέλαγος δὲ τὸ μὲν καθύπερθε λέλειπτο
ἦρι, τὸ δ᾽ ἐννύχιοι Ῥοιτειάδος ἔνδοθεν ἄκρης

LIVRO I   77

nem eu mesma prevejo que as coisas assim se passarão.   895
Lembra-te, ao menos, de Hipsípile, tanto à distância quanto
após o retorno. E deixa-nos instruções, que eu as cumprirei
de bom grado, se os deuses me concederem dar à luz."
O filho de Esão, admirado, disse-lhe:
"Hipsípile, que todas essas coisas favoráveis aconteçam   900
por graça dos afortunados. Mantém tu o melhor ânimo
a meu respeito, já que me basta, com o consentimento de Pélias,
morar em minha pátria. Só os deuses me libertariam dos trabalhos.
Se não me for destinado, em distante navegação, retornar
à Hélade e tu, por ventura, gerares um menino,   905
envia-o quando for jovem a Iolco pelásgica
como consolo às aflições de meu pai e de minha mãe, caso
encontre-os ainda vivos, para que, distantes do rei,
sejam por ele cuidados na própria residência, junto à lareira."
Disse e embarcou primeiro na nau. Assim também os outros   910
valorosos embarcaram e pegaram os remos com as mãos,
sentando-se ordenadamente. Argos soltou
as amarras de uma rocha banhada pelo mar. Começaram,
então, a fortemente golpear a água com os longos remos.
Durante a tarde, por ordens de Orfeu, abordaram   915
à ilha de Electra, filha de Atlas, para conhecerem
os ritos secretos, através de suaves iniciações,
e navegarem seguros sobre o gélido mar.
Nada mais narrarei sobre isso, mas saúdo
a própria ilha e as divindades locais, detentoras   920
de tais cerimônias cujo canto não nos é permitido.
De lá, remando através das profundezas do Mar
Escuro, alcançaram, de um lado, a terra dos trácios e, de outro,
a oposta Imbro. Logo que o sol se pôs
eles chegaram à extremidade do Quersoneso.   925
Lá o ágil Noto lhes soprou e, estendendo as velas
ao vento, lançaram-se às árduas correntezas
de Atamântide. Deixaram para trás o alto-mar
pela manhã e, à noite, singraram outro mar, dentro

78   ARGONÁUTICAS

930 μέτρεον, Ἰδαίην ἐπὶ δεξιὰ γαῖαν ἔχοντες.
Δαρδανίην δὲ λιπόντες ἐπιπροσέβαλλον Ἀβύδῳ,
Περκώτην δ' ἐπὶ τῇ καὶ Ἀβαρνίδος ἠμαθόεσσαν
ἠιόνα ζαθέην τε παρήμειβον Πιτύειαν.
καὶ δὴ τοίγ' ἐπὶ νυκτὶ διάνδιχα νηὸς ἰούσης
935 δίνῃ πορφύροντα διήνυσαν Ἑλλήσποντον·
ἔστι δέ τις αἰπεῖα Προποντίδος ἔνδοθι νῆσος
τυτθὸν ἀπὸ Φρυγίης πολυληίου ἠπείροιο
εἰς ἅλα κεκλιμένη, ὅσσον τ' ἐπιμύρεται ἰσθμός
χέρσῳ ἔπι πρηνὴς καταειμένος· ἐν δέ οἱ ἀκταί
940 ἀμφίδυμοι, κεῖται δ' ὑπὲρ ὕδατος Αἰσήποιο·
Ἄρκτων μιν καλέουσιν Ὄρος περιναιετάοντες.
καὶ τὸ μὲν ὑβρισταί τε καὶ ἄγριοι †ναιετάουσιν
Γηγενέες, μέγα θαῦμα περικτιόνεσσιν ἰδέσθαι·
ἓξ γὰρ ἑκάστῳ χεῖρες ὑπέρβιοι ἠερέθοντο,
945 αἱ μὲν ἀπὸ στιβαρῶν ὤμων δύο, ταὶ δ' ὑπένερθεν
τέσσαρες αἰνοτάτῃσιν ἐπὶ πλευρῇς ἀραρυῖαι·
ἰσθμὸν δ' αὖ πεδίον τε Δολίονες ἀμφενέμοντο
ἀνέρες· ἐν δ' ἥρως Αἴνηιος υἱὸς ἄνασσε
Κύζικος, ὃν κούρη δίου τέκεν Εὐσώροιο
950 Αἰνήτη. τοὺς δ' οὔτι, καὶ ἔκπαγλοί περ ἐόντες,
Γηγενέες σίνοντο, Ποσειδάωνος ἀρωγῇ,
τοῦ γὰρ ἔσαν τὰ πρῶτα Δολίονες ἐκγεγαῶτες.
Ἔνθ' Ἀργὼ προύτυψεν ἐπειγομένη ἀνέμοισιν
Θρηικίοις· Καλὸς δὲ Λιμὴν ὑπέδεκτο θέουσαν.
955 κεῖθι καὶ εὐναίης ὀλίγον λίθον εἰρύσσαντες
Τίφυος ἐννεσίῃσιν ὑπὸ κρήνῃ ἐλίποντο,
κρήνῃ ὑπ' Ἀρτακίῃ· ἕτερον δ' ἕλον, ὅστις ἀρήρει,
βριθύν· ἀτὰρ κεῖνόν γε θεοπροπίαις Ἑκάτοιο
Νηλεΐδαι μετόπισθεν Ἴαονες ἱδρύσαντο
960 ἱερόν, ᾗ θέμις ἦεν, Ἰησονίης ἐν Ἀθήνης.
τοὺς δ' ἄμυδις φιλότητι Δολίονες ἠδὲ καὶ αὐτός
Κύζικος ἀντήσαντες, ὅτε στόλον ἠδὲ γενέθλην
ἔκλυον οἵτινες εἶεν, ἐυξείνως ἀρέσαντο·
καί σφεας εἰρεσίῃ πέπιθον προτέρωσε κιόντας

LIVRO I 79

do promontório Reteu, tendo a terra do Ida à direita. 930
Após deixar para trás a Dardânia, avançaram
por Ábido e depois costearam Percote, a praia
arenosa de Abárnide e a sagrada Pítia.
E durante a noite, enquanto a nau seguia, atravessaram
o Helesponto, agitado por redemoinhos de ponta a ponta. 935
Há no interior da Propôntide uma ilha escarpada,
um pouco longe do continente frígio, rico em trigo,
que avança pelo mar, enquanto seu istmo é banhado por ondas,
descendo inclinado até a terra firme. Suas costas
são duplas e se situam além das águas do Esepo. 940
Os moradores das redondezas chamam-na Montanha dos Ursos.
Os violentos e selvagens Nascidos da Terra
lá moravam, grande maravilha de se ver à vizinhança.
Os seis braços potentes de cada um se agitavam,
dois ligados aos ombros robustos e, abaixo, 945
quatro ligados aos terribilíssimos flancos.
Habitavam o istmo e a planície, por sua vez,
os dolíones. Entre eles reinava o filho de Eneu, o herói
Cízico, que Eneta, filha do divo Eusoro,
gerara. Jamais lhes causavam algum dano os Nascidos 950
da Terra, apesar de assustadores, graças ao auxílio de Posidão,
de quem originalmente os dolíones descendiam.
Neste lugar chegou Argo, impelida pelos ventos
trácios. Belo Porto a acolheu em seu percurso.
Lá, depois de puxarem, pelos conselhos de Tífis, a pequena 955
pedra que servia de âncora, deixaram-na sob uma fonte,
sob a fonte Artácia. Pegaram outra mais pesada e que fosse
adequada. Mas a primeira âncora, de acordo com o oráculo
do Arqueiro, foi consagrada mais tarde pelos nelidas
jônios, como era justo, no templo de Atena Jasônia. 960
Os dolíones e o próprio Cízico foram juntos a seu encontro
de modo amistoso e, quando ouviram acerca da expedição
e da estirpe a que pertenciam, eles os receberam hospitaleiramente.
Foram convencidos a seguir adiante, remando,

80 ARGONÁUTICAS

965 ἄστεος ἐν λιμένι πρυμνήσια νηὸς ἀνάψαι.
ἔνθ' οἵγ' Ἐκβασίῳ βωμὸν θέσαν Ἀπόλλωνι,
εἰσάμενοι παρὰ θῖνα, θυηπολίης τ' ἐμέλοντο.
δῶκεν δ' αὐτὸς ἄναξ λαρὸν μέθυ δευομένοισιν
μῆλά θ' ὁμοῦ. δὴ γάρ οἱ ἔην φάτις, εὖτ' ἂν ἵκωνται
970 ἀνδρῶν ἡρώων θεῖος στόλος, αὐτίκα τοῖσγε
μείλιχον ἀντιάαν μηδὲ πτολέμοιο μέλεσθαι.
νεῖόν που καὶ κείνῳ ὑποσταχύεσκον ἴουλοι·
οὐδέ νύ πω παίδεσσιν ἀγαλλόμενος μεμόρητο,
ἀλλ' ἔτι οἱ κατὰ δώματ' ἀκήρατος ἦεν ἄκοιτις
975 ὠδίνων, Μέροπος Περκωσίου ἐκγεγαυῖα
Κλείτη ἐυπλόκαμος. τὴν μὲν νέον ἐξέτι πατρός
θεσπεσίοις ἕδνοισιν ἀνήγαγεν ἀντιπέρηθεν·
ἀλλὰ καὶ ὣς θάλαμόν τε λιπὼν καὶ δέμνια νύμφης,
τοῖς μέτα δαῖτ' ἀλέγυνε, βάλεν δ' ἀπὸ δείματα θυμοῦ.
980 ἀλλήλους δ' ἐρέεινον ἀμοιβαδίς· ἤτοι ὁ μέν σφεων
πεύθετο ναυτιλίης ἄνυσιν Πελίαό τ' ἐφετμάς,
οἱ δὲ περικτιόνων πόλιας καὶ κόλπον ἅπαντα
εὐρείης πεύθοντο Προποντίδος· οὐ μὲν ἐπιπρό
ᾔδει καταλέξαι ἐελδομένοισι δαῆναι.
985 Ἠοῖ δ' εἰσανέβαν μέγα Δίνδυμον, ὄφρα κεν αὐτοί
θηήσαιντο πόρους κείνης ἁλός· ἐν δ' ἄρα τοίγε
νῆα Χυτῷ Λιμένι προτέρου ἐξήλασαν ὅρμου·
ἥδε δ' Ἰησονίη πέφαται Ὁδός, ἥνπερ ἔβησαν.
Γηγενέες δ' ἑτέρωθεν ἀπ' οὔρεος ἀίξαντες
990 φράξαν ἀπειρεσίῃσι Χυτοῦ στόμα νειόθι πέτρης,
πόντιον οἷά τε θῆρα λοχώμενοι ἔνδον ἐόντα·
ἀλλὰ γὰρ αὖθι λέλειπτο σὺν ἀνδράσιν ὁπλοτέροισιν
Ἡρακλέης, ὃς δή σφι παλίντονον αἶψα τανύσσας
τόξον, ἐπασσυτέρους πέλασε χθονί. τοὶ δὲ καὶ αὐτοί
995 πέτρας ἀμφιρρῶγας ἀερτάζοντες ἔβαλλον·
δὴ γάρ που καὶ κεῖνα θεὰ τρέφεν αἰνὰ πέλωρα
Ἥρη, Ζηνὸς ἄκοιτις, ἀέθλιον Ἡρακλῆι·
σὺν δὲ καὶ ὧλλοι δῆθεν, ὑπότροποι ἀντιόωντες
πρίν περ ἀνελθέμεναι σκοπιήν, ἥπτοντο φόνοιο

LIVRO I   81

e prender as amarras da nau no porto da cidade.   965
Construíram, então, um altar a Apolo Protetor dos Desembarques,
erigido na areia, e se ocuparam dos sacrifícios.
O próprio soberano lhes deu o delicioso vinho e ovelhas,
já que disso careciam. Pois lhe fora revelado um oráculo:
quando chegasse uma expedição divina de heróis, logo fosse   970
a seu encontro amavelmente e não se preocupasse com a guerra.
Também florescera recentemente sua barba.
Ainda não lhe fora destinado alegrar-se com filhos,
mas, no palácio, sua esposa não conhecia as dores
do parto, Clite, de belos cachos, nascida de Mérope   975
de Percote. Recentemente ele a trouxe da casa do pai,
na costa oposta, com maravilhosos presentes.
No entanto abandonou o tálamo e o leito da jovem esposa
para lhes preparar um banquete e dissipar do ânimo o temor.
Interrogavam-se alternadamente. O soberano se informava   980
sobre a finalidade da navegação e as ordens de Pélias,
os heróis se informavam sobre as cidades dos vizinhos e
todo o golfo da vasta Propôntide. Mas para além não
sabia informar, embora eles desejassem conhecer.
Com a aurora, subiram o grande Díndimo para eles próprios   985
observarem as rotas daquele mar. Enquanto isso, outros
removeram a nau do primeiro ancoradouro para o Porto de Quito.
Essa via pela qual seguiram é chamada Jasônia.
Os Nascidos da Terra irromperam do outro lado da montanha,
obstruindo a boca marítima de Quito com inumeráveis rochas,   990
ao fundo, como se emboscassem um animal que lá adentrasse.
Mas fora deixado ali mesmo, com os mais jovens,
Héracles, que de imediato contra eles estendeu o arco
recurvado e os derrubou ao chão, um após o outro. Eles
estavam erguendo rochas abruptas e as lançando.   995
É fato que a deusa Hera, a esposa de Zeus, nutrira
aqueles terríveis monstros como um trabalho a Héracles.
Então os outros heróis belicosos retornaram para encontrá-lo,
 antes mesmo de atingir o cume, e empreenderam o assassinato

82 ARGONÁUTICAS

1000 Γηγενέων ἥρωες ἀρήιοι, ἠμὲν ὀιστοῖς
ἠδὲ καὶ ἐγχείῃσι δεδεγμένοι, εἰσόκε πάντας
ἀντιβίην ἀσπερχὲς ὀρινομένους ἐδάιξαν.
ὡς δ᾽ ὅτε δούρατα μακρὰ νέον πελέκεσσι τυπέντα
ὑλοτόμοι στοιχηδὸν ἐπὶ ῥηγμῖνι βάλωσιν,
1005 ὄφρα νοτισθέντα κρατεροὺς ἀνεχοίατο γόμφους – 1005
ὣς οἱ ἐνὶ ξυνοχῇ λιμένος πολιοῖο τέταντο
ἑξείης, ἄλλοι μὲν ἐς ἁλμυρὸν ἀθρόοι ὕδωρ
δύπτοντες κεφαλὰς καὶ στήθεα, γυῖα δ᾽ ὕπερθεν
χέρσῳ τεινάμενοι· τοὶ δ᾽ ἔμπαλιν, αἰγιαλοῖο
1010 κράατα μὲν ψαμάθοισι, πόδας δ᾽ εἰς βένθος ἔρειδον, 1010
ἄμφω ἅμ᾽ οἰωνοῖσι καὶ ἰχθύσι κύρμα γενέσθαι.
Ἥρωες δ᾽, ὅτε δή σφιν ἀταρβὴς ἔπλε κέλευθος,
δὴ τότε πείσματα νηὸς ἐπὶ πνοιῆς ἀνέμοιο
λυσάμενοι, προτέρωσε διὲξ ἁλὸς οἶδμα νέοντο·
1015 ἡ δ᾽ ἔθεεν λαίφεσσι πανήμερος. οὐ μὲν ἰούσης
νυκτὸς ἔτι ῥιπὴ μένεν ἔμπεδον, ἀλλὰ θύελλαι
ἀντίαι ἁρπάγδην ὀπίσω φέρον, ὄφρ᾽ ἐπέλασσαν
αὖτις ἐυξείνοισι Δολίοσιν. ἐκ δ᾽ ἄρ᾽ ἔβησαν
αὐτονυχί (Ἱερὴ δὲ φατίζεται ἥδ᾽ ἔτι Πέτρη
1020 ᾗ πέρι πείσματα νηὸς ἐπεσσύμενοι ἐβάλοντο),
οὐδέ τις αὐτὴν νῆσον ἐπιφραδέως ἐνόησεν
ἔμμεναι. οὐδ᾽ ὑπὸ νυκτὶ Δολίονες ἂψ ἀνιόντας
ἥρωας νημερτὲς ἐπήισαν, ἀλλά που ἀνδρῶν
Μακριέων εἴσαντο Πελασγικὸν ἄρεα κέλσαι·
1025 τῷ καὶ τεύχεα δύντες ἐπὶ σφίσι χεῖρας ἄειραν.
σὺν δ᾽ ἔλασαν μελίας τε καὶ ἀσπίδας ἀλλήλοισιν,
ὀξείῃ ἴκελοι ῥιπῇ πυρός, ἥ τ᾽ ἐνὶ θάμνοις
αὐαλέοισι πεσοῦσα κορύσσεται· ἐν δὲ κυδοιμός
δεινός τε ζαμενής τε Δολιονίῳ πέσε δήμῳ.
1030 οὐδ᾽ ὅγε δηιοτῆτος ὑπὲρ μόρον αὖτις ἔμελλεν
οἴκαδε νυμφιδίους θαλάμους καὶ λέκτρον ἱκέσθαι,
ἀλλά μιν Αἰσονίδης, τετραμμένον ἰθὺς ἑοῖο,
πλῆξεν ἐπαΐξας στῆθος μέσον, ἀμφὶ δὲ δουρί
ὀστέον ἐρραίσθη· ὁ δ᾽ ἐνὶ ψαμάθοισιν ἐλυσθείς

LIVRO I   83

dos Nascidos da Terra, recebendo-os com flechas   1000
e com lanças até o momento em que dilaceraram
todos, a despeito de suas ardorosas investidas.
Como quando os carpinteiros dispõem em fila, sobre a praia,
as longas pranchas recém-golpeadas com machados
para que, molhadas, suportem as fortes cavilhas;   1005
assim eles se estendiam em sequência na embocadura
do porto grisalho. Uns tinham imersos na água salgada
as cabeças e os peitos, enquanto os membros se estendiam
por terra. Outros, ao contrário, apoiavam os rostos
na areia da praia e os pés nas águas profundas.   1010
Todos se tornariam presas de aves e peixes.
Os heróis, quando a rota não mais lhes causava temor,
soltaram as amarras da nau ao sopro do vento
e seguiram adiante através das ondas do mar.
Navegaram à vela durante todo o dia. Quando anoiteceu,   1015
o impulso não mais se manteve, mas tempestades
contrárias fizeram a nau repentinamente retornar para, outra vez,
aproximar-se dos hospitaleiros dolíones. Desembarcaram
na mesma noite. É chamada ainda de Sagrada a rocha
ao redor da qual, apressados, lançaram as amarras da nau.   1020
Ninguém cuidadosamente percebeu ser a mesma
ilha. Por conta da noite, nem os dolíones notaram
que, de fato, os heróis haviam retornado, mas acreditaram
que o exército pelasgo dos macrieus abordara.
Por isso vestiram as armas e contra eles ergueram os braços.   1025
Impeliram-se com hastas e escudos, uns contra os outros,
semelhantes ao ímpeto penetrante do fogo que se robustece
ao atingir os arbustos ressequidos. Um tumulto
terrível e violento acomete o povo dolíone.
Contra o destino, Cízico não mais haveria   1030
de retornar à sua casa, ao tálamo nupcial e ao leito,
mas o Esônida, quando ele se pôs à sua frente, logo
atacou e o feriu no meio do peito, quebrando-lhe
o osso ao redor da lança. Rolando na areia, cumpriu

84 ARGONÁUTICAS

1035 μοῖραν ἀνέπλησεν. τὴν γὰρ θέμις οὔποτ᾽ ἀλύξαι
θνητοῖσιν, πάντη δὲ περὶ μέγα πέπταται ἔρκος·
ὡς τόν, ὀιόμενόν που ἀδευκέος ἔκτοθεν ἄτης
εἶναι ἀριστήων, αὐτῇ ὑπὸ νυκτὶ πέδησεν
μαρνάμενον κείνοισι. πολεῖς δ᾽ ἐπαρηγόνες ἄλλοι
1040 ἔκταθεν· Ἡρακλέης μὲν ἐνήρατο Τηλεκλῆα
ἠδὲ Μεγαβρόντην, Σφόδριν δ᾽ ἐνάριξεν Ἄκαστος,
Πηλεὺς δὲ Ζέλυν εἷλεν ἀρηίθοόν τε Γέφυρον,
αὐτὰρ ἐυμμελίης Τελαμὼν Βασιλῆα κατέκτα·
Ἴδας δ᾽ αὖ Προμέα, Κλυτίος δ᾽ Ὑάκινθον ἔπεφνεν,
1045 Τυνδαρίδαι δ᾽ ἄμφω Μεγαλοσσάκεα Φλογίον τε,
Οἰνεΐδης δ᾽ ἐπὶ τοῖσιν ἕλε θρασὺν Ἰτυμονῆα
ἠδὲ καὶ Ἀρτακέα, πρόμον ἀνδρῶν· οὓς ἔτι πάντας
ἐνναέται τιμαῖς ἡρώισι κυδαίνουσιν.

οἱ δ᾽ ἄλλοι εἴξαντες ὑπέτρεσαν, ἠύτε κίρκους
1050 ὠκυπέτας ἀγεληδὸν ὑποτρέσσωσι πέλειαι,
ἐς δὲ πύλας ὁμάδῳ πέσον ἀθρόοι· αἶψα δ᾽ ἀυτῆς
πλῆτο πόλις στονόεντος ὑποτροπίῃ πολέμοιο.
ἠῶθεν δ᾽ ὀλοὴν καὶ ἀμήχανον εἰσενόησαν
ἀμπλακίην ἄμφω· στυγερὸν δ᾽ ἄχος εἷλεν ἰδόντας
1055 ἥρωας Μινύας Αἰνήιον υἷα πάροιθεν
Κύζικον ἐν κονίῃσι καὶ αἵματι πεπτηῶτα.
ἤματα δὲ τρία πάντα γόων τίλλοντό τε χαίτας
αὐτοὶ ὁμῶς λαοί τε Δολίονες· αὐτὰρ ἔπειτα,
τρὶς περὶ χαλκείοις σὺν τεύχεσι δινηθέντες,
1060 τύμβῳ ἐνεκτερέιξαν, ἐπειρήσαντό τ᾽ ἀέθλων,
ἧ θέμις, ἂμ πεδίον Λειμώνιον· ἔνθ᾽ ἔτι νῦν περ
ἀγκέχυται τόδε σῆμα καὶ ὀψιγόνοισιν ἰδέσθαι.
οὐδὲ μὲν οὐδ᾽ ἄλοχος Κλείτη φθιμένοιο λέλειπτο
οὗ πόσιος μετόπισθε, κακῷ δ᾽ ἔπι κύντερον ἄλλο
1065 ἤνυσεν, ἁψαμένη βρόχον αὐχένι. τὴν δὲ καὶ αὐταί
νύμφαι ἀποφθιμένην ἀλσηίδες ὠδύραντο·
καί οἱ ἀπὸ βλεφάρων ὅσα δάκρυα χεῦατ᾽ ἔραζε,
πάντα τάγε κρήνην τεῦξαν θεαί, ἣν καλέουσιν
Κλείτην, δυστήνοιο περικλεὲς οὔνομα νύμφης.

o destino. Pois aos mortais jamais é permitido 1035
dele escapar e no entorno sua enorme rede se desdobra.
Assim, pensando estar livre da amarga ruína vinda
dos valorosos, nessa mesma noite foi pelo destino entrelaçado,
durante o combate. Muitos outros que o auxiliaram
foram mortos. Héracles executou Télecles 1040
e Megabronte, Acasto matou Esfodre,
Peleu, ágil no combate, abateu Zéli e Géfiro,
e Telamão, da forte hasta, trucidou Basileu.
Idas, por sua vez, massacrou Promeu e Clício, Jacinto;
ambos os Tindáridas, Megalossaces e Flógio; 1045
Depois deles o Enida abateu o corajoso Itimoneu
e Ártaces, chefe de homens. Todos os que habitam
nos arredores ainda os glorificam com honras heroicas.
Os outros recuaram apavorados, como uma revoada
de pombas se apavora com falcões de voo veloz. 1050
Num tumulto, precipitaram-se juntos até os portões. Logo
a cidade se encheu de gritos ao regresso do doloroso combate.
Com a aurora, ambos os lados reconheceram o erro
funesto e irreparável. Uma terrível aflição tomou
os heróis mínias ao verem o filho de Eneu, Cízico, 1055
caído diante deles, entre o pó e o sangue.
Durante três dias inteiros lamentaram-se e cortaram
os cabelos, eles e o povo dolíone. Em seguida,
após rodear três vezes o cadáver com suas armas de bronze,
prestaram-lhe as últimas honras fúnebres e realizaram os jogos, 1060
como é o costume, sobre o campo do Prado, onde, mesmo
ainda hoje, essa tumba está erguida e visível aos pósteros.
Não, a esposa Clite não deixou para trás
o finado marido, mas após um mal cumpriu-se um outro
pior ao ter ajustado um laço a seu pescoço. As próprias 1065
ninfas do bosque lamentaram a finada.
E de todas as lágrimas que seus olhos verteram
à terra as deusas fizeram uma fonte chamada
Clite, o nome glorioso da infortunada jovem esposa.

ARGONÁUTICAS

1070 αἰνότατον δὴ κεῖνο Δολιονίῃσι γυναιξίν
ἀνδράσι τ' ἐκ Διὸς ἦμαρ ἐπήλυθεν· οὐδὲ †γὰρ αὐτῶν†
ἔτλη τις πάσσασθαι ἐδητύος οὐδ' ἐπὶ δηρόν
ἐξ ἀχέων ἔργοιο μυληφάτου ἐμνώοντο,
ἀλλ' αὔτως ἄφλεκτα διαζώεσκον ἔδοντες.
1075 ἔνθεν νῦν, εὖτ' ἄν σφιν ἐτήσια χύτλα χέωνται
Κύζικον ἐνναίοντες Ἰάονες, ἔμπεδον αἰεί
πανδήμοιο μύλης πελανοὺς ἐπαλετρεύουσιν.
Ἐκ δὲ τόθεν τρηχεῖαι ἀνηέρθησαν ἄελλαι
ἤμαθ' ὁμοῦ νύκτας τε δυώδεκα, τοὺς δὲ καταῦθι
1080 ναυτίλλεσθαι ἔρυκον. ἐπιπλομένῃ δ' ἐνὶ νυκτί
ὧλλοι μέν ῥα πάρος δεδμημένοι εὐνάζοντο
ὕπνῳ ἀριστῆες πύματον λάχος, αὐτὰρ Ἄκαστος
Μόψος τ' Ἀμπυκίδης ἀδινὰ κνώσσοντας ἔρυντο·
ἡ δ' ἄρ' ὑπὲρ ξανθοῖο καρήατος Αἰσονίδαο
1085 πωτᾶτ' ἀλκυονίς, λιγυρῇ ὀπὶ θεσπίζουσα
λῆξιν ὀρινομένων ἀνέμων· συνέηκε δὲ Μόψος
ἀκταίης ὄρνιθος ἐναίσιμον ὄσσαν ἀκούσας.
καὶ τὴν μὲν θεὸς αὖτις ἀπέτραπεν, ἷζε δ' ὕπερθεν
νηΐου ἀφλάστοιο μετήορος ἀίξασα·
1090 τὸν δ' ὅγε, κεκλιμένον μαλακοῖς ἐνὶ κώεσιν οἰῶν,
κινήσας ἀνέγειρε παρασχεδόν, ὧδέ τ' ἔειπεν·
"Αἰσονίδη, χρειώ σε τόδε ῥίον εἰσανιόντα
Δινδύμου ὀκριόεντος ἐΰθρονον ἱλάξασθαι
μητέρα συμπάντων μακάρων, λήξουσι δ' ἄελλαι
1095 ζαχρηεῖς· τοίην γὰρ ἐγὼ νέον ὄσσαν ἄκουσα
ἀλκυόνος ἁλίης, ἥ τε κνώσσοντος ὕπερθεν
σεῖο πέριξ τὰ ἔκαστα πιφαυσκομένη πεπότητο.
ἐκ γὰρ τῆς ἄνεμοί τε θάλασσά τε νειόθι τε χθών
πᾶσα πεπείρηται νιφόεν θ' ἔδος Οὐλύμποιο·
1100 καί οἱ, ὅτ' ἐξ ὀρέων μέγαν οὐρανὸν εἰσαναβαίνῃ,
Ζεὺς αὐτὸς Κρονίδης ὑποχάζεται, ὡς δὲ καὶ ὧλλοι
ἀθάνατοι μάκαρες δεινὴν θεὸν ἀμφιέπουσιν."
Ὣς φάτο, τῷ δ' ἀσπαστὸν ἔπος γένετ' εἰσαΐοντι·
ὥρνυτο δ' ἐξ εὐνῆς κεχαρημένος, ὧρσε δ' ἑταίρους

LIVRO I 87

Para as mulheres e os homens dolíones aquele 1070
foi o mais terrível dia, por vontade de Zeus. Ninguém
ousou provar a comida e durante muito tempo,
em aflição, não se preocuparam com o trabalho de moer os grãos,
mas se mantiveram vivos comendo somente alimentos crus.
De onde hoje, quando os jônios moradores de Cízico 1075
vertem a esses mortos libações anuais, sempre moem
a farinha dos bolos sacrificiais no moinho público.
Em seguida ergueram-se violentas ventanias
que, durante doze dias e doze noites, lá os retiveram
da navegação. Na noite seguinte, os outros 1080
valorosos, já dominados pelo sono, repousavam
pouco antes de amanhecer, mas Acasto e Mopso
Ampícida os protegiam enquanto dormiam profundamente.
E então, sobre a face loira do Esônida,
uma alcíone voou predizendo, com voz aguda, 1085
o término dos ventos agitados. Mopso, ao ouvir,
compreendeu o presságio favorável da ave costeira.
Em seguida uma deusa a afastou e a fez pousar,
cortando o ar, sobre o aplustre da nau.
Mopso, ao sacudir Jasão reclinado num macio tosão 1090
de ovelha, logo o despertou e assim lhe disse:
"Esônida, é necessário que tu subas a este santuário
do Díndimo íngreme e tornes favorável a mãe, de belo trono,
de todos os afortunados; então as impetuosas ventanias
cessarão. Pois eu ouvi, há pouco, tal presságio 1095
de uma alcíone marinha que, enquanto dormias,
voou em teu entorno revelando tudo detalhadamente.
Pois dela os ventos, o mar, toda a terra profunda
e o nevoso assento do Olimpo dependem.
E quando ela sobe das montanhas para o vasto céu, 1100
o próprio Zeus Cronida lhe cede o lugar e assim também os outros
imortais afortunados se submetem à terrível deusa."
Assim falou e as palavras ouvidas por Jasão foram bem recebidas.
Regozijante, ergueu-se do leito, ergueu com pressa

88   ARGONÁUTICAS

1105 πάντας ἐπισπέρχων, καί τέ σφισιν ἐγρομένοισιν
Ἀμπυκίδεω Μόψοιο θεοπροπίας ἀγόρευσεν.
αἶψα δὲ κουρότεροι μὲν ἀπὸ σταθμῶν ἐλάσαντες
ἔνθεν ἐς αἰπεινὴν ἄναγον βόας οὔρεος ἄκρην·
οἱ δ᾽ ἄρα, λυσάμενοι Ἱερῆς ἐκ πείσματα Πέτρης,
1110 ἤρεσαν ἐς λιμένα Θρηίκιον, ἂν δὲ καὶ αὐτοί
βαῖνον, παυροτέρους ἑτάρων ἐν νηὶ λιπόντες.
τοῖσι δὲ Μακριάδες σκοπιαὶ καὶ πᾶσα περαίη
Θρηικίης ἐνὶ χερσὶν ἑαῖς προυφαίνετ᾽ ἰδέσθαι·
φαίνετο δ᾽ ἠερόεν στόμα Βοσπόρου ἠδὲ κολῶναι
1115 Μύσιαι· ἐκ δ᾽ ἑτέρης ποταμοῦ ῥόος Αἰσήποιο
ἄστυ τε καὶ πεδίον Νηπήιον Ἀδρηστείης.
ἔσκε δέ τι βριαρὸν στύπος ἀμπέλου ἔντροφον ὕλῃ,
πρόχνυ γεράνδρυον· τὸ μὲν ἔκταμον, ὄφρα πέλοιτο
δαίμονος οὐρείης ἱερὸν βρέτας, ἔξεσε δ᾽ Ἄργος
1120 εὐκόσμως· καὶ δή μιν ἐπ᾽ ὀκριόεντι κολωνῷ
ἵδρυσαν, φηγοῖσιν ἐπηρεφὲς ἀκροτάτῃσιν
αἵ ῥά τε πασάων πανυπέρταται ἐρρίζωντο·
βωμὸν δ᾽ αὖ χέραδος παρενήνεον. ἀμφὶ δὲ φύλλοις
στεψάμενοι δρυΐνοισι θυηπολίης ἐμέλοντο,
1125 Μητέρα Δινδυμίην πολυπότνιαν ἀγκαλέοντες,
ἐνναέτιν Φρυγίης, Τιτίην θ᾽ ἅμα Κύλληνόν τε,
οἳ μοῦνοι πλεόνων μοιρηγέται ἠδὲ πάρεδροι
Μητέρος Ἰδαίης κεκλήαται, ὅσσοι ἔασιν
Δάκτυλοι Ἰδαῖοι Κρηταιέες, οὕς ποτε νύμφη
1130 Ἀγχιάλη Δικταῖον ἀνὰ σπέος, ἀμφοτέρῃσιν
δραξαμένη γαίης Οἰαξίδος, ἐβλάστησε.
πολλὰ δὲ τήνγε λιτῇσιν ἀποστρέψαι ἐριώλας
Αἰσονίδης γουνάζετ᾽, ἐπιλλείβων ἱεροῖσιν
αἰθομένοις· ἄμυδις δὲ νέοι Ὀρφῆος ἀνωγῇ
1135 σκαίροντες βηταρμὸν ἐνόπλιον εἱλίσσοντο,
καὶ σάκεα ξιφέεσσιν ἐπέκτυπον, ὥς κεν ἰωή
δύσφημος πλάζοιτο δι᾽ ἠέρος ἣν ἔτι λαοί
κηδείῃ βασιλῆος ἀνέστενον. ἔνθεν ἐσαιεί
ῥόμβῳ καὶ τυπάνῳ Ῥείην Φρύγες ἱλάσκονται.

todos os companheiros e, ao despertarem, 1105
anunciou-lhes a profecia de Mopso Ampícida.
Prontamente os mais jovens retiraram dos estábulos
os bois e os conduziram para o cume escarpado da montanha.
Os outros soltaram as amarras da rocha Sagrada
e remaram até o porto trácio. Também eles subiram 1110
a montanha, deixando poucos companheiros na nau.
Os cumes macríades e toda a costa oposta
da Trácia apareciam visíveis, ao alcance de suas mãos.
Apareciam a boca sombria do Bósforo e as colinas
mísias. De outro lado, o curso do rio Esepo, 1115
a vila e os campos nepeios de Adrasteia.
Havia uma robusta cepa de vinha crescida na floresta,
um tronco inteiramente envelhecido. Cortaram-no para fazer
uma estátua sagrada da deusa da montanha e Argos a poliu
com arte. Colocaram-na sobre uma íngreme 1120
colina, coberta por altíssimos carvalhos,
os mais altos de todos os que lá têm raízes.
Amontoaram cascalhos para servir de altar. Coroados, ao redor,
com folhas de carvalho, ocuparam-se do sacrifício,
invocando a muito augusta Mãe do Díndimo, 1125
moradora da Frígia, e junto a ela Tícias e Cileno,
os únicos chamados guias do destino e auxiliares
da Mãe Ida, dentre os muitos que são
Dáctilos cretenses do Ida, os quais, outrora, a ninfa
Anquíale gerou na caverna do Dicte, 1130
agarrando com ambas as mãos a terra de Oaxo.
Com preces, o Esônida muito lhe suplicava para que desviasse
as borrascas, enquanto vertia libações sobre as vítimas
ardentes. Ao mesmo tempo, sob as ordens de Orfeu, os jovens
saltavam ao dançarem uma marcha armada 1135
e golpearem os broqueis com as espadas, para que o grito
infausto que o povo gemia em luto pelo soberano
desaparecesse através do ar. A partir de então, os frígios
sempre tornam Reia favorável com címbalo e tamborim.

1140 ἡ δέ που εὐαγέεσσιν ἐπὶ φρένα θῆκε θυηλαῖς
ἀνταίη δαίμων, τὰ δ' ἐοικότα σήματ' ἔγεντο·
δένδρεα μὲν καρπὸν χέον ἄσπετον, ἀμφὶ δὲ ποσσίν
αὐτομάτη φύε γαῖα τερείνης ἄνθεα ποίης·
θῆρες δ' εἰλυούς τε κατὰ ξυλόχους τε λιπόντες
1145 οὐρῇσιν σαίνοντες ἐπήλυθον. ἡ δὲ καὶ ἄλλο
θῆκε τέρας, ἐπεὶ οὔτι παροίτερον ὕδατι νᾶεν
Δίνδυμον, ἀλλά σφιν τότ' ἀνέβραχε διψάδος αὔτως
ἐκ κορυφῆς, ἄλληκτον· Ἰησονίην δ' ἐνέπουσιν
κεῖνο ποτὸν Κρήνην περιναιέται ἄνδρες ὀπίσσω.
1150 καὶ τότε μὲν δαῖτ' ἀμφὶ θεᾶς ἔσαν οὔρεσιν Ἄρκτων,
μέλποντες Ῥείην πολυπότνιαν· αὐτὰρ ἐς ἠῶ
ληξάντων ἀνέμων νῆσον λίπον εἰρεσίῃσιν.
Ἔνθ' ἔρις ἄνδρα ἕκαστον ἀριστήων ὀρόθυνεν,
ὅστις ἀπολλήξειε πανύστατος· ἀμφὶ γὰρ αἰθήρ
1155 νήνεμος ἐστόρεσεν δίνας, κατὰ δ' εὔνασε πόντον.
οἱ δὲ γαληναίῃ πίσυνοι ἐλάασκον ἐπιπρό
νῆα βίῃ, τὴν δ' οὔ κε διὲξ ἁλὸς ἀίσσουσαν
οὐδὲ Ποσειδάωνος ἀελλόποδες κίχον ἵπποι·
ἔμπης δ', ἐγρομένοιο σάλου ζαχρήεσιν αὔραις,
1160 αἳ νέον ἐκ ποταμῶν ὑπὸ δείελον ἠερέθοντο,
τειρόμενοι καμάτῳ μετελώφεον· αὐτὰρ ὁ τούσγε
πασσυδίῃ μογέοντας ἐφέλκετο κάρτεϊ χειρῶν
Ἡρακλέης, ἐτίνασσε δ' ἀρηρότα δούρατα νηός.
ἀλλ' ὅτε δή, Μυσῶν λελιημένοι ἠπείροιο,
1165 Ῥυνδακίδας προχοὰς μέγα τ' ἠρίον Αἰγαίωνος
τυτθὸν ὑπὲκ Φρυγίης παρεμέτρεον εἰσορόωντες,
δὴ τότ', ἀνοχλίζων τετρηχότος οἴδματος ὁλκούς,
μεσσόθεν ἆξεν ἐρετμόν· ἀτὰρ τρύφος ἄλλο μὲν αὐτός
ἄμφω χερσὶν ἔχων πέσε δόχμιος, ἄλλο δὲ πόντος
1170 κλύζε παλιρροθίοισι φέρων. ἀνὰ δ' ἕζετο σιγῇ
παπταίνων, χεῖρες γὰρ ἀήθεσον ἠρεμέουσαι.
Ἦμος δ' ἀγρόθεν εἶσι φυτοσκάφος ἤ τις ἀροτρεύς
ἀσπασίως εἰς αὖλιν ἑήν, δόρποιο χατίζων,
αὐτοῦ δ' ἐν προμολῇ τετρυμένα γούνατ' ἔκαμψεν

LIVRO I 91

A deusa recebeu, em seu coração, os sacrifícios   1140
puros e se manifestou por meio de sinais perceptíveis.
As árvores verteram fruto abundante e, em volta de seus pés,
a terra, por si só, gerou as flores da tenra folhagem.
As feras deixaram as tocas e os covis
e vieram chacoalhando as caudas. Ela também fez   1145
um outro prodígio, pois outrora não jorrava água
pelo Díndimo, mas passou a lhes esguichar do árido
cimo, incessantemente. Os habitantes dos arredores
chamam-na, desde então, Fonte Jasônia.
Celebraram um festim à deusa nas Montanhas dos Ursos,   1150
cantando a augusta Reia. Mas de manhã,
quando os ventos cessaram, com remos deixaram a ilha.
Então uma competição incitava cada um dos valorosos
a saber qual seria o último a cessar. Pois o ar sereno
no entorno apaziguou os turbilhões e adormeceu o mar.   1155
Confiantes na calmaria, eles guiavam com força a nau
adiante e nem mesmo os cavalos de pés tempestuosos
de Posidão a alcançariam atravessando o mar.
Todavia, quando as águas se agitaram por conta da violenta
ventania que, à tarde, soprou dos rios, repousaram   1160
exaustos com o esforço feito. Héracles, no entanto,
com o vigor de seus braços, arrastou a todos juntos,
fatigados, e estremecia a prancha ajustada da nau.
Mas quando, desejosos por chegar à terra dos mísios,
contornaram, a observar, a embocadura do Ríndaco   1165
e, um pouco depois da Frígia, a grande tumba de Egeão,
Héracles, ao erguer sulcos nas ondas revoltas,
quebrou ao meio seu remo. Segurando um pedaço
com ambas as mãos, ele caiu de lado, enquanto o mar
banhava o outro, levando-o em suas vagas. Sentou-se em silêncio, 1170
a olhar, pois suas mãos não estavam acostumadas ao ócio.
Na hora em que um jardineiro ou um lavrador retornam do campo
para sua cabana com alegria, desejando uma refeição,
curvam ali na entrada os joelhos exauridos,

92 ARGONÁUTICAS

1175 αὐσταλέος κονίῃσι, περιτριβέας δέ τε χεῖρας
εἰσορόων κακὰ πολλὰ ἑῇ ἠρήσατο γαστρί –
τῆμος ἄρ' οἵγ' ἀφίκοντο Κιανίδος ἤθεα γαίης
ἀμφ' Ἀργανθώνειον ὄρος προχοάς τε Κίοιο.
τοὺς μὲν ἐυξείνως Μυσοὶ φιλότητι κιόντας
1180 δειδέχατ' ἐνναέται κείνης χθονός, ἤιά τέ σφι
μῆλά τε δευομένοις μέθυ τ' ἄσπετον ἐγγυάλιξαν·
ἔνθα δ' ἔπειθ' οἱ μὲν ξύλα κάγκανα, τοὶ δὲ λεχαίην
φυλλάδα λειμώνων φέρον ἄσπετον ἀμήσαντες
στόρνυσθαι, τοὶ δ' αὖτε πυρήια δινεύεσκον,
1185 οἱ δ' οἶνον κρητῆρσι κέρων πονέοντό τε δαῖτα,
Ἐκβασίῳ ῥέξαντες ὑπὸ κνέφας Ἀπόλλωνι.
Αὐτὰρ ὁ, εὖ δαίνυσθαι ἑοῖς ἑτάροις ἐπιτείλας,
βῆ ῥ' ἴμεν εἰς ὕλην υἱὸς Διός, ὥς κεν ἐρετμόν
οἷ αὐτῷ φθαίη καταχείριον ἐντύνασθαι.
1190 εὗρεν ἔπειτ' ἐλάτην ἀλαλήμενος οὔτε τι πολλοῖς
ἀχθομένην ὄζοις οὐδὲ μέγα τηλεθόωσαν,
ἀλλ' οἷον ταναῆς ἔρνος πέλει αἰγείροιο·
τόσση ὁμῶς μῆκός τε καὶ ἐς πάχος ἦεν ἰδέσθαι.
ῥίμφα δ' οἰστοδόκην μὲν ἐπὶ χθονὶ θῆκε φαρέτρην
1195 αὐτοῖσιν τόξοισιν, ἔδυ δ' ἀπὸ δέρμα λέοντος·
τὴν δ' ὅγε, χαλκοβαρεῖ ῥοπάλῳ δαπέδοιο τινάξας
νειόθεν, ἀμφοτέρῃσι περὶ στύπος ἔλλαβε χερσίν
ἠνορέῃ πίσυνος, ἐν δὲ πλατὺν ὦμον ἔρεισεν
εὖ διαβάς· πεδόθεν δὲ βαθύρριζόν περ ἐοῦσαν
1200 προσφὺς ἐξήειρε σὺν αὐτοῖς ἔχμασι γαίης.
ὡς δ' ὅταν ἀπροφάτως ἱστὸν νεός, εὖτε μάλιστα
χειμερίη ὀλοοῖο δύσις πέλει Ὠρίωνος,
ὑψόθεν ἐμπλήξασα θοὴ ἀνέμοιο κατάιξ
αὐτοῖσι σφήνεσσιν ὑπὲκ προτόνων ἐρύσηται –
1205 ὣς ὅγε τὴν ἤειρεν· ὁμοῦ δ' ἀνὰ τόξα καὶ ἰούς
δέρμα θ' ἑλὼν ῥόπαλόν τε, παλίσσυτος ὦρτο νέεσθαι.
Τόφρα δ' Ὕλας χαλκέῃ σὺν κάλπιδι νόσφιν ὁμίλου
δίζητο κρήνης ἱερὸν ῥόον, ὥς κέ οἱ ὕδωρ

LIVRO I   93

sujos de pó, e, ao observarem as mãos bastante   1175
gastas, lançam muitas imprecações a seu ventre;
nesse momento eles chegaram às moradas da terra Ciânide,
perto do monte Argantônio e dos promontórios de Cio.
Os mísios, moradores daquele solo, receberam-nos
hospitaleiramente, pois vinham de modo amistoso, e alimento,   1180
ovelhas e abundante vinho lhes ofereceram para suas necessidades.
Em seguida uns carregavam lenha seca, outros, folhagem
do prado para ser estendida como um leito, colhida
em abundância, outros giravam os gravetos para fazer fogo
e outros mesclavam o vinho nas crateras e preparavam o festim,   1185
após sacrificarem, durante o crepúsculo, a Apolo Protetor dos Desembarques.
Tendo recomendado a seus companheiros que bem se banqueteassem,
o filho de Zeus foi até a floresta para rapidamente
fabricar um remo adaptado às suas mãos.
Enquanto vagava, logo encontrou um pinheiro não
carregado de muitos ramos, nem muito viçoso,   1190
mas semelhante ao rebento de um choupo,
tamanha era a altura e a espessura ao se olhar.
De imediato ele colocou no chão o carcás repleto
de flechas com o arco e despiu a pele de leão.
Depois de agitar o pinheiro com a clava brônzea até   1195
o solo profundo, envolveu o tronco com ambas as mãos,
confiante em seu vigor, e apoiou os largos ombros,
mantendo as pernas bem separadas. Apesar das profundas raízes,
ele o arrancou do chão com os torrões de terra.
Como quando, durante o invernal ocaso do funesto   1200
Orião, uma veloz rajada de vento se precipita
do alto, inesperadamente, sobre o mastro da nau
e o puxa dos estais com as próprias cunhas;
assim ele o arrancou. E após recolher o arco,
as flechas, a pele e a clava, pôs-se a retornar.   1205
Enquanto isso, Hilas, com um jarro brônzeo, buscava,
longe da tripulação, o curso sagrado de uma fonte de modo a,

94 ARGONÁUTICAS

φθαίη ἀφυσσάμενος ποτιδόρπιον, ἄλλα τε πάντα
1210 ὀτραλέως κατὰ κόσμον ἐπαρτίσσειεν ἰόντι.
δὴ γάρ μιν τοίοισιν ἐν ἤθεσιν αὐτὸς ἔφερβε,
νηπίαχον τὰ πρῶτα δόμων ἐκ πατρὸς ἀπούρας,
δήου Θειοδάμαντος, ὃν ἐν Δρυόπεσσιν ἔπεφνεν
νηλειῆ, βοὸς ἀμφὶ γεωμόρου ἀντιόωντα.
1215 ἤτοι ὁ μὲν νειοῖο γύας τέμνεσκεν ἀρότρῳ
Θειοδάμας †ἀνίη βεβολημένος· αὐτὰρ ὁ τόνγε
βοῦν ἀρότην ἤνωγε παρασχέμεν, οὐκ ἐθέλοντα
ἵετο γὰρ πρόφασιν πολέμου Δρυόπεσσι βαλέσθαι
λευγαλέην, ἐπεὶ οὔ τι δίκης ἀλέγοντες ἔναιον.
1220 ἀλλὰ τὰ μὲν τηλοῦ κεν ἀποπλάγξειεν ἀοιδῆς·
αἶψα δ' ὅγε κρήνην μετεκίαθεν ἣν καλέουσιν
Πηγὰς ἀγχίγυοι περιναιέται. οἱ δέ που ἄρτι
νυμφάων ἵσταντο χοροί· μέλε γάρ σφισι πάσαις
ὅσσαι κεῖν' ἐρατὸν νύμφαι ῥίον ἀμφενέμοντο
1225 Ἄρτεμιν ἐννυχίῃσιν ἀεὶ μέλπεσθαι ἀοιδαῖς.
αἱ μέν, ὅσαι σκοπιὰς ὀρέων λάχον ἢ καὶ ἐναύλους
αἵ γε μὲν ὑλήωροι, ἀπόπροθεν ἐστιχόωντο·
ἡ δὲ νέον κρήνης ἀνεδύετο καλλινάοιο
νύμφη ἐφυδατίη. τὸν δὲ σχεδὸν εἰσενόησεν
1230 κάλλεϊ καὶ γλυκερῇσιν ἐρευθόμενον χαρίτεσσιν,
πρὸς γάρ οἱ διχόμηνις ἀπ' αἰθέρος αὐγάζουσα
βάλλε σεληναίη· τῆς δὲ φρένας ἐπτοίησεν
Κύπρις, ἀμηχανίη δὲ μόλις συναγείρατο θυμόν.
αὐτὰρ ὅγ' ὡς τὰ πρῶτα ῥόῳ ἔνι κάλπιν ἔρεισε
1235 λέχρις ἐπιχριμφθείς, περὶ δ' ἄσπετον ἔβραχεν ὕδωρ
χαλκὸν ἐς ἠχήεντα φορεύμενον, αὐτίκα δ' ἥγε
λαιὸν μὲν καθύπερθεν ἐπ' αὐχένος ἄνθετο πῆχυν,
κύσσαι ἐπιθύουσα τέρεν στόμα, δεξιτερῇ δὲ
ἀγκῶν' ἔσπασε χειρί· μέση δ' ἐνὶ κάββαλε δίνῃ.
1240 Τοῦ δ' ἥρως ἰάχοντος ἐπέκλυεν οἷος ἑταίρων
Εἰλατίδης Πολύφημος, ἰὼν προτέρωσε κελεύθου,
1242 δέκτο γὰρ Ἡρακλῆα πελώριον ὁππόθ' ἵκοιτο.
[1250] αἶψα δ' ἐρυσσάμενος μέγα φάσγανον ὦρτο δίεσθαι, [1250]

LIVRO I 95

antes da chegada do herói, recolher água para a refeição
e celeremente preparar tudo em ordem para seu retorno. 1210
Pois Héracles lhe havia ensinado tais hábitos,
após tê-lo retirado ainda criança do palácio do pai,
o hostil e impiedoso Tiodamante, o qual, entre os dríopes,
ele assassinara ao enfrentá-lo por conta de um boi lavrador.
Tiodamante fendia o campo laborado com um arado, 1215
tomado pelo sofrimento, quando Héracles o exortou
a lhe conceder o boi arador contra sua vontade.
Na verdade, ele desejava um triste pretexto para levar a guerra
aos dríopes, já que viviam sem preocupações com a justiça.
Mas essas histórias me desviariam para longe do meu canto. 1220
Logo Hilas chegou à fonte que os moradores
das redondezas chamam Pegas. Nesse momento
os coros de ninfas se formavam. Pois todas as ninfas
que habitavam aquele amável cimo se ocupavam
em celebrar Ártemis com cantos noturnos. 1225
Todas as que receberam por lote os cumes das montanhas ou as grutas
e as guardiãs dos bosques avançavam alinhadas desde longe.
Uma ninfa aquática acabara de emergir da fonte
de bela corrente. Ela o percebeu próximo,
iluminado em beleza e encantadora graça 1230
por conta da lua cheia que, do céu, lançava
sobre ele seus raios. Cípris lhe confundiu
o juízo e, hesitante, recuperou com dificuldade o ânimo.
Mas quando Hilas afundou o jarro na corrente,
apoiado de lado, e a abundante água ressoava 1235
ao penetrar no sonoro bronze, logo a ninfa
pôs o braço esquerdo sobre seu pescoço
desejando lhe beijar a tenra boca, enquanto, com a mão direita,
puxava seu cotovelo. Arrastou-o para o meio do turbilhão.
O único, dentre os companheiros, a ouvir o grito de Hilas 1240
foi Polifemo Ilátida, ao avançar pelo caminho
para receber o potente Héracles quando retornasse. 1242
Logo desembainhou o grande gládio e se pôs a buscá-lo [1250]

96 ARGONÁUTICAS

[1251] μή πως ἢ θήρεσσιν ἕλωρ πέλοι, ἠέ μιν ἄνδρες
[1252] μοῦνον ἐόντ᾽ ἐλόχησαν, ἄγουσι δὲ ληίδ᾽ ἑτοίμην·
1243 βῆ δὲ μεταΐξας Πηγέων σχεδόν, ἠύτε τις θήρ
ἄγριος, ὅν ῥά τε γῆρυς ἀπόπροθεν ἵκετο μήλων,
1245 λιμῷ δ᾽ αἰθόμενος μετανίσσεται, οὐδ᾽ ἐπέκυρσε
ποίμνησιν, πρὸ γὰρ αὐτοὶ ἐνὶ σταθμοῖσι νομῆες
ἔλσαν· ὁ δὲ στενάχων βρέμει ἄσπετον, ὄφρα κάμῃσιν –
ὣς τότ᾽ ἄρ᾽ Εἰλατίδης μεγάλ᾽ ἔστενεν, ἀμφὶ δὲ χῶρον
1249 φοίτα κεκληγώς, μελέη δέ οἱ ἔπλετ᾽ ἀυτή.
1253 ἔνθ᾽ αὐτῷ ξύμβλητο κατὰ στίβον Ἡρακλῆι
γυμνὸν ἐπισσείων παλάμῃ ξίφος, εὖ δέ μιν ἔγνω
1255 σπερχόμενον μετὰ νῆα διὰ κνέφας· αὐτίκα δ᾽ ἄτην
ἔκφατο λευγαλέην, βεβαρημένος ἄσθματι θυμόν·
"Δαιμόνιε, στυγερόν τοι ἄχος πάμπρωτος ἐνίψω.
οὐ γὰρ Ὕλας, κρήνηνδε κιών, σόος αὖτις ἱκάνει,
ἀλλά ἑ ληιστῆρες ἐνιχρίμψαντες ἄγουσιν
1260 ἢ θῆρες σίνονται· ἐγὼ δ᾽ ἰάχοντος ἄκουσα."
Ὣς φάτο· τῷ δ᾽ ἀίοντι κατὰ κροτάφων ἅλις ἱδρώς
κήκιεν, ἂν δὲ κελαινὸν ὑπὸ σπλάγχνοις ζέεν αἷμα.
χωόμενος δ᾽ ἐλάτην χαμάδις βάλεν, ἐς δὲ κέλευθον
τὴν θέεν ᾗ πόδες αὐτοὶ ὑπέκφερον ἀίσσοντα.
1265 ὡς δ᾽ ὅτε τίς τε μύωπι τετυμμένος ἔσσυτο ταῦρος
πίσεά τε προλιπὼν καὶ ἑλεσπίδας, οὐδὲ νομήων
οὐδ᾽ ἀγέλης ὄθεται, πρήσσει δ᾽ ὁδὸν ἄλλοτ᾽ ἄπαυστος,
ἄλλοτε δ᾽ ἱστάμενος καὶ ἀνὰ πλατὺν αὐχέν᾽ ἀείρων
ἵησιν μύκημα, κακῷ βεβολημένος οἴστρῳ –
1270 ὣς ὅγε μαιμώων ὁτὲ μὲν θοὰ γούνατ᾽ ἔπαλλεν
συνεχέως, ὁτὲ δ᾽ αὖτε μεταλλήγων καμάτοιο
τῆλε διαπρύσιον μεγάλῃ βοάασκεν ἀυτῇ.
Αὐτίκα δ᾽ ἀκροτάτας ὑπερέσχεθεν ἄκριας ἀστήρ
ἠῷος, πνοιαὶ δὲ κατήλυθον· ὦκα δὲ Τῖφυς
1275 ἐσβαίνειν ὀρόθυνεν ἐπαυρέσθαι τ᾽ ἀνέμοιο.
οἱ δ᾽ εἴσβαινον ἄφαρ λελιημένοι, ὕψι δὲ νηός
εὐναίας ἐρύσαντες ἀνεκρούσαντο κάλωας·
κυρτώθη δ᾽ ἀνέμῳ λίνα μεσσόθι, τῆλε δ᾽ ἀπ᾽ ἀκτῆς

LIVRO I   97

para que não se tornasse presa de feras ou, por estar sozinho,   [1251]
homens o levassem numa emboscada como fácil butim.   [1252]
Dirigiu-se para perto de Pegas, como uma fera   1243
selvagem, a quem chega de longe o balido das ovelhas,
e se aproxima, consumida pela fome, mas não encontra   1245
os rebanhos pois os próprios pastores os fecharam
nos estábulos e em lamento ela brame sem cessar até se fatigar;
assim então gemia intensamente o Ilátida e vasculhava
a região berrando por ele, mas seu grito era inútil.   1249
Nesse instante encontrou o próprio Héracles no caminho,   1253
enquanto brandia na mão a espada descoberta. Bem o reconheceu
ao se apressar para a nau no crepúsculo. Imediatamente lhe contou   1255
a triste desgraça, sem ar e com o ânimo pesado:
"Caro, serei o primeiro a te comunicar uma terrível aflição.
Hilas foi até a fonte e não retornou em segurança,
mas bandidos atacaram-no e o levaram
ou feras o despedaçaram. Eu escutei seus gritos."   1260
Assim falou. E, ao ouvir, um suor escorria em abundância
das têmporas e o sangue negro fervilhava em suas entranhas.
Irritado, jogou o pinheiro no chão e correu por qualquer caminho
por onde, precipitadamente, seus pés o levassem.
Como quando um touro, picado por uma mutuca, se lança   1265
deixando para trás prados e pântanos; ele não se preocupa
com os pastores nem com o rebanho, mas segue seu caminho
ora sem pausa, ora parando e erguendo o largo pescoço
para mugir por ter sido atingido pelo funesto tavão;
assim Héracles, enlouquecido, tanto movia os ágeis joelhos   1270
sem cessar, quanto interrompia seus esforços
e, ao longe, emitia gritos agudos com voz colossal.
Logo a estrela matutina se ergueu sobre os mais elevados
picos e a brisa retornou. Rapidamente Tífis
ordenou que embarcassem e aproveitassem o vento.   1275
Eles, em seguida, embarcaram ansiosos e, após puxarem
a âncora para o alto da nau, suspenderam as adriças.
As velas eram inchadas ao meio pelo vento e eram levados,

98 ARGONÁUTICAS

γηθόσυνοι φορέοντο παραὶ Ποσιδήιον ἄκρην.
1280 ἦμος δ᾽ οὐρανόθεν χαροπὴ ὑπολάμπεται ἠώς
ἐκ περάτης ἀνιοῦσα, διαγλαύσσουσι δ᾽ ἀταρποί
καὶ πεδία δροσόεντα φαεινῇ λάμπεται αἴγλῃ –
τῆμος τούσγ᾽ ἐνόησαν ἀιδρείῃσι λιπόντες.
ἐν δέ σφιν κρατερὸν νεῖκος πέσεν, ἐν δὲ κολῳός
1285 ἄσπετος, εἰ τὸν ἄριστον ἀποπρολιπόντες ἔβησαν
σφωιτέρων ἑτάρων. ὁ δ᾽ ἀμηχανίῃσιν ἀτυχθείς
οὔτε τι τοῖον ἔπος μετεφώνεεν οὔτε τι τοῖον
Αἰσονίδης, ἀλλ᾽ ἧστο βαρείῃ νειόθεν ἄτῃ
θυμὸν ἔδων. Τελαμῶνα δ᾽ ἕλεν χόλος, ὧδέ τ᾽ ἔειπεν·
1290 "Ἧσ᾽ αὔτως εὔκηλος, ἐπεί νύ τοι ἄρμενον ἦεν
Ἡρακλῆα λιπεῖν· σέο δ᾽ ἔκτοθι μῆτις ὄρωρεν,
ὄφρα τὸ κείνου κῦδος ἀν᾽ Ἑλλάδα μή σε καλύψῃ,
αἴ κε θεοὶ δώωσιν ὑπότροπον οἴκαδε νόστον.
ἀλλὰ τί μύθων ἦδος; ἐπεὶ καὶ νόσφιν ἑταίρων
1295 εἶμι τεῶν οἳ τόνδε δόλον συνετεκτήναντο."
Ἦ· καὶ ἐς Ἀγνιάδην Τῖφυν θόρε, τὼ δέ οἱ ὄσσε
ὄστλιγγες μαλεροῖο πυρὸς ὣς ἰνδάλλοντο.
καί νύ κεν ἂψ ὀπίσω Μυσῶν ἐπὶ γαῖαν ἵκοντο,
λαῖτμα βιησάμενοι ἀνέμου τ᾽ ἄλληκτον ἰωήν,
1300 εἰ μὴ Θρηικίοιο δύω υἷες Βορέαο
Αἰακίδην χαλεποῖσιν ἐρητύεσκον ἔπεσσιν,
σχέτλιοι· ἦ τέ σφιν στυγερὴ τίσις ἔπλετ᾽ ὀπίσσω
χερσὶν ὑφ᾽ Ἡρακλῆος, ὅ μιν δίζεσθαι ἔρυκον.
ἄθλων γὰρ Πελίαο δεδουπότος ἂψ ἀνιόντας
1305 Τήνῳ ἐν ἀμφιρύτῃ πέφνεν· καὶ ἀμήσατο γαῖαν
ἀμφ᾽ αὐτοῖς στήλας τε δύω καθύπερθεν ἔτευξεν,
ὧν ἑτέρη, θάμβος περιώσιον ἀνδράσι λεύσσειν,
κίνυται ἠχήεντος ὑπὸ πνοιῇ Βορέαο.
καὶ τὰ μὲν ὣς ἤμελλε μετὰ χρόνον ἐκτελέεσθαι·
1310 τοῖσιν δὲ Γλαῦκος βρυχίης ἁλὸς ἐξεφαάνθη,
Νηρῆος θείοιο πολυφράδμων ὑποφήτης·
ὕψι δὲ λαχνῆέν τε κάρη καὶ στήθε᾽ ἀείρας
νειόθεν ἐκ λαγόνων, στιβαρῇ ἐπορέξατο χειρί

LIVRO I 99

alegres, para longe da costa, ao longo do promontório de Posidão.
Quando a radiante aurora brilha no céu, elevando-se   1280
do horizonte, as veredas se embranquecem
e as planícies orvalhadas brilham com a claridade reluzente,
percebem que, por ignorância, alguns foram abandonados.
Uma violenta discórdia irrompeu entre eles, um tumulto
infindável, ao imaginarem que partiram tendo abandonado   1285
o melhor de seus companheiros. O Esônida, desolado em hesitação,
não pronunciava palavra favorável a nenhuma das partes,
mas estava sentado, devorando o ânimo por conta da grave
desgraça. A cólera se apoderou de Telamão, que assim disse:
"Sentas-te assim tranquilo, pois estava arquitetado   1290
o abandono de Héracles. Partiu de ti o plano
para que, na Hélade, o renome dele não te encobrisse,
caso os deuses nos concedam o retorno para casa.
Mas qual o prazer de tais palavras? Pois eu lá voltarei,
mesmo sem os teus companheiros que urdiram este dolo."   1295
Disse e avançou até Tífis Hagníada. Seus dois olhos
assemelhavam-se às chamas do fogo abrasador.
E eles teriam retornado à terra dos mísios,
desafiando o mar profundo e o incessante sibilo do vento,
se os dois filhos do trácio Bóreas não tivessem   1300
contido o Eácida com ásperas palavras,
infortunados. De fato, lhes veio mais tarde um terrível castigo
pelas mãos de Héracles, por terem impedido sua busca.
Pois quando retornavam dos Jogos Fúnebres de Pélias,
massacrou-os em Tenos banhada pelo mar. Amontoou terra   1305
ao redor deles e por cima erigiu duas estelas,
uma das quais, extraordinária maravilha à contemplação
dos homens, move-se sob o sopro do sonoro Bóreas.
Isso estava prestes a assim se cumprir com o tempo.
Mas do mar abismal lhes surgiu Glauco,   1310
intérprete muito sábio do deus Nereu.
Erguendo da superfície o rosto hirsuto e o peito
até a cintura, segurou com robusta mão

νηίου ὁλκαίοιο, καὶ ἴαχεν ἐσσυμένοισιν·
1315 "Τίπτε παρὲκ μεγάλοιο Διὸς μενεαίνετε βουλήν
Αἰήτεω πτολίεθρον ἄγειν θρασὺν Ἡρακλῆα;
Ἄργεῖ οἱ μοῖρ᾽ ἐστὶν ἀτασθάλῳ Εὐρυσθῆι
ἐκπλῆσαι μογέοντα δυώδεκα πάντας ἀέθλους,
ναίειν δ᾽ ἀθανάτοισι συνέστιον, εἴ κ᾽ ἔτι παύρους
1320 ἐξανύσῃ· τῶ μή τι ποθὴ κείνοιο πελέσθω.
αὕτως δ᾽ αὖ Πολύφημον ἐπὶ προχοῇσι Κίοιο
πέπρωται Μυσοῖσι περικλεὲς ἄστυ καμόντα
μοῖραν ἀναπλήσειν Χαλύβων ἐν ἀπείρονι γαίῃ.
αὐτὰρ Ὕλαν φιλότητι θεὰ ποιήσατο νύμφη
1325 ὃν πόσιν, οἷό περ οὕνεκ᾽ ἀποπλαγχθέντες ἔλειφθεν."
Ἦ, καὶ κῦμ᾽ ἀλίαστον ἐφέσσατο νειόθι δύψας·
ἀμφὶ δέ οἱ δίνῃσι κυκώμενον ἄφρεεν ὕδωρ
πορφύρεον, κοίλην δ᾽ ἄιξ ἁλὸς ἔκλυσε νῆα.
γήθησαν δ᾽ ἥρωες· ὁ δ᾽ ἐσσυμένως ἐβεβήκει
1330 Αἰακίδης Τελαμὼν ἐς Ἰήσονα, χεῖρα δὲ χειρί
ἄκρην ἀμφιβαλὼν προσπτύξατο φώνησέν τε·
"Αἰσονίδη, μή μοί τι χολώσεαι, ἀφραδίῃσιν
εἴ τί περ ἀασάμην, πέρι γάρ μ᾽ ἄχος †εἶλεν ἐνισπεῖν
μῦθον ὑπερφίαλόν τε καὶ ἄσχετον· ἀλλ᾽ ἀνέμοισιν
1335 δώομεν ἀμπλακίην, ὡς καὶ πάρος εὐμενέοντες."
Τὸν δ᾽ αὖτ᾽ Αἴσονος υἱὸς ἐπιφραδέως προσέειπεν·
"Ὦ πέπον, ἦ μάλα δή με κακῷ ἐκυδάσσαο μύθῳ,
φὰς ἐνὶ τοισίδ᾽ ἅπασιν ἐνηέος ἀνδρὸς ἀλείτην
ἔμμεναι. ἀλλ᾽ οὐ θήν τοι ἀδευκέα μῆνιν ἀέξω,
1340 πρίν περ ἀνιηθείς· ἐπεὶ οὐ περὶ πώεσι μήλων
οὐδὲ περὶ κτεάτεσσι χαλεψάμενος μενέηνας,
ἀλλ᾽ ἑτάρου περὶ φωτός, ἔολπα δὲ τώς σε καὶ ἄλλῳ
ἀμφ᾽ ἐμεῦ, εἰ τοιόνδε πέλοι ποτέ, δηρίσασθαι."
Ἦ ῥα, καὶ ἀρθμηθέντες ὅπη πάρος ἑδριόωντο.
1345 τὼ δὲ Διὸς βουλῇσιν, ὁ μὲν Μυσοῖσι βαλέσθαι
μέλλεν ἐπώνυμον ἄστυ πολισσάμενος ποταμοῖο
Εἰλατίδης Πολύφημος, ὁ δ᾽ Εὐρυσθῆος ἀέθλους
αὖτις ἰὼν πονέεσθαι· ἐπηπείλησε δὲ γαῖαν

a popa da nau e gritou aos apressados heróis:
"Por que, contra a vontade de Zeus, desejais   1315
levar à cidadela de Eeta o corajoso Héracles?
Seu destino é, em Argos, cumprir, para o arrogante
Euristeu, todos os fatigantes doze trabalhos
e residir junto aos imortais, caso consiga executar
os poucos restantes. Portanto não tenhais saudade dele.   1320
Quanto a Polifemo, está determinado construir uma gloriosa cidade,
entre os mísios, perto do promontório de Cio,
e cumprir seu destino na imensa terra dos cálibes.
Mas para Hilas, uma ninfa divina, por amor, fez dele
esposo e, por sua causa, os dois errantes foram abandonados." 1325
Disse e vestiu-se com ondas vigorosas ao submergir.
Ao seu redor, agitada por turbilhões, a água borbulhante
espumava e banhava a côncava nau através do mar.
Os heróis se alegraram. O Eácida Telamão prontamente
se dirigiu a Jasão e, após lhe apertar   1330
a mão, deu-lhe um abraço e assim falou:
"Esônida, não te encolerizes comigo se, por irreflexão,
cometi um engano, pois a aflição me levou a dizer
palavras arrogantes e intoleráveis. Mas confiemos
aos ventos o equívoco e, como antes, sejamos benevolentes."   1335
O filho de Esão, por sua vez, refletidamente lhe disse:
"Ó caro, por certo me insultaste com funestas palavras,
ao falar, na frente de todos, que eu era o culpado pelo que ocorrera
a um homem bom. Mas, sem dúvida, não aumentarei amarga ira,
apesar do sofrimento que isso me causou. Pois nem por rebanhos 1340
de ovelhas, nem por riquezas te irritaste com indignação,
mas por outro homem. Espero que, por minha causa,
assim também tu faças minha defesa se algo parecido acontecer."
Disse e eles se sentaram, unidos como estavam antes.
Quanto aos outros dois, por vontade de Zeus, o Ilátida Polifemo 1345
deveria fundar e construir, para os mísios, uma cidade
com o nome do rio. Já Héracles deveria retornar e cumprir
os trabalhos de Euristeu. Ele ameaçou devastar

Μυσίδ᾽ ἀναστήσειν αὐτοσχεδόν, ὁππότε μή οἱ
1350 ἢ ζωοῦ εὕροιεν Ὕλα μόρον ἠὲ θανόντος.
τοῖο δὲ ῥύσι᾽ ὄπασσαν ἀποκρίναντες ἀρίστους
υἱέας ἐκ δήμοιο, καὶ ὅρκια ποιήσαντο
μήποτε μαστεύοντες ἀπολλήξειν καμάτοιο.
τούνεκεν εἰσέτι νῦν περ Ὕλαν ἐρέουσι Κιανοί,
1355 κοῦρον Θειοδάμαντος, ἐϋκτιμένης τε μέλονται
Τρηχῖνος· δὴ γάρ ῥα καταυτόθι νάσσατο παῖδας
οὕς οἱ ῥύσια κεῖθεν ἐπιπροέηκαν ἄγεσθαι.
Νηῦν δὲ πανημερίην ἄνεμος φέρε νυκτί τε πάσῃ
λάβρος ἐπιπνείων· ἀτὰρ οὐδ᾽ ἐπὶ τυτθὸν ἄητο
1360 ἠοῦς τελλομένης. οἱ δὲ χθονὸς εἰσανέχουσαν
ἀκτὴν ἐκ κόλποιο μάλ᾽ †εὐρεῖαν ἐσιδέσθαι
φρασσάμενοι κώπῃσιν ἅμ᾽ ἠελίῳ ἐπέκελσαν.

prontamente a terra mísia se não descobrissem
o destino de Hilas, fosse vivo ou morto.   1350
Concederam-lhe reféns após escolherem os melhores
filhos do povo e fizeram juramentos
de jamais cessarem os esforços para procurá-lo.
Por isso, mesmo ainda hoje, os habitantes de Cio perguntam
por Hilas, filho de Tiodamante, e cuidam da bem erigida   1355
Tráquis. Pois ali Héracles concedeu habitação aos jovens
que haviam sido enviados como reféns.
Por todo o dia e por toda a noite o vento impetuoso levava
a nau com seu sopro. Mas quando a aurora nasceu,
não mais ventava. Ao perceberem a costa de uma terra   1360
erguendo-se, muito larga vista do golfo,
lá abordaram com os remos ao despertar do sol.

LIVRO 2

Ἔνθα δ' ἔσαν σταθμοί τε βοῶν αὐλίς τ' Ἀμύκοιο,
Βεβρύκων βασιλῆος ἀγήνορος, ὅν ποτε νύμφη
τίκτε Ποσειδάωνι Γενεθλίῳ εὐνηθεῖσα
Βιθυνὶς Μελίη ὑπεροπληέστατον ἀνδρῶν·
5 ὅς τ' ἐπὶ καὶ ξείνοισιν ἀεικέα θεσμὸν ἔθηκεν,
μή τιν' ἀποστείχειν πρὶν πειρήσασθαι ἑοῖο
πυγμαχίης, πολέας δὲ περικτιόνων ἐδάιξεν.
καὶ δὲ τότε, προτὶ νῆα κιών, χρειὼ μὲν ἐρέσθαι
ναυτιλίης οἵ τ' εἶεν ὑπερβασίῃσιν ἄτισσε,
10 τοῖον δ' ἐν πάντεσσι παρασχεδὸν ἔκφατο μῦθον·
"Κέκλυθ' ἁλίπλαγκτοι τάπερ ἴδμεναι ὕμμιν ἔοικεν.
οὔ τινα θέσμιόν ἐστιν ἀφορμηθέντα νέεσθαι
ἀνδρῶν ὀθνείων ὅς κεν Βέβρυξι πελάσσῃ,
πρὶν χείρεσσιν ἐμῇσιν ἑὰς ἀνὰ χεῖρας ἀεῖραι.
15 τῶ καί μοι τὸν ἄριστον ἀποκριδὸν οἶον ὁμίλου
πυγμαχίῃ στήσασθε καταυτόθι δηρινθῆναι.
εἰ δ' αὖ ἀπηλεγέοντες ἐμὰς πατέοιτε θέμιστας,
ἦ κέν τις στυγερῶς κρατερῇ ἐπιέψετ' ἀνάγκῃ."
Ἦ ῥα μέγα φρονέων. τοὺς δ' ἄγριος εἰσαΐοντας

Lá havia os estábulos para os bois e o aprisco de Ámico,
o insolente rei dos bébrices, o qual outrora a ninfa
bitínia Mélia pariu ao se deitar com Posidão
Progenitor, o mais violento dos homens.
Ele estabelecera uma lei indigna aos estrangeiros: 5
ninguém poderia partir antes de testá-lo
no pugilato. Dessa forma ele matou muitos dos vizinhos.
Então, ao se dirigir à nau, de modo soberbo desconsiderou
questionar o motivo da navegação e quem eles eram,
mas, em meio a todos, logo disse tais palavras: 10
"Ouvi, errantes marinhos, o que vos convém saber.
Não é legítimo a um estrangeiro que se aproxima
da terra dos bébrices pôr-se a partir
antes de ter erguido suas mãos contra minhas mãos.
Por isso escolhei somente um da tripulação, o melhor,   15
para, aqui mesmo, comigo lutar no pugilato.
Mas se, negligentes, pisoteardes minhas leis,
alguém odiosamente vos perseguirá por forte necessidade."
Ele falou cheio de orgulho e uma selvagem cólera os tomou

106 ARGONÁUTICAS

20 εἷλε χόλος, πέρι δ' αὖ Πολυδεύκεα τύψεν ὁμοκλή·
αἶψα δ' ἑῶν ἑτάρων πρόμος ἵστατο, φώνησέν τε·
"Ἴσχεο νῦν, μηδ' ἄμμι κακήν, ὅτις εὔχεαι εἶναι,
φαῖνε βίην· θεσμοῖς γὰρ ὑπείξομεν, ὡς ἀγορεύεις.
αὐτὸς ἑκὼν ἤδη τοι ὑπίσχομαι ἀντιάασθαι."
25 Ὣς φάτ' ἀπηλεγέως. ὁ δ' ἐσέδρακεν ὄμμαθ' ἑλίξας,
ὥστε λέων ὑπ' ἄκοντι τετυμμένος, ὅν τ' ἐν ὄρεσσι
ἀνέρες ἀμφιπένονται· ὁ δ' ἱλλόμενός περ ὁμίλῳ
τῶν μὲν ἔτ' οὐκ ἀλέγει, ἐπὶ δ' ὄσσεται οἰόθεν οἶος
ἄνδρα τὸν ὅς μιν ἔτυψε παροίτατος οὐδ' ἐδάμασσεν.
30 ἔνθ' ἀπὸ Τυνδαρίδης μὲν ἐύστιπτον θέτο φᾶρος
λεπταλέον, τό ῥά οἵ τις ἑὸν ξεινήιον εἶναι
ὤπασε Λημνιάδων· ὁ δ' ἐρεμνὴν δίπτυχα λώπην
αὐτῇσιν περόνῃσι καλαύροπά τε τρηχεῖαν
κάββαλε τὴν φορέεσκεν ὀριτρεφέος κοτίνοιο.
35 αὐτίκα δ' ἐγγύθι χῶρον ἐαδότα παπτήναντες,
ἷζον ἑοὺς δίχα πάντας ἐνὶ ψαμάθοισιν ἑταίρους,
οὐ δέμας οὐδὲ φυὴν ἐναλίγκιοι εἰσοράασθαι·
ἀλλ' ὁ μὲν ἢ ὀλοοῖο Τυφωέος ἠὲ καὶ αὐτῆς
Γαίης εἶναι ἔικτο πέλωρ τέκος οἷα πάροιθεν
40 χωομένη Διὶ τίκτεν· ὁ δ' οὐρανίῳ ἀτάλαντος
ἀστέρι Τυνδαρίδης, οὗπερ κάλλισται ἔασιν
ἑσπερίην διὰ νύκτα φαεινομένου ἀμαρυγαί·
τοῖος ἔην Διὸς υἱός, ἔτι χνοάοντας ἰούλους
ἀντέλλων, ἔτι φαιδρὸς ἐν ὄμμασιν, ἀλλά οἱ ἀλκή
45 καὶ μένος ἠύτε θηρὸς ἀέξετο· πῆλε δὲ χεῖρας
πειράζων εἴθ' ὡς πρὶν ἐυτρόχαλοι φορέονται
μηδ' ἄμυδις καμάτῳ τε καὶ εἰρεσίῃ βαρύθοιεν.
οὐ μὰν αὖτ' Ἄμυκος πειρήσατο· σῖγα δ' ἄπωθεν
ἑστηὼς εἰς αὐτὸν ἔχ' ὄμματα, καί οἱ ὀρέχθει
50 θυμὸς ἐελδομένῳ στηθέων ἐξ αἷμα κεδάσσαι.
τοῖσι δὲ μεσσηγὺς θεράπων Ἀμύκοιο Λυκωρεύς
θῆκε πάροιθε ποδῶν δοιοὺς ἑκάτερθεν ἱμάντας
ὠμούς, ἀζαλέους, πέρι δ' οἵγ' ἔσαν ἐσκληῶτες.
αὐτὰρ ὁ τόνγ' ἐπέεσσιν ὑπερφιάλοισι μετηύδα·

LIVRO 2   107

enquanto ouviam, mas a ameaça golpeou sobretudo Polideuces.   20
Prontamente se pôs à frente de seus companheiros e disse:
"Refreia-te agora, seja lá quem te gabas de ser, e tua funesta
violência não nos reveles. Obedeceremos às leis, como proclamas.
Eu mesmo voluntariamente prometo enfrentar-te agora."
Assim falou com franqueza. Virando os olhos, o outro o fitou   25
como um leão ferido por uma lança e perseguido nas montanhas
pelos homens. Apesar de encurralado pela multidão,
não mais se preocupa com eles, mas somente observa um único
homem, aquele que primeiro o golpeou mas não o abateu.
Então o Tindárida depôs o flexível manto   30
delicado, concedido a ele por uma das lemnienses
como dom de hospitalidade. Ámico lançou ao chão
a dupla túnica sombria com as próprias fivelas e o bastão
grosseiro que ele trazia, feito de oliveira nutrida nas montanhas.
Tão logo notaram um lugar adequado por perto,   35
sentaram-se na areia, à parte, todos os seus companheiros.
Nem em porte, nem em aspecto eram os dois semelhantes ao vê-los.
Mas um parecia ser um rebento monstruoso do funesto
Tifeu ou da própria Terra, como aqueles que outrora
ela havia parido irritada com Zeus. O Tindárida, por sua vez, 40
era igual a uma estrela celeste, cujo clarão
é o mais belo ao brilhar durante a noite vespertina.
Tal era o filho de Zeus, ainda crescendo a primeira
barba, ainda radiante nos olhares, mas sua força
e vigor eram equiparáveis aos de uma fera. Agitou os braços,   45
testando se eles se moviam ligeiros como antes
e não pesavam por conta da fadiga e do remo.
Ámico, por sua vez, nada testou. Permanecendo longe,
em silêncio, fixava nele os olhares e o ânimo
palpitava-lhe, ao desejar espalhar o sangue de seu peito.   50
No meio deles, Licoreu, servo de Ámico,
colocou diante dos pés, de cada lado, duas correias
não curtidas e secas que estavam bastante duras.
E Ámico dirigiu-se ao rival com palavras arrogantes:

108 ARGONÁUTICAS

55 "Τῶνδέ τοι ὧ κ' ἐθέλησθα πάλου ἄτερ ἐγγυαλίξω
αὐτὸς ἑκών, ἵνα μή μοι ἀτέμβηαι μετόπισθεν.
ἀλλὰ βάλευ περὶ χερσί, δαεὶς δέ κεν ἄλλῳ ἐνίσποις
ὅσσον ἐγὼ ῥινούς τε βοῶν περίειμι ταμέσθαι
ἀζαλέας, ἀνδρῶν τε παρηίδας αἵματι φύρσαι."
60 Ὣς ἔφατ'· αὐτὰρ ὅγ' οὔ τι παραβλήδην ἐρίδηνεν,
ἦκα δὲ μειδήσας, οἵ οἱ παρὰ ποσσὶν ἔκειντο,
τοὺς ἕλεν ἀπροφάτως. τοῦ δ' ἀντίος ἤλυθε Κάστωρ
ἠδὲ Βιαντιάδης Ταλαὸς μέγας, ὧκα δ' ἱμάντας
ἀμφέδεον, μάλα πολλὰ παρηγορέοντες ἐς ἀλκήν·
65 τῷ δ' αὖτ' Ἄρητός τε καὶ Ὄρνυτος, οὐδέ τι ᾔδειν
νήπιοι ὕστατα κεῖνα κακῇ δήσαντες ἐπ' αἴσῃ.
Οἱ δ' ἐπεὶ οὖν ἐν ἱμᾶσι διασταδὸν ἠρτύναντο,
αὐτίκ' ἀνασχόμενοι ῥεθέων προπάροιθε βαρείας
χεῖρας, ἐπ' ἀλλήλοισι μένος φέρον ἀντιόωντες.
70 ἔνθα δὲ Βεβρύκων μὲν ἄναξ, ἅτε κῦμα θαλάσσης
τρηχὺ θοῇ ἐπὶ νηὶ κορύσσεται, ἡ δ' ὑπὸ τυτθὸν
ἰδρείῃ πυκινοῖο κυβερνητῆρος ἀλύσκει
ἱεμένου φορέεσθαι ἔσω τοίχοιο κλύδωνος –
ὣς ὅγε Τυνδαρίδην φοβέων ἕπετ' οὐδέ μιν εἴα
75 δηθύνειν, ὁ δ' ἄρ' αἰὲν ἀνούτατος ἦν διὰ μῆτιν
ἀίσσοντ' ἀλέεινεν. ἀπηνέα δ' αἶψα νοήσας
πυγμαχίην, ᾗ κάρτος ἀάατος ᾗ τε χερείων,
στῆ ῥ' ἄμοτον καὶ χερσὶν ἐναντία χεῖρας ἔμειξεν.
ὡς δ' ὅτε νήια δοῦρα θοοῖς ἀντίξοα γόμφοις
80 ἀνέρες ὑληουργοὶ ἐπιβλήδην ἐλάοντες
θείνωσι σφύρῃσιν, ἐπ' ἄλλῳ δ' ἄλλος ἄηται
δοῦπος ἄδην – ὣς τοῖσι παρήιά τ' ἀμφοτέρωθεν
καὶ γένυες κτύπεον, βρυχὴ δ' ὑπετέλλετ' ὀδόντων
ἄσπετος· οὐδ' ἔλληξαν ἐπισταδὸν οὐτάζοντες
85 ἔστε περ οὐλοὸν ἆσθμα καὶ ἀμφοτέρους ἐδάμασσεν.
στάντε δὲ βαιὸν ἄπωθεν ἀπωμόρξαντο μετώπων
ἱδρῶ ἅλις, καματηρὸν ἀυτμένα φυσιόωντε.
ἂψ δ' αὖτις συνόρουσαν ἐναντίω, ἠύτε ταύρω
φορβάδος ἀμφὶ βοὸς κεκοτηότε δηριάασθον.

LIVRO 2 109

"Destas eu te darei, sem sorteio, a que quiseres, 55
por minha própria vontade, para não me acusares depois.
Vamos, coloca-as nas mãos, e com essa experiência contarias
aos outros o quanto sou superior em cortar as peles secas
dos bois e molhar com sangue as faces dos homens."
Assim falou. O outro, por sua vez, não rivalizou, 60
mas com um leve sorriso pegou, sem hesitar, as correias
que jaziam junto a seus pés. Diante dele vieram Cástor
e o grande Tálao Biantíada e rapidamente as ataram,
enquanto o exortavam ao combate com muitas palavras.
Ao outro vieram Areto e Órnito, e não sabiam, néscios, 65
que, devido à funesta sorte, as prendiam pela última vez.
Quando, à distância, eles estavam prontos com suas correias,
logo ergueram as mãos pesadas diante dos rostos
e com ardor lançaram-se um contra o outro.
O soberano dos bébrices era como a violenta onda 70
do mar ao se erguer sobre a nau veloz, a qual por pouco
escapa graças à capacidade do sagaz timoneiro,
enquanto as vagas agitadas tentam penetrar no casco;
assim ele, atemorizando, perseguia o Tindárida e não
permitia o descanso, ao passo que o oponente, sempre sem ferimentos, 75
esquivava-se dos ataques com astúcia. Ao prontamente perceber
seu brutal pugilato, no que em força era invencível e no que era inferior,
permaneceu firme e revidou os golpes com golpes.
Como quando os carpinteiros, ao pressionarem as pranchas
da nau para ajustá-las às pontiagudas cavilhas, 80
batem com seus martelos e, sucessivamente, um incessante
barulho ecoa; assim, de ambos os lados, as faces
e os maxilares ressoavam e irrompia um enorme ranger
de dentes. Não paravam de se golpear mutuamente,
até que a exaustão funesta a ambos domou. 85
Separando-se um pouco, os dois enxugaram das frontes
o copioso suor, enquanto suspiravam fatigados.
Novamente eles se entrechocaram como dois touros
coléricos que lutam por uma vaca no pasto.

90 ἔνθα δ᾽ ἔπειτ᾽ Ἄμυκος μὲν ἐπ᾽ ἀκροτάτοισιν ἀερθεὶς
βουτύπος οἷα πόδεσσι τανύσσατο, κὰδ δὲ βαρεῖαν
χεῖρ᾽ ἐπὶ οἷ πελέμιξεν· ὁ δ᾽ ἀίσσοντος ὑπέστη,
κρᾶτα παρακλίνας, ὤμῳ δ᾽ ἀνεδέξατο πῆχυν.
τυτθὸν δ᾽ ἄνδιχα τοῖο παρὲκ γόνυ γουνὸς ἀμείβων,
95 κόψε μεταΐγδην ὑπὲρ οὔατος, ὀστέα δ᾽ εἴσω
ῥῆξεν· ὁ δ᾽ ἀμφ᾽ ὀδύνῃ γνὺξ ἤριπεν. οἱ δ᾽ ἰάχησαν
ἥρωες Μινύαι· τοῦ δ᾽ ἀθρόος ἔκχυτο θυμός.
Οὐδ᾽ ἄρα Βέβρυκες ἄνδρες ἀφείδησαν βασιλῆος,
ἀλλ᾽ ἄμυδις κορύνας ἀζηχέας ἠδὲ σιγύννους
100 ἰθὺς ἀνασχόμενοι Πολυδεύκεος ἀντιάασκον·
τοῦ δὲ πάρος κολεῶν εὐήκεα φάσγαν᾽ ἑταῖροι
ἔσταν ἐρυσσάμενοι. πρῶτός γε μὲν ἀνέρα Κάστωρ
ἤλασ᾽ ἐπεσσύμενον κεφαλῆς ὕπερ· ἡ δ᾽ ἑκάτερθεν
ἔνθα καὶ ἔνθ᾽ ὤμοισιν ἐπ᾽ ἀμφοτέροισι κεάσθη·
105 αὐτὸς δ᾽ Ἰτυμονῆα πελώριον ἠδὲ Μίμαντα,
τὸν μὲν ὑπὸ στέρνοιο θοῷ ποδί, λὰξ ἐπορούσας,
πλῆξε καὶ ἐν κονίῃσι βάλεν, τοῦ δ᾽ ἆσσον ἰόντος
δεξιτερῇ σκαιῆς ὑπὲρ ὀφρύος ἤλασε χειρί,
δρύψε δέ οἱ βλέφαρον, γυμνὴ δ᾽ ὑπελείπετ᾽ ὀπωπή.
110 Ὠρείτης δ᾽, Ἀμύκοιο βίην ὑπέροπλος ὀπάων,
οὖτα Βιαντιάδαο κατὰ λαπάρην Ταλαοῖο,
ἀλλά μιν οὐ κατέπεφνεν, ὅσον δ᾽ ἐπὶ δέρματι μοῦνον
νηδυίων ἄψαυστος ὑπὸ ζώνην τόρε χαλκός.
αὔτως δ᾽ Ἄρητος μενεδήιον Εὐρύτου υἷα
115 Ἴφιτον ἀζαλέῃ κορύνῃ στυφέλιξεν ἐλάσσας,
οὔπω κηρὶ κακῇ πεπρωμένον· ἦ τάχ᾽ ἔμελλεν
αὐτὸς δηώσεσθαι ὑπὸ ξίφεϊ Κλυτίοιο.
καὶ τότ᾽ ἄρ᾽ Ἀγκαῖος Λυκοόργοιο θρασὺς υἱός
αἶψα †μέλαν τεταγὼν πέλεκυν μέγαν ἠδὲ κελαινόν
120 ἄρκτου προσχόμενος σκαιῇ δέρος ἔνθορε μέσσῳ
ἐμμεμαὼς Βέβρυξιν· ὁμοῦ δέ οἱ ἐσσεύοντο
Αἰακίδαι, σὺν δέ σφιν ἀρήιος ὤρνυτ᾽ Ἰήσων.
ὡς δ᾽ ὅτ᾽ ἐνὶ σταθμοῖσιν ἀπείρονα μῆλ᾽ ἐφόβησαν
ἤματι χειμερίῳ πολιοὶ λύκοι, ὁρμηθέντες

LIVRO 2

Então Ámico, erguendo-se sobre as pontas dos pés, 90
estendeu-se como um abatedor de bois e moveu
a pesada mão contra Polideuces. Ele suportou o ataque,
inclinando a cabeça, e recebeu no ombro o braço do oponente.
Um pouco à parte dele, avançando joelho após joelho,
golpeou-o, súbito, sobre a orelha e quebrou-lhe os ossos 95
internos. Com dor, Ámico tombou de joelhos. Gritaram
os heróis mínias. Seu ânimo de uma só vez esvaiu-se.
Os bébrices, por certo, não desampararam o rei,
mas erguendo, ao mesmo tempo, os duros bastões
e as lanças, logo afrontavam Polideuces. 100
Diante dele os companheiros se posicionaram, puxando
os pontudos gládios da bainha. Primeiro Cástor atingiu
sobre a cabeça um homem que o atacava. Em duas partes
ele a fendeu, cá e lá, sobre ambos os ombros.
Polideuces combateu o enorme Itimoneu e Mimante; 105
feriu um no peito ao chutá-lo com o ágil pé
e o lançou ao pó. E atacou o outro que se aproximava,
com a mão direita sobre a sobrancelha esquerda,
rasgando sua pálpebra e deixando a vista desnuda.
Orites, acompanhante de Ámico, orgulhoso de sua força, 110
lesou o flanco de Tálao Biantíada,
mas não o matou, pois somente sobre a pele o bronze
perfurou o cinturão, não tocando as entranhas.
Da mesma forma Areto atingiu o beligerante filho
de Êurito, Ífito, golpeando-o com o duro bastão, 115
mas ainda não estava predestinado pelo funesto fado. Já Areto
estava prestes a de imediato ser morto pela espada de Clício.
E então Anceu, o corajoso filho de Licurgo,
prontamente brandindo o grande machado negro e segurando
na mão esquerda a escura pele de urso, atirou-se enfurecido 120
em meio aos bébrices. Ao mesmo tempo lançaram-se
os Eácidas e com eles se impeliu o belicoso Jasão.
Como quando, nos estábulos, os lobos cinzentos assustam
inúmeras ovelhas durante um dia invernal, movendo-se

125 λάθρῃ ἐυρρίνων τε κυνῶν αὐτῶν τε νομήων,
μαίονται δ’ ὅ τι πρῶτον ἐπαΐξαντες ἕλωσι,
πόλλ’ ἐπιπαμφαλόωντες ὁμοῦ, τὰ δὲ πάντοθεν αὔτως
στείνονται πίπτοντα περὶ σφίσιν – ὣς ἄρα τοίγε
λευγαλέως Βέβρυκας ὑπερφιάλους ἐφόβησαν.
130 ὡς δὲ μελισσάων σμῆνος μέγα μηλοβοτῆρες
ἠὲ μελισσοκόμοι πέτρῃ ἔνι καπνιόωσιν,
αἱ δ’ ἤτοι τείως μὲν ἀολλέες ᾧ ἐνὶ σίμβλῳ
βομβηδὸν κλονέονται, ἐπιπρὸ δὲ λιγνυόεντι
καπνῷ τυφόμεναι πέτρης ἑκὰς ἀίσσουσιν –
135 ὣς οἵγ’ οὐκέτι δὴν μένον ἔμπεδον ἀλλὰ κέδασθεν
εἴσω Βεβρυκίης, Ἀμύκου μόρον ἀγγελέοντες·
νήπιοι, οὐδ’ ἐνόησαν ὃ δή σφισιν ἐγγύθεν ἄλλο
πῆμ’ ἀίδηλον ἔην. πέρθοντο γὰρ ἠμὲν ἀλωαί
ἠδ’ οἷαι τῆμος δῄῳ ὑπὸ δουρὶ Λύκοιο
140 καὶ Μαριανδυνῶν ἀνδρῶν, ἀπεόντος ἄνακτος·
αἰεὶ γὰρ μάρναντο σιδηροφόρου περὶ γαίης.
οἱ μὲν δὴ σταθμούς τε καὶ αὔλια δηιάασκον·
ἤδη δ’ ἄσπετα μῆλα περιτροπάδην ἐτάμοντο
ἥρωες· καὶ δή τις ἔπος μετὰ τοῖσιν ἔειπεν·
145 “Φράζεσθ’ ὅττι κεν ᾗσιν ἀναλκείῃσιν ἔρεξαν,
εἴ πως Ἡρακλῆα θεὸς καὶ δεῦρο κόμισσεν.
ἤτοι μὲν γὰρ ἐγὼ κείνου παρεόντος ἔολπα
οὐδ’ ἂν πυγμαχίῃ κρινθήμεναι· ἀλλ’ ὅτε θεσμούς
ἤλυθεν ἐξερέων, αὐτοῖς ἄφαρ οἷς ἀγόρευεν
150 θεσμοῖσιν ῥοπάλῳ μιν ἀγηνορίης λελαθέσθαι.
ναὶ μὲν ἀκήδεστον γαίῃ ἔνι τόνγε λιπόντες
πόντον ἐπέπλωμεν, μάλα δ’ ἡμέων αὐτὸς ἕκαστος
εἴσεται οὐλομένην ἄτην ἀπάνευθεν ἐόντος.”
Ὣς ἄρ’ ἔφη· τὰ δὲ πάντα Διὸς βουλῇσι τέτυκτο.
155 καὶ τότε μὲν μένον αὖθι διὰ κνέφας, ἕλκεά τ’ ἀνδρῶν
οὐταμένων ἀκέοντο, καὶ ἀθανάτοισι θυηλάς
ῥέξαντες μέγα δόρπον ἐφώπλισαν, οὐδέ τιν’ ὕπνος
εἷλε παρὰ κρητῆρι καὶ αἰθομένοις ἱεροῖσιν·
ξανθὰ δ’ ἐρεψάμενοι δάφνης καθύπερθε μέτωπα

LIVRO 2   113

escondidos dos cães farejadores e dos próprios pastores,   125
e, ao atacar, procuram qual primeiro capturar
olhando para muitas ao mesmo tempo, e estas, por toda parte,
amontoam-se caindo umas sobre as outras; assim eles
terrivelmente assustaram os arrogantes bébrices.
Como os ovelheiros ou os apicultores defumam   130
um grande enxame de abelhas numa rocha
e elas, até então reunidas na colmeia,
agitam-se a zumbir, mas, sufocadas pela fuliginosa
fumaça, irrompem para longe da rocha;
assim eles não resistiram por muito tempo, mas se dispersaram   135
pelo interior da Bebrícia, anunciando o destino de Ámico.
Néscios, não perceberam que lhes era próximo um outro
pesar imprevisto. Pois foram, então, devastadas
suas vinhas e suas aldeias pela lança inimiga de Lico
e dos mariandinos, já que o soberano estava ausente.   140
Pois sempre estavam combatendo por uma terra rica em ferro.
Uns, dentre os heróis, destruíam os estábulos e os apriscos.
Já outros, rodeando, interceptaram as incontáveis
ovelhas. E alguém entre eles disse tais palavras:
"Imaginai o que teriam feito com sua covardia   145
se um deus, de alguma forma, tivesse trazido Héracles para cá.
Pois creio que, caso ele estivesse presente,
nem teriam disputado o pugilato. Mas quando viesse
proferir as leis, com a clava o faria esquecer
a arrogância e as próprias leis que proclamava.   150
Sim, despreocupadamente avançamos por mar,
deixando-o em terra, mas cada um de nós próprios
conhecerá a funesta ruína por ele estar distante."
Assim falou. Mas tudo aconteceu por vontade de Zeus.
E então lá permaneceram durante a noite, cuidaram das lesões 155
dos homens feridos e, após realizarem sacrifícios
aos imortais, prepararam uma grande refeição. O sono
não tomou ninguém junto à cratera e às vítimas ardentes.
Tendo coroado a fronte loira com folhas de um loureiro

ARGONÁUTICAS

160 ἀγχιάλου φύλλοις, τῇ περ πρυμνήσι' ἀνῆπτο,
Ὀρφείῃ φόρμιγγι συνοίμιον ὕμνον ἄειδον
ἐμμελέως, περὶ δέ σφιν ἰαίνετο νήνεμος ἀκτή
μελπομένοις· κλεῖον δὲ Θεραπναῖον Διὸς υἷα.
Ἦμος δ' ἥλιος δροσερὰς ἐπέλαμψε κολώνας
165 ἐκ περάτων ἀνιών, ἤγειρε δὲ μηλοβοτῆρας,
δὴ τότε λυσάμενοι νεάτης ἐκ πείσματα δάφνης,
ληίδα τ' εἰσβήσαντες ὅσην χρεὼ ἦεν ἄγεσθαι,
πνοιῇ δινήεντ' ἀνὰ Βόσπορον ἰθύνοντο.
ἔνθα μὲν ἠλιβάτῳ ἐναλίγκιον οὖρεϊ κῦμα
170 ἀμφέρεται προπάροιθεν ἐπαΐσσοντι †ἐοικός,
αἰὲν ὑπὲρ λαιφέων ἠερμένον· οὐδέ κε φαίης
φεύξεσθαι κακὸν οἶτον, ἐπεὶ μάλα μεσσόθι νηός
λάβρον ἐπικρέμαται †ὑπὲρ νέφεος†, ἀλλὰ τόγ' ἔμπης
στόρνυται εἴ κ' ἐσθλοῖο κυβερνητῆρος ἐπαύρῃ.
175 τῶ καὶ Τίφυος οἷδε δαημοσύνῃσι νέοντο
ἀσκηθεῖς μέν, ἀτὰρ πεφοβημένοι. ἤματι δ' ἄλλῳ
ἀντιπέρην γαίῃ Θυνηίδι πείσματ' ἀνῆψαν.
Ἔνθα δ' ἐπάκτιον οἶκον Ἀγηνορίδης ἔχε Φινεύς,
ὃς περὶ δὴ πάντων ὀλοώτατα πήματ' ἀνέτλη
180 εἵνεκα μαντοσύνης, τήν οἱ πάρος ἐγγυάλιξεν
Λητοΐδης, οὐδ' ὅσσον ὀπίζετο καὶ Διὸς αὐτοῦ
χρείων ἀτρεκέως ἱερὸν νόον ἀνθρώποισιν·
τῶ καί οἱ γῆρας μὲν ἐπὶ δηναιὸν ἴαλλεν,
ἐκ δ' ἕλετ' ὀφθαλμῶν γλυκερὸν φάος, οὐδὲ γάνυσθαι
185 εἴα ἀπειρεσίοισιν ὀνείασιν ὅσσα οἱ αἰεί
θέσφατα πευθόμενοι περιναιέται οἴκαδ' ἄγειρον·
ἀλλὰ διὰ νεφέων ἄφνω πέλας ἀίσσουσαι
Ἅρπυιαι στόματος χειρῶν τ' ἀπὸ γαμφηλῇσι
συνεχέως ἥρπαζον, ἐλείπετο δ' ἄλλοτε φορβῆς
190 οὐδ' ὅσον· ἄλλοτε τυτθόν, ἵνα ζώων ἀκάχοιτο,
καὶ δ' ἐπὶ μυδαλέην ὀδμὴν χέον· οὐδέ τις ἔτλη
μὴ καὶ λευκανίηνδε φορεύμενος ἀλλ' ἀποτηλοῦ
ἑστηώς, τοῖόν οἱ ἀπέπνεε λείψανα δαιτός.
αὐτίκα δ', εἰσαΐων ἐνοπὴν καὶ δοῦπον ὁμίλου,

LIVRO 2

perto do mar, em torno do qual prenderam os cabos, 160
cantavam um hino cadenciado com a forminge de Orfeu
harmoniosamente, e ao redor deles a costa sem ventos regozijava-se
com suas canções. Celebravam o filho terapneu de Zeus.
Quando o sol iluminou as colinas orvalhadas,
ao se erguer do firmamento, e despertou os ovelheiros, 165
soltaram as amarras do pé de loureiro
e, após embarcarem quanto butim fosse necessário levar,
dirigiram-se, com o sopro do vento, ao turbilhonante Bósforo.
Lá uma onda semelhante a uma montanha escarpada
surge adiante, parecendo acometê-los, 170
sempre elevada sobre as velas. Dirias não ser possível
fugir ao fado vil, já que bem ao meio da nau
a violenta onda está suspensa como uma nuvem, todavia
ela se acalma caso a nau se beneficie de um valoroso timoneiro.
Por isso, graças à experiência de Tífis, eles seguiram 175
em segurança, apesar de temerosos. No outro dia,
prenderam as amarras em solo tínio, na margem oposta.
Lá Fineu Agenórida possuía uma casa costeira,
suportando os mais funestos pesares, dentre todos,
por causa do dom divinatório outrora concedido 180
pelo Letida. Mas ele não teve respeito algum quando vaticinou
aos homens, com exatidão, os desígnios sagrados do próprio Zeus.
Por isso o deus lhe enviou uma velhice longeva,
tomou-lhe a doce luz dos olhos e não permitiu
que saboreasse os inúmeros alimentos que os vizinhos 185
juntavam em sua casa quando consultavam as profecias.
Mas, de repente, irrompendo para perto dele, através das nuvens,
as Harpias os arrebatavam da boca e das mãos com seus bicos,
continuamente. Às vezes, não lhe deixavam nem mesmo um pouco
de comida, outras vezes o mínimo para sobreviver sofrendo, 190
e vertiam sobre ela um odor fétido. Ninguém suportava
nem mesmo levá-la à garganta, mas se mantinha à distância,
tal era o cheiro que os restos do banquete exalavam.
Logo que ouviu a voz e o barulho da tripulação,

ARGONÁUTICAS

195 τούσδ' αὐτοὺς παρεόντας ἐπήισεν ὧν οἱ ἰόντων
θέσφατον ἐκ Διὸς ἦεν ἑῆς ἀπόνασθαι ἐδωδῆς.
ὀρθωθεὶς δ' εὐνῆθεν, ἀκήριον ἠύτ' ὄνειρον,
βάκτρῳ σκηπτόμενος ῥικνοῖς ποσὶν ᾖε θύραζε,
τοίχους ἀμφαφόων, τρέμε δ' ἅψεα νισσομένοιο
200 ἀδρανίη γήραι τε· πίνῳ δέ οἱ αὐσταλέος χρώς
ἐσκλήκει, ῥινοὶ δὲ σὺν ὀστέα μοῦνον ἔεργον.
ἐκ δ' ἐλθὼν μεγάροιο καθέζετο γοῦνα βαρυνθεὶς
οὐδοῦ ἐπ' αὐλείοιο· κάρος δέ μιν ἀμφεκάλυψεν
πορφύρεος, γαῖαν δὲ πέριξ ἐδόκησε φέρεσθαι
205 νειόθεν, ἀβληχρῷ δ' ἐπὶ κώματι κέκλιτ' ἄναυδος.
οἱ δέ μιν ὡς εἴδοντο, περισταδὸν ἠγερέθοντο
καὶ τάφον. αὐτὰρ ὁ τοῖσι, μάλα μόλις ἐξ ὑπάτοιο
στήθεος ἀμπνεύσας, μετεφώνεε μαντοσύνῃσι·
"Κλῦτε Πανελλήνων προφερέστατοι, εἰ ἐτεὸν δή
210 οἴδ' ὑμεῖς οὕς δὴ κρυερῇ βασιλῆος ἐφετμῇ
Ἀργῴης ἐπὶ νηὸς ἄγει μετὰ κῶας Ἰήσων –
ὑμεῖς ἀτρεκέως· ἔτι μοι νόος οἶδεν ἕκαστα
ᾗσι θεοπροπίῃσι – χάριν νύ τοι, ὦ ἄνα Λητοῦς
υἱέ, καὶ ἀργαλέοισιν ἀνάπτομαι ἐν καμάτοισιν.
215 Ἱκεσίου πρὸς Ζηνός, ὅτις ῥίγιστος ἀλιτροῖς
ἀνδράσι, Φοίβου τ' ἀμφί, καὶ αὐτῆς εἵνεκεν Ἥρης
λίσσομαι, ᾗ περίαλλα θεῶν μέμβλεσθε κιόντες·
χραίσμετέ μοι, ῥύσασθε δυσάμμορον ἀνέρα λύμης,
μηδέ μ' ἀκηδείῃσιν ἀφορμήθητε λιπόντες
220 αὔτως. οὐ γὰρ μοῦνον ἐπ' ὀφθαλμοῖσιν Ἐρινύς
λὰξ ἐπέβη, καὶ γήρας ἀμήρυτον ἐς τέλος ἕλκω·
πρὸς δ' ἐπὶ πικρότατον κρέμαται κακὸν ἄλλο κακοῖσιν.
Ἅρπυιαι στόματός μοι ἀφαρπάζουσιν ἐδωδήν
ἔκποθεν ἀφράστοιο καταΐσσουσαι †ὀλέθρου,
225 ἴσχω δ' οὔτινα μῆτιν ἐπίρροθον· ἀλλά κε ῥεῖα
αὐτὸς ἐὸν λελάθοιμι νόον δόρποιο μεμηλώς
ἢ κείνας, ὧδ' αἶψα διηέριαι ποτέονται.
τυτθὸν δ' ἢν ἄρα δήποτ' ἐδητύος ἄμμι λίπωσιν,
πνεῖ τόδε μυδαλέον τε καὶ οὐ τλητὸν μένος ὀδμῆς.

LIVRO 2

reconheceu esses presentes cuja vinda, segundo a profecia   195
de Zeus, possibilitar-lhe-ia usufruir de seus víveres.
Levantando-se da cama como um sonho sem vida,
apoiado num bastão, com os pés debilitados, dirigiu-se à porta
tateando as paredes e, ao avançar, seus membros tremiam
por fraqueza e velhice. Uma crosta negra de sujeira   200
ressecara em seu corpo e a pele cobria somente os ossos.
Quando saiu da residência, sentou-se, por ter fatigados os joelhos,
no limiar do pátio. Envolveu-o uma sombria
vertigem, parecia que a terra girava ao seu redor,
por baixo, e em silêncio ele se reclinou em lânguido torpor.   205
Assim que o viram, reuniram-se em seu entorno
e se surpreenderam. Ele respirou com muita dificuldade,
do fundo do peito, e lhes disse por meio da adivinhação:
"Ouvi, ó melhores dentre todos os helenos, se realmente
vós sois estes que, pela fria ordem de um rei,   210
Jasão conduz sobre a nau Argo até o tosão –
sois vós com exatidão. Minha mente ainda conhece cada coisa
por seus vaticínios, graças a ti, soberano filho
de Leto, mesmo estando preso a dolorosos sofrimentos.
Por Zeus Protetor dos Suplicantes, que é terribilíssimo   215
aos criminosos, por Febo e pela própria Hera, a quem,
mais que aos outros deuses, vossa viagem preocupa, eu rogo.
Socorrei-me, salvai dos maus tratos um homem infortunado
e não partis despreocupadamente, deixando-me
nesse estado. Pois não somente sobre meus olhos a Erínia   220
calcou os pés e arrasto até o fim uma velhice interminável,
mas a esses males está suspenso outro mal amaríssimo.
As Harpias arrebatam da boca os meus víveres,
irrompendo de qualquer lugar imprevisível de destruição,
e não tenho nenhum artifício eficaz. Mais facilmente   225
esconderia de minha própria mente meu desejo por uma refeição
que delas, tão prontamente voam através dos ares.
Se por acaso nos deixam um pouco de alimento,
ele exala um forte odor fétido e insuportável.

118   ARGONÁUTICAS

230 οὔ κέ τις οὐδὲ μίνυνθα βροτῶν ἄνσχοιτο πελάσσας,
οὐδ᾽ εἴ οἱ ἀδάμαντος ἐληλάμενον κέαρ εἴη·
ἀλλά με πικρὴν δαῖτα κατ᾽ ἄατος ἴσχει ἀνάγκη
μίμνειν, †καὶ μίμνοντα κακῇ† ἐν γαστέρι θέσθαι.
τὰς μὲν θέσφατόν ἐστιν ἐρητῦσαι Βορέαο
235 υἱέας· οὐδ᾽ ὀθνεῖοι ἀλαλκήσουσιν ἐόντες,
εἰ δὴ ἐγὼν ὁ πρίν ποτ᾽ ἐπικλυτὸς ἀνδράσι Φινεύς
ὄλβῳ μαντοσύνῃ τε, πατὴρ δέ με γείνατ᾽ Ἀγήνωρ,
τῶν δὲ κασιγνήτην, ὅτ᾽ ἐνὶ Θρήκεσσιν ἄνασσον,
Κλειοπάτρην ἕδνοισιν ἐμὸν δόμον ἦγον ἄκοιτιν."
240 Ἴσκεν Ἀγηνορίδης. ἀδινὸν δ᾽ ἕλε κῆδος ἕκαστον
ἡρώων, πέρι δ᾽ αὖτε δύω υἷας Βορέαο·
δάκρυ δ᾽ ὀμορξαμένω σχεδὸν ἤλυθον, ὧδέ τ᾽ ἔειπεν
Ζήτης, ἀσχαλόωντος ἑλὼν χερὶ χεῖρα γέροντος·
"Ἄ δείλ᾽, οὔ τινά φημι σέθεν σμυγερώτερον ἄλλον
245 ἔμμεναι ἀνθρώπων. τί νύ τοι τόσα κήδε᾽ ἀνῆπται;
ἦ ῥα θεοὺς ὀλοῇσι παρήλιτες ἀφραδίῃσιν,
μαντοσύνας δεδαώς; τῶ τοι μέγα μηνιόωσιν;
ἄμμι γε μὴν νόος ἔνδον ἀτύζεται, ἱεμένοισιν
χραισμεῖν εἰ δὴ πρόχνυ γέρας τόδε πάρθετο δαίμων
250 νῶιν· ἀρίζηλοι γὰρ ἐπιχθονίοισιν ἐνιπαί
ἀθανάτων· οὐδ᾽ ἂν πρὶν ἐρητύσαιμεν ἰούσας
Ἁρπυίας, μάλα περ λελιημένοι, ἔστ᾽ ἂν ὀμόσσῃς
μὴ μὲν τοῖο ἕκητι θεοῖς ἀπὸ θυμοῦ ἔσεσθαι."
Ὣς φάτο· τοῦ δ᾽ ἰθὺς κενεὰς ὁ γεραιὸς ἀνέσχε
255 γλήνας ἀμπετάσας, καὶ ἀμείψατο τοῖσδ᾽ ἐπέεσσι·
"Σίγα· μή μοι ταῦτα νόῳ ἔνι βάλλεο τέκνον.
ἴστω Λητοῦς υἱός, ὅ με πρόφρων ἐδίδαξε
μαντοσύνας· ἴστω δὲ δυσώνυμος ἥ μ᾽ ἔλαχεν Κήρ,
καὶ τόδ᾽ ἐπ᾽ ὀφθαλμῶν ἀλαὸν νέφος, οἵ θ᾽ ὑπένερθεν
260 δαίμονες, οἳ †μηδ᾽ ὧδε θανόντι περ εὐμενέοιεν,
ὡς οὔ τις θεόθεν χόλος ἔσσεται εἵνεκ᾽ ἀρωγῆς."
Τὼ μὲν ἔπειθ᾽ ὅρκῳ, καὶ ἀλαλκέμεναι μενέαινον·
αἶψα δὲ κουρότεροι πεπονήατο δαῖτα γέροντι,
λοίσθιον Ἁρπυίῃσιν ἐλώριον· ἐγγύθι δ᾽ ἄμφω

LIVRO 2 119

Nenhum mortal conseguiria se aproximar um instante sequer, 230
nem se tivesse o coração forjado no aço.
Mas uma insaciável necessidade me obriga a permanecer
no amargo banquete e, ao permanecer, pô-lo no funesto ventre.
Segundo uma profecia, elas serão contidas pelos filhos
de Bóreas. E não sendo estrangeiros me protegerão 235
se, de fato, eu sou Fineu, outrora célebre entre os homens
pela riqueza e arte divinatória. O pai Agenor engendrou-me,
e quando eu era soberano entre os trácios a irmã deles,
Cleópatra, eu conduzi como esposa a meu palácio com presentes."
Falou o Agenórida. Uma profunda compaixão tomou 240
cada um dos heróis, sobretudo os dois filhos de Bóreas.
Após enxugarem as lágrimas os dois se aproximaram e Zeta
assim disse, tomando em sua mão a mão do velho sofrido:
"Ah, infeliz, afirmo que nenhum outro homem é mais miserável
que tu. Por que tais pesares estão ligados a ti? 245
Será que, por uma funesta imprudência, ofendeste os deuses
ao conheceres a arte divinatória? Por isso ficaram tão irados contigo?
Nossa mente, cá dentro, se turva, ainda que ansiemos
por te socorrer, se, de fato, a divindade confiou essa honra
a nós dois. Pois claras são as censuras dos imortais 250
aos que vivem sobre a terra. Não deteremos as Harpias quando
vierem, a despeito de muito desejarmos, até teres jurado
que, por causa disso, não seremos odiados pelos deuses."
Assim falou. O ancião ergueu na direção dele suas vazias
pupilas abertas e lhes respondeu com tais palavras: 255
"Cala-te. Não ponhas, meu filho, tais pensamentos na mente.
Juro pelo filho de Leto, que, benévolo, ensinou-me a arte
divinatória. Juro pelo Fado de nome odioso que coube a mim,
por essa nuvem cega sobre meus olhos e pelas divindades
subterrâneas – não me sejam benignos mesmo após a morte – 260
que não haverá nenhuma cólera divina por causa desse auxílio."
Os dois, após o juramento, desejavam protegê-lo.
Prontamente os mais jovens prepararam um banquete ao velho,
último repasto das Harpias. Ambos estavam próximos

265 στῆσαν, ἵνα ξιφέεσσιν ἐπεσσυμένας ἐλάσειαν.
καὶ δὴ τὰ πρώτισθ᾽ ὁ γέρων ἔψαυεν ἐδωδῆς,
αἱ δ᾽ ἄφαρ, ἠΰτ᾽ ἄελλαι ἀδευκέες ἢ στεροπαὶ ὥς,
ἀπρόφατοι νεφέων ἐξάλμεναι ἐσσεύοντο
κλαγγῇ μαιμώωσαι ἐδητύος. οἱ δ᾽ ἐσιδόντες
270 ἥρωες μεσσηγὺς ἀνίαχον, αἱ δ᾽ ἅμ᾽ ἀϋτῇ
πάντα καταβρώξασαι, ὑπὲρ πόντοιο φέροντο
τῆλε παρέξ, ὀδμὴ δὲ δυσάνσχετος αὖθι λέλειπτο.
τάων δ᾽ αὖ κατόπισθε δύω υἷες Βορέαο
φάσγαν᾽ ἐπισχόμενοι ἐπ᾽ ἴσῳ θέον, ἐν γὰρ ἔηκεν
275 Ζεὺς μένος ἀκάματόν σφιν· ἀτὰρ Διὸς οὔ κεν ἐπέσθην
νόσφιν, ἐπεὶ ζεφύροιο παραΐσσεσκον ἀέλλας
αἰέν, ὅτ᾽ ἐς Φινῆα καὶ ἐκ Φινῆος ἴοιεν.
ὡς δ᾽ ὅτ᾽ ἐνὶ κνημοῖσι κύνες δεδαημένοι ἄγρης
ἢ αἶγας κεραοὺς ἠὲ πρόκας ἰχνεύοντες
280 θείωσιν, τυτθὸν δὲ τιταινόμενοι μετόπισθεν
ἄκρῃς ἐν γενύεσσι μάτην ἀράβησαν ὀδόντας –
ὣς Ζήτης Κάλαΐς τε μάλα σχεδὸν ἀίσσοντες
τάων ἀκροτάτῃσιν ἐπέχραον ἤλιθα χερσίν.
καί νύ κε δή σφ᾽ ἀέκητι θεῶν διεδηλήσαντο,
285 πολλὸν ἑκὰς νήσοισιν ἔπι Πλωτῇσι κιχόντες,
εἰ μὴ ἄρ᾽ ὠκέα Ἶρις ἴδεν, κατὰ δ᾽ αἰθέρος ἆλτο
οὐρανόθεν, καὶ τοῖα παραιφαμένη κατέρυκεν·
"Οὐ θέμις, ὦ υἱεῖς Βορέω, ξιφέεσσιν ἐλάσσαι
Ἁρπυίας, μεγάλοιο Διὸς κύνας· ὅρκια δ᾽ αὐτή
290 δώσω ἐγὼν ὡς οὔ οἱ ἔτι χρίμψουσιν ἰοῦσαι."
Ὣς φαμένη, λοιβὴν Στυγὸς ὤμοσεν, ἥ τε θεοῖσιν
ῥιγίστη πάντεσσιν ὀπιδνοτάτη τε τέτυκται,
μὴ μὲν Ἀγηνορίδαο δόμοις ἔτι τάσδε πελάσσαι
εἰσαῦτις Φινῆος, ἐπεὶ καὶ μόρσιμον ἦεν.
295 οἱ δ᾽ ὅρκῳ εἴξαντες ὑπέστρεφον ἂψ ἐπὶ νῆα
σώεσθαι· Στροφάδας δὲ μετακλείουσ᾽ ἄνθρωποι
νήσους τοῖο ἕκητι, πάρος Πλωτὰς καλέοντες.
Ἅρπυιαι δ᾽ Ἶρίς τε διέτμαγον· αἱ μὲν ἔδυσαν
κευθμῶνα Κρήτης Μινωίδος, ἡ δ᾽ ἀνόρουσεν

para, com espadas, as atacarem quando irrompessem. 265
No mesmo instante em que o velho tocou os víveres,
de imediato, como as súbitas procelas ou os relâmpagos,
elas repentinamente irromperam saltando das nuvens,
com um guincho, ávidas pelo alimento. Quando as viram,
os heróis gritaram e elas, em balbúrdia, após 270
terem devorado tudo, voavam sobre o mar,
para bem longe. Lá deixaram um odor insuportável.
Os dois filhos de Bóreas, por sua vez, corriam atrás delas
juntamente empunhando os gládios, pois lhes enviou
Zeus um vigor infatigável. Mas sem Zeus os dois não as teriam 275
perseguido, já que elas sempre se lançavam como as procelas
de Zéfiro, quando iam até Fineu ou voltavam de Fineu.
Como quando, nas montanhas, hábeis cães de caça,
seguindo os passos de cabras corníferas e corças,
correm e ao estarem atrás, já bastante próximos, 280
em vão rangem os dentes da frente do maxilar;
assim Zeta e Cálais, ao se lançaram para bem perto,
inutilmente as tocavam com as pontas dos dedos.
E, contra a vontade dos deuses, as teriam dilacerado,
ao alcançá-las bem longe, sobre as ilhas Plotas, 285
se a rápida Íris não tivesse visto, descido do céu
através do ar e os contido exortando tais coisas:
"Não é permitido, ó filhos de Bóreas, golpeardes com espadas
as Harpias, cadelas do grande Zeus. Eu mesma vos jurarei
que jamais elas voltarão a se aproximar de Fineu." 290
Assim falou e jurou com uma libação do Estige, a todos
os deuses terribilíssimo e respeitadíssimo,
que elas não mais se aproximariam da casa de Fineu
Agenórida novamente, já que isso lhe fora destinado.
Por conta do juramento, os Boréadas recuaram e, rápido, 295
retornaram à nau. Em vista disso, os homens alteraram
o nome das ilhas, antes chamadas Plotas, para Estrófades.
As Harpias e Íris se separaram. Elas adentraram
uma caverna na Creta de Minos, enquanto a outra subiu

300 Οὔλυμπόνδε θοῇσι μεταχρονίη πτερύγεσσιν.
Τόφρα δ' ἀριστῆες, πινόεν περὶ δέρμα γέροντος
πάντη φοιβήσαντες, ἐπικριδὸν ἱρεύσαντο
μῆλα τά τ' ἐξ Ἀμύκοιο λεηλασίης ἐκόμισσαν.
αὐτὰρ ἐπεὶ μέγα δόρπον ἐνὶ μεγάροισιν ἔθεντο,
305 δαίνυνθ' ἑζόμενοι· σὺν δέ σφισι δαίνυτο Φινεύς
ἁρπαλέως, οἷόν τ' ἐν ὀνείρασι θυμὸν ἰαίνων.
ἔνθα δ', ἐπεὶ δόρποιο κορέσσαντ' ἠδὲ ποτῆτος,
παννύχιοι Βορέω μένον υἱέας ἐγρήσσοντες·
αὐτὸς δ' ἐν μέσσοισι παρ' ἐσχάρῃ ἧσθ' ὁ γεραιός,
310 πείρατα ναυτιλίης ἐνέπων ἄνυσίν τε κελεύθου·
"Κλῦτέ νυν· οὐ μὲν πάντα πέλει θέμις ὔμμι δαῆναι
ἀτρεκές, ὅσσα δ' ὄρωρε θεοῖς φίλον, οὐκ ἐπικεύσω.
ἀασάμην καὶ πρόσθε Διὸς νόον ἀφραδίῃσιν
χρείων ἑξείης τε καὶ ἐς τέλος. ὧδε γὰρ αὐτός
315 βούλεται ἀνθρώποις ἐπιδευέα θέσφατα φαίνειν
μαντοσύνης, ἵνα καί τι θεῶν χατέωσι νόοιο.
Πέτρας μὲν πάμπρωτον ἀφορμηθέντες ἐμεῖο
Κυανέας ὄψεσθε δύω ἁλὸς ἐν ξυνοχῇσι.
τάων οὔ τινά φημι διαμπερὲς ἐξαλέασθαι·
320 οὐ γάρ τε ῥίζῃσιν ἐρήρεινται νεάτῃσιν,
ἀλλὰ θαμὰ ξυνίασιν ἐναντίαι ἀλλήλῃσιν
εἰς ἕν, ὕπερθε δὲ πολλὸν ἁλὸς κορθύεται ὕδωρ
βρασσόμενον, στρηνὲς δὲ πέρι στυφελῇ βρέμει ἀκτή.
τῶ νῦν ἡμετέρῃσι παραιφασίῃσι πίθεσθε,
325 εἰ ἐτεὸν πυκινῷ τε νόῳ μακάρων τ' ἀλέγοντες
πείρετε, μηδ' αὔτως αὐτάγρετον οἶτον ὀλέσθαι
ἀφραδέως ἰθύετ' ἐπισπόμενοι νεότητι.
οἰωνῷ δὴ πρόσθε πελειάδι πειρήσασθαι,
νηὸς ἄπο πρό μιν ἕντας, ἐφίεμαι. ἢν δὲ δι' αὐτῶν
330 πετράων Πόντονδε σόη πτερύγεσσι δίηται,
μηκέτι δὴν μηδ' αὐτοὶ ἐρητύεσθε κελεύθου,
ἀλλ' εὖ καρτύναντες ἑαῖς ἐνὶ χερσὶν ἐρετμά
τέμνεθ' ἁλὸς στεινωπόν, ἐπεὶ φάος οὔ νύ τι τόσσον
ἔσσετ' ἐν εὐχωλῇσιν ὅσον τ' ἐνὶ κάρτεϊ χειρῶν·

LIVRO 2

ao Olimpo, através do ar, com ágeis asas.   300
Enquanto isso, os valorosos, após purificarem por completo
a pele imunda do velho, sacrificaram ovelhas
selecionadas, trazidas do butim de Ámico.
Depois de prepararem uma grande refeição em seu lar,
banquetearam-se sentados. Com eles Fineu banqueteava-se   305
avidamente, regozijando o ânimo como num sonho.
Então, depois de terem se saciado da refeição e da bebida,
velaram por toda a noite esperando os filhos de Bóreas.
O próprio ancião estava sentado no meio deles, junto à fogueira,
e contou sobre os limites da navegação e o cumprimento da rota: 310
"Ouvi agora. Não vos é permitido conhecer tudo
com exatidão, mas o que aprouver aos deuses não ocultarei.
Arruinei-me outrora ao revelar, por imprudência, o desígnio
de Zeus detalhadamente e até o fim. Por isso
ele quer revelar aos homens profecias incompletas da arte   315
divinatória, para que careçam de parte do desígnio dos deuses.
Após vos distanciardes de mim, vereis, antes de tudo,
as duas Rochas Cianeias, no aperto do mar.
Afirmo que ninguém conseguiu escapar através delas.
Pois não se sustentam com raízes profundas,   320
mas, com frequência, aproximam-se uma contra a outra
e se entrechocam. Sobre elas muita água do mar se eleva,
borbulhante, e no entorno a costa rochosa brame agudamente.
Por isso agora obedecei aos nossos conselhos,
se de fato viajais com o ânimo prudente, respeitando   325
os afortunados, e não avanceis irrefletidamente para perecerdes
por um fado voluntário, guiados pelos arroubos da juventude.
Recomendo-vos testar antes com uma pomba como presságio,
soltando-a para longe da nau. Se através das mesmas rochas
ela escapar com segurança, graças às suas asas, até o Ponto,   330
por mais tempo não vos detenhais da rota,
mas, segurando bem os remos em vossas mãos,
cortai o estreito do mar, já que vossa salvação não depende
tanto das preces quanto da força dos braços.

335 τῶ καὶ τἆλλα μεθέντας ὀνήιστον πονέεσθαι
θαρσαλέως· πρὶν δ’ οὔ τι θεοὺς λίσσεσθαι ἐρύκω.
εἰ δέ κεν ἀντικρὺ πταμένη μεσσηγὺς ὄληται,
ἄψορροι στέλλεσθαι, ἐπεὶ πολὺ βέλτερον εἶξαι
ἀθανάτοις· οὐ γάρ κε κακὸν μόρον ἐξαλέαισθε
340 πετράων, οὐδ’ εἴ κε σιδηρείη πέλοι Ἀργώ.
ὦ μέλεοι, μὴ τλῆτε παρὲξ ἐμὰ θέσφατα βῆναι,
εἰ καί με τρὶς τόσσον ὀίεσθ’ Οὐρανίδησιν
ὅσσον ἀνάρσιός εἰμι, καὶ εἰ πλεῖον, στυγέεσθαι·
μὴ τλῆτ’ οἰωνοῖο πάρεξ ἔτι νηὶ περῆσαι.
345 καὶ τὰ μὲν ὥς κε πέλῃ, τὼς ἔσσεται· ἢν δὲ φύγητε
σύνδρομα πετράων ἀσκηθέες ἔνδοθι Πόντου,
αὐτίκα Βιθυνῶν ἐπὶ δεξιὰ γαῖαν ἔχοντες
πλώετε ῥηγμῖνας πεφυλαγμένοι, εἰσόκεν αὖτε
Ῥήβαν ὠκυρόην ποταμόν, ἄκρην τε Μέλαιναν
350 γνάμψαντες νήσου Θυνηίδος ὅρμον ἵκησθε.
κεῖθεν δ’ οὐ μάλα πουλὺ διὲξ ἁλὸς ἀντιπέραιαν
γῆν Μαριανδυνῶν ἐπικέλσετε †νοστήσαντες,
ἔνθα μὲν εἰς Ἀίδαο καταιβάτις ἐστὶ κέλευθος,
ἄκρη δὲ προβλὴς Ἀχερουσιὰς ὑψόθι τείνει,
355 δινήεις τ’ Ἀχέρων, αὐτὴν διὰ νειόθι τέμνων
ἄκρην, ἐκ μεγάλης προχοὰς ἵησι φάραγγος.
ἀγχίμολον δ’ ἐπὶ τῇ πολέας παρανεῖσθε κολωνοὺς
Παφλαγόνων, τοῖσίν τ’ Ἐνετήιος ἐμβασίλευε
πρῶτα Πέλοψ, τοῦ περ καὶ ἀφ’ αἵματος εὐχετόωνται.
360 ἔστι δέ τις ἄκρη Ἑλίκης κατεναντίον Ἄρκτου,
πάντοθεν ἠλίβατος, καί μιν καλέουσι Κάραμβιν,
τῆς τ’ αἴπει βορέαο πέρι σχίζονται ἄελλαι,
ὧδε μάλ’ ἂμ πέλαγος τετραμμένη αἰθέρι κύρει·
τήνδε περιγνάμψαντι, Πολὺς παρακέκλιται ἤδη
365 Αἰγιαλός. Πολέος δ’ ἐπὶ πείρασιν Αἰγιαλοῖο
ἀκτῇ ἐπὶ προβλῆτι ῥοαὶ Ἅλυος ποταμοῖο
δεινὸν ἐρεύγονται· μετὰ τὸν δ’ ἀγχίρροος Ἶρις
μειότερος λευκῇσιν ἑλίσσεται εἰς ἅλα δίναις.
κεῖθεν δὲ προτέρωσε μέγας καὶ ὑπείροχος ἀγκών

LIVRO 2 125

Por isso, deixando o restante de lado, fazei o que for mais útil   335
com coragem. Não vos impeço de, antes, rogardes aos deuses.
Mas se, voando reto, ela morrer por entre as rochas,
fazei o retorno, já que é muito melhor ceder
aos imortais. Pois não escaparíeis do vil destino
entre as rochas, nem se Argo fosse feita de ferro.   340
Infelizes, não ouseis seguir alheios às minhas profecias,
mesmo que me imagineis três vezes mais odiado
pelos urânidas do que realmente eu sou, ou ainda mais.
Não ouseis atravessar com a nau alheios ao presságio.
E assim será como isso deve acontecer. Se fugirdes   345
do entrechoque das rochas, entrando incólumes no Ponto,
logo, tendo a terra dos bitínios à direita,
navegai atentos à orla, até, contornando
o rio Reba de curso veloz e o cume Negro,
chegardes ao ancoradouro da ilha de Tínia.   350
Não muito longe dali, seguindo pelo mar, abordai
à terra dos mariandinos, situada na margem oposta,
onde há uma rota que desce ao Hades,
o cabo Aquerúsio se estende ao alto
e o turbilhonante Aqueronte, profundamente cortando-o,   355
verte a água corrente de um enorme precipício.
Perto dali, passareis ao longo de muitas colinas
dos paflagones, sobre os quais primeiro reinou
Pélops enécio, de cujo sangue se gabam de descender.
Há um promontório defronte à Ursa Hélice,   360
escarpado por toda a parte, chamado Carâmbis
e, em torno à elevação, as ventanias de Bóreas dividem-se,
visto que, assim estendendo-se no pélago, ela atinge o éter.
Ao contornar o promontório, está situada a Longa
Praia. Ao final da Longa Praia, depois   365
de uma saliente falésia, o curso do rio Hális
terrivelmente ruge. Após ele, o Íris de curso próximo,
menor, volteia até o mar com brancos turbilhões.
Adiante dali, um grande e proeminente cabo

370 ἐξανέχει γαίης· ἔπι δὲ στόμα Θερμώδοντος
κόλπῳ ἐν εὐδιόωντι Θεμισκύρειον ὑπ' ἄκρην
μύρεται, εὐρείης διαειμένος ἠπείροιο.
ἔνθα δὲ Δοίαντος πεδίον, σχεδόθεν δὲ πόληες
τρισσαὶ Ἀμαζονίδων· μετὰ δὲ σμυγερώτατοι ἀνδρῶν,
375 τρηχείην Χάλυβες καὶ ἀτειρέα γαῖαν ἔχοντες
ἐργατίναι, τοὶ δ' ἀμφὶ σιδήρεα ἔργα μέλονται.
ἄγχι δὲ ναιετάουσι πολύρρηνες Τιβαρηνοί
Ζηνὸς Εὐξείνοιο Γενηταίην ὑπὲρ ἄκρην.
τοῖς δ' ἐπὶ Μοσσύνοικοι ὁμούριοι ὑλήεσσαν
380 ἑξείης ἤπειρον ὑπωρείας τε νέμονται,
δουρατέοις †πύργοισιν ἐν οἰκία τεκτήναντες
381a κάλινα καὶ πύργους εὐπηγέας, οὓς καλέουσιν
381b μόσσυνας, καὶ δ' αὐτοὶ ἐπώνυμοι ἔνθεν ἔασιν.
382 τοὺς παραμειβόμενοι, λισσῇ ἐπικέλσατε νήσῳ,
μήτι παντοίῃ μέγ' ἀναιδέας ἐξελάσαντες
οἰωνοὺς οἳ δῆθεν ἀπειρέσιοι ἐφέπουσιν
385 νῆσον ἐρημαίην· τῇ μέν τ' ἐνὶ νηὸν Ἄρηος
λαΐνεον ποίησαν Ἀμαζονίδων βασίλειαι
Ὀτρηρή τε καὶ Ἀντιόπη, ὁπότε στρατόωντο
ἔνθα γὰρ ὕμμιν ὄνειαρ ἀδευκέος ἐξ ἁλὸς εἶσιν
ἄρητον· τῶ καί τε φίλα φρονέων ἀγορεύω
390 ἰσχέμεν – ἀλλὰ τίη με πάλιν χρειὼ ἀλιτέσθαι
μαντοσύνη τὰ ἕκαστα διηνεκὲς ἐξενέποντα;
νήσου δὲ προτέρωσε καὶ ἠπείροιο περαίης
φέρβονται Φίλυρες· Φιλύρων δ' ἐφύπερθεν ἔασιν
Μάκρωνες, μετὰ δ' αὖ περιώσια φῦλα Βεχείρων·
395 ἑξείης δὲ Σάπειρες ἐπὶ σφίσι ναιετάουσιν,
Βύζηρες δ' ἐπὶ τοῖσιν ὁμώλακες, ὧν ὕπερ ἤδη
αὐτοὶ Κόλχοι ἔχονται ἀρήιοι. ἀλλ' ἐνὶ νηί
πείρεθ', ἕως μυχάτῃ κεν ἐνιχρίμψητε θαλάσσῃ.
ἔνθα δ' ἀπ' ἠπείροιο Κυταιίδος ἠδ' Ἀμαραντῶν
400 τηλόθεν ἐξ ὀρέων πεδίοιό τε Κιρκαίοιο
Φᾶσις δινήεις εὐρὺν ῥόον εἰς ἅλα βάλλει·
κείνου νῇ' ἐλάοντες ἐπὶ προχοὰς ποταμοῖο,

LIVRO 2 127

avança da terra. Depois a embocadura do Termodonte 370
verte suas águas num tranquilo golfo sob o promontório
de Temíscera, após percorrer o vasto continente.
Lá está a região de Deante e, na vizinhança, as três
cidades das amazonas. Depois estão os mais miseráveis dos homens,
os trabalhadores cálibes, que possuem uma terra áspera 375
e dura e se ocupam dos trabalhos do ferro.
Próximo dali moram os tibarenos, ricos em rebanhos,
além do cabo Geneteu de Zeus Hospitaleiro.
Após eles, os limítrofes mossínecos ocupam uma planície
contígua, coberta de florestas, e os sopés das montanhas, 380
tendo construído casas de madeira nas torres feitas
de pranchas e torres bem ajustadas que são chamadas 381a
mossines, de onde lhes vem o próprio nome. 381b
Passando por eles, atracai numa ilha áspera,
após expulsardes, por toda forma de astúcia, os muito
impudentes pássaros que, inúmeros, frequentam
a erma ilha. Nela um templo pétreo a Ares 385
as rainhas das amazonas Otrera e Antíope
fizeram quando participavam de uma expedição.
Nesse lugar vos virá, do amargo mar, um auxílio sobre o qual
nada posso revelar. Por isso mesmo, com amizade, recomendo
que lá pareis. Mas por qual necessidade cometo de novo uma falta, 390
revelando continuamente, pela arte divinatória, cada detalhe?
Além dessa ilha e do continente à frente
vivem os fílires. Acima dos fílires estão os mácrones
e depois destes, por sua vez, as imensas tribos dos béquires.
Em sequência moram os sápires 395
e os vizinhos bízeres, para além dos quais
os próprios colcos belicosos residem. Mas atravessai
na nau até alcançardes a parte mais afastada do mar.
Onde, da planície de Cita, partindo das longínquas
montanhas Amarantos e da região de Circe, 400
o turbilhonante Fásis lança seu vasto curso no mar.
Impelindo a nau em direção à embocadura daquele rio,

πύργους εἰσόψεσθε Κυταιέος Αἰήταο,
ἄλσος τε σκιόειν Ἄρεος, τόθι κῶας ἐπ’ ἄκρης
405 πεπτάμενον φηγοῖο δράκων, τέρας αἰνὸν ἰδέσθαι,
ἀμφὶς ὀπιπτεύει δεδοκημένος· οὐδέ οἱ ἦμαρ,
οὐ κνέφας ἥδυμος ὕπνος ἀναιδέε δάμναται ὄσσε.”
Ὣς ἄρ’ ἔφη· τοὺς δ’ εἶθαρ ἕλεν δέος εἰσαΐοντας,
δὴν δ’ ἔσαν ἀμφασίῃ βεβολημένοι. ὀψὲ δ’ ἔειπε
410 ἥρως Αἴσονος υἱός, ἀμηχανέων κακότητι·
“Ὦ γέρον, ἤδη μέν τε διίκεο πείρατ’ †ἀέθλων
ναυτιλίης καὶ τέκμαρ ὅτῳ στυγερὰς διὰ πέτρας
πειθόμενοι Πόντονδε περήσομεν· εἰ δέ κεν αὖτις,
τάσδ’ ἡμῖν προφυγοῦσιν, ἐς Ἑλλάδα νόστος ὀπίσσω
415 ἔσσεται, ἀσπαστῶς κε παραὶ σέο καὶ τὸ δαείην.
πῶς ἔρδω, πῶς αὖτε τόσην ἁλὸς εἶμι κέλευθον,
νῆις ἐὼν ἑτάροις ἅμα νήισιν – Αἶα δὲ Κολχίς
Πόντου καὶ γαίης ἐπικέκλιται ἐσχατιῇσιν;”
Ὣς φάτο· τὸν δ’ ὁ γεραιὸς ἀμειβόμενος προσέειπεν·
420 “Ὦ τέκος, εὖτ’ ἂν πρῶτα φύγῃς ὀλοὰς διὰ πέτρας,
θάρσει· ἐπεὶ δαίμων ἕτερον πλόον ἡγεμονεύσει
ἐξ Αἴης, μετὰ δ’ Αἶαν ἅλις πομπῆες ἔσονται.
ἀλλὰ φίλοι φράζεσθε θεᾶς δολόεσσαν ἀρωγήν
Κύπριδος, ἐν γὰρ τῇ κλυτὰ πείρατα κεῖται ἀέθλου·
425 καὶ δέ με μηκέτι τῶνδε περαιτέρω ἐξερέεσθε.”
Ὣς φάτ’ Ἀγηνορίδης· ἐπὶ δὲ σχεδὸν υἱέε δοιώ
Θρηικίου Βορέαο κατ’ αἰθέρος ἀίξαντε
οὐδῷ ἔπι κραιπνοὺς ἔβαλον πόδας· οἱ δ’ ἀνόρουσαν
ἐξ ἑδέων ἥρωες, ὅπως παρεόντας ἴδοντο.
430 Ζήτης δ’ ἱεμένοισιν, ἔτ’ ἄσπετον ἐκ καμάτοιο
ἄσθμ’ ἀναφυσιόων, μετεφώνεεν ὅσσον ἄπωθεν
ἤλασαν, ἠδ’ ὡς Ἶρις ἐρύκακε τάσδε δαΐξαι,
ὅρκιά τ’ εὐμενέουσα θεὰ πόρεν, αἱ δ’ ὑπέδυσαν
δείματι Δικταίης περιωσίῳ ἄντρον ἐρίπνης.
435 γηθόσυνοι δήπειτα δόμοις ἔνι πάντες ἑταῖροι
αὐτός τ’ ἀγγελίῃ Φινεὺς πέλεν. ὦκα δὲ τόνγε
Αἰσονίδης, περιπολλὸν ἐυφρονέων, προσέειπεν·

LIVRO 2 129

podereis observar as torres do citeu Eeta
e o sombrio bosque de Ares, onde um dragão,
monstro terrível de se ver, vigia com atenção, ao redor, 405
o tosão suspenso sobre um alto carvalho. Nem durante o dia,
nem durante a noite o doce sono doma seus olhos impudentes."
Assim ele falou. Um temor, de imediato, tomou os ouvintes
e durante um tempo mantiveram-se calados. Por fim o herói,
filho de Esão, hesitante por conta do infortúnio, disse: 410
"Ó velho, já relataste os limites dos trabalhos
desta navegação e o sinal a obedecer para atravessarmos
as terríveis rochas rumo ao Ponto. Mas se, após escaparmos
delas, nós conseguiremos retornar mais tarde à Hélade,
isso eu, com prazer, gostaria de saber de ti. 415
Como deverei agir? Como, novamente, cruzarei semelhante rota
marítima, sendo inexperiente e com companheiros inexperientes?
Ea da Cólquida situa-se nos extremos do Ponto e da terra."
Assim falou. O ancião lhe disse em resposta:
"Ó filho, quando primeiro escapares das funestas rochas, 420
tem confiança. Já que uma divindade vos guiará de Ea
por um outro trajeto e para Ea haverá bastantes condutores.
Mas, caros, considerai o auxílio doloso da deusa
Cípris, pois nela jazem os limites gloriosos de vossos trabalhos.
E não me pergunteis mais nada além destas coisas." 425
Assim o Agenórida falou. Perto dele os dois filhos
do trácio Bóreas, ao se lançarem do éter,
puseram os lépidos pés no limiar. Os heróis
levantaram-se dos assentos quando os viram presentes.
Zeta, ainda suspirando incessantemente por conta da fadiga, 430
disse aos companheiros ansiosos quão longe
perseguiram as Harpias, como Íris os impediu de matá-las,
como a deusa benevolente prestou um juramento e como,
com imenso pavor, elas adentraram uma gruta do pico de Dicte.
Em seguida, na casa, todos os companheiros e o próprio 435
Fineu se alegraram com a notícia. Imediatamente
o Esônida, de modo assaz prudente, disse-lhe:

130 ARGONÁUTICAS

"Η ἄρα δή τις ἔην Φινεῦ θεὸς ὅς σέθεν ἄτης
κήδετο λευγαλέης, καὶ δ' ἡμέας αὖθι πέλασσεν
440 τηλόθεν, ὄφρα τοι υἷες ἀμύνειαν Βορέαο·
εἰ δὲ καὶ ὀφθαλμοῖσι φόως πόροι, ἦ τ' ἂν ὀίω
γηθήσειν ὅσον εἴπερ ὑπότροπος οἴκαδ' ἱκοίμην."
Ὣς ἔφατ'· αὐτὰρ ὁ τόνγε κατηφήσας προσέειπεν·
"Αἰσονίδη, τὸ μὲν οὐ παλινάγρετον οὐδέ τι μῆχος
445 ἔστ' ὀπίσω, κενεαὶ γὰρ ὑποσμύχονται ὀπωπαί·
ἀντὶ δὲ τοῦ θάνατόν μοι ἄφαρ θεὸς ἐγγυαλίξαι,
καί τε θανὼν πάσῃσι μετέσσομαι ἀγλαΐῃσιν."
Ὣς τώγ' ἀλλήλοισι παραβλήδην ἀγόρευον·
αὐτίκα δ' οὐ μετὰ δηρὸν †ἀμειβομένων ἐφαάνθη
450 ἠριγενής, τὸν δ' ἀμφὶ περικτίται ἠγερέθοντο
ἀνέρες, οἳ καὶ πρόσθεν ἐπ' ἤματι κεῖσε θάμιζον
αἰὲν ὁμῶς φορέοντες ἑῆς ἀπὸ μοῖραν ἐδωδῆς·
τοῖς ὁ γέρων πάντεσσιν, ὅτις καὶ ἀφαυρὸς ἵκοιτο,
ἔχραεν ἐνδυκέως, πολέων δ' ἀπὸ πήματ' ἔλυσεν
455 μαντοσύνῃ· τῷ καί μιν ἐποιχόμενοι κομέεσκον.
σὺν τοῖσιν δ' ἵκανε Παραίβιος, ὅς ῥά οἱ ἦεν
φίλτατος, ἀσπάσιος δὲ δόμοις ἔνι τούσγ' ἐνόησεν·
πρὶν γὰρ δή νύ ποτ' αὐτὸς ἀριστήων στόλον ἀνδρῶν
Ἑλλάδος ἐξ ἀνιόντα μετὰ πτόλιν Αἰήταο
460 πείσματ' ἀνάψεσθαι μυθήσατο Θυνίδι γαίῃ,
οἵ τέ οἱ Ἁρπυίας Διόθεν σχήσουσιν ἰούσας.
τοὺς μὲν ἔπειτ', ἐπέεσσιν ἀρεσσάμενος πυκινοῖσιν,
πέμφ' ὁ γέρων, οἷον δὲ Παραίβιον αὐτόθι μίμνειν
κέκλετ' ἀριστήεσσι σὺν ἀνδράσιν. αἶψα δὲ τόνγε
465 σφωιτέρων ὀίων ὅτις ἔξοχος εἰς ἓ κομίσσαι
ἧκεν ἐποτρύνας· τοῦ δ' ἐκ μεγάροιο κιόντος,
μειλιχίως †ἐρέτῃσιν ὁμηγερέεσσι μετηύδα·
"Ὦ φίλοι, οὐκ ἄρα πάντες ὑπέρβιοι ἄνδρες ἔασιν,
οὐδ' εὐεργεσίης ἀμνήμονες· ὡς καὶ ὅδ' ἀνήρ
470 τοῖος ἐὼν δεῦρ' ἦλθεν, ἑὸν μόρον ὄφρα δαείη.
εὖτε γὰρ οὖν ὡς πλεῖστα κάμοι καὶ πλεῖστα μογήσαι,
δὴ τότε μιν περιπολλὸν ἐπασσυτέρη βιότοιο

LIVRO 2 131

"Certamente foi um deus, Fineu, que se preocupou
com tua triste desgraça e nos trouxe, de longe,
para cá, de maneira que os filhos de Bóreas te defendessem.   440
Se ele também concedesse luz a teus olhos, creio, certamente,
que me alegraria tanto quanto se eu retornasse para casa."
Assim falou. Mas Fineu, baixando a cabeça, disse-lhe:
"Esônida, isso é irreparável e não há nenhum remédio
para o porvir, pois minha vazia visão foi lentamente consumida.   445
Ao invés disso, que um deus logo me disponibilize a morte
e, quando morto, estarei envolto em todo brilho."
Assim conversavam os dois alternadamente.
Não muito tempo depois, enquanto discorriam, surgiu
a matutina aurora e se reuniram ao entorno de Fineu os homens   450
das redondezas, os quais costumavam ir até lá diariamente,
sempre levando uma parte de seus víveres.
A todos que viessem, mesmo a quem fosse pobre, o velho
vaticinava com solicitude e muitos libertou dos pesares
pela arte divinatória. Por isso iam até ele e o nutriam.   455
Com eles veio Parébio, que lhe era o mais caro,
e o ancião ficou feliz ao percebê-los em sua casa.
Pois antes ele próprio narrara que uma expedição de valorosos
homens, avançando da Hélade rumo à cidade de Eeta,
prenderia suas amarras na terra de Tínia e, por ordem   460
de Zeus, poriam fim às incursões das Harpias.
Após satisfazê-los com palavras consistentes,
o velho os dispensou e convidou somente Parébio a lá
permanecer, junto aos valorosos homens. Enviou-o
de imediato pedindo que lhe trouxesse a melhor de suas   465
ovelhas. Quando ele saiu da residência,
Fineu docemente se dirigiu aos remadores reunidos:
"Ó caros, nem todos os homens são soberbos
ou imêmores de boas ações. Assim também é esse homem
que veio até aqui para conhecer o seu destino.   470
Pois quando trabalhava ao extremo e se fatigava ao extremo,
a impetuosa necessidade de sustento, então,

χρησμοσύνη τρύχεσκεν, ἐπ' ἤματι δ' ἦμαρ ὀρώρει
κύντερον· οὐδέ τις ἦεν ἀνάπνευσις μογέοντι,
475 ἀλλ' ὅγε πατρὸς ἑοῖο κακὴν τίνεσκεν ἀμοιβὴν
ἀμπλακίης. ὁ γὰρ οἶος ἐν οὔρεσι δένδρεα τάμνων
δή ποθ' ἁμαδρυάδος νύμφης ἀθέριξε λιτάων,
ἥ μιν ὀδυρομένη ἀδινῷ μειλίσσετο μύθῳ
μὴ ταμέειν πρέμνον δρυὸς ἥλικος, ᾗ ἔπι πουλύν
480 αἰῶνα τρίβεσκε διηνεκές· αὐτὰρ ὁ τήνγε
ἀφραδέως ἔτμηξεν ἀγηνορίη νεότητος.
τῷδ' ἄρα νηκερδῆ νύμφη πόρεν οἶτον ὀπίσσω
αὐτῷ καὶ τεκέεσσιν. ἔγωγε μέν, εὖτ' ἀφίκανεν,
ἀμπλακίην ἔγνων· βωμὸν δ' ἐκέλευσα καμόντα
485 Θυνιάδος νύμφης, λωφήια ῥέξαι ἐπ' αὐτῷ
ἱερά, πατρῴην αἰτεύμενον αἶσαν ἀλύξαι.
ἔνθ' ἐπεὶ ἔκφυγε κῆρα θεήλατον, οὔποτ' ἐμεῖο
ἐκλάθετ' οὐδ' ἀθέριξε· μόλις δ' ἀέκοντα θύραζε
πέμπω, ἐπεὶ μέμονέν γε παρέμμεναι ἀσχαλόωντι."
490 Ὣς φάτ' Ἀγηνορίδης· ὁ δ' ἐπισχεδὸν αὐτίκα δοιώ
ἤλυθ' ἄγων ποίμνηθεν ὄις. ἀνὰ δ' ἵστατ' Ἰήσων,
ἂν δὲ Βορήιοι υἷες ἐφημοσύνῃσι γέροντος,
ὦκα δὲ κεκλόμενοι Μαντήιον Ἀπόλλωνα
ῥέζον ἐπ' ἐσχαρόφιν, νέον ἤματος ἀνομένοιο·
495 κουρότεροι δ' ἑτάρων μενοεικέα δαῖτ' ἀλέγυνον.
ἔνθ' εὖ δαισάμενοι, τοὶ μὲν παρὰ πείσματα νηός,
τοὶ δ' αὐτοῦ κατὰ δώματ' ἀολλέες εὐνάζοντο.
Ἦρι δ' ἐτήσιοι αὖραι ἐπέχραον, αἵ τ' ἀνὰ πᾶσαν
γαῖαν ὁμῶς τοιῇδε Διὸς πνείουσιν ἀρωγῇ.
500 Κυρήνη πεφάτισται ἕλος πάρα Πηνειοῖο
μῆλα νέμειν προτέροισι παρ' ἀνδράσιν, εὔαδε γάρ οἱ
παρθενίη καὶ λέκτρον ἀκήρατον. αὐτὰρ Ἀπόλλων
τήνγ' ἀνερειψάμενος ποταμῷ ἔπι ποιμαίνουσαν,
τηλόθεν Αἱμονίης χθονίης παρακάτθετο νύμφαις
505 αἳ Λιβύην ἐνέμοντο παραὶ Μυρτώσιον αἶπος.
ἔνθα δ' Ἀρισταῖον Φοίβῳ τέκεν, ὃν καλέουσιν
Ἀγρέα καὶ Νόμιον πολυλήιοι Αἱμονιῆες·

LIVRO 2

assaz o consumia e dia após dia piorava.
Não havia descanso para o seu sofrimento,
mas ele pagava o cruel castigo por uma falta   475
do pai. Pois, certa vez, cortando sozinho árvores
nas montanhas, negligenciou as súplicas de uma ninfa hamadríade,
a qual, aos prantos, havia lhe pedido com palavras persistentes
para não cortar o tronco de um carvalho da mesma idade, no qual
ela passara continuamente sua longa existência. Mas ele,   480
por imprudência, fendeu-o com a insolência da juventude.
Então a ninfa concedeu um nocivo fado, no porvir,
a ele próprio e a seus filhos. Quando cheguei,
eu soube da falta. Ordenei que ele construísse um altar
à ninfa tínia e, sobre ele, realizasse sacrifícios   485
expiatórios rogando conseguir escapar do quinhão paterno.
Desde que fugiu do infortúnio enviado pelos deuses, jamais
esqueceu de mim ou foi negligente. Com dificuldade e contra sua
vontade o envio porta afora, já que deseja auxiliar-me em aflição."
Assim falou o Agenórida. Logo depois Parébio retornou   490
trazendo duas ovelhas do rebanho. Ficaram de pé
Jasão e os filhos de Bóreas, por ordem do velho,
e rapidamente invocando Apolo Oracular
sacrificavam sobre o fogo do altar, ao fim do dia.
Os companheiros mais jovens aprontaram um agradável banquete.   495
Então após bem se banquetearem, dormiram uns junto
às amarras da nau, outros reunidos na casa de Fineu.
De manhã surgem os ventos etésios, que, por toda
a terra, sopram de modo igual por auxílio de Zeus.
Conta-se que Cirene, próximo ao pântano de Peneu, apascentava   500
carneiros no tempo dos homens de outrora, pois lhe agradava
a virgindade e o leito imaculado. No entanto Apolo,
raptando-a enquanto ela pastoreava perto do rio,
longe da Hemônia, confiou-a às ninfas que habitavam
a região da Líbia, junto ao cume da Mirtosa.   505
Lá ela gerou, a Febo, Aristeu, que os hemônios
de opulenta messe chamam Agreu e Nômio.

τὴν μὲν γὰρ φιλότητι θεὸς ποιήσατο νύμφην
αὐτοῦ μακραίωνα καὶ ἀγρότιν, υἷα δ᾽ ἔνεικεν
510 νηπίαχον Χείρωνος ὑπ᾽ ἄντροισιν κομέεσθαι·
τῷ καὶ ἀεξηθέντι θεαὶ γάμον ἐμνήστευσαν
Μοῦσαι· ἀκεστορίην τε θεοπροπίας τ᾽ ἐδίδαξαν,
καί μιν ἐῶν μήλων θέσαν ἤρανον ὅσσ᾽ ἐνέμοντο
ἂμ πεδίον Φθίης Ἀθαμάντιον ἀμφί τ᾽ ἐρυμνήν
515 Ὄθρυν καὶ ποταμοῦ ἱερὸν ῥόον Ἀπιδανοῖο.
ἦμος δ᾽ οὐρανόθεν Μινωίδας ἔφλεγε νήσους
Σείριος οὐδέ τι δηρὸν ἔην ἄκος ἐνναέτησιν,
τῆμος τόνγ᾽ ἐκάλεσσαν ἐφημοσύνης Ἑκάτοιο
λοιμοῦ ἀλεξητῆρα. λίπεν δ᾽ ὅγε πατρὸς ἐφετμῇ
520 Φθίην, ἐν δὲ Κέῳ κατενάσσατο, λαὸν ἀγείρας
Παρράσιον τοίπερ τε Λυκάονός εἰσι γενέθλης·
καὶ βωμὸν ποίησε μέγαν Διὸς Ἰκμαίοιο,
ἱερά τ᾽ εὖ ἔρρεξεν ἐν οὔρεσιν ἀστέρι κείνῳ
Σειρίῳ αὐτῷ τε Κρονίδῃ Διί. τοῖο ἕκητι
525 γαῖαν ἐπιψύχουσιν ἐτήσιοι ἐκ Διὸς αὖραι
ἤματα τεσσαράκοντα, Κέῳ δ᾽ ἔτι νῦν ἱερῆες
ἀντολέων προπάροιθε Κυνὸς ῥέζουσι θυηλάς.
καὶ τὰ μὲν ὣς ὑδέονται· ἀριστῆες δὲ καταῦθι
μίμνον ἐρυκόμενοι, ξεινήια δ᾽ ἄσπετα Θυνοί
530 πάνδημοι, Φινῆι χαριζόμενοι, προΐαλλον.
Ἐκ δὲ τόθεν μακάρεσσι δυώδεκα δωμήσαντες
βωμὸν ἁλὸς ῥηγμῖνι πέρην καὶ ἐφ᾽ ἱερὰ θέντες,
νῆα θοὴν εἴσβαινον ἐρεσσέμεν· οὐδὲ πελείης
τρήρωνος λήθοντο μετὰ φρεσίν, ἀλλ᾽ ἄρα τήνγε
535 δείματι πεπτηυῖαν ἑῇ φέρε χειρὶ μεμαρπώς
Εὔφημος· γαίης δ᾽ ἀπὸ διπλόα πείσματ᾽ ἔλυσαν.
οὐδ᾽ ἄρ᾽ Ἀθηναίην προτέρω λάθον ὁρμηθέντες·
αὐτίκα δ᾽ ἐσσυμένως, νεφέλης ἐπιβᾶσα πόδεσσι
κούφης, ἥ κε φέροι μιν ἄφαρ βριαρήν περ ἐοῦσαν,
540 σεύατ᾽ ἴμεν Πόντονδε, φίλα φρονέουσ᾽ ἐρέτῃσιν.
ὡς δ᾽ ὅτε τις πάτρηθεν ἀλώμενος, οἶά τε πολλὰ
[542/545] πλαζόμεθ᾽ ἄνθρωποι τετληότες, | ἄλλοτε ἄλλῃ

LIVRO 2   135

O deus, por amor, lá fez dela uma ninfa
longeva e caçadora e levou seu filho
pueril para ser instruído na gruta de Quirão.   510
Quando cresceu, as divinas musas ocuparam-se
de seu casamento. Ensinaram-lhe a arte de curar e as profecias
e fizeram dele guardião de seus carneiros, apascentados
pela planície de Atamante na Ftia, ao redor do íngreme
Ótris e do curso sagrado do rio Apídano.   515
Quando, do céu, o Sírio abrasava as ilhas de Minos
e, por um longo tempo, não havia remédio aos moradores,
chamaram-no, então, por ordem de Apolo Arqueiro,
para protegê-los contra a peste. Seguindo o comando do pai,
ele abandonou a Ftia e se estabeleceu em Céos, agrupando   520
o povo parrásio, que é descendente de Licaão.
Ergueu um grande altar a Zeus Pluvioso
e bem realizou sacrifícios, nas montanhas, àquele astro
Sírio e ao próprio Zeus Cronida. Por causa disso,
os ventos etésios vindos de Zeus refrescam a terra   525
durante quarenta dias e em Céos, ainda hoje, os sacerdotes
realizam sacrifícios antes de o Cão se erguer.
Essa história é assim cantada. Os valorosos lá mesmo
ficaram retidos e incontáveis presentes de hospitalidade todo
o povo tínio lhes enviava, em agradecimento por Fineu.   530
Depois disso eles construíram aos doze afortunados
um altar na costa oposta do mar, depositaram oferendas
e embarcaram na nau veloz para remarem. Não se esqueceram
de levar uma temerosa pomba, mas, trêmula
por pavor, Eufemo a carregava segurando   535
com sua mão. Soltaram da terra as duplas amarras.
Ao avançarem, Atena não tardou a percebê-los.
Imediatamente, ao pôr os pés sobre uma nuvem
leve, que logo poderia carregá-la, a despeito de ser robusta,
impeliu-se em direção ao Ponto, benévola com os remadores.   540
Como quando um errante longe da pátria (muitas coisas
nós, os homens, suportamos vagando) ora a um lugar, ora a outro   [542/545]

136 ARGONÁUTICAS

[546/542] ὀξέα πορφύρων ἐπιμαίεται, | οὐδέ τις αἶα
[543] τηλουρός, πᾶσαι δὲ κατόψιοί εἰσι πόληες,
[544] σφωιτέρους δ᾽ ἐνόησε δόμους, ἄμυδις δὲ κέλευθος
[545-546] ὑγρή τε τραφερή τ᾽ ἰνδάλλεται | ὀφθαλμοῖσιν –
[547] ὡς ἄρα καρπαλίμως κούρη Διὸς ἀίξασα
θῆκεν ἐπ᾽ ἀξείνοιο πόδας Θυνηίδος ἀκτῆς.
Οἱ δ᾽ ὅτε δὴ σκολιοῖο πόρου στεινωπὸν ἵκοντο
550 τρηχείης σπιλάδεσσιν ἐεργμένον ἀμφοτέρωθεν,
δινήεις ὑπένερθεν ἀνακλύζεσκεν ἰοῦσαν
νῆα ῥόος, πολλὸν δὲ †φόβῳ προτέρωσε νέοντο.
ἤδη δέ σφισι δοῦπος ἀρασσομένων πετράων
νωλεμὲς οὔατ᾽ ἔβαλλε, βόων δ᾽ ἁλιμυρέες ἀκταί·
555 δὴ τότ᾽ ἔπειθ᾽ ὁ μὲν ὦρτο, πελειάδα χειρὶ μεμαρπώς,
Εὔφημος πρῴρης ἐπιβήμεναι, οἱ δ᾽ ὑπ᾽ ἀνωγῇ
Τίφυος Ἁγνιάδαο θελήμονα ποιήσαντο
εἰρεσίην, ἵν᾽ ἔπειτα διὲκ πέτρας ἐλάσειαν
κάρτεϊ ᾧ πίσυνοι. τὰς δ᾽ αὐτίκα λοίσθιον ἄλλων
560 οἰγομένας ἀγκῶνα περιγνάμψαντες ἴδοντο,
σὺν δέ σφιν χύτο θυμός. ὁ δ᾽ ἀίξαι πτερύγεσσιν
Εὔφημος προέηκε πελειάδα, τοὶ δ᾽ ἅμα πάντες
ἤειραν κεφαλὰς ἐσορώμενοι· ἡ δὲ δι᾽ αὐτῶν
ἔπτατο. ταὶ δ᾽ ἄμυδις πάλιν ἀντίαι ἀλλήλησιν
565 ἄμφω ὁμοῦ ξυνιοῦσαι ἐπέκτυπον· ὦρτο δὲ πολλή
ἅλμη ἀναβρασθεῖσα, νέφος ὥς· αὖε δὲ πόντος
σμερδαλέον, πάντη δὲ περὶ μέγας ἔβρεμεν αἰθήρ·
κοῖλαι δὲ σπήλυγγες ὑπὸ σπιλάδας τρηχείας
κλυζούσης ἁλὸς ἔνδον ἐβόμβεον, ὑψόθι δ᾽ ὄχθης
570 λευκὴ καχλάζοντος ἀνέπτυε κύματος ἄχνη·
νῆα δ᾽ ἔπειτα πέριξ εἴλει ῥόος· ἄκρα δ᾽ ἔκοψαν
οὐραῖα πτερὰ ταίγε πελειάδος, ἡ δ᾽ ἀπόρουσεν
ἀσκηθής, ἐρέται δὲ μέγ᾽ ἴαχον. ἔβραχε δ᾽ αὐτός
Τῖφυς ἐρεσσέμεναι κρατερῶς· οἴγοντο γὰρ αὖτις
575 ἄνδιχα. τοὺς δ᾽ ἐλάοντας ἔχεν τρόμος, ὄφρα †μιν αὖτις†
πλημυρίς, παλίνορσος ἀνερχομένη, κατένεικεν
εἴσω πετράων. τότε δ᾽ αἰνότατον δέος εἷλεν

LIVRO 2 137

volta-se com o pensamento agitado; nenhuma terra [546/542]
é distante, mas todas as cidades são visíveis, [543]
e ele pensa em sua própria casa e, ao mesmo tempo, as rotas [544]
úmida e seca se mostram ante seus olhos; [545-546]
assim prontamente a filha de Zeus, ao se lançar, [547]
pôs seus pés sobre a inospitaleira costa tínia.
Quando eles chegaram ao estreito da passagem sinuosa,
cercada de ambos os lados por ásperos rochedos, 550
um curso turbilhonante, por baixo, banhava a nau
ao avançar, e, com grande temor, eles seguiam adiante.
O barulho das rochas que se entrechocavam já chegava
com força a seus ouvidos e as costas banhadas pelo mar ressoavam.
Então Eufemo se ergueu, segurando com a mão 555
a pomba, para subir à proa, enquanto os outros,
por ordem do Hagníada Tífis, diminuíram o ritmo
da remada para, em seguida, avaçarem através das rochas
confiantes em sua força. Tão logo contornaram
o último cabo, viram as rochas se abrirem, 560
e o ânimo deles se desesperou. Eufemo lançou a pomba
para que ela irrompesse com as asas e, concomitante, todos
levantaram as cabeças a observar. Através delas
a pomba voou. Novamente ambas as partes opostas,
juntando-se ao mesmo tempo, colidiram. Muita água 565
efervescente se ergueu, como uma nuvem. O mar bradava
assustadoramente e todo o vasto éter, ao redor, bramia.
Côncavas grutas sob os ásperos rochedos ressoavam
quando o mar as banhava por dentro e, do alto do penhasco,
a espuma branca da onda borbulhante jorrava. 570
Em seguida a correnteza fazia a nau girar. As rochas cortaram
as plumas da ponta da cauda, mas a pomba fez a travessia
incólume e os remadores gritaram alto. O próprio Tífis
bradou para remarem com força. Pois, novamente, elas se abriam
em duas partes. Ao avançar eram tomados pelo tremor, até que 575
novamente o refluxo, em sentido contrário, impulsionou a nau
em meio às rochas. Então todos foram tomados pelo mais terrível

138 ARGONÁUTICAS

πάντας, ὑπὲρ κεφαλῆς γὰρ ἀμήχανος ἦεν ὄλεθρος.
ἤδη δ᾽ ἔνθα καὶ ἔνθα διὰ πλατὺς εἴδετο Πόντος,
580 καί σφισιν ἀπροφάτως ἀνέδυ μέγα κῦμα πάροιθεν
κυρτόν, ἀποτμῆγι σκοπιῇ ἴσον· οἱ δ᾽ ἐσιδόντες
ἤμυσαν λοξοῖσι καρήασιν, εἴσατο γάρ ῥα
νηὸς ὑπὲρ πάσης κατεπάλμενον ἀμφικαλύψειν,
ἀλλά μιν ἔφθη Τῖφυς ὑπ᾽ εἰρεσίῃ βαρύθουσαν
585 ἀγχαλάσας· τὸ δὲ πολλὸν ὑπὸ τρόπιν ἐξεκυλίσθη,
ἐκ δ᾽ αὐτὴν πρύμνηθεν ἀνείρυσε τηλόθι νῆα
πετράων, ὑψοῦ δὲ μεταχρονίη πεφόρητο.
Εὔφημος δ᾽ ἀνὰ πάντας ἰὼν βόασκεν ἑταίρους
ἐμβαλέειν κώπῃσιν ὅσον σθένος. οἱ δ᾽ ἀλαλητῷ
590 κόπτον ὕδωρ· ὅσσον δ᾽ ὑποείκαθε νηῦς ἐρέτῃσιν,
δὶς τόσον ἂψ ἀπόρουσεν, ἐπεγνάμπτοντο δὲ κῶπαι
ἠύτε καμπύλα τόξα, βιαζομένων ἡρώων.
ἔνθεν δ᾽ αὐτίκ᾽ ἔπειτα καταρρεπὲς ἔσσυτο κῦμα,
ἡ δ᾽ ἄφαρ ὥστε κυλίνδρῳ ἐπέτρεχε κύματι λάβρῳ
595 προπροκαταΐγδην κοίλης ἁλός. ἐν δ᾽ ἄρα μέσσαις
Πληγάσι δινήεις εἶλεν ῥόος· αἱ δ᾽ ἑκάτερθεν
σειόμεναι βρόμεον, πεπέδητο δὲ νήια δοῦρα·
καὶ τότ᾽ Ἀθηναίη στιβαρῇ ἀντέσπασε πέτρης
σκαιῇ, δεξιτερῇ δὲ διαμπερὲς ὦσε φέρεσθαι·
600 ἡ δ᾽ ἰκέλη πτερόεντι μετήορος ἔσσυτ᾽ οἰστῷ,
ἔμπης δ᾽ ἀφλάστοιο παρέθρισαν ἄκρα κόρυμβα
νωλεμὲς ἐμπλήξασαι ἐναντίαι. αὐτὰρ Ἀθήνη
Οὔλυμπόνδ᾽ ἀνόρουσεν, ὅτ᾽ ἀσκηθεῖς ὑπάλυξαν·
πέτραι δ᾽ εἰς ἕνα χῶρον ἐπισχεδὸν ἀλλήλῃσιν
605 νωλεμὲς ἐρρίζωθεν· ὃ δὴ καὶ μόρσιμον ἦεν
ἐκ μακάρων, εὖτ᾽ ἄν τις †ἰδὼν διὰ νηὶ περάσσῃ.
Οἱ δέ που ὀκρυόεντος ἀνέπνεον ἄρτι φόβοιο,
ἠέρα παπταίνοντες ὁμοῦ πέλαγός τε θαλάσσης
τῆλ᾽ ἀναπεπτάμενον· δὴ γὰρ φάσαν ἐξ Ἀίδαο
610 σώεσθαι. Τῖφυς δὲ παροίτατος ἤρχετο μύθων·
«Ἔλπομαι αὐτῇ νηὶ †τόγ᾽ ἔμπεδον ἐξαλέασθαι

LIVRO 2   139

temor, pois, sobre suas cabeças, a destruição era inevitável.
Já por toda parte o vasto Ponto era visível
e, repentinamente, diante deles surgiu uma grande onda   580
curva, semelhante a um cume abrupto. Quando a viram,
abaixaram-se com os rostos inclinados, pois ela parecia,
ao se precipitar, cobrir a nau por inteiro.
Mas Tífis se antecipou aliviando a nau pesada
pelas remadas. Muita água escoou sob a carena e,   585
pela popa, arrastou a própria nau para longe das rochas,
enquanto ela era levada sobre a superfície das ondas.
Eufemo se dirigia a todos os companheiros e bradava
para se empenharem nos remos com vigor. Com gritos,
eles golpeavam a água. Quanto a nau cedia às remadas,   590
duas vezes ela retrocedia e os remos dobravam
como arcos recurvados, tamanha era a robustez dos homens.
Em seguida uma onda contrária logo se precipitou,
e, de imediato, a nau corria sobre a violenta onda como um cilindro,
impulsionada adiante pelo côncavo mar. Em meio   595
às Plégades, o turbilhonante curso a retinha. De cada lado
elas bramiam agitadas e as pranchas da nau estavam presas.
Então Atena deteve a rocha com a robusta mão
esquerda enquanto com a mão direita
empurrou a nau para fazê-la cruzar.
Semelhante a uma flecha alada, Argo se lançou pelo ar,   600
todavia os ornamentos da extremidade do aplustre
com força as rochas ceifaram ao se colidirem. Atena
subiu ao Olimpo, quando eles escaparam incólumes.
Num único lugar, muito próximas uma da outra,
com força as rochas se arraigaram. Isso fora destinado pelos   605
afortunados, quando alguém as visse e, com a nau, atravessasse.
Eles finalmente respiravam depois do gélido temor,
fitando, ao mesmo tempo, o ar e o alto-mar
que se estendia ao longe. Pois diziam terem sido salvos
do Hades. Tífis, primeiro, começou com as palavras: 610
"Creio que graças à própria nau nós conseguimos escapar

ἡμέας· οὐδέ τις ἄλλος ἐπαίτιος ὅσσον Ἀθήνη,
ἥ οἱ ἐνέπνευσεν θεῖον μένος εὐτέ μιν Ἄργος
γόμφοισιν συνάρασσε, θέμις δ᾽ οὐκ ἔστιν ἁλῶναι.
615 Αἰσονίδη, τύνη δὲ τεοῦ βασιλῆος ἐφετμήν,
εὖτε διὲκ πέτρας φυγέειν θεὸς ἧμιν ὄπασσε,
μηκέτι δείδιθι τοῖον, ἐπεὶ μετόπισθεν ἀέθλους
εὐπαλέας τελέεσθαι Ἀγηνορίδης φάτο Φινεύς."
Ἦ ῥ᾽ ἅμα καὶ προτέρωσε παραὶ Βιθυνίδα γαῖαν
620 νῆα διὲκ πέλαγος σεῦεν μέσον· αὐτὰρ ὁ τόνγε
μειλιχίοις ἐπέεσσι παραβλήδην προσέειπεν·
"Τῖφυ, τίη μοι ταῦτα παρηγορέεις ἀχέοντι;
ἤμβροτον, ἀασάμην τε κακὴν καὶ ἀμήχανον ἄτην·
χρῆν γὰρ ἐφιεμένοιο καταντικρὺ Πελίαο
625 αὐτίκ᾽ ἀνήνασθαι τόνδε στόλον, εἰ καὶ ἔμελλον
νηλειῶς μελεϊστὶ κεδαιόμενος θανέεσθαι.
νῦν δὲ περισσὸν δεῖμα καὶ ἀτλήτους μελεδῶνας
†ἄγκειμαι, στυγέων μὲν ἁλὸς κρυόεντα κέλευθα
νηὶ διαπλώειν, στυγέων δ᾽ ὅτ᾽ ἐπ᾽ ἠπείροιο
630 βαίνωμεν, πάντη γὰρ ἀνάρσιοι ἄνδρες ἔασιν.
αἰεὶ δὲ στονόεσσαν ἐπ᾽ ἤματι νύκτα φυλάσσω,
ἐξότε τὸ πρώτιστον ἐμὴν χάριν ἠγερέθεσθε,
φραζόμενος τὰ ἕκαστα. σὺ δ᾽ εὐμαρέως ἀγορεύεις,
οἶον ἑῆς ψυχῆς ἀλέγων ὕπερ· αὐτὰρ ἔγωγε
635 εἶο μὲν οὐδ᾽ ἠβαιὸν ἀτύζομαι, ἀμφὶ δὲ τοῖο
καὶ τοῦ ὁμῶς καὶ σεῖο καὶ ἄλλων δείδι᾽ ἑταίρων,
εἰ μὴ ἐς Ἑλλάδα γαῖαν ἀπήμονας ὔμμε κομίσσω."
Ὣς φάτ᾽, ἀριστήων πειρώμενος· οἱ δ᾽ ὁμάδησαν
θαρσαλέοις ἐπέεσσιν. ὁ δὲ φρένας ἔνδον ἰάνθη
640 κεκλομένων, καί ῥ᾽ αὖτις ἐπιρρήδην μετέειπεν·
"Ὦ φίλοι, ὑμετέρη ἀρετῇ ἔπι θάρσος ἀέξω.
τούνεκα νῦν οὐδ᾽ εἴ κε διὲξ Ἀίδαο βερέθρων
στελλοίμην, ἔτι τάρβος ἀνάψομαι, εὖτε πέλεσθε
ἔμπεδοι ἀργαλέοις ἐνὶ δείμασιν. ἀλλ᾽ ὅτε πέτρας
645 Πληγάδας ἐξέπλωμεν, ὀίομαι οὐκ ἔτ᾽ ὀπίσσω
ἔσσεσθαι τοιόνδ᾽ ἕτερον φόβον, εἰ ἐτεόν γε

LIVRO 2 141

com segurança. E nenhum outro é tão responsável quanto Atena,
a qual soprou um vigor divino quando Argos a ajustou
com as cavilhas, não sendo permitida sua destruição.
Esônida, não mais temas tanto a ordem do teu rei,   615
já que um deus nos concedeu fugir através das rochas,
pois Fineu Agenórida falou que os próximos
trabalhos seriam cumpridos com facilidade."
Disse enquanto conduzia a nau adiante, ao longo
da Bitínia, através do pélago. Jasão, em seguida,   620
disse-lhe em resposta com doces palavras:
"Tífis, por que assim exortas a mim, aflito?
Errei e provoquei uma ruína funesta e inevitável.
Pois, em oposição ao ordenamento de Pélias, eu deveria
logo ter recusado esta expedição, mesmo que eu tivesse   625
de morrer impiedosamente, esquartejado em pedaços.
Agora subjazo a um enorme pavor e a insuportáveis
preocupações, receando navegar por rotas gélidas
numa nau e receando quando desembarcamos em terra
firme, pois por toda parte há homens hostis.   630
Sempre, dia após dia, velo durante a noite gemente,
desde quando primeiro vos reunistes por minha causa,
e reflito em cada detalhe. Tu falas com facilidade,
por te inquietares somente com tua própria vida. Mas eu
em nada me perturbo por mim mesmo, mas temo por este,   635
por aquele, igualmente por ti e pelos outros companheiros,
se não vos trarei sem danos para a terra helênica."
Assim falou, testando os valorosos. Eles bradaram juntos
com palavras de confiança. Jasão se rejubilou em seu coração
com as aclamações e, novamente, disse-lhes com clareza: 640
"Ó caros, aumento minha confiança em vista de vossa virtude.
Por isso agora, nem se eu me encaminhasse pelos abismos
do Hades, não mais me sentiria apavorado, já que sois
firmes em terríveis perigos. Mas depois de termos atravessado
as rochas Plégades, acredito que não haverá no porvir   645
outro temor semelhante, se de fato

142 ARGONÁUTICAS

φραδμοσύνῃ Φινῆος ἐπισπόμενοι νεόμεσθα."
Ὣς φάτο· καὶ τοίων μὲν ἐλώφεον αὐτίκα μύθων,
εἰρεσίῃ δ' ἀλίαστον ἔχον πόνον. αἶψα δὲ τοίγε
650 Ῥήβαν ὠκυρόην ποταμὸν σκόπελόν τε Κολώνης,
ἄκρην δ' οὐ μετὰ δηθὰ παρεξενέοντο Μέλαιναν,
τῇ δ' ἄρ' ἐπὶ προχοὰς Φυλληίδας, ἔνθα πάροιθεν
Διψακὸς υἷ' Ἀθάμαντος ἑοῖς ὑπέδεκτο δόμοισιν,
ὁππόθ' ἅμα κριῷ φεῦγε πτόλιν Ὀρχομενοῖο·
655 τίκτε δέ μιν νύμφη λειμωνιάς· οὐδέ οἱ ὕβρις
ἥνδανεν, ἀλλ' ἐθελημὸς ἐφ' ὕδασι πατρὸς ἑοῖο
μητέρι συνναίεσκεν, ἐπάκτια πώεα φέρβων.
τοῦ μέν τ' ἠρίον αἶψα, καὶ εὐρείας ποταμοῖο
ἠιόνας πεδίον τε, βαθυρρείοντά τε Κάλπην
660 δερκόμενοι παράμειβον, ὁμῶς ὅτ' ἐπ' ἤματι νύκτα
νήνεμον ἀκαμάτῃσιν ἐπερρώοντ' ἐλάτῃσιν.
οἷοι δὲ πλαδόωσαν ἐπισχίζοντες ἄρουραν
ἐργατίναι μογέουσι βόες, πέρι δ' ἄσπετος ἱδρώς
εἴβεται ἐκ λαγόνων τε καὶ αὐχένος, ὄμματα δέ σφιν
665 λοξὰ παραστρωφῶνται ὑπὸ ζυγοῦ, αὐτὰρ ἀυτμή
αὐαλέη στομάτων ἄμοτον βρέμει· οἱ δ' ἐνὶ γαίῃ
χηλὰς σκηρίπτοντε πανημέριοι πονέονται –
τοῖς ἴκελοι ἥρωες ὑπὲξ ἁλὸς εἷλκον ἐρετμά.
Ἦμος δ' οὔτ' ἄρ πω φάος ἄμβροτον οὔτ' ἔτι λίην
670 ὀρφναίη πέλεται, λεπτὸν δ' ἐπιδέδρομε νυκτί
φέγγος, ὅτ' ἀμφιλύκην μιν ἀνεγρόμενοι καλέουσιν,
τῆμος ἐρημαίης νήσου λιμέν' εἰσελάσαντες
Θυνιάδος καμάτῳ πολυπήμονι βαῖνον ἔραζε.
τοῖσι δὲ Λητοῦς υἱός, ἀνερχόμενος Λυκίηθεν
675 τῆλ' ἐπ' ἀπείρονα δῆμον Ὑπερβορέων ἀνθρώπων,
ἐξεφάνη· χρύσεοι δὲ παρειάων ἑκάτερθεν
πλοχμοὶ βοτρυόεντες ἐπερρώοντο κιόντι·
λαιῇ δ' ἀργύρεον νώμα βιόν, ἀμφὶ δὲ νώτοις
ἰοδόκη τετάνυστο κατωμαδόν· ἡ δ' ὑπὸ ποσσίν
680 σείετο νῆσος ὅλη, κλύζεν δ' ἐπὶ κύματα χέρσῳ.
τοὺς δ' ἕλε θάμβος ἰδόντας ἀμήχανον, οὐδέ τις ἔτλη

LIVRO 2 143

avançamos seguindo as instruções de Fineu."
Assim falou. Logo cessaram tais palavras e se dedicaram
ao árduo trabalho de remar. Prontamente eles
passaram ao longo do rio Reba de curso veloz, do rochedo 650
de Colone e, não muito tempo depois, do cabo Negro
e, em seguida, da embocadura do Fílide, onde outrora
Dípsaco recebeu em sua casa o filho de Atamante,
quando fugia da cidade de Orcômeno com o carneiro.
Uma ninfa do prado o havia parido. A violência 655
não lhe agradava, mas, junto às águas de seu pai, tranquilo
vivia com a mãe, apascentando rebanhos costeiros.
A observarem, prontamente passavam por sua tumba,
pelas vastas margens do rio, pela planície e pelo Calpe
de curso profundo. Igualmente ao final do dia e durante 660
a noite sem ventos moviam-se com os infatigáveis remos.
Como, quando estão a sulcar o campo umedecido,
os bois laboriosos se extenuam, um abundante suor
escorre dos flancos e do pescoço e seus olhos
são obliquamente desviados, sob o jugo, enquanto 665
um sopro seco brame, com força, de suas bocas; ambos,
durante todo o dia, trabalham apoiando os cascos na terra;
semelhantes a eles, os heróis puxavam os remos do mar.
Quando ainda não há luz imortal nem sequer a completa
escuridão, mas um exíguo brilho se expande 670
pela noite – ao despertarem chamam-no crepúsculo –,
então, após entrarem no porto da deserta ilha de Tínia,
desembarcaram em terra exaustos pela fadiga.
O filho de Leto, retornando da Lícia em direção
ao imenso povoado longínquo dos hiperbóreos, 675
apareceu-lhes. De cada lado da face áureos
cachos ondulados se moviam enquanto ele avançava.
Na mão esquerda segurava o argênteo arco e, nas costas,
o carcás estava suspenso pelo ombro. Sob seus pés
a ilha inteira estremecia e as ondas banhavam a terra firme. 680
Ao vê-lo, um estupor impotente os tomou e ninguém

ἀντίον αὐγάσσασθαι ἐς ὄμματα καλὰ θεοῖο,
στὰν δὲ κάτω νεύσαντες ἐπὶ χθονός· αὐτὰρ ὁ τηλοῦ
βῆ ῥ' ἴμεναι πόντονδε δι' ἠέρος. ὀψὲ δὲ τοῖον
685 Ὀρφεὺς ἔκφατο μῦθον ἀριστήεσσι πιφαύσκων·
"Εἰ δ' ἄγε δὴ νῆσον μὲν Ἐῴου Ἀπόλλωνος
τήνδ' ἱερὴν κλείωμεν, ἐπεὶ πάντεσσι φαάνθη
ἠῷος μετιών· τὰ δὲ ῥέξομεν οἷα πάρεστιν,
βωμὸν ἀναστήσαντες ἐπάκτιον. εἰ δ' ἂν ὀπίσσω
690 γαῖαν ἐς Αἱμονίην ἀσκηθέα νόστον ὀπάσσῃ,
δὴ τότε οἱ κεραῶν ἐπὶ μηρία θήσομεν αἰγῶν·
νῦν δ' αὔτως κνίσῃ λοιβῇσί τε μειλίξασθαι
κέκλομαι· ἀλλ' ἵληθι ἄναξ, ἵληθι φαανθείς."
Ὣς ἄρ' ἔφη· καὶ τοὶ μὲν ἄφαρ βωμὸν τετύκοντο
695 χερμάσιν, οἱ δ' ἀνὰ νῆσον ἐδίνεον, ἐξερέοντες
εἴ κέ τιν' ἢ κεμάδων ἢ ἀγροτέρων ἐσίδοιεν
αἰγῶν, οἷά τε πολλὰ βαθείῃ βόσκεται ὕλη.
τοῖσι δὲ Λητοΐδης ἄγρην πόρεν· ἐκ δέ νυ πάντων
εὐαγέως ἱερῷ ἀνὰ διπλόα μηρία βωμῷ
700 καῖον, ἐπικλείοντες Ἐῴιον Ἀπόλλωνα.
ἀμφὶ δὲ δαιομένοις εὐρὺν χορὸν ἐστήσαντο,
καλὸν Ἰηπαιήον' Ἰηπαιήονα Φοῖβον
μελπόμενοι, σὺν δέ σφιν ἐὺς πάις Οἰάγροιο
Βιστονίῃ φόρμιγγι λιγείης ἦρχεν ἀοιδῆς·
705 ὥς ποτε πετραίῃ ὑπὸ δειράδι Παρνησσοῖο
Δελφύνην τόξοισι πελώριον ἐξενάριξεν,
κοῦρος ἐὼν ἔτι γυμνός, ἔτι πλοκάμοισι γεγηθώς
(ἱλήκοις· αἰεί τοι, ἄναξ, ἄτμητοι ἔθειραι,
αἰὲν ἀδήλητοι, τὼς γὰρ θέμις, οἰόθι δ' αὐτή
710 Λητὼ Κοιογένεια φίλαις ἐνὶ χερσὶν ἀφάσσει).
πολλὰ δὲ Κωρύκιαι νύμφαι, Πλειστοῖο θύγατρες,
θαρσύνεσκον ἔπεσσιν, "ἱὴ ἱέ" κεκληγυῖαι·
ἔνθεν δὴ τόδε καλὸν ἐφύμνιον ἔπλετο Φοίβῳ.
αὐτὰρ ἐπειδὴ τόνγε χορείῃ μέλψαν ἀοιδῇ,
715 λοιβαῖς εὐαγέεσσιν ἐπώμοσαν ἦ μὲν ἀρήξειν
ἀλλήλοις εἰσαιὲν ὁμοφροσύνῃσι νόοιο,

LIVRO 2 145

ousou olhar de frente os belos olhos do deus,
mas ficaram parados com as cabeças inclinadas ao solo, enquanto
ele, através do ar, se distanciou rumo ao mar. Por fim
Orfeu falou tais palavras, dirigindo-se aos valorosos: 685
"Vamos, chamemos essa ilha sagrada de Apolo
Matinal, já que ele apareceu a todos nós, vindo
durante a manhã. Sacrifiquemos o que nos é disponível,
após erigirmos um altar costeiro. Se ele nos conceder,
no porvir, um retorno incólume à Hemônia,   690
então lhe ofereceremos coxas de cabras corníferas.
Agora vos exorto a apaziguá-lo com gordura e libações.
Sê-nos propício, rei, sê-nos propício, tu que apareceste a nós."
Assim falou. E imediatamente uns construíram um altar
com pedrinhas, enquanto outros circundavam a ilha   695
procurando encontrar algumas corças ou cabras
selvagens que, abundantes, pastam pela profunda floresta.
O Letida lhes forneceu caça. Eles piamente queimavam
duas coxas de todas as vítimas sobre o altar
sagrado, invocando o nome de Apolo Matinal.   700
Em volta das oferendas ardentes formaram um vasto coro
que se pôs a celebrar, com danças, o belo Iepeã, Febo
Iepeã, e com eles o nobre filho de Eagro iniciou,
com sua forminge da Bistônia, um melodioso canto.
Como, no passado, sob o cimo do rochoso Parnaso,   705
o deus abateu com flechas a monstruosa Delfine,
sendo ainda um jovem desnudo, alegre com seus cachos.
(Perdoa-me. Que sempre, Senhor, tua cabeleira seja intonsa,
sempre indene, pois assim é a lei, e somente a própria
Leto, nascida de Ceo, a acaricia com amáveis mãos.)   710
Muitas vezes as ninfas corícias, filhas do Plisto,
encorajavam-no com palavras, gritando "iê iê".
Por isso surgiu esse belo refrão a Febo.
Quando o celebraram por meio do canto coral,
com pias libações, juraram sempre auxiliar   715
uns aos outros em concordância de pensamento,

άπτόμενοι θυέων· καί τ' εἰσέτι νῦν γε τέτυκται
κεῖν' Ὁμονοίης ἱρὸν εὔφρονος ὅ ῥ' ἐκάμοντο
αὐτοὶ κυδίστην τότε δαίμονα πορσαίνοντες.
720 Ἦμος δὲ τρίτατον φάος ἤλυθε, δὴ τότ' ἔπειτα
ἀκραεῖ ζεφύρῳ νῆσον λίπον αἰπήεσσαν.
ἔνθεν δ' ἀντιπέρην ποταμοῦ στόμα Σαγγαρίοιο
καὶ Μαριανδυνῶν ἀνδρῶν ἐριθηλέα γαῖαν
ἠδὲ Λύκοιο ῥέεθρα καὶ Ἀνθεμοεισίδα λίμνην
725 δερκόμενοι παράμειβον· ὑπὸ πνοιῇ δὲ κάλωες
ὅπλα τε νήια πάντα τινάσσετο νισσομένοισιν.
ἠῶθεν δ', ἀνέμοιο διὰ κνέφας εὐνηθέντος,
ἀσπασίως ἄκρης Ἀχερουσίδος ὅρμον ἵκοντο.
ἣ μέν τε κρημνοῖσιν ἀνίσχεται ἠλιβάτοισιν,
730 εἰς ἅλα δερκομένη Βιθυνίδα· τῇ δ' ὑπὸ πέτραι
λισσάδες ἐρρίζωνται ἁλίβροχοι, ἀμφὶ δὲ τῇσιν
κῦμα κυλινδόμενον μεγάλα βρέμει· αὐτὰρ ὕπερθεν
ἀμφιλαφεῖς πλατάνιστοι ἐπ' ἀκροτάτῃ πεφύασιν.
ἐκ δ' αὐτῆς εἴσω κατακέκλιται ἤπειρόνδε
735 κοίλη ὕπαιθα νάπη, ἵνα τε σπέος ἔστ' Ἀίδαο
ὕλῃ καὶ πέτρῃσιν ἐπηρεφές, ἔνθεν ἀυτμή
πηγυλίς, ὀκρυόεντος ἀναπνείουσα μυχοῖο,
συνεχὲς ἀργινόεσσαν ἀεὶ περιτέτροφε πάχνην,
οὐδὲ μεσημβριόωντος ἰαίνεται ἠελίοιο.
740 σιγὴ δ' οὔποτε τήνδε κατὰ βλοσυρὴν ἔχει ἄκρην,
ἀλλ' ἄμυδις πόντοιό θ' ὑπὸ στένει ἠχήεντος
φύλλων τε πνοιῇσι τινασσομένων μυχίῃσιν.
ἔνθα δὲ καὶ προχοαὶ ποταμοῦ Ἀχέροντος ἔασιν,
ὅς τε διὲξ ἄκρης ἀνερεύγεται εἰς ἅλα βάλλων
745 †ἠοίην, κοίλη δὲ φάραγξ κατάγει μιν ἄνωθεν.
τὸν μὲν ἐν ὀψιγόνοισι Σοωναύτην ὀνόμηναν
Νισαῖοι Μεγαρῆες, ὅτε νάσσεσθαι ἔμελλον
γῆν Μαριανδυνῶν· δὴ γάρ σφεας ἐξεσάωσεν
αὐτῇσιν νήεσσι, κακῇ χρίμψαντας ἀέλλῃ.
750 τῇ ῥ' οἵγ' αὐτίκα νῆα διὲξ Ἀχερουσίδος ἄκρης
εἰσωποί, ἀνέμοιο νέον λήγοντος, ἔκελσαν.

enquanto tocavam as oferendas. E ainda hoje existe
esse santuário da benévola Concórdia, que eles
construíram em honra da muito gloriosa divindade.
Quando a luz surgiu no terceiro dia, então   720
deixaram a ilha escarpada com o muito forte Zéfiro.
A observarem, passavam, na margem oposta,
pela embocadura do rio Sangário, pela terra
fértil dos mariandinos, pela correnteza do Lico
e pelo lago Antemoíside. Sob o sopro do vento, as adriças   725
e todos os utensílios navais eram agitados enquanto avançavam.
De manhã, após o vento repousar durante a noite,
com alegria chegaram ao ancoradouro do cabo Aquerúsio.
Ele se ergue com abismos íngremes,
observando o mar da Bitínia. Em sua base as pedras   730
polidas, banhadas pelo mar, estão arraigadas e ao redor
a onda, revolvendo-se, brame alto. Acima
amplos plátanos nasciam sobre a parte mais elevada.
Desse cabo, em direção à planície, estende-se
abaixo um côncavo vale onde está a caverna de Hades   735
coberta por uma floresta e por rochas, e de lá um sopro
glacial, exalado da gélida profundeza,
continuamente nutre ao redor uma alva geada
que não é derretida com o sol do meio-dia.
O silêncio jamais domina esse terrífico cabo,   740
mas, ao mesmo tempo, ouve-se o gemido do mar sonoro
e das folhas agitadas com os ventos profundos.
Lá está a embocadura do rio Aqueronte,
que atravessa o cabo para desaguar no mar oriental,
e um côncavo precipício do alto causa sua queda.   745
Entre os pósteros, os niseus de Mégara chamaram-no
Salvanauta quando foram habitar a terra
dos mariandinos. Pois os salvou com suas próprias
naus, ao se aproximarem de uma funesta procela.
Lá eles logo, através do cabo Aquerúsio,   750
abordaram a nau ao interior, após o vento ter cessado.

148 ARGONÁUTICAS

Οὐδ' ἄρα δηθὰ Λύκον, κείνης πρόμον ἠπείροιο,
καὶ Μαριανδυνοὺς λάθον ἀνέρας ὁρμισθέντες
αὐθένται Ἀμύκοιο κατὰ κλέος ὃ πρὶν ἄκουον·
755 ἀλλὰ καὶ ἀρθμὸν ἔθεντο μετὰ σφίσι τοῖο ἕκητι,
αὐτὸν δ' ὥστε θεὸν Πολυδεύκεα δεξιόωντο,
πάντοθεν ἀγρόμενοι· ἐπεὶ ἦ μάλα τοίγ' ἐπὶ δηρόν
ἀντιβίην Βέβρυξιν ὑπερφιάλοις πολέμιζον.
καὶ δὴ πασσυδίῃ μεγάρων ἔντοσθε Λύκοιο
760 κεῖν' ἦμαρ φιλότητι, μετὰ πτολίεθρον ἰόντες,
δαίτην ἀμφίεπον τέρποντό τε θυμὸν ἔπεσσιν.
Αἰσονίδης μέν οἱ γενεὴν καί τ' οὔνομ' ἑκάστου
σφωιτέρων μυθεῖθ' ἑτάρων, Πελίαό τ' ἐφετμάς·
ἠδ' ὡς Λημνιάδεσσιν ἐπεξεινοῦντο γυναιξίν·
765 ὅσσα τε Κύζικον ἀμφὶ Δολιονίην τ' ἐτέλεσσαν·
Μυσίδα θ' ὡς ἀφίκοντο Κίον θ', ὅθι κάλλιπον ἥρω
Ἡρακλέην ἀέκοντι νόῳ, Γλαύκοιό τε βάξιν
πέφραδε· καὶ Βέβρυκας ὅπως Ἄμυκόν τ' ἐδάιξαν·
καὶ Φινῆος ἔειπε θεοπροπίας τε δύην τε·
770 ἠδ' ὡς Κυανέας πέτρας φύγον· ὥς τ' ἀβόλησαν
Λητοΐδη κατὰ νῆσον. ὁ δ' ἐξείης ἐνέποντος
θέλγετ' ἀκουῇ θυμόν· ἄχος δ' ἕλεν Ἡρακλῆι
λειπομένῳ, καὶ τοῖον ἔπος πάντεσσι μετηύδα·
'Ὦ φίλοι, οἵου φωτὸς ἀποπλαγχθέντες ἀρωγῆς
775 πείρετ' ἐς Αἰήτην τόσσον πλόον. εὖ γὰρ ἐγώ μιν
Δασκύλου ἐν μεγάροισι καταυτόθι πατρὸς ἐμεῖο
οἶδ' ἐσιδών, ὅτε δεῦρο δι' Ἀσίδος ἠπείροιο
πεζὸς ἔβη, ζωστῆρα φιλοπτολέμοιο κομίζων
Ἱππολύτης· ἐμὲ δ' εὗρε νέον χνοάοντα παρειάς.
780 ἔνθα δ' ἐπὶ Πριόλαο κασιγνήτοιο θανόντος
ἡμετέρου Μυσοῖσιν ὑπ' ἀνδράσιν, ὅντινα λαός
οἰκτίστοις ἐλέγοισιν ὀδύρεται ἐξέτι κείνου,
ἀθλεύων, Τιτίην ἀπεκαίνυτο πυγμαχέοντα
καρτερόν, ὃς πάντεσσι μετέπρεπεν ἠιθέοισιν
785 εἶδός τ' ἠδὲ βίην, χαμάδις δέ οἱ ἧλασ' ὀδόντας.
αὐτὰρ ὁμοῦ Μυσοῖσιν ἐμῷ ὑπὸ πατρὶ δάμασσεν

LIVRO 2 149

Não tardou muito para que Lico, chefe daquela terra,
e os mariandinos percebessem que os ancorados
eram os matadores de Ámico, segundo o rumor que antes ouviram.
Mas, por conta disso, estabeleceram com eles uma aliança 755
e, vindos de toda parte, acolheram o próprio Polideuces
como se fosse um deus. Pois, durante muito tempo,
eles estavam em guerra contra os arrogantes bébrices.
Ao irem todos juntos à cidadela, naquele dia
tomaram parte, por amizade, de um banquete 760
e deleitaram o ânimo por meio das palavras.
O Esônida lhes narrava a estirpe e o nome
de cada um de seus companheiros e as ordens de Pélias,
como foram recebidos hospitaleiramente pelas lemnienses,
o que fizeram a Cízico na terra dos dolíones, 765
como chegaram à Mísia e a Cio, onde abandonaram o herói
Héracles involuntariamente, expunha o vaticínio de Glauco
e como assassinaram os bébrices e Ámico.
E falou das profecias e da aflição de Fineu,
como fugiram das Rochas Cianeias e como encontraram 770
o Letida numa ilha. Ao ouvi-lo contar a sequência de eventos,
Lico tinha o ânimo encantado. Mas sentiu uma aflição
por Héracles abandonado e se dirigiu a todos com tais palavras:
"Ó caros, de qual homem fostes privados do auxílio,
ao empreenderdes tão longa navegação até Eeta! Pois eu 775
bem o conheço por tê-lo visto aqui na residência de meu pai,
Dáscilo, quando, através do continente asiático,
veio a pé para cá em busca do cinturão de Hipólita, amante
das guerras. Encontrou-me com uma penugem recente nas faces.
Então competindo nos jogos dedicados a nosso irmão 780
Príolas, morto pelos mísios, o qual o povo desde então
lamuria por meio de queixosos cantos fúnebres,
ele derrotou no pugilato o vigoroso Tícias,
que se destacava entre todos os jovens
em beleza e força, e verteu por terra seus dentes. 785
Com os mísios, ele submeteu à autoridade de meu pai

Μύγδονας, οἳ ναίουσιν ὁμώλακας ἧμιν ἀρούρας,
φῦλά τε Βιθυνῶν αὐτῇ κτεατίσσατο γαίη
ἔστ’ ἐπὶ Ῥήβαο προχοὰς σκόπελόν τε Κολώνης·
790 Παφλαγόνες τ’ ἐπὶ τοῖς Πελοπήιοι εἴκαθον αὕτως
ὅσσους Βιλλαίοιο μέλαν περιάγνυται ὕδωρ.
ἀλλ’ ἐμὲ τῶν Βέβρυκες ὑπερβασίη τ’ Ἀμύκοιο
τηλόθι ναιετάοντος ἐνόσφισαν Ἡρακλῆος,
δὴν ἀποτεμνόμενοι γαίης ἅλις, ὄφρ’ ἐβάλοντο
795 οὖρα βαθυρρείοντος ἐφ’ εἰαμεναῖς Ὑπίοιο.
ἔμπης δ’ ἐξ ὑμέων ἔδοσαν τίσιν· οὐδέ ἕ φημι
ἤματι τῷδ’ ἀέκητι θεῶν ἐπελάσσαι ἄρηα,
Τυνδαρίδη, Βέβρυξιν, ὅτ’ ἀνέρα κεῖνον ἔπεφνες.
τῶν νῦν ἥντιν’ ἐγὼ τεῖσαι χάριν ἄρκιός εἰμι,
800 τείσω προφρονέως· ἦ γὰρ θέμις ἠπεδανοῖσιν
ἀνδράσιν, εὖτ’ ἄρξωσιν ἀρείονες ἄλλοι ὀφέλλειν.
ξυνῇ μὲν πάντεσσιν, ὁμόστολον ὕμμιν ἕπεσθαι
Δάσκυλον ὀτρυνέω, ἐμὸν υἱέα (τοῖο δ’ ἰόντος,
ἦ τ’ ἂν ἐυξείνοισι διαμπερὲς ἀντιάοιτε
805 ἀνδράσι μέσφ’ αὐτοῖο ποτὶ στόμα Θερμώδοντος)·
νόσφι δὲ Τυνδαρίδαις, Ἀχερουσίδος ὑψόθεν ἄκρης
εἴσομαι ἱερὸν αἰπύ, τὸ μὲν μάλα τηλόθι πάντες
ναυτίλοι ἂμ πέλαγος θηεύμενοι ἱλάξονται,
καί κέ σφιν μετέπειτα πρὸ ἄστεος, οἷα θεοῖσιν,
810 πίονας εὐαρότοιο γύας πεδίοιο ταμοίμην.”
Ὡς τότε μὲν δαῖτ’ ἀμφὶ πανήμεροι ἐψιόωντο·
ἦρί γε μὴν ἐπὶ νῆα κατήισαν ἐγκονέοντες,
καὶ δ’ αὐτὸς σὺν τοῖσι Λύκος κίε, μυρί’ ὀπάσσας
δῶρα φέρειν, ἅμα δ’ υἷα δόμων ἔκπεμπε νέεσθαι.
815 Ἔνθα δ’ Ἀβαντιάδην πεπρωμένη ἤλασε μοῖρα
Ἴδμονα, μαντοσύνῃσι κεκασμένον, ἀλλά μιν οὔ τι
μαντοσύναι ἐσάωσαν, ἐπεὶ χρεὼ ἦγε δαμῆναι.
κεῖτο γὰρ εἰαμενῇ δονακώδεος ἐν ποταμοῖο,
ψυχόμενος λαγόνας τε καὶ ἄσπετον ἰλύι νηδύν,
820 κάπριος ἀργιόδων, ὀλοὸν τέρας, ὅν ῥα καὶ αὐταί
νύμφαι ἐλειονόμοι ὑπεδείδισαν· οὐδέ τις ἀνδρῶν

LIVRO 2 151

os mígdones, que habitam os campos vizinhos aos nossos,
e conquistou as tribos dos bitínios com suas terras
até a embocadura do Reba e o rochedo de Colone.
Depois os paflagones descendentes de Pélops se renderam 790
sem resistência, circundados pela água negra do Bileu.
Mas destes domínios os bébrices e a soberba de Ámico
despojaram-me, uma vez que Héracles morava distante,
e por um tempo se apoderaram de amplo território até demarcarem
as fronteiras nos paludes do Hípio de curso profundo. 795
No entanto de vós receberam o castigo. E afirmo não ter sido
contra a vontade dos deuses, Tindárida, que provoquei uma guerra
contra os bébrices no mesmo dia em que mataste o soberano.
Por isso, seja qual for a graça que eu vos possa retribuir,
o farei de bom grado. Pois essa é a lei aos homens 800
fracos quando outros mais fortes lhes prestam auxílio primeiro.
Enviarei meu filho Dáscilo para vos seguir todos
e ser companheiro de expedição (se ele for convosco,
certamente encontrareis, por toda parte, homens
hospitaleiros até a embocadura do próprio Termodonte). 805
Quanto aos Tindáridas, no alto do cabo Aquerúsio
construirei um templo elevado que, de muito longe, todos
os nautas no pélago o verão e prestarão honras,
e diante da cidade, depois disso, eu lhes consagrarei,
como a deuses, férteis campos da planície boa para a lavoura." 810
Assim se deleitaram durante todo o dia no banquete.
De manhã desceram apressados até a nau e o próprio Lico
veio com eles, após lhes conceder uma miríade de presentes
para levarem, e enviou do palácio o filho para acompanhá-los.
Então uma predestinada sina atingiu o Abantíada 815
Idmão, excelso na arte divinatória, mas esta não o salvou,
já que a necessidade o conduziu à morte.
Jazia no palude de um rio coberto de juncos,
refrescando na lama os flancos e o ventre saliente,
um javali de dentes brancos, funesto monstro, que é temido 820
até mesmo pelas ninfas do pântano. Nenhum homem

ἠείδει, οἷος δὲ κατὰ πλατὺ βόσκετο τῖφος.
αὐτὰρ ὅγ᾽ ἰλυόεντος ἀνὰ θρωσμοὺς πεδίοιο
νίσσετ᾽ Ἀβαντιάδης, ὁ δ᾽ ἄρ᾽ ἔκποθεν ἀφράστοιο
825 ὕψι μάλ᾽ ἐκ δονάκων ἀνεπάλμενος, ἤλασε μηρόν
ἀίγδην, μέσσας δὲ σὺν ὀστέῳ ἶνας ἔκερσεν.
ὀξὺ δ᾽ ὅγε κλάγξας, οὔδει πέσεν· οἱ δ᾽ ἐρυγόντος
ἀθρόοι ἀντιάχησαν. ὀρέξατο δ᾽ αἶψ᾽ ὀλοοῖο
Πηλεὺς αἰγανέῃ φύγαδ᾽ εἰς ἕλος ὁρμηθέντος
830 καπρίου· ἔσσυτο δ᾽ αὖτις ἐναντίος, ἀλλά μιν Ἴδας
οὔτασε, βεβρυχὼς δὲ θοῷ περὶ κάππεσε δουρί.
καὶ τὸν μὲν χαμάδις λίπον αὐτόθι πεπτηῶτα·
τὸν δ᾽ ἕταροι ἐπὶ νῆα φέρον ψυχορραγέοντα
ἀχνύμενοι· χείρεσσι δ᾽ ἑῶν ἐνὶ κάτθαν᾽ ἑταίρων.
835 Ἔνθα δὲ ναυτιλίης μὲν ἐρητύοντο μέλεσθαι,
ἀμφὶ δὲ κηδείῃ νέκυος μένον ἀσχαλόωντες,
ἤματα δὲ τρία πάντα γόων· ἑτέρῳ δέ μιν ἤδη
τάρχυον μεγαλωστί, συνεκτερέιζε δὲ λαός
αὐτῷ ὁμοῦ βασιλῆι Λύκῳ· παρὰ δ᾽ ἄσπετα μῆλα,
840 ᾗ θέμις οἰχομένοισι, ταφήια λαιμοτόμησαν.
καὶ δή τοι κέχυται τοῦδ᾽ ἀνέρος ἐν χθονὶ κείνῃ
τύμβος, σῆμα δ᾽ ἔπεστι καὶ ὀψιγόνοισιν ἰδέσθαι,
νήιος ἐκ κοτίνοιο φάλαγξ, θαλέθει δέ τε φύλλοις,
ἄκρης τυτθὸν ἔνερθ᾽ Ἀχερουσίδος. εἰ δέ με καὶ τό
845 χρειὼ ἀπηλεγέως Μουσέων ὕπο γηρύσασθαι·
τόνδε πολισσοῦχον διεπέφραδε Βοιωτοῖσιν
Νισαίοισί τε Φοῖβος ἐπιρρήδην ἱλάεσθαι,
ἀμφὶ δὲ τήνδε φάλαγγα παλαιγενέος κοτίνοιο
ἄστυ βαλεῖν, οἱ δ᾽ ἀντὶ θεουδέος Αἰολίδαο
850 Ἴδμονος εἰσέτι νῦν Ἀγαμήστορα κυδαίνουσιν.
Τίς γὰρ δὴ θάνεν ἄλλος (ἐπεὶ καὶ ἔτ᾽ αὖτις ἔχευαν
ἥρωες τότε τύμβον ἀποφθιμένου ἑτάροιο,
δοιὰ γὰρ οὖν κείνων ἔτι σήματα φαίνεται ἀνδρῶν);
Ἀγνιάδην Τῖφυν θανέειν φάτις· οὐδέ οἱ ἦεν
855 μοῖρ᾽ ἔτι ναυτίλλεσθαι ἑκαστέρω, ἀλλά νυ καὶ τόν
αὖθι μινυνθαδίῃ πάτρης ἑκὰς εὔνασε νοῦσος.

LIVRO 2

jamais o vira, e ele se alimentava sozinho pelo vasto brejo.
O Abantíada seguia pela restinga do terreno
lamacento quando, de um lugar imprevisto, saltando
muito alto para fora dos juncos, a fera atingiu sua coxa   825
com ímpeto e lhe cortou ao meio os nervos com o osso.
Ele soltou um grito agudo e caiu no chão. Os outros,
juntos, responderam a seus brados. Prontamente Peleu
tentou atingir com uma lança o funesto javali, que se pôs em fuga
para o pântano. O animal novamente se lançou em sua direção,   830
mas Idas o feriu e, aos grunhidos, ele caiu com a lança veloz.
E o deixaram lá mesmo, caído por terra.
Os companheiros aflitos levaram para a nau Idmão
agonizante. Ele morreu nas mãos de seus companheiros.
Então cessaram de se preocupar com a navegação   835
e lá ficaram em luto pelo funeral,
lamentando-se durante três dias inteiros. No dia seguinte,
sepultaram-no com grandeza e o povo lhe prestou as honras fúnebres
com o próprio rei Lico. Junto à tumba degolaram incontáveis
ovelhas como oferenda, segundo o costume aos finados.   840
O sepulcro desse homem foi erigido naquele solo
e sobre ele há um monumento também visível aos pósteros,
uma tora naval feita de oliveira, florescente em vegetação,
um pouco abaixo do cabo Aquerúsio. Se há necessidade
de eu cantar tal fato abertamente, subordinado às musas,   845
Febo determinou aos beócios e aos niseus que tornassem
propício esse homem, denominando-o Protetor da Cidade,
e ao redor daquela tora de antiga oliveira fundassem
um povoado, mas eles, no lugar do Eólida Idmão,
temente aos deuses, ainda hoje veneram Agamestor.   850
Quem foi o outro morto, já que novamente os heróis
erigiram o sepulcro de um companheiro falecido,
pois os dois monumentos desses homens ainda podem ser vistos?
Dizem que o Hagníada Tífis morreu. Não era seu destino
navegar ainda mais longe, mas uma curta doença   855
também o fez repousar naquele lugar, distante da pátria,

εἰσόκ' Ἀβαντιάδαο νέκυν κτερέιξεν ὅμιλος.
ἄτλητον δ' ὀλοῷ ἐπὶ πήματι κῆδος ἔλοντο·
δὴν ἄρ', ἐπεὶ καὶ τόνδε παρασχεδὸν ἐκτερέιξαν
860 αὐτοῦ ἀμηχανίῃσιν ἁλὸς προπάροιθε πεσόντες,
ἐντυπὰς εὐκήλως εἰλυμένοι οὔτε τι σίτου
μνώοντ' οὔτε ποτοῖο· κατήμυσαν δ' ἀχέεσσι
θυμόν, ἐπεὶ μάλα πολλὸν ἀπ' ἐλπίδος ἔπλετο νόστος.
καί νύ κ' ἔτι προτέρω τετιημένοι ἰσχανόωντο,
865 εἰ μὴ ἄρ' Ἀγκαίῳ περιώσιον ἔμβαλεν Ἥρη
θάρσος, ὃν Ἰμβρασίοισι παρ' ὕδασιν Ἀστυπάλαια
τίκτε Ποσειδάωνι, περιπρὸ γὰρ εὖ ἐκέκαστο
ἰθύνειν· Πηλῆα δ' ἐπεσσύμενος προσέειπεν·
"Αἰακίδη, πῶς καλὸν ἀφειδήσαντας ἀέθλων
870 γαίῃ ἐν ἀλλοδαπῇ δὴν ἔμμεναι; οὐ μὲν ἄρηος
ἴδριν ἐόντ' ἐμὲ τόσσον ἄγει μετὰ κῶας Ἰήσων
Παρθενίης ἀπάνευθεν ὅσον τ' ἐπιίστορα νηῶν·
τῷ μή τοι τυτθόν γε δέος περὶ νηὶ πελέσθω.
ὣς δὲ καὶ ἄλλοι δεῦρο δαήμονες ἄνδρες ἔασιν,
875 τῶν ὅτινα πρύμνης ἐπιβήσομεν, οὔ τις ἰάψει
ναυτιλίην. ἀλλ' ὦκα παραιφάμενος τάδε πάντας
θαρσαλέως ὀρόθυνον ἐπιμνήσασθαι ἀέθλου."
Ὣς φάτο· τοῖο δὲ θυμὸς ἀέξετο γηθοσύνῃσιν.
αὐτίκα δ' οὐ μετὰ δηρὸν ἐνὶ μέσσοις ἀγόρευσεν·
880 "Δαιμόνιοι, τί νυ πένθος ἐτώσιον ἴσχομεν αὔτως;
οἱ μὲν δή ποθι τοῦτον ὃν ἔλλαχον οἶτον ὄλοντο·
ἡμῖν δ' ἐν γὰρ ἔασι κυβερνητῆρες ὁμίλῳ
καὶ πολέες, τῷ μή τι διατριβώμεθα πείρης·
ἀλλ' ἔγρεσθ' εἰς ἔργον, ἀπορρίψαντες ἀνίας."
885 Τὸν δ' αὖτ' Αἴσονος υἱὸς †ἀμηχανέων προσέειπεν·
"Αἰακίδη, πῇ δ' οἴδε κυβερνητῆρες ἔασιν;
οὕς περ γὰρ τὸ πάροιθε δαήμονας εὐχόμεθ' εἶναι,
οἴδε κατηφήσαντες ἐμεῦ πλέον ἀσχαλόωσι·
τῷ καὶ ὁμοῦ φθιμένοισι κακὴν προτιόσσομαι ἄτην,
890 εἰ δὴ μήτ' ὀλοοῖο μετὰ πτόλιν Αἰήταο
ἔσσεται ἠὲ καὶ αὖτις ἐς Ἑλλάδα γαῖαν ἱκέσθαι

LIVRO 2 155

quando a tripulação prestou as honras ao cadáver do Abantíada.
Em vista do funesto pesar, foram tomados por insuportável dor.
Assim que, sem tardar, também lhe prestaram as honras fúnebres,
durante um tempo lá mesmo tombaram em estado de desamparo, 860
silenciosamente envoltos em seus mantos, e não se preocupavam
com alimento ou com bebida. Estavam desanimados por conta
das aflições, já que o retorno ficava muito distante da esperança.
E por ainda mais tempo teriam tardado entristecidos
se Hera não tivesse incutido uma imensa coragem 865
em Anceu, o qual Astipaleia, junto às águas do Ímbraso,
gerou a Posidão, pois ele se destacava de modo
excepcional na pilotagem. Correndo até Peleu, disse-lhe:
"Eácida, como pode ser belo negligenciarmos os trabalhos
para permanecermos por longo tempo em terra estrangeira? Não é 870
tanto por ser hábil na guerra que Jasão me conduz até o tosão,
longe de Partênia, quanto por ser instruído em naus.
Por isso, que não haja o mínimo temor por causa da nau.
Da mesma forma, há também aqui outros homens capazes
e qual destes embarcarmos na popa não irá comprometer 875
a navegação. Mas rapidamente os exorta quanto a isso
e incita-os todos a corajosamente se lembrarem dos trabalhos."
Assim falou. O ânimo de Peleu se expandiu de alegria.
Não muito tempo depois, disse em meio aos homens:
"Infortunados, por que assim nos mantemos num luto vão? 880
De algum modo eles pereceram conforme o fado que lhes cabia.
Há timoneiros em nossa tripulação, na verdade
muitos, por isso não mais tardemos a testá-los.
Erguei-vos ao trabalho depois de repelirdes os sofrimentos."
O filho de Esão, por sua vez, disse-lhe desvalido: 885
"Eácida, onde é que estão estes timoneiros?
Aqueles que antes se gabavam de serem capazes
baixam a cabeça e se encontram mais abatidos que eu.
Por isso, junto aos finados, também prevejo uma vil ruína,
se não nos for possível alcançar a cidade do funesto 890
Eeta, nem retornar à terra helênica atravessando novamente

πετράων ἔκτοσθε· καταυτόθι δ' ἄμμε καλύψει
ἀκλειῶς κακὸς οἶτος, ἐτώσια γηράσκοντας."

Ὣς ἔφατ'· Ἀγκαῖος δὲ μάλ' ἐσσυμένως ὑπέδεκτο
895 νῆα θοὴν ἄξειν, δὴ γὰρ θεοῦ ἐτράπεθ' ὁρμῇ·
τὸν δὲ μετ' Ἐργῖνος καὶ Ναύπλιος Εὔφημός τε
ὤρνυντ', ἰθύνειν λελιημένοι. ἀλλ' ἄρα τούσγε
ἔσχεθον, Ἀγκαίῳ δὲ πολεῖς ἤνησαν ἑταίρων.

Ἠῷοι δἤπειτα δυωδεκάτῳ ἐπέβαινον
900 ἤματι, δὴ γάρ σφιν ζεφύρου μέγας οὖρος ἄητο
καρπαλίμως δ' Ἀχέροντα διεξεπέρησαν ἐρετμοῖς,
ἐκ δ' ἔχεαν πίσυνοι ἀνέμῳ λίνα, πουλὺ δ' ἐπιπρό
λαιφέων πεπταμένων τέμνον πλόον εὐδιόωντες.

ὦκα δὲ Καλλιχόροιο παρὰ προχοὰς ποταμοῖο
905 ἤλυθον, ἔνθ' ἐνέπουσι Διὸς Νυσήιον υἷα,
Ἰνδῶν ἡνίκα φῦλα λιπὼν κατενίσσετο Θήβας,
ὀργιάσαι, στῆσαί τε χοροὺς ἄντροιο πάροιθεν
ᾧ ἐν ἀμειδήτους ἁγίας ηὐλίζετο νύκτας·
ἐξ οὗ Καλλίχορον ποταμὸν περιναιετάοντες
910 ἠδὲ καὶ Αὔλιον ἄντρον ἐπωνυμίην καλέουσιν.

Ἔνθεν δὲ Σθενέλου τάφον ἔδρακον Ἀκτορίδαο,
ὅς ῥά τ' Ἀμαζονίδων πολυθαρσέος ἐκ πολέμοιο
ἂψ ἀνιὼν (δὴ γὰρ συνανήλυθεν Ἡρακλῆι)
βλήμενος ἰῷ κεῖθεν, ἐπ' ἀγχιάλου θάνεν ἀκτῆς.
915 οὐ μέν θην προτέρω ἔτ' ἐμέτρεον· ἧκε γὰρ αὐτή
Φερσεφόνη ψυχὴν πολυδάκρυον Ἀκτορίδαο,
λισσομένην τυτθόν περ ὁμήθεας ἄνδρας ἰδέσθαι·
τύμβου δὲ στεφάνης ἐπιβὰς σκοπιάζετο νῆα,
τοῖος ἐὼν οἷος πόλεμόνδ' ἴεν, ἀμφὶ δὲ καλή
920 τετράφαλος φοίνικι λόφῳ ἐπελάμπετο πήληξ.
καί ῥ' ὁ μὲν αὖτις ἔδυ μέλανα ζόφον, οἱ δ' ἐσιδόντες
θάμβησαν. τοὺς δ' ὦρσε θεοπροπέων ἐπικέλσαι
Ἀμπυκίδης Μόψος λοιβῇσί τε μειλίξασθαι.
οἱ δ' ἀνὰ μὲν κραιπνῶς λαῖφος σπάσαν, ἐκ δὲ βαλόντες
925 πείσματ' ἐν αἰγιαλῷ, Σθενέλου τάφον ἀμφεπένοντο,
χύτλα τέ οἱ χεύαντο καὶ ἥγνισαν ἔντομα μήλων.

LIVRO 2

as rochas. Aqui mesmo um fado vil nos cobrirá
sem glória, enquanto envelhecemos em vão."
Assim falou. Anceu impetuosamente se ofereceu para conduzir
a nau veloz, pois fora movido pelo impulso de um deus.
Depois dele ergueram-se Ergino, Náuplio e Eufemo,
desejosos por pilotar. Mas acabaram por ceder
e a maioria dos companheiros preferiu Anceu.
Então na manhã do décimo segundo dia
embarcaram, pois lhes soprava uma forte brisa de Zéfiro,
prontamente atravessaram com remos o Aqueronte,
içaram as velas confiantes no vento e avante,
com os panos estendidos, navegaram em tranquilidade.
Logo passaram pela embocadura do rio Calícoro,
onde contam que o filho niseu de Zeus,
quando abandonou as tribos de indianos e percorreu Tebas,
celebrou suas orgias e estabeleceu os coros diante da gruta
na qual se alojou durante as assustadoras noites sacras.
Por esse motivo os moradores das redondezas chamam
o rio pelo nome de Calícoro e a gruta, Aulião.
Em seguida observaram a sepultura de Estênelo
Actórida, que, ao retornar da muito corajosa guerra
contra as amazonas – pois havia acompanhado Héracles –,
fora lá atingido por um dardo e morrera na costa marinha.
E de fato não seguiram adiante. Pois a própria Perséfone
enviou a alma muito lacrimosa do Actórida, que suplicava ver,
embora por um breve instante, homens semelhantes a ele.
Subindo na coroa do sepulcro, espiou a nau tal como estava
ao partir para a guerra e, ao redor, seu belo elmo
de quatro penachos brilhava com uma cimeira púrpura.
Quando novamente mergulhou nas negras trevas, eles ficaram
surpresos com a visão. Por meio de um vaticínio, Mopso
Ampícida os incitou a abordar e apaziguá-lo com libações.
De imediato eles recolheram a vela e, depois de lançarem
as amarras na praia, cuidaram da sepultura de Estênelo,
verteram-lhe oferendas e consagraram ovelhas sacrificadas.

ἄνδιχα δ᾽ αὖ χύτλων Νηοσσόῳ Ἀπόλλωνι
βωμὸν δειμάμενοι μῆρ᾽ ἔφλεγον· ἂν δὲ καὶ Ὀρφεύς
θῆκε λύρην· ἐκ τοῦ δὲ Λύρη πέλει οὔνομα χώρῳ.

930 Αὐτίκα δ᾽ οἴγ᾽ ἀνέμοιο κατασπέρχοντος ἔβησαν
νῆ᾽ ἔπι, κὰδ δ᾽ ἄρα λαῖφος ἐρυσσάμενοι τανύοντο
ἐς πόδας ἀμφοτέρους. ἡ δ᾽ ἐς πέλαγος πεφόρητο
ἐντενές, ἠΰτε τίς τε δι᾽ ἠέρος ὑψόθι κίρκος
ταρσὸν ἐφεὶς πνοιῇ φέρεται ταχύς, οὐδὲ τινάσσει
935 †ῥιπήν, εὐκήλοισιν ἐνευδιόων πτερύγεσσιν.

καὶ δὴ Παρθενίοιο ῥοὰς ἁλιμυρήεντος,
πρηυτάτου ποταμοῦ, παρεμέτρεον, ᾧ ἔνι κούρη
Λητωίς, ἄγρηθεν ὅτ᾽ οὐρανὸν εἰσαναβαίνῃ,
ὃν δέμας ἱμερτοῖσιν ἀναψύχει ὑδάτεσσιν.
940 νυκτὶ δ᾽ ἔπειτ᾽ ἄλληκτον ἐπιπροτέρωσε θέοντες
Σήσαμον αἰπεινούς τε παρεξενέοντ᾽ Ἐρυθίνους,
Κρωβίαλον Κρῶμνάν τε καὶ ὑλήεντα Κύτωρον.
ἔνθεν δ᾽ αὖτε Κάραμβιν ἅμ᾽ ἠελίοιο βολῇσιν
γνάμψαντες, παρὰ Πουλὺν ἔπειτ᾽ ἤλαυνον ἐρετμοῖς
945 Αἰγιαλὸν πρόπαν ἦμαρ ὁμῶς καὶ ἐπ᾽ ἤματι νύκτα.

Αὐτίκα δ᾽ Ἀσσυρίης ἐπέβαν χθονός, ἔνθα Σινώπην
θυγατέρ᾽ Ἀσωποῖο καθίσσατο καί οἱ ὄπασσε
παρθενίην Ζεὺς αὐτός, ὑποσχεσίῃσι δολωθείς.
δὴ γὰρ ὁ μὲν φιλότητος ἐέλδετο, νεῦσε δ᾽ ὅγ᾽ αὐτῇ
950 δωσέμεναι ὅ κεν ᾗσι μετὰ φρεσὶν ἰθύσειεν·
ἡ δέ ἑ παρθενίην ᾐτήσατο κερδοσύνῃσιν.

ὣς δὲ καὶ Ἀπόλλωνα παρήπαφεν, εὐνηθῆναι
ἱέμενον, ποταμόν τ᾽ ἐπὶ τοῖς Ἅλυν· οὐδὲ μὲν ἀνδρῶν
τήνγε τις ἱμερτῇσιν ἐν ἀγκοίνῃσι δάμασσεν.
955 ἔνθα δὲ Τρικκαίοιο ἀγαυοῦ Δηιμάχοιο
υἷες, Δηιλέων τε καὶ Αὐτόλυκος Φλογίος τε,
τημόσδ᾽, Ἡρακλῆος ἀποπλαγχθέντες, ἔναιον·
οἵ ῥα τόθ᾽, ὡς ἐνόησαν ἀριστήων στόλον ἀνδρῶν,
σφᾶς αὐτοὺς νημερτὲς ἐπέφραδον ἀντιάσαντες·
960 οὐδ᾽ ἔτι μιμνάζειν θέλον ἔμπεδον, ἀλλ᾽ ἐνὶ νηί,
ἀργέσταο παρᾶσσον ἐπιπνείοντος, ἔβησαν.

LIVRO 2   159

Além das oferendas, construíram um altar dedicado
a Apolo Salvador das Naus e abrasaram coxas. E Orfeu
dedicou sua lira. Por esse motivo o nome da região é Lira.
Em seguida, já que o vento se agitava, embarcaram   930
na nau, içaram a vela e a estenderam até ambas
as escotas. A nau era levada com agilidade
pelo pélago, como um falcão nas alturas é levado
com velocidade através do ar com as asas soltas ao vento,
sem nenhum movimento, planando tranquilamente.   935
E passavam ao longo do curso do Partênio que corre
para o mar, o mais calmo rio, no qual a filha
de Leto, quando retorna da caça para ascender ao céu,
refresca seu corpo nas desejáveis águas.
Durante a noite continuaram o percurso sem cessar   940
e ultrapassaram Sésamo, os elevados Eritinos,
Crobíalo, Cromna e Cítoro, coberta de florestas.
Então, com os raios do sol, depois de contornarem
Carâmbis, impeliram-se com remos pela Longa
Praia durante o dia inteiro e igualmente durante a noite.   945
Em seguida desembarcaram em solo assírio, onde o próprio
Zeus estabelecera Sinope, filha de Asopo, e lhe concedera
virgindade, enganado por causa de suas promessas.
Pois o deus desejava a união e consentiu em dar a ela
aquilo que mais ansiasse em seu coração.   950
Solicitou, com astúcia, manter a virgindade.
Assim enganou também Apolo, que desejava se deitar
com ela, e depois deles o rio Hális. Nenhum homem
conseguiu domá-la em desejáveis abraços.
Nesse lugar, os filhos do admirável Deímaco   955
de Trica, Deileonte, Autólico e Flógio, então
moravam, depois de terem se separado de Héracles.
Assim que perceberam a expedição dos valorosos homens,
vieram a seu encontro e abertamente se fizeram conhecer.
Eles não mais queriam lá permanecer, mas na nau   960
embarcaram tão logo o Agreste começou a soprar.

160 ARGONÁUTICAS

Τοῖσι δ' ὁμοῦ μετέπειτα θοῇ πεφορημένοι αὔρῃ
λεῖπον Ἄλυν ποταμόν, λεῖπον δ' ἀγχίρροον Ἶριν
ἠδὲ καὶ Ἀσσυρίης πρόχυσιν χθονός. ἤματι δ' αὐτῷ
965 γνάμψαν Ἀμαζονίδων ἔκαθεν λιμενήοχον ἄκρην,
ἔνθα ποτὲ προμολοῦσαν Ἀρητιάδα Μελανίππην
ἥρως Ἡρακλέης ἐλοχήσατο, καί οἱ ἄποινα
Ἱππολύτη ζωστῆρα παναίολον ἐγγυάλιξεν
ἀμφὶ κασιγνήτης, ὁ δ' ἀπήμονα πέμψεν ὀπίσσω·
970 τῆς οἵγ' ἐν κόλπῳ προχοαῖς ἔπι Θερμώδοντος
κέλσαν, ἐπεὶ καὶ πόντος ὀρίνετο νισσομένοισιν.
τῷ δ' οὔ τις ποταμῶν ἐναλίγκιος οὐδὲ ῥέεθρα
τόσσ' ἐπὶ γαῖαν ἵησι παρὲξ ἕθεν ἄνδιχα βάλλων·
τετράδος εἰς ἑκατὸν δεύοιτό κεν, εἴ τις ἕκαστα
975 πεμπάζοι. μία δ' οἴη ἐτήτυμος ἔπλετο πηγή·
ἡ μέν τ' ἐξ ὀρέων κατανίσσεται ἤπειρόνδε
ὑψηλῶν, ἅ τέ φασιν Ἀμαζόνια κλείεσθαι,
ἔνθεν δ' αἰπυτέρην ἐπικίδναται ἔνδοθι γαῖαν
ἀντικρύ· τῶ καί οἱ ἐπίστροφοί εἰσι κέλευθοι,
980 αἰεὶ δ' ἄλλυδις ἄλλη, ὅπῃ κύρσειε μάλιστα
ἠπείρου χθαμαλῆς, εἰλίσσεται, ἡ μὲν ἄπωθεν,
ἡ δὲ πέλας· πολέες δὲ πόροι νώνυμνοι ἔασιν
ὅππῃ ὑπεξαφύονται, ὁ δ' ἀμφαδὸν ἄμμιγα παύροις
Πόντον ἐς Ἄξεινον κυρτὴν ὑπ' ἐρεύγεται ἄκρην.
985 καί νύ κε δηθύνοντες Ἀμαζονίδεσσιν ἔμειξαν
ὑσμίνην, καὶ δ' οὔ κεν ἀναιμωτί γ' ἐρίδηναν
(οὐ γὰρ Ἀμαζονίδες μάλ' ἐπητέες οὐδὲ θέμιστας
τίουσαι πεδίον Δοιάντιον ἀμφενέμοντο,
ἀλλ' ὕβρις στονόεσσα καὶ Ἄρεος ἔργα μεμήλει·
990 δὴ γὰρ καὶ γενεὴν ἔσαν Ἄρεος Ἁρμονίης τε
νύμφης, ἥ τ' Ἄρηϊ φιλοπτολέμους τέκε κούρας,
ἄλσεος Ἀκμονίοιο κατὰ πτύχας εὐνηθεῖσα)
εἰ μὴ ἄρ' ἐκ Διόθεν πνοιαὶ πάλιν ἀργέσταο
ἤλυθον, οἱ δ' ἀνέμῳ περιηγέα κάλλιπον ἄκρην,
995 ἔνθα Θεμισκύρειαι Ἀμαζόνες ὡπλίζοντο·
οὐ γὰρ ὁμηγερέες μίαν ἂμ πόλιν, ἀλλ' ἀνὰ γαῖαν

LIVRO 2 161

Na companhia deles, então, levados pela ágil brisa,
deixaram o rio Hális, deixaram o Íris de curso próximo
e o aluvião do solo assírio. No mesmo dia contornaram,
de longe, o cabo das amazonas dotado de um porto, 965
onde outrora o herói Héracles emboscou Melanipa,
filha de Ares, quando ela caminhava à frente. Como
resgate por sua irmã, Hipólita lhe concedeu o cinturão
faiscante e, após isso, Héracles a devolveu sem danos.
No golfo do cabo, eles abordaram perto da embocadura 970
do Termodonte, já que o mar se agitara enquanto avançavam.
Nenhum dos rios é a ele semelhante, nem, ao se separar,
prossegue por terra em tão numerosos cursos.
Faltariam quatro para cem, se alguém contasse cada
curso. Mas somente uma é a verdadeira fonte. 975
Ela desce das elevadas montanhas, que alguns dizem
serem chamadas amazônicas, rumo à planície
e, em seguida, se propaga pela terra escarpada
situada adiante. Por isso as rotas são sinuosas,
e cada uma serpenteia por um lado de acordo 980
com a baixa planície encontrada, umas longe,
outras perto. Muitos regatos não possuem nome no lugar
onde deságuam, mas o Termodonte, misturado a poucos,
visivelmente desemboca no Mar Inospitaleiro sob o cabo recurvado.
Caso eles tardassem, teriam entrado em combate 985
com as amazonas e não lutariam sem derramamento de sangue,
(pois as amazonas que habitavam a região de Deante
não eram benévolas, nem respeitavam as leis divinas,
mas se ocupavam da dolorosa violência e das obras de Ares.
Pois de fato eram da raça de Ares e da ninfa Harmonia, 990
que havia gerado a Ares garotas amantes da guerra,
ao se deitar com ele nas encostas do bosque de Acmão)
se, oriundos de Zeus, os sopros do Agreste não retornassem
e, graças ao vento, eles deixaram o cabo circular
onde as amazonas de Temíscera estavam se armando. 995
Pois não estavam reunidas numa única cidade, mas moravam

κεκριμέναι κατὰ φῦλα διάτριχα ναιετάασκον·
νόσφι μὲν αἵδ' αὐταί, τῇσιν τότε κοιρανέεσκεν
Ἱππολύτη, νόσφιν δὲ Λυκάστιαι ἀμφενέμοντο,
1000 νόσφι δ' ἀκοντοβόλοι Χαδήσιαι. ἤματι δ' ἄλλῳ
νυκτί τ' ἐπιπλομένῃ Χαλύβων παρὰ γαῖαν ἵκοντο.
τοῖσι μὲν οὔτε βοῶν ἄροτος μέλει οὔτε τις ἄλλη
φυταλιὴ καρποῖο μελίφρονος, οὐδὲ μὲν οἵγε
ποίμνας ἐρσήεντι νομῷ ἔνι ποιμαίνουσιν·
1005 ἀλλὰ σιδηροφόρον στυφελὴν χθόνα γατομέοντες
ὦνον ἀμείβονται βιοτήσιον· οὐδέ ποτέ σφιν
ἠὼς ἀντέλλει καμάτων ἄτερ, ἀλλὰ κελαινῇ
λιγνύι καὶ καπνῷ †κάματον βαρὺν ὀτλεύουσιν.
Τοὺς δὲ μετ' αὐτίκ' ἔπειτα Γενηταίου Διὸς ἄκρην
1010 γνάμψαντες σώοντο παρὲξ Τιβαρηνίδα γαῖαν·
ἔνθ' ἐπεὶ ἄρ κε τέκωνται ὑπ' ἀνδράσι τέκνα γυναῖκες,
αὐτοὶ μὲν στενάχουσιν ἐνὶ λεχέεσσι πεσόντες,
κράατα δησάμενοι· ταὶ δ' εὖ κομέουσιν ἐδωδῇ
ἀνέρας ἠδὲ λοετρὰ λεχώια τοῖσι πένονται.
1015 Ἱερὸν αὖτ' ἐπὶ τοῖσιν ὄρος καὶ γαῖαν ἄμειβον
1016 ᾗ ἔνι Μοσσύνοικοι ἀν' οὔρεα ναιετάουσιν.
1018 ἀλλοίη δὲ δίκη καὶ θέσμια τοῖσι τέτυκται·
ὅσσα μὲν ἀμφαδίῃ ῥέζειν θέμις ἢ ἐνὶ δήμῳ
1020 ἢ ἀγορῇ, τάδε πάντα δόμοις ἔνι μηχανόωνται·
ὅσσα δ' ἐνὶ μεγάροις πεπονήμεθα, κεῖνα θύραζε
ἀψεγέως μέσσῃσιν ἐνὶ ῥέζουσιν ἀγυιαῖς·
οὐδ' εὐνῆς αἰδὼς ἐπιδήμιος, ἀλλὰ σύες ὥς
φορβάδες, οὐδ' ἠβαιὸν ἀτυζόμενοι παρεόντας,
1025 μίσγονται χαμάδις ξυνῇ φιλότητι γυναικῶν·
αὐτὰρ ἐν ὑψίστῳ βασιλεὺς μόσσυνι θαάσσων
ἰθείας πολέεσσι δίκας λαοῖσι δικάζει,
σχέτλιος· ἢν γάρ πού τι θεμιστεύων ἀλίτηται,
λιμῷ μιν κεῖν' ἦμαρ ἐνικλείσαντες ἔχουσιν.
1030 Τοὺς παρανισσόμενοι καὶ δὴ σχεδὸν ἀντιπέρηθεν
νήσου Ἀρητιάδος τέμνον πλόον εἰρεσίῃσιν
ἠμάτιοι, λιαρὴ γὰρ ὑπὸ κνέφας ἔλλιπεν αὔρη·

LIVRO 2 163

naquele território divididas em três tribos.
Numa parte estavam essas mesmas, comandadas
por Hipólita, noutra parte residiam as licástias
e noutra parte, por fim, as flecheiras cadésias. No dia   1000
e na noite seguintes passaram ao longo da terra dos cálibes.
Não se ocupam com o labor dos bois, nem com alguma
outra plantação de doce fruto, bem como não
pastoreiam os rebanhos no campo orvalhado.
Mas fendendo o solo duro, produtor de ferro, trocam   1005
o que conseguem pelo valor de seu sustento. A aurora
nunca se ergue a eles isentos de fadigas, mas, em negra
fuligem e fumaça, suportam a pesada fadiga.
Depois dos cálibes, após contornarem o cabo de Zeus
Geneteu, passaram ao longo da terra dos tibarenos.   1010
Lá, quando as mulheres geram filhos a seus maridos,
são eles próprios que gemem, caídos nos leitos
com as cabeças enfaixadas. Elas os alimentam bem
com comida e lhes preparam os banhos para o parto.
Após os tibarenos, ultrapassaram o Monte Sagrado   1015
e a terra na qual os mossínecos moravam, nas montanhas.   1016
Eles possuem costumes e leis diferentes.   1018
Tudo o que nos é permitido fazer abertamente,
em público ou na ágora, eles realizam em suas casas.   1020
E o que empreendemos nas nossas residências,
sem censura o fazem porta afora, no meio das ruas.
Nem há pudor em praticar o sexo em público, mas, como porcos
no pasto, em nada se perturbando com os presentes,
unem-se em relações promíscuas com as mulheres no chão.   1025
O rei, sentado sobre a mais alta torre,
julga as retas sentenças à numerosa multidão,
infortunado. Pois, se cometesse um erro de julgamento,
mantinham-no aprisionado com fome aquele dia.
Passando ao longo dos mossínecos e perto da ilha   1030
de Ares, na costa oposta, navegavam com os remos
durante o dia, pois a suave brisa os abandonou no crepúsculo.

164 ARGONÁUTICAS

ἤδη καί τιν᾿ ὕπερθεν Ἀρήιον ἀίσσοντα
ἐνναέτην νήσοιο δι᾿ ἠέρος ὄρνιν ἴδοντο·
1035 ὅς ῥα, τιναξάμενος πτέρυγας κατὰ νῆα θέουσαν,
ἧκ᾿ ἐπὶ οἷ πτερὸν ὀξύ. τὸ δ᾿ ἐν λαιῷ πέσεν ὤμῳ
δίου Ὀιλῆος, μεθέηκε δὲ χερσὶν ἐρετμόν
βλήμενος· οἱ δὲ τάφον πτερόεν βέλος εἰσορόωντες.
καὶ τὸ μὲν ἐξείρυσσε παρεδριόων Ἐριβώτης,
1040 ἕλκος δὲ ξυνέδησεν, ἀπὸ σφετέρου κολεοῖο
λυσάμενος τελαμῶνα κατήορον. ἐκ δ᾿ ἐφαάνθη
ἄλλος ἐπὶ προτέρῳ πεποτημένος· ἀλλά μιν ἥρως
Εὐρυτίδης Κλυτίος (πρὸ γὰρ ἀγκύλα τείνατο τόξα
ἧκέ τ᾿ ἐπ᾿ οἰωνὸν ταχινὸν βέλος) αὐτὸς ὑποφθάς
1045 πλῆξεν, δινηθεὶς δὲ θοῆς πέσεν ἀγχόθι νηός.
τοῖσιν δ᾿ Ἀμφιδάμας μυθήσατο παῖς Ἀλεοῖο·
"Νῆσος μὲν πέλας ἧμιν Ἀρητιάς (ἴστε καὶ αὐτοί
τούσδ᾿ ὄρνιθας ἰδόντες)· ἐγὼ δ᾿ οὐκ ἔλπομαι ἰούς
τόσσον ἐπαρκέσσειν εἰς ἔκβασιν· ἀλλά τιν᾿ ἄλλην
1050 μῆτιν πορσύνωμεν ἐπίρροθον, εἴ γ᾿ ἐπικέλσαι
μέλλετε, Φινῆος μεμνημένοι ὡς ἐπέτελλεν.
οὐδὲ γὰρ Ἡρακλέης, ὁπότ᾿ ἤλυθεν Ἀρκαδίηνδε,
πλωάδας ὄρνιθας Στυμφαλίδος ἔσθενε λίμνης
ὤσασθαι τόξοισι (τὸ μέν τ᾿ ἐγὼ αὐτὸς ὄπωπα)·
1055 ἀλλ᾿ ὅγε χαλκείην πλαταγὴν ἐνὶ χερσὶ τινάσσων
δούπει ἐπὶ σκοπιῆς περιμήκεος, αἱ δ᾿ ἐφέβοντο
τηλοῦ ἀτυζηλῷ ὑπὸ δείματι κεκληγυῖαι.
τῶ καὶ νῦν τοίην τιν᾿ ἐπιφραζώμεθα μῆτιν –
αὐτὸς δ᾿ ἄν, τὸ πάροιθεν ἐπιφρασθείς, ἐνέποιμι·
1060 ἀνθέμενοι κεφαλῆσιν ἀερσιλόφους τρυφαλείας,
ἡμίσεες μὲν ἐρέσσετ᾿ ἀμοιβαδίς, ἡμίσεες δέ
δούρασί τε ξυστοῖσι καὶ ἀσπίσιν ἄρσετε νῆα,
αὐτὰρ πασσυδίῃ περιώσιον ὄρνυτ᾿ αὐτήν
ἀθρόοι, ὄφρα κολωὸν ἀηθείῃ φοβέωνται
1065 νεύοντάς τε λόφους καὶ ἐπήορα δούραθ᾿ ὕπερθεν.
εἰ δέ κεν αὐτὴν νῆσον ἱκώμεθα, δὴ τότ᾿ ἔπειτα
σὺν κελάδῳ σακέεσσι πελώριον ὄρσετε δοῦπον."

LIVRO 2

Logo viram uma ave de Ares, moradora
da ilha, precipitando-se do alto através do ar.
Agitando as asas sobre a nau que avançava,   1035
lançou contra ela uma pontiaguda pena. Caiu no ombro
esquerdo do divino Oileu que, atingido, soltou das mãos
o remo. Eles se surpreenderam ao verem o dardo alado.
E Eríbota, sentado ao lado, puxou o dardo
e enfaixou a ferida, após soltar de sua bainha   1040
o boldrié que a suspendia. Depois da primeira,
outra ave apareceu voando. Mas o herói
Euritida Clício – pois antes esticou o arco recurvado
e lançou um dardo veloz na direção do pássaro – feriu-o
ao se antecipar, e a ave, rodopiando, caiu perto da nau veloz.   1045
Anfidamante, filho de Aleu, falou a eles:
"A ilha de Ares está próxima e vós próprios sabeis
depois de terdes visto essas aves. Eu não acredito que as flechas
nos socorrerão o suficiente para o desembarque. Mas preparemos
um outro artifício eficaz, se estamos prestes a abordar,   1050
lembrando daquilo que Fineu nos aconselhou.
Pois nem Héracles, quando veio à Arcádia,
era forte o bastante para, com o arco, afastar as aves
que nadavam no lago Estinfalo (e eu mesmo vi isso).
Mas ele, agitando com as mãos um brônzeo chocalho,   1055
produziu barulho sobre um elevado cume e as aves,
grasnando, fugiram para longe, tomadas por terrível pavor.
Por isso também agora pensemos num artifício semelhante
e vos direi o que eu mesmo já havia pensado.
Colocando sobre as cabeças os elmos de altos penachos,   1060
que metade de vós reme, em bancos alternados, enquanto a outra
metade preserve a nau com lanças polidas e escudos;
então, juntos, emiti com impetuosidade imenso grito,
para que, dado o inusitado, fujam com medo do estrondo,
dos penachos sacudidos e das lanças erguidas ao ar.   1065
Caso consigamos chegar à própria ilha, de imediato
emiti, junto aos gritos, um enorme barulho com os escudos."

166 ARGONÁUTICAS

Ὡς ἄρ' ἔφη, πάντεσσι δ' ἐπίρροθος ἥνδανε μῆτις.
ἀμφὶ δὲ χαλκείας κόρυθας κεφαλῆσιν ἔθεντο
1070 δεινὸν λαμπομένας, ἐπὶ δὲ λόφοι ἐσσείοντο
φοινίκεοι· καὶ τοὶ μὲν ἀμοιβήδην ἐλάασκον,
τοὶ δ' αὖτ' ἐγχείησι καὶ ἀσπίσι νῆα κάλυψαν.
ὡς δ' ὅτε τις κεράμῳ κατερέψεται ἕρκίον ἀνήρ,
δώματος ἀγλαΐην τε καὶ ὑετοῦ ἔμμεναι ἄλκαρ,
1075 ἄλλῳ δ' ἔμπεδον ἄλλος ὁμῶς ἐπαμοιβὸς ἄρηρεν –
ὣς οἵγ' ἀσπίσι νῆα συναρτύναντες ἔρεψαν·
οἵη δὲ κλαγγὴ δήου πέλει ἐξ ὁμάδοιο
ἀνδρῶν κινυμένων, ὁπότε ξυνίωσι φάλαγγες –
τοίη ἄρ' ὑψόθι νηὸς ἐς ἠέρα κίδνατ' ἀυτή·
1080 οὐδέ τιν' οἰωνῶν ἔτ' ἐσέδρακον. ἀλλ' ὅτε νήσῳ
χρίμψαντες σακέεσσιν ἐπέκτυπον, αὐτίκ' ἄρ' οἵγε
μυρίοι ἔνθα καὶ ἔνθα πεφυζότες ἠερέθοντο·
ὡς δ' ὁπότε Κρονίδης πυκινὴν ἐφέηκε χάλαζαν
ἐκ νεφέων ἀνά τ' ἄστυ καὶ οἰκία, τοὶ δ' ὑπὸ τοῖσιν
1085 ἐνναέται, κόναβον τεγέων ὕπερ εἰσαΐοντες,
ἥνται ἀκήν, ἐπεὶ οὔ σφε κατέλλαβε χείματος ὥρη
ἀπροφάτως, ἀλλὰ πρὶν ἐκαρτύναντο μέλαθρον –
ὣς πυκινὰ πτερὰ τοῖσιν ἐφίεσαν, ἀίσσοντες
ὕψι μάλ' ἂμ πέλαγος περάτης εἰς οὔρεα γαίης.
1090 Τίς γὰρ δὴ Φινῆος ἔην νόος, ἐνθάδε κέλσαι
ἀνδρῶν ἡρώων θεῖον στόλον, ἢ καὶ ἔπειτα
ποῖον ὄνειαρ ἔμελλεν ἐελδομένοισιν ἱκέσθαι;
Υἱῆες Φρίξοιο μετὰ πτόλιν Ὀρχομενοῖο
ἐξ Αἴης ἐνέοντο παρ' Αἰήταο Κυταίου,
1095 Κολχίδα νῆ' ἐπιβάντες, ἵν' ἄσπετον ὄλβον ἄρωνται
πατρός· ὁ γὰρ θνήσκων ἐπετείλατο τήνδε κέλευθον.
καὶ δὴ ἔσαν νήσοιο μάλα σχεδὸν ἤματι κείνῳ,
Ζεὺς δ' ἀνέμου βορέαο μένος κίνησεν ἀῆναι,
ὕδατι σημαίνων διερὴν ὁδὸν Ἀρκτούροιο.
1100 αὐτὰρ ὅγ' ἠμάτιος μὲν ἐν οὔρεσι φύλλ' ἐτίνασσεν
τυτθὸν ἐπ' ἀκροτάτοισιν ἀήσυρος ἀκρεμόνεσσιν·
νυκτὶ δ' ἔβη πόντονδε πελώριος, ὦρσε δὲ κῦμα

LIVRO 2 167

Assim falou e o artifício eficaz agradou a todos.
Puseram nas cabeças os brônzeos cascos,
terrivelmente luzentes, e sobre eles os penachos púrpuras   1070
agitavam-se. Parte deles remava alternadamente,
enquanto os demais cobriam a nau com lanças e escudos.
Como quando um homem resguarda com telhas sua habitação,
para ser o ornamento da casa e proteção contra a chuva,
e elas se encaixam com firmeza, uma após a outra;   1075
assim eles resguardaram a nau com os escudos ajustados.
Qual o brado que surge de uma hostil multidão
de homens se movendo, quando as falanges colidem,
tal o grito que, acima da nau, espalhou-se pelo ar.
Não mais observaram nenhum pássaro. Mas quando,   1080
ao se aproximarem da ilha, golpearam os escudos, eles logo,
assustados, voaram aos milhares em todas as direções.
Como quando o Cronida lança, das nuvens, espesso
granizo sobre a cidade e as casas, e os moradores,
dentro delas, ao ouvirem a troada sobre os tetos,   1085
sentam-se em silêncio, já que não os surpreendeu a estação
do inverno, mas antes haviam reforçado o telhado;
assim elas lançaram espessas penas sobre eles, enquanto voavam
alto pelo pélago, em direção às montanhas dos confins da terra.
Qual era o desígnio de Fineu ao desembarcar nesse lugar   1090
uma divina expedição de heróis, e que tipo
de ajuda logo chegaria a eles, que assim desejavam?
Os filhos de Frixo iam para a cidade de Orcômeno,
partindo de Ea, para longe do citeu Eeta, embarcados
numa nau colca, para obterem a incontável riqueza   1095
de seu pai. Ao morrer, ele lhes ordenara essa viagem.
Estavam muito perto da ilha naquele dia
e Zeus moveu a força do vento Bóreas para que soprasse,
sinalizando com a água da chuva o úmido caminho de Arcturo.
Durante o dia o vento ligeiro pouco agitava   1100
as folhas nas montanhas, sobre os mais altos ramos.
Mas à noite veio feroz sobre o mar e agitou as ondas,

168 ARGONÁUTICAS

κεκληγὼς πνοιῇσι· κελαινὴ δ᾽ οὐρανὸν ἀχλύς
ἄμπεχεν, οὐδέ πῃ ἄστρα διαυγέα φαίνετ᾽ ἰδέσθai
1105 ἐκ νεφέων, σκοτόεις δὲ περὶ ζόφος ἠρήρειστο.
οἱ δ᾽ ἄρα μυδαλέοι, στυγερὸν τρομέοντες ὄλεθρον,
υἷες Φρίξοιο φέρονθ᾽ ὑπὸ κύμασιν αὔτως·
ἱστία δ᾽ ἐξήρπαξ᾽ ἀνέμου μένος ἠδὲ καὶ αὐτήν
νῆα διάνδιχ᾽ ἔαξε, τινασσομένην ῥοθίοισιν.
1110 ἔνθα δ᾽ ὑπ᾽ ἐννεσίῃσι θεῶν πίσυρές περ ἐόντες
δούρατος ὠρέξαντο πελωρίου, οἷά τε πολλά
ῥαισθείσης κεκέδαστο θόοις συναρηρότα γόμφοις.
καὶ τοὺς μὲν νῆσόνδε, παρὲξ ὀλίγον θανάτοιο,
κύματα καὶ ῥιπαὶ ἀνέμου φέρον ἀσχαλόωντας·
1115 αὐτίκα δ᾽ ἐρράγη ὄμβρος ἀθέσφατος, ὗε δὲ πόντον
καὶ νῆσον καὶ πᾶσαν ὅσην κατεναντία νήσου
χώρην Μοσσύνοικοι ὑπέρβιοι ἀμφενέμοντο.
τοὺς δ᾽ ἄμυδις κρατερῷ σὺν δούρατι κύματος ὁρμή
υἷας Φρίξοιο μετ᾽ ἠιόνας βάλε νήσου
1120 νύχθ᾽ ὕπο λυγαίην. τὸ δὲ μυρίον ἐκ Διὸς ὕδωρ
λῆξεν ἅμ᾽ ἠελίῳ· τάχα δ᾽ ἐγγύθεν ἀντεβόλησαν
ἀλλήλοις. Ἄργος δὲ παροίτατος ἔκφατο μῦθον·
"Ἀντόμεθα πρὸς Ζηνὸς Ἐποψίου, οἵτινές ἐστε
ἀνδρῶν, εὐμενέειν τε καὶ ἀρκέσσαι χατέουσι.
1125 πόντῳ γὰρ τρηχεῖαι ἐπιβρίσασαι ἄελλαι
νηὸς ἀεικελίης διὰ δούρατα πάντ᾽ ἐκέδασσαν,
ᾗ ἔνι πείρομεν οἶδμα κατὰ χρέος ἐμβεβαῶτες.
τούνεκα νῦν ὑμέας γουναζόμεθ᾽, αἴ κε πίθησθε,
δοῦναι ὅσον τ᾽ εἴλυμα περὶ χροὸς ἠδὲ κομίσσαι,
1130 ἀνέρας οἰκτείραντας ὁμήλικας ἐν κακότητι.
ἀλλ᾽ ἱκέτας ξείνους Διὸς εἵνεκεν αἰδέσσασθε,
Ξεινίου Ἱκεσίου τε· Διὸς δ᾽ ἄμφω ἱκέται τε
καὶ ξεῖνοι, ὁ δέ που καὶ ἐπόψιος ἄμμι τέτυκται."
Τὸν δ᾽ αὖτ᾽ Αἴσονος υἱὸς ἐπιφραδέως ἐρέεινε,
1135 μαντοσύνας Φινῆος ὀισσάμενος τελέεσθαι·
"Ταῦτα μὲν αὐτίκα πάντα παρέξομεν εὐμενέοντες·
ἀλλ᾽ ἄγε μοι κατάλεξον ἐτήτυμον ὁππόθι γαίης

ressoando com rajadas. Uma negra névoa envolvia
o céu, e as estrelas radiantes não pareciam visíveis em lugar algum
entre as nuvens, mas, no entorno, a treva escura se estabelecera. 1105
Molhados e temendo pela odiosa morte, os filhos
de Frixo eram levados ao sabor das ondas.
A força do vento arrancou as velas e partiu
a própria nau em duas, agitada pelo marulho.
Então, por plano dos deuses, embora fossem quatro, 1110
agarraram uma enorme prancha, entre as muitas que, ajustadas
às pontudas cavilhas, dispersaram-se durante o naufrágio.
Escapando por pouco da morte, as ondas
e a ventania os levaram, aflitos, em direção à ilha.
Repentinamente uma indescritível tempestade desabou e chovia 1115
sobre o mar, sobre a ilha e sobre toda a região oposta
à ilha, onde os soberbos mossínecos residiam.
O impulso de uma onda jogou os filhos de Frixo,
junto à resistente prancha, na costa da ilha
durante a noite tenebrosa. A abundante água enviada 1120
por Zeus cessou com o sol. Logo os dois grupos
aproximaram-se. Argos primeiro disse tais palavras:
"Por Zeus Vigilante, suplicamos a vós, quem quer que dos homens
sejais, para serdes benévolos e socorrerdes nossas carências.
Pois as violentas borrascas, ao pesarem sobre o mar, 1125
dispersaram todas as pranchas da miserável nau
na qual, embarcados por necessidade, atravessamos as ondas.
Por isso agora vos imploramos, na esperança de que confiais
em nos conceder qualquer roupa para o corpo e acolhida,
tendo piedade de homens da mesma idade em infortúnio. 1130
Respeitai os hóspedes suplicantes, por Zeus Protetor
dos Hóspedes e dos Suplicantes. Pois tanto os suplicantes
quanto os hóspedes pertencem a Zeus, que também nos vigia."
O filho de Esão, por sua vez, sabiamente o questionou,
percebendo que as profecias de Fineu se cumpriam: 1135
"Logo, benévolos, vos forneceremos todas essas coisas.
Mas contai, com veracidade, em qual terra

ναίετε, καὶ χρέος οἷον ὑπεὶρ ἅλα νεῖσθαι ἀνώγει,
αὐτῶν θ᾽ ὑμείων ὄνομα κλυτὸν ἠδὲ γενέθλην."
1140 Τὸν δ᾽ Ἄργος προσέειπεν, ἀμηχανέων κακότητι·
"Αἰολίδην Φρίξον τιν᾽ ἀφ᾽ Ἑλλάδος Αἶαν ἱκέσθαι
ἀτρεκέως δοκέω που ἀκούετε καὶ πάρος αὐτοί,
Φρίξον ὅτις πτολίεθρον ἀνήλυθεν Αἰήταο
κριοῦ ἐπαμβεβαώς, τόν ῥα χρύσειον ἔθηκεν
1145 Ἑρμείας· κῶας δὲ καὶ εἰσέτι νῦν κεν ἴδοισθε
1145a πεπτάμενον λασίοισιν ἐπὶ δρυὸς ἀκρεμόνεσσιν·
1146 τὸν μὲν ἔπειτ᾽ ἔρρεξεν ἑῆς ὑποθημοσύνῃσιν
Φυξίῳ ἐκ πάντων Κρονίδῃ Διί· καί μιν ἔδεκτο
Αἰήτης μεγάρῳ, κούρην τέ οἱ ἐγγυάλιξεν
Χαλκιόπην ἀνάεδνον ἐυφροσύνῃσι νόοιο·
1150 τῶν ἐξ ἀμφοτέρων εἰμὲν γένος, ἀλλ᾽ ὁ μὲν ἤδη
γηραιὸς θάνε Φρίξος ἐν Αἰήταο δόμοισιν·
ἡμεῖς δ᾽, αὐτίκα πατρὸς ἐφετμάων ἀλέγοντες,
νεύμεθ᾽ ἐς Ὀρχομενὸν κτεάνων Ἀθάμαντος ἕκητι.
εἰ δὲ καὶ οὔνομα δῆθεν ἐπιθύεις δεδαῆσθαι,
1155 τῷδε Κυτίσσωρος πέλει οὔνομα, τῷδέ τε Φρόντις,
τῷ δὲ Μέλας, ἐμὲ δ᾽ αὐτὸν ἐπικλείοιτέ κεν Ἄργον."
Ὣς φάτ᾽· ἀριστῆες δὲ συνηβολίῃ κεχάροντο
καί σφεας ἀμφίεπον περιθαμβέες· αὐτὰρ Ἰήσων
ἐξαῦτις κατὰ μοῖραν ἀμείψατο τοῖσδ᾽ ἐπέεσσιν·
1160 "Ἦ ἄρα δὴ γνωτοὶ πατρώιοι ἄμμιν ἐόντες
λίσσεσθ᾽ εὐμενέοντας ἐπαρκέσσαι κακότητα.
Κρηθεὺς γάρ ῥ᾽ Ἀθάμας τε κασίγνητοι γεγάασιν,
Κρηθῆος δ᾽ υἱωνὸς ἐγὼ σὺν τοισίδ᾽ ἑταίροις
Ἑλλάδος ἐξ αὐτὴν νέομ᾽ ἐς πόλιν Αἰήταο.
1165 ἀλλὰ τὰ μὲν καὶ ἐσαῦτις ἐνίψομεν ἀλλήλοισιν,
νῦν δ᾽ ἔσσασθε πάροιθεν· ὑπ᾽ ἐννεσίῃσι δ᾽ ὀίω
ἀθανάτων ἐς χεῖρας ἐμὰς χατέοντας ἱκέσθαι."
Ἦ ῥα, καὶ ἐκ νηὸς δῶκέ σφισιν εἵματα δῦναι.
πασσυδίῃ δἤπειτα κίον μετὰ νηὸν Ἄρηος,
1170 μῆλ᾽ ἱερευσόμενοι, περὶ δ᾽ ἐσχάρῃ ἐστήσαντο
ἐσσυμένως, ἥ τ᾽ ἐκτὸς ἀνηρεφέος πέλε νηοῦ,

LIVRO 2

morais, que necessidade vos incita a viajar pelo mar,
qual é o vosso glorioso nome e qual é a vossa estirpe."
Argos lhe disse, hesitante por conta do infortúnio: 1140
"A respeito de Frixo, um Eólida que foi da Hélade para Ea,
creio que, com exatidão, vós mesmos escutastes outrora,
Frixo, que chegou à cidadela de Eeta
montado num carneiro transformado em ouro
por Hermes. Ainda agora veríeis o tosão   1145
estendido sobre os ramos frondosos de um carvalho.   1145a
Seguindo, então, as instruções do próprio carneiro, a Zeus   1146
Cronida o sacrificou, entre todos o Protetor dos Fugitivos. Eeta
recebeu-o em sua residência e lhe concedeu como esposa,
sem dote, a filha Calcíope, com alegria de espírito.
Somos descendentes de ambos, no entanto Frixo,   1150
envelhecido, já morreu na casa de Eeta.
Nós, logo em respeito às ordens do pai,
viajamos a Orcômeno por causa dos bens de Atamante.
Se tu também desejas conhecer os nossos nomes,
o nome deste é Citíssoro, o deste é Frôntide,   1155
o deste é Melas e poderíeis chamar-me Argos."
Assim falou. Os valorosos se rejubilaram com o encontro
e os rodearam maravilhados. Jasão, então,
respondeu de modo conveniente com estas palavras:
"Certamente sois nossos parentes paternos, vós   1160
que rogais para, benévolos, vos socorrermos do infortúnio.
Pois Creteu e Atamante eram irmãos
e eu, neto de Creteu, viajo com estes companheiros
da Hélade em direção à mesma cidade de Eeta.
Mas conversaremos depois sobre essas coisas,   1165
agora vesti-vos primeiro. Creio que por um plano
dos imortais viestes carentes até as minhas mãos."
Disse e lhes deu, da nau, roupas para se cobrirem.
Em seguida foram todos juntos ao templo de Ares
para sacrificar alguns carneiros e, rapidamente, os colocaram   1170
em torno do altar feito de seixos, situado do lado de fora

στιάων· εἴσω δὲ μέλας λίθος ἠρήρειστο
ἱερός, ᾧ †ποτε πᾶσαι† Ἀμαζόνες εὐχετόωντο·
οὐδέ σφιν θέμις ἦεν, ὅτ᾽ ἀντιπέρηθεν ἵκοιντο,
1175 μήλων τ᾽ ἠδὲ βοῶν τῇδ᾽ ἐσχάρῃ ἱερὰ καίειν,
ἀλλ᾽ ἵππους δαίτρευον, ἐπηετανὸν κομέουσαι.
αὐτὰρ ἐπεὶ ῥέξαντες ἐπαρτέα δαῖτα πάσαντο,
δὴ τότ᾽ ἄρ᾽ Αἰσονίδης μετεφώνεεν, ἦρχέ τε μύθων·
"Ζεὺς ἐτεὸν τὰ ἕκαστ᾽ ἐπιδέρκεται, οὐδέ μιν ἄνδρες
1180 λήθομεν ἔμπεδον οἵ τε θεουδέες †οὐδὲ δίκαιοι.†
ὡς μὲν γὰρ πατέρ᾽ ὑμὸν ὑπεξείρυτο φόνοιο
μητρυιῆς καὶ νόσφιν ἀπειρέσιον πόρεν ὄλβον,
ὣς δὲ καὶ ὑμέας αὖτις ἀπήμονας ἐξεσάωσεν
χείματος οὐλομένοιο. πάρεστι δὲ τῇσδ᾽ ἐπὶ νηός
1185 ἔνθα καὶ ἔνθα νέεσθαι ὅπῃ φίλον, εἴτε μετ᾽ Αἶαν
εἴτε μετ᾽ ἀφνειὴν θείου πόλιν Ὀρχομενοῖο.
τὴν γὰρ Ἀθηναίη τεχνήσατο καὶ τάμε χαλκῷ
δούρατα Πηλιάδος κορυφῆς πάρα, σὺν δέ οἱ Ἄργος
τεῦξεν· ἀτὰρ κείνην γε κακὸν διὰ κῦμ᾽ ἐκέδασσεν,
1190 πρὶν καὶ πετράων σχεδὸν ἐλθέμεν αἵ τ᾽ ἐνὶ Πόντου
στεινωπῷ συνίασι πανήμεροι ἀλλήλῃσιν.
ἀλλ᾽ ἄγεθ᾽ ὧδε καὶ αὐτοὶ ἐς Ἑλλάδα μαιομένοισιν
κῶας ἄγειν χρύσειον ἐπίρροθοι ἄμμι πέλεσθε
καὶ πλόου ἡγεμονῆες, ἐπεὶ Φρίξοιο θυηλάς
1195 στέλλομαι ἀμπλήσων, Ζηνὸς χόλον Αἰολίδησιν."
Ἴσκε παρηγορέων· οἱ δ᾽ ἔστυγον εἰσαΐοντες,
οὐ γὰρ ἔφαν τεύξεσθαι ἐνηέος Αἰήταο
κῶας ἄγειν κριοῖο μεμαότες· ὧδε δ᾽ ἔειπεν
Ἄργος, ἀτεμβόμενος τοῖον στόλον ἀμφιπένεσθαι·
1200 "Ὦ φίλοι, ἡμέτερον μὲν ὅσον σθένος οὔποτ᾽ ἀρωγῆς
σχήσεται οὐδ᾽ ἠβαιόν, ὅτε χρειώ τις ἵκηται·
ἀλλ᾽ αἰνῶς ὀλοῇσιν ἀπηνείῃσιν ἄρηρεν
Αἰήτης· τῶ καὶ περιδείδια ναυτίλλεσθαι.
στεῦται δ᾽ Ἠελίου γόνος ἔμμεναι, ἀμφὶ δὲ Κόλχων
1205 ἔθνεα ναιετάουσιν ἀπείρονα, καὶ δέ κεν Ἄρει
σμερδαλέην ἐνοπὴν μέγα τε σθένος ἰσοφαρίζοι.

LIVRO 2 173

do templo sem teto. Dentro fora depositada uma sacra pedra
negra, à qual, outrora, todas as amazonas faziam suas preces.
Quando vinham da costa oposta, não lhes era permitido
queimar sobre esse altar oferendas de carneiros e bois,   1175
mas imolavam cavalos cuidados durante um ano.
Depois de sacrificarem, consumiram o banquete preparado,
e então o Esônida lhes falou, começando com tais palavras:
"Zeus de fato observa tudo e nunca lhe passam
despercebidos os homens, sejam pios ou injustos.   1180
Como ele impediu o assassinato de vosso pai
pela madrasta e, distante, concedeu-lhe infinita riqueza,
assim também ele, dessa vez, vos salvou sem danos
de uma funesta borrasca. Sobre esta nau podemos
viajar para qualquer lugar que nos seja caro, tanto a Ea   1185
quanto à opulenta cidade do divino Orcômeno.
Pois Atena a planejou, cortou com o bronze
as pranchas do cume do Pelião e, com seu auxílio, Argos
construiu-a. No entanto, uma terrível onda destroçou aquela
vossa nau, antes mesmo de vos aproximardes das rochas   1190
que no estreito do Ponto se entrechocam durante todo o dia.
Mas vamos, sede também eficazes ao nosso desejo
de levar para a Hélade o áureo tosão e sede condutores
da navegação, já que faço essa jornada para expiar a cólera
de Zeus contra os Eólidas, por conta do sacrifício de Frixo."   1195
Falou a exortá-los. Eles odiavam o que ouviam.
Diziam que não encontrariam um brando Eeta
caso desejassem levar o tosão do carneiro. E assim disse
Argos, repreendendo-os por se engajarem em tal expedição:
"Ó caros, quanto for a nossa força para vos prestar auxílio,   1200
nem o mínimo sequer ela vos faltará quando necessitardes.
Mas Eeta é terrivelmente dotado de uma funesta
crueldade. Por isso temo tanto por essa navegação.
Ele se gaba de ser filho de Hélio, no seu entorno
moram as inúmeras tribos dos colcos e a Ares   1205
igualar-se-ia pelo grito assustador e pela grande força.

οὐ μὰν οὐδ' ἀπάνευθεν ἑλεῖν δέρος Αἰήταο
ῥηίδιον· τοῖός μιν ὄφις περί τ' ἀμφί τ' ἔρυται
ἀθάνατος καὶ ἄυπνος, ὃν αὐτὴ Γαῖ' ἀνέφυσεν
1210 Καυκάσου ἐν κνημοῖσι, Τυφαονίη ὅθι πέτρη,
ἔνθα Τυφάονά φασι, Διὸς Κρονίδαο κεραυνῷ
βλήμενον ὁππότε οἱ στιβαρὰς ἐπορέξατο χεῖρας,
θερμὸν ἀπὸ κρατὸς στάξαι φόνον· ἵκετο δ' †αὕτως
οὔρεα καὶ πεδίον Νυσήιον, ἔνθ' ἔτι νῦν περ
1215 κεῖται, ὑποβρύχιος Σερβωνίδος ὕδασι λίμνης."
Ὣς ἄρ' ἔφη· πολέεσσι δ' ἐπὶ χλόος εἷλε παρειάς
αὐτίκα, τοῖον ἄεθλον ὅτ' ἔκλυον· αἶψα δὲ Πηλεύς
θαρσαλέοις ἐπέεσσιν ἀμείψατο, φώνησέν τε·
"Μὴ δ' οὕτως, ἠθεῖε, λίην δειδίσσεο μύθῳ·
1220 οὔ τι γὰρ ὧδ' ἀλκῆς ἐπιδευόμεθ' ὥστε χερείους
ἔμμεναι Αἰήταο σὺν ἔντεσι πειρηθῆναι,
ἀλλὰ καὶ ἡμέας ὀίω ἐπισταμένους πολέμοιο
κεῖσε μολεῖν μακάρων σχεδὸν αἵματος ἐκγεγαῶτας·
τῶ εἰ μὴ φιλότητι δέρος χρύσειον ὀπάσσει,
1225 οὔ οἱ χραισμήσειν ἐπιέλπομαι ἔθνεα Κόλχων."
Ὣς οἵγ' ἀλλήλοισιν ἀμοιβαδὸν ἠγορόωντο,
μέσφ' αὖτις δόρποιο κορεσσάμενοι κατέδαρθον.
ἦρι δ' ἀνεγρομένοισιν ἐυκραὴς ἄεν οὖρος,
ἱστία δ' ἤειραν· τὰ δ' ὑπαὶ ῥιπῆς ἀνέμοιο
1230 τείνετο, ῥίμφα δὲ νῆσον ἀποπροέλειπον Ἄρηος.
Νυκτὶ δ' ἐπιπλομένη Φιλυρηίδα νῆσον ἄμειβον·
ἔνθα μὲν Οὐρανίδης Φιλύρῃ Κρόνος, εὖτ' ἐν Ὀλύμπῳ
Τιτήνων ἤνασσεν, ὁ δὲ Κρηταῖον ὑπ' ἄντρον
Ζεὺς ἔτι Κουρήτεσσι μετετρέφετ' Ἰδαίοισιν,
1235 Ῥείην ἐξαπαφὼν παρελέξατο· τοὺς δ' ἐνὶ λέκτροις
τέτμε θεὰ μεσσηγύς, ὁ δ' ἐξ εὐνῆς ἀνορούσας
ἔσσυτο χαιτήεντι φυὴν ἐναλίγκιος ἵππῳ·
ἡ δ' αἰδοῖ χῶρόν τε καὶ ἤθεα κεῖνα λιποῦσα
Ὠκεανὶς Φιλύρη εἰς οὔρεα μακρὰ Πελασγῶν
1240 ἦλθ', ἵνα δὴ Χείρωνα πελώριον ἄλλα μὲν ἵππῳ
ἄλλα θεῷ ἀτάλαντον ἀμοιβαίῃ τέκεν εὐνῇ.

LIVRO 2　175

Mesmo sem o conhecimento de Eeta, não será fácil
pegar o velo. Tal é a serpente que o guarda em seu entorno,
imortal e insone, gerada pela própria Terra
nos flancos do Cáucaso, sob a rocha tifônia,　　　　　　1210
onde dizem que Tifão, ferido pelo raio de Zeus
Cronida quando estendeu sobre ele as mãos robustas,
gotejou sangue quente de sua cabeça. E dessa forma chegou
às montanhas e à planície de Nisa, onde ainda agora
jaz submerso nas águas do lago Serbônide."　　　　　　1215
Assim falou. Uma palidez logo arrebatou os rostos
de muitos, quando ouviram sobre tal trabalho. Mas Peleu
prontamente respondeu com palavras corajosas e disse:
"Não nos assustes tanto assim, amigo, com teu discurso.
Força não nos falta, de modo a sermos inferiores　　　　1220
a Eeta se formos testados com armas.
Mas creio que nós iremos para lá também conhecedores
da guerra e quase todos nascidos do sangue dos aventurados.
Por isso, se ele não nos conceder amistosamente o velo áureo,
não espero que as tribos dos colcos possam socorrê-lo."　1225
Assim eles conversavam sucessivamente,
até que, de novo saciados da refeição, dormiram.
De manhã, ao despertarem, uma brisa amena soprava
e içaram as velas. Elas se estenderam sob o impulso do
vento e de imediato deixaram para trás a ilha de Ares.　1230
Na noite seguinte, passaram pela ilha de Fílira.
Lá, Crono Urânida, quando reinava no Olimpo
sobre os titãs e, numa caverna cretense,
Zeus ainda era criado pelos Curetes do Ida,
deitou-se com Fílira enganando Reia. No leito, a deusa　1235
surpreendeu-os durante o intercurso e ele, saltando da cama,
fugiu na forma de um cavalo de longa crina.
Motivada pelo pudor, a Oceanide Fílira abandonou
aquela região e suas habitações e foi às altas montanhas
dos pelasgos, onde pariu o monstruoso Quirão, parte cavalo,　1240
parte deus, por causa da transformação durante a união.

Κεῖθεν δ' αὖ Μάκρωνας ἀπειρεσίην τε Βεχείρων
γαῖαν ὑπερφιάλους τε παρεξενέοντο Σάπειρας,
Βύζηράς τ' ἐπὶ τοῖσιν· ἐπιπρὸ γὰρ αἰὲν ἔτεμνον
1245 ἐσσυμένως, λιαροῖο φορεύμενοι ἐξ ἀνέμοιο.
καὶ δὴ νισσομένοισι μυχὸς διεφαίνετο Πόντου,
καὶ δὴ Καυκασίων ὀρέων ἀνέτελλον ἐρίπναι
ἠλίβατοι, τόθι γυῖα περὶ στυφελοῖσι πάγοισιν
ἰλλόμενος χαλκέῃσιν ἀλυκτοπέδῃσι Προμηθεύς
1250 αἰετὸν ἥπατι φέρβε παλιμπετὲς †ἀίσσοντα·
τὸν μὲν ἐπ' ἀκροτάτης ἴδον ἑσπέρου ὀξέι ῥοίζῳ
νηὸς ὑπερπτάμενον νεφέων σχεδόν, ἀλλὰ καὶ ἔμπης
λαίφεα πάντ' ἐτίναξε παραιθύξας πτερύγεσσιν·
οὐ γὰρ ὅγ' αἰθερίοιο φυὴν ἔχεν οἰωνοῖο,
1255 ἶσα δ' ἐυξέστοις ὠκύπτερα πάλλεν ἐρετμοῖς.
δηρὸν δ' οὐ μετέπειτα πολύστονον ἄιον αὐδήν
ἧπαρ ἀνελκομένοιο Προμηθέος, ἔκτυπε δ' αἰθήρ
οἰμωγῇ, μέσφ' αὖτις ἀπ' οὔρεος ἀίσσοντα
αἰετὸν ὠμηστὴν αὐτὴν ὁδὸν εἰσενόησαν.
1260 Ἐννύχιοι δ' Ἄργοιο δαημοσύνῃσιν ἵκοντο
Φᾶσίν τ' εὐρὺ ῥέοντα καὶ ἔσχατα πείρατα Πόντου.
αὐτίκα δ' ἱστία μὲν καὶ ἐπίκριον ἔνδοθι κοίλης
ἱστοδόκης στείλαντες ἐκόσμεον, ἐν δὲ καὶ αὐτόν
ἱστὸν ἄφαρ χαλάσαντο παρακλιδόν· ὦκα δ' ἐρετμοῖς
1265 εἰσέλασαν ποταμοῖο μέγαν ῥόον, αὐτὰρ ὅγ' ἄντην
καχλάζων ὑπόεικεν. ἔχον δ' ἐπ' ἀριστερὰ χειρῶν
Καύκασον αἰπήεντα Κυταιίδα τε πτόλιν Αἴης,
ἔνθεν δ' αὖ πεδίον τὸ Ἀρήιον ἱερά τ' ἄλση
1269 τοῖο θεοῦ, τόθι κῶας ὄφις εἴρυτο δοκεύων·
1271 αὐτὸς δ' Αἰσονίδης χρυσέῳ ποταμόνδε κυπέλλῳ
οἴνου ἀκηρασίοιο μελισταγέας χέε λοιβάς
Γαίῃ τ' ἐνναέταις τε θεοῖς ψυχαῖς τε καμόντων
ἡρώων, γουνοῦτο δ' ἀπήμονας εἶναι ἀρωγούς
1275 εὐμενέως καὶ νηὸς ἐναίσιμα πείσματα δέχθαι.
αὐτίκα δ' Ἀγκαῖος τοῖον μετὰ μῦθον ἔειπεν·
"Κολχίδα μὲν δὴ γαῖαν ἱκάνομεν ἠδὲ ῥέεθρα

LIVRO 2

De lá costearam os mácrones, a imensa terra
dos béquires, os arrogantes sápires
e os bízeres depois destes. Pois sempre seguiam
com rapidez, levados por um vento suave. 1245
Enquanto avançavam, aparecia o término do Ponto
e os escarpados picos das montanhas do Cáucaso
erguiam-se, onde, com os membros presos
por grilhões brônzeos em rochosas colinas, Prometeu
alimentava com o fígado uma águia que sempre irrompia. 1250
À tarde eles a viram sobrevoar, com um trinado agudo,
a parte mais elevada da nau, perto das nuvens, porém,
ainda assim, agitou todas as velas ao bater suas asas.
Pois ela não tinha a forma de um pássaro aéreo
e movia as asas velozes como remos bem polidos. 1255
Não muito tempo depois, ouviram o grito gemente
de Prometeu ao ter o fígado arrebatado. O éter ressoava
com seu lamento, até que, novamente, notaram a águia
carnívora irrompendo da montanha pelo mesmo caminho.
À noite, graças à experiência de Argos, chegaram 1260
ao Fásis de vasto curso e aos limites extremos do Ponto.
De imediato, após amainarem as velas e a verga,
guardaram-nas dentro do côncavo porta-mastro e logo removeram
o próprio mastro inclinando-o. Rapidamente, com remos,
adentraram o grande curso do rio, enquanto à frente, 1265
borbulhando, ele cedia a passagem . À esquerda
estavam o Cáucaso escarpado e a cítia cidade de Ea,
e do outro lado estavam a planície de Ares e os bosques sagrados
do deus, onde uma serpente vigilante guarda o tosão. 1269
O próprio Esônida, com uma taça áurea, verteu 1271
no rio libações melífluas de vinho puro
à Terra, aos deuses locais e às almas dos heróis
mortos e lhes rogava para serem benévolos auxiliares
sem danos e para receberem auspiciosamente os cabos da nau. 1275
De imediato Anceu lhes disse tais palavras:
"Já chegamos na terra colca e no curso

Φάσιδος· ὥρη δ' ἥμιν ἐνὶ σφίσι μητιάασθαι
εἴτ' οὖν μειλιχίῃ πειρησόμεθ' Αἰήταο,
1280 εἴτε καὶ ἀλλοίη τις ἐπήβολος ἔσσεται ὁρμή."
Ὣς ἔφατ'· Ἄργου δ' αὖτε παρηγορίῃσιν Ἰήσων
ὑψόθι νῆ' ἐκέλευσεν ἐπ' εὐναίῃσιν ἔρυσθαι,
δάσκιον εἰσελάσαντας ἕλος· τὸ δ' ἐπισχεδὸν ἦεν
νισσομένων. ἔνθ' οἵγε διὰ κνέφας ηὐλίζοντο·
1285 ἠὼς δ' οὐ μετὰ δηρὸν ἐελδομένοισι φαάνθη.

LIVRO 2 179

do Fásis. É hora de nós deliberarmos
se tentaremos Eeta com doçura
ou se um outro recurso será mais útil." 1280
Assim falou. E Jasão, por um conselho de Argos,
ordenou que mantivessem a nau ancorada,
após adentrarem denso pântano, bem perto de onde
haviam chegado. Lá se alojaram durante a noite.
Não muito tempo depois, a aurora surgiu aos que assim desejavam. 1285

LIVRO 3

Εἰ δ' ἄγε νῦν Ἐρατώ, παρ' ἔμ' ἵστασο καί μοι ἔνισπε
ἔνθεν ὅπως ἐς Ἰωλκὸν ἀνήγαγε κῶας Ἰήσων
Μηδείης ὑπ' ἔρωτι· σὺ γὰρ καὶ Κύπριδος αἶσαν
ἔμμορες, ἀδμῆτας δὲ τεοῖς μελεδήμασι θέλγεις
5 παρθενικάς· τῶ καί τοι ἐπήρατον οὔνομ' ἀνῆπται.
Ὣς οἱ μὲν πυκινοῖσιν ἀνωίστως δονάκεσσιν
μίμνον ἀριστῆες λελοχημένοι, αἱ δ' ἐνόησαν
Ἥρη Ἀθηναίη τε· Διὸς δ' αὐτοῖο καὶ ἄλλων
ἀθανάτων ἀπονόσφι θεῶν θάλαμόνδε κιοῦσαι
10 βούλευον. πείραζε δ' Ἀθηναίην πάρος Ἥρη·
"Αὐτὴ νῦν προτέρη, θύγατερ Διός, ἄρχεο βουλῆς.
τί χρέος; ἠὲ δόλον τινὰ μήσεαι ᾧ κεν ἑλόντες
χρύσεον Αἰήταο μεθ' Ἑλλάδα κῶας ἄγοιντο,
ἦ καὶ τόνγ' ἐπέεσσι παραιφάμενοι πεπίθοιεν
15 μειλιχίοις; ἦ μὲν γὰρ ὑπερφίαλος πέλει αἰνῶς,
ἔμπης δ' οὔ τινα πεῖραν ἀποτρωπᾶσθαι ἔοικεν."
Ὣς φάτο· τὴν δὲ παράσσον Ἀθηναίη προσέειπεν·
"Καὶ δ' αὐτὴν ἐμὲ τοῖα μετὰ φρεσὶν ὁρμαίνουσαν,
Ἥρη, ἀπηλεγέως ἐξείρεαι· ἀλλά τοι οὔπω

Vamos, Érato, coloca-te ao meu lado e me conta
como de lá para Iolco Jasão trouxe o tosão,
graças ao amor de Medeia. Pois tu também compartilhas o lote
de Cípris e com teus cuidados encantas as indômitas
virgens. Por isso esse amável nome te é atribuído.   5
Assim, sem serem vistos, os valorosos permaneciam
emboscados nos espessos juncos. Mas os perceberam
Hera e Atena. Ao se dirigirem a um quarto,
longe do próprio Zeus e dos outros deuses imortais,
deliberavam. Hera, antecipando-se, testava Atena: 10
"Tu mesma primeiro, filha de Zeus, começa a deliberar.
Que devemos fazer? Tramarás algum dolo por meio do qual,
após obterem o áureo tosão de Eeta, trá-lo-iam para a Hélade?
Ou convenceriam o rei exortando-o com palavras
doces? Por certo ele é terrivelmente arrogante,   15
no entanto não convém descartar nenhuma tentativa."
Assim falou. E em seguida Atena lhe disse:
"Eu mesma, Hera, agitava tais pensamentos na mente,
quando me perguntaste abertamente. Mas ainda não

20 φράσσασθαι νοέω τοῦτον δόλον ὅστις ὀνήσει
θυμὸν ἀριστήων, πολέας δ' ἐπεδοίασα βουλάς."
   Ἦ· καὶ ἐπ' οὔδεος αἵγε ποδῶν πάρος ὄμματ' ἔπηξαν,
ἄνδιχα πορφύρουσαι ἐνὶ σφίσιν· αὐτίκα δ' Ἥρη
τοῖον μητιόωσα παροιτέρη ἔκφατο μῦθον·
25 "Δεῦρ' ἴομεν μετὰ Κύπριν, ἐπιπλόμεναι δέ μιν ἄμφω
παιδὶ ἑῷ εἰπεῖν ὀτρύνομεν, αἵ κε πίθηται,
κούρην Αἰήτεω πολυφάρμακον οἷσι βέλεσσι
θέλξαι †ὀιστεύσας ἐπ' Ἰήσονι· τὸν δ' ἂν ὀίω
κείνης ἐννεσίῃσιν ἐς Ἑλλάδα κῶας ἀνάξειν."
30 Ὡς ἄρ' ἔφη· πυκινὴ δὲ συνεύαδε μῆτις Ἀθήνῃ,
καί μιν ἔπειτ' ἐξαῦτις ἀμείβετο μειλιχίοισιν·
   "Ἥρη, νήιδα μέν με πατὴρ τέκε τοῖο βολάων,
οὐδέ τινα χρειὼ θελκτήριον οἶδα πόθοιο·
εἰ δέ σοι αὐτῇ μῦθος ἐφανδάνει, ἦ τ' ἂν ἔγωγε
35 ἐσποίμην, σὺ δέ κεν φαίης ἔπος ἀντιόωσα."
   Ἦ, καὶ ἀναΐξασαι ἐπὶ μέγα δῶμα νέοντο
Κύπριδος, ὅρρά τέ οἱ δεῖμεν πόσις ἀμφιγυήεις,
ὁππότε μιν τὰ πρῶτα παραὶ Διὸς ἦγεν ἄκοιτιν.
ἔρκεα δ' εἰσελθοῦσαι, ὑπ' αἰθούσῃ θαλάμοιο
40 ἔσταν, ἵν' ἐντύνεσκε θεὰ λέχος Ἡφαίστοιο.
ἀλλ' ὁ μὲν ἐς χαλκεῶνα καὶ ἄκμονας ἦρι βεβήκει,
νήσοιο Πλαγκτῆς εὐρὺν μυχόν, ᾧ ἔνι πάντα
δαίδαλα χάλκευεν ῥιπῇ πυρός· ἡ δ' ἄρα μούνη
ἧστο δόμῳ δινωτὸν †ἀνὰ θρόνον ἄντα θυράων,
45 λευκοῖσιν δ' ἑκάτερθε κόμας ἐπιειμένη ὤμοις
κόσμει χρυσείῃ διὰ κερκίδι, μέλλε δὲ μακροὺς
πλέξασθαι πλοκάμους· τὰς δὲ προπάροιθεν ἰδοῦσα
ἔσχεθεν εἴσω τέ σφε κάλει, καὶ ἀπὸ θρόνου ὦρτο
εἷσέ τ' ἐνὶ κλισμοῖσιν· ἀτὰρ μετέπειτα καὶ αὐτή
50 ἵζανεν, ἀψήκτους δὲ χεροῖν ἀνεδήσατο χαίτας.
τοῖα δὲ μειδιόωσα προσέννεπεν αἱμυλίοισιν·
   "Ἠθεῖαι, τίς δεῦρο νόος χρειώ τε κομίζει
δηναιὰς αὔτως; τί δ' ἱκάνετον, οὔτι πάρος γε
λίην φοιτίζουσαι, ἐπεὶ περίεστε θεάων;"

LIVRO 3 183

consigo imaginar nenhum dolo que seja útil 20
ao ânimo dos valorosos. E já ponderei acerca de muitos planos."
Falou. E elas fixaram os olhos no solo, diante dos pés,
cada uma refletindo separadamente. Em seguida Hera
concebeu uma ideia primeiro e falou tais palavras:
"Dirijamo-nos até Cípris. Ambas, ao nos acercarmos, 25
incitemo-la a conversar com seu filho, de modo que talvez
seja persuadido a encantar a filha de Eeta, de muitas drogas,
no amor por Jasão, alvejando-a com dardos. Creio que ele,
valendo-se de seus conselhos, trará para a Hélade o tosão."
Assim falou. A sagaz astúcia agradou a Atena 30
e em seguida ela respondeu com doces palavras:
"Hera, o pai me engendrou ignorante dos dardos de Eros
e não conheço nenhum encanto para suscitar o desejo.
Mas se estas palavras agradam a ti mesma, certamente eu te
acompanharei e tu exporás esse discurso diante dela." 35
Falou. E ao se lançarem foram à grande residência
de Cípris, que lhe fora edificada pelo marido coxo,
quando primeiro trouxe-a de Zeus como esposa.
Depois de atravessarem o pátio, estavam sob o pórtico
do quarto, onde a deusa preparava o leito de Hefesto. 40
Mas ele cedo se retirara para sua oficina e suas bigornas,
no vasto interior da ilha Plancta, onde forjava todas
as obras artísticas sob o impulso do fogo. E ela, sozinha,
sentava-se em casa sobre um trono entalhado diante das portas.
Deixando cair a cabeleira de cada lado dos brancos ombros, 45
dividia-a com um áureo pente e estava prestes a entrelaçar
longas tranças. Ao vê-las à sua frente,
parou, chamou-as para dentro, ergueu-se do trono
e as fez sentar sobre os assentos. Em seguida também
se sentou e, com as mãos, amarrou as despenteadas madeixas. 50
Sorrindo, dirigiu-se a elas com aduladoras palavras:
"Caríssimas, que intenção ou que necessidade vos traz aqui
após tanto tempo? Por que vós duas vindes, não costumando
antes me visitar muito, já que sois superiores entre as deusas?"

55 Τὴν δ᾽ Ἥρη τοίοισιν ἀμειβομένη προσέειπεν·
"Κερτομέεις, νῶιν δὲ κέαρ συνορίνεται ἄτῃ.
ἤδη γὰρ ποταμῷ ἐνὶ Φάσιδι νῆα κατίσχει
Αἰσονίδης ἠδ᾽ ἄλλοι ὅσοι μετὰ κῶας ἕπονται·
τῶν ἤτοι πάντων μέν, ἐπεὶ πέλας ἔργον ὄρωρεν,
60 δείδιμεν ἐκπάγλως, περὶ δ᾽ Αἰσονίδαο μάλιστα.
τὸν μὲν ἐγών, εἰ καί περ ἐς Ἅιδα ναυτίλληται
λυσόμενος χαλκέων Ἰξίονα νειόθι δεσμῶν,
ῥύσομαι ὅσσον ἐμοῖσιν ἐνὶ σθένος ἔπλετο γυίοις,
ὄφρα μὴ ἐγγελάσῃ Πελίης κακὸν οἶτον ἀλύξας,
65 ὅς μ᾽ ὑπερηνορέῃ θυέων ἀγέραστον ἔθηκεν.
καὶ δ᾽ ἄλλως ἔτι καὶ πρὶν ἐμοὶ μέγα φίλατ᾽ Ἰήσων,
ἐξότ᾽ ἐπὶ προχοῇσιν ἅλις πλήθοντος Ἀναύρου
ἀνδρῶν εὐνομίης πειρωμένη ἀντεβόλησεν,
θήρης ἐξ ἀνιών· νιφετῷ δ᾽ ἐπαλύνετο πάντα
70 οὔρεα καὶ σκοπιαὶ περιμήκεες, οἱ δὲ κατ᾽ αὐτῶν
χείμαρροι καναχηδὰ κυλινδόμενοι φορέοντο·
γρηὶ δέ μ᾽ εἰσαμένην ὀλοφύρατο, καί μ᾽ ἀναείρας
αὐτὸς ἑοῖς ὤμοισι διὲκ προαλὲς φέρεν ὕδωρ.
τῶ νύ μοι ἄλληκτον περιτίεται, οὐδέ κε λώβην
75 τείσειεν Πελίης, εἰ μὴ σύ γε νόστον ὀπάσσῃς."
Ὣς ηὔδα, Κύπριν δ᾽ ἐνεοστασίη λάβε μύθων·
ἅζετο δ᾽ ἀντομένην Ἥρην ἔθεν εἰσορόωσα,
καί μιν ἔπειτ᾽ ἀγανοῖσι προσέννεπεν ἥγ᾽ ἐπέεσσιν·
"Πότνα θεά, οὔ τοί τι κακώτερον ἄλλο πέλοιτο
80 Κύπριδος, εἰ δὴ σεῖο λιλαιομένης ἀθερίζω
ἢ ἔπος ἠέ τι ἔργον ὅ κεν χέρες αἴδε κάμοιεν
ἠπεδαναί· καὶ μή τις ἀμοιβαίη χάρις ἔστω."
Ὣς ἔφαθ᾽· Ἥρη δ᾽ αὖτις ἐπιφραδέως ἀγόρευσεν·
"Οὔτι βίης χατέουσαι ἱκάνομεν οὐδέ τι χειρῶν,
85 ἀλλ᾽ αὔτως ἀκέουσα τεῷ ἐπικέκλεο παιδί
παρθένον Αἰήτεω θέλξαι πόθῳ Αἰσονίδαο.
εἰ γάρ οἱ κείνη συμφράσσεται εὐμενέουσα,
ῥηιδίως μιν ἑλόντα δέρος χρύσειον ὀίω
νοστήσειν ἐς Ἰωλκόν, ἐπεὶ δολόεσσα τέτυκται."

LIVRO 3   185

Hera, em resposta, disse-lhe tais palavras: 55
"Zombas, mas nossos dois corações palpitam
por causa da ruína. Pois no rio Fásis já detêm a nau
o Esônida e os outros que seguem em busca do tosão.
Pelo fato de a ação estar próxima, certamente tememos
terrivelmente por todos, mas sobretudo pelo Esônida.   60
Ainda que ele navegue em direção ao Hades
para libertar Ixião de suas correntes de bronze,
eu o salvarei, com quanta força houver em meus braços,
para que Pélias não ria ao ter escapado de seu funesto destino,
por ter arrogantemente me privado das honras sacrificiais.   65
Além disso, Jasão já antes me era muito caro,
desde que, junto à correnteza do Anauro durante a cheia,
encontrou-me testando a boa conduta dos homens,
quando vinha da caça. Estavam cobertos pela neve
todas as montanhas e os cumes elevados. E deles   70
as torrentes desciam rolando de modo retumbante.
Ele teve pena de mim, assemelhada a uma velha, e me erguendo
sobre seus ombros carregou-me através da água impetuosa.
Por isso tenho incessante estima por ele. E pelo ultraje
Pélias não será punido, se tu não lhe concederes o retorno."   75
Assim disse. Cípris, surpresa, manteve-se em silêncio.
Admirava-se ao observar Hera lhe fazendo uma súplica
e em seguida dirigiu-se a ela com amáveis palavras:
"Soberana deusa, que a ti não ocorra nenhum outro mal pior
que a Cípris, se eu for negligente com o teu desejo   80
em palavras ou em ações que essas mãos possam realizar,
apesar de fracas. E que não haja nenhum favor em troca."
Assim falou. Hera, por sua vez, declarou com cuidado:
"Não viemos solicitar o uso da força ou das mãos,
mas, com tranquilidade, incita teu filho   85
a encantar a virgem de Eeta com o desejo pelo Esônida.
Pois se a garota de bom grado o aconselhasse,
creio que facilmente ele, após obter o velo áureo,
retornaria para Iolco, já que é dolosa."

90 Ὣς ἄρ' ἔφη· Κύπρις δὲ μετ' ἀμφοτέρῃσιν ἔειπεν·
"Ἥρη Ἀθηναίη τε, πίθοιτό κεν ὕμμι μάλιστα
ἢ ἐμοί. ὑμείων γὰρ ἀναιδήτῳ περ ἐόντι
τυτθή γ' αἰδὼς ἔσσετ' ἐν ὄμμασιν· αὐτὰρ ἐμεῖο
οὐκ ὄθεται, μάλα δ' αἰὲν ἐριδμαίνων ἀθερίζει.
95 καὶ δή οἱ μενέηνα, περισχομένη κακότητι,
αὐτοῖσιν τόξοισι δυσηχέας ἄξαι ὀιστούς
ἀμφαδίην· τοῖον δ' ἄρ' ἐπηπείλησε χαλεφθείς·
εἰ μὴ τηλόθι χεῖρας, ἕως ἔτι θυμὸν ἐρύκει,
ἕξω ἐμάς, μετέπειτά γ' ἀτεμβοίμην ἑοῖ αὐτῇ."
100 Ὣς φάτο, μείδησαν δὲ θεαὶ καὶ ἐσέδρακον ἄντην
ἀλλήλας· ἡ δ' αὖτις ἀκηχεμένη προσέειπεν·
"Ἄλλοις ἄλγεα τἀμὰ γέλως πέλει, οὐδέ τί με χρή
μυθεῖσθαι πάντεσσιν· ἅλις εἰδυῖα καὶ αὐτή.
νῦν δ' ἐπεὶ ὕμμι φίλον τόδε δὴ πέλει ἀμφοτέρῃσιν,
105 πειρήσω καί μιν μειλίξομαι, οὐδ' ἀπιθήσει."
Ὣς φάτο· τὴν δ' Ἥρη ῥαδινῆς ἐπεμάσσατο χειρός,
ἦκα δὲ μειδιόωσα παραβλήδην προσέειπεν·
"Οὕτω νῦν Κυθέρεια τόδε χρέος ὡς ἀγορεύεις
ἔρξον ἄφαρ· καὶ μή τι χαλέπτεο μηδ' ἐρίδαινε
110 χωομένη σῷ παιδί, μεταλλήξει γὰρ ὀπίσσω."
Ἦ ῥα καὶ ἔλλιπε θῶκον, ἐφωμάρτησε δ' Ἀθήνη,
ἐκ δ' ἴσαν ἄμφω ταίγε παλίσσυτοι· ἡ δὲ καὶ αὐτή
βῆ ῥ' ἴμεν Οὐλύμποιο κατὰ πτύχας, εἴ μιν ἐφεύροι.
εὗρε δὲ τόνγ' ἀπάνευθε, Διὸς θαλερῇ ἐν ἀλωῇ,
115 οὐκ οἶον, μετὰ καὶ Γανυμήδεα, τόν ῥά ποτε Ζεύς
οὐρανῷ ἐγκατένασσεν ἐφέστιον ἀθανάτοισιν,
κάλλεος ἱμερθείς. ἀμφ' ἀστραγάλοισι δὲ τώγε
χρυσείοις, ἅ τε κοῦροι ὁμήθεες, ἑψιόωντο.
καί ῥ' ὁ μὲν ἤδη πάμπαν ἐνίπλεον ᾧ ὑπὸ μαζῷ
120 μάργος Ἔρως λαιῆς ὑποΐσχανε χειρὸς ἀγοστόν,
ὀρθὸς ἐφεστηώς, γλυκερὸν δέ οἱ ἀμφὶ παρειάς
χροιῆς θάλλεν ἔρευθος· ὁ δ' ἐγγύθεν ὀκλαδὸν ἧστο
σῖγα κατηφιόων, δοιὼ δ' ἔχεν, ἄλλον ἔτ' αὔτως
ἄλλῳ ἐπιπροϊείς, κεχόλωτο δὲ καγχαλόωντι,

LIVRO 3

Assim falou. E Cípris disse a ambas: 90
"Hera e Atena, ele vos obedeceria muito mais
que a mim. Pois, mesmo sendo despudorado, por vossa causa
manterá nos olhos um pouco de pudor. Mas comigo
ele não se preocupa e, ao querelar o tempo todo, é negligente.
Além disso, circundada pelo infortúnio, desejei 95
quebrar-lhe as flechas de som terrível com os próprios arcos
na sua frente. Pois, colérico, ameaçou-me de tal forma:
se eu não mantivesse minhas mãos distantes enquanto ele ainda
continha o ânimo, mais tarde a mim mesma censurar-me-ia."
Assim falou. As deusas sorriram e trocaram olhares 100
entre si. Cípris, aflita, novamente lhes disse:
"Aos outros minhas dores provocam riso; não é preciso
que eu as conte a todos. Já é suficiente que eu as conheça.
Agora, já que isso agrada a vós duas,
tentarei e o abrandarei. Ele não me desobedecerá." 105
Assim falou. Hera tocou sua delicada mão
e levemente sorrindo disse-lhe em resposta:
"Desta forma agora, ó Citereia, cumpre logo esta tarefa
como declaras. E não te irrites nem entres em querela,
encolerizada com teu filho, pois ele mudará com o tempo." 110
Disse isso e deixou o assento, e Atena a acompanhou.
Ambas puseram-se a partir. A própria Cípris também
foi até a encosta do Olimpo para encontrá-lo.
Encontrou-o longe, no florescente jardim de Zeus,
não sozinho, mas com Ganimedes, que outrora Zeus 115
fez habitar o céu como conviva dos imortais,
tomado pelo desejo por sua beleza. Os dois brincavam
com os ossinhos áureos, já que eram companheiros.
Nesse momento o insensato Eros recolhia a palma da mão
esquerda completamente cheia sobre seu peito, 120
pondo-se ereto, e ao redor da face um doce rubor
florescia sobre a pele. O outro se mantinha próximo, agachado,
em silêncio e cabisbaixo. Tinha dois ossinhos e lançou em vão
um após o outro, encolerizado com a gargalhada do amigo.

125 καὶ μὴν τούσγε παρᾶσσον ἐπὶ προτέροισιν ὀλέσσας,
βῆ κενεαῖς σὺν χερσὶν ἀμήχανος, οὐδ' ἐνόησεν
Κύπριν ἐπιπλομένην· ἡ δ' ἀντίη ἵστατο παιδός
καί μιν ἄφαρ γναθμοῖο κατασχομένη προσέειπεν·
"Τίπτ' ἐπιμειδιάᾳς, ἄφατον κακόν; ἦέ μιν αὔτως
130 ἤπαφες οὐδὲ δίκῃ περιέπλεο, νῆιν ἐόντα;
εἰ δ' ἄγε μοι πρόφρων τέλεσον χρέος ὅττι κεν εἴπω,
καί κέν τοι ὀπάσαιμι Διὸς περικαλλὲς ἄθυρμα
κεῖνο τό οἱ ποίησε φίλη τροφὸς Ἀδρήστεια
ἄντρῳ ἐν Ἰδαίῳ ἔτι νήπια κουρίζοντι,
135 σφαῖραν εὐτρόχαλον, τῆς οὐ σύγε μείλιον ἄλλο
χειρῶν Ἡφαίστοιο κατακτεατίσσῃ ἄρειον.
χρύσεα μέν οἱ κύκλα τετεύχαται, ἀμφὶ δ' ἑκάστῳ
διπλόαι ἁψῖδες περιηγέες εἰλίσσονται·
κρυπταὶ δὲ ῥαφαί εἰσιν, ἕλιξ δ' ἐπιδέδρομε πάσαις
140 κυανέη· ἀτὰρ εἴ μιν ἑαῖς ἐνὶ χερσὶ βάλοιο,
ἀστὴρ ὣς φλεγέθοντα δι' ἠέρος ὁλκὸν ἵησιν.
τήν τοι ἐγὼν ὀπάσω, σὺ δὲ παρθένον Αἰήταο
θέλξον ὀιστεύσας ἐπ' Ἰήσονι· μηδέ τις ἔστω
ἀμβολίη, δὴ γάρ κεν ἀφαυροτέρη χάρις εἴη."
145 Ὣς φάτο, τῷ δ' ἀσπαστὸν ἔπος γένετ' εἰσαΐοντι·
μείλια δ' ἔκβαλε πάντα καὶ ἀμφοτέρῃσι χιτῶνος
νωλεμὲς ἔνθα καὶ ἔνθα θεὰν ἔχεν ἀμφιμεμαρπώς,
λίσσετο δ' αἶψα πορεῖν, αὐτοσχεδόν. ἡ δ' ἀγανοῖσιν
ἀντομένη μύθοισιν ἐπειρύσσασα παρειάς
150 κύσσε ποτισχομένη, καὶ ἀμείβετο μειδιόωσα·
"Ἴστω νῦν τόδε σεῖο φίλον κάρη ἠδ' ἐμὸν αὐτῆς·
ἦ μέν τοι δῶρόν γε παρέξομαι οὐδ' ἀπατήσω,
εἴ κεν ἐνισκίμψῃς κούρῃ βέλος Αἰήταο."
Φῆ· ὁ δ' ἄρ' ἀστραγάλους συναμήσατο, κὰδ δὲ φαεινῷ
155 μητρὸς ἑῆς, εὖ πάντας ἀριθμήσας, βάλε κόλπῳ.
αὐτίκα δ' ἰοδόκην χρυσέῃ περικάτθετο μίτρῃ,
πρέμνῳ κεκλιμένην, ἀνὰ δ' ἀγκύλον εἵλετο τόξον·
βῆ δὲ διὲκ μεγάλοιο Διὸς πάγκαρπον ἀλωήν,
αὐτὰρ ἔπειτα πύλας ἐξήλυθεν Οὐλύμποιο

LIVRO 3

Assim que os perdeu de forma idêntica aos anteriores,   125
partiu com as mãos vazias, desvalido, e não percebeu
a aproximação de Cípris. Ela ficou diante do filho
e, no instante em que tocou seu queixo, disse-lhe:
"Por que sorris, indizível mal? Como de costume
enganaste-o e não ganhaste com justiça, sendo ele ingênuo.   130
Vamos, cumpre de bom grado isto que te direi
e te concederei um belíssimo folguedo de Zeus,
aquele que lhe fez sua cara ama Adrasteia
na caverna do Ida, quando ainda era um tenro menino:
uma bola ágil. Tu não obterás outro brinquedo   135
melhor que este, feito pelas mãos de Hefesto.
Seus círculos foram fabricados com ouro e, ao redor
de cada um, dois aros redondos circundam.
As costuras estão escondidas e uma espiral azul escura
corre por toda parte. Se a lançares em tuas mãos,   140
ela emite um rastro fulgurante pelo ar, como uma estrela.
Eu te concederei essa bola se tu encantares a virgem de Eeta,
ao alvejá-la em amor a Jasão. Que não haja nenhuma
demora, caso contrário minha gratidão seria menor."
Assim falou. As palavras ouvidas lhe foram agradáveis.   145
Lançou fora todos os seus brinquedos e com ambas as mãos
segurou firme a deusa pela túnica, agarrando-a.
Suplicava para que lhe desse logo a bola. Mas ela o abordou
com amáveis palavras, aproximou seu rosto,
beijou-o enquanto o abraçava e respondeu sorrindo: 150
"Eu juro pela tua amável cabeça e pela minha.
Certamente te entregarei o presente e não te enganarei,
se atirares a flecha em direção à filha de Eeta."
Falou. Ele recolheu os ossinhos e, após contá-los
todos, depositou no reluzente colo de sua mãe.   155
Logo colocou ao redor do áureo cinturão o carcás,
reclinado num tronco, e pegou o arco recurvado.
Caminhou através do jardim frutífero do grande Zeus.
Em seguida atravessou os etéreos portões

ARGONÁUTICAS

160 αἰθερίας. ἔνθεν δὲ καταιβάτις ἐστὶ κέλευθος
οὐρανίη· δοιὼ δὲ πόλοι ἀνέχουσι κάρηνα
οὐρέων ἠλιβάτων, κορυφαὶ χθονός, ἧχί τ᾽ ἀερθεὶς
ἠέλιος πρώτῃσιν ἐρεύθεται ἀκτίνεσσιν.
νειόθι δ᾽ ἄλλοτε γαῖα φερέσβιος ἄστεά τ᾽ ἀνδρῶν
165 φαίνετο καὶ ποταμῶν ἱεροὶ ῥόοι, ἄλλοτε δ᾽ αὖτε
ἄκριες, ἀμφὶ δὲ πόντος, ἀν᾽ αἰθέρα πολλὸν ἰόντι.
Ἥρωες δ᾽ ἀπάνευθεν ἑῆς ἐπὶ σέλμασι νηός,
ἐν ποταμῷ καθ᾽ ἕλος λελοχημένοι, ἠγορόωντο·
αὐτὸς δ᾽ Αἰσονίδης μετεφώνεεν, οἱ δ᾽ ὑπάκουον
170 ἠρέμα ᾗ ἐνὶ χώρῃ ἐπισχερὼ ἑδριόωντες·
"Ὦ φίλοι, ἤτοι ἐγὼ μὲν ὅ μοι ἐπιανδάνει αὐτῷ
ἐξερέω, τοῦ δ᾽ ὕμμι τέλος κρηῆναι ἔοικεν.
ξυνὴ γὰρ χρειώ, ξυνοὶ δέ τε μῦθοι ἔασιν
πᾶσιν ὁμῶς· ὁ δὲ σῖγα νόον βουλήν τ᾽ ἀπερύκων
175 ἴστω καὶ νόστου τόνδε στόλον οἷος ἀπούρας.
ὥλλοι μὲν κατὰ νῆα σὺν ἔντεσι μίμνεθ᾽ ἔκηλοι·
αὐτὰρ ἐγὼν ἐς δώματ᾽ ἐλεύσομαι Αἰήταο,
υἷας ἑλὼν Φρίξοιο δύω τ᾽ ἐπὶ τοῖσιν ἑταίρους,
πειρήσω δ᾽ ἐπέεσσι παροίτερον ἀντιβολήσας
180 εἴ κ᾽ ἐθέλοι φιλότητι δέρος χρύσειον ὀπάσσαι,
ἦε καὶ οὔ, πίσυνος δὲ βίῃ μετιόντας ἀτίσσει.
ὧδε γὰρ ἐξ αὐτοῖο πάρος κακότητα δαέντες,
φρασσόμεθ᾽ εἴτ᾽ ἄρηι συνοισόμεθ᾽ εἴτε τις ἄλλη
μῆτις ἐπίρροθος ἔσται ἐεργομένοισιν αὐτῆς·
185 μηδ᾽ αὔτως ἀλκῇ, πρὶν ἔπεσσί γε πειρηθῆναι,
τόνδ᾽ ἀπαμείρωμεν σφέτερον κτέρας, ἀλλὰ πάροιθεν
λωίτερον μύθῳ μιν ἀρέσσασθαι μετιόντας.
πολλάκι τοι ῥέα μῦθος, ὅ κεν μόλις ἐξανύσειεν
ἠνορέη, τόδ᾽ ἔρεξε κατὰ χρέος, ᾗπερ ἐῴκει,
190 πρηΰνας· ὅδε καί ποτ᾽ ἀμύμονα Φρίξον ἔπεισε,
μητρυιῆς φεύγοντα δόλον πατρός τε θυηλάς,
δέχθαι, ἐπεὶ πάντῃ καὶ ὅτις μάλα κύντατος ἀνδρῶν
Ξεινίου αἰδεῖται Ζηνὸς θέμιν ἠδ᾽ ἀλεγίζει."
Ὣς φάτ᾽· ἐπήνησαν δὲ νέοι ἔπος Αἰσονίδαο

LIVRO 3

do Olimpo. De lá há um caminho celeste 160
que desce. Sustentam a abóbada dois picos
de montanhas elevadas, cumes da terra, onde o sol
nascente ruboresce com os primeiros raios.
Lá abaixo, ora lhe eram visíveis o solo que sustenta a vida,
as cidades dos homens e as correntes sagradas dos rios, ora 165
os cimos e o mar ao redor, enquanto ele vagava pelo ar.
Os heróis, distantes, sobre os bancos de sua nau, estavam
emboscados numa parte pantanosa do rio e faziam uma assembleia.
O próprio Esônida falava, enquanto os outros ouviam
quietos, sentados nos seus lugares em sequência. 170
"Ó amigos, certamente aquilo que agrada a mim próprio
eu exporei, mas depende de vós a decisão final.
Pois comum é a necessidade e comum é a palavra igualmente
a todos. Se alguém, em silêncio, retiver um pensamento ou um conselho,
saiba que, sozinho, está privando esta expedição do retorno. 175
Permanecei tranquilos na nau com vossas armas.
Mas eu irei até o palácio de Eeta levando comigo
os filhos de Frixo e, além deles, dois companheiros.
Ao encontrar o rei diante de mim, tentarei, com palavras,
averiguar se ele quer, por amizade, conceder o velo áureo 180
ou não e se, confiando na violência, despreza nossa embaixada.
Assim conhecendo previamente sua vilania,
refletiremos se nos envolveremos numa guerra ou se,
evitando-a, faremos uso de um outro plano útil.
Não o privemos deste seu bem simplesmente pela força, 185
antes de tê-lo testado com discursos. Mas é melhor, de antemão,
que a embaixada lhe seja agradável por meio da palavra.
Muitas vezes aquilo que a virilidade alcançaria com dificuldade,
a palavra facilmente o realiza, apaziguando de modo necessário,
como convém. Ele outrora recebeu o irreprochável Frixo, 190
fugindo do dolo da madrasta e dos sacrifícios do pai,
já que, em todos os lugares, mesmo o pior dos homens
respeita a lei de Zeus Hospitaleiro e zela por ela."
Assim falou. Os jovens elogiaram o discurso do Esônida

ARGONÁUTICAS

195 πασσυδίῃ, οὐδ᾽ ἔσκε παρὲξ ὅτις ἄλλο κελεύοι.
Καὶ τότ᾽ ἄρ᾽ υἷας Φρίξου Τελαμῶνά θ᾽ ἕπεσθαι
ὦρσε καὶ Αὐγείην, αὐτὸς δ᾽ ἕλεν Ἑρμείαο
σκῆπτρον. ἄφαρ δ᾽ ἄρα νηὸς ὑπὲρ δόνακάς τε καὶ ὕδωρ
χέρσονδ᾽ ἐξαπέβησαν ἐπὶ θρωσμοῦ πεδίοιο.
200 Κιρκαῖον τόγε δὴ κικλήσκεται, ἔνθα δὲ πολλαί
ἑξείης πρόμαλοί τε καὶ ἰτέαι ἐμπεφύασιν,
τῶν καὶ ἐπ᾽ ἀκροτάτων νέκυες σειρῇσι κρέμανται
δέσμιοι. εἰσέτι νῦν γὰρ ἄγος Κόλχοισιν ὄρωρεν
ἀνέρας οἰχομένους πυρὶ καιέμεν, οὐδ᾽ ἐνὶ γαίῃ
205 ἔστι θέμις στείλαντας ὕπερθ᾽ ἐπὶ σῆμα χέεσθαι,
ἀλλ᾽ ἐν ἀδεψήτοισι κατειλύσαντε βοείαις
δενδρέων ἐξάπτειν ἑκὰς ἄστεος· ἠέρι δ᾽ ἴσην
καὶ χθὼν ἔμμορεν αἶσαν, ἐπεὶ χθονὶ ταρχύουσιν
θηλυτέρας· ἡ γάρ σφι δίκη θεσμοῖο τέτυκται.
210 τοῖσι δὲ νισσομένοις Ἥρη φίλα μητιόωσα
ἠέρα πουλὺν ἐφῆκε δι᾽ ἄστεος, ὄφρα λάθοιεν
Κόλχων μυρίον ἔθνος ἐς Αἰήταο κιόντες·
ὦκα δ᾽ ὅτ᾽ ἐκ πεδίοιο πόλιν καὶ δώμαθ᾽ ἵκοντο
Αἰήτεω, τότε δ᾽ αὖτις ἀπεσκέδασεν νέφος Ἥρη.
215 ἔσταν δ᾽ ἐν προμολῇσι, τεθηπότες ἕρκε᾽ ἄνακτος
εὐρείας τε πύλας καὶ κίονας οἳ περὶ τοίχους
ἑξείης ἄνεχον, θριγκὸς δ᾽ ἐφύπερθε δόμοιο
λαΐνεος χαλκέῃσιν ἐπὶ γλυφίδεσσιν ἀρήρει.
εὔκηλοι δ᾽ ὑπὲρ οὐδὸν ἔπειτ᾽ ἔβαν· ἄγχι δὲ τοῖο
220 ἡμερίδες χλοεροῖσι καταστεφέες πετάλοισιν
ὑψοῦ ἀειρόμεναι μέγ᾽ ἐθήλεον, αἱ δ᾽ ὑπὸ τῇσιν
ἀέναοι κρῆναι πίσυρες ῥέον, ἃς ἐλάχηνεν
Ἥφαιστος· καί ῥ᾽ ἡ μὲν ἀναβλύεσκε γάλακτι,
ἡ δ᾽ οἴνῳ, τριτάτη δὲ θυώδεϊ νᾶεν ἀλοιφῇ·
225 ἡ δ᾽ ἄρ᾽ ὕδωρ προρέεσκε, τὸ μέν †ποθι δυομένῃσιν
θέρμετο Πληιάδεσσιν, ἀμοιβηδὶς δ᾽ ἀνιούσαις
κρυστάλλῳ ἴκελον κοίλης ἀνεκήκιε πέτρης.
τοῖ᾽ ἄρ᾽ ἐνὶ μεγάροισι Κυταιέος Αἰήταο
τεχνήεις Ἥφαιστος ἐμήσατο θέσκελα ἔργα·

LIVRO 3 193

em unanimidade. Não havia ninguém que exortasse algo diferente. 195
Então incitou os filhos de Frixo, Telamão e Áugias
para o seguirem. Ele próprio pegou o cetro
de Hermes. Prontamente desembarcaram da nau em terra firme,
sobre os juncos e a água, numa elevação da planície.
Era chamada de Circeia e nesse lugar muitos 200
tamarindos e salgueiros nascem em sequência
e, sobre os mais altos, cadáveres acorrentados são suspensos
com cordas. Pois ainda hoje é um sacrilégio entre os colcos
queimar no fogo os homens que pereceram e nem no solo
é permitido enterrá-los, erguendo uma tumba, 205
mas, recobrindo-os com peles de boi não curtidas,
são presos às arvores longe da cidade. Semelhante ao ar,
a terra também compartilha do mesmo lote, já que na terra
sepultam as mulheres. Pois esse é o costume habitual.
Enquanto avançavam, Hera, com um plano favorável, 210
espalhou muita neblina pela cidade para não serem notados
pela imensa população colca ao se dirigirem a Eeta.
Rapidamente, quando da planície chegaram à cidade e ao palácio
de Eeta, então Hera, de novo, dispersou a nuvem.
Estavam na entrada, surpresos com o pátio do rei, 215
os portões enormes e as colunas que, ao redor dos muros,
erguiam-se em sequência. E, no alto da casa, o entablamento
pétreo se ajustava sobre os capitéis brônzeos.
Em seguida atravessaram tranquilos a soleira. Próximo
a ela, vinhas coroadas com pétalas verdes, 220
erguidas bem alto, floresciam em plenitude e, sob elas,
quatro fontes jorravam sem cessar, escavadas
por Hefesto. De uma delas brotava leite,
de outra vinho, da terceira escorria um óleo perfumado.
A última vertia água, que de algum modo era aquecida 225
pelas Plêiades ao se porem e, alternadamente, ao nascerem,
semelhante ao gelo a fonte emanava da pedra oca.
No palácio do citeu Eeta tais obras
prodigiosas o artífice Hefesto engendrou.

230 καί οἱ χαλκόποδας ταύρους κάμε, χάλκεα δέ σφεων
ἦν στόματ᾽, ἐκ δὲ πυρὸς δεινὸν σέλας ἀμπνείεσκον·
πρὸς δὲ καὶ αὐτόγυον στιβαροῦ ἀδάμαντος ἄροτρον
ἤλασεν, Ἡελίῳ τίνων χάριν, ὅς ῥά μιν ἵπποις
δέξατο Φλεγραίῃ κεκμηότα δηιοτῆτι.
235 ἔνθα δὲ καὶ μέσσαυλος ἐλήλατο, τῇ δ᾽ ἐπὶ πολλαί
δικλίδες εὐπηγεῖς θάλαμοί τ᾽ ἔσαν ἔνθα καὶ ἔνθα·
δαιδαλέη δ᾽ αἴθουσα παρὲξ ἑκάτερθε τέτυκτο.
λέχρις δ᾽ αἰπύτεροι δόμοι ἔστασαν ἀμφοτέρωθεν·
τῶν ἤτοι ἄλλον μέν, ὅτις καὶ ὑπείροχος ἦεν,
240 κρείων Αἰήτης σὺν ἑῇ ναίεσκε δάμαρτι,
ἄλλῳ δ᾽ Ἄψυρτος ναῖεν πάις Αἰήταο
(τὸν μὲν Καυκασίη νύμφη τέκεν Ἀστερόδεια
πρίν περ κουριδίην θέσθαι Εἰδυῖαν ἄκοιτιν,
Τηθύος Ὠκεανοῦ τε πανοπλοτάτην γεγαυῖαν,
245 καί μιν Κόλχων υἷες ἐπωνυμίην Φαέθοντα
ἔκλεον, οὕνεκα πᾶσι μετέπρεπεν ἠιθέοισιν)·
τοὺς δ᾽ ἔχον ἀμφίπολοί τε καὶ Αἰήταο θύγατρες
ἄμφω, Χαλκιόπη Μήδειά τε. τῇ μὲν ἄρ᾽ οἵγε
ἐκ θαλάμου θαλαμόνδε κασιγνήτην μετιοῦσαν·
250 Ἥρη γάρ μιν ἔρυκε δόμῳ, πρὶν δ᾽ οὔτι θάμιζεν
ἐν μεγάροις, Ἑκάτης δὲ πανήμερος ἀμφεπονεῖτο
νηόν, ἐπεί ῥα θεῆς αὐτὴ πέλεν ἀρήτειρα·
καί σφεας ὡς ἴδεν ἆσσον, ἀνίαχεν. ὀξὺ δ᾽ ἄκουσεν
Χαλκιόπη· δμωαὶ δέ, ποδῶν προπάροιθε βαλοῦσαι
255 νήματα καὶ κλωστῆρας, ἀολλέες ἔκτοθι πᾶσαι
ἔδραμον· ἡ δ᾽ ἅμα τῇσιν, ἑοὺς υἷας ἰδοῦσα,
ὑψοῦ χάρματι χεῖρας ἀνέσχεθεν· ὡς δὲ καὶ αὐτοί
μητέρα δεξιόωντο καὶ ἀμφαγάπαζον ἰδόντες
γηθόσυνοι. τοῖον δὲ κινυρομένη φάτο μῦθον·
260 Ἔμπης οὐκ ἄρ᾽ ἐμέλλετ᾽, ἀκηδείῃ με λιπόντες,
τηλόθι πλάγξασθαι, μετὰ δ᾽ ὑμέας ἔτραπεν αἶσα.
δειλὴ ἐγώ, οἷον πόθον Ἑλλάδος ἔκποθεν ἄτης
λευγαλέης Φρίξοιο ἐφημοσύνῃσιν ἔνεσθε
πατρός· ὁ μὲν θνήσκων στυγερὰς ἐπετέλλετ᾽ ἀνίας

LIVRO 3 195

E lhe fabricou os touros pés de bronze, com bocas 230
brônzeas que exalavam a terrível chama do fogo.
E, além disso, forjou o arado de uma só peça, feito de ferro
robusto, em agradecimento a Hélio, que com seus cavalos
recebera-o exausto por conta da batalha de Flegra.
Lá também uma porta central fora forjada e perto havia 235
muitas portas duplas bem fixadas e quartos por toda parte.
Um pórtico bem ornado fora construído de cada lado.
Transversalmente, em cada lado, estavam as residências mais elevadas.
Numa delas, a que ocupava uma posição superior,
morava o poderoso Eeta com sua esposa, 240
em outra morava Apsirto, filho de Eeta.
A ninfa caucasiana Asterodeia o gerara
antes de Eeta fazer de Idia sua esposa legítima,
a mais jovem filha nascida de Tétis e Oceano.
E os filhos dos colcos o chamavam pelo nome 245
Faetonte, porque se distinguia entre todos os rapazes.
Os serviçais possuíam outras residências, bem como ambas
as filhas de Eeta, Calcíope e Medeia. Eles a encontraram
quando ia de seu quarto ao quarto da irmã.
Hera a retivera na residência, pois antes não costumava 250
ficar no palácio, mas se ocupava, durante todo o dia, do templo
de Hécate, já que ela própria era a sacerdotisa da deusa.
E, quando os viu próximos, gritou. Calcíope a ouviu
com precisão. As servas, deixando cair diante dos pés
os fios e os fusos, correram todas juntas 255
para fora. Acompanhada delas, ao ver seus filhos,
Calcíope ergueu as mãos com alegria. Eles também
saudaram a mãe ao vê-la e a abraçaram,
contentes. Lamentando-se, ela disse tais palavras:
"A despeito de tudo, não deveríeis vagar por lugares distantes, 260
abandonando-me com indiferença, mas o destino vos trouxe de volta.
Como sou infeliz. Que desejo pela Hélade concebestes, consequência
de uma funesta loucura em virtude das ordens de Frixo,
vosso pai! No instante em que morria, ordenou sofrimentos odiosos

196   ARGONÁUTICAS

265 ἡμετέρῃ κραδίῃ, τί δέ κεν πόλιν Ὀρχομενοῖο,
     ὅστις ὅδ᾽ Ὀρχομενός, κτεάνων Ἀθάμαντος ἕκητι
     μητέρ᾽ ἐὴν ἀχέουσαν ἀποπρολιπόντες ἵκοισθε;”
     Ὣς ἔφατ᾽· Αἰήτης δὲ πανύστατος ὦρτο θύραζε,
     ἐκ δ᾽ αὐτὴ Εἰδυῖα δάμαρ κίεν Αἰήταο,
270 Χαλκιόπης ἀίουσα. τὸ δ᾽ αὐτίκα πᾶν ὁμάδοιο
     ἕρκος ἐπεπλήθει· τοὶ μὲν μέγαν ἀμφεπένοντο
     ταῦρον ἅλις δμῶες, τοὶ δὲ ξύλα κάγκανα χαλκῷ
     κόπτον, τοὶ δὲ λοετρὰ πυρὶ ζέον· οὐδέ τις ἦεν
     ὃς καμάτου μεθίεσκεν ὑποδρήσσων βασιλῆι.
275 Τόφρα δ᾽ Ἔρως πολιοῖο δι᾽ ἠέρος ἷξεν ἄφαντος,
     τετρηχὼς οἷόν τε νέαις ἐπὶ φορβάσιν οἶστρος
     τέλλεται, ὅν τε μύωπα βοῶν κλείουσι νομῆες.
     ὦκα δ᾽ ὑπὸ φλιὴν προδόμῳ ἔνι τόξα τανύσσας,
     ἰοδόκης ἀβλῆτα πολύστονον ἐξέλετ᾽ ἰόν.
280 ἐκ δ᾽ ὅγε καρπαλίμοισι λαθὼν ποσὶν οὐδὸν ἄμειψεν
     ὀξέα δενδίλλων· αὐτῷ δ᾽ ὑπὸ βαιὸς ἐλυσθεὶς
     Αἰσονίδῃ, γλυφίδας μέσσῃ ἐνικάτθετο νευρῇ,
     ἰθὺς δ᾽ ἀμφοτέρῃσι διασχόμενος παλάμῃσιν
     ἧκ᾽ ἐπὶ Μηδείῃ. τὴν δ᾽ ἀμφασίη λάβε θυμόν·
285 αὐτὸς δ᾽ ὑψορόφοιο παλιμπετὲς ἐκ μεγάροιο
     καγχαλόων ἤιξε, βέλος δ᾽ ἐνεδαίετο κούρῃ
     νέρθεν ὑπὸ κραδίῃ φλογὶ εἴκελον. ἀντία δ᾽ αἰεί
     βάλλεν ἐπ᾽ Αἰσονίδην ἀμαρύγματα, καί οἱ ἄηντο
     στηθέων ἐκ πυκιναὶ καμάτῳ φρένες, οὐδέ τιν᾽ ἄλλην
290 μνῆστιν ἔχεν, γλυκερῇ δὲ κατείβετο θυμὸν ἀνίῃ·
     ὡς δὲ γυνὴ μαλερῷ περὶ κάρφεα χεύατο δαλῷ
     χερνῆτις, τῇπερ ταλάσια ἔργα μέμηλεν,
     ὥς κεν ὑπωρόφιον νύκτωρ σέλας ἐντύναιτο,
     ἄγχι μάλ᾽ †ἐγρομένη· τὸ δ᾽ ἀθέσφατον ἐξ ὀλίγοιο
295 δαλοῦ ἀνεγρόμενον σὺν κάρφεα πάντ᾽ ἀμαθύνει –
     τοῖος ὑπὸ κραδίῃ εἰλυμένος αἴθετο λάθρῃ
     οὖλος ἔρως, ἁπαλὰς δὲ μετετρωπᾶτο παρειάς
     ἐς χλόον, ἄλλοτ᾽ ἔρευθος, ἀκηδείῃσι νόοιο.
     Δμῶες δ᾽ ὁππότε δή σφιν ἐπαρτέα θῆκαν ἐδωδήν,

em nosso coração. Por que iríeis à cidade de Orcômeno,   265
seja qual for esta, por causa dos bens de Atamante,
após terdes abandonado vossa mãe em estado de aflição?"
Assim falou. Eeta, por último, ergueu-se porta afora,
enquanto a própria Idia, esposa de Eeta, já havia saído
e ouvia Calcíope. De imediato todo o pátio   270
estava cheio de gente. Dentre os muitos escravos, uns cuidavam
de um grande touro, outros cortavam madeira seca com o bronze
e outros ferviam no fogo a água de banho. Não havia ninguém
que, servindo ao rei, relaxasse em seus afazeres.
Então Eros veio invisível através da neblina cinzenta,   275
agitando-se como o moscardo a atacar os novos
rebanhos, chamado de tavão pelos boiadeiros.
Rapidamente no vestíbulo, sob o umbral, esticou o arco e puxou
do carcás uma flecha portadora de muitas dores, nunca lançada.
De lá, escondido, ele atravessou imperceptível a soleira com pés   280
ágeis, observando atentamente. Pequeno, agachado abaixo
do próprio Esônida, ele posicionou o entalhe no meio
da corda e, ao esticá-la com ambas as mãos, disparou
a flecha na direção de Medeia. Um estupor tomou-lhe o ânimo.
Voando para fora do palácio de teto elevado,   285
ele se retirou gargalhando. Mas o dardo ardia dentro
do coração da garota, semelhante a uma chama. Não cessava
de lançar olhares brilhantes ao Esônida, sua prudente
alma era expelida do peito em sofrimento, não pensava
em mais nada e o ânimo era inundado numa doce aflição.   290
Como uma fiandeira, cuja ocupação são os trabalhos
de fiar, joga gravetos sobre um tição abrasador
para dispor de brilho noturno sob o teto,
quando se levanta bem cedo, e do pequeno tição
uma inefável chama se ergue, consumindo todos os gravetos;   295
dessa forma o funesto Eros ardia secretamente, emaranhado
em seu coração. E o tenro rosto se transformava,
ora pálido, ora ruborizado, com o descontrole da razão.
Quando os servos lhes ofereceram o alimento preparado

ARGONÁUTICAS

αὐτοί τε λιαροῖσιν ἐφαιδρύναντο λοετροῖς,
ἀσπασίως δόρπῳ τε ποτῆτί τε θυμὸν ἄρεσσαν.
ἐκ δὲ τοῦ Αἰήτης σφετέρης ἐρέεινε θυγατρός
υἷας, τοίοισι παρηγορέων ἐπέεσσιν·
"Παιδὸς ἐμῆς κοῦροι Φρίξιό τε, τὸν περὶ πάντων
305 ξείνων ἡμετέροισιν ἐνὶ μεγάροισιν ἔτεισα,
πῶς Αἶάνδε νέεσθε; παλίσσυτοι, ἤέ τις ἄτη
σωομένοις μεσσηγὺς ἐνέκλασεν; οὐ μὲν ἐμεῖο
πείθεσθε προφέροντος ἀπείρονα μέτρα κελεύθου.
ᾔδειν γάρ ποτε πατρὸς ἐν ἅρμασιν Ἠελίοιο
310 δινεύσας, ὅτ᾽ ἐμεῖο κασιγνήτην ἐκόμιζεν
Κίρκην ἑσπερίης εἴσω χθονός, ἐκ δ᾽ ἱκόμεσθα
ἀκτὴν ἠπείρου Τυρσηνίδος, ἔνθ᾽ ἔτι νῦν περ
ναιετάει, μάλα πολλὸν ἀπόπροθι Κολχίδος αἴης.
ἀλλὰ τί μύθων ἦδος; ἃ δ᾽ ἐν ποσὶν ὑμιν ὄρωρεν
315 εἴπατ᾽ ἀριφραδέως, ἠδ᾽ οἵτινες οἵδ᾽ ἐφέπονται
ἀνέρες, ὅππῃ τε γλαφυρῆς ἐκ νηὸς ἔβητε."
Τοῖά μιν ἐξερέοντα κασιγνήτων προπάροιθεν
Ἄργος, ὑποδδείσας ἀμφὶ στόλῳ Αἰσονίδαο,
μειλιχίως προσέειπεν, ἐπεὶ προγενέστερος ἦεν·
320 "Αἰήτη, κείνην μὲν ἄφαρ διέχευαν ἄελλαι
ζαχρηεῖς, αὐτοὺς δ᾽ ἐπὶ δούρατι πεπτηῶτας
νήσου Ἐνυαλίοιο ποτὶ ξερὸν ἔκβαλε κῦμα
λυγαίῃ ὑπὸ νυκτί. θεὸς δέ τις ἄμμ᾽ ἐσάωσεν·
οὐδὲ γὰρ αἳ τὸ πάροιθεν ἐρημαίην κατὰ νῆσον
325 ηὐλίζοντ᾽ ὄρνιθες Ἀρήιαι, οὐδ᾽ ἔτι κείνας
εὕρομεν, ἀλλ᾽ οἵδ᾽ ἄνδρες ἀπήλασαν, ἐξαποβάντες
νηὸς ἑῆς προτέρῳ ἐνὶ ἤματι· καί σφ᾽ †ἀπέρυκεν
ἡμέας οἰκτείρων Ζηνὸς νόος ἠέ τις αἶσα·
αὐτίκ᾽ ἐπεὶ καὶ βρῶσιν ἅλις καὶ εἵματ᾽ ἔδωκαν,
330 οὔνομά τε Φρίξοιο περικλεὲς εἰσαΐοντες
ἠδ᾽ αὐτοῖο σέθεν· μετὰ γὰρ τεὸν ἄστυ νέονται.
χρειὼ δ᾽ ἢν ἐθέλῃς ἐξίδμεναι, οὔ σ᾽ ἐπικεύσω.
τόνδε τις ἱέμενος πάτρης ἀπάνευθεν ἐλάσσαι
καὶ κτεάνων βασιλεύς, περιώσιον οὕνεκεν ἀλκῇ

LIVRO 3 199

e eles se lavaram com as águas de banho mornas, 300
agradavelmente satisfizeram o ânimo com refeição e bebida.
Em seguida Eeta passou a interrogar os filhos
de sua filha, exortando-os com tais palavras:
"Filhos de minha filha e de Frixo, o qual eu honrei
mais que a todos os estrangeiros em nosso palácio, 305
como retornastes a Ea? Por acaso um desastre
interrompeu vossa jornada? Não fostes por mim persuadidos
quando vos advertia sobre a imensa extensão do caminho.
Eu sabia disso depois de, outrora, ter feito uma viagem
nos carros de meu pai Hélio, quando ele conduziu minha irmã 310
Circe em direção à terra ocidental, e chegamos
à costa da região tirrena, onde ainda hoje
ela habita, muito longe da terra colca.
Mas qual o prazer destas palavras? Contai com clareza
sobre os percalços encontrados, quem são estes homens 315
que vos acompanham e onde desembarcastes da côncava nau."
Após tais questões, Argos, temendo pela expedição
do Esônida, respondeu-lhe docemente antes
de seus irmãos, pois era o primogênito:
"Eeta, as tempestades violentas logo destruíram 320
aquela nau e, encolhidos sob uma prancha, as ondas
lançavam-nos em direção à terra firme da ilha de Eniálio,
durante a noite sombria. Um deus nos salvou.
Pois nem os pássaros de Ares, que antes faziam
seus ninhos na ilha deserta, nem mesmo esses 325
encontramos, mas estes homens os expulsaram após terem
desembarcado de sua nau no dia anterior. E os reteve,
apiedando-se de nós, o desígnio de Zeus ou algum destino.
Em seguida nos deram comida e vestimentas em abundância,
após ouvirem o nome muito glorioso de Frixo 330
e o teu próprio. Pois se dirigem à tua cidade
e se queres saber o motivo, não te esconderei.
Um rei, desejando impelir este homem para longe da pátria
e de seus bens, porque em excesso se distinguia

335 σφωιτέρῃ πάντεσσι μετέπρεπεν Αἰολίδῃσιν,
πέμπει δεῦρο νέεσθαι, ἀμήχανον· οὐδ' ὑπαλύξειν
στεῦται ἀμειλίκτοιο Διὸς θυμαλγέα μῆνιν
καὶ χόλον οὐδ' ἄτλητον ἄγος Φρίξοιό τε ποινάς
Αἰολιδέων γενέήν, πρὶν ἐς Ἑλλάδα κῶας ἱκέσθαι.
340 νῆα δ' Ἀθηναίη Παλλὰς κάμεν, οὐ μάλα τοίην
οἷαί περ Κόλχοισι μετ' ἀνδράσι νῆες ἔασιν·
τάων αἰνοτάτης ἐπεκύρσαμεν, ἤλιθα γάρ μιν
λάβρον ὕδωρ πνοιῇ τε διέτμαγεν. ἡ δ' ἐνὶ γόμφοις
ἴσχεται, ἢν καὶ πᾶσαι ἐπιβρίσωσιν ἄελλαι·
345 ἶσον δ' ἐξ ἀνέμοιο θέει καὶ ὅτ' ἀνέρες αὐτοί
νωλεμὲς εὐήρεσσιν ἐπισπέρχωσιν ἐρετμοῖς.
τῇ δ' ἐν, ἀγειράμενος Παναχαιίδος εἴ τι φέριστον
ἡρώων, τεὸν ἄστυ μετήλυθε, πόλλ' ἐπαληθείς
ἄστεα καὶ πελάγη στυγερῆς ἁλός, εἴ οἱ ὀπάσσαις.
350 αὐτῷ δ' ὥς κεν ἅδῃ, τὼς ἔσσεται· οὐ γὰρ ἱκάνει
χερσὶ βιησόμενος, μέμονεν δέ τοι ἄξια τείσειν
δωτίνης· ἀίων ἐμέθεν μέγα δυσμενέοντας
Σαυρομάτας, τοὺς σοῖσιν ὑπὸ σκήπτροισι δαμάσσει.
εἰ δὲ καὶ οὔνομα δῆθεν ἐπιθύεις γενεήν τε
355 ἴδμεναι οἵτινές εἰσιν, ἕκαστά κε μυθησαίμην.
τόνδε μέν, οἷό περ οὔνεκ' ἀφ' Ἑλλάδος ὤλλοι ἄγερθεν,
κλείουσ' Αἴσονος υἱὸν Ἰήσονα Κρηθεΐδαο·
εἰ δ' αὐτοῦ Κρηθῆος ἐτήτυμόν ἐστι γενέθλης,
οὕτω κεν γνωτὸς πατρώιος ἄμμι πέλοιτο·
360 ἄμφω γὰρ Κρηθεὺς Ἀθάμας τ' ἔσαν Αἰόλου υἷε,
Φρίξος δ' αὖτ' Ἀθάμαντος ἔην πάις Αἰολίδαο·
τόνδε δ' ἄρ', Ἡελίου γόνον ἔμμεναι εἴ τιν' ἀκούεις
δέρκεαι Αὐγείην· Τελαμὼν δ' ὅγε, κυδίστοιο
Αἰακοῦ ἐκγεγαώς, Ζεὺς δ' Αἰακὸν αὐτὸς ἔτικτεν.
365 ὣς δὲ καὶ ὤλλοι πάντες ὅσοι συνέπονται ἑταῖροι
ἀθανάτων υἷές τε καὶ υἱωνοὶ γεγάασιν."
Τοῖα παρέννεπεν Ἄργος· ἄναξ δ' ἐπεχώσατο μύθοις
εἰσαΐων, ὑψοῦ δὲ χόλῳ φρένες ἠερέθοντο.
φῆ δ' ἐπαλαστήσας (μενέαινε δὲ παισὶ μάλιστα

LIVRO 3   201

entre todos os Eólidas por sua força,   335
enviou-o para cá desvalido. Ele afirma que a raça
dos Eólidas não escapará da dolorosa ira e da cólera
do implacável Zeus, nem o intolerável crime e as punições
por causa de Frixo, antes de o tosão retornar para a Hélade.
Palas Atena fez a nau e em nada se assemelha   340
às naus que existem entre os homens colcos,
dentre as quais obtivemos a pior, pois a água voraz
e o vento a partiram por completo. Mas a deles se mantém firme
em suas cavilhas, mesmo que todas as tempestades desabem.
De modo semelhante corre com o vento ou quando os próprios homens,   345
sem cessar, impulsionam-na com os remos nas mãos.
Reunindo nela o que há de melhor dentre os heróis
de toda a Acaia, ele veio à tua cidade após vagar por muitas
cidades e pelo odioso mar, na esperança de que lhe concedas o tosão.
Mas será de modo a agradar a ti próprio, pois ele não vem   350
para fazer uso da força dos braços, mas pretende te pagar o valor
da doação. Após ouvir de mim acerca dos sauromatas
muito hostis, ele os submeterá ao teu cetro.
Se desejas, de fato, saber qual o nome e qual a estirpe
destes que aqui estão, eu te contarei cada uma destas coisas.   355
Este, pelo qual os outros foram reunidos de toda a Hélade,
chamam-no Jasão, filho de Esão Cretida.
Se verdadeiramente é da raça do próprio Creteu,
então ele seria nosso parente paterno.
Pois ambos, Creteu e Atamante, eram filhos de Éolo   360
e Frixo, por sua vez, era filho do Eólida Atamante.
Se escutaste sobre a existência de um filho de Hélio,
é este que vês, Áugias. E este é Telamão, nascido
do ilustríssimo Éaco, e o próprio Zeus gerou Éaco.
Assim também todos os outros companheiros que os seguem   365
nasceram filhos e netos de imortais."
Argos disse tais coisas. O soberano se irritou ao ouvir
as palavras. Com raiva, suas entranhas se exacerbaram.
Falou indignado (estava furioso sobretudo com os filhos

ARGONÁUTICAS

370 Χαλκιόπης, τῶν γάρ σφε μετελθέμεν οὕνεκ' ἐώλπει),
ἐκ δέ οἱ ὅμματ' ἔλαμψεν ὑπ' ὀφρύσιν ἱεμένοιο·
"Οὐκ ἄφαρ ὀφθαλμῶν μοι ἀπόπροθι λωβητῆρες
νεῖσθ' αὐτοῖσι δόλοισι παλίσσυτοι ἔκτοθι γαίης,
πρίν τινα λευγαλέον τε δέρος καὶ Φρίξον ἰδέσθαι;
375 αὐτίχ' ὁμαρτήσαντες ἀφ' Ἑλλάδος, οὐδ' ἐπὶ κῶας,
σκῆπτρα δὲ καὶ τιμὴν βασιληίδα, δεῦρο νέεσθε.
εἰ δέ κε μὴ προπάροιθεν ἐμῆς ἥψασθε τραπέζης,
ἦ τ' ἂν ἀπὸ γλώσσας τε ταμὼν καὶ χεῖρε κεάσσας
ἀμφοτέρας, οἴοισιν ἀποπροέηκα πόδεσσιν,
380 ὥς κεν ἐρητύοισθε καὶ ὕστερον ὁρμηθῆναι·
οἷα δὲ καὶ μακάρεσσιν ἐπεψεύσασθε θεοῖσιν."
Φῆ ῥα χαλεψάμενος· μέγα δὲ φρένες Αἰακίδαο
νειόθεν οἰδαίνεσκον, ἐέλδετο δ' ἔνδοθι θυμός
ἀντιβίην ὀλοὸν φάσθαι ἔπος· ἀλλ' ἀπέρυκεν
385 Αἰσονίδης, πρὸ γὰρ αὐτὸς ἀμείψατο μειλιχίοισιν·
"Αἰήτη, σχέο μοι· τῷδε στόλῳ οὔ τι †γὰρ αὔτως
ἄστυ τεὸν καὶ δώμαθ' ἱκάνομεν, ὥς που ἔολπας,
οὐδὲ μὲν ἱέμενοι· τίς δ' ἂν τόσον οἶδμα περῆσαι
τλαίη ἑκὼν ὀθνεῖον ἐπὶ κτέρας; ἀλλά με δαίμων
390 καὶ κρυερὴ βασιλῆος ἀτασθάλου ὦρσεν ἐφετμή.
δὸς χάριν ἀντομένοισι· σέθεν δ' ἐγὼ Ἑλλάδι πάσῃ
θεσπεσίην οἴσω κληηδόνα. καὶ δέ τοι ἤδη
πρόφρονές εἰμεν ἄρηι θοὴν ἀποτεῖσαι ἀμοιβήν,
εἴτ' οὖν Σαυρομάτας γε λιλαίεαι εἴτε τιν' ἄλλον
395 δῆμον σφωιτέροισιν ὑπὸ σκήπτροισι δαμάσσαι."
Ἴσκεν, ὑποσσαίνων ἀγανῇ ὀπί· τοῖο δὲ θυμός
διχθαδίην πόρφυρεν ἐνὶ στήθεσσι μενοινήν,
ἢ σφεας ὁρμηθεὶς αὐτοσχεδὸν ἐξεναρίζοι,
ἢ ὅγε πειρήσαιτο βίης. τό οἱ εἴσατ' ἄρειον
400 φραζομένῳ, καὶ δή μιν ὑποβλήδην προσέειπεν·
"Ξεῖνε, τί κεν τὰ ἕκαστα διηνεκέως ἀγορεύοις;
εἰ γὰρ ἐτήτυμόν ἐστε θεῶν γένος, ἠὲ καὶ ἄλλως
οὐδὲν ἐμεῖο χέρηες ἐπ' ὀθνείοισιν ἔββητε,
δώσω τοι χρύσειον ἄγειν δέρος, ἤν κ' ἐθέλησθα,

LIVRO 3 203

de Calcíope, pois acreditava que, por causa deles, os estrangeiros vieram) 370
e, com furor, seus olhos brilharam sob as sobrancelhas:
"Não ides de imediato para longe dos meus olhos, ó celerados,
abandonando, com seus dolos, esta terra,
antes que um de vós, miserável, veja o velo e Frixo?
Após entrardes em acordo, viestes da Hélade para cá 375
não por causa do tosão, mas do cetro e da honra real.
Se antes não houvésseis tocado em minha mesa,
certamente cortaria vossa língua, deceparia ambas
as vossas mãos e vos enviaria com os pés somente,
de modo que fostes impedidos de agir depois 380
e porque mentistes quanto aos deuses afortunados."
Falou iracundo. As entranhas do Eácida, no âmago,
muito inchavam. Seu ânimo, por dentro, desejava
endereçar-lhe palavras funestas, mas o Esônida o reteve,
pois ele próprio respondeu primeiro com doces palavras: 385
"Eeta, acalma-te, por favor. Quanto à expedição, de modo algum
viemos à tua cidade e ao teu palácio pelo motivo que talvez acredites,
e sequer desejávamos vir. Quem suportaria, voluntariamente,
atravessar tanto mar em vista de um bem alheio? Mas uma divindade
e a gélida ordem de um rei soberbo me impeliram. 390
Concede esta graça a nós, teus suplicantes. Por toda a Hélade
eu levarei tua glória divina. E, além disso, estamos dispostos
agora a te pagar uma rápida recompensa por meio da guerra,
se então desejares submeter os sauromatas
ou algum outro povo ao teu cetro." 395
Ele falou adulando-o com suave voz. O ânimo de Eeta
agitava um duplo desígnio no peito:
ou os atacava e matava lá mesmo
ou testava sua força. Esta opção lhe pareceu melhor
enquanto refletia e lhe disse em resposta: 400
"Estrangeiro, por que contarias continuamente cada detalhe?
Se sois verdadeiramente da raça dos deuses ou se, caso não,
viestes em busca de bens estrangeiros não sendo inferiores a mim,
conceder-te-ei levar o áureo velo, se quiseres,

405 πειρηθείς· ἐσθλοῖς γὰρ ἐπ᾽ ἀνδράσιν οὔτι μεγαίρω
ὡς αὐτοὶ μυθεῖσθε τὸν Ἑλλάδι κοιρανέοντα.
πεῖρα δέ τοι μένεός τε καὶ ἀλκῆς ἔσσετ᾽ ἄεθλος
τόν ῥ᾽ αὐτὸς περίειμι χεροῖν, ὀλοόν περ ἐόντα.
δοιώ μοι πεδίον τὸ Ἀρήιον ἀμφινέμονται
410 ταύρω χαλκόποδε, στόματι φλόγα φυσιόωντε·
τοὺς ἐλάω ζεύξας στυφελὴν κατὰ νειὸν Ἄρηος
τετράγυον, τὴν αἶψα ταμὼν ἐπὶ τέλσον ἀρότρῳ,
οὐ σπόρον ὁλκοῖσιν Δηοῦς ἐνιβάλλομαι ἀκτήν
ἀλλ᾽ ὄφιος δεινοῖο μεταλδήσκοντας ὀδόντας
415 ἀνδράσι τευχηστῇσι δέμας· τοὺς δ᾽ αὖθι δαΐζων
κείρω ἐμῷ ὑπὸ δουρὶ περισταδὸν ἀντιόωντας.
ἠέριος ζεύγνυμι βόας καὶ δείελον ὥρην
παύομαι ἀμήτοιο. σὺ δ᾽ εἰ †τάδε τοῖα τελέσσεις,
αὐτῆμαρ τότε κῶας ἀποίσεαι εἰς βασιλῆος,
420 πρὶν δέ κεν οὐ δοίην· μηδ᾽ ἔλπεο, δὴ γὰρ ἀεικές
ἄνδρ᾽ ἀγαθὸν γεγαῶτα κακωτέρῳ ἀνέρι εἶξαι.”
Ὣς ἄρ᾽ ἔφη· ὁ δὲ σῖγα ποδῶν πάρος ὄμματα πήξας,
ἧστ᾽ αὔτως ἄφθογγος, ἀμηχανέων κακότητι·
βουλὴν δ᾽ ἀμφὶ πολὺν στρώφα χρόνον, οὐδέ πη εἶχεν
425 θαρσαλέως ὑποδέχθαι, ἐπεὶ μέγα φαίνετο ἔργον.
ὀψὲ δ᾽ ἀμειβόμενος προσελέξατο κερδαλέοισι·
“Αἰήτη, μάλα τοί με δίκῃ περιπολλὸν ἐέργεις.
τῶ καὶ ἐγὼ τὸν ἄεθλον ὑπερφίαλόν περ ἐόντα
τλήσομαι, εἰ καί μοι θανέειν μόρος. οὐ γὰρ ἔτ᾽ ἄλλο
430 ῥίγιον ἀνθρώποισι κακῆς ἐπιμείρετ᾽ ἀνάγκης·
ἤ με καὶ ἐνθάδε νεῖσθαι ἐπέχραεν ἐκ βασιλῆος.”
Ὣς φάτ᾽, ἀμηχανίῃ βεβολημένος· αὐτὰρ ὁ τόνγε
σμερδαλέοις ἐπέεσσι προσέννεπεν ἀσχαλόωντα·
“Ἔρχεο νῦν μεθ᾽ ὅμιλον, ἐπεὶ μέμονάς γε πόνοιο·
435 εἰ δὲ σύ γε ζυγὰ βουσὶν ὑποδδείσαις ἐπαεῖραι,
ἠὲ καὶ οὐλομένου μεταχάσσεαι ἀμήτοιο,
αὐτῷ κεν τὰ ἕκαστα μέλοιτό μοι, ὄφρα καὶ ἄλλος
ἀνὴρ ἐρρίγησιν ἀρείονα φῶτα μετελθεῖν.”
Ἴσκεν ἀπηλεγέως· ὁ δ᾽ ἀπὸ θρόνου ὤρνυτ᾽ Ἰήσων,

LIVRO 3   205

após uma prova. Pois não sinto inveja de homens valorosos,   405
diferente, como vós mesmos contais, deste soberano na Hélade.
O teste do teu ardor e da tua valentia será um trabalho
que eu mesmo cumpro com as duas mãos, apesar de funesto.
Habitam o campo de Ares meus dois touros
de brônzeas patas, os quais exalam chama pela boca.   410
Após subjugá-los, conduzo-os pelo áspero terreno de Ares
de quatro jeiras, que logo fendo até a borda com o arado,
e não lanço nos sulcos a semente do grão de Deméter,
mas os dentes de uma terrível serpente, que, ao crescer,
se tornam homens armados. Lá mesmo os dilacero e os ceifo   415
sob minha lança, quando, por toda parte, se defrontam comigo.
De manhã eu subjugo os bois e no final da tarde
termino a colheita. Se assim cumprires tais coisas,
no mesmo dia, então, tu levarás o tosão ao teu rei,
mas antes disso eu não te concederei. Não esperes, pois é indigno   420
que um homem de origem nobre ceda a um homem inferior."
Assim falou. Jasão permaneceu em silêncio, com os olhos fixos
diante dos pés, sem voz, hesitante com tamanho infortúnio.
Durante muito tempo vagava em sua deliberação e não tinha como
aceitar aquilo com confiança, pois parecia um grande feito.   425
Por fim, respondendo-lhe, disse com palavras proveitosas:
"Eeta, por direito me deixas completamente cercado.
Por isto tal trabalho, apesar de ser excessivo,
eu suportarei, mesmo que meu destino seja morrer, pois não incidirá
sobre os homens nada pior que uma vil necessidade.   430
Ela me obriga a vir para cá seguindo as ordens de um rei."
Assim falou com hesitação. E Eeta se dirigiu
ao aflito Jasão com palavras terríveis:
"Retorna agora à tua tripulação, já que desejas a tarefa,
mas se tu temeres colocar os jugos sobre os bois   435
ou te afastares da funesta colheita,
eu mesmo cuidarei de cada coisa, de modo que outro
homem trema ao se aproximar de um indivíduo mais forte."
Falou sem rodeios. Do assento ergueu-se Jasão

440 Αὐγείης Τελαμών τε παρασχεδόν· εἵπετο δ᾽ Ἄργος,
οἷος, ἐπεὶ μεσσηγὺς ἔτ᾽ αὐτόθι νεῦσε λιπέσθαι
αὐτοκασιγνήτοις. οἱ δ᾽ ἤισαν ἐκ μεγάροιο,
θεσπέσιον δ᾽ ἐν πᾶσι μετέπρεπεν Αἴσονος υἱός
κάλλεϊ καὶ χαρίτεσσιν. ἐπ᾽ αὐτῷ δ᾽ ὄμματα κούρη
445 λοξὰ παρὰ λιπαρὴν σχομένη θηεῖτο καλύπτρην,
κῆρ ἄχεϊ σμύχουσα, νόος δέ οἱ ἠύτ᾽ ὄνειρος
ἑρπύζων πεπότητο μετ᾽ ἴχνια νισσομένοιο.
καί ῥ᾽ οἱ μέν ῥα δόμων ἐξήλυθον ἀσχαλόωντες·
Χαλκιόπη δέ, χόλον πεφυλαγμένη Αἰήταο,
450 καρπαλίμως θάλαμόνδε σὺν υἱάσιν οἷσι βεβήκει·
αὔτως δ᾽ αὖ Μήδεια μετέστιχε. πολλὰ δὲ θυμῷ
ὥρμαιν᾽ ὅσσα τ᾽ ἔρωτες ἐποτρύνουσι μέλεσθαι·
προπρὸ δ᾽ ἄρ᾽ ὀφθαλμῶν ἔτι οἱ ἰνδάλλετο πάντα,
αὐτός θ᾽ οἷος ἔην οἵοισί τε φάρεσιν εἷτο
455 οἷά τ᾽ ἔειφ᾽ ὥς θ᾽ ἕζετ᾽ ἐπὶ θρόνου ὥς τε θύραζε
ἤιεν· οὐδέ τιν᾽ ἄλλον ὀίσσατο πορφύρουσα
ἔμμεναι ἀνέρα τοῖον· ἐν οὔασι δ᾽ αἰὲν ὀρώρει
αὐδή τε μῦθοί τε μελίφρονες οὓς ἀγόρευσεν.
τάρβει δ᾽ ἀμφ᾽ αὐτῷ, μή μιν βόες ἠὲ καὶ αὐτός
460 Αἰήτης φθείσειεν· ὀδύρετο δ᾽ ἠύτε πάμπαν
ἤδη τεθνειῶτα, τέρεν δέ οἱ ἀμφὶ παρειάς
δάκρυον αἰνοτάτῳ ἐλέῳ ῥέε κηδοσύνῃ τε.
ἦκα δὲ μυρομένη, λιγέως ἀνενείκατο μῦθον·
"Τίπτε με δειλαίην τόδ᾽ ἔχει ἄχος; εἴθ᾽ ὅγε πάντων
465 φθείσεται ἡρώων προφερέστατος εἴτε χερείων,
ἐρρέτω. – ἦ μὲν ὄφελλεν ἀκήριος ἐξαλέασθαι. –
ναὶ δὴ τοῦτό γε πότνα θεὰ Περσηὶ πέλοιτο,
οἴκαδε νοστήσειε φυγὼν μόρον· εἰ δέ μιν αἶσα
δμηθῆναι ὑπὸ βουσί, τόδε προπάροιθε δαείη,
470 οὕνεκεν οὔ οἱ ἔγωγε κακῇ ἐπαγαίομαι ἄτῃ."
Ἡ μὲν ἄρ᾽ ὣς ἑόλητο νόον μελεδήμασι κούρη·
οἱ δ᾽ ἐπεὶ οὖν δήμου τε καὶ ἄστεος ἐκτὸς ἔβησαν
τὴν ὁδὸν ἣν τὸ πάροιθεν ἀνήλυθον ἐκ πεδίοιο,
δὴ τότ᾽ Ἰήσονα τοῖσδε προσέννεπεν Ἄργος ἔπεσσιν·

LIVRO 3 207

e, em seguida, Áugias e Telamão. Argos os seguia 440
sozinho, já que nesse ínterim acenara a seus irmãos
para lá permanecerem por mais tempo. Eles saíram do palácio.
Entre todos, o filho de Esão se distinguia maravilhosamente
por beleza e graça. A garota, fixando sobre ele os olhos
oblíquos através de um véu brilhante, contemplava-o 445
e o coração se consumia em aflição. Sua razão, arrastando-se
como um sonho, voava atrás das pegadas do que partia.
E então eles deixaram, aflitos, o palácio.
Calcíope, evitando a cólera de Eeta,
celeremente se dirigiu ao quarto com os filhos. 450
Medeia também se retirou. Seu ânimo se agitava com muitas
preocupações que os amores costumam suscitar.
Diante dos olhos tudo ainda lhe era visível:
quem ele era, quais roupas estava vestindo, o modo
como falava, como se sentava sobre o assento e como andava 455
em direção à porta. Refletindo, ela pensava não haver outro
homem semelhante a ele. Em seus ouvidos ficavam ecoando
sua voz e as palavras cheias de mel que havia declarado.
Temia por ele, imaginando que os bois ou o próprio
Eeta o destruíssem. Lamentava-se como se já estivesse 460
completamente morto. Pela sua face, vertia tenras
lágrimas de extrema piedade por conta da preocupação.
Soluçando suavemente, pronunciou tais palavras de lamento:
"Por que eu, infeliz, sinto essa aflição? Se ele deve morrer,
seja superior a todos os heróis, seja inferior, 465
que pereça. Ah, quem dera tivesse escapado em segurança.
Sim, que isso aconteça, soberana deusa filha de Perses,
e que ele retorne à casa fugindo do destino. Mas se seu lote
é ser abatido pelos bois, que antes saiba disso:
eu não me alegro em nada com sua ruína." 470
A garota, dessa forma, atormentava a mente com preocupações.
Depois de terem caminhado para fora do povoado e da cidade,
pelo caminho que antes atravessaram desde o campo,
então Argos se dirigiu a Jasão com tais palavras:

208 ARGONÁUTICAS

475 "Αἰσονίδη, μῆτιν μὲν ὀνόσσεαι ἥντιν' ἐνίψω,
πείρης δ' οὐ μάλ' ἔοικε μεθιέμεν ἐν κακότητι.
κούρην δή τινα πρόσθεν ἐπέκλυες αὐτὸς ἐμεῖο
φαρμάσσειν Ἑκάτης Περσηίδος ἐννεσίῃσιν·
τὴν εἴ κεν πεπίθοιμεν, ὀίομαι, οὐκέτι τάρβος
480 ἔσσετ' ἀεθλεύοντι δαμήμεναι· ἀλλὰ μάλ' αἰνῶς
δείδω μή πως οὔ μοι ὑποστήῃ τόγε μήτηρ·
ἔμπης δ' ἐξαῦτις μετελεύσομαι ἀντιβολήσων,
ξυνὸς ἐπεὶ πάντεσσιν ἐπικρέμαθ' ἥμιν ὄλεθρος."
Ἴσκεν ἐυφρονέων· ὁ δ' ἀμείβετο τοῖσδ' ἐπέεσσιν·
485 "Ὦ πέπον, εἴ νύ τοι αὐτῷ ἐφανδάνει, οὔτι μεγαίρω·
βάσκ' ἴθι καὶ πυκινοῖσι τεὴν παρὰ μητέρα μύθοις
ὄρνυθι λισσόμενος. μελέη γε μὲν ἥμιν ὄρωρεν
ἐλπωρή, ὅτε νόστον ἐπετραπόμεσθα γυναιξίν."
Ὥς ἔφατ'· ὦκα δ' ἕλος μετεκίαθον, αὐτὰρ ἑταῖροι
490 γηθόσυνοι ἐρέεινον, ὅπως παρεόντας ἴδοντο.
τοῖσιν δ' Αἰσονίδης τετιημένος ἔκφατο μῦθον·
"Ὦ φίλοι, Αἰήταο ἀπηνέος ἄμμι φίλον κῆρ
ἀντικρὺ κεχόλωται· ἕκαστα γὰρ οὔ νύ τι τέκμωρ
οὔτ' ἐμοὶ οὔτε κεν ὕμμι διειρομένοισι πέλοιτο.
495 φῆ δὲ δύω πεδίον τὸ Ἀρήιον ἀμφινέμεσθαι
ταύρω χαλκόποδε, στόματι φλόγα φυσιόωντε,
τετράγυον δ' †ἐπὶ τοῖσιν ἐφίετο νειὸν ἀρόσσαι·
δώσειν δ' ἐξ ὄφιος γενύων σπόρον, ὅς ῥ' ἀνίῃσιν
γηγενέας χαλκέοις σὺν τεύχεσιν· ἤματι δ' αὐτῷ
500 χρειὼ τούσγε δαΐξαι. ὃ δή νύ οἱ (οὔ τι γὰρ ἄλλο
βέλτερον ἦν φράσσασθαι) ἀπηλεγέως ὑποέστην."
Ὥς ἄρ' ἔφη· πάντεσσι δ' ἀνήνυτος εἴσατ' ἄεθλος·
δὴν δ' ἄνεῳ καὶ ἄναυδοι ἐς ἀλλήλους ὀρόωντο,
ἄτῃ ἀμηχανίῃ τε κατηφέες. ὀψὲ δὲ Πηλεὺς
505 θαρσαλέως μετὰ πᾶσιν ἀριστήεσσιν ἔειπεν·
"Ὥρη μητιάασθαι ὅ κ' ἔρξομεν· οὐ μὲν ἔολπα
βουλῆς εἶναι ὄνειαρ ὅσον τ' ἐπὶ κάρτεϊ χειρῶν.
εἰ μέν νυν τύνη ζεῦξαι βόας Αἰήταο,
ἥρως Αἰσονίδη, φρονέεις μέμονάς τε πόνοιο,

LIVRO 3   209

"Esônida, censurarás o plano que eu te proporei,   475
mas, no infortúnio, não convém desprezar nenhuma tentativa.
Tu mesmo escutaste de mim, antes, acerca de uma garota
que sabe manipular as drogas, pelos conselhos de Hécate Perside.
Se a persuadirmos, penso, não mais haverá nenhum pavor
de que sejas derrotado durante a luta. Mas tenho grande temor   480
de que minha mãe de modo algum me apoie nessa empreitada.
Todavia retornarei ao palácio para encontrá-la,
já que a ruína coletiva está suspensa sobre todos nós."
Falou com prudência. Jasão lhe respondeu com tais palavras:
"Ó caro, se isso então te agrada, eu não me oponho.   485
Vai até tua mãe e, com palavras consistentes, convence-a
com súplicas a agir. Mas débil nos é a esperança
quando confiamos o retorno às mulheres."
Assim falou. Rapidamente alcançaram o pântano. Os companheiros,
contentes, interrogavam assim que os viam presentes.   490
A eles o Esônida, abalado, disse as seguintes palavras:
"Ó amigos, o amável coração do cruel Eeta está completamente
encolerizado conosco. Os detalhes não seriam de nenhuma
valia nem a mim contando, nem a vós questionando.
Falou que habitam o campo de Ares os dois touros   495
de brônzeas patas, os quais exalam chama pela boca,
e me ordenou arar com eles o terreno de quatro jeiras.
Ele me dará a semente das mandíbulas de uma serpente, a qual gera
os Nascidos da Terra com brônzeas armas. No mesmo dia
é preciso que eu os dilacere. Portanto, como não consegui   500
pensar em nada melhor, aceitei sem rodeios o desafio."
Assim falou. A todos pareceu um trabalho irrealizável.
Durante um tempo, silenciosos e sem voz, trocavam olhares,
abatidos pela ruína e pelo desamparo. Por fim Peleu
disse, com confiança, entre todos os valorosos: 505
"É hora de planejar o que faremos, no entanto não espero
que haja tanto proveito na deliberação quanto na força dos braços.
Se, portanto, tu pensas em subjugar os bois de Eeta,
herói Esônida, e desejas executar a tarefa,

510 ἤ τ᾽ ἂν ὑποσχεσίην πεφυλαγμένος ἐντύναιο·
εἰ δ᾽ οὔ τοι μάλα θυμὸς ἐῇ ἐπὶ πάγχυ πέποιθεν
ἠνορέῃ, μήτ᾽ αὐτὸς ἐπείγεο μήτε τιν᾽ ἄλλον
τῶνδ᾽ ἀνδρῶν πάπταινε παρήμενος· οὐ γὰρ ἔγωγε
σχήσομ᾽, ἐπεὶ θάνατός γε τὸ κύντατον ἔσσεται ἄλγος.”
515 Ὣς ἔφατ᾽ Αἰακίδης· Τελαμῶνι δὲ θυμὸς ὀρίνθη,
σπερχόμενος δ᾽ ἀνόρουσε θοῶς· ἔπι δὲ τρίτος Ἴδας
ὦρτο μέγα φρονέων, ἔπι δ᾽ υἱέε Τυνδαρέοιο·
σὺν δὲ καὶ Οἰνεΐδης, ἐναρίθμιος αἰζηοῖσιν
ἀνδράσιν οὐδέ περ ὅσσον ἐπανθιόωντας ἰούλους
520 ἀντέλλων· τοίῳ οἱ ἀείρετο κάρτεϊ θυμός.
οἱ δ᾽ ἄλλοι εἴξαντες ἀκὴν ἔχον. αὐτίκα δ᾽ Ἄργος
τοῖον ἔπος μετέειπεν ἐελδομένοισιν ἀέθλου·
“Ὦ φίλοι, ἤτοι μὲν τόδε λοίσθιον· ἀλλά τιν᾽ οἴω
μητρὸς ἐμῆς ἔσσεσθαι ἐναίσιμον ὔμμιν ἀρωγήν.
525 τῶ καί περ μεμαῶτες ἐρητύοισθ᾽ ἐνὶ νηί
τυτθὸν ἔθ᾽ ὡς τὸ πάροιθεν, ἐπεὶ καὶ ἐπισχέμεν ἔμπης
λώιον ἢ κακὸν οἶτον ἀφειδήσαντας ὀλέσθαι.
κούρη τις μεγάροισιν ἐνιτρέφετ᾽ Αἰήταο,
τὴν Ἑκάτη περίαλλα θεὰ δάε τεχνήσασθαι
530 φάρμαχ᾽ ὅσ᾽ ἤπειρός τε φύει καὶ νήχυτον ὕδωρ·
τοῖσι καὶ ἀκαμάτοιο πυρὸς μειλίσσετ᾽ ἀυτμήν
καὶ ποταμοὺς ἵστησιν ἄφαρ κελαδεινὰ ῥέοντας,
ἄστρα τε καὶ μήνης ἱερὰς ἐπέδησε κελεύθους.
τῆς μέν, ἀπὸ μεγάροιο κατὰ στίβον ἐνθάδ᾽ ἰόντες,
535 μνησάμεθ᾽, εἴ κε δύναιτο, κασιγνήτη γεγαυῖα,
μήτηρ ἡμετέρη πεπιθεῖν ἐπαρῆξαι ἀέθλῳ·
εἰ δὲ καὶ αὐτοῖσιν τόδ᾽ ἐφανδάνει, ἦ τ᾽ ἂν ἱκοίμην
ἤματι τῷδ᾽ αὐτῷ πάλιν εἰς δόμον Αἰήταο
πειρήσων· τάχα δ᾽ ἂν σὺν δαίμονι πειρηθείην.”
540 Ὣς φάτο. τοῖσι δὲ σῆμα θεοὶ δόσαν εὐμενέοντες·
τρήρων μὲν φεύγουσα βίην κίρκοιο πελειὰς
ὑψόθεν Αἰσονίδεω πεφοβημένη ἔμπεσε κόλπῳ,
κίρκος δ᾽ ἀφλάστῳ περικάππεσεν. ὦκα δὲ Μόψος
τοῖον ἔπος μετὰ πᾶσι θεοπροπέων ἀγόρευσεν·

LIVRO 3   211

realmente mantendo a tua promessa tu te prepararás.   510
Mas se teu ânimo não confiar por inteiro
na tua virilidade, nem tu próprio te precipites, nem olhes,
sentado, a nenhum outro destes homens. Pois eu, ao menos,
não me esquivarei, já que o pior sofrimento será a morte."
Assim falou o Eácida. O ânimo de Telamão se agitava   515
e ele logo se ergueu com ímpeto. Depois Idas, o terceiro,
levantou-se com orgulho, depois os dois filhos de Tíndaro.
Junto a eles, contava-se também o Enida entre os homens
robustos, ainda que não exibisse nem mesmo uma penugem
florescente. Com tal força seu ânimo se exaltava.   520
Os outros cederam e se mantiveram quietos. Em seguida Argos
falou tais palavras aos que desejavam o trabalho:
"Ó amigos, este certamente é o último recurso. Mas penso
que minha mãe poderá vos prestar um auxílio favorável.
Por isso, apesar da excitação, permanecei na nau   525
um pouco mais, como antes, pois de qualquer forma é melhor
esperar que perecer imprudentemente por uma sorte vil.
No palácio de Eeta vive uma garota,
a quem a deusa Hécate superiormente ensinou a preparar
quantas drogas a terra e a abundante água geram.   530
Por meio delas o sopro do infatigável fogo é acalmado,
o curso ruidoso dos rios é subitamente retido
e os astros e os caminhos sagrados da lua são acorrentados.
Quando voltávamos do palácio para cá seguindo a vereda,
nos lembramos dela, cogitando se nossa mãe, por ser   535
sua irmã, poderia persuadi-la a nos auxiliar no trabalho.
Se isso também agradar a vós próprios, eu decerto
retornarei neste mesmo dia à residência de Eeta
para tentar. Talvez eu conte com o auxílio divino nessa tentativa."
Assim falou. Os deuses benfazejos lhes concederam um sinal.   540
Fugindo de um violento falcão, uma tímida pomba
caiu do alto, amedrontada, no colo do Esônida.
O falcão caiu sobre o aplustre. Rapidamente Mopso,
numa profecia, proferiu tais palavras entre todos:

545 " Ὕμμι φίλοι τόδε σῆμα θεῶν ἰότητι τέτυκται·
οὐδέ πῃ ἄλλως ἐστὶν ὑποκρίνασθαι ἄρειον,
παρθενικὴν δ᾽ ἐπέεσσι μετελθέμεν ἀμφιέποντας
μήτι παντοίῃ· δοκέω δέ μιν οὐκ ἀθερίξειν,
εἰ ἐτεὸν Φινεύς γε θεῇ ἐνὶ Κύπριδι νόστον
550 πέφραδεν ἔσσεσθαι, κείνης δ᾽ ὅγε μείλιχος ὄρνις
πότμον ὑπεξήλυξε. κέαρ δέ μοι ὡς ἐνὶ θυμῷ
τόνδε κατ᾽ οἰωνὸν προτιόσσεται, ὣς δὲ πέλοιτο.
ἀλλὰ φίλοι, Κυθέρειαν ἐπικλείοντες ἀμύνειν,
ἤδη νῦν Ἄργοιο παραιφασίῃσι πίθεσθε."
555 Ἴσκεν· ἐπήνησαν δὲ νέοι, Φινῆος ἐφετμάς
μνησάμενοι. μοῦνος δ᾽ Ἀφαρήιος ἄνθορεν Ἴδας
δείν᾽ ἐπαλαστήσας μεγάλῃ ὀπί, φώνησέν τε·
"Ὦ πόποι, ἦ ῥα γυναιξὶν ὁμόστολοι ἐνθάδ᾽ ἔβημεν,
οἳ Κύπριν καλέουσιν ἐπίρροθον ἄμμι πέλεσθαι,
560 οὐκέτ᾽ Ἐνυαλίοιο μέγα σθένος, ἐς δὲ πελείας
καὶ κίρκους λεύσσοντες ἐρητύονται ἀέθλων.
ἔρρετε, μηδ᾽ ὔμμιν πολεμήια ἔργα μέλοιτο,
παρθενικὰς δὲ λιτῇσιν ἀνάλκιδας ἠπεροπεύειν."
Ὣς ηὔδα μεμαώς· πολέες δ᾽ ὁμάδησαν ἑταῖροι,
565 ἦκα μάλ᾽, οὐδ᾽ ἄρα τίς οἱ ἐναντίον ἔκφατο μῦθον.
χωόμενος δ᾽ ὅγ᾽ ἔπειτα καθέζετο· τοῖσι δ᾽ Ἰήσων
αὐτίκ᾽ ἐποτρύνων τὸν ἑὸν νόον ὧδ᾽ ἀγόρευεν·
"Ἄργος μὲν παρὰ νηός, ἐπεὶ τόδε πᾶσιν ἕαδεν,
στελλέσθω· ἀτὰρ αὐτοὶ ἐπὶ χθονὸς ἐκ ποταμοῖο
570 ἀμφαδὸν ἤδη πείσματ᾽ ἀνάψομεν, ἦ γὰρ ἔοικεν
μηκέτι δὴν κρύπτεσθαι, ἅτε πτήσσοντας αὐτήν."
Ὣς ἄρ᾽ ἔφη· καὶ τὸν μὲν ἄφαρ προΐαλλε νέεσθαι
καρπαλίμως ἐξαῦτις ἀνὰ πτόλιν, οἱ δ᾽ ἐπὶ νηός
εὐναίας ἐρύσαντες ἐφετμαῖς Αἰσονίδαο
575 τυτθὸν ὑπὲξ ἕλεος χέρσῳ ἐπέκελσαν ἐρετμοῖς.
Αὐτίκα δ᾽ Αἰήτης ἀγορὴν ποιήσατο Κόλχων
νόσφιν ἑοῖο δόμου, τόθι περ καὶ πρόσθε κάθιζον,
ἀτλήτους Μινύῃσι δόλους καὶ κήδεα τεύχων.
στεῦτο δ᾽, ἐπεί κεν πρῶτα βόες διαδηλήσονται

LIVRO 3   213

"Este sinal, caros, vos foi produzido por vontade dos deuses.   545
Não há nenhum outro modo melhor de interpretar o ocorrido:
devemos nos aproximar da virgem com palavras, valendo-nos
de toda forma de astúcia. Considero que ela não recusará,
se de fato Fineu revelou que nosso regresso dependeria
da deusa Cípris. E esse doce pássaro que escapou de seu fado   550
lhe pertence. Como meu coração no peito pressente
de acordo com o augúrio, que assim seja.
Mas, caros, ao invocar o socorro da Citereia,
desde já obedecei aos conselhos de Argos."
Falou. Os jovens o elogiaram ao se lembrarem das ordens   555
de Fineu. Somente Idas, filho de Afareu, saltou,
com uma terrível indignação, e disse em voz alta:
"Que desgraça! Viemos para cá com uma tripulação
de mulheres que invocam Cípris para nos auxiliar,
não mais a grande força de Eniálio, e, observando   560
as pombas e os falcões, vos afastais dos trabalhos.
Miseráveis! Que os feitos guerreiros não vos preocupem,
mas sim a sedução de fracas virgens por meio de súplicas."
Assim bradou vigorosamente. Muitos companheiros murmuraram
em voz baixa, mas nenhum lhe disse uma palavra contrária.   565
Em seguida ele se sentou encolerizado. E Jasão,
logo os incitando, assim anunciou sua intenção:
"Já que isso agrada a todos, que Argos deixe
a nau. E nós mesmos, saindo do rio, ataremos
abertamente os cabos à terra. Pois não mais convém   570
nos escondermos como acovardados ante o combate."
Assim falou. E de imediato ordenou que retornasse
rapidamente à cidade, enquanto os outros, por instrução
do Esônida, puxaram a âncora até a nau e, com os remos,
abordaram à terra firme, um pouco além do pântano.   575
Em seguida Eeta convocou a assembleia dos colcos,
longe de sua residência, no mesmo lugar onde antes se sentavam,
arquitetando aos mínias dolos insuportáveis e aflições.
Afirmava que, quando os bois primeiro estraçalharem

580 ἄνδρα τὸν ὅς ῥ’ ὑπέδεκτο βαρὺν καμέεσθαι ἄεθλον,
δρυμὸν ἀναρρήξας λασίης καθύπερθε κολώνης,
αὔτανδρον φλέξειν δόρυ νήιον, ὄφρ’ ἀλεγεινήν
ὕβριν ἀποφλύξωσιν ὑπέρβια μηχανόωντες.
οὐδὲ γὰρ Αἰολίδην Φρίξον μάλα περ χατέοντα
585 δέχθαι ἐνὶ μεγάροισιν ἐφέστιον, ὃς περὶ πάντων
ξείνων μειλιχίῃ τε θεουδείῃ τ’ ἐκέκαστο,
εἰ μή οἱ Ζεὺς αὐτὸς ἀπ’ οὐρανοῦ ἄγγελον ἧκεν
Ἑρμείαν, ὥς κεν προσκηδέος ἀντιάσειεν·
μὴ καὶ ληιστῆρας ἑὴν ἐς γαῖαν ἰόντας
590 ἔσσεσθαι δηναιὸν ἀπήμονας, οἷσι μέμηλεν
ὀθνείοις ἐπὶ χεῖρα ἑὴν κτεάτεσσιν ἀείρειν
κρυπταδίους τε δόλους τεκταινέμεν, ἠδὲ βοτήρων
αὔλια δυσκελάδοισιν ἐπιδρομίῃσι δαΐξαι.
νόσφι δὲ οἷ αὐτῷ φάτ’ ἐοικότα μείλια τείσειν
595 υἷας Φρίξοιο, κακορρέκτῃσιν ὀπηδούς
ἀνδράσι νοστήσαντας ὁμιλαδόν, ὄφρα ἑ τιμῆς
καὶ σκήπτρων ἐλάσειαν ἀκηδέες· ὥς ποτε βάξιν
λευγαλέην οὗ πατρὸς ἐπέκλυεν Ἡελίοιο,
χρειώ μιν πυκινόν τε δόλον βουλάς τε γενέθλης
600 σφωιτέρης ἄτην τε πολύτροπον ἐξαλέασθαι·
τῶ καὶ †ἐελδομένους πέμπεν† ἐς Ἀχαιίδα γαῖαν
πατρὸς ἐφημοσύνῃ δολιχὴν ὁδόν· οὐδὲ θυγατρῶν
εἶναί οἱ τυτθόν γε δέος μή πού τινα μῆτιν
φράσσωνται στυγερήν, οὐδ’ υἱέος Ἀψύρτοιο,
605 ἀλλ’ ἐνὶ Χαλκιόπης γενεῇ τάδε λυγρὰ τετύχθαι.
καί ῥ’ ὁ μὲν ἄσχετα ἔργα πιφαύσκετο δημοτέροισιν
χωόμενος, μέγα δέ σφιν ἀπείλεε νῆά τ’ ἐρύσθαι
ἠδ’ αὐτούς, ἵνα μή τις ὑπὲκ κακότητος ἀλύξῃ·
τόφρα δὲ μητέρ’ ἑήν, μετιὼν δόμον Αἰήταο,
610 Ἄργος παντοίοισι παρηγορέεσκεν ἔπεσσιν,
Μήδειαν λίσσεσθαι ἀμυνέμεν· ἡ δὲ καὶ αὐτή
πρόσθεν μητίασκε, δέος δέ μιν ἴσχανε θυμόν
μή πως ἠὲ παρ’ αἶσαν ἐτώσια μειλίσσοιτο
πατρὸς ἀτυζομένην ὀλοὸν χόλον, ἠὲ λιτῇσιν

LIVRO 3   215

o homem que aceitou suportar o pesado trabalho,   580
ele cortaria o arvoredo sobre a espessa colina
e inflamaria as pranchas da nau com a tripulação, para expiarem
o doloroso excesso por terem maquinado coisas soberbas.
Pois não receberia o Eólida Frixo como hóspede no palácio,
ainda que ele assim ansiasse, notabilizando-se   585
entre todos os estrangeiros por doçura e piedade,
se o próprio Zeus não lhe enviasse do céu o mensageiro
Hermes, de modo que Frixo o encontrasse benévolo.
Muito menos não ficariam sem punição por muito tempo
os piratas que vinham à sua terra, ocupados   590
em erguer suas mãos sobre os bens estrangeiros,
conspirar dolos secretos e arrasar os estábulos
dos vaqueiros em estrondosas incursões.
À parte, disse a si mesmo que os filhos de Frixo pagariam
uma retribuição conveniente por terem retornado   595
acompanhados de homens malfeitores, a fim de, despreocupados,
despojarem-no da honra e do cetro. Assim, outrora,
ouvira um terrível oráculo de seu pai Hélio
sobre a necessidade de evitar um consistente dolo,
as deliberações da própria família e a variada ruína.   600
Por isso os enviou, já que assim desejavam, ao solo acaio
através de um longo caminho, segundo as ordens do pai. Não
tinha o menor temor de que as filhas urdissem
algum plano odioso, nem seu filho Apsirto,
mas estas desventuras eram arquitetadas pela geração de Calcíope. 605
Encolerizado, ele revelava os feitos intoleráveis
ao povo e os compelia, com grandes ameaças, a vigiar a nau
e os homens, a fim de que ninguém evitasse o infortúnio.
Enquanto isso, ao retornar à residência de Eeta, Argos
exortava sua mãe com todo tipo de argumento   610
para que suplicasse pelo socorro de Medeia. Também ela própria,
antes, refletira sobre isso, mas seu ânimo era tomado pelo temor
de que talvez de modo inapropriado e inútil tentasse persuadir a irmã,
apavorada com a funesta cólera de pai, ou, se ela atendesse

216 ARGONÁUTICAS

615 ἑσπομένης ἀρίδηλα καὶ ἀμφαδὰ ἔργα πέλοιτο.
Κούρην δ' ἐξ ἀχέων ἀδινὸς κατελώφεεν ὕπνος
λέκτρῳ ἀνακλινθεῖσαν. ἄφαρ δέ μιν ἠπεροπῆες,
οἷά τ' ἀκηχεμένην, ὀλοοὶ ἐρέθεσκον ὄνειροι·
τὸν ξεῖνον δ' ἐδόκησεν ὑφεστάμεναι τὸν ἄεθλον
620 οὔτι μάλ' ὁρμαίνοντα δέρος κριοῖο κομίσσαι,
οὐδέ τι τοῖο ἕκητι μετὰ πτόλιν Αἰήταο
ἐλθέμεν, ὄφρα δέ μιν σφέτερον δόμον εἰσαγάγοιτο
κουριδίην παράκοιτιν. ὀίετο δ' ἀμφὶ βόεσσιν
αὐτὴ ἀεθλεύουσα μάλ' εὐμαρέως πονέεσθαι·
625 σφωιτέρους δὲ τοκῆας ὑποσχεσίης ἀθερίζειν,
οὕνεκεν οὐ κούρῃ ζεῦξαι βόας ἀλλά οἱ αὐτῷ
προύθεσαν· ἐκ δ' ἄρα τοῦ νεῖκος πέλεν ἀμφήριστον
πατρί τε καὶ ξείνοις· αὐτῇ δ' ἐπιέτρεπον ἄμφω
τὼς ἔμεν ὥς κεν ἑῇσι μετὰ φρεσὶν ἰθύσειεν·
630 ἡ δ' ἄφνω τὸν ξεῖνον, ἀφειδήσασα τοκήων,
εἵλετο· τοὺς δ' ἀμέγαρτον ἄχος λάβεν, ἐκ δ' ἐβόησαν
χωόμενοι. τὴν δ' ὕπνος ἅμα κλαγγῇ μεθέηκεν,
παλλομένη δ' ἀνόρουσε φόβῳ περί τ' ἀμφί τε τοίχους
πάπτηνεν θαλάμοιο· μόλις δ' ἐσαγείρατο θυμόν
635 ὡς πάρος ἐν στέρνοις, ἀδινὴν δ' ἀνενείκατο φωνήν·
"Δειλὴ ἐγών, οἷόν με βαρεῖς ἐφόβησαν ὄνειροι.
δείδια μὴ μέγα δή τι φέρῃ κακὸν ἥδε κέλευθος
ἡρώων· περί μοι ξείνῳ φρένες ἠερέθονται. –
μνάσθω ἑὸν κατὰ δῆμον Ἀχαιίδα τηλόθι κούρην,
640 ἄμμι δὲ παρθενίη τε μέλοι καὶ δῶμα τοκήων. –
ἔμπα γε μὴν θεμένη κύνεον κέαρ, οὐκέτ' ἄνευθεν
αὐτοκασιγνήτης πειρήσομαι εἴ κέ μ' ἀέθλῳ
χραισμεῖν ἀντιάσῃσιν, ἐπὶ σφετέροις ἀχέουσα
παισί· τό κέν μοι λυγρὸν ἐνὶ κραδίῃ σβέσει ἄλγος."
645 Ἦ ῥα, καὶ ὀρθωθεῖσα θύρας ὤιξε δόμοιο
νήλιπος οἰέανος, καὶ δὴ λελίητο νέεσθαι
αὐτοκασιγνήτηνδε καὶ ἕρκεος οὐδὸν ἄμειψεν·
δὴν δὲ καταυτόθι μίμνεν ἐνὶ προδόμῳ θαλάμοιο
αἰδοῖ ἐεργομένη· μετὰ δ' ἐτράπετ' αὖτις ὀπίσσω

LIVRO 3   217

às súplicas, os feitos tornar-se-iam evidentes e manifestos.   615
Um sono profundo aliviou a garota das aflições,
ao se reclinar no leito. De imediato, como se encontrava
aflita, os funestos sonhos enganadores a agitavam.
Pareceu-lhe que o estrangeiro se encarregara do trabalho
de modo algum pelo ímpeto de levar o velo do carneiro,   620
nem mesmo por causa dele teria vindo à cidade
de Eeta, mas para conduzi-la à sua residência
como esposa legítima. Imaginava que ela própria,
com facilidade, enfrentava os touros e executava o trabalho.
Mas seus genitores não cumpriam a promessa,   625
porque não haviam proposto à garota, mas a ele próprio,
subjugar os bois. Depois disso surgia uma disputa incerta
entre o pai e os estrangeiros. Ambas as partes confiaram a ela
a decisão de ficar com quem preferisse em seu coração.
Subitamente descuidando dos genitores, ela escolheu   630
o estrangeiro. Uma violenta aflição os tomou e eles gritaram
encolerizados. Junto ao clamor, o sono a deixou.
Trêmula por conta do medo, ela se levantou e lançou olhares
ao redor das paredes do quarto. Com dificuldade reuniu o ânimo
no peito, como antes, e proferiu com voz lamuriosa: 635
"Infeliz que sou, como me amedrontam os pesados sonhos
Temo que essa viagem de heróis me traga de fato
um grande mal. Minha mente volteia por causa do estrangeiro.
Que ele corteje uma garota acaia em seu distante povoado
e que nos preocupem a virgindade e o palácio dos genitores.   640
Todavia, mantendo um coração impudico, sem indiferença,
testarei minha irmã, caso ela rogue o meu auxílio
no trabalho, já que se aflige por causa de seus
filhos. Isso amenizaria, em meu coração, uma triste dor."
Assim disse e ao se erguer abriu as portas do aposento,   645
sem calçados e com uma única túnica. Desejava ir
até a irmã e atravessar a soleira do pátio.
Durante um longo tempo lá permanecia no vestíbulo do quarto,
impedida pelo pudor. Em seguida virou-se novamente para trás,

650 στρεφθεῖσ'· ἐκ δὲ πάλιν κίεν ἔνδοθεν, ἄψ τ' ἀλέεινεν
εἴσω, τηῦσιοι δὲ πόδες φέρον ἔνθα καὶ ἔνθα.
ἤτοι ὅτ' ἰθύσειεν, ἔρυκέ μιν ἔνδοθεν αἰδώς·
αἰδοῖ δ' ἐργομένην θρασὺς ἵμερος ὀτρύνεσκεν.
τρὶς μὲν ἐπειρήθη, τρὶς δ' ἔσχετο· τέτρατον αὖτις
655 λέκτροισι πρηνὴς ἐνικάππεσεν εἰλιχθεῖσα.
ὡς δ' ὅτε τις νύμφη θαλερὸν πόσιν ἐν θαλάμοισιν
657 μύρεται, ᾧ μιν ὄπασσαν ἀδελφεοὶ ἠὲ τοκῆες,
660 τὸν δέ τις ὤλεσε μοῖρα πάρος ταρπήμεναι ἄμφω
δήνεσιν ἀλλήλων· ἡ δ' ἔνδοθι δαιομένη κῆρ
662 σῖγα μάλα κλαίει χῆρον λέχος εἰσορόωσα,
[658] οὐδέ τί πω πάσαις ἐπιμίσγεται ἀμφιπόλοισιν
[659] αἰδοῖ ἐπιφροσύνῃ τε, μυχῷ δ' ἀχέουσα θαάσσει,
663 μή μιν κερτομέουσαι ἐπιστοβέωσι γυναῖκες –
τῇ ἰκέλη Μήδεια κινύρετο. τὴν δέ τις ἄφνω
665 μυρομένην μεσσηγὺς ἐπιπρομολοῦσ' ἐνόησεν
δμωάων, ἥ οἱ ἐπέτις πέλε κουρίζουσα,
Χαλκιόπῃ δ' ἤγγειλε παρασχεδόν. ἡ δ' ἐνὶ παισίν
ἧστ', ἐπιμητιόωσα κασιγνήτην ἀρέσασθαι·
ἀλλ' οὐδ' ὣς ἀπίθησεν, ὅτ' ἔκλυεν ἀμφιπόλοιο
670 μῦθον ἀνώιστον, διὰ δ' ἔσσυτο θαμβήσασα
ἐκ θαλάμου θάλαμόνδε διαμπερές, ᾧ ἔνι κούρη
κέκλιτ', ἀκηχεμένη, δρύψεν δ' ἑκάτερθε παρειάς.
ὡς δ' ἴδε δάκρυσιν ὄσσε πεφυρμένα, φώνησέν μιν·
"Ὦ μοι ἐγώ, Μήδεια, τί δὴ τάδε δάκρυα λείβεις;
675 τίπτ' ἔπαθες; τί τοι αἰνὸν ὑπὸ φρένας ἵκετο πένθος;
ἦ νύ σε θευμορίη περιδέδρομεν ἄψεα νοῦσος,
ἦέ τιν' οὐλομένην ἐδάης ἐκ πατρὸς ἐνιπὴν
ἀμφί τ' ἐμοὶ καὶ παισίν; ὄφελλέ με μήτε τοκήων
δῶμα τόδ' εἰσοράαν μηδὲ πτόλιν, ἀλλ' ἐπὶ γαίης
680 πείρασι ναιετάειν, ἵνα μηδέ περ οὔνομα Κόλχων."
Ὣς φάτο· τῆς δ' ἐρύθηνε παρήια, δὴν δέ μιν αἰδὼς
παρθενίη κατέρυκεν, ἀμείψασθαι μεμαυῖαν·
μῦθος δ' ἄλλοτε μέν οἱ ἐπ' ἀκροτάτης ἀνέτελλεν
γλώσσης, ἄλλοτ' ἔνερθε κατὰ στῆθος πεπότητο·

LIVRO 3 219

retornando. De novo saiu do aposento e, mais uma vez, voltou 650
para dentro. Inutilmente os pés a levavam aqui e acolá.
Quando decidia avançar, retinha-a lá dentro o pudor.
Quando era impedida pelo pudor, o ousado desejo a incitava.
Três vezes tentou e três vezes se conteve. Na quarta,
outra vez, ao dar meia volta, caiu de bruços no leito. 655
Como quando, no quarto, uma recém-casada chora pelo jovem
marido, a quem a concederam os irmãos ou os genitores, 657
mas uma fatalidade o fez perecer antes de ambos se alegrarem 660
com planos comuns; enquanto seu coração queima por dentro,
em silêncio ela pranteia ao observar o leito vazio 662
e de modo nenhum se mistura a todas as servas, [658]
por pudor e por discrição, mas se senta aflita num canto, [659]
temendo que, com ultrajes, as mulheres lhe façam zombarias; 663
semelhante a ela, Medeia se lamentava. Subitamente
uma das servas, uma jovem que era sua criada, 665
ao se aproximar notou-a em meio ao choro
e, em seguida, contou isso a Calcíope. Ela estava sentada
entre os filhos, planejando como conseguir o auxílio da irmã.
Mas não duvidou quando escutou da serva
o relato inesperado. Espantada, ela se precipitou 670
de seu quarto diretamente ao quarto no qual a garota
estava deitada, aflita, após arranhar cada lado o rosto.
Quando viu seus dois olhos diluídos em lágrimas, disse-lhe:
"Ai de mim, Medeia. Por que vertes estas lágrimas?
O que te acometeu? Que dor terrível penetrou tuas entranhas? 675
Uma doença de origem divina invadiu tuas articulações
ou sabes de alguma funesta ameaça do pai
contra mim e meus filhos? Quem dera eu não contemplasse
este palácio dos genitores, nem a cidade, mas morasse
nos confins da terra, onde nem mesmo o nome dos colcos existe." 680
Assim falou. Seu rosto se ruborizou. Durante um tempo
o pudor virginal a conteve, ainda que desejasse responder.
Ora as palavras se erguiam até a ponta
de sua língua, ora ficavam voando dentro do peito.

685 πολλάκι δ' ἱμερόεν μὲν †ἀνὰ στόμα θυῖεν ἐνισπεῖν,
φθογγῇ δ' οὐ προύβαινε παροιτέρω. ὀψὲ δ' ἔειπεν
τοῖα δόλῳ, θρασέες γὰρ ἐπικλονέεσκον ἔρωτες·
"Χαλκιόπη, περί μοι παίδων σέο θυμὸς ἄηται,
μή σφε πατὴρ ξείνοισι σὺν ἀνδράσιν αὐτίκ' ὀλέσσῃ·
690 τοῖα κατακνώσσουσα μινυνθαδίῳ νέον ὕπνῳ
λεύσσω ὀνείρατα λυγρά – τά τις θεὸς ἀκράαντα
θείη, μηδ' ἀλεγεινὸν ἐφ' υἱάσι κῆδος ἕλοιο."
Φῆ ῥα, κασιγνήτης πειρωμένη εἴ κέ μιν αὐτή
ἀντιάσειε πάροιθεν ἑοῖς τεκέεσσιν ἀμύνειν·
695 τῆς δ' αἰνῶς ἄτλητος ἐπέκλυσε θυμὸν ἀνίη
δείματι, οἷ' ἐσάκουσεν· ἀμείβετο δ' ὧδ' ἐπέεσσιν·
"Καὶ δ' αὐτὴ τάδε πάντα μετήλυθον ὁρμαίνουσα,
εἴ τινα συμφράσσαιο καὶ ἀρτύνειας ἀρωγήν.
ἀλλ' ὄμοσον Γαῖάν τε καὶ Οὐρανόν, ὅττι τοι εἴπω
700 σχησέμεν ἐν θυμῷ σύν τε δρήστειρα πέλεσθαι.
λίσσομ' ὑπὲρ μακάρων σέο τ' αὐτῆς ἠδὲ τοκήων,
μή σφε κακῇ ὑπὸ κηρὶ διαρραισθέντας ἰδέσθαι
λευγαλέως· ἢ σοίγε, φίλοις σὺν παισὶ θανοῦσα,
εἴην ἐξ Ἀίδεω στυγερὴ μετόπισθεν Ἐρινύς."
705 Ὣς ἄρ' ἔφη, τὸ δὲ πολλὸν ὑπεξέχυτ' αὐτίκα δάκρυ,
νειόθι δ' ἀμφοτέρῃσι περίσχετο γούνατα χερσίν·
σὺν δὲ κάρη κόλποις περικάββαλον. ἔνθ' ἐλεεινόν
ἄμφω ἐπ' ἀλλήλῃσι θέσαν γόον, ὦρτο δ' ἰωή
λεπταλέη διὰ δώματ' ὀδυρομένων ἀχέεσσιν.
710 τὴν δὲ πάρος Μήδεια προσέννεπεν ἀσχαλόωσαν·
"Δαιμονίη, τί νύ τοι ῥέξω ἄκος; οἷ' ἀγορεύεις,
ἀράς τε στυγερὰς καὶ Ἐρινύας· αἲ γὰρ ὄφελλεν
ἔμπεδον εἶναι ἐπ' ἄμμι τεοὺς υἷας ἔρυσθαι.
ἴστω Κόλχων ὅρκος ὑπέρβιος, ὅντιν' ὀμόσσαι
715 αὐτὴ ἐποτρύνεις, μέγας Οὐρανὸς ἠδ' ὑπένερθεν
Γαῖα, θεῶν μήτηρ, ὅσσον σθένος ἐστὶν ἐμεῖο,
μή σ' ἐπιδευήσεσθαι ἀνυστά περ ἀντιόωσαν."
Φῆ ἄρα· Χαλκιόπη δ' ἠμείβετο τοῖσδ' ἐπέεσσιν·
"Οὐκ ἂν δὴ ξείνῳ τλαίης χατέοντι καὶ αὐτῷ

LIVRO 3   221

Muitas vezes se precipitavam à desejável boca para falar,   685
mas a voz não prosseguia. Por fim disse
tais coisas com dolo, pois os ousados amores a instigavam:
"Calcíope, meu ânimo se agita por causa dos teus filhos,
temendo que o pai os aniquile, em seguida, com os estrangeiros.
Tais foram os desventurosos sonhos que contemplei enquanto,   690
há pouco, dormia num breve sono – que um deus os torne
irrealizáveis e não sintas por teus filhos um doloroso sofrimento."
Falou testando a irmã e esperando que ela suplicasse
antes, de modo a conseguir o socorro a seus rebentos.
Uma dor terrivelmente insuportável inundou o ânimo de Calcíope   695
por temor, ao ouvir isso. Assim respondeu com tais palavras:
"Também eu própria estou inquieta por conta disso e vim até ti
para ver se pensavas em alguma ideia e oferecias auxílio.
Mas jura por Gaia e Urano manteres em teu coração
isto que te digo e te tornares minha colaboradora.   700
Eu rogo pelos afortunados, por ti própria e pelos genitores,
que eu não os veja tristemente despedaçados sob um funesto
lote. Caso contrário, que eu seja a ti, do Hades, após ter morrido
com meus amáveis filhos no futuro, uma odiosa Erínia."
Assim ela falou e derramou em seguida muitas lágrimas.   705
No chão, abraçou os joelhos de Medeia com ambas as mãos.
Nesse instante tombaram as cabeças sobre os seios. Então, próximas,
ambas entoaram um lamento digno de piedade. Um grito sutil
pelo palácio ecoou ao se lamuriarem com aflição.
Antes de sua irmã angustiada, Medeia lhe disse: 710
"Infortunada, que remédio te prepararei, já que proferes
coisas tais como imprecações odiosas e Erínias? Oxalá
estivesse firmemente em nosso poder proteger teus filhos.
Em nome do vigoroso juramento dos colcos, pelo qual tu
própria me impeles a jurar, pelo grande Urano e pela profunda   715
Gaia, mãe dos deuses, juro que a minha força, o quanto for,
não te faltará se me solicitares o que for viável."
Falou. E Calcíope respondeu com tais palavras:
"Não ousarias, no interesse do próprio estrangeiro,

ARGONÁUTICAS

720 ἢ δόλον ἤ τινα μῆτιν ἐπιφράσσασθαι ἀέθλου,
παίδων εἵνεκ᾽ ἐμεῖο; καὶ ἐκ κείνου τόδ᾽ ἱκάνει
Ἄργος ἐποτρύνων με τεῆς πειρῆσαι ἀρωγῆς·
μεσσηγὺς μὲν τῶνγε δόμον λίπον ἐνθάδ᾽ ἰοῦσα."
Ὣς φάτο· τῆς δ᾽ ἔντοσθεν ἀνέπτατο χάρματι θυμός,
725 φοινίχθη δ᾽ ἄμυδις καλὸν χρόα, κὰδ δέ μιν ἀχλύς
εἷλεν ἰαινομένην. τοῖον δ᾽ ἐπὶ μῦθον ἔειπεν·
"Χαλκιόπη, ὡς ὔμμι φίλον τερπνόν τε τέτυκται,
ὣς ἔρξω. μὴ γάρ μοι ἐν ὀφθαλμοῖσι φαείνοι
ἠὼς μηδέ με δηρὸν ἔτι ζώουσαν ἴδοιο,
730 εἴ γέ τι σῆς ψυχῆς προφερέστερον ἠέ τι παίδων
σῶν θείην, οἳ δή μοι ἀδελφειοὶ γεγάασιν
κηδεμόνες τε φίλοι καὶ ὁμήλικες· ὣς δὲ καὶ αὐτή
φημὶ κασιγνήτη τε σέθεν κούρη τε πέλεσθαι,
ἶσον ἐπεὶ κείνοις με τεῷ ἐπαείραο μαζῷ
735 νηπυτίην, ὡς αἰὲν ἐγώ ποτε μητρὸς ἄκουον.
ἀλλ᾽ ἴθι, κεῦθε δ᾽ ἐμὴν σιγῇ χάριν, ὄφρα τοκῆας
λήσομεν ἐντύνουσαι ὑπόσχεσιν· ἦρι δὲ νηόν
εἴσομαι εἰς Ἑκάτης, θελκτήρια φάρμακα ταύρων
οἰσομένη ξείνῳ ὑπὲρ οὗ τόδε νεῖκος ὄρωρεν."
740 Ὣς ἥγ᾽ ἐκ θαλάμοιο πάλιν κίε παισί τ᾽ ἀρωγήν
αὐτοκασιγνήτης διεπέφραδε· τὴν δὲ μεταῦτις
αἰδώς τε στυγερόν τε δέος λάβε μουνωθεῖσαν,
τοῖα παρὲξ οὗ πατρὸς ἐπ᾽ ἀνέρι μητιάασθαι.
Νὺξ μὲν ἔπειτ᾽ ἐπὶ γαῖαν ἄγεν κνέφας, οἱ δ᾽ ἐνὶ πόντῳ
745 ναυτίλοι εἰς Ἑλίκην τε καὶ ἀστέρας Ὠρίωνος
ἔδρακον ἐκ νηῶν, ὕπνοιο δὲ καί τις ὁδίτης
ἤδη καὶ πυλαωρὸς ἐέλδετο, καί τινα παίδων
μητέρα τεθνεώτων ἀδινὸν περὶ κῶμ᾽ ἐκάλυπτεν,
οὐδὲ κυνῶν ὑλακὴ ἔτ᾽ ἀνὰ πτόλιν, οὐ θρόος ἦεν
750 ἠχήεις, σιγὴ δὲ μελαινομένην ἔχεν ὄρφνην·
ἀλλὰ μάλ᾽ οὐ Μήδειαν ἐπὶ γλυκερὸς λάβεν ὕπνος.
πολλὰ γὰρ Αἰσονίδαο πόθῳ μελεδήματ᾽ ἔγειρεν
δειδυῖαν ταύρων κρατερὸν μένος, οἷσιν ἔμελλεν
φθεῖσθαι ἀεικελίῃ μοίρῃ κατὰ νειὸν Ἄρηος.

LIVRO 3

um dolo ou um plano conceber para esta luta 720
por causa dos meus filhos? Da parte dele veio
Argos, impelindo-me a tentar a tua ajuda.
Neste momento deixei-o em meu aposento ao vir para cá."
Assim falou. Dentro dela voou com alegria o coração.
Ao mesmo tempo sua bela pele se ruborizou e as trevas 725
tomaram-lhe a visão, jubilosa. E disse tais palavras:
"Calcíope, aquilo que vos for amável e agradável,
assim farei. Que em meus olhos não mais brilhe
a aurora nem me vejas viva por muito mais tempo,
se eu considerasse algo ser superior à tua alma 730
ou à dos teus filhos, que são irmãos para mim,
amáveis parentes e companheiros de infância. Também
eu própria digo ser tua irmã e tua filha,
pois, da mesma forma que a eles, me erguias até teu seio
quando criança, como eu sempre costumava ouvir de minha mãe. 735
Mas vai e conserva meu favor em silêncio para que eu cumpra
a promessa sem que os genitores tenham ciência. Amanhã cedo
irei ao templo de Hécate para levar as drogas encantatórias
de touros ao estrangeiro que motivou essa disputa."
Assim ela saiu do quarto e foi contar aos filhos 740
sobre o auxílio da irmã. Mas novamente o pudor
e o terrível temor tomaram Medeia quando ficou sozinha,
ao planejar tais coisas a um homem, a despeito do pai.
Em seguida a noite trouxe a escuridão sobre a terra. No mar,
os navegantes observavam, das naus, a Hélice 745
e as estrelas de Orião, tanto o viajante quanto
o sentinela já desejavam o sono e um profundo sopor
envolvia a mãe cujos filhos haviam morrido.
Nem mesmo havia o latido de cães pela cidade, nem murmúrios
sonoros. Um silêncio retinha as trevas obscuras. 750
Mas de modo algum o doce sono tomou Medeia.
Pois, em desejo ao Esônida, muitas preocupações a deixavam
desperta, temendo o forte ardor dos touros, pelos quais seria
destruído no campo de Ares, sob um destino indigno. 754

224 ARGONÁUTICAS

[761] δάκρυ δ᾽ ἀπ᾽ ὀφθαλμῶν ἐλέῳ ῥέεν· ἔνδοθι δ᾽ αἰεί
[762] τεῖρ᾽ ὀδύνη, σμύχουσα διὰ χροὸς ἀμφί τ᾽ ἀραιάς
[763] ἶνας καὶ κεφαλῆς ὑπὸ νείατον ἰνίον ἄχρις,
[764] ἔνθ᾽ ἀλεγεινότατον δύνει ἄχος, ὁππότ᾽ ἀνίας
[765] ἀκάματοι πραπίδεσσιν ἐνισκίμψωσιν ἔρωτες.
755 πυκνὰ δέ οἱ κραδίη στηθέων ἔντοσθεν ἔθυιεν,
ἠελίου ὥς τίς τε δόμοις ἔνι πάλλεται αἴγλη,
ὕδατος ἐξανιοῦσα τὸ δὴ νέον ἠὲ λέβητι
ἠέ που ἐν γαυλῷ κέχυται, ἡ δ᾽ ἔνθα καὶ ἔνθα
ὠκείῃ στροφάλιγγι τινάσσεται ἀίσσουσα –
760 ὣς δὲ καὶ ἐν στήθεσσι κέαρ ἐλελίζετο κούρης,
766 φῆ δέ οἱ ἄλλοτε μὲν θελκτήρια φάρμακα ταύρων
δωσέμεν· ἄλλοτε δ᾽ οὔτι, καταφθεῖσθαι δὲ καὶ αὐτή·
αὐτίκα δ᾽ οὔτ᾽ αὐτὴ θανέειν, οὐ φάρμακα δώσειν,
ἀλλ᾽ αὔτως εὔκηλος ἑὴν ὀτλησέμεν ἄτην.
770 ἑζομένη δ᾽ ἤπειτα δοάσσατο, φώνησέν τε·
"Δειλὴ ἐγώ, νῦν ἔνθα κακῶν ἢ ἔνθα γένωμαι;
πάντῃ μοι φρένες εἰσὶν ἀμήχανοι, οὐδέ τις ἀλκή
πήματος, ἀλλ᾽ αὔτως φλέγει ἔμπεδον. ὡς ὄφελόν γε
Ἀρτέμιδος κραιπνοῖσι πάρος βελέεσσι δαμῆναι,
775 πρὶν τόνγ᾽ εἰσιδέειν, πρὶν Ἀχαιίδα νῆα κομίσσαι
Χαλκιόπης υἷας· τοὺς μὲν θεὸς ἤ τις Ἐρινύς
ἄμμι πολυκλαύτους δεῦρ᾽ ἤγαγε κεῖθεν ἀνίας. –
φθείσθω ἀεθλεύων, εἴ οἱ κατὰ νειὸν ὀλέσθαι
μοῖρα πέλει· πῶς γάρ κεν ἐμοὺς λελάθοιμι τοκῆας
780 φάρμακα μησαμένη, ποῖον δ᾽ ἐπὶ μῦθον ἐνίψω;
τίς δὲ δόλος, τίς μῆτις ἐπίκλοπος ἔσσετ᾽ ἀρωγῆς; –
ἢ μιν ἄνευθ᾽ ἑτάρων προσπτύξομαι οἶον ἰοῦσα;
δύσμορος· οὐ μὲν ἔολπα καταφθιμένοιό περ ἔμπης
λωφήσειν ἀχέων, τότε δ᾽ ἂν κακὸν ἄμμι πέλοιτο
785 κεῖνος, ὅτε ζωῆς ἀπαμείρεται. ἐρρέτω αἰδώς,
ἐρρέτω ἀγλαΐη, ὁ δ᾽ ἐμῇ ἰότητι σαωθείς
ἀσκηθής, ἵνα οἱ θυμῷ φίλον, ἔνθα νέοιτο·
αὐτὰρ ἐγὼν αὐτῆμαρ, ὅτ᾽ ἐξανύσειεν ἄεθλον,
τεθναίην, ἢ λαιμὸν ἀναρτήσασα μελάθρῳ

LIVRO 3   225

Lágrimas de piedade escorriam de seus olhos. Por dentro uma dor [761]
constante a exauria, consumindo-a pelo corpo, ao redor dos frágeis [762]
nervos e sob a cabeça até a extremidade da nuca, [763]
onde a mais lancinante aflição penetra quando os amores [764]
infatigáveis infligem sofrimentos nas entranhas. [765]
Seu coração batia com intensidade dentro do peito. 755
Como um raio de sol brande dentro de casa,
refletido na água que há pouco fora vertida
num caldeirão ou num balde e, por toda parte,
num rápido turbilhão, tremula ao estar agitado;
assim também, no peito, o coração da garota vibrava, 760
e dizia a si mesma que ora daria as drogas encantatórias 766
contra os touros, ora não, e que ela própria seria destruída.
Depois, que ela própria não morreria nem daria
as drogas, mas, de maneira calma, suportaria sua ruína.
Em seguida, ao sentar, sentiu-se indecisa e disse: 770
"Infeliz de mim, devo agora me encontrar cercada por males?
Por toda parte minha mente está hesitante e não há remédio
contra o sofrimento, mas ele inflama continuamente. Quem dera
outrora ter sido abatida pelas rápidas flechas de Ártemis
antes de tê-lo visto, antes de os filhos de Calcíope 775
terem ido à terra acaia. Um deus ou uma Erínia os conduziu
para cá de modo a nos causarem sofrimentos muito plangentes.
Que ele morra lutando, se perecer no campo de Ares
for seu destino. Como eu, sem que meus genitores percebessem,
poderia preparar as drogas? Qual história contarei? 780
Qual dolo? Qual será o plano para dissimular meu auxílio?
Acaso o saudarei longe dos companheiros, encontrando-o sozinho?
Desafortunada! Não espero, nem mesmo quando ele estiver morto,
encontrar o repouso destas aflições. Ele então nos faria mal
quando tivesse sido privado de vida. Maldito seja o pudor, 785
maldita seja a glória. Ao ser salvo pela minha vontade,
ele estará seguro para ir aonde for amável a seu ânimo.
Mas que eu morra no mesmo dia em que ele cumprir
o trabalho, ou suspendendo o pescoço numa viga

790 ἢ καὶ πασσαμένη ῥαιστήρια φάρμακα θυμοῦ. –
ἀλλὰ καὶ ὡς φθιμένῃ μοι ἐπιλλίξουσιν ὀπίσσω
κερτομίας, τηλοῦ δὲ πόλις περὶ πᾶσα βοήσει
πότμον ἐμόν· καί κέν με διὰ στόματος φορέουσαι
Κολχίδες ἄλλυδις ἄλλαι ἀεικέα μωμήσονται·
795 ἥτις κηδομένη τόσον ἀνέρος ἀλλοδαποῖο
κάτθανεν, ἥτις δῶμα καὶ οὓς ᾔσχυνε τοκῆας,
μαργοσύνῃ εἴξασα.' – τί δ' οὐκ ἐμὸν ἔσσεται αἶσχος;
ὤ μοι ἐμῆς ἄτης. ἦ τ' ἂν πολὺ κέρδιον εἴη
τῇδ' αὐτῇ ἐν νυκτὶ λιπεῖν βίον ἐν θαλάμοισιν,
800 πότμῳ ἀνωίστῳ κάκ' ἐλέγχεα πάντα φυγοῦσαν,
πρὶν τάδε λωβήεντα καὶ οὐκ ὀνομαστὰ τελέσσαι."
Ἦ, καὶ φωριαμὸν μετεκίαθεν ᾗ ἔνι πολλά
φάρμακά οἱ τὰ μὲν ἐσθλὰ τὰ δὲ ῥαιστήρι' ἔκειτο.
ἐνθεμένη δ' ἐπὶ γούνατ' ὀδύρετο, δεῦε δὲ κόλπους
805 ἄλληκτον δακρύοισι, τὰ δ' ἔρρεεν ἀσταγὲς αὔτως,
αἴν' ὀλοφυρομένης τὸν ἑὸν μόρον. ἵετο δ' ἥγε
φάρμακα λέξασθαι θυμοφθόρα τόφρα πάσαιτο,
ἤδη καὶ δεσμοὺς ἀνελύετο φωριαμοῖο
ἐξελέειν μεμαυῖα δυσάμμορος· ἀλλά οἱ ἄφνω
810 δεῖμ' ὀλοὸν στυγεροῖο κατὰ φρένας ἦλθ' Ἀίδαο,
ἔσχετο δ' ἀμφασίῃ δηρὸν χρόνον. ἀμφὶ δὲ πᾶσαι
θυμηδεῖς βιότοιο μεληδόνες ἰνδάλλοντο·
μνήσατο μὲν τερπνῶν ὅσ' ἐνὶ ζωοῖσι πέλονται,
μνήσαθ' ὁμηλικίης περιγηθέος, οἷά τε κούρη·
815 καί τέ οἱ ἥλιος γλυκίων γένετ' εἰσοράασθαι
ἢ πάρος, εἰ ἐτεόν γε νόῳ ἐπεμαίεθ' ἕκαστα.
καὶ τὴν μέν ῥα πάλιν σφετέρων ἀποκάτθετο γούνων
Ἥρης ἐννεσίῃσι μετάτροπος· οὐδ' ἔτι βουλάς
ἄλλῃ δοιάζεσκεν, ἐέλδετο δ' αἶψα φανῆναι
820 ἠῶ τελλομένην, ἵνα οἱ θελκτήρια δοίη
φάρμακα συνθεσίῃσι καὶ ἀντήσειεν ἐς ὠπήν.
πυκνὰ δ' ἀνὰ κληῖδας ἑῶν λύεσκε θυράων,
αἴγλην σκεπτομένη· τῇ δ' ἀσπάσιον βάλε φέγγος
ἠριγενής, κίνυντο δ' ἀνὰ πτολίεθρον ἕκαστοι.

LIVRO 3 227

ou provando drogas destrutivas do ânimo. 790
Mas quando eu estiver morta, terão por mim, no provir,
um olhar ultrajante. Ao longe toda cidade proclamará
a minha sorte. E levando-me de boca em boca as outras
colcas, por toda parte, censurar-me-ão indignamente:
'ela se preocupou de tal forma com o estrangeiro 795
que acabou morrendo; ela envergonhou o palácio e os genitores
ao ter cedido ao desejo.' Que vergonha não será a minha?
Ai de mim, que loucura a minha. Decerto seria muito mais útil
que, nesta mesma noite, eu abandonasse a vida em meu quarto
com sorte inesperada, fugindo de todos os vis opróbrios, 800
antes de cumprir estes atos reprocháveis e inomináveis."
Falou e foi buscar um cofre no qual estavam muitas
de suas drogas, algumas benéficas, outras destrutivas.
Colocando-o sobre os joelhos, lamentava-se e, sem cessar,
molhava os seios com lágrimas que escorriam em abundância, 805
enquanto terrivelmente lastimava seu destino. Ela desejava
escolher drogas mortíferas com o intuito de ingeri-las.
E de imediato soltou as correntes do cofre,
ansiando por pegá-las, a desafortunada. Mas subitamente
um pavor funesto do odioso Hades lhe veio à mente. 810
Manteve-se muda por um longo tempo. Ao seu redor, todas
as aprazíveis inquietudes da vida tornaram-se visíveis.
Lembrou-se de quantas coisas agradáveis existem entre os vivos,
lembrou-se das alegres companheiras, como é natural a uma garota.
E o sol lhe pareceu mais doce de se contemplar 815
que antes, enquanto, de fato, examinava cada coisa com a razão.
E, de novo, afastou o cofre dos joelhos, alterando
seus planos pelos desígnios de Hera. E não mais hesitava
com deliberações distintas, mas desejava que logo surgisse
a nascente aurora para que pudesse dar a ele as drogas 820
encantatórias, conforme o acordo, e encontrá-lo face a face.
Com insistência, ela soltou os ferrolhos de sua porta,
fitando a luminosidade. Enviava-lhe a bem-vinda claridade
a matutina aurora, e todos já se locomoviam pela cidade.

228   ARGONÁUTICAS

825 Ἔνθα κασιγνήτους μὲν ἔτ' αὐτόθι μεῖναι ἀνώγει
Ἄργος, ἵνα φράζοιντο νόον καὶ μήδεα κούρης·
αὐτὸς δ' αὖτ' ἐπὶ νῆα κίεν, προπάροιθε λιασθείς.
Ἡ δ' ἐπεὶ οὖν τὰ πρῶτα φαεινομένην ἴδεν ἠῶ
παρθενική, ξανθὰς μὲν ἀνήψατο χερσὶν ἐθείρας,
830 αἵ οἱ ἀτημελίῃ καταειμέναι ἠερέθοντο·
αὐσταλέας δ' ἔψηχε παρηίδας, αὐτὰρ ἀλοιφῇ
νεκταρέῃ φαίδρυνε πέρι χρόα· δῦνε δὲ πέπλον
καλόν, ἐυγνάμπτοισιν ἀρηρέμενον περόνῃσιν,
ἀμβροσίῳ δ' ἐφύπερθε καρήατι βάλλε καλύπτρην
835 ἀργυφέην· αὔτως δὲ δόμοις ἔνι δινεύουσα
στεῖβε πέδον λήθῃ ἀχέων, τά οἱ ἐν ποσὶν ἦεν
θεσπέσι', ἄλλα τ' ἔμελλεν ἀεξήσεσθαι ὀπίσσω.
κέκλετο δ' ἀμφιπόλοις, αἵ οἱ δυοκαίδεκα πᾶσαι
ἐν προδόμῳ θαλάμοιο θυώδεος ηὐλίζοντο
840 ἥλικες, οὔπω λέκτρα σὺν ἀνδράσι πορσύνουσαι,
ἐσσυμένως οὐρῆας ὑποζεύξασθαι ἀπήνῃ,
οἵ κέ μιν εἰς Ἑκάτης περικαλλέα νηὸν ἄγοιεν.
ἔνθ' αὖτ' ἀμφίπολοι μὲν ἐφοπλίζεσκον ἀπήνην·
ἡ δὲ τέως γλαφυρῆς ἐξείλετο φωριαμοῖο
845 φάρμακον ὅρρά τέ φασι Προμήθειον καλέεσθαι.
τῷ εἴ κεν, νυχίοισιν ἀρεσσάμενος θυέεσσιν
Δαῖραν μουνογένειαν, ἑὸν δέμας ἰκμαίνοιτο,
ἦ τ' ἂν ὅγ' οὔτε ῥηκτὸς ἔοι χαλκοῖο τυπῇσιν
οὔτε κεν αἰθομένῳ πυρὶ εἰκάθοι, ἀλλὰ καὶ ἀλκῇ
850 λωίτερος κεῖν' ἦμαρ ὁμῶς κάρτει τε πέλοιτο.
πρωτοφυὲς τόγ' ἀνέσχε κατασταξαντος ἔραζε
αἰετοῦ ὠμηστέω κνημοῖς ἔνι Καυκασίοισιν
αἱματόεντ' ἰχῶρα Προμηθῆος μογεροῖο.
τοῦ δ' ἤτοι ἄνθος μὲν ὅσον πήχυιον ὕπερθεν
855 χροιῇ Κωρυκίῳ ἴκελον κρόκῳ ἐξεφαάνθη,
καυλοῖσιν διδύμοισιν ἐπήορον· ἡ δ' ἐνὶ γαίῃ
σαρκὶ νεοτμήτῳ ἐναλιγκίη ἔπλετο ῥίζα.
τῆς οἵην τ' ἐν ὄρεσσι κελαινὴν ἰκμάδα φηγοῦ
Κασπίῃ ἐν κόχλῳ ἀμήσατο φαρμάσσεσθαι,

LIVRO 3   229

Enquanto isso, Argos ordenava aos irmãos que permanecessem   825
ali para compreenderem a intenção e os desígnios da garota.
Ele próprio partiu, retornando antecipadamente à nau.
A virgem, tão logo viu a aurora brilhando,
prendeu com as mãos sua loira cabeleira,
que, com desleixo, caía esvoaçante.   830
Limpou o rosto ressecado e em seguida ungiu a pele
com um óleo de nectárea fragrância. Vestiu um peplo
belo, guarnecido de fivelas elegantemente
recurvadas, e sobre a face imortal jogou um véu
prateado. Permanecia dando voltas no aposento   835
e pisava o chão esquecida das aflições: algumas, prodigiosas,
lhe eram iminentes e outras cresceriam no porvir.
Ordenou às servas, doze no total, que dormiam
no vestíbulo de seu quarto perfumado, de mesma
idade, jamais tendo compartilhado o leito com um homem,   840
para imediatamente subjugarem à carroça as mulas
que a levariam ao muito belo templo de Hécate.
Então as servas preparavam a carroça.
Nesse ínterim, ela retirou do cofre cinzelado
uma droga que dizem ser chamada prometeica.   845
Se alguém ungisse seu corpo com ela, após apaziguar
com sacrifícios noturnos a unigênita Dera,
decerto não seria vulnerável aos golpes do bronze,
nem cederia ao fogo ardente, mas nesse mesmo dia
tornar-se-ia superior em valentia e em força.   850
Essa planta surgiu primeiro quando uma águia carniceira
derramou por terra, nos sopés do Cáucaso,
o sangue divino de Prometeu sofredor.
Dele uma flor brotou a um côvado de altura,
semelhante a um açafrão corício quanto à cor,   855
erguida por caules duplos. No solo,
a raiz se assemelha à carne recém cortada.
Seu sumo, como o negro sumo do carvalho nas montanhas,
ela recolheu com uma concha cáspia para preparar as drogas,

230 ARGONÁUTICAS

860 ἑπτὰ μὲν ἀενάοισι λοεσσαμένη ὑδάτεσσιν,
ἑπτάκι δὲ Βριμὼ κουροτρόφον ἀγκαλέσασα,
Βριμὼ νυκτιπόλον, χθονίην, ἐνέροισιν ἄνασσαν,
λυγαίῃ ἐνὶ νυκτὶ σὺν ὀρφναίοις φαρέεσσιν·
μυκηθμῷ δ᾽ ὑπένερθεν ἐρεμνὴ σείετο γαῖα
865 ῥίζης τεμνομένης Τιτηνίδος, ἔστενε δ᾽ αὐτός
Ἰαπετοῖο πάις ὀδύνῃ πέρι θυμὸν ἀλύων.
τόρρ᾽ ἥγ᾽ ἐξανελοῦσα, θυώδεϊ κάτθετο μίτρῃ
ἥ τέ οἱ ἀμβροσίοισι περὶ στήθεσσιν ἔερτο.
ἐκ δὲ θύραζε κιοῦσα θοῆς ἐπεβήσατ᾽ ἀπήνης,
870 σὺν δέ οἱ ἀμφίπολοι δοιαὶ ἑκάτερθεν ἔβησαν.
αὐτὴ δ᾽ ἡνί᾽ ἔδεκτο καὶ εὐποίητον ἱμάσθλην
δεξιτερῇ, ἔλαεν δὲ δι᾽ ἄστεος· αἱ δὲ δὴ ἄλλαι
ἀμφίπολοι, πείρινθος ἐφαπτόμεναι μετόπισθεν,
τρώχων εὐρεῖαν κατ᾽ ἀμαξιτόν, ἂν δὲ χιτῶνας
875 λεπταλέους λευκῆς ἐπιγουνίδος ἄχρις ἄειρον.
οἵη δέ, λιαροῖσιν ἐν ὕδασι Παρθενίοιο
ἠὲ καὶ Ἀμνισοῖο λοεσσαμένη ποταμοῖο,
χρυσείοις Λητωὶς ἐφ᾽ ἅρμασιν ἑστηυῖα
ὠκείαις κεμάδεσσι διεξελάῃσι κολώνας,
880 τηλόθεν ἀντιόωσα πολυκνίσου ἑκατόμβης·
τῇ δ᾽ ἅμα νύμφαι ἕπονται ἀμορβάδες, αἱ μὲν ἀπ᾽ αὐτῆς
ἀγρόμεναι πηγῆς Ἀμνισίδες, αἱ δὲ λιποῦσαι
ἄλσεα καὶ σκοπιὰς πολυπίδακας, ἀμφὶ δὲ θῆρες
κνυζηθμῷ σαίνουσιν ὑποτρομέοντες ἰοῦσαν –
885 ὣς αἵγ᾽ ἐσσεύοντο δι᾽ ἄστεος, ἀμφὶ δὲ λαοί
εἶκον ἀλευάμενοι βασιληίδος ὄμματα κούρης.
αὐτὰρ ἐπεὶ πόλιος μὲν ἐυδμήτους λίπ᾽ ἀγυιάς,
νηὸν δ᾽ εἰσαφίκανε διὲκ πεδίων ἐλάουσα,
δὴ τότ᾽ ἐυτροχάλοιο κατ᾽ αὐτόθι βῆσατ᾽ ἀπήνης
890 ἱεμένη, καὶ τοῖα μετὰ δμῳῆσιν ἔειπεν·
“Ὦ φίλαι, ἦ μέγα δή τι παρήλιτον, οὐδ᾽ ἐνόησα
†μὴ ἴμεν ἀλλοδαποῖσι μετ᾽† ἀνδράσιν, οἵ τ᾽ ἐπὶ γαῖαν
ἡμετέρην στρωφῶσιν, ἀμηχανίῃ βεβόλητai
πᾶσα πόλις, τὸ καὶ οὔ τις ἀνήλυθε δεῦρο γυναικῶν

LIVRO 3 231

após ter se banhado sete vezes nas águas perenes 860
e ter invocado sete vezes Brimo, nutriz de garotos,
Brimo notívaga, infernal, soberana entre os mortos,
numa noite sombria, vestida com obscuras vestes.
Com um bramido, o tenebroso solo abaixo sacudiu
quando a raiz titânica foi cortada. Gemeu o próprio 865
filho de Jápeto, atormentado por dores no coração.
Ela retirou a droga e a colocou na perfumada faixa,
entrelaçada ao redor de seu imortal peito.
Saindo pela porta, subiu na veloz carruagem
acompanhada por duas servas, uma de cada lado. 870
Ela própria recebeu as rédeas e o bem lavrado chicote
na destra e conduziu pela cidade. As outras
servas, seguindo atrás do cesto da carruagem,
corriam pela larga rota e erguiam as túnicas
delicadas acima dos brancos joelhos. 875
Como, após ter se banhado nas águas
tépidas do Partênio ou no rio Amniso,
a filha de Leto, ereta sobre o áureo carro,
atravessa colinas guiada por rápidas corças, de longe
aproximando-se de uma fumarenta hecatombe; 880
as ninfas companheiras a seguem, umas reunidas
desde a própria nascente do Amniso, outras após deixarem
os bosques e os cumes de muitas fontes e as feras ao redor,
com urros, agitam a cauda tremulantes ante sua aproximação;
assim elas avançavam pela cidade e o povo ao redor 885
recuava, evitando os olhos da filha do rei.
Quando deixou as bem construídas vias da cidade
e chegou ao templo, após ter cruzado a planície,
então logo desceu da ligeira carruagem
com ímpeto e dirigiu tais palavras às servas: 890
"Ó amigas, certamente cometi uma grande falta e não percebi
que não deveria vir entre os estrangeiros que vagueiam
sobre nosso solo. Toda a cidade se encontra
perplexa e, por isso, não veio para cá nenhuma das mulheres

895 τάων αἵ τὸ πάροιθεν ἐπημάτιαι ἀγέρονται.
ἀλλ᾽ ἐπεὶ οὖν ἱκόμεσθα καὶ οὔ νύ τις ἄλλος ἔπεισιν,
εἰ δ᾽ ἄγε μολπῇ θυμὸν ἀφειδείως κορέσωμεν
μειλιχίῃ, τὰ δὲ καλὰ τερείνης ἄνθεα ποίης
λεξάμεναι, τότ᾽ ἔπειτ᾽ αὐτὴν ἀπονισσόμεθ᾽ ὥρην.
900 καὶ δέ κε σὺν πολέεσσιν ὀνείασιν οἴκαδ᾽ ἵκοισθε
ἤματι τῷδ᾽, εἴ μοι συναρέσσετε τήνδε μενοινήν.
Ἄργος γάρ μ᾽ ἐπέεσσι παρατρέπει, ὣς δὲ καὶ αὐτή
Χαλκιόπη – τὰ δὲ σῖγα νόῳ ἔχετ᾽ εἰσαΐουσαι
ἐξ ἐμέθεν, μὴ πατρὸς ἐς οὔατα μῦθος ἵκηται·
905 τὸν ξεῖνόν με κέλονται ὅτις περὶ βουσὶν ὑπέστη,
δῶρ᾽ ἀποδεξαμένην, ὀλοῶν ῥύσασθαι ἀέθλων·
αὐτὰρ ἐγὼ τὸν μῦθον ἐπήνεον ἠδὲ καὶ αὐτόν
κέκλομαι εἰς ὠπὴν ἑτάρων ἄπο μοῦνον ἱκέσθαι,
ὄφρα τὰ μὲν δασόμεσθα μετὰ σφίσιν, εἴ κεν ὀπάσσῃ
910 δῶρα φέρων, τῷ δ᾽ αὖτε κακώτερον ἄλλο πόρωμεν
φάρμακον. ἀλλ᾽ ἀπονόσφι πέλεσθέ μοι, εὖτ᾽ ἂν ἵκηται."
Ὣς ηὔδα· πάσῃσι δ᾽ ἐπίκλοπος ἥνδανε μῆτις.
Αὐτίκα δ᾽ Αἰσονίδην ἑτάρων ἄπο μοῦνον ἐρύσσας
Ἄργος, ὅτ᾽ ἤδη τήνγε κασιγνήτων ἐσάκουσεν
915 ἠερίην Ἑκάτης ἱερὸν μετὰ νηὸν ἰοῦσαν,
ἦγε διὲκ πεδίου· ἅμα δέ σφισιν εἵπετο Μόψος
Ἀμπυκίδης, ἐσθλὸς μὲν ἐπιπροφανέντας ἐνισπεῖν
οἰωνούς, ἐσθλὸς δὲ σὺν εὖ φράσσασθαι ἰοῦσιν.
ἔνθ᾽ οὔπω τις τοῖος ἐπὶ προτέρων γένετ᾽ ἀνδρῶν,
920 οὔθ᾽ ὅσοι ἐξ αὐτοῖο Διὸς γένος οὔθ᾽ ὅσοι ἄλλων
ἀθανάτων ἥρωες ἀφ᾽ αἵματος ἐβλάστησαν,
οἷον Ἰήσονα θῆκε Διὸς δάμαρ ἤματι κείνῳ
ἠμὲν ἐσάντα ἰδεῖν ἠδὲ προτιμυθήσασθαι·
τὸν καὶ παπταίνοντες ἐθάμβεον αὐτοὶ ἑταῖροι
925 λαμπόμενον χαρίτεσσιν, ἐγήθησεν δὲ κελεύθῳ
Ἀμπυκίδης, ἤδη που ὀισσάμενος τὰ ἕκαστα.
Ἔσκε δέ τις πεδίοιο κατὰ στίβον ἐγγύθι νηοῦ
αἴγειρος φύλλοισιν ἀπειρεσίοις κομόωσα,
τῇ θαμὰ δὴ λακέρυζαι ἐπηυλίζοντο κορῶναι·

LIVRO 3   233

que antes costumavam se reunir durante o dia.   895
Mas, já que viemos e ninguém mais se aproximará,
saciemos sem reserva nosso ânimo com jogos
agradáveis e, após colhermos as belas flores da tenra
relva, retornaremos, em seguida, na hora habitual.
E com muitos presentes iríeis para casa   900
neste dia, se concordásseis com o meu desígnio.
Pois Argos com palavras me convenceu, assim como a própria
Calcíope – mantende em silêncio, na mente, o que ouvirdes
de mim, para que a notícia não chegue aos ouvidos de meu pai –,
e me pedem para, recebendo presentes, proteger dos trabalhos   905
funestos o estrangeiro que se encarregou dos bois.
Eu elogiei essa solicitação e o exorto a vir
diante de mim sozinho, sem seus companheiros,
para que dividamos entre nós as dádivas que porventura
nos conceda e, por sua vez, lhe ofereceremos uma outra droga   910
muito maléfica. Mas vos afastai de mim quando ele vier."
Assim falou. A todas agradou o dissimulado plano.
Nesse momento, Argos separou o Esônida, sozinho,
dos companheiros, quando ouviu dos irmãos que Medeia
viria ao templo sagrado de Hécate durante a manhã,   915
e o levava através do campo. Seguia com eles Mopso
Ampícida, hábil em interpretar as aparições
das aves e em bem aconselhar os acompanhantes.
Jamais alguém semelhante nasceu dentre os homens antigos,
nem dentre os descendentes do próprio Zeus, nem dentre   920
os heróis germinados do sangue de outros imortais,
tal como a esposa de Zeus transformou Jasão naquele dia,
tanto a contemplá-lo de frente quanto a lhe endereçar a palavra.
Os próprios companheiros se espantaram ao fitá-lo,
radiante em graça, e o Ampícida se alegrou   925
no caminho, já pressentindo tudo o que aconteceria.
Há pela trilha do campo, próximo do templo,
um choupo coberto por infinitas folhas,
onde gralhas tagarelas, em grande número, aninhavam-se.

234 ARGONÁUTICAS

930 τάων τις, μεσσηγὺς ἀνὰ πτερὰ κινήσασα,
ὑψοῦ ἐπ' ἀκρεμόνων Ἥρης ἠνίπαπε βουλαῖς·
"Ἀκλειὴς ὅδε μάντις, ὃς οὐδ' ὅσα παῖδες ἴσασιν
οἶδε νόῳ φράσσασθαι, ὁθούνεκεν οὔτε τι λαρόν
οὔτ' ἐρατὸν κούρη κεν ἔπος προτιμυθήσαιτο
935 ἠιθέῳ, εὖτ' ἄν σφιν ἐπήλυδες ἄλλοι ἕπωνται.
ἔρροις, ὦ κακόμαντι, κακοφραδές, οὐδέ σε Κύπρις
οὔτ' ἀγανοὶ φιλέοντες ἐπιπνείουσιν Ἔρωτες."
Ἴσκεν ἀτεμβομένη· μείδησε δὲ Μόψος ἀκούσας
ὀμφὴν οἰωνοῖο θεήλατον, ὧδέ τ' ἔειπεν·
940 "Τύνη μὲν νηόνδε θεᾶς ἴθι, τῷ ἔνι κούρην
δήεις, Αἰσονίδη, μάλα δ' ἠπίη ἀντιβολήσεις
Κύπριδος ἐννεσίῃς, ἥ τοι συνέριθος ἀέθλων
ἔσσεται, ὡς δὴ καὶ πρὶν Ἀγηνορίδης φάτο Φινεύς·
νῶι δ', ἐγὼν Ἄργος τε, δεδεγμένοι ἔστ' ἂν ἵκηαι
945 τῷδ' αὐτῷ ἐνὶ χώρῳ, ἀπεσσόμεθ'· οἰόθι δ' αὐτός
λίσσεό μιν πυκινοῖσι παρατροπέων ἐπέεσσιν."
Ἦ ῥα περιφραδέως, ἐπὶ δὲ σχεδὸν ἤνεον ἄμφω.
Οὐδ' ἄρα Μηδείης θυμὸς τράπετ' ἄλλα νοῆσαι,
μελπομένης περ ὅμως· πᾶσαι δέ οἱ ἥντιν' ἀθύροι
950 μολπὴν οὐκ ἐπὶ δηρὸν ἐφήνδανεν ἐψιάασθαι,
ἀλλὰ μεταλλήγεσκεν ἀμήχανος· οὐδέ ποτ' ὄσσε
ἀμφιπόλων μεθ' ὅμιλον ἔχ' ἀτρέμας, ἐς δὲ κελεύθους
τηλόσε παπταίνεσκε παρακλίνουσα παρειάς.
ἦ θαμὰ δὴ †στηθέων ἐάγη† κέαρ, ὁππότε δοῦπον
955 ἢ ποδὸς ἢ ἀνέμοιο παραθρέξαντα δοάσσαι.
αὐτὰρ ὅγ' οὐ μετὰ δηρὸν ἐελδομένη ἐφαάνθη,
ὑψόσ' ἀναθρώσκων ἅ τε Σείριος Ὠκεανοῖο,
ὃς δή τοι καλὸς μὲν ἀρίζηλός τ' ἐσιδέσθαι
ἀντέλλει, μήλοισι δ' ἐν ἄσπετον ἧκεν ὀιζύν –
960 ὣς ἄρα τῇ καλὸς μὲν ἐπήλυθεν εἰσοράασθαι
Αἰσονίδης, κάματον δὲ δυσίμερον ὦρσε φαανθείς.
ἐκ δ' ἄρα οἱ κραδίη στηθέων πέσεν, ὄμματα δ' αὔτως
ἤχλυσαν, θερμὸν δὲ παρηίδας εἷλεν ἔρευθος·
γούνατα δ' οὔτ' ὀπίσω οὔτε προπάροιθεν ἀεῖραι

LIVRO 3 235

Uma delas batendo as asas do alto dos galhos, 930
enquanto passavam, vituperava por deliberação de Hera:
"É sem glória este adivinho, por não compreender com a mente
nem mesmo aquilo que as crianças sabem, já que uma garota
não endereçaria nenhuma palavra doce ou amável
a um rapaz, quando outros estranhos o seguem. 935
Vai em má hora, ó mau adivinho, mau conselheiro. Nem Cípris,
nem os afáveis Amores te inspiram com afeição."
Falou censurando-o. Mopso sorriu ao ouvir
a voz profética da ave e assim disse:
"Vai ao templo da deusa, no qual encontrarás 940
a garota, Esônida. Tu a acharás bastante favorável
graças aos desígnios de Cípris, que será tua auxiliar
dos trabalhos, como Fineu Agenórida já predissera.
Nós dois, eu e Argos, ficaremos afastados neste mesmo lugar,
esperando que tu retornes. Tu, estando sozinho, 945
faz-lhe uma súplica, convencendo-a com palavras consistentes."
Falou com habilidade e imediatamente ambos o elogiaram.
O coração de Medeia não se voltava a pensar em outras coisas,
apesar dos jogos. E qualquer jogo com o qual
brincasse não lhe agradava por muito tempo como diversão, 950
mas o interrompia hesitante. Nem mesmo mantinha
os olhos imóveis sobre o grupo de servas, mas fitava
os caminhos distantes enquanto virava o rosto.
Muitas vezes o coração lhe saltava do peito quando não estava
segura se o barulho corrente era causado por pé ou por vento. 955
Mas pouco tempo depois ele apareceu à desejosa garota
como o Sírio emergindo do Oceano, no alto,
o qual se ergue belo e brilhante de se ver,
mas provoca infinita miséria aos rebanhos.
Assim, portanto, o Esônida veio até ela belo de se olhar, 960
mas, com sua aparição, incitou a dor do funesto desejo.
O coração saltou do peito, seus olhos ficaram
turvos e um quente rubor lhe tomou as faces.
Não tinha forças para erguer os joelhos nem para trás,

965 ἔσθενεν, ἀλλ᾽ ὑπένερθε πάγη πόδας. αἱ δ᾽ ἄρα τείως
ἀμφίπολοι μάλα πᾶσαι ἀπὸ σφείων ἐλίασθεν·
τὼ δ᾽ ἄνεῳ καὶ ἄναυδοι ἐφέστασαν ἀλλήλοισιν,
ἢ δρυσὶν ἢ μακρῇσιν ἐειδόμενοι ἐλάτῃσιν,
αἵ τε παρᾶσσον ἔκηλοι ἐν οὔρεσιν ἐρρίζωνται
970 νηνεμίῃ, μετὰ δ᾽ αὖτις ὑπὸ ῥιπῆς ἀνέμοιο
κινύμεναι ὁμάδησαν ἀπείριτον – ὣς ἄρα τώγε
μέλλον ἅλις φθέγξασθαι ὑπὸ πνοιῇσιν Ἔρωτος.
γνῶ δέ μιν Αἰσονίδης ἄτῃ ἐνιπεπτηυῖαν
θευμορίῃ, καὶ τοῖον ὑποσσαίνων φάτο μῦθον·
975 "Τίπτε με παρθενικὴ τόσον ἅζεαι οἷον ἐόντα;
οὔ τοι ἐγὼν οἷοί τε δυσαυχέες ἄλλοι ἔασιν
ἀνέρες, οὐδ᾽ ὅτε περ πάτρῃ ἔνι ναιετάασκον
ἦα πάρος· τῶ μή με λίην ὑπεραίδεο κούρη
ἤ τι παρεξερέεσθαι ὅ τοι φίλον ἠέ τι φάσθαι·
980 ἀλλ᾽ ἐπεὶ ἀλλήλοισιν ἱκάνομεν εὐμενέοντες,
χώρῳ ἐν ἠγαθέῳ, ἵνα τ᾽ οὐ θέμις ἔστ᾽ ἀλιτέσθαι,
ἀμφαδίην ἀγόρευε καὶ εἴρεο, μηδέ με τερπνοῖς
φηλώσῃς ἐπέεσσιν, ἐπεὶ τὸ πρῶτον ὑπέστης
αὐτοκασιγνήτῃ μενοεικέα φάρμακα δώσειν.
985 πρός σ᾽ αὐτῆς Ἑκάτης μειλίσσομαι ἠδὲ τοκήων
καὶ Διός, ὃς ξείνοις ἱκέτῃσί τε χεῖρ᾽ ὑπερίσχει·
ἀμφότερον δ᾽ ἱκέτης ξεῖνός τέ τοι ἐνθάδ᾽ ἱκάνω
χρειοῖ ἀναγκαίῃ γουνούμενος, οὐ γὰρ ἄνευθεν
ὑμείων στονόεντος ὑπέρτερος ἔσσομ᾽ ἀέθλου.
990 σοὶ δ᾽ ἂν ἐγὼ τείσαιμι χάριν μετόπισθεν ἀρωγῆς
ἦ θέμις, ὡς ἐπέοικε διάνδιχα ναιετάοντας,
οὔνομα καὶ καλὸν τεύχων κλέος· ὣς δὲ καὶ ὧλλοι
ἥρωες κλήσουσιν ἐς Ἑλλάδα νοστήσαντες,
ἡρώων τ᾽ ἄλοχοι καὶ μητέρες, αἵ νύ που ἤδη
995 ἡμέας ἠιόνεσσιν ἐφεζόμεναι γοάουσιν,
τάων ἀργαλέας κεν ἀποσκεδάσειας ἀνίας.
δή ποτε καὶ Θησῆα κακῶν ὑπελύσατ᾽ ἀέθλων
παρθενικὴ Μινωὶς ἐυφρονέουσ᾽ Ἀριάδνη,
ἥν ῥά τε Πασιφάη κούρη τέκεν Ἠελίοιο.

LIVRO 3 237

nem para frente, mas tinha os pés presos ao chão. Todas   965
as servas, nesse momento, afastaram-se deles.
Os dois ficaram um em frente ao outro, em silêncio e sem voz,
semelhantes a carvalhos ou a elevados pinheiros,
que, próximos, estão tranquilamente enraizados nas montanhas,
quando não há ventos, mas, ao serem agitados por uma rajada   970
de vento, murmuram incessantemente. Assim os dois
estavam prestes a falar em demasia sob o sopro do amor.
O Esônida compreendeu que ela era vítima de uma loucura
de origem divina e falou tais palavras, adulando-a:
"Por que, virgem, temes tanto, se estou sozinho?   975
Não sou como os outros homens insolentes,
nem mesmo quando, outrora, morava em minha
pátria. Por isso não fiques assaz envergonhada,
garota, de me perguntares ou de dizeres o que te aprouver.
Mas já que viemos com boa disposição mútua   980
a este lugar sagrado onde não é permitido cometer crimes,
fala abertamente e pergunta. Não me enganes
com agradáveis palavras, já que prometeste primeiro
à tua irmã conceder-me as drogas que tanto almejo.
Imploro-te pela própria Hécate, por teus genitores   985
e por Zeus, que estende a mão aos estrangeiros e aos suplicantes.
Venho a ti, neste lugar, como suplicante e estrangeiro,
tocando-te os joelhos em vista de uma necessidade urgente,
pois sem vós não terei êxito no gemente trabalho.
Eu te fornecerei uma gratificação depois do auxílio,   990
como é lícito, da forma conveniente aos que moram longe,
fomentando teu renome e bela glória. Assim também os outros
heróis te glorificarão ao retornarem à Hélade,
bem como as esposas e as mães dos heróis, que certamente agora,
sentadas na beira do mar, lamentam por nós.   995
Tu poderias dissipar seus dolorosos sofrimentos.
Outrora também libertou Teseu dos funestos trabalhos
a virgem de Minos, a prudente Ariadne,
que Pasífae, a filha de Hélio, havia gerado.

238 ARGONÁUTICAS

1000 ἀλλ᾽ ἡ μὲν καὶ νηός, ἐπεὶ χόλον εὔνασε Μίνως,
σὺν τῷ ἐφεζομένη πάτρην λίπε· τὴν δὲ καὶ αὐτοί
ἀθάνατοι φίλαντο, μέσῳ δέ οἱ αἰθέρι τέκμωρ
ἀστερόεις στέφανος, τόν τε κλείουσ᾽ Ἀριάδνης,
πάννυχος οὐρανίοις ἐνελίσσεται εἰδώλοισιν·
1005 ὣς καὶ σοὶ θεόθεν χάρις ἔσσεται, εἴ κε σαώσεις
τόσσον ἀριστήων ἀνδρῶν στόλον· ἦ γὰρ ἔοικας
ἐκ μορφῆς ἀγανῇσιν ἐπητείῃσι κεκάσθαι.”
Ὣς φάτο, κυδαίνων· ἡ δ᾽ ἐγκλιδὸν ὄσσε βαλοῦσα
νεκτάρεον μείδησε, χύθη δέ οἱ ἔνδοθι θυμός
1010 αἴνῳ ἀειρομένης· καὶ ἀνέδρακεν ὄμμασιν ἄντην,
οὐδ᾽ ἔχεν ὅττι πάροιθεν ἔπος προτιμυθήσαιτο,
ἀλλ᾽ ἄμυδις μενέαινεν ἀολλέα πάντ᾽ ἀγορεῦσαι.
προπρὸ δ᾽ ἀφειδήσασα θυώδεος ἔξελε μίτρης
φάρμακον· αὐτὰρ ὅγ᾽ αἶψα χεροῖν ὑπέδεκτο γεγηθώς.
1015 καί νύ κέ οἱ καὶ πᾶσαν ἀπὸ στηθέων ἀρύσασα
ψυχὴν ἐγγυάλιξεν ἀγαιομένη χατέοντι·
τοῖος ἀπὸ ξανθοῖο καρήατος Αἰσονίδαο
στράπτεν ἔρως ἡδεῖαν †ἀπὸ φλόγα, τῆς δ᾽ ἀμαρυγάς
ὀφθαλμῶν ἥρπαζεν, ἰαίνετο δὲ φρένας εἴσω
1020 τηκομένη, οἷόν τε περὶ ῥοδέῃσιν ἐέρση
τήκεται ἠῴοισιν ἰαινομένη φαέεσσιν.
ἄμφω δ᾽ ἄλλοτε μέν τε κατ᾽ οὔδεος ὄμματ᾽ ἔρειδον
αἰδόμενοι, ὁτὲ δ᾽ αὖτις ἐπὶ σφίσι βάλλον ὀπωπάς
ἱμερόεν φαιδρῇσιν ὑπ᾽ ὀφρύσι μειδιόωντες.
1025 ὀψὲ δὲ δὴ τοίοισι μόλις προσπτύξατο κούρη·
“Φράζεο νῦν, ὥς κέν τοι ἐγὼ μητίσομ᾽ ἀρωγήν.
εὖτ᾽ ἂν δὴ μετιόντι πατὴρ ἐμὸς ἐγγυαλίξῃ
ἐξ ὄφιος γενύων ὀλοοὺς σπείρασθαι ὀδόντας,
δὴ τότε, μέσσην νύκτα διαμμοιρηδὰ φυλάξας,
1030 ἀκαμάτοιο ῥοῇσι λοεσσάμενος ποταμοῖο,
οἶος ἄνευθ᾽ ἄλλων ἐνὶ φάρεσι κυανέοισιν
βόθρον ὀρύξασθαι περιηγέα, τῷ δ᾽ ἔνι θῆλυν
ἀρνειὸν σφάζειν καὶ ἀδαίετον ὠμοθετῆσαι,
αὐτῷ πυρκαϊὴν εὖ νηήσας ἐπὶ βόθρῳ·

LIVRO 3   239

Mas, quando Minos acalmou sua cólera, ela se sentou   1000
com o herói na nau e abandonou a pátria. Até mesmo
os próprios imortais a amaram e no meio do céu, como um sinal,
uma coroa estrelada, que chamam de Ariadne,
gira durante toda a noite pelas constelações celestes.
Assim haverá a ti uma gratificação vinda dos deuses, se salvares   1005
tamanha expedição de valorosos homens. Sem dúvida pareces,
pelo teu aspecto, brilhar com suave cortesia."
Assim falou, lisonjeando-a. Ela sorriu com doçura,
baixando os olhos. Seu coração derreteu por dentro ao ser
tocada pelo elogio. E, erguendo a cabeça, olhou-o de frente.   1010
Não sabia qual palavra lhe endereçar primeiro,
mas desejava dizer de uma só vez todas as coisas juntas.
Súbito, sem se preocupar, retirou a droga da perfumada
faixa. Jasão prontamente a recebeu nas duas mãos, contente.
Teria até mesmo arrancado sua alma inteira do peito   1015
e lhe entregado com entusiasmo, caso ele assim desejasse.
Tal era o amor que reluzia da face loira do Esônida,
por meio de uma doce chama, e lhe arrebatava os olhos
brilhantes, enquanto, por dentro, sua alma era aquecida,
sendo consumida como o orvalho entre as rosas   1020
é consumido ao ser aquecido pelos raios da aurora.
Ambos ora baixavam os olhos para o chão,
envergonhados, ora trocavam olhares entre si,
sorrindo com desejo sob as radiantes sobrancelhas.
Por fim, com dificuldade, a garota lhe disse o seguinte: 1025
"Compreende agora como eu planejarei teu auxílio.
Quando fores até meu pai e ele te entregar os dentes
funestos das mandíbulas da serpente para semeá-los,
então, aguardando o momento em que a noite é dividida em duas,
após te banhares na correnteza de um rio infatigável,   1030
sozinho, longe dos outros, coberto por um manto escuro,
cava um fosso circular, degola sobre ele
uma ovelha e a coloca não desmembrada
na pira que bem tiveres construído sobre o fosso.

240 ARGONÁUTICAS

1035 μουνογενῆ δ' Ἑκάτην Περσηίδα μειλίσσοιο,
λείβων ἐκ δέπαος σιμβλήια ἔργα μελισσέων.
ἔνθα δ' ἐπεί κε θεὰν μεμνημένος ἱλάσσηαι,
ἂψ ἀπὸ πυρκαϊῆς ἀναχάζεο, μηδέ σε δοῦπος
ἠὲ ποδῶν ὄρσῃσι μεταστρεφθῆναι ὀπίσσω
1040 ἠὲ κυνῶν ὑλακή, μή πως τὰ ἔκαστα κολούσας
οὐδ' αὐτὸς κατὰ κόσμον ἑοῖς ἑτάροισι πελάσσῃς.
ἦρι δέ, μυδήνας τόδε φάρμακον, ἠύτ' ἀλοιφῇ
γυμνωθεὶς φαίδρυνε τεὸν δέμας· ἐν δέ τοι ἀλκή
ἔσσετ' ἀπειρεσίη μέγα τε σθένος, οὐδέ κε φαίης
1045 ἀνδράσιν ἀλλὰ θεοῖσιν ἰσαζέμεν ἀθανάτοισιν·
πρὸς δὲ καὶ αὐτῷ δουρὶ σάκος πεπαλαγμένον ἔστω
καὶ ξίφος. ἔνθ' οὐκ ἄν σε διατμήξειαν ἀκωκαί
γηγενέων ἀνδρῶν οὐδ' ἄσχετος ἀίσσουσα
φλὸξ ὀλοῶν ταύρων. τοῖός γε μὲν οὐκ ἐπὶ δηρόν
1050 ἔσσεαι, ἀλλ' αὐτῆμαρ ὁμῶς σύγε μή ποτ' ἀέθλου
χάζεο. καὶ δέ τοι ἄλλο παρὲξ ὑποθήσομ' ὄνειαρ·
αὐτίκ' ἐπὴν κρατεροὺς ζεύξῃς βόας, ὦκα δὲ πᾶσαν
1053 χερσὶ καὶ ἠνορέῃ στυφελὴν διὰ νειὸν ἀρόσσῃς
[1055] σπειρομένων ὄφιος δνοφερὴν ἐπὶ βῶλον ὀδόντων,
1054 οἱ δ' ἤδη κατὰ ὦλκας ἀνασταχύωσι γίγαντες,
1056 ἦ κεν ὀρινομένους πολέας νειοῖο δοκεύσῃς,
λάθρῃ λᾶαν ἄφες στιβαρώτερον· οἱ δ' ἄν ἐπ' αὐτῷ,
καρχαλέοι κύνες ὥστε περὶ βρώμης, ὀλέκοιεν
ἀλλήλους. καὶ δ' αὐτὸς ἐπείγεο δηιοτῆτος
1060 ἰθῦσαι, τὸ δὲ κῶας ἐς Ἑλλάδα τοῖο ἔκητι
οἴσεαι ἐξ Αἴης – τηλοῦ ποθι, νίσσεο δ' ἔμπης
ᾗ φίλον, ᾗ τοι ἔαδεν ἀφορμηθέντι νέεσθαι."
Ὣς ἄρ' ἔφη, καὶ σῖγα ποδῶν πάρος ὄσσε βαλοῦσα,
θεσπέσιον λιαροῖσι παρηίδα δάκρυσι δεῦε
1065 μυρομένη, ὅτ' ἔμελλεν ἀπόπροθι πολλὸν ἑοῖο
πόντον ἐπιπλάγξεσθαι. ἀνιηρῷ δέ μιν ἄντην
ἐξαῦτις μύθῳ προσεφώνεεν, εἷλέ τε χειρός
δεξιτερῆς, δὴ γάρ οἱ ἀπ' ὀφθαλμοὺς λίπεν αἰδώς·
"Μνώεο δ', ἢν ἄρα δή ποθ' ὑπότροπος οἴκαδ' ἵκηαι,

LIVRO 3   241

Torna favorável a unigênita filha de Perses, Hécate,   1035
vertendo do copo o que foi produzido nas colmeias de abelhas.
Então quando tu, lembrando-te de tudo, apaziguares a deusa,
recua para trás da pira. Que nenhum barulho
de pés te impulsione a voltares para trás,
nem o latido de cães, caso contrário, arruinando todo o ritual,   1040
sequer retornarás a teus companheiros em boa ordem.
De manhã umedece esta droga e, como um óleo,
unge teu corpo despido. Por meio disso adquirirás
uma força infinita e um grande vigor, e não parecerás
ser semelhante aos homens, mas aos deuses imortais.   1045
Além da própria lança, que também sejam untados
o escudo e a espada. Então não te cortarão as hastas
dos Nascidos da Terra, nem a insuportável chama
emanada dos funestos touros. Tal condição não durará muito
tempo, mas somente este mesmo dia. Tu não recues, em momento   1050
algum, do trabalho. E também te sugerirei um outro conselho útil.
Assim que subjugares os robustos bois e rapidamente laborares
por todo o duro terreno com tuas mãos e tua força,   1053
quando os dentes da serpente forem semeados sobre o negro torrão [1055]
e tão logo os gigantes brotarem nos sulcos,   1054
se os observares, muitos, movendo-se pelo terreno,   1056
lança escondido uma pedra muito pesada. Por causa disso,
como cães de dentes afiados ao redor do alimento, eles se destruirão
uns aos outros. E tu mesmo impele-os a travarem
a contenda. Em virtude de tal ato, levarás de Ea o tosão   1060
para a Hélade, um lugar longínquo. Vai, em todo caso,
aonde te seja amável, aonde te seja agradável ao partir."
Assim disse e, em silêncio, dirigindo o olhar para diante dos pés,
molhava o divino rosto com lágrimas cálidas,
chorando, porque em breve ele iria, muito longe dela,   1065
vagar pelo mar. À sua frente, endereçou-lhe
outra vez dolorosas palavras e segurou sua mão
direita, pois o pudor lhe abandonou os olhos:
"Lembra-te, se realmente retornares para casa,

242 ARGONÁUTICAS

1070 οὔνομα Μηδείης· ὡς δ᾽ αὖτ᾽ ἐγὼ ἀμφὶς ἐόντος
μνήσομαι. εἰπὲ δέ μοι πρόφρων τόδε· πῇ τοι ἔασιν
δώματα; πῇ νῦν ἔνθεν ὑπεὶρ ἅλα νηὶ περήσεις;
ἤ νύ που ἀφνειοῦ σχεδὸν ἵξεαι Ὀρχομενοῖο
ἦε καὶ Αἰαίης νήσου πέλας; εἰπὲ δὲ κούρην
1075 ἥντινα τήνδ᾽ ὀνόμηνας ἀριγνώτην γεγαυῖαν
Πασιφάης, ἣ πατρὸς ὁμόγνιός ἐστιν ἐμεῖο."
Ὣς φάτο· τὸν δὲ καὶ αὐτὸν ὑπήιε δάκρυσι κούρης
οὖλος ἔρως, τοῖον δὲ παραβλήδην ἔπος ηὔδα·
"Καὶ λίην οὐ νύκτας ὀίομαι οὐδέ ποτ᾽ ἦμαρ
1080 σεῦ ἐπιλήσεσθαι προφυγὼν μόρον – εἰ ἐτεόν γε
φεύξομαι ἀσκηθὴς ἐς Ἀχαιίδα, μηδέ τιν᾽ ἄλλον
Αἰήτης προβάλῃσι κακώτερον ἄμμιν ἄεθλον.
εἰ δέ τοι ἡμετέρην ἐξίδμεναι εὔαδε πάτρην,
ἐξερέω· μάλα γάρ με καὶ αὐτὸν θυμὸς ἀνώγει.
1085 ἔστι τις αἰπεινοῖσι περίδρομος οὔρεσι γαῖα,
πάμπαν ἐύρρηνός τε καὶ εὔβοτος, ἔνθα Προμηθεύς
Ἰαπετιονίδης ἀγαθὸν τέκε Δευκαλίωνα,
ὃς πρῶτος ποίησε πόλεις καὶ ἐδείματο νηούς
ἀθανάτοις, πρῶτος δὲ καὶ ἀνθρώπων βασίλευσεν·
1090 Αἱμονίην δὴ τήνγε περικτίονες καλέουσιν·
ἐν δ᾽ αὐτῇ Ἰαωλκός, ἐμὴ πόλις, ἐν δὲ καὶ ἄλλαι
πολλαὶ ναιετάουσιν ἵν᾽ οὐδέ περ οὔνομ᾽ ἀκοῦσαι
Αἰαίης νήσου· Μινύην γε μὲν ὁρμηθέντα,
Αἰολίδην Μινύην, ἔνθεν φάτις Ὀρχομενοῖο
1095 δή ποτε Καδμείοισιν ὁμούριον ἄστυ πολίσσαι.
ἀλλὰ τίη τάδε τοι μεταμώνια πάντ᾽ ἀγορεύω,
ἡμετέρους τε δόμους τηλεκλείτην τ᾽ Ἀριάδνην,
κούρην Μίνωος, τόπερ ἀγλαὸν οὔνομα κείνην
παρθενικὴν καλέεσκον ἐπήρατον ἥν μ᾽ ἐρεείνεις;
1100 αἴθε γάρ, ὡς Θησῆι τότε ξυναρέσσατο Μίνως
ἀμφ᾽ αὐτῆς, ὡς ἄμμι πατὴρ τεὸς ἄρθμιος εἴη."
Ὣς φάτο, μειλιχίοισι καταψήχων ὀάροισιν·
τῆς δ᾽ ἀλεγεινόταται κραδίην ἐρέθεσκον ἀνῖαι,
καί μιν ἀκηχεμένη ἀδινῷ προσπτύξατο μύθῳ·

LIVRO 3 243

do nome de Medeia. Da mesma forma eu, quando estiveres longe, 1070
lembrar-me-ei de ti. Diz-me isso de bom grado: onde fica
tua residência? Por onde, ao partir, atravessarás o mar com a nau?
Por acaso chegarás próximo à opulenta Orcômeno
ou perto da ilha de Eea? Diz-me sobre a célebre
garota que nomeaste, seja ela quem for, nascida de 1075
Pasífae, oriunda da mesma estirpe de meu pai."
Assim falou. O funesto amor o possuiu com as lágrimas
da garota e ele disse em resposta tais palavras:
"Penso que jamais, à noite ou durante o dia,
esquecer-me-ei de ti, caso eu fuja da morte, se de fato 1080
eu fugir incólume para a Acaia, e Eeta não exigir
que cumpramos um outro trabalho ainda pior.
Se te apraz conhecer a nossa pátria,
eu falarei, pois o coração muito me instiga a isso.
Há uma terra circundada por íngremes montanhas, 1085
muito abundante em carneiros e pastos, onde Prometeu,
o filho de Jápeto, gerou o nobre Deucalião,
o primeiro a erigir cidades e construir templos
aos imortais, e o primeiro a reinar sobre os homens.
Os habitantes das cercanias chamam-na Hemônia. 1090
Lá está situada a própria Iolco, minha cidade, e também muitas
outras são habitadas, onde nem mesmo o nome da ilha
de Eea pode ser ouvido. Conta-se que de lá Mínias partiu,
Mínias Eólida, para fundar outrora a cidade
de Orcômeno, limítrofe à terra dos cadmeus. 1095
Mas por que te conto todas estas coisas frívolas
sobre nossa casa e sobre Ariadne, de longínqua fama,
filha de Minos (este é o nome ilustre usado para chamar
aquela amável virgem sobre a qual me perguntas)?
Assim como, no passado, Minos entrou em acordo com Teseu 1100
por conta dela, oxalá teu pai se coloque do nosso lado."
Assim falou, acariciando-a com doces propostas.
O mais doloroso sofrimento lhe perturbava o coração
e, aflita, dirigiu-se a ele com firmes palavras:

244 ARGONÁUTICAS

1105 Ἑλλάδι που τάδε καλά, συνημοσύνας ἀλεγύνειν·
Αἰήτης δ᾽ οὐ τοῖος ἐν ἀνδράσιν οἷον ἔειπας
Μίνω Πασιφάης πόσιν ἔμμεναι, οὐδ᾽ Ἀριάδνη
ἰσοῦμαι· τῶ μή τι φιλοξενίην ἀγόρευε,
ἀλλ᾽ οἷον τύνη μὲν ἐμεῦ, ὅτ᾽ Ἰωλκὸν ἵκηαι,
1110 μνώεο, σεῖο δ᾽ ἐγὼ καὶ ἐμῶν ἀέκητι τοκήων
μνήσομαι. ἔλθοι δ᾽ ἥμιν ἀπόπροθεν ἠέ τις ὄσσα
ἠέ τις ἄγγελος ὄρνις, ὅτ᾽ ἐκλελάθοιο ἐμεῖο·
ἢ αὐτήν με ταχεῖαι ὑπὲρ πόντοιο φέροιεν
ἐνθένδ᾽ εἰς Ἰαωλκὸν ἀναρπάξασαι ἄελλαι,
1115 ὄφρα σ᾽ ἐν ὀφθαλμοῖσιν ἐλεγχείας προφέρουσα
μνήσω ἐμῇ ἰότητι πεφυγμένον· αἴθε γὰρ εἴην
ἀπροφάτως τότε σοῖσιν ἐφέστιος ἐν μεγάροισιν."
Ὣς ἄρ᾽ ἔφη, ἐλεεινὰ κατὰ προχέουσα παρειῶν
δάκρυα· τὴν δ᾽ ὅγε δῆθεν ὑποβλήδην προσέειπεν·
1120 "Δαιμονίη, κενεὰς μὲν ἔα πλάζεσθαι ἀέλλας,
ὣς δὲ καὶ ἄγγελον ὄρνιν, ἐπεὶ μεταμώνια βάζεις·
εἰ δέ κεν ἤθεα κεῖνα καὶ Ἑλλάδα γαῖαν ἵκηαι,
τιμήεσσα γυναιξὶ καὶ ἀνδράσιν αἰδοίη τε
ἔσσεαι, οἱ δέ σε πάγχυ θεὸν ὣς πορσανέουσιν,
1125 οὕνεκα τῶν μὲν παῖδες ὑπότροποι οἴκαδ᾽ ἵκοντο
σῇ βουλῇ, τῶν δ᾽ αὖτε κασίγνητοί τε ἔται τε
καὶ θαλεροὶ κακότητος ἄδην ἐσάωθεν ἀκοῖται·
ἡμέτερον δὲ λέχος θαλάμοις ἔνι κουριδίοισιν
πορσανέεις, οὐδ᾽ ἄμμε διακρινέει φιλότητος
1130 ἄλλο, πάρος θάνατόν γε μεμορμένον ἀμφικαλύψαι."
Ὣς φάτο· τῇ δ᾽ ἔντοσθε κατείβετο θυμὸς ἀκουῇ·
ἔμπης δ᾽ ἔργ᾽ ἀρίδηλα κατερρίγησεν ἰδέσθαι,
σχετλίη· οὐ μὲν δηρὸν ἀπαρνήσεσθαι ἔμελλεν
Ἑλλάδα ναιετάειν· ὣς γὰρ τόγε μήδετο Ἥρη,
1135 ὄφρα κακὸν Πελίῃ ἱερὴν ἐς Ἰωλκὸν ἵκηται
Αἰαίη Μήδεια λιποῦσ᾽ ἄπο πατρίδα γαῖαν.
Ἤδη δ᾽ ἀμφίπολοι μὲν ὀπιπτεύουσαι ἄπωθεν
σιγῇ ἀνιάζεσκον, ἐδεύετο δ᾽ ἤματος ὥρη
ἂψ οἶκόνδε νέεσθαι ἑὴν μετὰ μητέρα κούρην,

LIVRO 3   245

"Possivelmente na Hélade é belo respeitar os acordos,   1105
mas Eeta, entre os homens, não é tal como disseste
ser Minos, marido de Pasífae, nem eu me assemelho
a Ariadne. Por isso não fales nada sobre hospitalidade.
Mas somente tu, quando retornares a Iolco,
lembra-te de mim, ao passo que eu, apesar de meus genitores,   1110
lembrar-me-ei de ti. Que nos venha de longe uma voz profética
ou uma ave mensageira quando te esqueceres de mim.
Ou que velozes tempestades me arrebatem, sobre o mar,
e me transportem deste lugar em direção a Iolco,
para, censurando-te diante de teus olhos, relembrar-te   1115
que fugiste graças à minha vontade. Oxalá eu esteja
inesperadamente junto à tua lareira, em teu palácio."
Assim falou, enquanto escorriam de seu rosto lágrimas
dignas de pena. E então ele lhe disse em resposta:
"Infortunada, deixa vagarem as vãs tempestades,   1120
bem como a ave mensageira, pois falas de coisas frívolas.
Se chegares àqueles lugares e à terra da Hélade,
serás estimada e respeitada por mulheres e homens.
Eles totalmente te venerarão como se fosses uma deusa,
porque a uns os filhos puderam retornar à casa   1125
por tua deliberação, e a outros os irmãos, os parentes
e os florescentes esposos foram salvos do completo infortúnio.
E honrarás a nossa cama no legítimo tálamo
nupcial. Nada poderá nos separar do amor,
antes que a destinada morte nos encubra."   1130
Assim falou. Por dentro seu coração transbordava ao ouvi-lo,
no entanto se arrepiou ao ver que as ações seriam evidentes.
Infortunada. Não podia recusar, por muito tempo,
morar na Hélade. Pois assim Hera havia tramado,
para que, como um mal a Pélias, Medeia de Ea fosse   1135
à sagrada Iolco, abandonando a terra pátria.
As servas, espreitando-os de longe, já
se inquietavam em silêncio. Tinha se passado a hora do dia
em que a garota deveria retornar à casa de sua mãe.

246 ARGONÁUTICAS

1140 ἡ δ' οὔπω κομιδῆς μιμνήσκετο, τέρπετο γάρ οἱ
θυμὸς ὁμῶς μορφῇ τε καὶ αἱμυλίοισι λόγοισιν,
εἰ μὴ ἄρ' Αἰσονίδης πεφυλαγμένος ὀψέ περ ηὔδα·
"Ὥρη ἀποβλώσκειν, μὴ πρὶν φάος ἠελίοιο
δύῃ ὑποφθάμενον καί τις τὰ ἕκαστα νοήσῃ
1145 ὀθνείων· αὖτις δ' ἀβολήσομεν ἐνθάδ' ἰόντες."
Ὣς τώγ' ἀλλήλων ἀγανοῖς ἐπὶ τόσσον ἔπεσσιν
πείρηθεν, μετὰ δ' αὖτε διέτμαγον· ἤτοι Ἰήσων
εἰς ἑτάρους καὶ νῆα κεχαρμένος ὦρτο νέεσθαι,
ἡ δὲ μετ' ἀμφιπόλους. αἱ δὲ σχεδὸν ἀντεβόλησαν
1150 πᾶσαι ὁμοῦ, τὰς δ' οὔτι περιπλομένας ἐνόησεν·
ψυχὴ γὰρ νεφέεσσι μεταχρονίη πεπότητο.
αὐτομάτοις δὲ πόδεσσι θοῆς ἐπεβήσατ' ἀπήνης,
καί ῥ' ἑτέρῃ μὲν χειρὶ λάβ' ἡνία, τῇ δ' ἄρ' ἱμάσθλην
δαιδαλέην οὐρῆας ἐλαυνέμεν. οἱ δὲ πόλινδε
1155 θῦνον ἐπειγόμενοι ποτὶ δώματα· τὴν δ' ἀνιοῦσαν
Χαλκιόπη, περὶ παισὶν ἀκηχεμένη, ἐρέεινεν·
ἡ δὲ παλιντροπίῃσιν ἀμήχανος οὔτε τι μύθων
ἔκλυεν οὔτ' αὐδῆσαι ἀνειρομένη λελίητο.
ἷζε δ' ἐπὶ χθαμαλῷ σφέλαϊ κλιντῆρος ἔνερθεν
1160 λέχρις ἐρεισαμένη λαιῇ ἐπὶ χειρὶ παρειήν,
ὑγρὰ δ' ἐνὶ βλεφάροις ἔχεν ὄμματα, πορφύρουσα
οἷον ἑῇ κακὸν ἔργον ἐπιξυνώσατο βουλῇ.
Αἰσονίδης δ' ὅτε δὴ ἑτάροις ἐξαῦτις ἔμικτο
ἐν χώρῃ ὅθι τούσγε καταπρολιπὼν ἐλιάσθη,
1165 ὦρτ' ἰέναι σὺν τοῖσι, πιφαυσκόμενος τὰ ἕκαστα,
ἡρώων ἐς ὅμιλον. ὁμοῦ δ' ἐπὶ νῆα πέλασσαν·
οἱ δέ μιν ἀμφαγάπαζον, ὅπως ἴδον, ἔκ τ' ἐρέοντο·
αὐτὰρ ὁ τοῖς πάντεσσι μετέννεπε δήνεα κούρης
δεῖξέ τε φάρμακον αἰνόν. ὁ δ' οἰόθεν οἶος ἑταίρων
1170 Ἴδας ἧστ' ἀπάνευθε δακὼν χόλον· οἱ δὲ δὴ ἄλλοι
γηθόσυνοι, τῆμος μέν, ἐπεὶ κνέφας ἔργαθε νυκτός,
†εὔκηλοι μέλλοντο περὶ σφίσιν†· αὐτὰρ ἅμ' ἠοῖ
πέμπον ἐς Αἰήτην ἰέναι σπόρον αἰτήσοντας
ἄνδρε δύω, πρὸ μὲν αὐτὸν ἀρηίφιλον Τελαμῶνα,

LIVRO 3 247

Mas ela não teria se lembrado do retorno, pois seu coração   1140
se alegrava com a forma e as aduladoras palavras de Jasão,
se o Esônida atento não tivesse lhe dito por fim:
"É hora de partir, antes que a luz do sol, antecedendo-nos,
se ponha e um estranho qualquer compreenda
tudo. Ao vir aqui nos reencontraremos novamente."   1145
Assim eles mutuamente se testavam, até esse momento,
com suaves palavras. Depois se separaram. Jasão,
regozijando-se, retornou aos companheiros e à nau,
e ela, às servas. Todas vieram ao seu entorno,
mas Medeia sequer percebeu que a rodeavam.   1150
Pois sua alma voava, no alto, por entre as nuvens.
Com pés autômatos, subiu na veloz carruagem,
com uma mão tomou as rédeas e com a outra o elaborado
chicote para conduzir as mulas. Lançaram-se, apressadas,
para a cidade e para o palácio. Assim que retornou,   1155
Calcíope aflita interrogava-lhe a respeito dos filhos.
Mas ela, hesitante com pensamentos múltiplos, não ouvia
as palavras, nem desejava responder às perguntas.
Sentava-se sobre um baixo escabelo ao pé do leito,
apoiando de lado o rosto com a mão esquerda.   1160
Sob as pálpebras tinha os olhos molhados, refletindo
que participava de um funesto feito por decisão própria.
O Esônida, quando se reuniu novamente com os companheiros,
no mesmo lugar onde, ao partir, havia se separado,
retornou com eles até a tripulação de heróis,   1165
explicando todo o ocorrido. Juntos se aproximaram da nau.
Quando o viram, cercaram-no afetuosamente e perguntaram.
Ele relatou a todos quais eram os planos da garota
e mostrou a terrível droga. Somente Idas, isolado dos companheiros,
sentava-se longe mordendo sua cólera. Os outros estavam   1170
contentes e, como a escuridão da noite os retinha, cuidavam
tranquilos de seus afazeres. Mas, com a aurora,
enviaram dois homens até Eeta com a finalidade
de solicitarem as sementes: primeiro Telamão, caro

248 ARGONÁUTICAS

1175 σὺν δὲ καὶ Αἰθαλίδην, υἷα κλυτὸν Ἑρμείαο.
βὰν δ' ἴμεν, οὐδ' ἁλίωσαν ὁδόν, πόρε δέ σφιν ἰοῦσιν
κρείων Αἰήτης χαλεποὺς ἐς ἄεθλον ὀδόντας
Ἀονίοιο δράκοντος, ὃν Ὠγυγίῃ ἐνὶ Θήβῃ
Κάδμος, ὅτ' Εὐρώπην διζήμενος εἰσαφίκανεν,
1180 πέφνεν, Ἀρητιάδι κρήνῃ ἐπίουρον ἐόντα·
ἔνθα καὶ ἐννάσθη πομπῇ βοὸς ἥν οἱ Ἀπόλλων
ὤπασε μαντοσύνῃσι προηγήτειραν ὁδοῖο·
τοὺς δὲ θεὰ Τριτωνὶς ὑπὲκ γενύων ἐλάσασα
Αἰήτῃ πόρε δῶρον ὁμῶς αὐτῷ τε φονῆι·
1185 καί ῥ' ὁ μὲν Ἀονίοισιν ἐνισπείρας πεδίοισιν
Κάδμος Ἀγηνορίδης γαιηγενῆ εἴσατο λαόν,
Ἄρεος ἀμώοντος ὅσοι ὑπὸ δουρὶ λίποντο·
τοὺς δὲ τότ' Αἰήτης ἔπορεν μετὰ νῆα φέρεσθαι
προφρονέως, ἐπεὶ οὔ μιν ὀίσσατο πείρατ' ἀέθλου
1190 ἐξανύσειν, εἰ καί περ ἐπὶ ζυγὰ βουσὶ βάλοιτο.

Ἥλιος μὲν ἄπωθεν ἐρεμνὴν δύετο γαῖαν
ἑσπερίων νεάτας ὑπὲρ ἄκριας Αἰθιοπήων,
Νὺξ δ' ἵπποισιν ἔβαλλεν ἔπι ζυγά· τοὶ δὲ χαμεύνας
ἔντυον ἥρωες παρὰ πείσμασιν. αὐτὰρ Ἰήσων
1195 αὐτίκ' ἐπεί ῥ' Ἑλίκης εὐφεγγέες ἀστέρες Ἄρκτου
ἔκλιθεν, οὐρανόθεν δὲ πανεύκηλος γένετ' αἰθήρ,
βῆ ῥ' ἐς ἐρημαίην κλοπήιος ἠύτε τις φώρ
σὺν πᾶσι χρήεσσι. πρὸ γάρ τ' ἀλέγυνεν ἕκαστα
ἡμάτιος· θῆλυν μὲν ὄιν γάλα τ' ἔκτοθι ποίμνης
1200 Ἄργος ἰὼν ἤνεικε, τὰ δ' ἐξ αὐτῆς ἕλε νηός.
ἀλλ' ὅτε δὴ ἴδε χῶρον ὅτις πάτου ἔκτοθεν ἦεν
ἀνθρώπων καθαρῇσιν ὑπεύδιος εἰαμενῇσιν,
ἔνθ' ἤτοι πάμπρωτα λοέσσατο μὲν ποταμοῖο
εὐαγέως θείοιο τέρεν δέμας, ἀμφὶ δὲ φᾶρος
1205 ἕσσατο κυάνεον, τό ῥά οἱ πάρος ἐγγυάλιξεν
Λημνιὰς Ὑψιπύλη ἀδινῆς μνημήιον εὐνῆς·
πήχυιον δ' ἄρ' ἔπειτα πέδῳ ἔνι βόθρον ὀρύξας,
νήησεν σχίζας, ἐπὶ δ' ἀρνειοῦ τάμε λαιμόν
αὐτόν τ' εὖ καθύπερθε τανύσσατο· δαῖε δὲ φιτρούς

LIVRO 3   249

a Ares, e com ele Etálida, filho célebre de Hermes.   1175
Foram e não fizeram o caminho inutilmente. Ao chegarem,
o rei Eeta lhes forneceu para o trabalho os penosos dentes
do dragão aônio, que era guardião da fonte de Ares
e foi morto por Cadmo na ogígia Tebas,
quando este lá chegou procurando por Europa.   1180
Nesse lugar se estabeleceu, conduzido pela vaca que Apolo,
com seus oráculos, concedera-lhe para guiar o caminho.
A deusa Tritônide arrancou-lhe os dentes do maxilar
e os forneceu como presente a Eeta e ao próprio assassino.
E Cadmo Agenórida, após semeá-los na planície aônia,   1185
lá assentou o povo nascido da terra, os quantos
foram poupados pela lança de Ares a ceifá-los.
Eeta fornecia os outros, de bom grado, para que fossem
levados à nau, pois não acreditava que Jasão cumprisse o trabalho
até o final, ainda que conseguisse pôr o jugo sobre os bois.   1190
O sol, ao longe, mergulhava na tenebrosa terra,
além dos extremos cumes dos etíopes ocidentais,
e a noite punha o jugo sobre os cavalos. Os heróis
preparavam os leitos perto dos cabos da nau. Mas Jasão,
quando as estrelas reluzentes da Hélice, a Ursa,   1195
reclinaram-se e, no céu, o ar tornou-se completamente calmo,
caminhou para um lugar ermo, como um furtivo ladrão,
com tudo o que necessitava. Antes cuidara de cada detalhe
durante o dia. Ao vir, Argos trouxe uma ovelha e leite
do rebanho, ao passo que o restante ele pegou da própria nau.   1200
Mas quando viu um lugar que ficava longe da rota
dos homens, num prado desprovido de árvores, a céu
aberto, neste lugar banhou piedosamente, antes de tudo,
o tenro corpo no divino rio e se vestiu com um manto
azulado, que outrora a lemniense Hipsípile   1205
havia lhe presenteado como lembrança do doce leito.
Em seguida, após escavar no solo um buraco de um côvado,
amontoou a lenha, cortou sobre ela a garganta do cordeiro
e, segundo o costume, estendeu-o por cima. Acendia os cepos

250 ARGONÁUTICAS

1210 πῦρ ὑπένερθεν ἱείς, ἐπὶ δὲ μιγάδας χέε λοιβάς,
Βριμὼ κικλήσκων Ἑκάτην ἐπαρωγὸν ἀέθλων.
καί ῥ᾽ ὁ μὲν ἀγκαλέσας πάλιν ἔστιχεν· ἡ δ᾽ ἀίουσα
κευθμῶν ἐξ †ὑπάτων δεινὴ θεὸς ἀντεβόλησεν
ἱροῖς Αἰσονίδαο, πέριξ δέ μιν ἐστεφάνωντο
1215 σμερδαλέοι δρυΐνοισι μετὰ πτόρθοισι δράκοντες,
στράπτε δ᾽ ἀπειρέσιον δαΐδων σέλας· ἀμφὶ δὲ τήνγε
ὀξείῃ ὑλακῇ χθόνιοι κύνες ἐφθέγγοντο.
πίσεα δ᾽ ἔτρεμε πάντα κατὰ στίβον· αἱ δ᾽ ὀλόλυξαν
νύμφαι ἑλειονόμοι ποταμηίδες, αἳ περὶ κείνην
1220 Φάσιδος εἱαμενὴν Ἀμαραντίου εἱλίσσονται.
Αἰσονίδην δ᾽ ἤτοι μὲν ἕλεν δέος, ἀλλά μιν οὐδ᾽ ὣς
ἐντροπαλιζόμενον πόδες ἔκφερον, ὄφρ᾽ ἑτάροισι
μίκτο κιών. ἤδη δὲ φόως νιφόεντος ὕπερθεν
Καυκάσου ἠριγενὴς ἠὼς βάλεν ἀντέλλουσα·
1225 καὶ τότ᾽ ἄρ᾽ Αἰήτης περὶ μὲν στήθεσσιν ἕεστο
θώρηκα στάδιον, τόν οἱ πόρεν ἐξεναρίξας
σφωιτέρης Φλεγραῖον Ἄρης ὑπὸ χερσὶ Μίμαντα·
χρυσείην δ᾽ ἐπὶ κρατὶ κόρυν θέτο τετραφάληρον
λαμπομένην, οἷόν τε περίτροχον ἔπλετο φέγγος
1230 ἠελίου, ὅτε πρῶτον ἀνέρχεται Ὠκεανοῖο·
ἂν δὲ πολύρρινον νώμα σάκος, ἂν δὲ καὶ ἔγχος
δεινόν, ἀμαιμάκετον· τὸ μὲν οὔ κέ τις ἄλλος ὑπέστη
ἀνδρῶν ἡρώων, ὅτε κάλλιπον Ἡρακλῆα
τῆλε παρέξ, ὅ κεν οἷος ἐναντίβιον πτολέμιξεν.
1235 τῷ δὲ καὶ ὠκυπόδων ἵππων εὐπηγέα δίφρον
ἔσχε πέλας Φαέθων, ἐπιβήμεναι· ἂν δὲ καὶ αὐτός
βήσατο, ῥυτῆρας δὲ χεροῖν ἕλεν. ἐκ δὲ πόληος
ἤλασαν εὐρεῖαν κατ᾽ ἀμαξιτόν, ὥς κεν ἀέθλῳ
παρσταίη· σὺν δέ σφιν ἀπείριτος ἔσσυτο λαός.
1240 οἷος δ᾽ Ἴσθμιον εἶσι Ποσειδάων ἐς ἀγῶνα,
ἅρμασιν ἐμβεβαώς, ἢ Ταίναρον ἢ ὅγε Λέρνης
ὕδωρ ἠὲ καὶ ἄλσος Ὑαντίου Ὀγχηστοῖο,
καί τε Καλαύρειαν μετὰ δὴ θαμὰ νίσσεται ἵπποις
Πέτρην θ᾽ Αἱμονίην, ἢ δενδρήεντα Γεραιστόν –

LIVRO 3 251

insuflando o fogo por baixo e vertia libações mescladas 1210
invocando Hécate Brimo como auxiliadora dos trabalhos.
Depois de invocá-la, ele se afastou. A terrível deusa
ouviu e, do profundo refúgio, aproximou-se
das oferendas do Esônida. Ao redor, espantosas
serpentes coroavam-na com os ramos de carvalho, 1215
enquanto o infinito brilho dos archotes iluminava. Em seu entorno,
com agudos latidos, cães infernais faziam barulho.
Toda a várzea tremulou sob seus passos. As ninfas
do pântano ululararam, ribeirinhas, que circundam
aquele prado próximo ao Fásis amarântio. 1220
O Esônida foi tomado pelo temor, mas, ainda assim,
os pés o conduziam sem retorno, até que se juntou
aos companheiros. Já sobre o Cáucaso coberto
de neve a matutina aurora lançava sua luz ao se erguer.
Enquanto isso, Eeta vestia em torno do peito 1225
uma firme couraça que Ares lhe fornecera, após matar,
com as próprias mãos, Mimante de Flegra.
Pôs sobre a cabeça o áureo elmo de quatro cimeiras,
brilhante como a luminosidade circular do sol
quando começa a se elevar do Oceano. 1230
Agitava o escudo coberto por muitas peles, bem como
a terrível e irresistível lança. Nenhum dos heróis
resistiria a ela, desde quando abandonaram Héracles
à distância, ele que sozinho combateria de frente.
Próximo a Eeta, Faetonte deteve o bem construído carro 1235
com cavalos de pés velozes para que subisse. Ele subiu
e tomou com as duas mãos as rédeas. Conduziu o carro
para fora da cidade através de uma larga rota, de modo
a presenciar o trabalho. Com eles, uma multidão avançava.
Como Posidão vai a uma competição ístmica 1240
montado em sua carruagem, ou ao Tênaro, ou
às águas de Lerna, ou ao bosque de Onquesto dos hiantes
e, com frequência, se dirige com cavalos a Caláuria
ou à Rocha da Hemônia, ou ao arborizado Geresto,

252 ARGONÁUTICAS

1245 τοῖος ἄρ᾽ Αἰήτης Κόλχων ἀγὸς ἦεν ἰδέσθαι.
Τόφρα δὲ Μηδείης ὑποθημοσύνησιν Ἰήσων,
φάρμακα μυδήνας, ἠμὲν σάκος ἀμφεπάλυνεν
ἠδὲ δόρυ βριαρόν, περὶ δὲ ξίφος. ἀμφὶ δ᾽ ἑταῖροι
πείρησαν τευχέων βεβιημένοι, οὐδ᾽ ἐδύναντο
1250 κεῖνο δόρυ γνάμψαι τυτθόν γέ περ, ἀλλὰ μάλ᾽ αὔτως
ἀαγὲς κρατερῇσιν ἐνεσκλήκει παλάμῃσιν.
αὐτὰρ ὁ τοῖς ἄμοτον κοτέων Ἀφαρήιος Ἴδας
κόψε παρ᾽ οὐρίαχον μεγάλῳ ξίφει· ἆλτο δ᾽ ἀκωκή
ῥαιστὴρ ἄκμονος ὥστε παλιντυπές, οἱ δ᾽ ὁμάδησαν
1255 γηθόσυνοι ἥρωες ἐπ᾽ ἐλπωρῇσιν ἀέθλου.
καὶ δ᾽ αὐτὸς μετέπειτα παλύνετο· δῦ δέ μιν ἀλκή
σμερδαλέη ἄφατός τε καὶ ἄτρομος, αἱ δ᾽ ἑκάτερθεν
χεῖρες ἐπερρώσαντο περὶ σθένεϊ σφριγόωσαι.
ὡς δ᾽ ὅτ᾽ ἀρήιος ἵππος, ἐελδόμενος πολέμοιο,
1260 σκαρθμῷ ἐπιχρεμέθων κρούει πέδον, αὐτὰρ ὕπερθε
κυδιόων ὀρθοῖσιν ἐπ᾽ οὔασιν αὐχέν᾽ ἀείρει –
τοῖος ἄρ᾽ Αἰσονίδης ἐπαγαίετο κάρτεϊ γυίων,
πολλὰ δ᾽ ἄρ᾽ ἔνθα καὶ ἔνθα μετάρσιον ἴχνος ἔπαλλεν,
1264 ἀσπίδα χαλκείην μελίην τ᾽ ἐν χερσὶ τινάσσων.
1268 καὶ τότ᾽ ἔπειτ᾽ οὐ δηρὸν ἔτι σχήσεσθαι ἀέθλων
μέλλον, ἀτὰρ κληῖσιν ἐπισχερὼ ἱδρυθέντες
1270 ῥίμφα μάλ᾽ ἐς πεδίον τὸ Ἀρήιον ἠπείγοντο.
τόσσον δὲ προτέρω πέλεν ἄστεος ἀντιπέρηθεν,
ὅσσον τ᾽ ἐκ βαλβῖδος ἐπήβολος ἄρματι νύσσα
γίγνεται, ὁππότ᾽ ἄεθλα καταφθιμένοιο ἄνακτος
κηδεμόνες πεζοῖσι καὶ ἱππήεσσι τίθενται.
1275 τέτμον δ᾽ Αἰήτην τε καὶ ἄλλων ἔθνεα Κόλχων,
τοὺς μὲν Καυκασίοισιν ἐφεστάοτας σκοπέλοισιν,
τὸν δ᾽ αὐτοῦ παρὰ χεῖλος ἑλισσομένου ποταμοῖο.
Αἰσονίδης δ᾽, ὅτε δὴ πρυμνήσια δῆσαν ἑταῖροι,
δή ῥα τότε ξὺν δουρὶ καὶ ἀσπίδι βαῖν᾽ ἐς ἄεθλον,
1280 νηὸς ἀποπροθορών, ἄμυδις δ᾽ ἔχε παμφανόωσαν
χαλκείην πήληκα, θοῶν ἔμπλειον ὀδόντων,
καὶ ξίφος ἀμφ᾽ ὤμοις, γυμνὸς δέμας, ἄλλα μὲν Ἄρει

LIVRO 3   253

tal era de se ver Eeta, soberano dos colcos.   1245
Enquanto isso, segundo as instruções de Medeia, Jasão
umedecia as drogas e as aspergia sobre o escudo, a lança
vigorosa e a espada por completo. Ao redor, os companheiros
testaram as armas valendo-se da força, mas não conseguiram
dobrar aquela lança nem mesmo um pouco; ela,   1250
totalmente inquebrável, enrijecia em suas mãos robustas.
Extremamente irritado com eles, Idas, filho de Afareu,
golpeou a hasta com uma grande espada. A ponta saltou
como um martelo sobre uma bigorna e os heróis,
contentes, gritaram esperançosos com o trabalho.   1255
Em seguida Jasão as aspergiu sobre si mesmo. Penetrou nele
uma terrível força, indizível e impávida; de cada lado
seus braços se agitaram excedendo em vigor.
Como quando um cavalo belicoso, desejando a guerra,
relinchando, pisoteia o solo em marcha e depois,   1260
orgulhoso, ergue o pescoço mantendo as orelhas eretas;
assim o Esônida se rejubilava com a força dos membros.
Com frequência ele dava saltos aéreos por toda a parte,
sacudindo nas mãos o escudo brônzeo e a lança de freixo.   1264
Não por muito tempo deveriam se abster do trabalho,   1268
mas após terem se instalado nos bancos, um após o outro,
apressaram-se com rapidez em direção ao campo de Ares.   1270
Ele estava situado em frente à cidade, tão distante
quanto, a partir da largada, fica a chegada a ser atingida
com os carros, quando, com a morte do soberano, os parentes
organizam jogos para os corredores e os cavaleiros.
Depararam-se com Eeta e também com a tribo dos colcos,   1275
que se encontrava sentada sobre os rochedos caucasianos,
enquanto ele estava junto à margem do sinuoso rio.
Quando os companheiros prenderam as amarras, o Esônida
caminhou para o trabalho com a lança e o escudo
após saltar da nau e, ao mesmo tempo, pegou o reluzente   1280
elmo brônzeo, dotado de afiados dentes,
e a espada sobre o ombro. Seu corpo nu se assemelhava em alguns

254 ARGONÁUTICAS

εἴκελος, ἄλλα δέ που χρυσαόρῳ Ἀπόλλωνι.
παπτήνας δ᾽ ἀνὰ νειόν, ἴδε ζυγὰ χάλκεα ταύρων
1285 αὐτόγυόν τ᾽ ἐπὶ τοῖς στιβαροῦ ἀδάμαντος ἄροτρον·
χρίμψε δ᾽ ἔπειτα κιών, παρὰ δ᾽ ὄβριμον ἔγχος ἔπηξεν
ὀρθὸν ἐπ᾽ οὐριάχῳ, κυνέην δ᾽ ἀποκάτθετ᾽ ἐρείσας·
βῆ δ᾽ αὐτῇ προτέρωσε σὺν ἀσπίδι, νήριτα ταύρων
ἴχνια μαστεύων. οἱ δ᾽ ἔκποθεν ἀφράστοιο
1290 κευθμῶνος χθονίου, ἵνα τέ σφισιν ἔσκε βόαυλα
καρτερά, λιγνυόεντι πέριξ εἰλυμένα καπνῷ,
1292 ἄμφω ὁμοῦ προγένοντο πυρὸς σέλας ἀμπνείοντες·
[1265] φαίης κεν ζοφεροῖο κατ᾽ αἰθέρος ἀίσσουσαν
[1266] χειμερίην στεροπὴν θαμινὸν μεταπαιφάσσεσθαι
[1267] ἐκ νεφέων, †ὅτ᾽ ἔπειτα† μελάντατον ὄμβρον ἄγωνται·
1293 ἔδδεισαν δ᾽ ἥρωες ὅπως ἴδον· αὐτὰρ ὁ τούσγε
εὖ διαβὰς ἐπιόντας ἅ τε σπιλὰς εἰν ἁλὶ πέτρη
1295 μίμνεν ἀπειρεσίῃσι δονεύμενα κύματ᾽ ἀέλλαις·
πρόσθε δέ οἱ σάκος ἔσχεν ἐναντίον. οἱ δέ μιν ἄμφω
μυκηθμῷ κρατεροῖσιν ἐνέπληξαν κεράεσσιν,
οὐδ᾽ ἄρα μιν τυτθόν περ ἀνώχλισαν ἀντιόωντες.
ὡς δ᾽ ὅτ᾽ ἐνὶ τρητοῖσιν ἐύρρινοι χοάνοισιν
1300 φῦσαι χαλκήων ὁτὲ μέν τ᾽ ἀναμαρμαίρουσιν
πῦρ ὀλοὸν πιμπρᾶσαι, ὅτ᾽ αὖ λήγουσιν ἀυτμῆς,
δεινὸς δ᾽ ἐξ αὐτῶν πέλεται βρόμος, ὁππότ᾽ ἀίξῃ
νειόθεν – ὣς ἄρα τώγε θοὴν φλόγα φυσιόωντες
ἐκ στομάτων ὁμάδευν, τὸν δ᾽ ἄμφεπε δήιον αἶθος
1305 βάλλε θ᾽ ἅ τε στεροπή· κούρης δέ ἑ φάρμακ᾽ ἔρυτο.
καί ῥ᾽ ὅγε δεξιτεροῖο βοὸς κέρας ἄκρον ἐρύσσας
εἷλκεν ἐπικρατέως παντὶ σθένει, ὄφρα πέλασσεν
ζεύγλῃ χαλκείῃ· τὸν δ᾽ ἐν χθονὶ κάββαλεν ὀκλάξ,
ῥίμφα ποδὶ κρούσας πόδα χάλκεον· ὣς δὲ καὶ ἄλλον
1310 σφῆλε γνὺξ ἐριπόντα, μιῇ βεβολημένον ὁρμῇ.
εὐρὺ δ᾽ ἀποπροβαλὼν χαμάδις σάκος, ἔνθα καὶ ἔνθα,
τῇ καὶ τῇ βεβαώς, ἄμφω ἔχε πεπτηῶτας
γούνασιν ἐν προτέροισι, διὰ φλογὸς εἶθαρ ἐλυσθείς·
θαύμασε δ᾽ Αἰήτης σθένος ἀνέρος. οἱ δ᾽ ἄρα τείως

LIVRO 3 255

aspectos a Ares, em outros a Apolo do gládio de ouro.
Observando o terreno, viu os jugos brônzeos dos touros
e o arado de uma só peça, feito com o duro ferro. 1285
Em seguida ele se aproximou, fixou a vigorosa lança
reta pela base e deixou o casco apoiado nela.
Caminhou adiante somente com o escudo, seguindo
as inúmeras pegadas dos touros. De uma escondida
gruta subterrânea, onde mantinham seus firmes 1290
estábulos envoltos por densa fumaça,
ambos apareceram juntos, exalando labaredas ardentes. 1292
Dirias que, precipitando-se do sombrio céu, [1265]
um tempestuoso relâmpago constantemente brilha [1266]
através de nuvens, quando elas trazem a mais negra chuva. [1267]
Os heróis temeram ao vê-los. Mas Jasão, 1293
com os pés bem firmes, esperava que avançassem, como no mar
o recife espera as ondas agitadas pelas infinitas tempestades. 1295
À frente havia o escudo para protegê-lo. Ambos,
com mugidos, golpearam-no com seus fortes chifres,
mas, com essa investida, nem um pouco sequer o ergueram.
Como quando, nos cadinhos perfurados dos fundidores,
os foles de couro ora iluminam ao atiçar 1300
o fogo funesto, ora cessam o sopro,
e seu terrível bramido irrompe quando se expande
do fundo; assim os dois touros mugiam, soprando uma rápida
chama das bocas. O ardor assassino envolvia Jasão,
atingindo-o como um raio. Mas as drogas da garota o protegiam. 1305
Ao agarrar pela ponta o chifre do boi da direita,
arrastou-o fortemente, com todo vigor, para aproximá-lo
do jugo brônzeo. Derrubou-o ao chão por trás, golpeando
rapidamente com o pé sua pata brônzea. Assim também tombou
o outro, que caiu ante seus joelhos, abatido por um único golpe. 1310
Lançou para longe, no solo, o largo escudo. Com as duas pernas
firmes mantinha, de cada lado, ambos agachados sobre os joelhos
da frente, enquanto ele era de imediato rodeado pelas chamas.
Eeta se admirou com a força do herói. Nesse momento

256 ARGONÁUTICAS

1315 Τυνδαρίδαι (δὴ γάρ σφι πάλαι προπεφραδμένον ἦεν)
ἀγχίμολον ζυγά οἱ πεδόθεν δόσαν ἀμφιβαλέσθαι·
αὐτὰρ ὁ εὖ ἐνέδησε λόφοις, μεσσηγὺ δ' ἀείρας
χάλκεον ἱστοβοῆα θοῇ συνάρασσε κορώνῃ
ζεύγληθεν. καὶ τὼ μὲν ὑπὲκ πυρὸς ἂψ ἐπὶ νῆα
1320 χαζέσθην· ὁ δ' ἄρ' αὖτις ἑλὼν σάκος ἔνθετο νώτῳ
ἐξόπιθεν, καὶ γέντο θοῶν ἔμπλειον ὀδόντων
πήληκα βριαρὴν δόρυ τ' ἄσχετον, ᾧ ῥ' ὑπὸ μέσσας
ἐργατίνης ὥς τίς τε Πελασγίδι νύσσεν ἀκαίνῃ
οὐτάζων λαγόνας· μάλα δ' ἔμπεδον εὖ ἀραρυῖαν
1325 τυκτὴν ἐξ ἀδάμαντος ἐπιθύνεσκεν ἐχέτλην.
οἱ δ' ἤτοι †εἵως μὲν περιώσια† θυμαίνεσκον,
λάβρον ἐπιπνείοντε πυρὸς σέλας, ὦρτο δ' ἀυτμή
ἠύτε βυκτάων ἀνέμων βρόμος, οὕς τε μάλιστα
δειδιότες μέγα λαῖφος ἁλίπλοοι ἐστείλαντο·
1330 δηρὸν δ' οὐ μετέπειτα κελευόμενοι ὑπὸ δουρί
ἤισαν. ὀκριόεσσα δ' ἐρείκετο νειὸς ὀπίσσω
σχιζομένη ταύρων τε βίῃ κρατερῷ τ' ἀροτῆρι,
δεινὸν δ' ἐσμαράγευν ἄμυδις κατὰ ὦλκας ἀρότρῳ
βώλακες ἀγνύμεναι ἀνδραχθέες. εἵπετο δ' αὐτός
1335 λαῖον ἐπὶ στιβαρῷ πιέσας ποδί· τῆλε δ' ἑοῖο
βάλλεν ἀρηρομένην αἰεὶ κατὰ βῶλον ὀδόντας,
ἐντροπαλιζόμενος μή οἱ πάρος ἀντιάσειεν
γηγενέων ἀνδρῶν ὀλοὸς στάχυς· οἱ δ' ἄρ' ἐπιπρό
χαλκείῃς χηλῇσιν ἐρειδόμενοι πονέοντο.
1340 ἦμος δὲ τρίτατον λάχος ἤματος ἀνομένοιο
λείπεται ἐξ ἠοῦς, χατέουσι δὲ κεκμηῶτες
ἐργατίναι γλυκερόν σφιν ἄφαρ βουλυτὸν ἱκέσθαι,
τῆμος ἀρήροτο νειὸς ὑπ' ἀκαμάτῳ ἀροτῆρι
τετράγυός περ ἐοῦσα, βοῶν τ' ἀπελύετ' ἄροτρα.
1345 καὶ τοὺς μὲν πεδίονδε διεπτοίησε φέβεσθαι·
αὐτὰρ ὁ ἂψ ἐπὶ νῆα πάλιν κίεν, ὄφρ' ἔτι κεινάς
γηγενέων ἀνδρῶν ἴδεν αὔλακας. ἀμφὶ δ' ἑταῖροι
θάρσυνον μύθοισιν· ὁ δ' ἐκ ποταμοῖο ῥοάων
αὐτῇ ἀφυσσάμενος κυνέῃ σβέσεν ὕδατι δίψαν·

LIVRO 3   257

os Tindáridas – como previamente haviam combinado – estavam   1315
próximos e lhe deram os jugos do solo para colocar sobre os bois.
Ele bem os prendeu nas nucas e, erguendo entre os dois
o brônzeo timão, rapidamente o fixou por meio de uma argola
ao jugo. Os dois se retiraram do fogo em direção à nau.
Ele, ao pegar novamente o escudo, colocou-o sobre as costas,   1320
agarrou o forte elmo, cheio de dentes afiados,
e a lança irresistível com a qual os picou, como um camponês
com o aguilhão pelásgico, ferindo-os no meio
dos flancos. Com firmeza ele dirigia o bem construído
cabo do arado que havia sido fabricado com aço.   1325
No início os bois estavam demasiadamente irritados,
soprando impetuosas labaredas ardentes, e seu alento se erguia
como o bramido das rajadas de vento que os marinheiros
tanto temem, a ponto de recolherem a grande vela.
Não muito tempo depois, seguiam comandados   1330
pela lança. O árido terreno era rasgado atrás,
fendido pela violência dos touros e pelo forte arador,
e, pelos sulcos do arado, torrões de terra pesados para um homem
faziam um terrível ruído ao se romperem. Ele seguia
pressionando a relha com o pé robusto. Longe de si   1335
lançava, sem cessar, os dentes sobre o terreno arado,
voltando-se para trás, por temor de ser surpreendido, antes
do esperado, pela messe funesta dos Nascidos da Terra. E, à frente,
os bois laboravam apoiando-se nos cascos de bronze.
Quando, desde a aurora, só resta a terceira parte do dia   1340
que se põe e os fatigados camponeses desejam
que lhes venha logo o doce momento de desatrelar os bois,
nessa hora o terreno foi arado pelo infatigável arador,
apesar de suas quatro jeiras, e ele soltou o arado dos bois.
E os assustou para que fugissem pela planície.   1345
Então ele retornou à nau ao ter visto ainda vazios
os sulcos dos Nascidos da Terra. Ao redor, os companheiros
encorajavam-no com palavras. Afundando seu próprio
elmo na correnteza do rio, cessou a sede com água.

258 ARGONÁUTICAS

1350 γνάμψε δὲ γούνατ' ἐλαφρά, μέγαν δ' ἐμπλήσατο θυμόν
ἀλκῆς, μαιμώων συῒ εἴκελος, ὅς ῥά τ' ὀδόντας
θήγει θηρευτῆσιν ἐπ' ἀνδράσιν, ἀμφὶ δὲ πολλός
ἀφρὸς ἀπὸ στόματος χαμάδις ῥέε χωομένοιο.
οἱ δ' ἤδη κατὰ πᾶσαν ἀνασταχύεσκον ἄρουραν
1355 γηγενέες· φρῖξεν δὲ περὶ στιβαροῖς σακέεσσιν
δούρασί τ' ἀμφιγύοις κορύθεσσί τε λαμπομένησιν
Ἄρηος τέμενος φθισιμβρότου, ἵκετο δ' αἴγλη
νειόθεν Οὔλυμπόνδε δι' ἠέρος ἀστράπτουσα.
ὡς δ' ὁπότ', ἐς γαῖαν πολέος νιφετοῖο πεσόντος,
1360 ἂψ ἀπὸ χειμερίας νεφέλας ἐκέδασσαν ἄελλαι
λυγαίῃ ὑπὸ νυκτί, τὰ δ' ἀθρόα πάντα φαάνθη
τείρεα λαμπετόωντα διὰ κνέφας – ὡς ἄρα τοίγε
λάμπον ἀναλδήσκοντες ὑπὲρ χθονός. αὐτὰρ Ἰήσων
μνήσατο Μηδείης πολυκερδέος ἐννεσιάων·
1365 λάζετο δ' ἐκ πεδίοιο μέγαν περιηγέα πέτρον,
δεινὸν Ἐνυαλίου σόλον Ἄρεος· οὔ κέ μιν ἄνδρες
αἰζηοὶ πίσυρες γαίης ἄπο τυτθὸν ἄειραν·
τόν ῥ' ἀνὰ ῥεῖα λαβών, μάλα τηλόθεν ἔμβαλε μέσσοις
ἀίξας. αὐτὸς δ' ὑφ' ἑὸν σάκος ἕζετο λάθρῃ
1370 θαρσαλέος· Κόλχοι δὲ μέγ' ἴαχον, ὡς ὅτε πόντος
ἴαχεν ὀξείῃσιν ἐπιβρομέων σπιλάδεσσιν·
τὸν δ' ἕλεν ἀμφασίῃ ῥιπῇ στιβαροῖο σόλοιο
Αἰήτην. οἱ δ' ὥστε θοοὶ κύνες ἀμφιθορόντες
ἀλλήλους βρυχηδὸν ἐδήιον, ἠδ' ἐπὶ γαῖαν
1375 μητέρα πῖπτον ἑοῖς ὑπὸ δούρασιν, ἠύτε πεῦκαι
ἢ δρύες ἅς τ' ἀνέμοιο κατάικες δονέουσιν.
οἷος δ' οὐρανόθεν πυρόεις ἀναπάλλεται ἀστήρ
ὁλκὸν ὑπαυγάζων, τέρας ἀνδράσιν οἵ μιν ἴδωνται
μαρμαρυγῇ σκοτίοιο δι' ἠέρος ἀίξαντα –
1380 τοῖος ἄρ' Αἴσονος υἱὸς ἐπέσσυτο γηγενέεσσιν,
γυμνὸν δ' ἐκ κολεοῖο φέρεν ξίφος. οὖτα δὲ μίγδην
ἀμώων, πολέας μὲν ἔτ' ἐς νηδὺν λαγόνας τε
ἡμίσεας δ' ἀνέχοντας ἐς ἤέρα, τοὺς δὲ καὶ ἄχρις
γούνων τελλομένους, τοὺς δ' αὖ νέον ἑστηῶτας,

LIVRO 3   259

Flexionou os ágeis joelhos e encheu de força o grande   1350
coração, agitado como um javali que afia os dentes
ao se confrontar com caçadores e uma abundante espuma
escorre de sua boca raivosa, caindo no solo.
Já por todo o terreno arado os Nascidos da Terra
brotavam. O recinto de Ares, destruidor de mortais,   1355
eriçou-se no entorno, com robustos escudos, lanças afiadas
dos dois lados e elmos brilhantes. Um raio fulgurante
precipitou-se através do ar, de baixo em direção ao Olimpo.
Como quando, após muita neve ter caído sobre a terra,
de imediato as tempestades dispersam as nuvens invernais,   1360
durante uma noite sombria, e todos os astros aparecem
juntos brilhando através das trevas; assim eles brilhavam
enquanto iam crescendo sobre a terra. Então Jasão
lembrou-se dos conselhos de Medeia, de muitos ardis.
Pegou do campo uma grande pedra redonda,   1365
terrível disco de Ares Eniálio. Nem quatro homens
robustos a levantariam um pouco sequer do chão.
Erguendo-a com facilidade, de muito longe lançou-a adiante,
na direção deles. Sob seu escudo, posicionou-se escondido
com coragem. Os colcos gritavam alto, como quando o mar   1370
grita ao bramir contra os pontudos recifes.
A mudez se apoderou de Eeta durante o arremesso
do pesado disco. Os Nascidos da Terra, como rápidos cães,
saltando ao entorno matavam-se entre urros e, por suas
próprias lanças, caíam sobre a terra-mãe como pinheiros   1375
ou carvalhos agitados pelas rajadas de vento.
Como do céu uma estrela de fogo avança, criando
um sulco iluminado, prodígio aos homens que a veem
precipitar-se com brilho através do escuro ar;
assim o filho de Esão se lançou sobre os Nascidos da Terra   1380
e pegou sua espada nua da bainha. Ao ceifá-los, ele os feria
ao acaso, muitos que ainda até o ventre e a metade
dos flancos se erguiam no ar, os que cresciam
até os ombros, os que estavam recém eretos

260 ARGONÁUTICAS

1385 τοὺς δ' ἤδη καὶ ποσσὶν ἐπειγομένους ἐς ἄρηα.
ὡς δ' ὁπότ', ἀγχούροισιν ἐγειρομένου πολέμοιο,
δείσας γειομόρος μή οἱ προτάμωνται ἀρούρας,
ἅρπην εὐκαμπῆ νεοθηγέα χερσὶ μεμαρπώς
ὠμὸν ἐπισπεύδων κείρει στάχυν, οὐδὲ βολῆσιν
1390 μίμνει ἐς ὡραίην τερσήμεναι ἠελίοιο –
ὣς ὅγε γηγενέων κεῖρεν στάχυν· αἵματι δ' ὁλκοί
ἠύτε κρηναίαις ἀμάραι πλῆθοντο ῥοῆσιν.
πῖπτον δ' οἱ μὲν ὀδὰξ τετρηχότα βῶλον †ὀδοῦσιν
λαζόμενοι πρηνεῖς, οἱ δ' ἔμπαλιν, οἱ δ' ἐπ' ἀγοστῷ
1395 καὶ πλευροῖς, κήτεσσι δομὴν ἀτάλαντοι ἰδέσθαι·
πολλοὶ δ', οὐτάμενοι πρὶν ὑπὲρ χθονὸς ἴχνος ἀεῖραι,
ὅσσον ἄνω προύκυψαν ἐς ἠέρα, τόσσον ἔραζε
βριθόμενοι πλαδαροῖσι καρήασιν, ἠρήρειντο·
ἔρνεά που τοίως, Διὸς ἄσπετον ὀμβρήσαντος,
1400 φυταλιῇ νεόθρεπτα κατημύουσιν ἔραζε
κλασθέντα ῥίζηθεν, ἀλωήων πόνος ἀνδρῶν,
τὸν δὲ κατηφείη τε καὶ οὐλοὸν ἄλγος ἱκάνει
κλήρου σημαντῆρα φυτοτρόφον – ὣς τότ' ἄνακτος
Αἰήταο βαρεῖαι ὑπὸ φρένας ἦλθον ἀνῖαι·
1405 ἤιε δ' ἐς πτολίεθρον ὑπότροπος ἄμμιγα Κόλχοις
πορφύρων ᾗ κέ σφι θοώτερον ἀντιόωτο.
ἦμαρ ἔδυ, καὶ τῷ τετελεσμένος ἦεν ἄεθλος.

e os que, com os pés, já se impeliam para a batalha.   1385
Como quando, havendo uma guerra entre vizinhos,
o camponês, temeroso de que antes dele façam a colheita,
segura nas mãos uma foice curvada e recém afiada
e corta, com pressa, a messe verde, sem esperar
a estação em que ela seca com os raios do sol;   1390
assim ele cortava a messe dos Nascidos da Terra. Os sulcos
se enchiam de sangue, como canais com o fluxo de uma fonte.
Eles caíam, uns de bruços mordendo
o áspero chão, outros atrás, outros sobre a mão
e as costas, parecidos, quanto ao corpo, a monstros marinhos.   1395
Muitos sendo feridos antes de erguerem os passos sobre a terra,
quanto haviam crescido em direção ao ar, inclinavam-se
por terra por conta do peso de suas cabeças moles.
De modo similar, depois de Zeus chover imensamente,
os rebentos recém crescidos na plantação, fadiga   1400
dos lavradores, tombam por terra quebrados desde a raiz
e uma tristeza e funesta dor atingem
o dono do campo que os cultiva; assim, então, penosos
pesares acometeram as entranhas do soberano Eeta.
Ele retornou à cidade em meio aos colcos,   1405
raciocinando como prestamente se oporia aos heróis.
O dia se pôs e foi cumprido o trabalho de Jasão.

LIVRO 4

Αὐτὴ νῦν κάματόν γε θεὰ καὶ δήνεα κούρης
Κολχίδος ἔννεπε Μοῦσα, Διὸς τέκος· ἦ γὰρ ἔμοιγε
ἀμφασίῃ νόος ἔνδον ἑλίσσεται, ὁρμαίνοντι
ἠὲ τόγ᾽ ἄτης πῆμα δυσίμερου ἦ μιν ἐνίσπω
5 φύζαν ἀεικελίην ᾗ κάλλιπεν ἔθνεα Κόλχων.
Ἤτοι ὁ μὲν δήμοιο μετ᾽ ἀνδράσιν ὅσσοι ἄριστοι
παννύχιος δόλον αἰπὺν ἐπὶ σφίσι μητιάασκεν
οἷσιν ἐνὶ μεγάροις, στυγερῷ ἐπὶ θυμὸν ἀέθλῳ
Αἰήτης ἄμοτον κεχολωμένος, οὐδ᾽ ὅγε πάμπαν
10 θυγατέρων τάδε νόσφιν ἑῶν τελέεσθαι ἐώλπει·
τῇ δ᾽ ἀλεγεινότατον κραδίῃ φόβον ἔμβαλεν Ἥρη,
τρέσσεν δ᾽ ἠύτε τις κούφη κεμὰς ἥν τε βαθείης
τάρφεσιν ἐν ξυλόχοιο κυνῶν ἐφόβησεν ὁμοκλή·
αὐτίκα γὰρ νημερτὲς ὀίσσατο μή μιν ἀρωγὴν
15 ληθέμεν, αἶψα δὲ πᾶσαν ἀναπλήσειν κακότητα·
τάρβει δ᾽ ἀμφιπόλους ἐπιίστορας. ἐν δέ οἱ ὄσσε
πλῆτο πυρός, δεινὸν δὲ περιβρομέεσκον ἀκουαί·
πυκνὰ δὲ λαυκανίης ἐπεμάσσατο, πυκνὰ δὲ κουρὶξ
ἑλκομένη πλοκάμους γοερῇ βρυχήσατ᾽ ἀνίῃ.

Tu mesma, deusa, conta agora o sofrimento e os planos
da jovem colca, musa, filha de Zeus. Pois minha mente,
por dentro, se agita em silêncio, refletindo se devo chamar
de aflição da loucura causada pelo amor ou de pavor vergonhoso
a maneira como ela abandonou a nação dos colcos.   5
Entre os melhores homens do povo, Eeta, durante
a noite, planejava um dolo infalível contra os estrangeiros
em seu palácio, extremamente furioso em seu ânimo
por causa do odioso trabalho, e acreditava que tal feito
jamais teria ocorrido sem a participação das filhas.   10
Hera infundiu um dolorosíssimo temor no coração de Medeia,
e ela fugiu como uma ágil corça, a quem o latido
dos cães, no matagal de um bosque profundo, atemoriza.
Pois logo suspeitou que certamente seu auxílio não fora
ignorado e, em breve, seria atingida por todo infortúnio.   15
Ela temia as servas que foram testemunhas. Seus olhos
estavam repletos de chama e os ouvidos zumbiam terrivelmente.
Com frequência agarrava o pescoço, com frequência,
ao puxar os cachos de cabelo, gemia com uma dor lancinante.

264 ARGONÁUTICAS

20 καί νύ κεν αὐτοῦ τῆμος ὑπὲρ μόρον ὤλετο κούρη
φάρμακα πασσαμένη, Ἥρης δ᾽ ἀλίωσε μενοινάς
εἰ μή μιν Φρίξοιο θεὰ σὺν παισὶ φέβεσθαι
ὦρσεν ἀτυζομένην. πτερόεις δέ οἱ ἐν φρεσὶ θυμός
ἰάνθη, μετὰ δ᾽ ἥγε παλίσσυτος ἀθρόα κόλπῳ
25 φάρμακα πάντ᾽ ἄμυδις κατεχεύατο φωριαμοῖο.
κύσσε δ᾽ ἑόν τε λέχος καὶ δικλίδας ἀμφοτέρωθεν
σταθμοὺς καὶ τοίχων ἐπαφήσατο· χερσί τε μακρόν
ῥηξαμένη πλόκαμον, θαλάμῳ μνημήια μητρί
κάλλιπε παρθενίης, ἀδινῇ δ᾽ ὀλοφύρατο φωνῇ·
30 "Τόνδε τοι ἀντ᾽ ἐμέθεν ταναὸν πλόκον εἶμι λιποῦσα
μῆτερ ἐμή, χαίροις δὲ καὶ ἄνδιχα πολλὸν ἰούσῃ·
χαίροις Χαλκιόπη καὶ πᾶς δόμος. αἴθε σε πόντος
ξεῖνε διέρραισεν πρὶν Κολχίδα γαῖαν ἱκέσθαι."
Ὣς ἄρ᾽ ἔφη, βλεφάρων δὲ κατ᾽ ἀθρόα δάκρυα χεῦεν.
35 οἵη δ᾽ ἀφνειοῖο †διειλυσθεῖσα δόμοιο
ληιάς, ἥν τε νέον πάτρης ἀπενόσφισεν αἶσα,
οὐδέ νύ πω μογεροῖο πεπείρηται καμάτοιο,
ἀλλ᾽ ἔτ᾽ ἀηθέσσουσα δύης καὶ δούλια ἔργα
εἶσιν ἀτυζομένη χαλεπὰς ὑπὸ χεῖρας ἀνάσσης –
40 τοίη ἄρ᾽ ἱμερόεσσα δόμων ἐξέσσυτο κούρη.
τῇ δὲ καὶ αὐτόματοι θυρέων ὑπόειξαν ὀχῆες
†ὠκείαις ἄψορροι ἀναθρῴσκοντες ἀοιδαῖς.
γυμνοῖσιν δὲ πόδεσσιν ἀνὰ στεινὰς θέεν οἴμους,
λαιῇ μὲν χερὶ πέπλον ἐπ᾽ ὀφρύσιν ἀμφὶ μέτωπα
45 στειλαμένη καὶ καλὰ παρήια, δεξιτερῇ δὲ
ἄκρην ὑψόθι πέζαν ἀερτάζουσα χιτῶνος.
καρπαλίμως δ᾽ ἀίδηλον ἀνὰ στίβον ἔκτοθι πύργων
ἄστεος εὐρυχόροιο φόβῳ ἵκετ᾽, οὐδέ τις ἔγνω
τήνγε φυλακτήρων, λάθε δέ σφεας ὁρμηθεῖσα.
50 ἔνθεν ἵμεν νειόνδε μάλ᾽ ἐφράσατ᾽· οὐ γὰρ ἄιδρις
ἦεν ὁδῶν, θαμὰ καὶ πρὶν ἀλωμένη ἀμφί τε νεκροὺς
ἀμφί τε δυσπαλέας ῥίζας χθονός, οἷα γυναῖκες
φαρμακίδες· τρομερῷ δ᾽ ὑπὸ δείματι πάλλετο θυμός
τὴν δὲ νέον Τιτηνὶς ἀνερχομένη περάτηθεν

LIVRO 4   265

E ali mesmo, contra o destino, a jovem teria morrido   20
ao ingerir as drogas, frustrando os planos de Hera,
se a deusa não a instigasse a fugir amedrontada,
com os filhos de Frixo. Seu coração alado se acalmou
no peito e ela, reconsiderando, colocou juntas, entre
os seios, todas as drogas do cofre reunidas.   25
Beijou seu leito e, de ambos os lados, os batentes
das portas duplas e acariciou as paredes. Depois de cortar
com as mãos um longo cacho, deixou-o no quarto para a mãe,
como lembrança da virgindade, e se lamentou com plangente voz:
"Ao partir deixo-te este comprido cacho no meu lugar,   30
minha mãe, e desejo que sejas feliz, ainda que eu esteja muito longe.
Desejo que sejas feliz, Calcíope, e toda a casa. Quem dera o mar,
estrangeiro, tivesse te despedaçado antes de chegares à terra colca."
Assim falou e abundantes lágrimas escorreram das pálpebras.
Como uma cativa é arrastada através da opulenta casa,   35
recentemente privada da pátria pelo destino,
e jamais havia experimentado o árduo trabalho,
mas, ainda desacostumada à miséria, segue assustada
com os afazeres servis sob a pesada mão de sua senhora;
assim a amável garota se apressou para fora de casa.   40
Diante dela os ferrolhos das portas cediam autômatos,
movendo-se para trás por conta dos velozes feitiços.
Com pés descalços corria pelas estreitas ruas,
com a mão esquerda ajustando o peplo sobre as sobrancelhas,
em torno à fronte e ao belo rosto, e com a direita   45
erguendo para o alto a borda da túnica.
Celeremente, por um caminho obscuro, ela atravessou
com pavor os portões da vasta cidade e não a reconheceu
nenhum dos guardas, mas passou despercebida por eles.
De lá pensou em ir ao templo, pois não desconhecia   50
os caminhos, já que antes, com frequência, vagara em busca
de cadáveres e de raízes maléficas da terra, como fazem
as feiticeiras. Mas seu coração pulsou sob um tremulante pavor.
A deusa Titânide, a Lua, tendo se erguido há pouco

55 φοιταλέην ἐσιδοῦσα θεὰ ἐπεχήρατο Μήνη
ἁρπαλέως, καὶ τοῖα μετὰ φρεσὶν ᾗσιν ἔειπεν·
"Οὐκ ἄρ' ἐγὼ μούνη μετὰ Λάτμιον ἄντρον ἀλύσκω,
οὐδ' οἴη καλῷ περὶ δαίομαι Ἐνδυμίωνι.
ἦ θαμὰ δὴ καὶ σεῖο κύθον δολίῃσιν ἀοιδαῖς
60 μνησαμένη φιλότητος, ἵνα σκοτίῃ ἐνὶ νυκτί
φαρμάσσῃς εὔκηλος, ἅ τοι φίλα ἔργα τέτυκται·
νῦν δὲ καὶ αὐτὴ δῆθεν ὁμοίης ἔμμορες ἄτης,
δῶκε δ' ἀνιηρόν τοι Ἰήσονα πῆμα γενέσθαι
δαίμων ἀλγινόεις. ἀλλ' ἔρχεο, τέτλαθι δ' ἔμπης,
65 καὶ πινυτή περ ἐοῦσα, πολύστονον ἄλγος ἀείρειν."
Ὣς ἄρ' ἔφη. τὴν δ' αἶψα πόδες φέρον ἐγκονέουσαν·
ἀσπασίως δ' ὄχθῃσιν ἐπηέρθη ποταμοῖο
ἀντιπέρην λεύσσουσα πυρὸς σέλας ὅρρα τ' ἀέθλου
παννύχιοι ἥρωες εὐφροσύνῃσιν ἔδαιον.
70 ὀξείῃ δἤπειτα διὰ κνέφας ὄρθια φωνῇ
ὁπλότατον Φρίξοιο περαιόθεν ἦπυε παίδων,
Φρόντιν. ὁ δὲ ξὺν ἑοῖσι κασιγνήτοις ὄπα κούρης.
αὐτῷ τ' Αἰσονίδῃ τεκμαίρετο· σῖγα δ' ἑταῖροι
θάμβεον, εὖτ' ἐνόησαν ὃ δὴ καὶ ἐτήτυμον ἦεν.
75 τρὶς μὲν ἀνήυσεν, τρὶς δ' ὀτρύνοντος ὁμίλου
Φρόντις ἀμοιβήδην ἀντίαχεν· οἱ δ' ἄρα τείως
ἥρωες μετὰ τήνγε θοοῖς ἐλάασκον ἐρετμοῖς.
οὔπω πείσματα νηὸς ἐπ' ἠπείροιο περαίης
βάλλον, ὁ δὲ κραιπνοὺς χέρσῳ πόδας ἧκεν Ἰήσων
80 ὑψοῦ ἀπ' ἰκριόφιν· μετὰ δὲ Φρόντις τε καὶ Ἄργος,
υἷε δύω Φρίξου, χαμάδις θόρον. ἡ δ' ἄρα τούσγε
γούνων ἀμφοτέρῃσι περισχομένη προσέειπεν·
"Ἔκ με φίλοι ῥύσασθε δυσάμμορον, ὣς δὲ καὶ αὐτούς
ὑμέας, Αἰήταο· πρὸ γάρ τ' ἀναφανδὰ τέτυκται
85 πάντα μάλ', οὐδέ τι μῆχος ἱκάνεται· ἀλλ' ἐνὶ νηί
φεύγωμεν πρὶν τόνγε θοῶν ἐπιβήμεναι ἵππων.
δώσω δὲ χρύσειον ἐγὼ δέρος, εὐνήσασα
φρουρὸν ὄφιν· τύνη δὲ θεοὺς ἐνὶ σοῖσιν ἑταίροις
ξεῖνε τεῶν μύθων ἐπιίστορας οὕς μοι ὑπέστης

LIVRO 4

do horizonte, ao vê-la perambulando exultou   55
com júbilo e disse a si mesma tais palavras:
"Não sou a única a fugir para a gruta Látmia,
nem me abraso sozinha pelo belo Endimião.
Com frequência eu me escondi, lembrando de meu amado
por meio de teus dolosos encantos, para que na noite escura   60
realizasses com tranquilidade as feitiçarias que te são tão caras.
Agora parece que também tu mesma compartilhas de semelhante
loucura e uma divindade dolorosa te concedeu Jasão para se tornar
um lancinante sofrimento. Mas vai e, no entanto, suporta,
apesar de seres sagaz, o crescimento de uma dor muito aflitiva." 65
Assim falou. Os pés logo a levaram apressadamente.
Ela subiu as margens do rio e entusiasmada
avistou, do lado oposto, a chama do fogo que os heróis
acenderam durante toda a noite para festejar o trabalho.
Então, na escuridão, com uma voz alta e aguda,   70
chamou, da outra margem, o mais jovem dos filhos de Frixo,
Frôntide. Ele, com seus irmãos e com o próprio Esônida,
reconheceu a voz da garota. Em silêncio os companheiros
se surpreenderam ao perceberem o que de fato acontecia.
Três vezes ela gritou e três vezes, sob a exortação da tripulação, 75
Frôntide bradou em resposta. Nesse ínterim, os heróis
avançavam até ela por meio dos rápidos remos.
Ainda não tinham lançado as amarras da nau na margem
oposta e Jasão, com precípites pés, saltou do alto do convés
em terra firme. Em seguida Frôntide e Argos, os dois filhos   80
de Frixo, pularam em direção ao solo. Então, abraçando
seus joelhos com ambas as mãos, ela lhes disse:
"Caros, de Eeta protegei-me, infortunada,
bem como a vós mesmos. Pois tudo já foi descoberto
e não há como remediar o ocorrido. Mas fujamos   85
na nau antes que ele monte em seus velozes cavalos.
Eu vos concederei o velo áureo depois de ter adormecido
a serpente vigilante. Tu, estrangeiro, na presença
de teus companheiros, faz dos deuses testemunhas das palavras

ARGONÁUTICAS

90 ποίησαι, μηδ' ἔνθεν ἑκαστέρω ὁρμηθεῖσαν
χήτεϊ κηδεμόνων ὀνοτὴν καὶ ἀεικέα θείης."
Ἴσκεν ἀκηχεμένη· μέγα δὲ φρένες Αἰσονίδαο
γήθεον. αἶψα δέ μιν περὶ γούνασι πεπτηυῖαν
ἦκ' ἀναειρόμενος, προσπτύξατο θάρσυνέν τε·
95 "Δαιμονίη, Ζεὺς αὐτὸς Ὀλύμπιος ὅρκιος ἔστω
Ἥρη τε Ζυγίη, Διὸς εὐνέτις, ἦ μὲν ἐμοῖσιν
κουριδίην σε δόμοισιν ἐνιστήσεσθαι ἄκοιτιν,
εὖτ' ἂν ἐς Ἑλλάδα γαῖαν ἱκώμεθα νοστήσαντες."
Ὣς ηὔδα, καὶ χεῖρα παρασχεδὸν ἤραρε χειρὶ
100 δεξιτερήν. ἡ δέ σφιν ἐς ἱερὸν ἄλσος ἀνώγει
νῆα θοὴν ἐλάαν αὐτοσχεδόν, ὄφρ' ἔτι νύκτωρ
κῶας ἑλόντες ἄγοιντο παρὲκ νόον Αἰήταο.
ἔνθ' ἔπος ἠδὲ καὶ ἔργον ὁμοῦ πέλεν ἐσσυμένοισιν·
εἰς γάρ μιν βήσαντες, ἀπὸ χθονὸς αὐτίκ' ἔωσαν
105 νῆα, πολὺς δ' ὀρυμαγδὸς ἐπειγομένων ἐλάτῃσιν
ἦεν ἀριστήων. ἡ δ' ἔμπαλιν ἀίσσουσα
γαίῃ χεῖρας ἔτεινεν, ἀμήχανος· αὐτὰρ Ἰήσων
θάρσυνέν τ' ἐπέεσσι καὶ ἴσχανεν ἀσχαλόωσαν.
Ἦμος δ' ἀνέρες ὕπνον ἀπ' ὀφθαλμῶν ἐβάλοντο
110 ἀγρόται, οἵ τε κύνεσσι πεποιθότες οὔ ποτε νύκτα
ἄγχαυρον κνώσσουσιν, ἀλευάμενοι φάος ἠοῦς,
μὴ πρὶν ἀμαλδύνῃ θερμὸν στίβον ἠδὲ καὶ ὀδμήν
θηρείην λευκῇσιν ἐνισκίμψασα βολῇσιν –
τῆμος ἄρ' Αἰσονίδης κούρη τ' ἀπὸ νηὸς ἔβησαν
115 ποιήεντ' ἀνὰ χῶρον ἵνα Κριοῦ καλέονται
Εὐναί, ὅθι πρῶτον κεκμηότα γούνατ' ἔκαμψεν,
νώτοισιν φορέων Μινυήιον υἷ' Ἀθάμαντος·
ἐγγύθι δ' αἰθαλόεντα πέλεν βωμοῖο θέμεθλα,
ὅν ῥά ποτ' Αἰολίδης Διὶ Φυξίῳ εἴσατο Φρίξος,
120 ῥέζων κεῖνο τέρας παγχρύσεον, ὥς οἱ ἔειπεν
Ἑρμείας πρόφρων ξυμβλήμενος. ἔνθ' ἄρα τούσγε
Ἄργου φραδμοσύνῃσιν ἀριστῆες μεθέηκαν·
τὼ δὲ δι' ἀτραπιτοῖο μεθ' ἱερὸν ἄλσος ἵκοντο,
φηγὸν ἀπειρεσίην διζημένω ᾗ ἔπι κῶας

LIVRO 4   269

que me prometeste e não permitas que eu parta daqui   90
para longe carente de defensores, desprezada e desonrada."
Disse, em aflição. O coração do Esônida muito
alegrou-se. Prontamente a ergueu com doçura, pois ela
havia caído sob seus joelhos, falou com afeto e lhe encorajou:
"Infeliz, que o próprio Zeus Olímpico seja testemunha   95
do juramento, bem como Hera Matrimonial, consorte de Zeus:
instalar-te-ei em minha casa como esposa legítima,
quando, no retorno, alcançarmos a terra helênica."
Assim disse e de imediato colocou sua mão direita
na mão da garota. Ela lhes ordenou que conduzissem logo a nau   100
veloz até o bosque sagrado para furtarem o tosão ainda
durante a noite e o levarem contra a vontade de Eeta.
Então, apressando-se, palavra e ato foram simultâneos.
Após a embarcarem, empurraram para longe da terra
a nau, e grande era o barulho dos heróis ao avançarem   105
com os remos. Olhando para trás, ela estendia
as mãos para a terra, desvalida. Mas Jasão
encorajava-a com palavras e continha seu abatimento.
Quando os caçadores expulsam o sono dos olhos,
os quais, com confiança nos cães, jamais cochilam na parte   110
final da noite de modo a evitar a luz da aurora,
antes que ela apague as pegadas frescas e o odor
selvagem ao golpear a terra com raios claros;
assim o Esônida e a garota desembarcaram da nau
num terreno relvado que era chamado Leito do Carneiro,   115
onde pela primeira vez o animal dobrou os fatigados joelhos,
ao carregar nas costas o filho mínia de Atamante.
Próximo havia a fundação, coberta de cinza, do altar
que outrora o Eólida Frixo ergueu a Zeus Protetor dos Fugitivos,
quando sacrificou aquele prodígio todo áureo, conforme   120
Hermes lhe dissera, vindo zeloso até ele. Seguindo o conselho
de Argos, os valorosos deixaram que Jasão e Medeia lá fossem.
Através de uma vereda os dois chegaram ao bosque sagrado,
procurando o enorme carvalho onde o tosão estava

125 βέβλητο, νεφέλη ἐναλίγκιον ἥ τ᾽ ἀνιόντος
ἠελίου φλογερῇσιν ἐρεύθεται ἀκτίνεσσιν·
αὐτὰρ ὁ ἀντικρὺ περιμήκεα τείνετο δειρήν
ὀξὺς ἀύπνοισι προϊδὼν ὄφις ὀφθαλμοῖσιν
νισσομένους, ῥοίζει δὲ πελώριον, ἀμφὶ δὲ μακραί
130 ἠιόνες ποταμοῖο καὶ ἄσπετον ἴαχεν ἄλσος·
ἔκλυον οἵ καὶ πολλὸν ἑκὰς Τιτηνίδος Αἴης
Κολχίδα γῆν ἐνέμοντο παρὰ προχοῇσι Λύκοιο,
ὅς τ᾽ ἀποκιδνάμενος ποταμοῦ κελάδοντος Ἀράξεω
Φάσιδι συμφέρεται ἱερὸν ῥόον, οἱ δὲ συνάμφω
135 Καυκασίην ἅλαδ᾽ εἰς ἓν ἐλαυνόμενοι προρέουσιν·
δείματι δ᾽ ἐξέγροντο λεχωίδες, ἀμφὶ δὲ παισίν
νηπιάχοις, οἵ τέ σφιν ὑπ᾽ ἀγκαλίδεσσιν ἴαυον,
ῥοίζῳ παλλομένοις χεῖρας βάλον ἀσχαλόωσαι.
ὡς δ᾽ ὅτε τυφομένης ὕλης ὕπερ αἰθαλόεσσαι
140 καπνοῖο στροφάλιγγες ἀπείριτοι εἱλίσσονται,
ἄλλη δ᾽ αἶψ᾽ ἑτέρῃ ἐπιτέλλεται αἰὲν ἐπιπρό
νειόθεν ἰλίγγοισιν ἐπήορος ἀίσσουσα –
ὣς τότε κεῖνο πέλωρον ἀπειρεσίας ἐλέλιζε
ῥυμβόνας, ἀζαλέῃσιν ἐπηρεφέας φολίδεσσιν.
145 τοῖο δ᾽ ἑλισσομένοιο κατ᾽ †ὄμματος εἴσατο† κούρη,
Ὕπνον ἀοσσητῆρα, θεῶν ὕπατον, καλέουσα
ἡδείῃ ἐνοπῇ, θέλξαι τέρας, αὖε δ᾽ ἄνασσαν
νυκτιπόλον, χθονίην, εὐαντέα δοῦναι ἐφορμήν.
εἵπετο δ᾽ Αἰσονίδης, πεφοβημένος· αὐτὰρ ὅγ᾽ ἤδη
150 οἴμῃ θελγόμενος δολιχὴν ἀνελύετ᾽ ἄκανθαν
γηγενέος σπείρης, μήκυνε δὲ μυρία κύκλα,
οἷον ὅτε βληχροῖσι κυλινδόμενον πελάγεσσιν
κῦμα μέλαν κωφόν τε καὶ ἄβρομον· ἀλλὰ καὶ ἔμπης
ὑψοῦ σμερδαλέην κεφαλὴν μενέαινεν ἀείρας
155 ἀμφοτέρους ὀλοῇσι περιπτύξαι γενύεσσιν.
ἡ δέ μιν ἀρκεύθοιο νέον τετμηότι θαλλῷ,
βάπτουσ᾽ ἐκ κυκεῶνος, ἀκήρατα φάρμακ᾽ ἀοιδαῖς
ῥαῖνε κατ᾽ ὀφθαλμῶν, περί τ᾽ ἀμφί τε νήριτος ὀδμή
φαρμάκου ὕπνον ἔβαλλε· γένυν δ᾽ αὐτῇ ἐνὶ χώρῃ

LIVRO 4　　　　271

pendurado, semelhante a uma nuvem que se ruboriza　　125
sob os raios flamejantes do sol nascente.
Mas diante deles a serpente vigilante estendia seu longo
pescoço, ao ter visto, com olhos insones, que eles
se aproximavam. Ela sibilava monstruosamente e, no entorno,
as longas margens do rio e o imenso bosque ressoavam.　　130
Ouviam-na os que residem muito longe da Titânida
Ea e da terra colca, ao longo do curso do Lico,
que, separando-se do sonoro rio Araxe,
transporta a sagrada correnteza ao Fásis e ambos, juntos,
formando um só, desembocam no mar Caucasiano.　　135
As mães recentes despertaram com pavor e, angustiadas,
abraçaram os filhos recém-nascidos dormindo
em seus braços, agitados por causa do sibilo.
Como quando, sobre uma floresta tomada pelas chamas,
imensos vórtices de fumaça fuliginosa rodopiam　　140
e prontamente um sucede ao outro sem cessar,
irrompendo de baixo em direção ao ar em redemoinhos;
assim então aquele monstro retorcia as imensas
espirais cobertas por escamas secas.
Enquanto a serpente rodopiava, a garota a olhou nos olhos,　　145
invocando com doce voz o Sono auxiliar, supremo
entre os deuses, para enfeitiçar a fera e clamou pela rainha
notívaga, ctônica, para lhe conceder um acesso favorável.
Jasão seguiu aterrorizado. Mas, ao ser enfeitiçada
pelo canto, ela relaxava a longa espinha de espirais　　150
nascidas da terra e estendia os inúmeros anéis,
como quando uma onda negra silenciosa e sem ruído
revolve-se sobre o calmo mar. Todavia, ao erguer
a horrível cabeça para o alto, desejava
abocanhar ambos com suas funestas mandíbulas.　　155
Com um ramo recém-cortado de zimbro embebido
numa poção, ela aspergia as drogas puras sobre seus olhos,
valendo-se de um feitiço, e o forte odor da droga por toda parte
provocou-lhe o sono. A serpente reclinou a mandíbula

160 θῆκεν ἐρεισάμενος, τὰ δ' ἀπείρονα πολλὸν ὀπίσσω
κύκλα πολυπρέμνοιο διὲξ ὕλης τετάνυστο.
ἔνθα δ' ὁ μὲν χρύσειον ἀπὸ δρυὸς αἴνυτο κῶας,
κούρης κεκλομένης, ἡ δ' ἔμπεδον ἑστηυῖα
φαρμάκῳ ἔψηχεν θηρὸς κάρη, εἰσόκε δή μιν
165 αὐτὸς ἑὴν ἐπὶ νῆα παλιντροπάασθαι Ἰήσων
ἤνωγεν· λεῖπον δὲ πολύσκιον ἄλσος Ἄρηος.
ὡς δὲ σεληναίης διχομήνιδα παρθένος αἴγλην
ὑψόθεν †ἀνέχουσαν ὑπωρόφιον θαλάμοιο
λεπταλέῳ ἑανῷ ὑποῖσχεται, ἐν δέ οἱ ἦτορ
170 χαίρει δερκομένης καλὸν σέλας – ὣς τότ' Ἰήσων
γηθόσυνος μέγα κῶας ἑαῖς ἀναείρετο χερσίν,
καί οἱ ἐπὶ ξανθῇσι παρηίσιν ἠδὲ μετώπῳ
μαρμαρυγῇ ληνέων φλογὶ εἴκελον ἷζεν ἔρευθος.
ὅσση δὲ ῥινὸς βοὸς ἤνιος ἢ ἐλάφοιο
175 γίγνεται, ἥν τ' ἀγρῶσται ἀχαιινέην καλέουσιν,
†τόσσον ἔην πάντη χρύσεον ἐφύπερθεν ἄωτον†
βεβρίθει λήνεσσιν ἐπηρεφές· ἤλιθα δὲ χθών
αἰὲν ὑποπρὸ ποδῶν ἀμαρύσσετο νισσομένοιο.
ἤιε δ' ἄλλοτε μὲν λαιῷ ἐπιειμένος ὤμῳ
180 αὐχένος ἐξ ὑπάτοιο ποδηνεκές, ἄλλοτε δ' αὖτε
εἴλει ἀφασσόμενος· περὶ γὰρ δίεν ὄφρα ἑ μή τις
ἀνδρῶν ἠὲ θεῶν νοσφίσσεται ἀντιβολήσας.
Ἠὼς μέν ῥ' ἐπὶ γαῖαν ἐκίδνατο, τοὶ δ' ἐς ὅμιλον
ἷξον. θάμβησαν δὲ νέοι μέγα κῶας ἰδόντες
185 λαμπόμενον στεροπῇ ἴκελον Διός, ὦρτο δ' ἕκαστος
ψαῦσαι ἐελδόμενος δέχθαι τ' ἐνὶ χερσὶν ἑῇσιν·
Αἰσονίδης δ' ἄλλους μὲν ἐρήτυε, τῷ δ' ἐπὶ φᾶρος
κάββαλε νηγάτεον. πρύμνῃ δ' ἐνεείσατο κούρην
ἀνθέμενος, καὶ τοῖον ἔπος μετὰ πᾶσιν ἔειπεν·
190 "Μηκέτι νῦν χάζεσθε φίλοι πάτρηνδε νέεσθαι·
ἤδη γὰρ χρειὼ τῆς εἵνεκα τήνδ' ἀλεγεινὴν
ναυτιλίην ἔτλημεν, ὀιζύι μοχθίζοντες,
εὐπαλέως κούρης ὑπὸ δήνεσι κεκράανται.
τὴν μὲν ἐγὼν ἐθέλουσαν ἀνάξομαι οἴκαδ' ἄκοιτιν

LIVRO 4 273

no próprio chão e, muito atrás, os imensos anéis 160
estendiam-se através da densa floresta.
Então Jasão recolheu do carvalho o tosão áureo,
seguindo os comandos da garota, que permanecia imóvel
ungindo a cabeça da fera com a droga, até que o próprio
Jasão lhe ordenou que retornasse à nau. 165
E deixaram para trás o muito sombrio bosque de Ares.
Como uma virgem agarra, no fino vestido,
a luz da lua cheia que se ergue por cima do quarto
no andar superior, e seu coração se alegra
ao contemplar a bela claridade; assim também Jasão, 170
contente, ergueu em suas mãos o grande tosão,
e sobre o rosto loiro e a fronte, por causa do brilho
da lã, um rubor se instalou semelhante à chama.
Assim como a pele de uma novilha de um ano
ou de um cervo, que os caçadores chamam de veado, 175
tão grande era o velocino totalmente áureo, e pesava
por estar coberto por lã na superfície. A terra se iluminava
excessivamente diante de seus pés enquanto caminhava.
Ora ele seguia cobrindo com o velo o ombro esquerdo,
desde o alto do pescoço até os pés, ora o enrolava 180
nas mãos com carícias, pois temia que um homem
ou um deus, ao encontrá-lo, privasse-o do tosão.
A aurora se espalhava sobre a terra, quando eles se juntaram
à tripulação. Os jovens se maravilharam ao verem o grande
tosão brilhando, semelhante ao raio de Zeus, e cada um 185
se ergueu desejoso por tocá-lo e segurá-lo em suas mãos.
O Esônida os conteve e cobriu o velocino com um manto
novo. Ao levantar a garota, ele a fez sentar na popa
da nau e disse a todos as seguintes palavras:
"Agora, caros, não mais retardeis o regresso à pátria. 190
Pois a necessidade por conta da qual suportamos
essa dolorosa navegação, miseravelmente fatigados,
foi cumprida com êxito graças aos planos da garota.
Caso queira, eu a levarei para casa como esposa

195 κουριδίην· ἀτὰρ ὕμμες, Ἀχαιίδος οἷά τε πάσης
αὐτῶν θ᾽ ὑμείων ἐσθλὴν ἐπαρωγὸν ἐοῦσαν,
σώετε· δὴ γάρ που μάλ᾽, ὀίομαι, εἶσιν ἐρύξων
Αἰήτης ὁμάδῳ πόντονδ᾽ ἴμεν ἐκ ποταμοῖο.
ἀλλ᾽ οἱ μὲν διὰ νηὸς ἀμοιβαδὶς ἀνέρος ἀνήρ
200 ἑζόμενος πηδοῖσιν ἐρέσσετε, τοὶ δὲ βοείας
ἀσπίδας ἡμίσεες δήων θοὸν ἔχμα βολάων
προσχόμενοι νόστῳ ἐπαμύνετε. νῦν ἐνὶ χερσίν
παῖδας ἑοὺς πάτρην τε φίλην γεραρούς τε τοκῆας
ἴσχομεν, ἡμετέρη δ᾽ ἐπ᾽ ἐρείδεται Ἑλλὰς ἐφορμῇ
205 ἠὲ κατηφείην ἢ καὶ μέγα κῦδος ἀρέσθαι.”
Ὣς φάτο, δῦνε δὲ τεύχε᾽ ἀρήια· τοὶ δ᾽ ἰάχησαν
θεσπέσιον μεμαῶτες. ὁ δὲ ξίφος ἐκ κολεοῖο
σπασσάμενος, πρυμναῖα νεὼς ἀπὸ πείσματ᾽ ἔκοψεν·
ἄγχι δὲ παρθενικῆς κεκορυθμένος ἰθυντῆρι
210 Ἀγκαίῳ παρέβασκεν· ἐπείγετο δ᾽ εἰρεσίη νηῦς
σπερχομένων ἄμοτον ποταμοῦ ἄφαρ ἐκτὸς ἐλάσσαι.
Ἤδη δ᾽ Αἰήτῃ ὑπερήνορι πᾶσί τε Κόλχοις
Μηδείης περίπυστος ἔρως καὶ ἔργ᾽ ἐτέτυκτο·
ἐς δ᾽ ἀγορὴν ἀγέροντ᾽ ἐνὶ τεύχεσιν, ὅσσα τε πόντου
215 κύματα χειμερίοιο κορύσσεται ἐξ ἀνέμοιο·
ἢ ὅσα φύλλα χαμᾶζε περικλαδέος πέσεν ὕλης
φυλλοχόῳ ἐνὶ μηνί (τίς ἂν τάδε τεκμήραιτο;) –
ὣς οἱ ἀπειρέσιοι ποταμοῦ παρεμέτρεον ὄχθας,
κλαγγῇ μαιμώοντες. ὁ δ᾽ εὐτύκτῳ ἐνὶ δίφρῳ
220 Αἰήτης ἵπποισι μετέπρεπεν οὕς οἱ ὄπασσεν
Ἥλιος πνοιῇσιν ἐειδομένους ἀνέμοιο,
σκαιῇ μέν ῥ᾽ ἐνὶ χειρὶ σάκος δινωτὸν ἀείρων,
τῇ δ᾽ ἑτέρῃ πεύκην περιμήκεα, πὰρ δέ οἱ ἔγχος
ἀντικρὺ τετάνυστο πελώριον· ἡνία δ᾽ ἵππων
225 γέντο χεροῖν Ἄψυρτος. ὑπεκπρὸ δὲ πόντον ἔταμνε
νηῦς ἤδη, κρατεροῖσιν ἐπειγομένη ἐρέτῃσιν
καὶ μεγάλου ποταμοῖο καταβλώσκοντι ῥεέθρῳ·
αὐτὰρ ἄναξ ἄτῃ πολυπήμονι, χεῖρας ἀείρας,
Ἥλιον καὶ Ζῆνα κακῶν ἐπιμάρτυρας ἔργων

LIVRO 4 275

legítima. Mas vós, por ela ser a valorosa   195
auxiliadora de toda a Acaia e de vós mesmos,
protegei-a. Pois penso que, sem dúvida, Eeta virá
com a tropa para impedir nossa travessia do rio para o mar.
Vamos! Metade de vós, alternadamente ao longo da nau,
remai sentados, enquanto a outra metade, empunhando   200
os escudos bovinos como ágil defesa contra os dardos
inimigos, resguardai nosso retorno. Agora temos
nas mãos nossos filhos, a querida pátria e os genitores
anciãos, e a Hélade depende de nosso esforço
para alcançar a vergonha ou o grande renome."   205
Assim falou e vestiu as armas de guerra. Eles gritaram
repletos de descomunal entusiasmo. Após retirar
a espada da bainha, cortou as amarras da popa da nau.
Perto da virgem, todo armado, ele se pôs ao lado
do piloto Anceu. A nau avançava por meio dos remos,   210
enquanto eles se apressavam em levá-la para fora do rio.
Já eram conhecidos pelo arrogante Eeta e por todos
os colcos o amor e os feitos de Medeia.
Reuniram-se em assembleia, com armas, tão numerosos
quanto as ondas do mar agitadas por um vento tempestuoso,   215
ou quanto as folhas de uma floresta frondosa caindo por terra
no mês em que costumam tombar (quem poderia contá-las?);
assim, inúmeros, eles ocupavam as margens do rio
agitados e com gritos. Em seu benfeito carro,
Eeta se distinguia por conta dos cavalos que Hélio   220
concedera-lhe, velozes como o sopro do vento,
erguendo na mão esquerda um escudo redondo,
na outra uma grande tocha e perto dele se estendia,
apontada para a frente, sua monstruosa lança. Apsirto
agarrou com as duas mãos as rédeas dos cavalos. Mas, adiante,   225
a nau já fendia o mar, impulsionada pelos robustos
remadores e pelo curso descendente do grande rio.
Então o soberano, erguendo as mãos, em dolorosa ruína
invocava Hélio e Zeus como testemunhas dos maus atos

276 ARGONÁUTICAS

230 κέκλετο, δεινὰ δὲ παντὶ παρασχεδὸν ἧπυε λαῷ·
εἰ μή οἱ κούρην αὐτάγρετον ἢ ἀνὰ γαῖαν
ἢ πλωτῆς εὑρόντες ἔτ᾽ εἰν ἁλὸς οἴδματι νῆα
ἄξουσιν καὶ θυμὸν ἐνιπλήσει μενεαίνων
τείσασθαι τάδε πάντα, δαήσονται κεφαλῆσιν
235 πάντα χόλον καὶ πᾶσαν ἑὴν ὑποδέγμενοι ἄτην.
Ὣς ἔφατ᾽ Αἰήτης. αὐτῷ δ᾽ ἐνὶ ἤματι Κόλχοι
νῆάς τ᾽ εἰρύσσαντο †καὶ ἄρμενα νηυσὶ† βάλοντο,
αὐτῷ δ᾽ ἤματι πόντον ἀνήιον· οὐδέ κε φαίης
τόσσον νηίτην στόλον ἔμμεναι, ἀλλ᾽ οἰωνῶν
240 ἰλαδὸν ἄσπετον ἔθνος ἐπιβρομέειν πελάγεσσιν.
Οἱ δ᾽, ἀνέμου λαιψηρὰ θεῆς βουλῇσιν ἀέντος
Ἥρης, ὄφρ᾽ ὤκιστα κακὸν Πελίαο δόμοισιν
Αἰαίη Μήδεια Πελασγίδα γαῖαν ἵκηται,
ἠοῖ ἐνὶ τριτάτῃ πρυμνήσια νηὸς ἔδησαν
245 Παφλαγόνων ἀκτῇσι, πάροιθ᾽ Ἅλυος ποταμοῖο·
τῇ γάρ σφ᾽ ἐξαποβάντας ἀρέσσασθαι θυέεσσιν
ἠνώγει Ἑκάτην, καὶ δὴ τὰ μὲν ὅσσα θυηλήν
κούρη πορσανέουσα τιτύσκετο (μήτε τις ἴστωρ
εἴη μήτ᾽ ἐμὲ θυμὸς ἐποτρύνειεν ἀείδειν)
250 ἅζομαι αὐδῆσαι· τό γε μὴν ἔδος ἐξέτι κείνου,
ὅρρα θεᾷ ἥρωες ἐπὶ ῥηγμῖσιν ἔδειμαν,
ἀνδράσιν ὀψιγόνοισι μένει καὶ τηλόσ᾽ ἰδέσθαι.
αὐτίκα δ᾽ Αἰσονίδης ἐμνήσατο, σὺν δὲ καὶ ὧλλοι
ἥρωες, Φινῆος ὃ δὴ πλόον ἄλλον ἔειπεν
255 ἐξ Αἴης ἔσσεσθαι· ἀνώιστος δὲ τέτυκτο
πᾶσιν ὁμῶς. Ἄργος δὲ λιλαιομένοις ἀγόρευσεν·
"νισσόμεθ᾽ Ὀρχομενόν, τὴν ἔχραεν ὕμμι περῆσαι
νημερτὴς ὅδε μάντις ὅτῳ ξυνέβητε πάροιθεν.
ἔστιν γὰρ πλόος ἄλλος, ὃν ἀθανάτων ἱερῆες
260 πέφραδον οἳ Θήβης Τριτωνίδος ἐκγεγάασιν.
οὔπω τείρεα πάντα τά τ᾽ οὐρανῷ εἰλίσσονται,
οὐδέ τί πω Δαναῶν ἱερὸν γένος ἦεν ἀκοῦσαι
πευθομένοις· οἶοι δ᾽ ἔσαν Ἀρκάδες Ἀπιδανῆες,
Ἀρκάδες, οἳ καὶ πρόσθε σεληναίης ὑδέονται

LIVRO 4

e, em seguida, gritava coisas terríveis a todo o povo. 230
Se não lhe trouxessem a garota capturada, fosse em terra,
fosse após encontrar a nau ainda nas ondas do navegável
mar, e ele não saciasse o ânimo, ávido por punir
todo o ocorrido, eles conheceriam toda a sua ira
e toda a sua ruína pagando com a vida. 235
Assim falou Eeta. Logo os colcos
arrastaram as naus, colocaram os equipamentos
e no mesmo dia alcançaram o mar. Não dirias se tratar
de tamanha expedição naval, mas de imenso bando
de aves a conjuntamente pipiar sobre o pélago. 240
Como o vento soprava com velocidade por desígnio da deusa
Hera, para que Medeia de Ea chegasse o mais rápido
possível à terra pelásgica como um mal à casa de Pélias,
na terceira aurora eles prenderam as amarras da nau
na costa da Paflagônia, em frente ao rio Hális. 245
Ela lhes ordenou que lá desembarcassem e propiciassem
Hécate com sacrifícios. Certamente tudo o que a garota
preparou para oferecer o sacrifício (que ninguém seja
testemunha e que o ânimo não me incite a cantar)
temo em dizer. Desde então, o santuário que os heróis 250
construíram para a deusa, na proximidade da orla,
permanece visível até mesmo aos homens vindouros.
De imediato o Esônida, junto aos outros heróis,
lembrou-se de Fineu, que lhe dissera ser outra a rota
ao saírem de Ea. No entanto ela era desconhecida por todos 255
igualmente. Argos falou aos ansiosos companheiros:
"Vamos a Orcômeno seguindo o caminho por onde este
infalível adivinho que antes encontrastes vos vaticinou atravessar.
Pois há uma outra rota revelada pelos sacerdotes
dos imortais, nascidos de Tebe Tritônide. 260
Ainda não havia todas as constelações que volteiam no céu,
nem ainda se ouvira falar da sacra raça dos dânaos.
Somente existiam os árcades apidaneus,
árcades que, como alguns dizem, viviam mesmo antes

265 ζώειν, φηγὸν ἔδοντες ἐν οὔρεσιν, οὐδὲ Πελασγὶς
χθὼν τότε κυδαλίμοισιν ἀνάσσετο Δευκαλίδησιν,
ἦμος ὅτ᾽ Ἠερίη πολυλήιος ἐκλήιστο
μήτηρ Αἴγυπτος προτερηγενέων αἰζηῶν,
καὶ ποταμὸς Τρίτων εὐρύρροος ᾧ ὕπο πᾶσα
270 ἄρδεται Ἠερίη, Διόθεν δέ μιν οὔποτε δεύει
ὄμβρος· ἅλις προχοῇσιν ἀνασταχύουσιν ἄρουραι.
ἔνθεν δή τινά φασι πέριξ διὰ πᾶσαν ὁδεῦσαι
Εὐρώπην Ἀσίην τε, βίῃ καὶ κάρτεϊ λαῶν
σφωιτέρων θάρσει τε πεποιθότα· μυρία δ᾽ ἄστη
275 νάσσατ᾽ ἐποιχόμενος, τὰ μὲν ἤ ποθι ναιετάουσιν
ἠὲ καὶ οὔ, πουλὺς γὰρ ἄδην ἐπενήνοθεν αἰών·
Αἶά γε μὴν ἔτι νῦν μένει ἔμπεδον, υἱωνοί τε
τῶνδ᾽ ἀνδρῶν οὓς †ὅγε καθίσσατο ναιέμεν Αἶαν·
οἳ δή τοι γραπτῦς πατέρων ἔθεν εἰρύονται,
280 κύρβιας οἷς ἔνι πᾶσαι ὁδοὶ καὶ πείρατ᾽ ἔασιν
ὑγρῆς τε τραφερῆς τε πέριξ ἐπινισσομένοισιν.
ἔστι δέ τις ποταμός, ὕπατον κέρας Ὠκεανοῖο,
εὐρύς τε προβαθής τε καὶ ὁλκάδι νηὶ περῆσαι·
Ἴστρον μιν καλέοντες ἑκὰς διετεκμήραντο·
285 ὃς δή τοι τείως μὲν ἀπείρονα τέμνετ᾽ ἄρουραν
εἷς οἷος, πηγαὶ γὰρ ὑπὲρ πνοιῆς βορέαο
Ῥιπαίοις ἐν ὄρεσσιν ἀπόπροθι μορμύρουσιν·
ἀλλ᾽ ὁπόταν Θρηκῶν Σκυθέων τ᾽ ἐπιβήσεται οὔρους,
ἔνθα διχῇ, τὸ μὲν †ἔνθα μεθ᾽ ἡμετέρην ἅλα βάλλει
290 τῇδ᾽ ὕδωρ, τὸ δ᾽ ὄπισθε βαθὺν †διὰ κόλπον ἵησιν
σχιζόμενος πόντου Τρινακρίου εἰσανέχοντα,
γαίῃ ὃς ὑμετέρῃ παρακέκλιται, εἰ ἐτεὸν δὴ
ὑμετέρης γαίης Ἀχελώιος ἐξανίησιν.”
Ὣς ἄρ᾽ ἔφη. τοῖσιν δὲ θεὰ τέρας ἐγγυάλιξεν
295 αἴσιον, ᾧ καὶ πάντες ἐπευφήμησαν ἰδόντες
στέλλεσθαι τήνδ᾽ οἶμον· ἐπιπρὸ γὰρ ὁλκὸς ἐτύχθη
οὐρανίης ἀκτῖνος, ὅπῃ καὶ ἀμεύσιμον ἦεν.
γηθόσυνοι δέ, Λύκοιο καταυτόθι παῖδα λιπόντες,
λαίφεσι πεπταμένοισιν ὑπεὶρ ἅλα ναυτίλλοντο

LIVRO 4 279

da lua, comendo bolotas nas montanhas, e nem a terra 265
pelásgica nessa época era governada pelos renomados
filhos de Deucalião, quando o Egito, mãe de homens nascidos
num tempo anterior, era chamado Eéria, de abundante messe,
e Tritão era o nome do rio de largo curso através do qual
toda a Eéria é irrigada, já que jamais a umedece a chuva oriunda 270
de Zeus. Graças às suas correntes, os campos brotam com fartura.
Dizem que a partir daí alguém percorreu toda a Europa
e a Ásia, confiando na força, no poder e na coragem
de seu próprio povo. Durante o avanço, fundou
uma miríade de cidades, muitas ainda habitadas, enquanto 275
outras não mais, pois muito tempo já se passou.
Ea, ao menos, continua ainda hoje a existir, bem como
os descendentes desses homens estabelecidos para habitá-la.
Eles conservaram as inscrições de seus pais,
pilares nos quais se encontram todos os caminhos e os limites 280
dos itinerários marítimos e terrestres aos que os transcorrem.
Há um rio, o braço mais remoto do Oceano, largo e muito
profundo até mesmo para um navio de carga atravessá-lo.
Chamam-no Istro e o traçaram à distância.
Por algum tempo ele corta sozinho um imenso campo, 285
pois suas fontes rugem para além do sopro
de Bóreas, nos longínquos montes Ripeus.
Mas quando atinge as fronteiras entre os trácios e os citas,
então se divide em dois. Uma parte lança suas águas aqui
nesse mar, enquanto a parte oposta corre através 290
de um golfo profundo, erguendo-se desde o mar da Trinácria,
o qual se situa ao longo de vossa terra, se de fato
o Aqueloo emana de vossa terra."
Assim falou. A deusa lhes concedeu um sinal
auspicioso e, após tê-lo visto, todos concordaram 295
em seguir essa rota. Pois se formou ao longe o traço
de um raio celeste por onde eles deviam passar.
Após terem deixado lá mesmo o filho de Lico, navegavam
contentes sobre o mar, com as velas desdobradas,

280 ARGONÁUTICAS

300 οὔρεα Παφλαγόνων θηεύμενοι· οὐδὲ Κάραμβιν
γνάμψαν, ἐπεὶ πνοιαί τε καὶ οὐρανίου πυρὸς αἴγλη
μίμνεν ἕως Ἴστροιο μέγαν ῥόον εἰσαφίκοντο.
Κόλχοι δ' αὖτ', ἄλλοι μὲν ἐτώσια μαστεύοντες
Κυανέας Πόντοιο διὲκ πέτρας ἐπέρησαν,
305 ἄλλοι δ' αὖ ποταμὸν μετεκίαθον, οἷσιν ἄνασσεν
Ἄψυρτος, Καλὸν δὲ διὰ στόμα πεῖρε λιασθείς·
τῷ καὶ ὑπέφθη τούσγε βαλὼν ὑπὲρ αὐχένα γαίης
κόλπον ἔσω πόντοιο πανέσχατον Ἰονίοιο.
Ἴστρῳ γάρ τις νῆσος ἐέργεται οὔνομα Πεύκη
310 τριγλώχιν, εὖρος μὲν ἐς αἰγιαλοὺς ἀνέχουσα,
στεινὸν δ' αὖτ' ἀγκῶνα ποτὶ ῥόον, ἀμφὶ δὲ δοιαί
σχίζονται προχοαί· τὴν μὲν καλέουσι Νάρηκος,
τὴν δ' ὑπὸ τῇ νεάτῃ Καλὸν στόμα· τῇδε διαπρό
Ἄψυρτος Κόλχοι τε θοώτερον ὡρμήθησαν,
315 οἱ δ' ὑψοῦ νήσοιο κατ' ἀκροτάτης ἐνέοντο
τηλόθεν. εἰαμενῇσι δ' ἐν ἄσπετα πώεα λεῖπον
ποιμένες ἄγραυλοι νηῶν φόβῳ, οἷά τε θῆρας
ὀσσόμενοι πόντου μεγακήτεος ἐξανιόντας·
οὐ γάρ πω ἁλίας γε πάρος ποθὶ νῆας ἴδοντο
320 οὔτ' οὖν Θρήιξιν μιγάδες Σκύθαι οὐδὲ Σίγυννοι,
οὔτ' αὖ Γραυκένιοι, οὔθ' οἱ περὶ Λαύριον ἤδη
Σίνδοι ἐρημαῖον πεδίον μέγα ναιετάοντες.
αὐτὰρ ἐπεί τ' Ἄγγουρον ὄρος καὶ ἄπωθεν ἐόντα
Ἀγγούρου ὄρεος σκόπελον παρὰ Καυλιακοῖο,
325 ᾧ πέρι δὴ σχίζων Ἴστρος ῥόον ἔνθα καὶ ἔνθα
βάλλει ἁλός, πεδίον τε τὸ Λαύριον ἡμείψαντο,
δή ῥα τότε Κρονίην Κόλχοι ἅλαδ' ἐκπρομολόντες,
πάντη, μή σφε λάθοιεν, ὑπετμήξαντο κελεύθους.
οἱ δ' ὄπιθεν ποταμοῖο κατήλυθον, †ἐκ δ' ἐπέρησαν†
330 δοιὰς Ἀρτέμιδος Βρυγηίδας ἀγχόθι νήσους.
τῶν ἤτοι ἑτέρη μὲν ἐν ἱερὸν ἔσκεν ἔδεθλον·
ἐν δ' ἑτέρῃ, πληθὺν πεφυλαγμένοι Ἀψύρτοιο,
βαῖνον· ἐπεὶ †κείνας πολέων λίπον ἔνδοθι νήσους†
αὔτως, ἁζόμενοι κούρην Διός, αἱ δὲ δὴ ἄλλαι

LIVRO 4 281

enquanto contemplavam as montanhas dos paflagones. Mas não 300
contornaram Carâmbis, pois os sopros e o brilho do fogo celeste
perduraram até terem chegado ao grande curso do Istro.
Uma parte dos colcos, procurando-os inutilmente,
ao partir do Ponto atravessou as rochas Cianeias,
enquanto a outra parte, comandada por Apsirto, 305
dirigiu-se ao rio e, num desvio, penetrou na Bela Boca.
Com isso, ao ter cruzado o estreito de terra, chegou
antes deles ao mais remoto golfo do mar Jônico.
É circundada pelo Istro uma ilha triangular chamada
Peuce, com uma parte extensa voltada à praia 310
e um estreito angular em direção ao curso do rio, em torno
do qual se dividem as duas embocaduras. Uma se chama
Nárece e a outra, ao sul, Bela Boca. Por ela
Apsirto e os colcos se lançaram mais celeremente,
enquanto os heróis avançavam pela extremidade norte da ilha, 315
bem longe. Nos prados, os rústicos pastores abandonavam
os imensos rebanhos por medo das naus, como se vissem
feras emergindo do mar repleto de grandes monstros.
Pois nunca haviam visto antes as naus marinhas,
nem os citas mesclados aos trácios, nem os siginos, 320
nem os graucênios, nem os sindos, habitantes
da vasta planície erma ao redor do Láurio.
Após terem passado pelo monte Anguro e, estando
longe deste, contornarem o promontório
de Caulíaco, ao redor do qual o Istro divide seu curso 325
e se lança ao mar em duas partes, e a planície do Láurio,
os colcos, então, atingiram o mar de Crono e bloquearam
as rotas por toda parte, para que não lhes escapassem.
Atrás, os heróis desceram o rio e chegaram nas duas
ilhas Brígides de Ártemis, nas proximidades. 330
Numa delas havia seu templo sagrado,
mas, evitando a multidão reunida por Apsirto,
desembarcaram na outra. Em meio a muitas, deixaram
estas ilhas desocupadas em respeito à filha de Zeus, enquanto

282 ARGONÁUTICAS

335 στεινόμεναι Κόλχοισι πόρους εἴρυντο θαλάσσης.
ὣς δὲ καὶ εἰς ἀκτὰς †πληθὺν λίπεν ἀγχόθι νήσους†
μέσφα Σαλαγγῶνος ποταμοῦ καὶ Νέστιδος αἴης.
Ἔνθα κε λευγαλέῃ Μινύαι τότε δηιοτῆτι
παυρότεροι πλεόνεσσιν ὑπείκαθον, ἀλλὰ πάροιθεν
340 συνθεσίην, μέγα νεῖκος ἀλευάμενοι, ἐτάμοντο·
κῶας μὲν χρύσειον, ἐπεί σφισιν αὐτὸς ὑπέστη
Αἰήτης, εἴ κέν οἱ ἀναπλήσειαν ἀέθλους,
ἔμπεδον εὐδικίῃ σφέας ἐξέμεν, εἴτε δόλοισιν
εἴτε καὶ ἀμφαδίην αὔτως ἀέκοντος ἀπηύρων·
345 αὐτὰρ Μήδειαν (†τὸ γὰρ πέλεν ἀμφήριστον)
παρθέσθαι κούρῃ Λητωίδι νόσφιν ὁμίλου,
εἰσόκε τις δικάσῃσι θεμιστούχων βασιλήων
εἴτε μιν εἰς πατρὸς χρειὼ δόμον αὖτις ἱκάνειν
εἴτε μεθ᾽ Ἑλλάδα γαῖαν ἀριστήεσσιν ἕπεσθαι.
350 Ἔνθα δ᾽ ἐπεὶ τὰ ἕκαστα νόῳ πεμπάσσατο κούρη,
δή ῥά μιν ὀξεῖαι κραδίην ἐλέλιξαν ἀνῖαι
νωλεμές. αἶψα δὲ νόσφιν Ἰήσονα μοῦνον ἑταίρων
ἐκπροκαλεσσαμένη ἄγεν ἄλλυδις, ὄφρ᾽ ἐλίασθεν
πολλὸν ἑκάς, στονόεντα δ᾽ ἐνωπαδὶς ἔκφατο μῦθον·
355 "Αἰσονίδη, τίνα τήνδε συναρτύνασθε μενοινήν
ἀμφ᾽ ἐμοί; ἦέ σε πάγχυ λαθιφροσύναις ἐνέηκαν
ἀγλαΐαι, τῶν δ᾽ οὔ τι μετατρέπῃ ὅσσ᾽ ἀγόρευες
χρειοῖ ἐνισχόμενος; ποῦ τοι Διὸς Ἱκεσίοιο
ὅρκια, ποῦ δὲ μελιχραὶ ὑποσχεσίαι βεβάασιν;
360 ἧς ἐγὼ οὐ κατὰ κόσμον ἀναιδήτῳ ἰότητι
πάτρην τε κλέα τε μεγάρων αὐτούς τε τοκῆας
νοσφισάμην, τά μοι ἦεν ὑπέρτατα, τηλόθι δ᾽ οἴη
λυγρῇσιν κατὰ πόντον ἅμ᾽ ἀλκυόνεσσι φορεῦμαι,
σῶν ἕνεκεν καμάτων, ἵνα μοι σόος ἀμφί τε βουσίν
365 ἀμφί τε γηγενέεσσιν ἀναπλήσειας ἀέθλους·
ὕστατον αὖ καὶ κῶας, ἐφ᾽ ᾧ πλόος ὕμμιν ἐτύχθη,
εἷλες ἐμῇ ματίῃ, κατὰ δ᾽ οὐλοὸν αἶσχος ἔχευα
θηλυτέραις· τῷ φημὶ τεὴ κούρη τε δάμαρ τε
αὐτοκασιγνήτη τε μεθ᾽ Ἑλλάδα γαῖαν ἕπεσθαι.

LIVRO 4   283

as outras, repletas de colcos, protegiam o acesso ao mar.   335
Assim Apsirto havia deixado a tropa na costa próxima
às ilhas, até o rio Salangão e a terra nesteia.
Ali, então, os escassos mínias teriam sucumbido ante
os numerosos inimigos em triste combate, mas antes
travaram um pacto, evitando um grande conflito.   340
Eles poderiam, com sólida justeza, manter o tosão
áureo, já que o próprio Eeta lhes havia prometido
caso cumprissem os trabalhos, independente de o terem pegado
por meio de dolos ou abertamente, sem sua permissão.
Mas Medeia (disputada por ambas as partes)   345
seria confiada à filha de Leto, longe da tripulação,
até que um dos reis detentores da lei julgasse
se seria necessário que ela retornasse à casa do pai
ou seguisse com os valorosos rumo à Hélade.
Então, quando a garota refletiu na mente sobre cada   350
detalhe, dores agudas agitaram com violência
seu coração. Prontamente chamando Jasão sozinho, longe
dos companheiros, levou-o a outro lugar até terem muito
se afastado e diante dele disse palavras de desalento:
"Esônida, qual é esse plano que tramaste   355
a meu respeito? Os triunfos te lançaram em completo
esquecimento e não te ocupas com as coisas que me dizias
quando tinhas necessidade? Para onde foram os juramentos
por Zeus Suplicante, para onde foram as doces promessas?
Por causa delas eu, em desordem e com desejo   360
despudorado, abandonei a pátria, a glória do lar e os próprios
genitores, tudo que me era mais caro, e sozinha, distante,
sou levada pelo mar com as tristes alcíones,
por causa das tuas tarefas, a fim de teres cumprido, salvo
por mim, os trabalhos contra os bois e os Nascidos da Terra.   365
Por fim adquiriste o tosão, motivo pelo qual vossa navegação
foi empreendida, graças ao meu desvario, e provoquei uma funesta
vergonha sobre as mulheres. Dessa forma afirmo seguir-te
pela Hélade como tua filha, tua esposa e tua irmã.

284 ARGONÁUTICAS

370 πάντη νυν πρόφρων ὑπερίστασο, μηδέ με μούνην
σεῖο λίπης ἀπάνευθεν, ἐποιχόμενος βασιλῆας,
ἀλλ᾽ αὔτως εἴρυσο· δίκη δέ τοι ἔμπεδος ἔστω
καὶ θέμις ἣν ἄμφω συναρέσσαμεν· ἢ σύγ᾽ ἔπειτα
φασγάνῳ αὐτίκα τόνδε μέσον διὰ λαιμὸν ἀμῆσαι,
375 ὄφρ᾽ ἐπίηρα φέρωμαι ἐοικότα μαργοσύνῃσιν,
σχέτλιε· †εἴ κέν με κασιγνήτοιο δικάσσῃ
ἔμμεναι οὗτος ἄναξ τῷ ἐπίσχετε τάσδ᾽ ἀλεγεινάς
ἄμφω συνθεσίας, πῶς ἵξομαι ὄμματα πατρός;
ἢ μάλ᾽ ἐυκλειής. τίνα δ᾽ οὐ τίσιν ἠὲ βαρεῖαν
380 ἄτην οὐ σμυγερῶς δεινῶν ὕπερ οἷα ἔοργα
ὀτλήσω, σὺ δέ κεν θυμηδέα νόστον ἕλοιο;
μὴ τόγε παμβασίλεια Διὸς τελέσειεν ἄκοιτις,
ᾗ ἔπι κυδιάεις· μνήσαιο δὲ καί ποτ᾽ ἐμεῖο
στρευγόμενος καμάτοισι, δέρος δέ τοι ἶσον ὀνείρῳ
385 οἴχοιτ᾽ εἰς ἔρεβος μεταμώνιον· ἐκ δέ σε πάτρης
αὐτίκ᾽ ἐμαὶ ἐλάσειαν Ἐρινύες, οἷα καὶ αὐτή
σῇ πάθον ἀτροπίῃ· τὰ μὲν οὐ θέμις ἀκράαντα
ἐν γαίῃ πεσέειν, μάλα γὰρ μέγαν ἤλιτες ὅρκον,
νηλεές· ἀλλ᾽ οὔ θήν μοι ἐπιλλίζοντες ὀπίσσω
390 δὴν ἔσσεσθ᾽ εὔκηλοι ἕκητί γε συνθεσιάων.᾽᾽
Ὣς φάτ᾽, ἀναζείουσα βαρὺν χόλον· ἵετο δ᾽ ἥγε
νῆα καταφλέξαι διά τ᾽ †ἔμπεδα πάντα κεάσσαι,
ἐν δὲ πεσεῖν αὐτὴ μαλερῷ πυρί. τοῖα δ᾽ Ἰήσων
μειλιχίοις ἐπέεσσιν ὑποδδείσας προσέειπεν·
395 ᾽᾽Ἴσχεο, δαιμονίη· τὰ μὲν ἀνδάνει οὐδ᾽ ἐμοὶ αὐτῷ,
ἀλλά τιν᾽ ἀμβολίην διζήμεθα δηιοτῆτος,
ὅσσον δυσμενέων ἀνδρῶν νέφος ἀμφιδέδηεν
εἵνεκα σεῦ. πάντες γὰρ ὅσοι χθόνα τήνδε νέμονται
Ἀψύρτῳ μεμάασιν ἀμυνέμεν, ὄφρα σε πατρί,
400 οἷά τε ληισθεῖσαν, ὑπότροπον οἴκαδ᾽ ἄγοιτο·
αὐτοὶ δὲ στυγερῷ κεν ὀλοίμεθα πάντες ὀλέθρῳ,
μείξαντες δαῖ χεῖρας· ὅ τοι καὶ ῥίγιον ἄλγος
ἔσσεται, εἴ σε θανόντες ἕλωρ κείνοισι λίποιμεν.
ἥδε δὲ συνθεσίη κρανέει δόλον ᾧ μιν ἐς ἄτην

LIVRO 4   285

Protege-me, zeloso em tudo, e não me deixes sozinha   370
longe de ti quando te encontrares com os reis,
mas apenas defende-me. Que te sejam sólidas
a justiça e a lei com a qual ambos concordamos. Do contrário,
tu, com a espada, corta de imediato esta garganta ao meio,
para que eu receba a recompensa apropriada à minha paixão,   375
infeliz! Se esse soberano, a quem ambos confiastes
tais pactos dolorosos, julgar que eu pertenço a meu irmão,
como poderei apresentar-me diante dos olhos de meu pai?
Que bela glória! Que castigo ou pesada punição
eu não sofrerei de modo terrível por causa do que fiz,   380
enquanto tu alcançarias um jubiloso retorno?
Que não permita isso a soberana esposa de Zeus,
de quem te orgulhas. Oxalá um dia te lembres de mim,
quando te afligires com sofrimentos e o velocino, semelhante
a um sonho, desaparecer no Érebo. Oxalá as minhas Erínias   385
logo te persigam para fora da pátria, tendo em vista o quanto
eu mesma sofri por tua crueldade. Não é permitido que essas
maldições caiam por terra não cumpridas, pois transgrediste
um grande juramento, ímpio! Mas de fato, zombando de mim,
não permanecerás por muito tempo tranquilo por causa dos pactos." 390
Assim falou, fervendo com terrível cólera. Desejava
incendiar a nau, despedaçar tudo por completo
e se lançar ela própria ao fogo feroz. Mas Jasão,
assustado, dirigiu-se a ela com doces palavras:
"Acalma-te, infeliz. Esse acordo também não me agrada,   395
mas, com isso, pretendemos atrasar o combate,
tendo em vista a nuvem de inimigos que no entorno se inflama
por tua causa. Pois todos os que habitam esta terra
almejam prestar auxílio a Apsirto, a fim de te levarem
de volta à casa de teu pai como se fosses um butim.   400
Todos, de fato, pereceríamos de uma morte odiosa
caso os enfrentássemos com nossos braços. E a tua dor
será pior se morrermos deixando-te como presa deles.
Esse pacto efetivará um dolo por meio do qual levaremos

405 βήσομεν· οὐδ' ἂν ὁμῶς περιναιέται ἀντιόωσι
Κόλχοις ἦρα φέροιεν ὑπὲρ σέο, νόσφιν ἄνακτος
ὅς τοι ἀοσσητήρ τε κασίγνητός τε τέτυκται,
οὐδ' ἂν ἐγὼ Κόλχοισιν ὑπείξαιμι πτολεμίζων
ἀντιβίην, ὅτε μή με διὲξ εἰῶσι νέεσθαι."
410 Ἴσκεν ὑποσσαίνων· ἡ δ' οὐλοὸν ἔκφατο μῦθον·
"Φράζεο νῦν (χρειὼ γὰρ ἀεικελίοισιν ἐπ' ἔργοις
καὶ τόδε μητίσασθαι, ἐπεὶ τὸ πρῶτον ἀάσθην
ἀμπλακίη, θεόθεν δὲ κακὰς ἤνυσσα μενοινάς)·
τύνη μὲν κατὰ μῶλον ἀλέξεο δούρατα Κόλχων,
415 αὐτὰρ ἐγὼ κεῖνόν γε τεὰς ἐς χεῖρας ἱκέσθαι
μειλίξω· σὺ δέ μιν φαιδροῖς ἀγαπάζεο δώροις,
εἴ κέν πως †κήρυκας ἀπερχομένους πεπίθοιμι†
οἰόθεν οἶον ἐμοῖσι συναρθμῆσαι ἐπέεσσιν.
ἔνθ' εἴ τοι τόδε ἔργον ἐφανδάνει, οὔτι μεγαίρω,
420 κτεῖνέ τε καὶ Κόλχοισιν ἀείρεο δηιοτῆτα."
Ὣς τώγε ξυμβάντε μέγαν δόλον ἠρτύναντο
Ἀψύρτῳ, καὶ πολλὰ πόρον ξεινήια δῶρα·
οἷς μέτα καὶ πέπλον δόσαν ἱερὸν Ὑψιπυλείης
πορφύρεον. τὸν μέν ῥα Διωνύσῳ κάμον αὐταί
425 Δίῃ ἐν ἀμφιάλῳ Χάριτες θεαί, αὐτὰρ ὁ παιδί
δῶκε Θόαντι μεταῦτις, ὁ δ' αὖ λίπεν Ὑψιπυλείῃ,
ἡ δ' ἔπορ' Αἰσονίδῃ πολέσιν μετὰ καὶ τὸ φέρεσθαι
γλήνεσιν εὐεργὲς ξεινήιον. οὔ μιν ἀφάσσων
οὔτε κεν εἰσορόων γλυκὺν ἵμερον ἐμπλήσειας·
430 τοῦ δὲ καὶ ἀμβροσίη ὀδμὴ πέλεν ἐξέτι κείνου
ἐξ οὗ ἄναξ αὐτὸς Νυσήιος ἐγκατέλεκτο
ἀκροχάλιξ οἴνῳ καὶ νέκταρι, καλὰ μεμαρπώς
στήθεα παρθενικῆς Μινωίδος, ἥν ποτε Θησεύς
Κνωσσόθεν ἑσπομένην Δίῃ ἔνι κάλλιπε νήσῳ.
435 ἡ δ' ὅτε κηρύκεσσιν ἐπεξυνώσατο μύθους,
θελγέμεν, εὖτ' ἂν πρῶτα θεᾶς περὶ νηὸν ἵκηται
συνθεσίῃ νυκτός τε μέλαν κνέφας ἀμφιβάλησιν,
ἐλθέμεν, ὄφρα δόλον συμφράσσεται ᾧ κεν ἑλοῦσα
χρύσειον μέγα κῶας ὑπότροπος αὖτις ὀπίσσω

LIVRO 4 287

Apsirto à ruína. Nem os habitantes das redondezas serviriam   405
do mesmo modo aos colcos por tua causa, opondo-se a nós,
sem o comandante que é teu auxiliador e irmão,
nem eu hesitaria em entrar em guerra contra os colcos,
caso não me permitissem fazer a travessia."
Disse em tom apaziguador. E ela falou tais palavras funestas: 410
"Presta atenção. Em vista dos meus feitos vergonhosos,
é necessário também planejar isso, já que desde o começo
cometi uma falta e cumpri os vis desígnios de uma divindade.
Tu, na refrega, protege-te das lanças dos colcos,
enquanto eu induzirei Apsirto para vir até as tuas   415
mãos. Acolhe-o tu com esplêndidos presentes,
na esperança de que eu persuada os arautos que até ele se dirigem
para vir sozinho entrar num acordo comigo.
Então, se este feito te agradar – e eu não me oponho –
mata-o e inicia uma batalha contra os colcos."   420
Com a conivência de ambos, prepararam um grande dolo
a Apsirto e lhe concederam muitos presentes de hospitalidade.
Dentre eles, deram-lhe a sagrada túnica púrpura
de Hipsípile. As próprias deusas Graças a teceram
para Dioniso em Dia, cercada pelo mar, e ele em seguida   425
deu-a ao filho Toante, que por sua vez deixou-a com Hipsípile,
que a concedeu ao Esônida, junto a muitos tesouros, como
distinto presente de hospitalidade para levar. Nem ao tocá-la,
nem ao contemplá-la conseguirias satisfazer o doce desejo.
Ela ainda possuía uma fragrância divina,   430
desde quando o próprio soberano niseu nela se deitou
embriagado pelo vinho e pelo néctar, agarrado ao belo
peito da virgem filha de Minos, que outrora Teseu
abandonara na ilha de Dia, após segui-lo desde Cnosso.
Medeia informou aos mensageiros seu recado   435
para convencer o irmão a vir tão logo ela chegasse ao templo
da deusa, de acordo com o pacto, e o negro crepúsculo da noite
se estendesse, para planejar um dolo através do qual
se apossaria do grande tosão áureo e novamente

440 βαίη ἐς Αἰήταο δόμους· πέρι γάρ μιν ἀνάγκη
υἱῆες Φρίξοιο δόσαν ξείνοισιν ἄγεσθαι –
τοῖα παραιφαμένη, θελκτήρια φάρμακ' ἔπασσεν
αἰθέρι καὶ πνοιῇσι, τά κεν καὶ ἄπωθεν ἐόντα
ἄγριον ἠλιβάτοιο κατ' οὔρεος ἤγαγε θῆρα.
445 Σχέτλι' Ἔρως, μέγα πῆμα, μέγα στύγος ἀνθρώποισιν,
ἐκ σέθεν οὐλόμεναί τ' ἔριδες στοναχαί τε γόοι τε,
ἄλγεά τ' ἄλλ' ἐπὶ τοῖσιν ἀπείρονα τετρήχασιν·
δυσμενέων ἐπὶ παισὶ κορύσσεο δαῖμον ἀερθείς
οἷος Μηδείῃ στυγερὴν φρεσὶν ἔμβαλες ἄτην.
450 Πῶς γὰρ δὴ μετιόντα κακῷ ἐδάμασσεν ὀλέθρῳ
Ἄψυρτον; τὸ γὰρ ἧμιν ἐπισχερὼ ἦεν ἀοιδῆς.
Ἦμος ὅτ' Ἀρτέμιδος νηῷ ἔνι τήν γε λίποντο
συνθεσίῃ, τοὶ μέν ῥα διάνδιχα νηυσὶν ἔκελσαν
σφωιτέραις κρινθέντες· ὁ δ' ἐς λόχον ἦεν Ἰήσων,
455 δέγμενος Ἄψυρτόν τε καὶ οὓς ἐξαῦτις ἑταίρους.
αὐτὰρ ὅγ', αἰνοτάτῃσιν ὑποσχεσίῃσι δολωθείς,
καρπαλίμως ᾖ νηὶ διὲξ ἁλὸς οἶδμα περήσας,
νύχθ' ὕπο λυγαίην ἱερῆς ἐπεβήσετο νήσου·
οἰόθι δ' ἀντικρὺ μετιών, πειρήσατο μύθοις
460 εἷο κασιγνήτης, ἀταλὸς πάις οἷα χαράδρης
χειμερίης ἣν οὐδὲ δι' αἰζηοὶ περόωσιν,
εἴ κε δόλον ξείνοισιν ἐπ' ἀνδράσι τεχνήσαιτο.
καὶ τὼ μὲν τὰ ἕκαστα συνήνεον ἀλλήλοισιν·
αὐτίκα δ' Αἰσονίδης πυκινοῦ ἔκπαλτο λόχοιο
465 γυμνὸν ἀνασχόμενος παλάμῃ ξίφος. αἶψα δὲ κούρη
ἔμπαλιν ὄμματ' ἔνεικε, καλυψαμένη ὀθόνῃσιν,
μὴ φόνον ἀθρήσειε κασιγνήτοιο τυπέντος·
τὸν δ' ὅγε, βουτύπος ὥστε μέγαν κερεαλκέα ταῦρον,
πλῆξεν, ὀπιπτεύσας νηοῦ σχεδὸν ὅν ποτ' ἔδειμαν
470 Ἀρτέμιδι Βρυγοὶ περιναιέται ἀντιπέρηθεν.
τοῦ ὅγ' ἐνὶ προδόμῳ γνὺξ ἤριπε· λοίσθια δ' ἥρως
θυμὸν ἀναπνείων, χερσὶν μέλαν ἀμφοτέρῃσιν
αἷμα κατ' ὠτειλὴν ὑποΐσχετο, τῆς δὲ καλύπτρην
ἀργυφέην καὶ πέπλον ἀλευομένης ἐρύθηνεν.

LIVRO 4 289

retornaria à casa de Eeta. Persuadindo enganosamente 440
que os filhos de Frixo a teriam dado aos estrangeiros à força
para ser levada, ela borrifou no ar
e no vento drogas encantatórias capazes de atrair
um animal selvagem, mesmo distante, do alto de uma montanha.
Cruel amor, grande sofrimento, grande ódio aos homens, 445
por tua causa as funestas rivalidades, os lamentos, os prantos
e, além disso, outras dores infinitas se agitam.
Contra os filhos de meus inimigos, divindade, ergue-te armada,
da maneira como incutiste uma odiosa loucura na alma de Medeia.
Como subjugou com uma morte vil Apsirto quando vinha 450
a seu encontro? Na sequência de nosso canto trataremos disso.
Quando a deixaram no templo de Ártemis, de acordo
com o pacto, após terem se separado atracaram com suas respectivas
naus em diferentes lugares. Jasão armava uma emboscada
para receber Apsirto e em seguida os seus companheiros. 455
Após ser enganado por meio de terribilíssimas promessas,
Apsirto atravessou velozmente as ondas do mar com sua nau
e durante a noite sombria desembarcou na sacra ilha.
Sozinho, vindo direto encontrá-la, testa com palavras
sua irmã, como uma tenra criança testa uma torrente 460
invernal que nem mesmo os adultos atravessam,
para ver se ela arquitetaria um dolo contra os estrangeiros.
Os dois haviam entrado em acordo mútuo sobre cada detalhe.
Repentinamente o Esônida saltou de ardilosa emboscada,
empunhando uma espada nua na mão. De imediato a garota 465
desviou os olhos, cobrindo-os com a túnica,
para não assistir à morte do irmão ao ser golpeado.
Jasão, como um matador fere um grande touro de robustos
chifres, feriu-o após espreitá-lo próximo ao templo que outrora
os brigos, moradores da costa oposta, construíram a Ártemis. 470
Ele tombou de joelhos no vestíbulo. E nos momentos finais
o herói, exalando a alma, recolheu com ambas as mãos
o negro sangue da ferida e enrubesceu o brilhante
véu e o peplo da irmã, embora ela o evitasse.

ARGONÁUTICAS

475 ὀξὺ δὲ πανδαμάτωρ λοξῷ ἴδεν οἷον ἔρεξαν
ὄμματι νηλειεῖς ὀλοφώιον ἔργον Ἐρινύς.
ἥρως δ᾽ Αἰσονίδης ἐξάργματα τάμνε θανόντος,
τρὶς δ᾽ ἀπέλειξε φόνου, τρὶς δ᾽ ἐξ ἄγος ἔπτυσ᾽ ὀδόντων,
ἣ θέμις αὐθέντῃσι δολοκτασίας ἱλάεσθαι·
480 ὑγρὸν δ᾽ ἐν γαίῃ κρύψεν νέκυν, ἔνθ᾽ ἔτι νῦν περ
κείαται ὀστέα κεῖνα μετ᾽ ἀνδράσιν Ἀψυρτεῦσιν.
Οἱ δ᾽ ἄμυδις πυρσοῖο σέλας προπάροιθεν ἰδόντες
τό σφιν παρθενικὴ τέκμαρ μετιοῦσιν ἄειρεν,
Κολχίδος ἀγχόθι νηὸς ἑὴν παρὰ νῆα βάλοντο
485 ἥρωες, Κόλχων δ᾽ ὄλεκον στόλον, ἠύτε κίρκοι
φῦλα πελειάων ἠὲ μέγα πῶυ λέοντες
ἀγρότεροι κλονέουσιν ἐνὶ σταθμοῖσι θορόντες·
οὐδ᾽ ἄρα τις κείνων θάνατον φύγε, πάντα δ᾽ ὅμιλον
πῦρ ἄτε δηιόωντες ἐπέδραμον. ὀψὲ δ᾽ Ἰήσων
490 ἤντησεν, μεμαὼς ἐπαμυνέμεν – οὐ μάλ᾽ ἀρωγῆς
δευομένοις, ἤδη δὲ καὶ ἀμφ᾽ αὐτοῖο μέλοντο.
Ἔνθα δὲ ναυτιλίης πυκινὴν πέρι μητιάασκον
ἑζόμενοι βουλήν, ἐπὶ δέ σφισιν ἤλυθε κούρη
φραζομένοις. Πηλεὺς δὲ παροίτατος ἔκφατο μῦθον·
495 Ἤδη νῦν κέλομαι νύκτωρ ἔτι νῆ᾽ ἐπιβάντας
εἰρεσίῃ περάαν πλόον ἀντίον ᾧ ἐπέχουσι
δήιοι. ἠῶθεν γὰρ ἐπαθρήσαντας ἕκαστα
ἔλπομαι οὐχ ἕνα μῦθον ὅτις προτέρωσε δίεσθαι
ἡμέας ὀτρυνέει τοὺς πεισέμεν, οἷά τ᾽ ἄνακτος
500 εὔνιδες ἀργαλέῃσι διχοστασίης κεδόωνται·
ῥηιδίη δέ κεν ἄμμι, κεδασθέντων δίχα λαῶν,
ἤδ᾽ εἴη μετέπειτα κατερχομένοισι κέλευθος.”
Ὣς ἔφατ᾽· ᾔνησαν δὲ νέοι ἔπος Αἰακίδαο.
ῥίμφα δὲ νῆ᾽ ἐπιβάντες ἐπερρώοντ᾽ ἐλάτῃσιν
505 νωλεμές, ὄφρ᾽ ἱερὴν Ἠλεκτρίδα νῆσον ἵκοντο,
ἀλλάων ὑπάτην, ποταμοῦ σχεδὸν Ἠριδανοῖο.
Κόλχοι δ᾽ ὁππότ᾽ ὄλεθρον ἐπεφράσθησαν ἄνακτος,
ἤτοι μὲν δίζεσθαι ἐπέχραον ἔνδοθι πάσης
Ἀργὼ καὶ Μινύας Κρονίης ἁλός, ἀλλ᾽ ἀπέρυκεν

LIVRO 4   291

Mas logo a impiedosa Erínia, a total subjugadora, viu   475
com olhos oblíquos o feito pernicioso que haviam cometido.
O herói Esônida cortou as extremidades do morto, três vezes
lambeu o sangue e três vezes cuspiu pelos dentes a impureza,
como é costume entre os assassinos para expiar a morte por traição.
Escondeu na terra o úmido cadáver, onde ainda hoje   480
jazem aqueles ossos entre os apsírtios.
Quando os heróis reunidos viram adiante o brilho da tocha
que a virgem lhes erguia como um sinal para avançarem,
trouxeram sua nau próximo à nau colca
e mataram a tripulação, como os falcões   485
matam os bandos de pombas ou os leões selvagens
dispersam um grande rebanho após atacá-lo nos estábulos.
Nenhum deles escapou à morte, mas, como o fogo, espalharam-se
por toda a tripulação assassinando-a. Por fim Jasão
juntou-se aos companheiros, ansioso para prestar auxílio, no entanto   490
não necessitavam de ajuda, mas se preocupavam com ele.
Então, sentados, arquitetavam um consistente plano
de navegação, e Medeia veio até eles no instante
em que deliberavam. Peleu, primeiro, falou tais palavras:
"Exorto a embarcarmos agora mesmo, enquanto ainda é noite,   495
e atravessarmos com remos uma rota oposta àquela controlada
pelos inimigos. De manhã, quando notarem todo o ocorrido,
não espero que uma única proposta impulsionando a nos
perseguir possa persuadi-los e, como estão privados
de um soberano, dividir-se-ão por conta de penosos desacordos.   500
Enquanto sua força estiver dividida em duas partes,
a rota nos será mais fácil durante o retorno."
Assim falou. Os jovens elogiaram as palavras do Eácida.
Rapidamente embarcaram na nau e moveram com força os remos
sem cessar, até chegarem à sacra ilha de Eléctride,   505
última de todas, próxima ao rio Erídano.
Quando os colcos souberam da morte do soberano,
puseram-se a procurar Argo e os mínias por todo
o interior do mar de Crono, mas Hera os reteve

ARGONÁUTICAS

510 Ἥρη σμερδαλέῃσι κατ' αἰθέρος ἀστεροπῇσιν.
ὕστατον αὖ (δὴ γάρ τε Κυταιίδος ἤθεα γαίης
στύξαν ἀτυζόμενοι χόλον ἄγριον Αἰήταο)
ἔμπεδον ἄλλυδις ἄλλοι ἀφορμηθέντες ἔνασθεν·
οἱ μὲν ἐπ' αὐτάων νήσων ἔβαν ᾗσιν ἐπέσχον
515 ἥρωες, ναίουσι δ' ἐπώνυμοι Ἀψύρτοιο·
οἱ δ' ἄρ' ἐπ' Ἰλλυρικοῖο μελαμβαθέος ποταμοῖο,
τύμβος ἵν' Ἁρμονίης Κάδμοιό τε, πύργον ἔδειμαν,
ἀνδράσιν Ἐγχελέεσσιν ἐφέστιοι· οἱ δ' ἐν ὄρεσσιν
ἐνναίουσιν ἅπερ τε Κεραύνια κικλήσκονται
520 ἐκ τόθεν ἐξότε τούσγε Διὸς Κρονίδαο κεραυνοί
νῆσον ἐς ἀντιπέραιαν ἀπέτραπον ὁρμηθῆναι.
Ἥρωες δ', ὅτε δή σφιν ἐείσατο νόστος ἀπήμων,
δή ῥα τότε προμολόντες ἐπὶ χθονὶ πείσματ' ἔδησαν
Ὑλλήων· νῆσοι γὰρ ἐπιπρούχοντο θαμειαί
525 ἀργαλέην πλώουσιν ὁδὸν μεσσηγὺς ἔχουσαι.
οὐδέ σφιν, ὡς καὶ πρίν, ἀνάρσια μητιάασκον
Ὑλλῆες, πρὸς δ' αὐτοὶ ἐμηχανόωντο κέλευθον,
μισθὸν ἀειράμενοι τρίποδα μέγαν Ἀπόλλωνος.
δοιοὺς γὰρ τρίποδας τηλοῦ πόρε Φοῖβος ἄγεσθαι
530 Αἰσονίδῃ περόωντι κατὰ χρέος, ὁππότε Πυθώ
ἱρὴν πευσόμενος μετεκίαθε τῆσδ' ὑπὲρ αὐτῆς
ναυτιλίης· πέπρωτο δ', ὅπῃ χθονὸς ἱδρυθεῖεν,
μήποτε τὴν δήοισιν ἀναστήσεσθαι ἰοῦσιν.
τούνεκεν εἰσέτι νῦν κείνη ὅδε κεύθεται αἴῃ
535 ἀμφὶ πόλιν Ἀγανὴν Ὑλληίδα, πολλὸν ἔνερθεν
οὔδεος, ὥς κεν ἄφαντος ἀεὶ μερόπεσσι πέλοιτο.
οὐ μὲν ἔτι ζώοντα καταυτόθι τέτμον ἄνακτα
Ὕλλον, ὃν εὐειδὴς Μελίτη τέκεν Ἡρακλῆι
δήμῳ Φαιήκων· ὁ γὰρ οἰκία Ναυσιθόοιο
540 Μάκριν τ' εἰσαφίκανε, Διωνύσοιο τιθήνην,
νιψόμενος παίδων ὀλοὸν φόνον· ἔνθ' ὅγε κούρην
Αἰγαίου ἐδάμασσεν ἐρασσάμενος ποταμοῖο,
543 νηιάδα Μελίτην, ἡ δὲ σθεναρὸν τέκεν Ὕλλον·
546 οὐδ' ἄρ' ὅγ' ἡβήσας αὐτῇ ἐνὶ ἔλδετο νήσῳ

LIVRO 4   293

por meio de assombrosos relâmpagos no céu.   510
Ao final, já que repudiaram seus lares na terra cítia
por temerem a ira selvagem de Eeta, partiram
em diferentes direções e se estabeleceram em definitivo.
Uns desembarcaram nas mesmas ilhas ocupadas
pelos heróis e lá habitam, recebendo o nome de apsírtios.   515
Outros, junto ao profundo e obscuro rio da Ilíria, ergueram
uma fortaleza onde está situada a tumba de Harmonia
e Cadmo, recebidos pelos enquélios. Outros
habitam as montanhas chamadas Ceráunias
desde que os raios de Zeus Cronida os impediu   520
de se dirigirem à ilha localizada à frente.
Quando o retorno lhes pareceu seguro, os heróis
continuaram a viagem e prenderam as amarras na terra
dos hileus, pois uma grande quantidade de ilhas se espalhava,
criando entre elas um caminho difícil aos navegantes.   525
Os hileus não lhes planejaram nada hostil, como outrora,
mas eles próprios arquitetaram uma rota,
recebendo como pagamento uma grande trípode de Apolo.
Febo concedera duas trípodes ao Esônida a fim de as levar
para longe, durante a travessia imposta, quando fora até a sacra   530
Pito com o objetivo de se informar sobre essa mesma
navegação. Fora predestinado que a terra na qual fossem
assentadas jamais seria assolada por hordas inimigas.
Por isso, ainda hoje, essa trípode está escondida naquela terra,
perto da agradável cidade de Hilo, bem debaixo   535
do chão, para permanecer sempre imperceptível aos mortais.
Não encontraram lá, ainda vivo, o soberano
Hilo, que a formosa Mélite havia parido a Héracles,
no povoado dos feácios. Pois o herói viera à casa
de Nausítoo e a Mácris, a nutriz de Dioniso,   540
para se purificar do funesto assassinato dos filhos. Lá,
tomado pelo amor, possuiu a filha do rio Egeu,
a náiade Mélite, que pariu o robusto Hilo.   543
Quando atingiu a juventude, não mais desejava habitar   546

ναίειν κοιρανέοντος ὑπ᾽ ὀφρύσι Ναυσιθόοιο·
βῆ δ᾽ ἅλαδε Κρονίην, αὐτόχθονα λαὸν ἀγείρας
Φαιήκων, σὺν γάρ οἱ ἄναξ πόρσυνε κέλευθον
550 ἥρως Ναυσίθοος· τόθι δ᾽ εἵσατο· καί μιν ἔπεφνον
Μέντορες, ἀγραύλοισιν ἀλεξόμενοι περὶ βουσίν.
Ἀλλὰ θεαί, πῶς τῆσδε παρὲξ ἁλὸς ἀμφί τε γαῖαν
Αὐσονίην νήσους τε Λιγυστίδας, αἳ καλέονται
Στοιχάδες, Ἀργῴης περιώσια σήματα νηός
555 νημερτὲς πέφαται; τίς ἀπόπροθι τόσσον ἀνάγκη
καὶ χρειώ σφ᾽ ἐκόμισσε; τίνες σφέας ἤγαγον αὖραι;
Αὐτόν που μεγαλωστὶ δεδουπότος Ἀψύρτοιο
Ζῆνα θεῶν βασιλῆα χόλος λάβεν οἷον ἔρεξαν,
Αἰαίης δ᾽ ὀλοὸν τεκμήρατο δήνεσι Κίρκης
560 αἷμ᾽ ἀπονιψαμένους πρό τε μυρία πημανθέντας
νοστήσειν. τὸ μὲν οὔ τις ἀριστήων ἐνόησεν·
ἀλλ᾽ ἔθεον γαίης Ὑλληίδος ἐξανιόντες
τηλόθι, τὰς δ᾽ ἀπέλειπον ὅσαι Κόλχοισι πάροιθεν
ἑξείης πλήθοντο Λιβυρνίδες εἰν ἁλὶ νῆσοι,
565 Ἴσσα τε Δυσκέλαδός τε καὶ ἱμερτὴ Πιτύεια·
αὐτὰρ ἔπειτ᾽ ἐπὶ τῇσι παραὶ Κέρκυραν ἵκοντο,
ἔνθα Ποσειδάων Ἀσωπίδα νάσσατο κούρην,
ἠύκομον Κέρκυραν, ἑκὰς Φλειουντίδος αἴης,
ἁρπάξας ὑπ᾽ ἔρωτι· μελαινομένην δέ μιν ἄνδρες
570 ναυτίλοι ἐκ πόντοιο κελαινῇ πάντοθεν ὕλῃ
δερκόμενοι, Κέρκυραν ἐπικλείουσι Μέλαιναν·
τῇ δ᾽ ἐπὶ καὶ Μελίτην, λιαρῷ περιγηθέες οὔρῳ,
αἰπεινήν τε Κερωσσόν, ὕπερθε δὲ πολλὸν ἐοῦσαν
Νυμφαίην παράμειβον, ἵνα κρείουσα Καλυψώ
575 Ἀτλαντὶς ναίεσκε. τὰ δ᾽ ἠεροειδέα λεύσσειν
οὔρεα δοιάζοντο Κεραύνια· καὶ τότε βουλὰς
ἀμφ᾽ αὐτοῖς Ζηνός †τε μέγαν χόλον ἐφράσαθ᾽ Ἥρη,
μηδομένη δ᾽ ἄνυσιν τοῖο πλόου, ὦρσεν ἀέλλας
ἀντικρύ· τοὶ δ᾽ αὖτις ἀναρπάγδην φορέοντο
580 νήσου ἔπι κραναῆς Ἠλεκτρίδος. αὐτίκα δ᾽ ἄφνω
ἴαχεν ἀνδρομέη ἐνοπῇ μεσσηγὺ θεόντων

LIVRO 4 295

a mesma ilha sob o olhar altivo do regente Nausítoo.
Dirigiu-se ao mar de Crono, após reunir uma multidão
autóctone de feácios, pois o herói Nausítoo, o soberano, preparou
com ele a viagem. Ali se estabeleceu e os mêntores o mataram   550
quando defendia alguns bois que estavam no pasto.
Mas, deusas, como além deste mar, na Ausônia
e nas ilhas Ligístides, chamadas Estécades,
são indubitavelmente visíveis incontáveis sinais da nau
Argo? Que necessidade e que obrigação os levaram   555
para tão longe? Que ventanias os conduziram?
Quando Apsirto morreu de forma muito violenta, Zeus,
o rei dos deuses, foi tomado pela ira por conta do ocorrido.
Ele determinou que, antes de regressarem, deveriam se purificar
do funesto sangue mediante as instruções de Circe de Eea   560
e padecer incontáveis vicissitudes. Nenhum dos valorosos sabia disso.
Mas eles avançavam para bem longe da terra dos hileus
e deixavam para trás todas as ilhas Libírnides que outrora,
em sucessão no mar, estavam repletas de colcos,
Issa, Discélado e a amável Pitíeia.   565
Em seguida, depois delas, costearam Cércira,
onde Posidão estabelecera a filha de Asopo,
Cércira de bela cabeleira, longe da terra de Fliunte,
após raptá-la por amor. Os marinheiros, quando a veem
do mar, toda enegrecida por uma floresta   570
escura, chamam-na de Negra Cércira.
Depois dela passaram por Mélite, alegres com a suave brisa,
pela íngreme Cerosso e, situada muito além,
por Ninfeia, onde a poderosa Calipso, filha de Atlas,
morava. Eles acreditavam ver as montanhas   575
Ceráunias através da névoa. Hera, então, compreendeu
os desígnios de Zeus quanto a eles e sua grande ira,
e, preocupada com o cumprimento da viagem, suscitou
vendavais em sentido contrário. Foram arrebatados
e novamente levados à rochosa ilha de Eléctride. Súbito,   580
enquanto navegavam, gritou com som humano

296 ARGONÁUTICAS

αὐδῆεν γλαφυρῆς νηὸς δόρυ, τόρρ᾽ ἀνὰ μέσσην
στεῖραν Ἀθηναίη Δωδωνίδος ἥρμοσε φηγοῦ.
τοὺς δ᾽ ὀλοὸν †μεσσηγὺ δέος λάβεν εἰσαΐοντας
585 φθογγήν τε Ζηνός τε βαρὺν χόλον· οὐ γὰρ ἀλύξειν
ἔννεπεν οὔτε πόρους δολιχῆς ἁλὸς οὔτε θυέλλας
ἀργαλέας, ὅτε μὴ Κίρκη φόνον Ἀψύρτοιο
νηλέα νίψειεν· Πολυδεύκεα δ᾽ εὐχετάασθαι
Κάστορά τ᾽ ἀθανάτοισι θεοῖς ἤνωγε κελεύθους
590 Αὐσονίης ἔντοσθε πορεῖν ἁλός, ᾗ ἔνι Κίρκην
δήουσιν, Πέρσης τε καὶ Ἠελίοιο θύγατρα.
Ὣς Ἀργὼ ἰάχησεν ὑπὸ κνέφας. οἱ δ᾽ ἀνόρουσαν
Τυνδαρίδαι καὶ χεῖρας ἀνέσχεθον ἀθανάτοισιν
εὐχόμενοι τὰ ἕκαστα· κατηφείη δ᾽ ἔχεν ἄλλους
595 ἥρωας Μινύας. ἡ δ᾽ ἔσσυτο πολλὸν ἐπιπρό
λαίφεσιν. ἐς δ᾽ ἔβαλον μύχατον ῥόον Ἠριδανοῖο,
ἔνθα ποτ᾽ αἰθαλόεντι τυπεὶς πρὸς στέρνα κεραυνῷ
ἡμιδαὴς Φαέθων πέσεν ἅρματος Ἠελίοιο
λίμνης ἐς προχοὰς πολυβενθέος· ἡ δ᾽ ἔτι νῦν περ
600 τραύματος αἰθομένοιο βαρὺν ἀνακηκίει ἀτμόν,
οὐδέ τις ὕδωρ κεῖνο διὰ πτερὰ κοῦφα τανύσσας
οἰωνὸς δύναται βαλέειν ὕπερ, ἀλλὰ μεσηγύς
φλογμῷ ἐπιθρῴσκει πεποτημένος. ἀμφὶ δὲ κοῦραι
Ἡλιάδες ταναῇσιν †ἀείμεναι αἰγείροισιν
605 μύρονται κινυρὸν μέλεαι γόον, ἐκ δὲ φαεινάς
ἠλέκτρου λιβάδας βλεφάρων προχέουσιν ἔραζε·
αἱ μέν τ᾽ ἠελίῳ ψαμάθοις ἔπι τερσαίνονται,
εὖτ᾽ ἂν δὲ κλύζῃσι κελαινῆς ὕδατα λίμνης
ἠιόνας πνοιῇ πολυηχέος ἐξ ἀνέμοιο,
610 δὴ τότ᾽ ἐς Ἠριδανὸν προκυλίνδεται ἀθρόα πάντα
κυμαίνοντι ῥόῳ. Κελτοὶ δ᾽ ἐπὶ βάξιν ἔθεντο
ὡς ἄρ᾽ Ἀπόλλωνος τάδε δάκρυα Λητοΐδαο
ἐμφέρεται δίναις, ἅ τε μυρία χεῦε πάροιθεν,
ἦμος Ὑπερβορέων ἱερὸν γένος εἰσαφίκανεν,
615 οὐρανὸν αἰγλήεντα λιπὼν ἐκ πατρὸς ἐνιπῆς,
χωόμενος περὶ παιδὶ τὸν ἐν λιπαρῇ Λακερείῃ

LIVRO 4   297

a viga falante da côncava nau, oriunda do carvalho
de Dodona e ajustada ao meio da quilha por Atena.
Um funesto pavor os tomou ao ouvirem
a voz e a pesada ira de Zeus. Ela dizia que não   585
escapariam da travessia pelo vasto mar nem das
dolorosas procelas enquanto Circe não os purificasse
do cruel assassinato de Apsirto. E ordenava que Polideuces
e Cástor orassem aos deuses imortais para tornarem acessíveis
as rotas ao interior do mar da Ausônia, onde   590
encontrariam Circe, a filha de Perse e de Hélio.
Assim gritou Argo durante o crepúsculo. Os Tindáridas
levantaram-se e ergueram as mãos aos imortais, rogando
exatamente o sugerido, ao passo que os outros heróis mínias
ficaram desanimados. A nau se apressava bem adiante   595
graças às velas. Adentraram o curso interior do Erídano,
onde, golpeado no peito por um raio ardente,
Faetonte caiu semiqueimado do carro de Hélio
sobre a embocadura de um profundo lago. Mesmo ainda hoje,
o lago exala da ferida ardente um pesado vapor   600
e nenhuma ave, estendendo suas leves asas, consegue
passar sobre essas águas, mas durante o voo
precipita-se na chama. Ao redor, as jovens
Helíades, batidas pelo vento nos altos choupos,
choram, infelizes, um pranto gemente, e das pálpebras   605
vertem ao chão brilhantes gotas de âmbar.
Expostas ao sol, elas secam sobre a areia,
e quando as águas do escuro lago banham
as margens, sob o sopro do ressoante vento,
então todas juntas rodam na direção do Erídano   610
com a agitada corrente. Os celtas criaram a versão
de que são, na verdade, lágrimas de Apolo Letida
levadas pelos redemoinhos, as quais outrora vertera,
inúmeras, quando chegava à sacra raça dos hiperbóreos,
após abandonar o brilhante céu por ameaça do pai,   615
irritado por causa do filho que a divina Corônis lhe havia

δῖα Κορωνὶς ἔτικτεν ἐπὶ προχοῆς Ἀμύροιο.
καὶ τὰ μὲν ὡς κείνοισι μετ᾽ ἀνδράσι κεκλήισται·
τοὺς δ᾽ οὔτε βρώμης ᾕρει πόθος οὔτε ποτοῖο,
620 οὔτ᾽ ἐπὶ γηθοσύνας νόος ἐτράπετ᾽· ἀλλ᾽ ἄρα τοίγε
ἤματα μὲν στρεύγοντο περιβληχρὸν βαρύθοντες
ὀδμῇ λευγαλέῃ τήν ῥ᾽ ἄσχετον ἐξανίεσκον
τυφομένου Φαέθοντος ἐπιρροαὶ Ἠριδανοῖο,
νυκτὸς δ᾽ αὖ γόον ὀξὺν ὀδυρομένων ἐσάκουον
625 Ἡλιάδων λιγέως· τὰ δὲ δάκρυα †μυρομένῃσιν
οἷον ἐλαιηραὶ στάγες ὕδασιν ἐμφορέοντο.
Ἐκ δὲ τόθεν Ῥοδανοῖο βαθὺν ῥόον εἰσεπέρησαν,
ὅς τ᾽ εἰς Ἠριδανὸν μετανίσσεται, ἄμμιγα δ᾽ ὕδωρ
ἐν ξυνοχῇ βέβρυχε κυκώμενον. αὐτὰρ ὁ γαίης
630 ἐκ μυχάτης, ἵνα τ᾽ εἰσὶ πύλαι καὶ ἐδέθλια Νυκτός,
ἔνθεν ἀπορνύμενος, τῇ μέν τ᾽ ἐπερεύγεται ἀκτὰς
Ὠκεανοῦ, τῇ δ᾽ αὖτε μετ᾽ Ἰονίην ἅλα βάλλει,
τῇ δ᾽ ἐπὶ Σαρδόνιον πέλαγος καὶ ἀπείρονα κόλπον
ἑπτὰ διὰ στομάτων ἵει ῥόον. ἐκ δ᾽ ἄρα τοῖο
635 λίμνας εἰσέλασαν δυσχείμονας αἵ τ᾽ ἀνὰ Κελτῶν
ἤπειρον πέπτανται ἀθέσφατοι. ἔνθα κεν οἵγε
ἄτῃ ἀεικελίῃ πέλασαν· φέρε γάρ τις ἀπορρὼξ
κόλπον ἐς Ὠκεανοῖο, τὸν οὐ προδαέντες ἔμελλον
εἰσβαλέειν. τόθεν οὔ κεν ὑπότροποι ἐξεσάωθεν·
640 ἀλλ᾽ Ἥρη σκοπέλοιο καθ᾽ Ἑρκυνίου ἰάχησεν
οὐρανόθεν προθοροῦσα, φόβῳ δ᾽ ἐτίναχθεν ἀυτῆς
πάντες ὁμῶς, δεινὸν γὰρ ἐπὶ μέγας ἔβραχεν αἰθήρ·
ἂψ δὲ παλιντροπόωντο θεᾶς ὕπο καί ῥ᾽ ἐνόησαν
τήνδ᾽ οἶμον τῇπέρ τε καὶ ἔπλετο νόστος ἰοῦσι.
645 δηναιοὶ δ᾽ ἀκτὰς ἁλιμυρέας εἰσαφίκοντο,
Ἥρης ἐννεσίῃσι δι᾽ ἔθνεα μυρία Κελτῶν
καὶ Λιγύων περόωντες ἀδήιοι, ἀμφὶ γὰρ αἰνήν
ἠέρα χεῦε θεὰ πάντ᾽ ἤματα νισσομένοισιν.
μεσσότατον δ᾽ ἄρα τοίγε διὰ στόμα νηὶ βαλόντες,
650 Στοιχάδας εἰσαπέβαν νήσους, σόοι εἵνεκα κούρων
Ζηνός· ὃ δὴ βωμοί τε καὶ ἱερὰ τοῖσι τέτυκται

LIVRO 4

gerado na abastada Lacéria, próximo à embocadura do Amiro.
Essa é a história contada por esses homens.
Os heróis não sentiam desejo por comida ou por bebida,
nem sua mente se voltava ao deleite, mas durante o dia 620
ficavam exaustos e fracos, abatidos com o odor
nauseabundo que, sem cessar, o fluxo do Erídano
exalava do ardente Faetonte, enquanto durante
a noite ouviam o pranto agudo das Helíades, lamentando-se
de modo estridente. Ao chorarem, suas lágrimas 625
eram levadas pelas águas como gotas de azeite.
De lá eles passaram ao profundo curso do Ródano,
que desemboca no Erídano. Ao se misturarem, na confluência,
suas águas rumorejam agitadas. Nascendo na região
mais remota da terra, onde estão os portões e a residência 630
da noite, parte desse rio deságua nas costas
do Oceano, outra parte se lança ao mar Jônico
e um outro braço verte seu curso no pélago da Sardenha
e no vasto golfo através de sete bocas. Saindo do Ródano,
eles entraram nos invernais lagos que imensuravelmente 635
se estendiam pelo território dos celtas. Lá se defrontaram
com a miserável ruína, pois um dos braços guiava
ao golfo do Oceano, no qual, por desconhecimento, estavam
prestes a penetrar e de onde não retornariam salvos.
Mas Hera, precipitando-se do céu, gritou do alto 640
do monte Hercínio e todos, ao mesmo tempo, fremiram
com medo de sua voz, pois o vasto ar repercutiu terrivelmente.
Voltaram para trás com a ajuda da deusa e reconheceram
o caminho por onde o retorno lhes estaria assegurado.
Depois de muito tempo, chegaram às costas banhadas pelo mar, 645
atravessando, pelos desígnios de Hera, as inúmeras tribos
de celtas e de lígures sem qualquer hostilidade, pois a deusa
os circundava com densa neblina diária enquanto avançavam.
Quando seguiram com a nau pela boca central do rio,
desembocaram nas ilhas Estécades, salvos graças aos filhos 650
de Zeus. Por esse motivo, altares e ritos lhes foram firmemente

300 ARGONÁUTICAS

ἔμπεδον, οὐδ᾽ οἷον κείνης ἐπίουροι ἕποντο
ναυτιλίης, Ζεὺς δέ σφι καὶ ὀψιγόνων πόρε νῆας.
Στοιχάδας αὖτε λιπόντες ἐς Αἰθαλίην ἐπέρησαν
655 νῆσον, ἵνα ψηφῖσιν ἀπωμόρξαντο καμόντες
ἱδρῶ ἅλις· χροιῇ δὲ κατ᾽ αἰγιαλοῖο κέχυνται
657 εἴκελοι
657   ἐν δὲ σόλοι καὶ τρύχεα θέσκελα κείνων·
ἔνθα λιμὴν Ἀργῷος ἐπωνυμίην πεφάτισται.
Καρπαλίμως δ᾽ ἐνθένδε διὲξ ἁλὸς οἶδμα νέοντο
660 Αὐσονίης, ἀκτὰς Τυρσηνίδας εἰσορόωντες,
ἷξον δ᾽ Αἰαίης λιμένα κλυτόν. ἐκ δ᾽ ἄρα νηός
πείσματ᾽ ἐπ᾽ ἠιόνων σχεδόθεν βάλον· ἔνθα δὲ Κίρκην
εὗρον ἁλὸς νοτίδεσσι κάρη περιφαιδρύνουσαν,
τοῖον γὰρ νυχίοισιν ὀνείρασιν ἐπτοίητο·
665 αἵματί οἱ θάλαμοί τε καὶ ἕρκεα πάντα δόμοιο
μύρεσθαι δόκεον, φλὸξ δ᾽ ἀθρόα φάρμακ᾽ ἔδαπτεν
οἷσι πάρος ξείνους θέλγ᾽ ἀνέρας ὅστις ἵκοιτο·
τὴν δ᾽ αὐτὴ φονίῳ σβέσεν αἵματι πορφύρουσαν,
χερσὶν ἀφυσσαμένη, λῆξεν δ᾽ ὀλοοῖο φόβοιο.
670 τῶ καὶ ἐπιπλομένης ἠοῦς νοτίδεσσι θαλάσσης
ἐγρομένη πλοκάμους τε καὶ εἵματα φαιδρύνεσκεν.
θῆρες δ᾽, οὐ θήρεσσιν ἐοικότες ὠμηστῇσιν
οὐδὲ μὲν οὐδ᾽ ἄνδρεσσιν ὁμὸν δέμας, ἄλλο δ᾽ ἀπ᾽ ἄλλων
συμμιγέες γενέων, κίον ἀθρόοι, ἠύτε μῆλα
675 ἐκ σταθμῶν ἅλις εἶσιν ὀπηδεύοντα νομῆι.
τοίους καὶ προτέρους ἐξ ἰλύος ἐβλάστησεν
χθὼν αὐτὴ μικτοῖσιν ἀρηρεμένους μελέεσσιν,
οὔπω διψαλέῳ μάλ᾽ ὑπ᾽ ἠέρι πιληθεῖσα
οὐδέ πω ἀζαλέοιο βολαῖς τόσον ἠελίοιο
680 ἰκμάδας αἰνυμένου· τὰ δ᾽ ἐπὶ στίχας ἤγαγεν αἰών
συγκρίνας. τὼς οἵγε φυὴν ἀίδηλοι ἕποντο,
ἥρωας δ᾽ ἕλε θάμβος ἀπείριτον. αἶψα δ᾽ ἕκαστος,
Κίρκης εἴς τε φυὴν εἴς τ᾽ ὄμματα παπταίνοντες,
ῥεῖα κασιγνήτην φάσαν ἔμμεναι Αἰήταο.
685 Ἡ δ᾽ ὅτε δὴ νυχίων ἀπὸ δείματα πέμψεν ὀνείρων,

LIVRO 4   301

estabelecidos, pois não somente seguiram como protetores daquela
navegação, mas também Zeus lhes concedeu as naus dos pósteros.
Após deixarem para trás as Estécades, passaram pela ilha
de Etália, onde, exaustos, limparam o copioso suor   655
com cascalhos. Espalham-se pela praia semelhantes
em cor;   657
            e lá se estão os discos e os maravilhosos rastros deles, 657
no local chamado pelo nome de Porto de Argo.
De lá seguiam rapidamente através das ondas do mar
Ausônio, observando a costa tirrena, e chegaram   660
ao famoso porto de Eea. De imediato jogaram as amarras
da nau sobre a orla. Lá encontraram Circe
purificando a cabeça com as águas do mar,
tamanho era o susto que sentia por seus sonhos noturnos.
Os quartos e todas as paredes da casa pareciam   665
entornar sangue e uma chama devorava todas as drogas
com as quais outrora encantava os estrangeiros que chegassem.
Ela própria apagou a abrasadora chama com o sangue de uma vítima,
recolhido com as mãos, e pôs fim ao funesto pavor.
Por esse motivo, quando a aurora surgiu, ela despertou e foi   670
purificar os cachos e a roupa com as águas do mar.
Algumas feras, dessemelhantes a feras crudívoras,
bem como dessemelhantes a homens em aparência coesa,
mas com uma mescla dos membros de ambos, avançavam juntas,
como um rebanho de ovelhas sai dos estábulos seguindo o pastor.   675
Da lama, num passado remoto, a própria terra produzira
tais criaturas, compostas por membros mesclados,
quando ainda não havia sido comprimida pelo ar seco,
nem sequer pelos raios do ardente sol que absorve muita
umidade. O tempo reuniu essas criaturas e as dividiu   680
em espécies. Assim elas, com aspecto desconhecido, seguiam
Circe e um imenso estupor tomou os heróis. De imediato,
assim que fitaram o aspecto e os olhos de Circe,
todos afirmaram com franca certeza ser a irmã de Eeta.
Quando afastou de si o temor causado pelos sonhos noturnos,   685

302 ARGONÁUTICAS

αὐτίκ᾽ ἔπειτ᾽ ἄψορρον ἀπέστιχε, τοὺς δ᾽ ἅμ᾽ ἕπεσθαι
χειρὶ καταρρέξασα δολοφροσύνῃσιν ἄνωγεν.
ἔνθ᾽ ἤτοι πληθὺς μὲν ἐφετμαῖς Αἰσονίδαο
μίμνον ἀπηλεγέως, ὁ δ᾽ ἐρύσσατο Κολχίδα κούρην·
690 ἄμφω δ᾽ ἑσπέσθην αὐτὴν ὁδόν, ἔστ᾽ ἀφίκοντο
Κίρκης ἐς μέγαρον. τοὺς δ᾽ ἐν λιπαροῖσι κέλευεν
ἧγε θρόνοις ἕζεσθαι, ἀμηχανέουσα κιόντων·
τὼ δ᾽ ἄνεῳ καὶ ἄναυδοι ἐφ᾽ ἑστίῃ ἀΐξαντε
ἵζανον, ἥ τε δίκη λυγροῖς ἱκέτῃσι τέτυκται,
695 ἡ μὲν ἐπ᾽ ἀμφοτέραις θεμένη χείρεσσι μέτωπα,
αὐτὰρ ὁ κωπῆεν μέγα φάσγανον ἐν χθονὶ πήξας
ᾧπέρ τ᾽ Αἰήταο πάιν κτάνεν· οὐδέ ποτ᾽ ὄσσε
ἰθὺς ἐνὶ βλεφάροισιν ἀνέσχεθον. αὐτίκα δ᾽ ἔγνω
Κίρκη φύξιον οἶτον ἀλιτροσύνας τε φόνοιο.
700 τῶ καὶ ὀπιζομένη Ζηνὸς θέμιν Ἱκεσίοιο,
ὃς μέγα μὲν κοτέει, μέγα δ᾽ ἀνδροφόνοισιν ἀρήγει,
ῥέζε θυηπολίην οἵῃ τ᾽ ἀπολυμαίνονται
νηλειτεῖς ἱκέται, ὅτ᾽ ἐφέστιοι ἀντιόωσιν.
πρῶτα μὲν ἀτρέπτοιο λυτήριον ἧγε φόνοιο
705 τειναμένη καθύπερθε συὸς τέκος, ἧς ἔτι μαζοί
πλήμυρον λοχίης ἐκ νηδύος, αἵματι χεῖρας
τέγγεν, ἐπιτμήγουσα δέρην· αὖτις δὲ καὶ ἄλλοις
μείλισσεν χύτλοισι Καθάρσιον ἀγκαλέουσα
Ζῆνα παλαμναίων τιμήορον ἱκεσίῃσι.
710 καὶ τὰ μὲν ἀθρόα πάντα δόμων ἐκ λύματ᾽ ἔνεικαν
νηιάδες πρόπολοι, ταί οἱ πόρσυνον ἕκαστα·
ἡ δ᾽ εἴσω πελανοὺς μείλικτρά τε νηφαλίῃσιν
καῖεν ἐπ᾽ εὐχωλῇσι παρέστιος, ὄφρα χόλοιο
σμερδαλέας παύσειεν Ἐρινύας ἠδὲ καὶ αὐτός
715 εὐμειδής τε πέλοιτο καὶ ἤπιος ἀμφοτέροισιν,
εἴτ᾽ οὖν ὀθνείῳ μεμιασμένοι αἵματι χεῖρας
εἴτε καὶ ἐμφύλῳ προσκηδέες ἀντιόωεν.
Αὐτὰρ ἐπεὶ μάλα πάντα πονήσατο, δὴ τότ᾽ ἔπειτα
εἷσεν ἐπὶ ξεστοῖσιν ἀναστήσασα θρόνοισιν,
720 καὶ δ᾽ αὐτὴ πέλας ἷζεν ἐνωπαδίς. αἶψα δὲ μύθῳ

LIVRO 4   303

voltou, em seguida, para casa. Fazendo um gesto
com a mão, dolosamente ela exortava que a seguissem.
No entanto, por ordens do Esônida, a tripulação
não lhe dava atenção, enquanto ele levava a jovem colca.
Ambos seguiram pelo mesmo caminho até chegarem   690
à residência de Circe. Ela os incitava a se sentarem
sobre lustrosos assentos, nada sabendo a respeito de sua vinda.
Mas os dois, silenciosos e sem voz, açodadamente se sentaram
junto à lareira, conforme o costume aos desditosos suplicantes,
Medeia cobrindo o rosto com ambas as mãos   695
e Jasão fincando no solo a grande espada empunhada,
com a qual matara o filho de Eeta. Em momento algum erguiam
os olhos e a miravam de frente. Logo Circe compreendeu
seu destino de fugitivos e o crime de assassinato.
Dessa forma, reverenciando a justiça de Zeus Suplicante,   700
que muito se enfurece e que muito socorre os homicidas,
ela realizou o sacrifício pelo qual os impiedosos
suplicantes são purgados quando rogam junto à lareira.
Primeiro, como expiação do irremediável assassinato,
estendeu sobre eles o filhote de uma porca cujos úberes   705
de um ventre que dera à luz ainda estavam túrgidos e embebeu
suas mãos com sangue ao lhe cortar a garganta. E novamente,
com outras libações, apaziguava Zeus invocando-o
como purificador, protetor dos suplicantes assassinos.
E as servas náiades, que tudo lhe providenciavam,   710
retiraram da casa todas as impurezas reunidas.
Circe, junto à lareira, queimava bolos sacrificiais e oferendas
propiciatórias com preces isentas de vinho, a fim de cessar
a cólera das terríveis Erínias e de o próprio Zeus
tornar-se favorável e benigno a ambos,   715
caso rogassem angustiados por terem as mãos manchadas
com o sangue de um estrangeiro ou de um parente.
Mas assim que executou todo esse ritual, fez com que
se sentassem sobre os assentos polidos
e ela própria se sentou diante deles. Pondo-se de imediato a falar, 720

χρειὼ ναυτιλίην τε διακριδὸν ἐξερέεινεν,
ἠδ᾽ ὁπόθεν μετὰ γαῖαν ἑὴν καὶ δώματ᾽ ἰόντες
αὕτως ἱδρύθησαν ἐφέστιοι· ἦ γὰρ ὀνείρων
μνῆστις ἀεικελίη δῦνεν φρένας ὁρμαίνουσαν,
725 ἵετο δ᾽ αὖ κούρης ἐμφύλιον ἴδμεναι ὀμφήν
αὐτίχ᾽ ὅπως ἐνόησεν ἀπ᾽ οὔδεος ὄσσε βαλοῦσαν·
πᾶσα γὰρ Ἠελίου γενεὴ ἀρίδηλος ἰδέσθαι
ἦεν, ἐπεὶ βλεφάρων ἀποτηλόθι μαρμαρυγῇσιν
οἷόν τε χρυσέην ἀντώπιον ἵεσαν αἴγλην.
730 ἡ δ᾽ ἄρα τῇ τὰ ἕκαστα διειρομένῃ κατέλεξεν,
Κολχίδα γῆρυν ἱεῖσα, βαρύφρονος Αἰήταο
κούρη μειλιχίως· ἠμὲν στόλον ἠδὲ κελεύθους
ἡρώων, ὅσα τ᾽ ἀμφὶ θοοῖς ἐμόγησαν ἀέθλοις·
ὥς τε κασιγνήτης πολυκηδέος ἤλιτε βουλαῖς·
735 ὥς τ᾽ ἀπονόσφιν ἄλυξεν ὑπέρβια δείματα πατρός
σὺν παισὶ Φρίξοιο. φόνον δ᾽ ἀλέεινεν ἐνισπεῖν
Ἀψύρτου, τὴν δ᾽ οὔτι νόῳ λάθεν· ἀλλὰ καὶ ἔμπης
μυρομένην ἐλέαιρεν, ἔπος δ᾽ ἐπὶ τοῖον ἔειπεν·
"Σχετλίη, ἦ ῥα κακὸν καὶ ἀεικέα μήσαο νόστον.
740 ἔλπομαι οὐκ ἐπὶ δήν σε βαρὺν χόλον Αἰήταο
ἐκφυγέειν, τάχα δ᾽ εἶσι καὶ Ἑλλάδος ἤθεα γαίης
τεισόμενος φόνον υἷος, ὅτ᾽ ἄσχετα ἔργα τέλεσσας.
ἀλλ᾽ ἐπεὶ οὖν ἱκέτις καὶ ὁμόγνιος ἔπλευ ἐμεῖο,
ἄλλο μὲν οὔτι κακὸν μητίσομαι ἐνθάδ᾽ ἰούσῃ·
745 ἔρχεο δ᾽ ἐκ μεγάρων, ξείνῳ συνοπηδὸς ἐοῦσα
ὅντινα τοῦτον ἄιστον ἀνεύραο πατρὸς ἄνευθεν,
μηδέ με γουνάσσηαι ἐφέστιος· οὐ γὰρ ἔγωγε
αἰνήσω βουλάς τε σέθεν καὶ ἀεικέα φύξιν."
Ὣς φάτο· τὴν δ᾽ ἀμέγαρτον ἄχος λάβεν, ἀμφὶ δὲ πέπλον
750 ὀφθαλμοῖσι βαλοῦσα γόον χέεν, ὄφρα μιν ἥρως
χειρὸς ἐπισχόμενος μεγάρων ἐξῆγε θύραζε
δείματι παλλομένην, λεῖπον δ᾽ ἀπὸ δώματα Κίρκης.
Οὐδ᾽ ἄλοχον Κρονίδαο Διὸς λάθον, ἀλλά οἱ Ἶρις
πέφραδεν, εὖτ᾽ ἐνόησεν ἀπὸ μεγάροιο κιόντας·
755 αὐτὴ γάρ μιν ἄνωγε δοκευέμεν ὁππότε νῆα

LIVRO 4   305

ela perguntava em detalhes sobre o motivo da navegação
e de onde vieram rumo à sua terra e à sua residência
para se prostrarem junto à lareira. Pois, de fato, a horrenda
lembrança dos sonhos lhe penetrava a alma enquanto refletia
e desejava conhecer a língua nativa da garota,   725
desde o momento em que a notou erguendo os olhos do chão.
Porque toda a raça de Hélio era facilmente reconhecível,
já que, à distância, com o fulgor dos olhos,
emanavam um brilho certeiro semelhante ao ouro.
Em resposta a cada uma das perguntas,   730
a filha do irascível Eeta, usando a língua colca,
docemente fazia um relato acerca da expedição e das rotas
dos heróis e quanto sofreram nos árduos trabalhos.
E como, por conselhos da irmã aflita, cometera um crime.
E como escapara para longe do violento temor do pai,   735
com os filhos de Frixo. Evitou falar do assassinato
de Apsirto, mas Circe percebeu o que se passara. No entanto,
apiedou-se de seu choro e lhe disse as seguintes palavras:
"Infortunada, arquitetaste uma viagem funesta e vergonhosa.
Creio que tu não escaparás por muito tempo da pesada cólera   740
de Eeta e ele logo irá até mesmo às cercanias da terra helênica
para punir o assassinato do filho, porque tua ação foi intolerável.
Mas já que és suplicante e compartilhamos da mesma raça,
não tramarei contra ti, que para cá vieste, nenhum outro mal.
Abandona essa residência acompanhada do estrangeiro,   745
quem quer que seja esse desconhecido que encontraste alheia
a seu pai, e não me abraces os joelhos junto à lareira, pois eu
não aprovarei tuas decisões e tua vergonhosa fuga."
Assim falou, e a garota sentiu uma imensa dor. Ela levou
o peplo ao redor dos olhos e verteu o pranto, até que o herói,   750
segurando-lhe a mão, conduziu-a trêmula por medo
para fora da residência e abandonaram a morada de Circe.
A esposa de Zeus Cronida os notou, porque Íris
a informara ao ter percebido que saíam da residência.
Pois Hera lhe ordenara vigiar quando se encaminhassem   755

στείχοιεν. τὸ καὶ αὗτις ἐποτρύνουσ᾽ ἀγόρευεν·
"Ἶρι φίλη, νῦν, εἴ ποτ᾽ ἐμὰς ἐτέλεσσας ἐφετμάς,
εἰ δ᾽ ἄγε λαιψηρῇσι μετοιχομένη πτερύγεσσιν
δεῦρο Θέτιν μοι ἄνωχθι μολεῖν ἁλὸς ἐξανιοῦσαν,
760 κείνης γὰρ χρειώ με κιχάνεται. αὐτὰρ ἔπειτα
ἐλθέμεν εἰς ἀκτὰς ὅθι τ᾽ ἄκμονες Ἡφαίστοιο
χάλκειοι στιβαρῇσιν ἀράσσονται τυπίδεσσιν,
εἰπὲ δὲ κοιμῆσαι φύσας πυρός, εἰσόκεν Ἀργώ
τάσγε παρεξελάσησιν. ἀτὰρ καὶ ἐς Αἴολον ἐλθεῖν,
765 Αἴολον ὅς τ᾽ ἀνέμοις αἰθρηγενέεσσιν ἀνάσσει·
καὶ δὲ τῷ εἰπέμεναι τὸν ἐμὸν νόον, ὥς κεν ἀήτας
πάντας ἀπολλήξειεν ὑπ᾽ ἠοῖ, μηδέ τις αὔρη
τρηχύνοι πέλαγος, ζεφύρου γε μὲν οὖρος ἀήτω,
ὄφρ᾽ οἵγ᾽ Ἀλκινόου Φαιηκίδα νῆσον ἵκωνται."
770 Ὣς ἔφατ᾽. αὐτίκα δ᾽ Ἶρις ἀπ᾽ Οὐλύμποιο θοροῦσα
τέμνε, τανυσσαμένη κοῦφα πτερά· δῦ δ᾽ ἐνὶ πόντῳ
Αἰγαίῳ, τόθι πέρ τε δόμοι Νηρῆος ἔασιν,
πρώτην δ᾽ εἰσαφίκανε Θέτιν καὶ ἐπέφραδε μῦθον
Ἥρης ἐννεσίης ὦρσέν τέ μιν εἰς ἓ νέεσθαι·
775 δεύτερα δ᾽ εἰς Ἥφαιστον ἐβήσατο, παῦσε δὲ τόνγε
ῥίμφα σιδηρείων τυπίδων, ἔσχοντο δ᾽ αὐτμῆς
αἰθαλέοι πρηστῆρες· ἀτὰρ τρίτον εἰσαφίκανεν
Αἴολον Ἱππότεω παῖδα κλυτόν. ὄφρα δὲ καὶ τῷ
ἀγγελίην φαμένη θοὰ γούνατα παῦεν ὁδοῖο,
780 τόφρα Θέτις, Νηρῆα κασιγνήτας τε λιποῦσα,
ἐξ ἁλὸς Οὐλυμπόνδε θεὰν μετεκίαθεν Ἥρην.
ἡ δέ μιν ἆσσον ἑοῖο παρεῖσέ τε φαῖνέ τε μῦθον·
"Κέκλυθι νῦν, Θέτι δῖα, τά τοι ἐπιέλδομ᾽ ἐνισπεῖν.
οἶσθα μὲν ὅσσον ἐμῇσιν ἐνὶ φρεσὶ τίεται ἥρως
785 Αἰσονίδης ἠδ᾽ ἄλλοι ἀοσσητῆρες ἀέθλου,
†οἵη τέ σφ᾽ ἐσάωσα† διὰ Πλαγκτὰς περόωντας
πέτρας, ἔνθα πυρὸς δειναὶ βρομέουσι θύελλαι,
κύματά τε σκληρῇσι περιβλύει σπιλάδεσσιν,
†νῦν δὲ παρὰ Σκύλλης σκόπελον μέγαν ἠδὲ Χάρυβδιν
790 δεινὸν ἐρευγομένην δέχεται ὁδός. ἀλλά σε γὰρ δή

LIVRO 4   307

para a nau. E novamente lhe disse, incitando-a:
"Cara Íris, agora, se outrora cumpriste as minhas
ordens, parte com tuas ágeis asas e ordena
a Tétis que saia do mar e venha para cá até mim,
pois tenho necessidade dela. Mas em seguida   760
vai até a costa onde as brônzeas bigornas
de Hefesto são golpeadas pelos rijos martelos
e diz-lhe para acalmar os sopros do fogo até que Argo
ultrapasse-os. Vai também até Éolo,
que governa os ventos nascidos no éter.   765
Conta-lhe a minha intenção: que ele cesse todos
os ventos sob a aurora, que nenhuma brisa
agite o pélago e que Zéfiro favorável vente
para que os heróis cheguem à ilha feácia de Alcínoo."
Assim falou. Imediatamente Íris, lançando-se do Olimpo,   770
cortava o ar estendendo as leves asas. Mergulhou
no mar Egeu, exatamente onde fica a casa de Nereu,
acercou-se de Tétis primeiro, informou-lhe as ordens, de acordo
com as instruções de Hera, e a incitou a ir diante da deusa.
Em segundo lugar, foi até Hefesto e fez com que ele   775
prontamente interrompesse os brônzeos martelos e os ardentes
foles retiveram o sopro. Em terceiro lugar, acercou-se
de Éolo, o ilustre filho de Hípota. Enquanto também lhe
revelava a mensagem e descansava do caminho os velozes
joelhos, Tétis abandonou Nereu e as irmãs,   780
saiu do mar e se dirigiu ao Olimpo até a deusa Hera.
Ela a fez sentar muito perto e lhe revelou o seguinte:
"Ouve agora, Tétis divina, o que desejo te dizer.
Sabes quanto o herói Esônida é honrado em meu
coração, bem como os outros auxiliares desta empreitada,   785
e como eu poderia salvá-los ao atravessarem as rochas
Planctas, onde terríveis tempestades de fogo rugem
e as ondas borbulham em torno dos resistentes rochedos,
mas agora um caminho os aguarda ao longo do grande penhasco
de Cila e de Caríbdis de terrível refluxo. Eu mesma,   790

ἐξέτι νηπυτίης αὐτὴ τρέφον, ἠδ᾽ ἀγάπησα
ἔξοχον ἀλλάων αἵ τ᾽ εἰν ἁλὶ ναιετάουσιν,
οὕνεκεν οὐκ ἔτλης εὐνῇ Διὸς ἱεμένοιο
λέξασθαι (κείνῳ γὰρ ἀεὶ τάδε ἔργα μέμηλεν,
795 ἠὲ σὺν ἀθανάταις ἠὲ θνητῇσιν ἰαύειν),
ἀλλ᾽ ἐμέ γ᾽ αἰδομένη καὶ ἐνὶ φρεσὶ δειμαίνουσα
ἠλεύω· ὁ δ᾽ ἔπειτα πελώριον ὅρκον ὄμοσσε,
μήποτέ σ᾽ ἀθανάτοιο θεοῦ καλέεσθαι ἄκοιτιν.
ἔμπης δ᾽ οὐ μεθίεσκεν ὀπιπτεύων ἀέκουσαν,
800 εἰσότε οἱ πρέσβειρα Θέμις κατέλεξεν ἅπαντα,
ὡς δή τοι πέπρωται ἀμείνονα πατρὸς ἑοῖο
παῖδα τεκεῖν· τῶ καί σε λιλαιόμενος μεθέηκεν
δείματι, μή τις ἑοῦ ἀντάξιος ἄλλος ἀνάσσοι
ἀθανάτων, ἀλλ᾽ αἰὲν ἑὸν κράτος εἰρύοιτο.
805 αὐτὰρ ἐγὼ τὸν ἄριστον ἐπιχθονίων πόσιν εἶναι
δῶκά τοι, ὄφρα γάμου θυμηδέος ἀντιάσειας
τέκνα τε φιτύσαιο· θεοὺς δ᾽ εἰς δαῖτα κάλεσσα
πάντας ὁμῶς, αὐτὴ δὲ σέλας χείρεσσιν ἀνέσχον
νυμφίδιον, κείνης ἀγανόφρονος εἵνεκα τιμῆς.
810 ἀλλ᾽ ἄγε καί τινά τοι νημερτέα μῦθον ἐνίψω.
εὖτ᾽ ἂν ἐς Ἠλύσιον πεδίον τεὸς υἱὸς ἵκηται,
ὃν δὴ νῦν Χείρωνος ἐν ἤθεσι Κενταύροιο
νηιάδες κομέουσι τεοῦ λίπτοντα γάλακτος,
χρειώ μιν κούρης πόσιν ἔμμεναι Αἰήταο
815 Μηδείης· σὺ δ᾽ ἄρηγε νυῷ ἑκυρή περ ἐοῦσα,
ἠδ᾽ αὐτῷ Πηλῆι. τί τοι χόλος ἐστήρικται;
ἀάσθη, καὶ γάρ τε θεοὺς ἐπινίσσεται ἄτη.
ναὶ μὲν ἐφημοσύνησιν ἐμαῖς Ἥφαιστον ὀίω
λωφήσειν πρήσσοντα πυρὸς μένος, Ἱπποτάδην δέ
820 Αἴολον ὠκείας ἀνέμων ἄικας ἐρύξειν
νόσφιν ἐυσταθέος ζεφύρου, τείως κεν ἵκωνται
Φαιήκων λιμένας. σὺ δ᾽ ἀκηδέα μήδεο νόστον·
δεῖμα δέ τοι πέτραι καὶ ὑπέρβια κύματ᾽ ἔασιν
μοῦνον, ἅ κεν †τρέψαιο κασιγνήτῃσι σὺν ἄλλαις·
825 μηδὲ σύγ᾽ ἠὲ Χάρυβδιν ἀμηχανέοντας ἐάσῃς

LIVRO 4   309

desde a infância, criei-te e me afeiçoei a ti muito mais
que às outras deusas que habitam o mar,
porque não tiveste a imprudência de se deitar no leito de Zeus,
ainda que ele desejasse (pois sempre se ocupa desses feitos:
dormir, seja com imortais, seja com mortais),   795
mas, por respeito a mim e temor em teu coração,
evitaste-o. Em seguida ele proferiu um forte juramento segundo
o qual tu jamais serias chamada esposa de um deus imortal.
No entanto ele não deixou de te espreitar contra tua vontade,
até que a venerável Têmis lhe relatou detalhadamente   800
que te era destinado gerar um filho superior a seu
pai. Dessa forma, ainda que mantivesse o desejo, deixou-te
por temor, receoso de um outro lhe ser equivalente e reinar
sobre os imortais, mas pretendia sempre reter seu poder.
E eu te dei como esposo o melhor dos homens que vivem   805
sobre a terra, para que obtivesses um casamento agradável
e gerasses filhos. Convidei para o banquete todos
os deuses juntos e eu mesma empunhei com as mãos a tocha
nupcial, por causa da gentil distinção a mim demonstrada.
Mas vamos, revelar-te-ei palavras isentas de erro.   810
Quando teu filho chegar aos Campos Elísios,
o qual agora, sentindo falta do teu leite, é criado
pelas náiades na morada do centauro Quirão,
lhe está destinado ser esposo da filha de Eeta,
Medeia. Socorre tua nora, já que dela serás sogra,   815
e o próprio Peleu. Por que tua cólera perdura?
Ele cometeu um equívoco, pois a loucura acomete até mesmo
os deuses. Sim, por minha determinação creio que Hefesto
deixará de instigar o ardor do fogo e que Éolo, filho
de Hípota, reterá as velozes rajadas de vento,   820
com a exceção do sereno Zéfiro, até chegarem
aos portos dos feácios. Planeja a eles um retorno seguro.
Teu único temor serão as rochas e as violentas ondas
que poderias afastar com o auxílio das outras irmãs.
Não permitas que eles, desvalidos, se direcionem   825

310 ARGONÁUTICAS

ἐσβαλέειν, μὴ πάντας ἀναβρόξασα φέρῃσιν,
ἠὲ παρὰ Σκύλλης στυγερὸν κευθμῶνα νέεσθαι
(Σκύλλης Αὐσονίης ὀλοόφρονος, ἣν τέκε Φόρκῳ
νυκτιπόλος Ἑκάτη, τήν τε κλείουσι Κράταιιν),
830 μή πως σμερδαλέῃσιν ἐπαΐξασα γένυσσιν
λεκτοὺς ἡρώων δηλήσεται· ἀλλ᾽ ἔχε νῆα
κεῖσ᾽ ὅθι περ τυτθή γε παραίβασις ἔσσετ᾽ ὀλέθρου."
Ὣς φάτο· τὴν δὲ Θέτις τοίῳ προσελέξατο μύθῳ·
"Εἰ μὲν δὴ μαλεροῖο πυρὸς μένος ἠδὲ θύελλαι
835 ζαχρηεῖς λήξουσιν ἐτήτυμον, ἦ τ᾽ ἂν ἔγωγε
θαρσαλέη φαίην καὶ κύματος ἀντιόωντος
νῆα σαωσέμεναι, ζεφύρου λίγα κινυμένοιο.
ἀλλ᾽ ὥρη δολιχήν τε καὶ ἄσπετον οἶμον ὁδεύειν,
ὄφρα κασιγνήτας μετ᾽ ἐλεύσομαι αἵ μοι ἀρωγοί
840 ἔσσονται, καὶ νηὸς ὅθι πρυμνήσι᾽ ἀνῆπται,
ὥς κεν ὑπηῷοι μνησαίατο ναυτίλλεσθαι."
Ἦ, καὶ ἀναΐξασα κατ᾽ αἰθέρος ἔμπεσε δίναις
κυανέου πόντοιο, κάλει δ᾽ ἐπαμυνέμεν ἄλλας
αὐτοκασιγνήτας Νηρηίδας· αἱ δ᾽ ἀίουσαι
845 ἤντεον ἀλλήλῃσι, Θέτις δ᾽ ἀγόρευεν ἐφετμάς
Ἥρης, αἶψα δ᾽ ἴαλλε μετ᾽ Αὐσονίην ἅλα πάσας.
αὐτὴ δ᾽ ὠκυτέρη ἀμαρύγματος ἠὲ βολάων
ἠελίου ὅτ᾽ ἄνεισι περαίης ὑψόθι γαίης,
σεύατ᾽ ἴμεν λαιψηρὰ δι᾽ ὕδατος, ἔστ᾽ ἀφίκανεν
850 ἀκτὴν Αἰαίην Τυρσηνίδος ἠπείροιο.
τοὺς δ᾽ εὗρεν παρὰ νηὶ σόλῳ ῥιπῇσί τ᾽ ὀιστῶν
τερπομένους· στῆ δ᾽ ἄσσον, ὀρεξαμένη χερὸς ἄκρης,
Αἰακίδεω Πηλῆος, ὁ γάρ ῥά οἱ ἦεν ἀκοίτης·
οὐδέ τις εἰσιδέειν δύνατ᾽ ἀμφαδόν, ἀλλ᾽ ἄρα τῷγε
855 οἴῳ ἐν ὀφθαλμοῖσιν ἐείσατο, φώνησέν τε·
"Μηκέτι νῦν ἀκταῖς Τυρσηνίσιν ἧσθε μένοντες,
ἠῶθεν δὲ θοῆς πρυμνήσια λύετε νηός,
Ἥρῃ πειθόμενοι, ἐπαρηγόνι· τῆς γὰρ ἐφετμῆς
πασσυδίῃ κοῦραι Νηρηίδες ἀντιόωσι
860 νῆα διὲκ πέτρας αἵ τε Πλαγκταὶ καλέονται

LIVRO 4 311

a Caríbdis, até que ela, ao sorver, arrebate todos,
nem naveguem ao longo do odioso covil de Cila
(a funesta Cila da Ausônia, que a notívaga Hécate,
chamada Potente, gerou a Forco),
até que ela ataque com horrendas mandíbulas e aniquile 830
os heróis selecionados. Mas mantém a nau lá onde
houver uma rota de fuga, ainda que estreita, da destruição."
Assim falou. E Tétis lhe respondeu com tais palavras:
"Se o ardor do impetuoso fogo e as violentas procelas
verdadeiramente cessarem, sem dúvida eu te asseguro, 835
com confiança, que salvarei a nau enquanto Zéfiro
soprar suave, ainda que as ondas se anteponham.
Mas é hora de seguir por um longo e imenso caminho
até encontrar as irmãs, que serão minhas auxiliares,
e o lugar onde estão amarrados os cabos da nau, 840
para, com a aurora, retomarem a navegação."
Disse e lançando-se do céu caiu sobre os turbilhões
do mar azulado. Ela chamava as outras irmãs
nereidas para lhe ajudarem. Ao ouvirem-na
vieram ao seu encontro. Tétis lhes relatava as ordens 845
de Hera e logo enviava todas ao mar da Ausônia.
Ela própria, mais veloz que um clarão ou que os raios
do sol quando se ergue sobre os confins da terra,
apressou-se célere através da água até chegar
à costa de Eea, situada no território tirreno. 850
Encontrou-os junto à nau, divertindo-se com o disco
e o lançamento de dardos. Ao se aproximar, tocou a ponta
do braço do Eácida Peleu, pois ele era seu esposo.
Ninguém podia enxergá-la com clareza, mas era visível
somente a seus olhos, e lhe disse o seguinte: 855
"Agora não mais permaneceis nas costas tirrenas,
mas de manhã soltai os cabos da nau veloz,
obedecendo a Hera auxiliadora. Por suas ordens,
as nereidas se reúnem para a proteção
da nau durante a travessia pelas rochas chamadas 860

312 ARGONÁUTICAS

ρυσόμεναι· κείνη γὰρ ἐναίσιμος ὕμμι κέλευθος.
ἀλλὰ σὺ μή τῳ ἐμὸν δείξῃς δέμας, εὖτ᾽ ἂν ἴδηαι
ἀντομένην σὺν τῇσι, νόῳ δ᾽ ἔχε, μή με χολώσῃς
πλεῖον ἔτ᾽ ἢ τὸ πάροιθεν ἀπηλεγέως ἐχόλωσας.”
865 Ἦ, καὶ ἔπειτ᾽ ἀίδηλος ἐδύσατο βένθεα πόντου·
τὸν δ᾽ ἄχος αἰνὸν ἔτυψεν, ἐπεὶ πάρος οὐ μετιοῦσαν
ἔδρακεν ἐξότε πρῶτα λίπεν θάλαμόν τε καὶ εὐνήν,
χωσαμένη Ἀχιλῆος ἀγαυοῦ νηπιάχοντος.
ἡ μὲν γὰρ βροτέας αἰεὶ περὶ σάρκας ἔδαιεν
870 νύκτα διὰ μέσσην φλογμῷ πυρός, ἤματα δ᾽ αὖτε
ἀμβροσίῃ χρίεσκε τέρεν δέμας, ὄφρα πέλοιτο
ἀθάνατος καί οἱ στυγερὸν χροΐ γῆρας ἀλάλκοι·
αὐτὰρ ὅγ᾽ ἐξ εὐνῆς ἀναπάλμενος εἰσενόησεν
παῖδα φίλον σπαίροντα διὰ φλογός, ἧκε δ᾽ ἀυτήν
875 σμερδαλέην ἐσιδών, μέγα νήπιος· ἡ δ᾽ ἀίουσα,
τὸν μὲν ἄρ᾽ ἁρπάγδην χαμάδις βάλε κεκληγῶτα,
αὐτὴ δὲ, πνοιῇ ἰκέλη δέμας, ἠύτ᾽ ὄνειρος,
βῆ ῥ᾽ ἴμεν ἐκ μεγάροιο θοῶς καὶ ἐσήλατο πόντον
χωσαμένη· μετὰ δ᾽ οὔ τι παλίσσυτος ἵκετ᾽ ὀπίσσω.
880 τῷ μιν ἀμηχανίη δῆσεν φρένας· ἀλλὰ καὶ ἔμπης
πᾶσαν ἐφημοσύνην Θέτιδος μετέειπεν ἑταίροις.
οἱ δ᾽ ἄρα μεσσηγὺς λῆξαν καὶ ἔπαυσαν ἀέθλους
ἐσσυμένως, δόρπον τε χαμεύνας τ᾽ ἀμφεπένοντο,
τῆς ἔνι δαισάμενοι νύκτ᾽ ἄεσαν ὡς τὸ πάροιθεν.
885 Ἦμος δ᾽ ἄκρον ἔβαλλε φαεσφόρος οὐρανὸν ἠώς,
δὴ τότε λαιψηροῖο κατηλυσίῃ ζεφύροιο
βαῖνον ἐπὶ κληῖδας ἀπὸ χθονός· ἐκ δὲ βυθοῖο
εὐναίας εἷλκον περιγηθέες ἄλλα τε πάντα
ἄρμενα μηρύοντο κατὰ χρέος, ὕψι δὲ λαῖφος
890 εἴρυσσαν τανύσαντες ἐν ἱμάντεσσι κεραίης.
νῆα δ᾽ εὐκραὴς ἄνεμος φέρεν· αἶψα δὲ νῆσον
καλὴν Ἀνθεμόεσσαν ἐσέδρακον, ἔνθα λίγειαι
Σειρῆνες σίνοντ᾽ Ἀχελωίδες ἡδείῃσι
θέλγουσαι μολπῇσιν ὅτις παρὰ πεῖσμα βάλοιτο.
895 τὰς μὲν ἄρ᾽ εὐειδὴς Ἀχελωίῳ εὐνηθεῖσα

LIVRO 4   313

Planctas. Pois esse trajeto está destinado a vós.
Mas não mostres a ninguém meu aspecto quando
me vires chegar com elas, guarda isso na mente e não me irrites
ainda mais do que outrora, descuidadamente, me irritaste."
Disse e em seguida mergulhou invisível nas profundezas do mar.   865
Uma dor pungente atingiu Peleu, já que não mais a vira,
desde quando primeiro abandonara o quarto e o leito,
encolerizada por conta do ilustre e infante Aquiles.
Pois ela, no meio da noite, sempre queimava as carnes mortais
do filho com a chama do fogo. E durante o dia, por sua vez,   870
ungia seu tenro corpo com ambrosia para que se tornasse
imortal e afastasse de seus membros a odiosa velhice.
Mas Peleu, ao saltar do leito, percebeu que o caro
filho se contorcia em meio à chama e, vendo a cena,
lançou um terrificante grito, grande tolo que era. Ao ouvi-lo,   875
Tétis agarrou a criança aos berros e a jogou ao chão,
e ela própria, com aspecto símil ao sopro, como um sonho,
velozmente partiu do palácio e mergulhou no mar,
encolerizada. Depois disso nunca mais retornou.
Por isso a hesitação lhe dominou o coração. No entanto   880
informou aos companheiros todas as instruções de Tétis.
Eles interromperam o que faziam, cessaram os jogos
de imediato e se ocuparam da refeição e das camas sobre o chão,
nas quais, depois de comerem, dormiram à noite como era usual.
Quando a aurora portadora de luz atingiu o elevado céu,   885
então, com a descida do precípite Zéfiro, deixaram
a terra e ocuparam seus assentos. Do fundo do mar,
contentes, puxaram a âncora e enrolaram todos os outros
equipamentos apropriadamente. Ao alto içaram
a vela, estendendo-a com as correias da verga.   890
Um vento suave levava a nau. Logo avistaram
a bela ilha Antemôessa, onde as melodiosas
sirenas, filhas de Aqueloo, causam danos ao encantarem
com aprazíveis toadas qualquer um que lá prenda as amarras.
Tendo se deitado com Aqueloo a formosa Terpsícore,   895

γείνατο Τερψιχόρη, Μουσέων μία, καί ποτε Δηοῦς
θυγατέρ' ἰφθίμην, ἀδμῆτ' ἔτι, πορσαίνεσκον
ἄμμιγα μελπόμεναι· τότε δ' ἄλλο μὲν οἰωνοῖσιν
ἄλλο δὲ παρθενικῆς ἐναλίγκιαι ἔσκον ἰδέσθαι,
900 αἰεὶ δ' εὐόρμου δεδοκημέναι ἐκ περιωπῆς
ἢ θαμὰ δὴ πολέων μελιηδέα νόστον ἕλοντο,
τηκεδόνι φθινύθουσαι. ἀπηλεγέως δ' ἄρα καὶ τοῖς
ἵεσαν ἐκ στομάτων ὄπα λείριον· οἱ δ' ἀπὸ νηός
ἤδη πείσματ' ἔμελλον ἐπ' ἠιόνεσσι βαλέσθαι,
905 εἰ μὴ ἄρ' Οἰάγροιο πάις Θρηίκιος Ὀρφεύς,
Βιστονίην ἐνὶ χερσὶν ἑαῖς φόρμιγγα τανύσσας,
κραιπνὸν ἐυτροχάλοιο μέλος κανάχησεν ἀοιδῆς,
ὄφρ' ἄμυδις κλονέοντος ἐπιβρομέωνται ἀκουαί
κρεγμῷ· παρθενίην δ' ἐνοπὴν ἐβιήσατο φόρμιγξ,
910 νῆα δ' ὁμοῦ ζέφυρός τε καὶ ἠχῆεν φέρε κῦμα
πρυμνόθεν ὀρνύμενον, ταὶ δ' ἄκριτον ἵεσαν αὐδήν.
ἀλλὰ καὶ ὣς Τελέοντος ἐὺς πάις οἷος ἑταίρων
προφθάμενος ξεστοῖο κατὰ ζυγοῦ ἔνθορε πόντῳ
Βούτης, Σειρήνων λιγυρῇ ὀπὶ θυμὸν ἰανθείς,
915 νῆχε δὲ πορφυρέοιο δι' οἴδματος, ὄφρ' ἐπιβαίη,
σχέτλιος· ἦ τέ οἱ αἶψα καταυτόθι νόστον ἀπηύρων,
ἀλλά μιν οἰκτείρασα θεὰ Ἔρυκος μεδέουσα
Κύπρις ἔτ' ἐν δίναις ἀνερέψατο καί ῥ' ἐσάωσεν
πρόφρων ἀντομένη, Λιλυβηίδα ναιέμεν ἄκρην.
920 οἱ δ' ἄχεϊ σχόμενοι τὰς μὲν λίπον, ἄλλα δ' ὄπαζον
κύντερα μιξοδίῃσιν ἁλὸς ῥαιστήρια νηῶν.
τῇ μὲν γὰρ Σκύλλης λισσὴ προυφαίνετο πέτρη,
τῇ δ' ἄμοτον βοάασκεν ἀναβλύζουσα Χάρυβδις·
ἄλλοθι δὲ Πλαγκταὶ μεγάλῳ ὑπὸ κύματι πέτραι
925 ῥόχθεον· ἧχι πάροιθεν ἀπέπτυεν αἰθομένη φλόξ
ἄκρων ἐκ σκοπέλων πυριθαλπέος ὑψόθι πέτρης,
καπνῷ δ' ἀχλυόεις αἰθὴρ πέλεν οὐδέ κεν αὐγάς
ἔδρακες ἠελίοιο· τότ' αὖ, λήξαντος ἀπ' ἔργων
Ἡφαίστου, θερμὴν ἔτι κήκιε πόντος ἀυτμή.
930 ἔνθα σφιν κοῦραι Νηρηίδες ἄλλοθεν ἄλλαι

LIVRO 4   315

uma das musas, gerou-as. E outrora cuidaram
da poderosa filha de Deméter, ainda indômita,
em seus folguedos. Possuíam, então, um aspecto
semelhante parte às aves e parte às virgens e, sempre
em emboscada sobre um penhasco com bom ancoradouro,   900
muitas vezes furtaram o doce retorno de muitos,
consumindo-os em prostração. Sem se importarem também
emitiram, com suas bocas, uma voz de lírio aos heróis. E, da nau,
eles já estavam prestes a lançar os cabos sobre a praia
se o trácio Orfeu, filho de Eagro, tendo estendido   905
em suas mãos a forminge da Bistônia, não ressoasse
a ligeira melodia de um canto cheio de movimento, para que
ao mesmo tempo, confusamente, os ouvidos zumbissem com o som
do instrumento. A forminge foi mais forte que o canto virginal.
Guiavam a nau Zéfiro e as ressoantes ondas que a impeliam   910
pela popa, enquanto as sirenas emitiam um som indistinto.
Mas, apesar disso, o nobre filho de Teleão, Buta, foi o único
dos companheiros que, antecipando-se, pulou do polido banco
ao mar, tendo o coração derretido pela voz melodiosa das sirenas,
e nadou através das turbulentas vagas a fim de chegar à praia,   915
tolo! Prontamente lá mesmo teriam surrupiado seu retorno,
mas, apiedando-se dele, a deusa Cípris, soberana de Érice,
arrebatou-o ainda em pleno vórtice e o salvou,
socorrendo-o de bom grado, para habitar o cabo Lilibeu.
Tomados pela dor, deixaram as sirenas para trás, mas outros perigos   920
piores, destruidores de naus, aguardavam-nos na encruzilhada do mar.
Pois, de um lado, tornava-se visível a rocha lisa de Cila
e, de outro, Caríbdis jorrava água retumbando sem cessar.
Alhures as rochas Planctas ressoavam sob grandes
ondas, de onde outrora emanava uma chama ardente   925
dos elevados cumes sobre a rocha aquecida pelo fogo,
e, com a fumaça, o ar ficava escuro e não conseguirias ver
os raios do sol. Então, apesar de Hefesto ter interrompido
seus trabalhos, o mar ainda exalava um vapor quente.
Lá as nereidas vinham a seu encontro de todas   930

ἤντεον, ἡ δ' ὄπιθε πτέρυγος θίγε πηδαλίοιο
δῖα Θέτις, Πλαγκτῆσιν ἐνὶ σπιλάδεσσιν ἔρυσθαι.
ὡς δ' ὁπόταν δελφῖνες ὑπὲξ ἁλὸς εὐδιόωντες
σπερχομένην ἀγεληδὸν ἑλίσσωνται περὶ νῆα,
935 ἄλλοτε μὲν προπάροιθεν ὁρώμενοι ἄλλοτ' ὄπισθεν
ἄλλοτε παρβολάδην, ναύτῃσι δὲ χάρμα τέτυκται –
ὣς αἱ ὑπεκπροθέουσαι ἐπήτριμοι εἱλίσσοντο
Ἀργῴῃ περὶ νηΐ· Θέτις δ' ἴθυνε κέλευθον.
καί ῥ' ὅτε δὴ Πλαγκτῆσιν ἐνιχρίμψεσθαι ἔμελλον,
940 αὐτίκ' ἀνασχόμεναι λευκοῖς ἐπὶ γούνασι πέζας,
ὑψοῦ ἐπ' αὐτάων σπιλάδων καὶ κύματος ἀγῆς
ῥώοντ' ἔνθα καὶ ἔνθα διασταδὸν ἀλλήλῃσιν.
τὴν δὲ παρηορίην κόπτεν ῥόος· ἀμφὶ δὲ κῦμα
λάβρον ἀειρόμενον πέτραις ἐπικαχλάζεσκεν,
945 αἵ θ' ὁτὲ μὲν κρημνοῖς ἐναλίγκιαι ἠέρι κῦρον,
ἄλλοτε δὲ βρύχιαι νεάτῳ ὑπὸ κεύθεϊ πόντου
ἠρήρεινθ', ὅθι πολλὸν ὑπείρεχεν ἄγριον οἶδμα.
αἱ δ', ὥστ' ἠμαθόεντος ἐπισχεδὸν αἰγιαλοῖο
παρθενικαί, δίχα κόλπον ἐπ' ἰξύας εἱλίξασαι,
950 σφαίρῃ ἀθύρουσιν περιηγέϊ· †ἡ μὲν ἔπειτα†
ἄλλη ὑπ' ἐξ ἄλλης δέχεται καὶ ἐς ἠέρα πέμπει
ὕψι μεταχρονίην, ἡ δ' οὔ ποτε πίλναται οὔδει –
ὣς αἱ νῆα θέουσαν ἀμοιβαδὶς ἄλλοθεν ἄλλη
πέμπε διηερίην ἐπὶ κύμασιν, αἰὲν ἄπωθεν
955 πετράων· περὶ δέ σφιν ἐρευγόμενον ζέεν ὕδωρ.
τὰς δὲ καὶ αὐτὸς ἄναξ κορυφῆς ἔπι λισσάδος ἄκρης
ὀρθός, ἐπὶ στελεῇ τυπίδος βαρὺν ὦμον ἐρείσας,
Ἥφαιστος θηεῖτο, καὶ αἰγλήεντος ὕπερθεν
οὐρανοῦ ἑστηυῖα Διὸς δάμαρ, ἀμφὶ δ' Ἀθήνῃ
960 βάλλε χέρας, τοῖόν μιν ἔχεν δέος εἰσορόωσαν.
ὅσση δ' εἰαρινοῦ μηκύνεται ἤματος αἶσα,
τοσσάτιον μογέεσκον ἐπὶ χρόνον ὀχλίζουσαι
νῆα διὲκ πέτρας πολυηχέας. οἱ δ' ἀνέμοιο
αὖτις ἐπαυρόμενοι προτέρω θέον· ὦκα δ' ἄμειβον
965 Θρινακίης λειμῶνα, βοῶν τροφὸν Ἠελίοιο.

LIVRO 4   317

as direções e, por trás, a divina Tétis segurou a porta
do leme para guiá-los entre as pedras Planctas.
Como quando no tempo calmo os golfinhos saltam
sobre o mar e circundam, em bando, uma nau apressada,
sendo vistos às vezes à frente, às vezes por trás,   935
às vezes pelas laterais, trazendo alegria aos marinheiros;
assim as nereidas, em grupos, avançavam e circundavam
a nau Argo. Tétis conduzia a rota.
E quando estavam prestes a colidir com as Planctas,
então elas erguiam a borda do vestido até os brancos joelhos   940
e se moviam de um lado a outro sobre as próprias pedras
e o quebrar das ondas, separadas entre si.
A corrente sacudia a nau. Ao redor, as violentas
ondas, ao se erguerem, chocavam-se contra as rochas,
que ora alcançavam o céu semelhantes a um penhasco,   945
ora, submersas, alojavam-se na parte mais profunda
do mar, onde uma vaga selvagem as cobria por inteiro.
Como garotas na proximidade de uma praia arenosa,
em dois grupos, enrolando as dobras do vestido
até a cintura, jogam com uma bola redonda, e uma   950
recebe-a da outra em sequência e a lança
bem alto para o ar, sem jamais tocar o chão;
assim as nereidas, alternadamente de uma a outra, lançavam
a nau em movimento através do ar e sobre as ondas, sempre longe
das rochas. Em torno delas, a água borbulhava bramindo.   955
O próprio soberano Hefesto, de pé sobre o topo de um íngreme
cume, observava-as encostando o pesado ombro sobre
o cabo do martelo, bem como a esposa de Zeus, erguida
por cima do resplandecente céu, e ela abraçava Atena,
tamanho era o medo que sentia ao contemplar a cena.   960
Quão longa é a duração de um dia primaveril,
tanto tempo elas se esforçaram levantando
a nau através das rochas ressoantes. Beneficiando-se de novo
com o vento, os heróis seguiam adiante. E rapidamente
passaram pelo prado da Trinácia, nutriz das vacas de Hélio.   965

318 ARGONÁUTICAS

ἔνθ' αἱ μὲν κατὰ βένθος ἀλίγκιαι αἰθυίῃσιν
δῦνον, ἐπεί ῥ' ἀλόχοιο Διὸς πόρσυνον ἐφετμάς·
τοὺς δ' ἄμυδις βληχή τε δι' ἠέρος ἵκετο μήλων
μυκηθμός τε βοῶν αὐτοσχεδὸν οὔατ' ἔβαλλεν.
970 καὶ τὰ μὲν ἐρσήεντα κατὰ δρία ποιμαίνεσκεν
ὁπλοτέρη Φαέθουσα θυγατρῶν Ἠελίοιο,
ἀργύρεον χαῖον παλάμῃ ἔνι πηχύνουσα·
Λαμπετίη δ' ἐπὶ βουσὶν ὀρειχάλκοιο φαεινοῦ
πάλλεν ὁπηδεύουσα καλαύροπα. τὰς δὲ καὶ αὐτοί
975 βοσκομένας ποταμοῖο παρ' ὕδασιν εἰσορόωντο
ἂμ πεδίον καὶ ἕλος λειμώνιον· οὐδέ τις ἦεν
κυανέη μετὰ τῇσι δέμας, πᾶσαι δὲ γάλακτι
εἰδόμεναι χρυσέοισι κεράασι κυδιάασκον.
καὶ μὲν τὰς παράμειβον ἐπ' ἤματι· νυκτὶ δ' ἰούσῃ
980 πεῖρον ἁλὸς μέγα λαῖτμα κεχαρμένοι, ὄφρα καὶ αὖτις
ἠὼς ἠριγενὴς φέγγος βάλε νισσομένοισιν.
Ἔστι δέ τις πορθμοῖο παροιτέρη Ἰονίοιο
ἀμφιλαφὴς πίειρα Κεραυνίη εἰν ἁλὶ νῆσος,
ᾗ ὕπο δὴ κεῖσθαι δρέπανον φάτις (ἵλατε Μοῦσαι,
985 οὐκ ἐθέλων ἐνέπω προτέρων ἔπος) ᾧ ἀπὸ πατρός
μήδεα νηλειῶς ἔταμε Κρόνος (οἱ δέ ἑ Δηοῦς
κλείουσι χθονίης καλαμητόμον ἔμμεναι ἅρπην·
Δηὼ γὰρ κείνῃ ἐνὶ δή ποτε νάσσατο γαίῃ,
Τιτῆνας δ' ἔδαε στάχυν ὄμπνιον ἀμήσασθαι,
990 Μάκριδα φιλαμένη)· Δρεπάνη τόθεν ἐκλήισται
οὔνομα Φαιήκων ἱερὴ τροφός· ὣς δὲ καὶ αὐτοί
αἵματος Οὐρανίοιο γένος Φαίηκες ἔασιν.
τοὺς Ἀργὼ πολέεσσιν ἐνισχομένη καμάτοισιν
Θρινακίης αὔρῃς ἵκετ' ἐξ ἁλός. οἱ δ' ἀγανῇσιν
995 Ἀλκίνοος λαοί τε θυηπολίῃσιν ἰόντας
δειδέχατ' ἀσπασίως, ἐπὶ δέ σφισι καγχαλάασκε
πᾶσα πόλις· φαίης κεν ἑοῖς περὶ παισὶ γάνυσθαι.
καὶ δ' αὐτοὶ ἥρωες ἀνὰ πληθὺν κεχάροντο
τῷ ἴκελοι οἷόν τε μεσαιτάτῃ ἐμβεβαῶτες
1000 Αἱμονίῃ. μέλλον δὲ βοῇ ἔπι θωρήξεσθαι·

LIVRO 4 319

Então as nereidas, semelhantes a mergulhões, penetraram
nas profundezas após executarem as ordens da esposa de Zeus.
De repente chegou até os heróis, através do ar, o balido de ovelhas
e o mugido de vacas nas imediações, alcançando seus ouvidos.
Ao longo da várzea orvalhada, Faetusa, a mais jovem 970
das filhas de Hélio, apascentava o rebanho,
segurando na mão um cajado argênteo.
Lampécia, responsável pelas vacas, seguia empunhando
um bastão de brilhante oricalco. Eles contemplavam
o gado enquanto pastava junto às águas do rio, 975
pelo campo e pelo úmido prado. Nenhuma das vacas
possuía pelagem escura e todas, equiparáveis
ao leite, orgulhavam-se dos áureos chifres.
Passaram por elas durante o dia. Com a chegada da noite,
atravessavam o vasto mar profundo exultantes, até que novamente 980
a matutina aurora os iluminou enquanto se aproximavam.
Há uma ilha ampla e fértil situada em frente
ao estreito jônico, no mar Ceráunio, na qual é dito
que jaz a foice (perdoai-me, musas, pois conto,
contra minha vontade, uma história dos antigos) com a qual 985
Crono impiedosamente cortou a genitália do pai. Mas outros
dizem ser a segadeira que ceifa o colmo, pertencente à ctônica Deo.
Pois outrora Deo habitou aquela terra e ensinou
aos Titãs a maneira como colher a fecunda espiga,
por afeição a Mácris. Desde então é chamada pelo nome 990
de Drépane a sagrada nutriz dos feácios. E também, dessa forma,
os próprios feácios são oriundos do sangue de Urano.
Após ter sido detida por muitas dificuldades, a nau Argo
chegou até eles graças aos ventos do mar da Trinácia. Alcínoo
e o povo receberam alegremente os recém-chegados com amáveis 995
sacrifícios e toda a cidade exultava com a presença
deles. Dirias que se rejubilavam como por seus filhos.
E os próprios heróis se regozijaram em meio à multidão,
como se tivessem alcançado o centro da Hemônia.
Mas estavam prestes a se armarem para o combate. 1000

320 ARGONÁUTICAS

ὧδε μάλ᾽ ἀγχίμολον στρατὸς ἄσπετος ἐξεφαάνθη
Κόλχων, οἳ Πόντοιο κατὰ στόμα καὶ διὰ πέτρας
Κυανέας μαστῆρες ἀριστήων ἐπέρησαν,
Μήδειαν δ᾽ ἔξαιτον ἑοῦ ἐς πατρὸς ἄγεσθαι
1005 ἵεντ᾽ ἀπροφάτως, ἠὲ στονόεσσαν ἀυτήν
νωμήσειν χαλεπῇσιν ὁμόκλεον ἀτροπίῃσιν
αὖθί τε καὶ μετέπειτα σὺν Αἰήταο †κελεύθῳ·
ἀλλά σφεας κατέρυκεν ἐπειγομένους πολέμοιο
κρείων Ἀλκίνοος, λελίητο γὰρ ἀμφοτέροισιν
1010 δηιοτῆτος ἄνευθεν ὑπέρβια νείκεα λῦσαι.
Κούρη δ᾽ οὐλομένῳ ὑπὸ δείματι πολλὰ μὲν αὐτούς
Αἰσονίδεω ἑτάρους μειλίσσετο, πολλὰ δὲ χερσίν
Ἀρήτης γούνων ἀλόχου θίγεν Ἀλκινόοιο·
"Γουνοῦμαι, βασίλεια· σὺ δ᾽ ἵλαθι, μηδέ με Κόλχοις
1015 ἐκδώῃς ᾧ πατρὶ κομιζέμεν, εἴ νυ καὶ αὐτή
ἀνθρώπων γενεῆς μία φέρβεαι, οἷσιν ἐς ἄτην
ὠκύτατος κούφῃσι θέει νόος ἀμπλακίῃσιν,
ὡς ἐμοὶ ἐκ πυκιναὶ ἔπεσον φρένες, οὐ μὲν ἕκητι
μαργοσύνης. ἴστω ἱερὸν φάος Ἠελίοιο,
1020 ἴστω νυκτιπόλου Περσηίδος ὄργια κούρης·
μὴ μὲν ἐγὼν ἐθέλουσα σὺν ἀνδράσιν ἀλλοδαποῖσιν
κεῖθεν ἀφωρμήθην, στυγερὸν δέ με τάρβος ἔπεισεν
τῆσδε φυγῆς μνήσασθαι, ὅτ᾽ ἤλιτον οὐδέ τις ἄλλη
μῆτις ἔην· ἔτι μοι μίτρη μένει ὡς ἐνὶ πατρός
1025 δώμασιν ἄχραντος καὶ ἀκήρατος. ἀλλ᾽ ἐλέαιρε
πότνα τεόν τε πόσιν μειλίσσεο· σοὶ δ᾽ ὀπάσειαν
ἀθάνατοι βίοτόν τε τελεσφόρον ἀγλαΐην τε
καὶ παῖδας καὶ κῦδος ἀπορθήτοιο πόληος."
Τοῖα μὲν Ἀρήτην γουνάζετο δάκρυ χέουσα·
1030 τοῖα δ᾽ ἀριστήων ἐπαμοιβαδὶς ἄνδρα ἕκαστον·
"Ὑμείων πέρι δή, μέγα φέρτατοι, ἀμφί τ᾽ ἀέθλοις
νῦν ἐγὼ ὑμετέροισιν ἀτύζομαι· ἧς ἰότητι
ταύρους τ᾽ ἐζεύξασθε καὶ ἐκ θέρος οὐλοὸν ἀνδρῶν
κείρατε γηγενέων, ἧς εἵνεκεν Αἱμονίηνδε
1035 χρύσεον αὐτίκα κῶας ἀνάξετε νοστήσαντες.

LIVRO 4　　　　321

Muito repentinamente surgiu o imenso exército
dos colcos, que pela foz do Ponto e através das rochas
Cianeias atravessaram em busca dos valorosos
e pretendiam particularmente levar Medeia a seu pai
sem tardar, caso contrário ameaçavam conduzir　　　　1005
uma dolorosa batalha com extrema crueldade
tanto no local como, depois, com a expedição de Eeta.
Mas o rei Alcínoo os conteve, apesar de ambicionarem
a guerra, pois desejava resolver a atroz disputa
a ambas as partes sem o uso da violência.　　　　1010
A garota, tomada por funesto temor, ora muito rogava
aos próprios companheiros do Esônida, ora muito
tocava com as mãos os joelhos de Arete, esposa de Alcínoo.
"Eu te imploro ajoelhada, soberana. Sê propícia e não me entregues
aos colcos para que eu seja conduzida a meu pai, se tu própria　　1015
fores, de fato, da raça humana, cuja mente velocíssima
encaminha-se à ruína em virtude de leves erros,
como aconteceu com minha sensata alma, mas não
por causa do desejo. Juro pela sacra luz de Hélio,
juro pelos ritos da notívaga filha de Perses.　　　　1020
Não parti daquele lugar com homens estrangeiros por minha
própria vontade, mas um odioso pavor me persuadiu a conceber
essa fuga, tendo em vista que havia cometido uma falta e não
havia outro recurso. Minha cinta ainda permanece como
na casa de meu pai, imaculada e inviolada. Apieda-te,　　　　1025
senhora, e roga a teu marido. Oxalá os imortais
concedam-te uma vida repleta de êxitos, felicidade,
filhos e a glória de uma cidade inexpugnável."
Tais coisas implorava a Arete, vertendo lágrimas.
E tais coisas, em sequência, a cada um dos valorosos:　　　　1030
"Por vossa causa, ó muito valorosíssimos, e em virtude
dos vossos trabalhos eu estou aflita. Com o meu auxílio
jungistes os touros e ceifastes a messe funesta
dos Nascidos da Terra, e por minha causa logo
levareis, ao regressardes, o tosão áureo à Hemônia.　　　　1035

ἥδ' ἐγὼ ἢ πάτρην τε καὶ οὓς ὤλεσσα τοκῆας,
ἢ δόμον, ἢ σύμπασαν εὐφροσύνην βιότοιο,
ὔμμι δὲ καὶ πάτρην καὶ δώματα ναιέμεν αὖτις
ἤνυσα, καὶ γλυκεροῖσιν ἔτ' εἰσόψεσθε τοκῆας
1040 ὄμμασιν· αὐτὰρ ἐμοὶ ἀπὸ δὴ βαρὺς εἵλετο δαίμων
ἀγλαΐας, στυγερὴ δὲ σὺν ὀθνείοις ἀλάλημαι.
δείσατε συνθεσίας τε καὶ ὅρκια, δείσατ' Ἐρινύν
ἱκεσίην νέμεσίν τε θεῶν. εἰς χεῖρας ἰοῦσα
Αἰήτεω, λώβῃ πολυπήμονι δῃωθῆναι,
1045 οὐ νηούς, οὐ πύργον ἐπίρροθον, οὐκ ἀλεωρήν
ἄλλην, οἰόθι δὲ προτιβάλλομαι ὑμέας αὐτούς·
σχέτλιοι ἀτροπίης καὶ ἀνηλέες, οὐδ' ἐνὶ θυμῷ
αἰδεῖσθε ξείνης μ' ἐπὶ γούνασι χεῖρας ἀνάσσης
δερκόμενοι τείνουσαν ἀμήχανον· ἀλλά κε πᾶσιν,
1050 κῶας ἑλεῖν μεμαῶτες, ἐμείξατε δούρατα Κόλχοις
αὐτῷ τ' Αἰήτῃ ὑπερήνορι, νῦν δὲ λάθεσθε
ἠνορέης, ὅτε μοῦνοι ἀποτμηγέντες ἔασιν."
Ὣς φάτο λισσομένη· τῶν δ' ὅντινα γουνάζοιτο,
ὅς μιν θαρσύνεσκεν, ἐρητύων ἀχέουσαν,
1055 σεῖον δ' ἐγχείας εὐήκεας ἐν παλάμῃσιν
φάσγανά τ' ἐκ κολεῶν, οὐδὲ σχήσεσθαι ἀρωγῆς
ἔννεπον, εἴ κε δίκης ἀλιτήμονος ἀντιάσειεν.
στρευγομένης δ' ἀν' ὅμιλον ἐπήλυθεν εὐνήτειρα
νὺξ ἔργων ἄνδρεσσι, κατευκήλησε δὲ πᾶσαν
1060 γαῖαν ὁμῶς. τὴν δ' οὔτι μίνυνθά περ εὔνασεν ὕπνος,
ἀλλά οἱ ἐν στέρνοις ἀχέων εἱλίσσετο θυμός,
οἷον ὅτε κλωστῆρα γυνὴ ταλαεργὸς ἑλίσσει
ἐννυχίη, τῇ δ' ἀμφὶ κινύρεται ὀρφανὰ τέκνα,
χηροσύνῃ πόσιος· σταλάει δ' ἐπὶ δάκρυ παρειάς
1065 μνωομένης οἵη μιν ἐπισμυγερὴ λάβεν αἶσα –
ὣς τῆς ἰκμαίνοντο παρηίδες, ἐν δέ οἱ ἦτορ
ὀξείῃς εἰλεῖτο πεπαρμένον ἀμφ' ὀδύνῃσι.
Τὼ δ' ἔντοσθε δόμοιο κατὰ πτόλιν, ὡς τὸ πάροιθεν,
κρείων Ἀλκίνοος πολυπότνιά τ' Ἀλκινόοιο
1070 Ἀρήτη ἄλοχος κούρης πέρι μητιάασκον

LIVRO 4

Fui eu quem perdeu a pátria e os genitores,
a casa e toda a alegria desta vida.
A vós possibilitei o retorno à pátria e às vossas
casas e ainda contemplareis, com venturosos olhos,
os genitores. Mas um pungente destino tirou-me   1040
a felicidade e, odiada, vago junto a estrangeiros.
Temei os pactos e os juramentos, temei a Erínia
dos suplicantes e a indignação dos deuses. Se eu cair
nas mãos de Eeta para ser morta com doloroso ultraje,
nem com templos, nem com torre protetora, nem com   1045
outro abrigo posso contar, mas somente convosco.
Infelizes, repletos de crueldade e ímpios, não vos envergonhais
em vosso coração ao me verdes desvalida estendendo
as mãos até os joelhos de uma rainha estrangeira. Desejando
obter o tosão, mesclaríeis vossas lanças com todos   1050
os colcos e com o próprio Eeta arrogante, mas agora
vos esquecestes da virilidade, quando são somente uns poucos."
Assim falou em súplica. E cada um a quem ela implorava
ajoelhada encorajava-a, refreando seu sofrimento.
Eles brandiam as lanças de ponta afiada nas mãos   1055
e as espadas fora das bainhas e declaravam que não se furtariam
a ajudá-la, caso ela se defrontasse com um julgamento injusto.
Enquanto se desesperava em meio à tripulação, chegou a noite,
que aos homens concede descanso dos trabalhos, e aquietou igualmente
toda a terra. Mas nem mesmo por um momento o sono a adormeceu, 1060
pois em seu peito o coração palpitava angustiado,
como quando uma sofrida trabalhadora gira a roca
durante a noite e no entorno choram os filhos órfãos,
pois não mais há marido; ela verte lágrimas sobre o rosto
ao se recordar do melancólico destino que a atingiu;   1065
assim o rosto de Medeia era umedecido e seu coração
palpitava, pungido por dores lancinantes.
Dentro da residência na cidade, como outrora,
o rei Alcínoo e sua esposa Arete, muito reverenciada,
deliberavam em seu leito acerca da garota,   1070

324 ARGONÁUTICAS

οἷσιν ἐνὶ λεχέεσσι διὰ κνέφας· οἷα δ᾽ ἀκοίτην
κουρίδιον θαλεροῖσι δάμαρ προσπτύσσετο μύθοις·
"Ναὶ φίλος, εἰ δ᾽ ἄγε μοι πολυκηδέα ῥύεο Κόλχων
παρθενικήν, Μινύῃσι φέρων χάριν· ἐγγύθι Ἄργος
1075 ἡμετέρης νήσοιο καὶ ἀνέρες Αἱμονιῆες,
Αἰήτης δ᾽ οὔτ᾽ ἄρ ναίει σχεδόν, οὐδέ τι ἴδμεν
Αἰήτην ἀλλ᾽ οἷον ἀκούομεν. ἥδε δὲ κούρη
αἰνοπαθὴς κατά μοι νόον ἔκλασεν ἀντιόωσα·
μή μιν ἄναξ Κόλχοισι πόροις ἐς πατρὸς ἄγεσθαι.
1080 ἀάσθη, ὅτε πρῶτα βοῶν θελκτήρια δῶκεν
φάρμακά οἱ· σχεδόθεν δὲ κακῷ κακόν (οἷά τε πολλά
ῥέζομεν ἀμπλακίῃσιν) ἀκειομένη, ὑπάλυξε
πατρὸς ὑπερφιάλοιο βαρὺν χόλον. αὐτὰρ Ἰήσων,
ὡς ἀίω, μεγάλοισιν ἐνίσχεται ἐξ ἕθεν ὅρκοις
1085 κουριδίην θήσεσθαι ἐνὶ μεγάροισιν ἄκοιτιν·
τῶ φίλε μήτ᾽ οὖν αὐτὸς ἑκὼν ἐπίορκον ὀμόσσαι
θείης Αἰσονίδην, μήτ᾽ ἄσχετα σεῖο ἕκητι
παῖδα πατὴρ θυμῷ κεκοτηότι δηλήσαιτο.
λίην γὰρ δύσζηλοι ἑαῖς ἐπὶ παισὶ τοκῆες·
1090 οἷα μὲν Ἀντιόπην εὐώπιδα μήσατο Νυκτεύς,
οἷα δὲ καὶ Δανάη πόντῳ ἔνι πήματ᾽ ἀνέτλη
πατρὸς ἀτασθαλίῃσι· νέον γε μὲν οὐδ᾽ ἀποτηλοῦ
ὑβριστὴς Ἔχετος γλήναις ἔνι χάλκεα κέντρα
πῆξε θυγατρὸς ἑῆς, στονόεντι δὲ κάρφεται οἴτῳ,
1095 ὀρφναίῃ ἐνὶ χαλκὸν ἀλετρεύουσα καλιῇ."
Ὣς ἔφατ᾽ ἀντομένη· τοῦ δὲ φρένες ἰαίνοντο
ἧς ἀλόχου μύθοισιν, ἔπος δ᾽ ἐπὶ τοῖον ἔειπεν·
"Ἀρήτη, καί κεν σὺν τεύχεσιν ἐξελάσαιμι
Κόλχους, ἡρώεσσι φέρων χάριν, εἵνεκα κούρης,
1100 ἀλλὰ Διὸς δείδοικα δίκην ἰθεῖαν ἀτίσσαι·
οὐδὲ μὲν Αἰήτην ἀθεριζέμεν, ὡς ἀγορεύεις,
λώιον, οὐ γάρ τις βασιλεύτερος Αἰήταο,
καί κ᾽ ἐθέλων ἕκαθέν περ ἐφ᾽ Ἑλλάδι νεῖκος ἄροιτο.
τῶ μ᾽ ἐπέοικε δίκην ἥτις μετὰ πᾶσιν ἀρίστη
1105 ἔσσεται ἀνθρώποισι δικαζέμεν. οὐδέ σε κεύσω·

LIVRO 4

em plena escuridão. Como uma consorte ao marido
legítimo, ela lhe dirigia palavras afetuosas:
"Por favor, querido, salva dos colcos a virgem
angustiada, concedendo um favor aos mínias. Argos
e os homens da Hemônia estão perto de nossa ilha,   1075
mas Eeta não habita as cercanias e nem sequer o conhecemos,
mas somente ouvimos sobre ele. Esta garota
que muito sofreu partiu meu coração com sua súplica.
Meu senhor, não a entregues aos colcos para ser conduzida ao pai.
Ela cometeu uma falta, quando primeiro lhe forneceu as drogas   1080
para encantar os touros. Depois disso, sanando um mal com outro
mal (como muitas vezes fazemos ao errarmos), fugiu da pesada
cólera do arrogante pai. Mas, de acordo com o que escuto,
Jasão, desde então, está ligado a ela por grandes juramentos
para tomá-la como esposa legítima em seu palácio.   1085
Então, querido, por tua própria vontade, não faças
do Esônida um perjuro, nem, por tua causa, um pai
com furioso coração inaceitavelmente machuque a filha.
Pois os genitores são assaz ciumentos quanto às suas filhas.
Lembra-te do que Nicteu planejou contra Antíope de belo rosto   1090
e também dos sofrimentos que Dânae suportou no mar
por maldade do pai. E recentemente, não muito longe,
o violento Équeto fincou aguilhões brônzeos nas pupilas
de sua filha e ela fenece por um gemente fado,
moendo o bronze num sombrio casebre."   1095
Assim falou rogando. O coração de Alcínoo se alegrou
com as palavras de sua esposa e lhe respondeu o seguinte:
"Arete, eu poderia, com armas, repelir os colcos,
concedendo um favor aos heróis por causa da garota,
mas temo desrespeitar a reta justiça de Zeus.   1100
É melhor não desacatar Eeta, como dizes,
pois ninguém tem mais realeza que Eeta, e se quisesse,
ainda que distante, suscitaria o conflito na Hélade.
Por isso convém a mim tomar uma decisão que seja
a melhor a todos os homens. E nada te ocultarei.   1105

παρθενικὴν μὲν ἐοῦσαν, ἑῷ ἀπὸ πατρὶ κομίσσαι
ἰθυνέω· λέκτρον δὲ σὺν ἀνέρι πορσαίνουσαν,
οὗ μιν ἑοῦ πόσιος νοσφίσσομαι, οὐδὲ γενέθλην
εἴ τιν' ὑπὸ σπλάγχνοισι φέρει δήοισιν ὀπάσσω."
1110 Ὣς ἄρ' ἔφη· καὶ τὸν μὲν ἐπισχεδὸν εὔνασεν ὕπνος,
ἡ δ' ἔπος ἐν θυμῷ πυκινὸν βάλετ'· αὐτίκα δ' ὦρτο
ἐκ λεχέων ἀνὰ δῶμα, συνήιξαν δὲ γυναῖκες
ἀμφίπολοι δέσποιναν ἑὴν μέτα ποιπνύουσαι.
σῖγα δ' ἑὸν κήρυκα καλεσσαμένη προσέειπεν
1115 ᾗσιν ἐπιφροσύνῃσιν ἐποτρυνέουσα μιγῆναι
Αἰσονίδην κούρῃ· μηδ' Ἀλκίνοον βασιλῆα
λίσσεσθαι, τὸ γὰρ αὐτὸς †ἰὼν Κόλχοισι δικάσσει·
παρθενικὴν μὲν ἐοῦσαν, ἑοῦ ποτὶ δώματα πατρός
ἐκδώσειν· λέκτρον δὲ σὺν ἀνέρι πορσαίνουσαν,
1120 οὐκέτι κουριδίης μιν ἀποτμήξειν φιλότητος.
Ὣς ἄρ' ἔφη· τὸν δ' αἶψα πόδες φέρον ἐκ μεγάροιο,
ὥς κεν Ἰήσονι μῦθον ἐναίσιμον ἀγγείλειεν
Ἀρήτης βουλάς τε θεουδέος Ἀλκινόοιο.
τοὺς δ' εὗρεν παρὰ νηὶ σὺν ἔντεσιν ἐγρήσσοντας
1125 Ὑλλικῷ ἐν λιμένι σχεδὸν ἄστεος, ἐκ δ' ἄρα πᾶσαν
πέφραδεν ἀγγελίην· γήθησε δὲ θυμὸς ἑκάστου
ἡρώων, μάλα γάρ σφιν ἑαδότα μῦθον ἔειπεν.
Αὐτίκα δὲ κρητῆρα κερασσάμενοι μακάρεσσιν
ᾗ θέμις, εὐαγέως τ' ἐπιβώμια μῆλ' ἐρύσαντες,
1130 αὐτονυχὶ κούρῃ θαλαμήιον ἔντυον εὐνήν
ἄντρῳ ἐν ἠγαθέῳ, τόθι δή ποτε Μάκρις ἔναιεν
κούρη Ἀρισταίοιο μελίφρονος, ὅς ῥα μελισσέων
ἔργα πολυκμήτοιό τ' ἀνεύρατο πῖαρ ἐλαίης·
κείνη δὴ πάμπρωτα Διὸς Νυσήιον υἷα
1135 Εὐβοίης ἔντοσθεν Ἀβαντίδος ᾧ ἐνὶ κόλπῳ
δέξατο καὶ μέλιτι ξηρὸν περὶ χεῖλος ἔδευσεν,
εὖτέ μιν Ἑρμείης φέρεν ἐκ πυρός· ἔδρακε δ' Ἥρη,
καί ἑ χολωσαμένη πάσης ἐξήλασε νήσου·
ἡ δ' ἄρα Φαιήκων ἱερῷ ἐνὶ τηλόθεν ἄντρῳ
1140 νάσσατο, καὶ πόρεν ὄλβον ἀθέσφατον ἐνναέτῃσιν.

LIVRO 4 327

Caso seja virgem, determinarei que retorne
a seu pai. Caso compartilhe o leito com um homem,
não a privarei de seu marido, nem entregarei
a prole aos inimigos, se a carrega no ventre."
Assim falou. E imediatamente o sono o adormeceu,   1110
mas Arete fixou no ânimo essas prudentes palavras. Logo
se ergueu do leito seguindo pela casa e as servas
acorreram, apressando-se atrás de sua senhora.
Em silêncio chamou seu arauto e lhe disse,
incitando Jasão a, com prudência, unir-se   1115
à garota. E para não rogar ao rei Alcínoo, pois ele
próprio irá ante os colcos proferir tal julgamento:
caso seja virgem, restituirá Medeia à casa de seu
pai. Caso compartilhe o leito com um homem,
não mais a separará do amor conjugal."   1120
Assim falou. E os pés prontamente o levaram para fora
do palácio, para anunciar a Jasão as auspiciosas palavras
de Arete e a decisão de Alcínoo temente aos deuses.
Encontrou-os velando junto à nau com suas armas,
no porto de Hilo, perto da cidade, e lhes transmitiu   1125
toda a mensagem. Cada um dos heróis se alegrou
no ânimo, pois lhes dizia palavras muito agradáveis.
De imediato, após mesclarem vinho e água numa cratera
aos afortunados, conforme o ritual, e piamente trazerem as ovelhas
até o altar, prepararam à garota, na mesma noite, um leito   1130
nupcial na mesma gruta sacra onde outrora habitara Mácris,
a filha do sábio Aristeu, o qual havia descoberto o produto
das abelhas e o óleo da oliveira, derivado de muito esforço.
Foi a primeira a receber o filho niseu de Zeus
em seu colo, no interior da Eubeia Abântide,   1135
e umedeceu com mel os lábios ressecados,
quando Hermes o retirou do fogo. Mas Hera percebeu
e, encolerizada, expulsou-a da ilha inteira.
Ela foi habitar a longínqua ilha sagrada dos feácios
e concedeu maravilhosa prosperidade aos habitantes.   1140

ἔνθα τότ᾽ ἐστόρεσαν λέκτρον μέγα· τοῖο δ᾽ ὕπερθε
χρύσεον αἰγλῆεν κῶας βάλον, ὄφρα πέλοιτο
τιμήεις τε γάμος καὶ ἀοίδιμος· ἄνθεα δέ σφι
νύμφαι ἀμεργόμεναι λευκοῖς ἐνὶ ποικίλα κόλποις
1145 ἐσφόρεον. πάσας δὲ πυρὸς ὣς ἄμφεπεν αἴγλη,
τοῖον ἀπὸ χρυσέων θυσάνων ἀμαρύσσετο φέγγος·
δαῖε δ᾽ ἐν ὀφθαλμοῖς γλυκερὸν πόθον, ἴσχε δ᾽ ἑκάστην
αἰδὼς ἱεμένην περ ὅμως ἐπὶ χεῖρα βαλέσθαι.
αἱ μέν τ᾽ Αἰγαίου ποταμοῦ καλέοντο θύγατρες,
1150 αἱ δ᾽ ὄρεος κορυφὰς Μελιτηίου ἀμφενέμοντο,
αἱ δ᾽ ἔσαν ἐκ πεδίων ἀλσηίδες· ὦρσε γὰρ αὐτή
Ἥρη Ζηνὸς ἄκοιτις, Ἰήσονα κυδαίνουσα.
κεῖνο καὶ εἰσέτι νῦν ἱερὸν κληίζεται Ἄντρον
Μηδείης, ὅθι τούσγε σὺν ἀλλήλοισιν ἔμειξαν,
1155 τεινάμεναι ἑανοὺς εὐώδεας· οἱ δ᾽ ἐνὶ χερσί
δούρατα νωμήσαντες ἀρήια, μὴ πρὶν ἐς ἀλκήν
δυσμενέων ἀίδηλος ἐπιβρίσειεν ὅμιλος,
κράατα δ᾽ εὐφύλλοις ἐστεμμένοι ἀκρεμόνεσσιν,
ἐμμελέως Ὀρφῆος ὑπαὶ λίγα φορμίζοντος
1160 νυμφιδίαις ὑμέναιον ἐπὶ προμολῇσιν ἄειδον.
οὐ μὲν ἐν Ἀλκινόοιο γάμον μενέαινε τελέσσαι
ἥρως Αἰσονίδης, μεγάροις δ᾽ ἐνὶ πατρὸς ἑοῖο
νοστήσας ἐς Ἰωλκὸν ὑπότροπος, ὣς δὲ καὶ αὐτή
Μήδεια φρονέεσκε· τότ᾽ αὖ χρεὼ ἦγε μιγῆναι.
1165 ἀλλὰ γὰρ οὔποτε φῦλα δυηπαθέων ἀνθρώπων
τερπωλῆς ἐπέβημεν ὅλῳ ποδί, σὺν δέ τις αἰεί
πικρὴ παρμέμβλωκεν εὐφροσύνησιν ἀνίη·
τῶ καὶ τούς, γλυκερῇ περ ἰαινομένους φιλότητι,
1169 δεῖμ᾽ ἔχεν εἰ τελέοιτο διάκρισις Ἀλκινόοιο.
1170 Ἠὼς δ᾽ ἀμβροσίοισιν ἀνερχομένη φαέεσσιν
λῦε κελαινὴν νύκτα δι᾽ ἠέρος, αἱ δ᾽ ἐγέλασσαν
ἠιόνες νήσοιο καὶ ἑρσήεσσαι ἄπωθεν
ἀτραπιτοὶ πεδίων, ἐν δὲ θρόος ἔσκεν ἀγυιαῖς·
κίνυντ᾽ ἐνναέται μὲν ἀνὰ πτόλιν, οἱ δ᾽ ἀποτηλοῦ
1175 Κόλχοι Μακριδίης ἐπὶ πείρασι χερνήσοιο·

LIVRO 4

Ali então estenderam um grande leito. E sobre ele
jogaram o radiante tosão áureo, para que fosse
um casamento honroso e digno de canto. As ninfas
recolhiam e levavam a eles flores coloridas nos brancos
colos. Um brilho, como de fogo, circundava todas,
tal era a luminosidade que irradiava das áureas franjas.
E atiçava em seus olhos o doce desejo, mas o pudor detinha
cada uma, apesar de ansiarem pôr a mão sobre o velocino.
Umas eram chamadas filhas do rio Egeu,
outras habitavam os cumes do monte de Mélite,
e outras pertenciam aos bosques das planícies. Pois a própria
Hera, esposa de Zeus, enviara-as para que honrassem Jasão.
Ainda hoje é denominada Sacra Gruta de Medeia
aquela onde as ninfas uniram o casal, estendendo
as perfumadas túnicas. Nesse ínterim os heróis, brandindo
em suas mãos as lanças marciais, evitando que, antes disso,
uma tropa de inimigos inesperadamente os atacasse,
coroavam as cabeças com ramos repletos de folhas
e, sob o ritmo harmonioso da forminge de Orfeu,
cantavam o himeneu na entrada do quarto nupcial.
O herói Esônida não desejava celebrar o casamento
no palácio de Alcínoo, mas na casa de seu pai
quando retornasse a Iolco, e assim também a própria Medeia
considerava. No entanto a necessidade os levou a lá se unirem.
Pois, de fato, nunca nós, a raça dos sofredores homens,
atingimos o prazer com o pé inteiro, mas sempre
uma amarga dor acompanha as alegrias.
Assim também eles, ainda que regozijando em doce
amor, temiam se a decisão de Alcínoo seria cumprida.
A Aurora, erguendo-se com sua luz imortal,
dispersava no ar a escura noite e as praias
da ilha sorriram, bem como, ao longe, os caminhos
orvalhados das planícies. Havia um rumor nas ruas.
Os habitantes se moviam pela cidade, assim como, mais
distantes, os colcos nos limites da península de Mácris.

αὐτίκα δ' Ἀλκίνοος μετεβήσετο συνθεσίῃσιν
ὃν νόον ἐξερέων κούρης ὕπερ, ἐν δ' ὅγε χειρί
σκῆπτρον ἔχεν χρυσοῖο δικασπόλον, ᾧ ὕπο πολλοί
ἰθείας ἀνὰ ἄστυ διεκρίνοντο θέμιστας·
1180 τῷ δὲ καὶ ἐξείης πολεμήια τεύχεα δύντες
1181 Φαιήκων οἱ ἄριστοι ὁμιλαδὸν ἐστιχόωντο.
1182 ἥρωας δὲ γυναῖκες ἀολλέες ἔκτοθι πύργων
βαῖνον ἐποψόμεναι· σὺν δ' ἀνέρες ἀγροιῶται
ἤντεον εἰσαΐοντες, ἐπεὶ νημερτέα βάξιν
1185 Ἥρη ἐπιπροέηκεν. ἄγεν δ' ὁ μὲν ἔκκριτον ἄλλων
ἀρνειὸν μήλων, ὁ δ' ἀεργηλὴν ἔτι πόρτιν,
ἄλλοι δ' ἀμφιφορῆας ἐπισχεδὸν ἵστασαν οἴνου
κίρνασθαι, θυέων δ' ἄπο τηλόθι κήκιε λιγνύς·
αἱ δὲ πολυκμήτους ἑανοὺς φέρον, οἷα γυναῖκες,
1190 μείλιά τε χρυσοῖο καὶ ἀλλοίην ἐπὶ τοῖσιν
ἀγλαΐην, οἵην τε νεόζυγες ἐντύνονται.
θάμβευν δ' εἰσορόωσαι ἀριπρεπέων ἡρώων
εἴδεα καὶ μορφάς, ἐν δέ σφισιν Οἰάγροιο
υἱὸν ὑπαὶ φόρμιγγος ἐυκρέκτου καὶ ἀοιδῆς
1195 ταρφέα σιγαλόεντι πέδον κροτέοντα πεδίλῳ·
νύμφαι δ' ἄμμιγα πᾶσαι, ὅτε μνήσαιντο γάμοιο,
ἱμερόενθ' ὑμέναιον ἀνήπυον. ἄλλοτε δ' αὖτε
οἰόθεν οἶαι ἄειδον ἑλισσόμεναι περὶ κύκλον,
Ἥρη, σεῖο ἕκητι· σὺ γὰρ καὶ ἐπὶ φρεσὶ θῆκας
1200 Ἀρήτῃ πυκινὸν φάσθαι ἔπος Ἀλκινόοιο.
1201 αὐτὰρ ὅγ', ὡς τὰ πρῶτα δίκης ἀνὰ πείρατ' ἔειπεν
ἰθείης, ἤδη δὲ γάμου τέλος ἐκλήιστο,
ἔμπεδον ὡς ἀλέγυνε διαμπερές, οὐδέ ἑ τάρβος
οὐλοὸν οὐδὲ βαρεῖαι ὑπήλυθον Αἰήταο
1205 μήνιες· ἀρρήκτοισι δ' ἐνιζεύξας ἔχεν ὅρκοις.
τῶ καὶ ὅτ' ἠλεμάτως Κόλχοι μάθον ἀντιόωντες,
καί σφεας ἠὲ θέμιστας ἑὰς εἴρυσθαι ἄνωγεν
ἢ λιμένων γαίης τ' ἀπὸ τηλόθι νῆας ἐέργειν,
δὴ τότε μιν, βασιλῆος ἑοῦ τρομέοντες ἐνιπάς,
1210 δέχθαι μειλίξαντο συνήμονας. αὖθι δὲ νήσῳ

LIVRO 4 331

Imediatamente Alcínoo avançou, conforme os pactos,
para proferir sua determinação acerca da garota e na mão
detinha o justiceiro cetro de ouro, sob o qual muitos,
pela cidade, recebiam retas sentenças.
Atrás dele, revestidos com armaduras marciais, 1180
os melhores feácios unidos se alinhavam. 1181
As mulheres juntas saíam das muralhas 1182
para verem os heróis. Os camponeses, ao ouvirem,
vieram a seu encontro, já que Hera difundira
um rumor verdadeiro. Um deles trazia um cordeiro 1185
selecionado de seu rebanho, outro uma novilha inativa,
e outros colocavam próximas as ânforas de vinho
para mesclarem. Ao longe fluía a fumaça dos sacrifícios.
As mulheres, como costumam fazer, levavam esmeradas túnicas,
presentes feitos de ouro e, além disso, outros tipos 1190
de adorno com os quais as recém-casadas se enfeitam.
Admiravam-se ao contemplarem a beleza e as formas
dos distinguidos heróis, e entre eles o filho de Eagro,
que, sob o ritmo da melodiosa forminge e do canto,
golpeava repetidamente o chão com sua brilhante sandália. 1195
As ninfas, todas juntas, quando mencionavam o casamento,
entoavam o desejável himeneu. E outras vezes
elas cantavam sozinhas, criando um formato circular
em tua honra, Hera. Pois tu, de fato, incitaste Arete
a comunicar as prudentes palavras de Alcínoo. 1200
Ele, como de início declarara os termos de sua reta 1201
sentença – e a consumação do casamento já fora divulgada –,
assim a manteve com firmeza, sem hesitar, e nem o medo
funesto nem a grave ira de Eeta o influenciaram.
E os unira por meio de inquebráveis juramentos. 1205
Dessa forma, quando os colcos perceberam que solicitavam
em vão e quando Alcínoo ordenou que acatassem suas sentenças
ou que afastassem as naus para longe dos portos e da terra,
então, apavorados ante as ameaças de seu rei, suplicaram
que ele os recebesse como aliados. Lá na ilha, 1210

332 ARGONÁUTICAS

δὴν μάλα Φαιήκεσσι μετ᾽ ἀνδράσι ναιετάασκον,
εἰσότε Βακχιάδαι γενεὴν Ἐφύρηθεν ἐόντες
ἀνέρες ἐννάσσαντο μετὰ χρόνον, οἱ δὲ περαίην
νῆσον ἔβαν· κεῖθεν δὲ Κεραύνια μέλλον Ἀμάντων
1215 οὔρεα Νεσταίους τε καὶ Ὥρικον εἰσαφικέσθαι.
ἀλλὰ τὰ μὲν στείχοντος ἄδην αἰῶνος ἐτύχθη·
Μοιράων δ᾽ ἔτι κεῖθι θύη ἐπέτεια δέχονται
καὶ Νυμφέων Νομίοιο καθ᾽ ἱερὸν Ἀπόλλωνος
βωμοὶ τοὺς Μήδεια καθείσατο. πολλὰ δ᾽ ἰοῦσιν
1220 Ἀλκίνοος Μινύαις ξεινήια, πολλὰ δ᾽ ὄπασσεν
Ἀρήτη, μετὰ δ᾽ αὖτε δυώδεκα δῶκεν ἕπεσθαι
Μηδείῃ δμωὰς Φαιηκίδας ἐκ μεγάροιο.
Ἤματι δ᾽ ἑβδομάτῳ Δρεπάνην λίπον· ἤλυθε δ᾽ οὖρος
ἀκραὴς ἠῶθεν ὑπεύδιος, οἱ δ᾽ ἀνέμοιο
1225 πνοιῇ ἐπειγόμενοι προτέρω θέον. ἀλλὰ γὰρ οὔπω
αἴσιμον ἦν ἐπιβῆναι Ἀχαιίδος ἡρώεσσιν,
ὄφρ᾽ ἔτι καὶ Λιβύης ἐπὶ πείρασιν ὀτλήσειαν·
ἤδη μὲν †ποτὶ κόλπον ἐπώνυμον Ἀμβρακιήων,
ἤδη Κουρήτων ἔλιπον χθόνα πεπταμένοισιν
1230 λαίφεσι καὶ †στεινὰς αὐταῖς σὺν Ἐχινάσι νήσους
ἑξείης, Πέλοπος δὲ νέον κατεφαίνετο γαῖα·
καὶ τότ᾽ ἀναρπάγδην ὀλοὴ βορέαο θύελλα
μεσσηγὺς πελαγόσδε Λιβυστικὸν ἐννέα πάσας
νύκτας ὁμῶς καὶ τόσσα φέρ᾽ ἤματα, μέχρις ἵκοντο
1235 προπρὸ μάλ᾽ ἔνδοθι Σύρτιν, ἵν᾽ οὐκέτι νόστος ὀπίσσω
νηυσὶ πέλει, ὅτε τόνδε βιῴατο κόλπον ἱκέσθαι·
πάντῃ γὰρ τέναγος, πάντῃ μνιόεντα βυθοῖο
τάρφεα, κωφῇ δέ σφιν ἐπιβλύει ὕδατος ἄχνη·
ἠερίη δ᾽ ἄμαθος παρακέκλιται, οὐδέ τι εἶσι
1240 ἑρπετὸν οὐδὲ ποτητὸν ἀείρεται. ἔνθ᾽ ἄρα τούσγε
πλημυρίς (καὶ γάρ τ᾽ ἀναχάζεται ἠπείροιο
ἢ θαμὰ δὴ τόδε χεῦμα, καὶ ἂψ ἐπερεύγεται ἀκτάς
λάβρον ἐποιχόμενον) μυχάτῃ ἐνέωσε †τάχιστα
ἠιόνι, τρόπιος δὲ μάλ᾽ ὕδασι παῦρον ἔλειπτο.
1245 οἱ δ᾽ ἀπὸ νηὸς ὄρουσαν, ἄχος δ᾽ ἕλεν εἰσορόωντας

LIVRO 4   333

junto aos feácios, habitaram por um longo período,
até que os baquíadas, cuja raça é oriunda de Éfira, lá passaram
a residir com o tempo e eles se deslocaram para a ilha
oposta. De lá estavam prestes a alcançar os montes
Ceráunios dos amantos, os nesteus e o Órico.   1215
Mas isso se passou depois de um longo período.
E ainda lá os altares que Medeia erigiu, no santuário
de Apolo Pastoral, recebem sacrifícios anuais
às Moiras e às ninfas. Na partida dos mínias, Alcínoo
concedeu-lhes muitos dons de hospitalidade, bem como   1220
Arete, e, além disso, deu a Medeia doze servas
feácias do palácio para lhe auxiliarem.
No sétimo dia deixaram Drépane. De manhã, uma vigorosa
brisa sobreveio sob um claro céu e, com o sopro
do vento, eles muito avançavam navegando. Mas ainda   1225
não era destinado aos heróis pisarem na terra acaia
até que também sofressem nos confins da Líbia.
Já haviam passado pelo golfo cujo nome deriva
dos ambrácios, pela terra dos curetes com as velas
estendidas e pela sequência de ilhas estreitas junto às próprias 1230
Equínades. A terra de Pélops há pouco era visível.
E então, no meio do caminho, uma funesta procela de Bóreas
violentamente os arrebatou até o mar da Líbia, durante
nove noites inteiras e a mesma quantidade de dias, até que muito
penetraram no interior de Sirte, de onde não há regresso   1235
possível às naus quando são forçadas a entrar nesse golfo.
Por toda parte há pântanos, por toda parte há espessas algas
das profundezas e sobre elas borbulha a silente espuma da água.
Seu solo arenoso se prolonga até o céu e nenhum animal
caminha, nem pássaro se ergue. Ali foi que a maré   1240
(frequentemente, com efeito, essa corrente recua em relação
à terra e, de novo, se lança sobre as praias, retornando
com ímpeto) rapidamente os empurrou para o interior
do litoral e muito pouco da quilha ficou submerso nas águas.
Eles saíram da nau e foram tomados pela dor ao observarem   1245

334 ARGONÁUTICAS

ἠέρα καὶ μεγάλης νῶτα χθονὸς ἠέρι ἶσα
τηλοῦ ὑπερτείνοντα διηνεκές· οὐδέ τιν' ἀρδμόν,
οὐ πάτον, οὐκ ἀπάνευθε κατηυγάσσαντο βοτήρων
αὔλιον, εὐκήλῳ δὲ κατείχετο πάντα γαλήνῃ.
1250 ἄλλος δ' αὖτ' ἄλλον τετιημένος ἐξερέεινεν·
"Τίς χθὼν εὔχεται ἥδε; πόθι ξυνέωσαν ἄελλαι
ἡμέας; αἴθ' ἔτλημεν, ἀφειδέες οὐλομένοιο
δείματος, αὐτὰ κέλευθα διαμπερὲς ὁρμηθῆναι
πετράων· ἤ τ' ἂν καὶ ὑπὲρ Διὸς αἶσαν ἰοῦσιν
1255 βέλτερον ἦν μέγα δή τι μενοινώοντας ὀλέσθαι.
νῦν δὲ τί κεν ῥέξαιμεν, ἐρυκόμενοι ἀνέμοισιν
αὖθι μένειν τυτθόν περ ἐπὶ χρόνον; οἷον ἐρήμη
πέζα διωλυγίης ἀναπέπταται ἠπείροιο."
Ὣς ἄρ' ἔφη· μετὰ δ' αὐτὸς ἀμηχανίῃ κακότητος
1260 ἰθυντὴρ Ἀγκαῖος ἀκηχεμένοις ἀγόρευσεν·
"Ὠλόμεθ' αἰνότατον δῆθεν μόρον οὐδ' ὑπάλυξις
ἔστ' ἄτης, πάρα δ' ἄμμι τὰ κύντατα πημανθῆναι
τῇδ' ὑπ' ἐρημαίῃ πεπτηότας, εἰ καὶ ἀῆται
χερσόθεν ἀμπνεύσειαν· ἐπεὶ τεναγώδεα λεύσσω
1265 τῆλε περισκοπέων ἅλα πάντοθεν, ἤλιθα δ' ὕδωρ
ξαινόμενον πολιῇσιν ἐπιτροχάει ψαμάθοισι·
καί κεν ἐπισμυγερῶς διὰ δὴ πάλαι ἥδε κεάσθη
νηῦς ἱερὴ χέρσου πολλὸν πρόσω, ἀλλά μιν αὐτή
πλημυρὶς ἐκ πόντοιο μεταχρονίην ἐκόμισσεν.
1270 νῦν δ' ἥ μὲν πελαγόσδε μετέσσυται, οἰόθι δ' ἄλμη
ἄπλοος εἰλεῖται, γαίης ὕπερ ὅσσον ἔχουσα.
τούνεκ' ἐγὼ πᾶσαν μὲν ἀπ' ἐλπίδα φημὶ κεκόφθαι
ναυτιλίης νόστου τε· δαημοσύνην δέ τις ἄλλος
φαίνοι ἑήν, πάρα γάρ οἱ ἐπ' οἰήκεσσι θαάσσειν
1275 μαιομένῳ κομιδῆς· ἀλλ' οὐ μάλα νόστιμον ἦμαρ
Ζεὺς ἐθέλει καμάτοισιν ἐφ' ἡμετέροισι τελέσσαι."
Ὣς φάτο δακρυόεις, σὺν δ' ἔννεπον ἀσχαλόωντι
ὅσσοι ἔσαν νηῶν δεδαημένοι. ἐν δ' ἄρα πᾶσιν
παχνώθη κραδίη, χύτο δὲ χλόος ἀμφὶ παρειάς.
1280 οἷον δ' ἀψύχοισιν ἐοικότες εἰδώλοισιν

LIVRO 4   335

o céu e a costa da vasta terra, semelhante ao céu,
continuamente se estendendo ao longe. Nenhum manancial,
nem trilha, nem casebre de pastores enxergaram
à distância, mas tudo se mantinha numa silente calma.
Em desespero, um passou a perguntar ao outro: 1250
"Que terra esta se gaba de ser? Aonde as tempestades
nos empurraram? Quem dera tivéssemos ousado, alheios
ao funesto pavor, seguir pelo mesmo caminho através
das rochas. Certamente nos teria sido melhor, indo contra
o destino de Zeus, ter perecido se aventurando num grande feito.   1255
Agora o que nos seria possível fazer, compelidos pelos ventos
a neste lugar permanecermos, mesmo que seja por pouco tempo?
Como é ermo o litoral desta imensa terra que aqui se estende!"
Assim dizia. Entre eles o próprio piloto Anceu, desamparado
ante o infortúnio, dirigiu-se aos angustiados companheiros: 1260
"Estamos seguramente arruinados por conta de um terribilíssimo
destino e não há como escapar da ruína. O que nos resta é suportar
o pior, encalhados neste deserto, ainda que os ventos
soprem vindos da terra. Pois eu olho ao longe, observando
por toda parte o mar lamacento, e a água quebrada   1265
se estende sem fim sobre a grisalha areia.
Já antes esta sagrada nau teria miseravelmente
se despedaçado, muito longe da terra, mas a própria
maré trouxe-a do mar enquanto flutuava.
Agora ela recuou para o alto-mar e somente nos circunda   1270
uma água salobra inavegável, escassamente cobrindo a terra.
Por isso eu afirmo que toda a esperança de retornarmos
desta navegação se encerrou. Que um outro demonstre
sua habilidade, pois lhe é permitido sentar-se junto ao leme,
ansiando pelo regresso. Mas Zeus de modo algum quer   1275
nos proporcionar o dia do retorno depois de nossos sofrimentos."
Assim falou com lágrimas. E os que eram habilidosos
em navegação concordaram com o angustiado piloto. O coração
de todos gelou por dentro e a palidez se espalhou pelos rostos.
Como homens semelhantes a imagens inanimadas   1280

336 ARGONÁUTICAS

ἀνέρες εἰλίσσονται ἀνὰ πτόλιν, ἢ πολέμοιο
ἢ λοιμοῖο τέλος ποτιδέγμενοι ἠέ τιν' ὄμβρον
ἄσπετον, ὅς τε βοῶν κατὰ μυρίος ἔκλυσεν ἔργα,
ὁππότ' ἂν αὐτόματα ξόανα ῥέῃ ἰδρώοντα
1285 αἵματι καὶ μυκαὶ σηκοῖς ἔνι φαντάζωνται,
ἠὲ καὶ ἥλιος μέσῳ ἤματι νύκτ' ἐπάγῃσιν
οὐρανόθεν, τὰ δὲ λαμπρὰ δι' ἠέρος ἄστρα φαείνῃ –
ὣς τότ' ἀριστῆες δολιχοῦ πρόπαρ αἰγιαλοῖο
ἤλυον ἑρπύζοντες. ἐπήλυθε δ' αὐτίκ' ἐρεμνή
1290 ἕσπερος· οἱ δ' ἐλεεινὰ χεροῖν σφέας ἀμφιβαλόντες
δακρυόειν ἀγάπαζον, ἵν' ἄνδιχα δῆθεν ἕκαστος
θυμὸν ἀποφθίσειαν ἐνὶ ψαμάθοισι πεσόντες.
βὰν δ' ἴμεν ἄλλυδις ἄλλος, ἑκαστέρω αὖλιν ἑλέσθαι·
ἐν δὲ κάρη πέπλοισι καλυψάμενοι σφετέροισιν,
1295 ἄκμηνοι καὶ ἄπαστοι ἐκείατο νύκτ' ἔπι πᾶσαν
καὶ φάος, οἰκτίστῳ θανάτῳ ἔπι. νόσφι δὲ κοῦραι
ἀθρόαι Αἰήταο παρεστενάχοντο θυγατρί·
ὡς δ' ὅτ' ἐρημαῖοι, πεπτηότες ἔκτοθι πέτρης
χηραμοῦ, ἀπτῆνες λιγέα κλάζουσι νεοσσοί,
1300 ἢ ὅτε καλὰ νάοντος ἐπ' ὀφρύσι Πακτωλοῖο
κύκνοι †κινήσουσιν ἑὸν μέλος, ἀμφὶ δὲ λειμών
ἑρσήεις βρέμεται ποταμοῖό τε καλὰ ῥέεθρα –
ὣς αἵ, ἐπὶ ξανθὰς θέμεναι κονίῃσιν ἐθείρας,
παννύχιαι ἐλεεινὸν ἰήλεμον ὠδύροντο.
1305 Καί νύ κεν αὐτοῦ πάντες ἀπὸ ζωῆς ἐλίασθεν
νώνυμνοι καὶ ἄφαντοι ἐπιχθονίοισι δαῆναι
ἡρώων οἱ ἄριστοι ἀνηνύστῳ ἐπ' ἀέθλῳ,
ἀλλά σφεας ἐλέηραν ἀμηχανίῃ μινύθοντας
ἡρῶσσαι Λιβύης τιμήοροι, αἵ ποτ' Ἀθήνην,
1310 ἦμος ὅτ' ἐκ πατρὸς κεφαλῆς θόρε παμφαίνουσα,
ἀντόμεναι Τρίτωνος ἐφ' ὕδασι χυτλώσαντο.
ἔνδιον ἦμαρ ἔην, περὶ δ' ὀξύταται θέρον αὐγαί
ἠελίου Λιβύην· αἱ δὲ σχεδὸν Αἰσονίδαο
ἔσταν, ἕλον δ' ἀπὸ χερσὶ καρήατος ἠρέμα πέπλον.
1315 αὐτὰρ ὅγ' εἰς ἑτέρωσε παλιμπετὲς ὄμματ' ἔνεικεν,

LIVRO 4 337

vagam pela cidade esperando pelo surgimento
da guerra ou da peste ou de uma chuva
imensa que, infinita, arrasa os trabalhos dos bois,
ou quando as estátuas espontaneamente vertem sangue
ao suar e mugidos são ouvidos nos recintos sagrados,   1285
ou quando o sol, na metade do dia, transporta do céu
a noite e os astros luminosos brilham através do ar;
assim então os valorosos lentamente seguiam ao longo
da extensa praia. De imediato a escuridão da tarde
chegou. Piedosamente abraçando-se uns aos outros,   1290
despediam-se aos prantos, para que cada um então
se separasse e perecesse, tombando sobre a areia.
Cada um seguiu um rumo diferente buscando abrigo
distante. Cobrindo as cabeças com seus mantos,
deitaram-se sem comida ou sustento durante toda a noite   1295
e a manhã, em vista de uma miserabilíssima morte. À parte,
as jovens reunidas lamentavam junto à filha de Eeta.
Como quando sozinhos, após caírem da fissura de uma rocha,
pintinhos que ainda não sabem voar pipiam agudamente,
ou quando, nas margens do Pactolo de belo curso,   1300
os cisnes iniciam seu canto e, no entorno, ressoa
o orvalhado prado e a bela correnteza do rio;
assim elas, encostando no chão as loiras cabeleiras,
deploraram por toda a noite um lamento digno de pena.
E naquele mesmo local, todos eles, os melhores heróis,   1305
teriam abandonado a vida anônimos e sem vestígios para serem
conhecidos pelos homens, num trabalho inacabado.
Mas enquanto se consumiam em desespero, as heroínas
guardiãs da Líbia se apiedaram deles, as quais outrora
receberam Atena, quando irrompeu resplandecente   1310
da cabeça do pai, e a banharam nas águas do Tritão.
Era meio-dia e, ao redor, os mais penetrantes raios de sol
abrasavam a Líbia. Elas se aproximaram do Esônida
e suavemente retiraram o peplo de sua cabeça.
Mas ele desviou os olhos para outra direção,   1315

338 ARGONÁUTICAS

δαίμονας αἰδεσθείς· αὐτὸν δέ μιν ἀμφαδὸν οἷον
μειλιχίοις ἐπέεσσιν ἀτυζόμενον προσέειπον·
"Κάμμορε, τίπτ' ἐπὶ τόσσον ἀμηχανίη βεβόλησαι;
ἴδμεν ἐποιχομένους χρύσεον δέρος, ἴδμεν ἔκαστα
1320 ὑμετέρων καμάτων ὅσ' ἐπὶ χθονὸς ὅσσα τ' ἐφ' ὑγρήν
πλαζόμενοι κατὰ πόντον ὑπέρβια ἔργα κάμεσθε·
οἰοπόλοι δ' εἰμὲν χθόνιαι θεαὶ αὐδήεσσαι,
ἡρῶσσαι Λιβύης τιμήοροι ἠδὲ θύγατρες.
ἀλλ' ἄνα, μηδ' ἔτι τοῖον ὀιζύων ἀκάχησο,
1325 ἄνστησον δ' ἑτάρους· εὖτ' ἂν δέ τοι Ἀμφιτρίτη
ἅρμα Ποσειδάωνος ἐύτροχον αὐτίκα λύσῃ,
δή ῥα τότε σφετέρῃ ἀπὸ μητέρι τίνετ' ἀμοιβήν
ὧν ἔκαμεν δηρὸν κατὰ νηδύος ὕμμε φέρουσα,
καί κεν ἔτ' ἠγαθέην ἐς Ἀχαιίδα νοστήσαιτε."
1330 Ὣς ἄρ' ἔφαν, καὶ ἄφαντοι, ἵν' ἔσταθεν, ἔνθ' ἄρα ταίγε
φθογγῇ ὁμοῦ ἐγένοντο παρασχεδόν. αὐτὰρ Ἰήσων
παπτήνας ἀν' ἄρ' ἕζετ' ἐπὶ χθονός, ὧδέ τ' ἔειπεν·
"Ἵλατ' ἐρημονόμοι κυδραὶ θεαί. ἀμφὶ δὲ νόστῳ
οὔτι μάλ' ἀντικρὺ νοέω φάτιν· ἦ μὲν ἑταίρους
1335 εἰς ἓν ἀγειράμενος μυθήσομαι, εἴ νύ τι τέκμωρ
δήωμεν κομιδῆς· πολέων δέ τε μῆτις ἀρείων."
Ἦ, καὶ ἀναΐξας ἑτάρους ἐπὶ μακρὸν ἄυτει
αὐσταλέος κονίῃσι, λέων ὣς ὅς ῥά τ' ἀν' ὕλην
σύννομον ἣν μεθέπων ὠρύεται· αἱ δὲ βαρείῃ
1340 φθογγῇ ὕπο βρομέουσιν ἀν' οὔρεα τηλόθι βῆσσαι,
δείματι δ' ἄγραυλοί τε βόες μέγα πεφρίκασιν
βουπελάται τε βοῶν. τοῖς δ' οὔ νύ τι γῆρυς ἐτύχθη
ῥιγεδανὴ ἑτάροιο, φίλοις ἐπικεκλομένοιο·
ἀγχοῦ δ' ἠγερέθοντο, κατηφέες. αὐτὰρ ὁ τούσγε
1345 ἀχνυμένους ὅρμοιο πέλας μίγα θηλυτέρῃσιν
ἱδρύσας, μυθεῖτο πιφαυσκόμενος τὰ ἔκαστα·
"Κλῦτε φίλοι· τρεῖς γάρ μοι ἀνιάζοντι θεάων,
στέρφεσιν αἰγείοις ἐζωσμέναι ἐξ ὑπάτοιο
αὐχένος ἀμφί τε νῶτα καὶ ἰξύας, ἠύτε κοῦραι,
1350 ἔσταν ὑπὲρ κεφαλῆς μάλ' ἐπισχεδόν, ἂν δ' ἐκάλυψαν

LIVRO 4   339

em respeito às divindades. E somente visível a ele
próprio, apavorado, disseram-lhe melífluas palavras:
"Infortunado, por que te entregaste tanto ao desespero?
Conhecemos vossa busca pelo áureo tosão, conhecemos cada
um dos vossos sofrimentos, estes feitos extraordinários que   1320
cumpristes em terra ou nas águas, vagando pelo mar.
Somos solitárias deusas desta terra, dotadas de voz,
heroínas guardiãs e filhas da Líbia.
Levanta-te, não mais lastimes semelhante pesar
e ergue teus companheiros. Tão logo quanto   1325
Anfitrite disjunge o veloz carro de Posidão,
pagai a vossa mãe a compensação pelo que suportou
por vos ter carregado no ventre por tanto tempo.
E ainda podereis retornar à sacra Acaia."
Assim falaram e, junto com sua voz, imediatamente   1330
desapareceram do lugar onde estavam. Então Jasão,
olhando ao redor, sentou-se sobre o chão e assim falou:
"Sede propícias, ilustres deusas solitárias. Não compreendo
com exatidão vosso vaticínio sobre o retorno. De fato reunirei
os companheiros e lhes contarei isso para ver se encontramos   1335
alguma indicação de regresso. O conselho de muitos é melhor."
Disse e, levantando-se sujo de pó, grita à distância
a seus companheiros, como um leão que, na floresta,
ruge buscando sua fêmea. Os vales nas longínquas
montanhas retumbam com grave som   1340
e muito estremecem por medo os bois nos campos
e os vaqueiros. Mas não lhes causou temor
a voz do companheiro chamando os amigos.
Reuniram-se perto dele, cabisbaixos. Então Jasão fez com que
se sentassem, entristecidos, próximos de onde a nau jazia   1345
e mesclados às mulheres, e lhes disse explicando cada detalhe:
"Ouvi, amigos. Enquanto eu me afligia, três deusas
envoltas em peles de bode desde o alto do pescoço
e ao redor das costas e da cintura, como garotas,
aproximaram-se sobre minha cabeça e me descobriram,   1350

340 ARGONÁUTICAS

πέπλον ἐρυσσάμεναι κούφῃ χερί· καί μ' ἐκέλοντο
αὐτόν τ' ἔγρεσθαι ἀνά θ' ὑμέας ὄρσαι ἰόντα·
μητέρι δὲ σφετέρῃ μενοεικέα τεῖσαι ἀμοιβήν
ὧν ἔκαμεν δηρὸν κατὰ νηδύος ἄμμε φέρουσα,
1355 ὁππότε κεν λύσῃσιν ἐύτροχον Ἀμφιτρίτη
ἅρμα Ποσειδάωνος· ἐγὼ δ' οὐ πάγχυ νοῆσαι
τῆσδε θεοπροπίης ἴσχω πέρι. φάν γε μὲν εἶναι
ἡρῶσσαι Λιβύης τιμήοροι ἠδὲ θύγατρες·
καὶ δ' ὁπόσ' αὐτοὶ πρόσθεν ἐπὶ χθονὸς ἠδ' ὅσσ' ἐφ' ὑγρῆς
1360 ἔτλημεν, τὰ ἕκαστα διίδμεναι εὐχετόωντο.
οὐδ' ἔτι τάσδ' ἀνὰ χῶρον ἐσέδρακον, ἀλλά τις ἀχλύς
ἠὲ νέφος μεσσηγὺ φαεινομένας ἐκάλυψεν."
Ὣς ἔφαθ'· οἱ δ' ἄρα πάντες ἐθάμβεον εἰσαΐοντες.
ἔνθα τὸ μήκιστον τεράων Μινύῃσιν ἐτύχθη.
1365 ἐξ ἁλὸς ἤπειρόνδε πελώριος ἄνθορεν ἵππος
ἀμφιλαφὴς χρυσέῃσι μετήορος αὐχένα χαίταις·
ῥίμφα δὲ σεισάμενος γυίων ἄπο νήχυτον ἅλμην
ὦρτο θέειν πνοιῇ ἴκελος πόδας. αἶψα δὲ Πηλεύς
γηθήσας ἑτάροισιν ὁμηγερέεσσι μετηύδα·
1370 "'Ἅρματα μὲν δή φημι Ποσειδάωνος ἔγωγε
ἤδη νῦν ἀλόχοιο φίλης ὑπὸ χερσὶ λελύσθαι·
μητέρα δ' οὐκ ἄλλην προτιόσσομαι ἠέ περ αὐτήν
νῆα πέλειν· ἦ γάρ, κατὰ νηδύος αἰὲν ἔχουσα
νωλεμές, ἀργαλέοισιν ὀιζύει καμάτοισιν.
1375 ἀλλά μιν ἀστεμφεῖ τε βίῃ καὶ ἀτειρέσιν ὤμοις
ὑψόθεν ἀνθέμενοι ψαμαθώδεος ἔνδοθι γαίης
οἴσομεν ᾗ προτέρωσε ταχὺς πόδας ἤλασεν ἵππος·
οὐ γὰρ ὅγε ξηρὴν ὑποδύσεται, ἴχνια δ' ἡμῖν
σημανέειν τιν' ἔολπα μυχὸν καθύπερθε θαλάσσης."
1380 Ὣς ηὔδα· πάντεσσι δ' ἐπήβολος ἤνδανε μῆτις.
Μουσάων ὅδε μῦθος, ἐγὼ δ' ὑπακουὸς ἀείδω
Πιερίδων, καὶ τήνδε πανατρεκὲς ἔκλυον ὀμφήν,
ὑμέας, ὦ πέρι δὴ μέγα φέρτατοι υἷες ἀνάκτων,
ᾗ βίῃ, ᾗ ἀρετῇ Λιβύης ἀνὰ θῖνας ἐρήμους
1385 νῆα μεταχρονίην ὅσα τ' ἔνδοθι νηὸς ἄγεσθε

LIVRO 4   341

puxando o peplo com leve mão. Ordenaram que eu
próprio despertasse e que fosse vos incitar.
E que à nossa mãe pagássemos generosa compensação
por nos ter carregado no ventre durante tanto tempo,
no momento em que Anfitrite disjunge o veloz carro   1355
de Posidão. Mas não sou capaz de compreender
inteiramente esta profecia. Elas disseram ser
heroínas guardiãs e filhas da Líbia.
E asseguram conhecer detalhadamente o quanto
nós próprios padecemos em terra ou nas águas.   1360
E não mais as vi no local, mas uma neblina
ou nuvem as cobriu em meio a tal aparição."
Assim falou. Todos se admiraram ao ouvi-lo.
Então o maior dos portentos ocorreu aos mínias.
Do mar em direção à terra irrompeu um prodigioso cavalo,   1365
enorme, erguendo o pescoço com áurea crina.
Sacudindo com rapidez a abundante água marinha, ele se pôs
a correr, semelhante ao vento quanto às patas. Prontamente
Peleu alegrou-se e se dirigiu aos companheiros reunidos:
"Eu afirmo que o carro de Posidão, nesse momento,   1370
já se encontra disjungido pelas mãos da cara esposa.
E interpreto que a mãe não é outra coisa que a própria
nau, pois, de fato, ela sempre nos carrega no ventre
sem cessar e padece de dolorosos sofrimentos.
Vamos! Erguendo-a com sólida força e infatigáveis   1375
ombros, a levaremos para o interior desta terra arenosa,
na direção em que o veloz cavalo conduzir os passos.
Pois ele não imergirá na terra seca e espero que suas
pegadas nos indiquem um golfo de mar ao norte."
Assim falou. O plano apropriado agradou a todos.   1380
Este é um relato das musas, eu canto obediente
às Piérides e ouvi com toda exatidão essa história:
que vós, ó mais valorosos filhos de reis,
com força e virtude levastes, pelas ermas dunas
da Líbia, a nau suspensa e tudo o que havia nela,   1385

ἀνθεμένους ὤμοισι φέρειν δυοκαίδεκα πάντα
ἦμαθ' ὁμοῦ νύκτας τε. δύην γε μὲν †ἦ καὶ ὀιζύν
τίς κ' ἐνέποι τὴν κεῖνοι ἀνέπλησαν μογέοντες;
ἔμπεδον ἀθανάτων ἔσαν αἵματος, οἷον ὑπέσταν
1390 ἔργον ἀναγκαίῃ βεβιημένοι. αὐτὰρ ἐπιπρό
τῆλε μάλ' ἀσπασίως Τριτωνίδος ὕδασι λίμνης
ὡς φέρον, ὣς εἰσβάντες ἀπὸ στιβαρῶν θέσαν ὤμων.
Λυσσαλέοις δῆπειτ' ἴκελοι κυσὶν ἀίσσοντες
πίδακα μαστεύεσκον, ἐπὶ ξηρὴ γὰρ ἔκειτο
1395 δίψα δυηπαθίῃ τε καὶ ἄλγεσιν. οὐδ' ἐμάτησαν
πλαζόμενοι· ἷξον δ' ἱερὸν πέδον, ᾧ ἔνι Λάδων
εἰσέτι που χθιζὸν παγχρύσεα ῥύετο μῆλα
χώρῳ ἐν Ἄτλαντος, χθόνιος ὄφις, ἀμφὶ δὲ νύμφαι
Ἑσπερίδες ποίπνυον ἐφίμερον ἀείδουσαι·
1400 τῆμος δ' ἤδη κεῖνος ὑφ' Ἡρακλῆι δαϊχθείς
μήλειον βέβλητο ποτὶ στύπος, οἰόθι δ' ἄκρῃ
οὐρῇ ἔτι σκαίρεσκεν, ἀπὸ κρατὸς δὲ κελαινήν
ἄχρις ἐπ' ἄκνηστιν κεῖτ' ἄπνοος· ἐν δὲ λιπόντων
ὕδρης Λερναίης χόλον αἵματι πικρὸν ὀιστῶν,
1405 μυῖαι πυθομένοισιν ἐφ' ἕλκεσι τερσαίνοντο.
ἀγχοῦ δ' Ἑσπερίδες, κεφαλαῖς ἔπι †χεῖρας ἔχουσαι
ἀργυφέας ξανθῇσι, λίγ' ἔστενον. οἱ δ' ἐπέλασσαν
ἄφνω ὁμοῦ· ταὶ δ' αἶψα κόνις καὶ γαῖα, κιόντων
ἐσσυμένως, ἐγένοντο καταυτόθι. νώσατο δ' Ὀρφεύς
1410 θεῖα τέρα, τὼς δέ σφε παρηγορέεσκε λιτῇσιν·
"Δαίμονες ὦ καλαὶ καὶ εὔφρονες, ἵλατ' ἄνασσαι,
εἴτ' οὖν οὐρανίαις ἐναρίθμιοί ἐστε θεῇσιν
εἴτε καταχθονίαις, εἴτ' οἰοπόλοι καλέεσθε
†νύμφαι· ἵτ' ὦ† νύμφαι, ἱερὸν γένος Ὠκεανοῖο,
1415 δείξατ' ἐελδομένοισιν ἐνωπαδὶς ἄμμι φανεῖσαι
ἤ τινα πετραίην χύσιν ὕδατος ἤ τινα γαίης
ἱερὸν ἐκβλύοντα θεαὶ ῥόον, ᾧ ἀπὸ δίψαν
αἰθομένην ἄμοτον λωφήσομεν. εἰ δέ κεν αὖτις
δή ποτ' Ἀχαιίδα γαῖαν ἱκώμεθα ναυτιλίῃσιν,
1420 δὴ τότε μυρία δῶρα μετὰ πρώτῃσι θεάων

LIVRO 4 343

carregando-a sobre os ombros durante doze dias inteiros
e doze noites. Quem conseguiria contar o sofrimento
e o pesar que eles suportaram nessa tarefa?
Seguramente descendiam do sangue dos imortais, tamanho
era o trabalho que cumpriram forçados pela necessidade. Bem 1390
longe adiante, assim como alegremente a carregavam até as águas
do lago Tritônide, dessa forma a retiraram dos vigorosos ombros.
Em seguida, semelhantes a cães raivosos, punham-se
a procurar uma fonte, pois a seca sede os oprimia
junto ao sofrimento e às dores. Mas eles não vagaram 1395
em vão. Chegaram a um campo sagrado no qual Ladão,
a serpente ctônica, ainda mesmo ontem protegia as maçãs
áureas no território de Atlas, e, ao redor, as ninfas
Hespérides diligentemente entoavam amáveis cantos.
Nesse momento, já perfurada por Héracles, ela estava 1400
caída perto do tronco de uma macieira e somente a ponta
da cauda ainda se contorcia, mas da cabeça até a negra
espinha jazia sem vida. Uma vez que as flechas deixaram
em seu sangue o acerbo veneno da Hidra de Lerna,
as moscas ficavam ressequidas sobre as pútridas feridas. 1405
Nas cercanias, as Hespérides seguravam com argênteas mãos
as loiras cabeças e emitiam um agudo lamento. Os heróis
de imediato se aproximaram. Diante da repentina chegada,
elas subitamente se tornaram pó e terra no mesmo local. Orfeu
reconheceu o portento divino e assim as exortava com preces: 1410
"Ó belas e benévolas divindades, sede propícias,
soberanas, seja se contais entre as deusas celestes,
seja entre as ctônicas, seja se vos chamais ninfas
solitárias. Vinde, ó ninfas, sagrada prole de Oceano,
e surgindo ante nossos olhos desejosos mostrai 1415
um curso d'água oriundo das rochas ou um sagrado
regato, deusas, que jorre da terra, com o qual poderemos
saciar nossa sede ardente sem cessar. Se, por ventura,
nesta viagem, retornarmos à terra acaia,
então vos ofereceremos de bom grado, entre as primeiras 1420

344 ARGONÁUTICAS

λοιβάς τ᾽ εἰλαπίνας τε παρέξομεν εὐμενέοντες.”
Ὣς φάτο λισσόμενος ἀδινῇ ὀπί, ταὶ δ᾽ ἐλέαιρον
ἐγγύθεν ἀχνυμένους· καὶ δὴ χθονὸς ἐξανέτειλαν
ποίην πάμπρωτον, ποίης γε μὲν ὑψόθι μακροὶ
1425 βλάστεον ὄρπηκες, μετὰ δ᾽ ἔρνεα τηλεθάοντα
πολλὸν ὑπὲρ γαίης ὀρθοσταδὸν ᾐέξοντο·
Ἑσπέρη αἴγειρος, πτελέη δ᾽ Ἐρυθηὶς ἔγεντο,
Αἴγλη δ᾽ ἰτείης ἱερὸν στύπος. ἐκ δέ νυ κείνων
δενδρέων, οἷαι ἔσαν, τοῖαι πάλιν ἔμπεδον αὔτως
1430 ἐξέφανεν, θάμβος περιώσιον. ἔκφατο δ᾽ Αἴγλη
μειλιχίοις ἐπέεσσιν ἀμειβομένη χατέοντας·
“Ἦ ἄρα δὴ μέγα πάμπαν ἐφ᾽ ὑμετέροισιν ὄνειαρ
δεῦρ᾽ ἔμολεν καμάτοισιν ὁ κύντατος, ὅστις ἀπούρας
φρουρὸν ὄφιν ζωῆς, παγχρύσεα μῆλα θεάων
1435 οἴχετ᾽ ἀειράμενος, στυγερὸν δ᾽ ἄχος ἄμμι λέλειπται.
ἤλυθε γὰρ χθιζός τις ἀνὴρ ὀλοώτατος ὕβριν
καὶ δέμας, ὄσσε δέ οἱ βλοσυρῷ ὑπ᾽ ἔλαμπε μετώπῳ,
νηλής· ἀμφὶ δὲ δέρμα πελωρίου ἕστο λέοντος
ὠμόν, ἀδέψητον· στιβαρὸν δ᾽ ἔχεν ὄζον ἐλαίης
1440 τόξα τε, τοῖσι πέλωρ τόδ᾽ ἀπέφθισεν ἰοβολήσας.
ἤλυθεν οὖν καὶ κεῖνος, ἅ τε χθόνα πεζὸς ὁδεύων,
δίψῃ καρχαλέος· παίφασσε δὲ τόνδ᾽ ἀνὰ χῶρον,
ὕδωρ ἐξερέων. τὸ μὲν οὔ ποθι μέλλεν ἰδέσθαι·
τῇδε δέ τις πέτρη Τριτωνίδος ἐγγύθι λίμνης·
1445 τὴν ὅγ᾽ (ἐπιφρασθείς, ἢ καὶ θεοῦ ἐννεσίῃσι)
λὰξ ποδὶ τύψεν ἔνερθε, τὸ δ᾽ ἀθρόον ἔβλυσεν ὕδωρ·
αὐτὰρ ὅγ᾽, ἄμφω χεῖρε πέδῳ καὶ στέρνον ἐρείσας,
ῥωγάδος ἐκ πέτρης πίεν ἄσπετον, ὄφρα βαθεῖαν
νηδύν, φορβάδι ἶσος ἐπιπροπεσών, ἐκορέσθη.”
1450 Ὣς φάτο· τοὶ δ᾽ ἀσπαστὸν ἵνα σφίσι πέφραδεν Αἴγλη
πίδακα, τῇ θέον αἶψα κεχαρμένοι, ὄφρ᾽ ἐπέκυρσαν.
ὡς δ᾽ ὁπότε στεινὴν περὶ χηραμὸν εἱλίσσονται
γειομόροι μύρμηκες ὁμιλαδόν, ἢ ὅτε μυῖαι
ἀμφ᾽ ὀλίγην μέλιτος γλυκεροῦ λίβα πεπτηυῖαι
1455 ἄπλητον μεμάασιν ἐπήτριμοι – ὣς τότ᾽ ἀολλεῖς

LIVRO 4   345

deusas, inúmeros presentes, libações e festins."
Assim falou, suplicando com voz premente. No mesmo
instante elas se apiedaram de seus pesares. E primeiro
fizeram brotar da terra a grama e, da grama, longos ramos
germinavam para o alto e, em seguida, jovens árvores   1425
florescentes cresciam eretas, muito acima da terra.
Héspere se tornou um choupo, Erítide, um olmo,
e Egle, um sagrado tronco de salgueiro. E a partir dessas
árvores, como eram, reapareceram exatamente com a forma
anterior, uma imensurável maravilha. Egle falou   1430
com melífluas palavras em resposta às suas necessidades:
"Certamente um muito grande auxílio a vossas fadigas
aqui chegou, um despudorado, o qual, após privar da vida
a serpente vigilante, partiu levando as áureas maçãs
das deusas e nos deixou em odioso sofrimento.   1435
Pois ontem veio um homem funestíssimo em violência e porte
e seus dois olhos brilhavam sob assustadora sobrancelha,
impiedoso. Vestia a pele de um monstruoso leão,
crua e não curtida, e portava um robusto ramo de oliveira
e um arco, com o qual alvejou este monstro e o matou.   1440
Ele veio, por fim, como quem atravessa o território a pé,
com uma árida sede. E se impelia por essa região
em busca de água, mas não a enxergava em parte alguma.
Aqui há uma rocha situada perto do lago Tritônide.
Refletindo por si só ou por sugestão de um deus, ele   1445
a golpeou na base com o pé e a abundante água jorrou.
Então, apoiando ambas as mãos e o peito no chão,
bebia descomunalmente da rocha fendida, até que saciou
o enorme ventre, prostrado como um animal de pasto."
Assim falou. Eles de imediato correram jubilosos para o local 1450
onde Egle lhes havia indicado, até o alcançarem.
Como quando formigas que loteiam a terra se aglomeram
ao redor de uma estreita fissura, ou quando moscas
se precipitam sobre uma pequena gota do doce mel,
num enxame insaciavelmente ávido; assim então   1455

346 ARGONÁUTICAS

πετραίῃ Μινύαι περὶ πίδακι δινεύεσκον.
καί πού τις διεροῖς ἐπὶ χείλεσιν εἶπεν ἰανθείς·
"Ὦ πόποι, ἦ καὶ νόσφιν ἐὼν ἐσάωσεν ἑταίρους
Ἡρακλέης δίψῃ κεκμηότας. ἀλλά μιν εἴ πως
1460 δήοιμεν στείχοντα δι' ἠπείροιο κιόντες."
Ἦ· καὶ ἀγειρομένων οἵ τ' ἄρμενοι ἐς τόδε ἔργον,
ἔκριθεν ἄλλυδις ἄλλος ἐπαΐξας ἐρεείνειν·
ἴχνια γὰρ νυχίοισιν ἐπηλίνδητ' ἀνέμοισιν
κινυμένης ἀμάθου. Βορέαο μὲν ὡρμήθησαν
1465 υἷε δύω πτερύγεσσι πεποιθότε, ποσσὶ δὲ κούφοις
Εὔφημος πίσυνος, Λυγκεύς γε μὲν ὀξέα τηλοῦ
ὄσσε βαλεῖν, πέμπτος δὲ μετὰ σφίσιν ἔσσυτο Κάνθος.
τὸν μὲν ἄρ' αἶσα θεῶν κείνην ὁδὸν ἠνορέη τε
ὦρσεν, ἵν' Ἡρακλῆος ἀπηλεγέως πεπύθοιτο
1470 Εἰλατίδην Πολύφημον ὅπῃ λίπε, μέμβλετο γάρ οἱ
οὗ ἕθεν ἀμφ' ἑτάροιο μεταλλῆσαι τὰ ἕκαστα.
ἀλλ' ὁ μὲν οὖν, Μυσοῖσιν ἐπικλεὲς ἄστυ πολίσσας,
γνωστοῦ κηδοσύνῃσιν ἔβη διζήμενος Ἀργώ
τῆλε δι' ἠπείροιο, τέως ἐξίκετο γαῖαν
1475 ἀγχιάλων Χαλύβων· τόθι μιν καὶ μοῖρ' ἐδάμασσεν,
καί οἱ ὑπὸ βλωθρὴν ἀχερωίδα σῆμα τέτυκται
τυτθὸν ἁλὸς προπάροιθεν. ἀτὰρ τότε γ' Ἡρακλῆα
μοῦνος ἀπειρεσίης τηλοῦ χθονὸς εἴσατο Λυγκεύς
τὼς ἰδέειν, ὥς τίς τε νέης ἐνὶ ἤματι μήνην
1480 ἢ ἴδεν ἢ ἐδόκησεν ἐπαχλύουσαν ἰδέσθαι·
ἐς δ' ἑτάρους ἀνιὼν μυθήσατο μή μιν ἔτ' ἄλλον
μαστῆρα στείχοντα κιχησέμεν. ὡς δὲ καὶ αὐτοὶ
ἤλυθον Εὔφημός τε πόδας ταχὺς υἷέ τε δοιώ
Θρηικίου Βορέω, μεταμώνια μοχθήσαντες·
1485 Κάνθε, σὲ δ' οὐλόμεναι Λιβύῃ ἔνι Κῆρες ἕλοντο.
πώεσι φερβομένοισι συνήντεες, εἵπετο δ' ἀνήρ
αὐλίτης· ὅ σ' ἐῶν μήλων πέρι, τόφρ' ἑτάροισι
δευομένοις κομίσειας, ἀλεξόμενος κατέπεφνε
λᾶι βαλών· ἐπεὶ οὐ μὲν ἀφαυρότερός γ' ἐτέτυκτο,
1490 υἱωνὸς Φοίβοιο Λυκωρείοιο Κάφαυρος

LIVRO 4   347

os mínias reunidos rodeavam a fonte oriunda da rocha.
E alguém, regozijando com os lábios úmidos, disse:
"Incrível! Embora distante, Héracles salvou
os companheiros que sofriam de sede. Quem dera
se, percorrendo esta terra, o encontrássemos a vagar." 1460
Disse. E, ao se reunirem os heróis adequados a tal tarefa,
cada um seguiu numa direção diferente em sua procura.
As pegadas foram apagadas quando a areia foi varrida
pelos ventos noturnos. Os dois filhos de Bóreas se lançaram
confiantes em suas asas, Eufemo valendo-se dos ligeiros 1465
pés, Linceu capaz de lançar à longa distância olhares
penetrantes e, em quinto lugar junto deles, apressou-se Canto.
O destino dos deuses e sua virilidade o impeliram àquele
caminho para, com precisão, se informar com Héracles
onde ele abandonara o Ilátida Polifemo, pois lhe interessava 1470
questionar detalhadamente acerca de seu companheiro.
Mas Polifemo, após fundar uma famosa cidade entre os mísios,
ansiando por reconhecimento, pôs-se a buscar Argo
longe, através do território, até chegar à terra
dos cálibes costeiros. Lá o destino o subjugou 1475
e uma tumba lhe foi erigida sob um elevado choupo,
numa curta distância do mar. Somente
Linceu pensou ter visto Héracles longe da imensa
terra, como alguém vê ou julga ter visto a lua
envolta por nuvens no primeiro dia do mês. 1480
Quando retornou aos companheiros, garantiu-lhes
que nenhum outro o alcançaria em sua rota. E também
voltaram Eufemo, de pés velozes, e os dois filhos
do trácio Bóreas, depois de um esforço inútil.
Quanto a ti, Canto, as funestas Ceres te arrebataram na Líbia. 1485
Encontraste um rebanho no pasto e um pastor o seguia,
o qual, em defesa de suas ovelhas, já que pretendias
levá-las aos carentes companheiros, matou-te arremessando
uma pedra. Pois não era de modo algum inferior
este Cafauro, neto de Febo Licoreu 1490

348 ARGONÁUTICAS

κούρης τ' αἰδοίης Ἀκακαλλίδος, ἥν ποτε Μίνως
ἐς Λιβύην ἀπένασσε θεοῦ βαρὺ κῦμα φέρουσαν,
θυγατέρα σφετέρην· ἡ δ' ἀγλαὸν υἱέα Φοίβῳ
τίκτεν, ὃν Ἀμφίθεμιν Γαράμαντά τε κικλήσκουσιν·
1495 Ἀμφίθεμις δ' ἄρ' ἔπειτα μίγη Τριτωνίδι νύμφῃ·
ἡ δ' ἄρα οἱ Νασάμωνα τέκε κρατερόν τε Κάφαυρον,
ὃς τότε Κάνθον ἔπεφνεν ἐπὶ ῥήνεσσιν ἑοῖσιν.
οὐδ' ὅγ' ἀριστήων χαλεπὰς ἠλεύατο χεῖρας,
ὡς μάθον οἷον ἔρεξε. νέκυν δ' ἀνάειραν ὀπίσσω
1500 †πυθόμενοι Μινύαι, γαίῃ δ' ἐνὶ ταρχύσαντο
μυρόμενοι· τὰ δὲ μῆλα μετὰ σφέας οἵγ' ἐκόμισσαν.
Ἔνθα καὶ Ἀμπυκίδην αὐτῷ ἐνὶ ἥματι Μόψον
νηλειὴς ἕλε πότμος, ἀδευκέα δ' οὐ φύγεν αἶσαν
μαντοσύναις· οὐ γάρ τις ἀποτροπίη θανάτοιο.
1505 κεῖτο γὰρ ἐν ψαμάθοισι, μεσημβρινὸν ἧμαρ ἀλύσκων,
δεινὸς ὄφις, νωθὴς μὲν ἑκὼν ἀέκοντα χαλέψαι,
οὐδ' ἂν ὑποτρέσσαντος ἐνωπαδὶς ἀίξειεν·
ἀλλ' ᾧ κεν τὰ πρῶτα μελάγχιμον ἰὸν ἐνείη
ζωόντων ὅσα γαῖα φερέσβιος ἔμπνοα βόσκει,
1510 οὐδ' ὁπόσον πήχυιον ἐς Ἅιδα γίγνεται οἶμος,
οὐδ' εἰ Παιήων (εἴ μοι θέμις ἀμφαδὸν εἰπεῖν)
φαρμάσσοι, ὅτε μοῦνον ἐνιχρίμψῃσιν ὀδοῦσιν.
εὖτε γὰρ ἰσόθεος Λιβύην ὑπερέπτατο Περσεύς
Εὐρυμέδων (καὶ γὰρ τὸ κάλεσκέ μιν οὔνομα μήτηρ)
1515 Γοργόνος ἀρτίτομον κεφαλὴν βασιλῆι κομίζων,
ὅσσαι κυανέου στάγες αἵματος οὔδας ἵκοντο,
αἱ πᾶσαι κείνων ὀφίων γένος ἐβλάστησαν.
τῷ δ' ἄκρην ἐπ' ἄκανθαν ἐνεστηρίξατο Μόψος
λαιὸν ἐπιπροφέρων ταρσὸν ποδός· αὐτὰρ ὁ μέσσην
1520 κερκίδα καὶ μυῶνα πέριξ ὀδύνῃσιν ἑλιχθεὶς
σάρκα δακὼν ἐχάραξεν. ἀτὰρ Μήδεια καὶ ἄλλαι
ἔτρεσαν ἀμφίπολοι· ὁ δὲ φοίνιον ἕλκος ἄφασσεν
θαρσαλέως, ἔνεκ' οὔ μιν ὑπέρβιον ἄλγος ἔτειρεν,
σχέτλιος· ἦ τέ οἱ ἤδη ὑπὸ χροῒ δύετο κῶμα
1525 λυσιμελές, πολλὴ δὲ κατ' ὀφθαλμῶν χέετ' ἀχλύς.

LIVRO 4   349

e da casta Acacálide, que outrora Minos
expulsara rumo à Líbia, apesar de ser sua filha, pois portava
a pesada semente do deus. Ela pariu a Febo um filho
ilustre, cujos nomes seriam Anfitêmide e Garamante.
Anfitêmide, depois, uniu-se a uma ninfa Tritônide   1495
e ela lhe pariu Nasamão e o robusto Cafauro,
o qual, então, matara Canto por causa de seus cordeiros.
Mas ele não pôde evitar as ferozes mãos dos valorosos
assim que souberam do ocorrido. Depois de o acharem,
os mínias recolheram o cadáver e o sepultaram na terra,   1500
aos prantos. E levaram com eles as ovelhas.
Então, no mesmo dia, o cruel destino arrebatou
o Ampícida Mopso e ele não escapou do amargo fado
pela adivinhação. Pois não é possível se esquivar da morte.
Evitando o calor do meio-dia, jazia na areia uma terrível   1505
serpente, preguiçosa para voluntariamente prejudicar quem não
pretendia lhe fazer mal e sequer atacaria de frente quem recuasse.
Mas em quem, dentre os seres vivos animados,
nutridos pela vivificante terra, ela venha a injetar o negro veneno,
nem em um côvado se distancia o caminho até o Hades,   1510
nem mesmo se Peã (se me é permitido falar abertamente!)
pudesse medicá-lo, tão logo ela somente o perfurasse com os dentes.
Pois quando, semelhante aos deuses, Perseu Eurimedonte (também
sua mãe o chamava por esse nome) voava sobre a Líbia,
trazendo a recém-cortada cabeça da Górgona ao rei,   1515
as gotas todas do negro sangue que caíram sobre
o chão engendraram a raça dessas serpentes.
Mopso pisou na ponta de seu dorso ao avançar
com a planta esquerda do pé. Então com dores, enroscando-se
ao redor da parte inferior da perna e do músculo,   1520
com uma mordida lhe rasgou a carne. Medeia e as outras
servas fugiram assustadas. Ele apalpava a rubra ferida
com confiança, porque ela não lhe causava excessiva dor,
infeliz! Decerto sob a pele já se espalhava um paralisante
torpor e uma densa névoa cobria-lhe os olhos.   1525

αὐτίκα δὲ κλίνας δαπέδῳ βεβαρηότα γυῖα
ψύχετ᾽ ἀμηχανίῃ· ἕταροι δέ μιν ἀμφαγέροντο
ἥρως τ᾽ Αἰσονίδης, ἀδινῇ περιθαμβέες ἄτῃ.
οὐδὲ μὲν οὐδ᾽ ἐπὶ τυτθὸν ἀποφθίμενός περ ἔμελλε
1530 κεῖσθαι ὑπ᾽ ἠελίῳ· πύθεσκε γὰρ ἔνδοθι σάρκας
ἰὸς ἄφαρ, μυδόωσα δ᾽ ἀπὸ χροὸς ἔρρεε λάχνη.
αἶψα δὲ χαλκείῃσι βαθὺν τάφον ἐξελάχαινον
ἐσσυμένως μακέλῃσιν· ἐμοιρήσαντο δὲ χαίτας
αὐτοὶ ὁμῶς κοῦραί τε, νέκυν ἐλεεινὰ παθόντα
1535 μυρόμενοι· τρὶς δ᾽ ἀμφὶ σὺν ἔντεσι δινηθέντες
εὖ κτερέων ἴσχοντα, χυτὴν ἐπὶ γαῖαν ἔθεντο.
Ἀλλ᾽ ὅτε δή ῥ᾽ ἐπὶ νηὸς ἔβαν, πρήσσοντος ἀήτεω
ἂμ πέλαγος νοτίοιο, πόρους τ᾽ ἀπετεκμαίροντο
λίμνης ἐκπρομολεῖν Τριτωνίδος, οὔ τινα μῆτιν
1540 δὴν ἔχον, ἀφραδέως δὲ πανημέριοι φορέοντο.
ὡς δὲ δράκων σκολιὴν εἱλιγμένος ἔρχεται οἶμον,
εὖτέ μιν ὀξύτατον θάλπει σέλας ἠελίοιο,
ῥοίζῳ δ᾽ ἔνθα καὶ ἔνθα κάρη στρέφει, ἐν δέ οἱ ὄσσε
σπινθαρύγεσσι πυρὸς ἐναλίγκια μαιμώοντι
1545 λάμπεται, ὄφρα μυχόνδε διὰ ῥωχμοῖο δύηται –
ὣς Ἀργώ, λίμνης στόμα ναύπορον ἐξερέουσα,
ἀμφεπόλει δηναιὸν ἐπὶ χρόνον. αὐτίκα δ᾽ Ὀρφεύς
κέκλετ᾽ Ἀπόλλωνος τρίποδα μέγαν ἔκτοθι νηός
δαίμοσιν ἐγγενέταις νόστῳ ἔπι μείλια θέσθαι.
1550 καὶ τοὶ μὲν Φοίβου κτέρας ἵδρυον ἐν χθονὶ βάντες·
τοῖσιν δ᾽ αἰζηῷ ἐναλίγκιος ἀντεβόλησε
Τρίτων εὐρυβίης· γαίης δ᾽ ἀνὰ βῶλον ἀείρας
ξείνι᾽ ἀριστήεσσι προΐσχετο, φώνησέν τε·
"Δέχθε φίλοι, ἐπεὶ οὐ περιώσιον ἐγγυαλίξαι
1555 ἐνθάδε νῦν πάρ᾽ ἐμοὶ ξεινήιον ἀντομένοισιν.
εἰ δέ τι τῆσδε πόρους μαίεσθ᾽ ἁλός, οἷά τε πολλά
ἄνθρωποι χατέουσιν ἐπ᾽ ἀλλοδαπῇ περόωντες,
ἐξερέω· δὴ γάρ με πατὴρ ἐπιίστορα πόντου
θῆκε Ποσειδάων τοῦδ᾽ ἔμμεναι, αὐτὰρ ἀνάσσω
1560 παρραλίης, εἰ δή τιν᾽ ἀκούετε νόσφιν ἐόντες

LIVRO 4   351

Em seguida, reclinando no chão os pesados membros,
ele se esfriava, desvalido. Os companheiros e o herói Esônida
circundavam-no, surpresos diante da terrível desgraça.
Nem mesmo por pouco tempo após morrer lhe foi possível
jazer sob o sol, pois o veneno de imediato putrefazia a carne   1530
por dentro e os pelos decompostos se soltavam da pele.
Imediatamente se apressaram a escavar uma tumba profunda
com brônzeas enxadas. Eles cortaram os cabelos, bem como
as jovens, e lamentaram o sofrimento digno de pena
do finado. Após girarem três vezes com armas ao redor do cadáver   1535
para lhe renderem honras fúnebres, ergueram com terra uma sepultura.
Quando embarcaram na nau, com o sopro do vento sul
sobre o mar, tentavam encontrar passagens para deixarem
o lago Tritônide, mas durante muito tempo não tiveram plano
algum, passando o dia inteiro à deriva e sem rumo.   1540
Como uma serpente tortuosa avança por um caminho sinuoso
quando os ardentíssimos raios de sol a inflamam,
girando a cabeça de um lado ao outro enquanto sibila,
e seus olhos, semelhantes a faíscas de fogo, brilham
enfurecidos, até penetrar na toca através de uma fenda;   1545
assim Argo, procurando a foz navegável do lago,
vagava durante muito tempo. Repentinamente Orfeu
exortou-os a retirarem da nau a grande trípode de Apolo e fazerem
uma oferenda propiciatória às divindades locais em vista do regresso.
E eles, descendo à terra, erguiam o presente de Febo.   1550
Veio ao seu encontro, semelhante a um homem vigoroso,
Tritão de vasta força. Recolhendo um torrão de terra,
ofereceu aos valorosos como dom de hospitalidade e lhes disse:
"Aceitai-o, caros, já que agora não disponho aqui comigo
de excelente dom de hospitalidade para conceder aos visitantes.   1555
Se buscais as passagens deste mar, como os homens
costumam necessitar ao atravessarem uma terra estrangeira,
dir-vos-ei. Pois meu pai Posidão me fez conhecedor
deste mar e sou o regente do litoral, caso tenhais ouvido
falar, embora distantes, acerca de um certo   1560

Εὐρύπυλον Λιβύῃ θηροτρόφῳ ἐγγεγαῶτα."
Ὣς ηὔδα· πρόφρων δ' ὑπόσχεθε βώλακι χεῖρας
Εὔφημος, καὶ τοῖα παραβλήδην προσέειπεν·
"Ἀπίδα καὶ πέλαγος Μινώιον εἴ νύ που ἥρως
1565 ἐξεδάης, νημερτὲς ἀνειρομένοισιν ἔνισπε.
δεῦρο γὰρ οὐκ ἐθέλοντες ἱκάνομεν, ἀλλὰ βορείαις
χρίμψαντες γαίης ἐνὶ πείρασι τῆσδε θυέλλαις,
νῆα μεταχρονίην ἐκομίσσαμεν ἐς τόδε λίμνης
χεῦμα δι' ἠπείρου, βεβαρημένοι· οὐδέ τι ἴδμεν
1570 πῇ πλόος ἐξανάγει Πελοπηίδα γαῖαν ἱκέσθαι."
Ὣς ἄρ' ἔφη· ὁ δὲ χεῖρα τανύσσατο, δεῖξε δ' ἄπωθεν
φωνήσας πόντον τε καὶ ἀγχιβαθὲς στόμα λίμνης·
"Κείνη μὲν πόντοιο διήλυσις, ἔνθα μάλιστα
βένθος ἀκίνητον μελανεῖ, ἑκάτερθε δὲ λευκαί
1575 ῥηγμῖνες φρίσσουσι διαυγέες· ἡ δὲ μεσηγύ
ῥηγμίνων στεινὴ τελέθει ὁδὸς ἐκτὸς ἐλάσσαι·
κεῖνο δ' ὑπηέριον θείην Πελοπηίδα γαῖαν
εἰσανέχει πέλαγος Κρήτης ὕπερ. ἀλλ' ἐπὶ χειρός
δεξιτερῆς, λίμνηθεν ὅτ' εἰς ἁλὸς οἶδμα βάλητε,
1580 τόφρ' αὐτὴν παρὰ χέρσον ἐεργμένοι ἰθύνεσθε
ἔστ' ἂν ἄνω τείνῃσι· περιρρήδην δ' ἑτέρωσε
κλινομένης χέρσοιο, τότε πλόος ὔμμιν ἀπήμων
ἀγκῶνος τετάνυσται ἄπο προύχοντος ἰοῦσιν.
ἀλλ' ἴτε γηθόσυνοι, καμάτοιο δὲ μή τις ἀνίη
1585 γιγνέσθω, νεότητι κεκασμένα γυῖα μογῆσαι."
Ἴσκεν εὐφρονέων· οἱ δ' αἶψ' ἐπὶ νηὸς ἔβησαν,
λίμνης ἐκπρομολεῖν λελιημένοι εἰρεσίῃσιν,
καὶ δὴ ἐπιπρονέοντο μεμαότες· αὐτὰρ ὁ τείως
Τρίτων, ἀνθέμενος τρίποδα μέγαν, εἴσατο λίμνην
1590 εἰσβαίνειν· μετὰ δ' οὔ τις ἐσέδρακεν οἷον ἄφαντος
αὐτῷ σὺν τρίποδι σχεδὸν ἔπλετο. τοῖσι δ' ἰάνθη
θυμὸς ὃ δὴ μακάρων τις ἐναίσιμος ἀντεβόλησεν,
καί ῥά οἱ Αἰσονίδην μήλων ὅ τι φέρτατον ἄλλων
ἤνωγον ῥέξαι καὶ ἐπευφημῆσαι ἑλόντα.
1595 αἶψα δ' ὅγ' ἐσσυμένως ἐκρίνατο, καί μιν ἀείρας

Eurípilo, nascido na Líbia, nutriz de feras."
Assim disse. Eufemo, de bom grado, colocou as mãos
sobre o torrão e lhe disse tais palavras em resposta:
"Se porventura, herói, tens ciência de Ápis e do mar
de Minos, veramente responde às nossas questões. 1565
Pois não viemos para cá por vontade própria, mas, após nos
aproximarmos dos confins da terra por conta das borrascas do norte,
trouxemos a nau suspensa até as águas correntes desse lago,
sobrecarregados através do continente. E não sabemos por qual
rota poderemos sair e alcançar a terra do Peloponeso." 1570
Assim falou. Ele estendeu a mão e, enquanto falava,
indicou-lhes à distância o mar e a foz profunda do lago:
"Aquela é a saída rumo ao mar, onde, sobretudo, a profundidade
imóvel enegrece e de cada lado as brancas rebentações
radiantes se agitam. Há um estreito caminho em meio 1575
às rebentações que conduz em direção à saída.
E este nebuloso pélago se estende à terra de Pélops,
além de Creta. Mas quando, do lago,
desembocardes em alto-mar, dirigi-vos à direita,
costeando a terra firme enquanto ela se estender 1580
ao norte. Mas quando a terra se inclinar
numa curva em direção oposta, então a navegação
será tranquila se vos distanciardes do saliente promontório.
Ide alegres e que de vosso esforço não surja sofrimento
algum para fatigar membros repletos de juventude." 1585
Disse com benevolência. Imediatamente eles embarcaram,
ansiosos por saírem do lago por meio dos remos.
E avançavam ávidos, quando Tritão, erguendo
a grande trípode, pareceu lhes adentrar o lago.
Depois disso ninguém o viu, tão logo se fez invisível 1590
com a trípode. O ânimo dos heróis rejubilava, visto que um
dos afortunados veio auspiciosamente a seu encontro
e exortavam o Esônida a escolher a melhor de suas
ovelhas, sacrificá-la e oferecer orações ao deus.
De imediato ele se apressou a selecionar e, após erguê-la, 1595

σφάξε κατὰ πρύμνης, ἐπὶ δ' ἔννεπεν εὐχωλῇσιν·
"Δαῖμον ὅτις λίμνης ἐπὶ πείρασι τῆσδε φαάνθης,
εἴτε σέγε Τρίτων', ἅλιον τέρας, εἴτε σε Φόρκυν
ἢ Νηρῆα θύγατρες ἐπικλείουσ' ἁλοσύδναι,
1600 ἵλαθι καὶ νόστοιο τέλος θυμηδὲς ὄπαζε."
Ἦ ῥ', ἅμα δ' εὐχωλῇσιν ἐς ὕδατα λαιμοτομήσας
ἧκε κατὰ πρύμνης. ὁ δὲ βένθεος ἐξεφαάνθη
τοῖος ἐὼν οἷός περ ἐτήτυμος ἦεν ἰδέσθαι·
ὡς δ' ὅτ' ἀνὴρ θοὸν ἵππον ἐς εὐρέα κύκλον ἀγῶνος
1605 στέλλῃ ὀρεξάμενος λασίης εὐπειθέα χαίτης,
εἴθαρ ἐπιτροχάων, ὁ δ' ἐπ' αὐχένι γαῦρος ἀερθείς
ἕσπεται, ἀργινόεντα δ' ἐπὶ στομάτεσσι χαλινά
ἀμφὶς ὀδακτάζοντι παραβλήδην κροτέονται –
ὣς ὅγ' ἐπισχόμενος γλαφυρῆς ὁλκήιον Ἀργοῦς
1610 ἧγ' ἅλαδε προτέρωσε. δέμας δέ οἱ ἐξ ὑπάτοιο
κράατος ἀμφί τε νῶτα καὶ ἰξύας ἔστ' ἐπὶ νηδύν
ἀντικρὺ μακάρεσσι φυὴν ἔκπαγλον ἔικτο,
αὐτὰρ ὑπαὶ λαγόνων δίκραιρά οἱ ἔνθα καὶ ἔνθα
κήτεος ὁλκαίη μηκύνετο· κόπτε δ' ἀκάνθαις
1615 ἄκρον ὕδωρ, αἵ τε σκολιοῖς ἐπὶ νειόθι κέντροις
μήνης ὣς κεράεσσιν ἐειδόμεναι διχόωντο·
τόφρα δ' ἄγεν, τείως μιν ἐπιπροέηκε θαλάσσῃ
νισσομένην, δῦ δ' αἶψα μέσον βυθόν· οἱ δ' ὁμάδησαν
ἥρωες, τέρας αἰνὸν ἐν ὀφθαλμοῖσιν ἰδόντες.
1620 Ἔνθα μὲν Ἀργῷός τε λιμὴν καὶ σήματα νηός
ἠδὲ Ποσειδάωνος ἰδὲ Τρίτωνος ἔασιν
βωμοί, ἐπεὶ κεῖν' ἦμαρ ἐπέσχεθον· αὐτὰρ ἐς ἠῶ
λαίφεσι πεπταμένοις, αὐτὴν ἐπὶ δεξί' ἔχοντες
γαῖαν ἐρημαίην, πνοιῇ ζεφύροιο θέεσκον.
1625 ἦρι δ' ἔπειτ' ἀγκῶνά θ' ὁμοῦ μυχάτην τε θάλασσαν
κεκλιμένην ἀγκῶνος ὕπερ προύχοντος ἴδοντο.
αὐτίκα δὲ ζέφυρος μὲν ἐλώφεεν, ἤλυθε δ' αὔρη
πρυμνήταο νότου, χήραντο δὲ θυμὸν ἰωῇ.
ἦμος δ' ἥλιος μὲν ἔδυ, ἀνὰ δ' ἤλυθεν ἀστήρ
1630 αὔλιος, ὅς τ' ἀνέπαυσεν ὀιζυροὺς ἀροτῆρας,

LIVRO 4   355

degolou-a sobre a popa, pronunciando a seguinte prece:
"Divindade que apareceste nos confins deste lago,
se as filhas das águas marinhas te chamam Tritão,
portento marinho, se te chamam Fórcis ou Nereu,
sê propício e nos concede agradável término de nosso retorno." 1600
Assim disse e, após cortar a garganta da ovelha em meio a preces, da popa
jogou-a na água. O deus surgiu das profundezas,
assumindo a aparência tal como ele realmente era.
Como quando um homem conduz um veloz cavalo ao vasto
circo do certame, tendo agarrado o dócil animal pela espessa   1605
crina, e súbito corre a seu lado enquanto o corcel
segue-o altivo com o pescoço erguido, e o argênteo bocado
na boca range ao ser mastigado por ambos os lados;
assim Tritão, controlando a quilha da côncava Argo,
conduzia-a mar adentro. Seu aspecto, do alto da cabeça   1610
e ao redor das costas e da cintura até o ventre, assemelhava-se
de modo exato aos afortunados quanto à maravilhosa forma,
mas, sob os flancos, estendia-se uma bifurcada cauda
de criatura marinha. Golpeava a superfície da água
com barbatanas, que por baixo se dividiam   1615
em recurvados aguilhões símeis aos chifres da lua.
Ele conduziu a nau até encaminhá-la na rota em alto-mar
e prontamente mergulhou nas profundezas. Os heróis soltaram
um grito ao terem visto com seus olhos o inusitado portento.
Ali estão o porto de Argo, os vestígios da nau   1620
e os altares para Posidão e para Tritão,
pois lá permaneceram durante esse dia. Mas de manhã,
com as velas soltas, tendo à direita a mesma terra
erma, avançavam sob o sopro de Zéfiro.
Na manhã seguinte avistaram, ao mesmo tempo, o cabo   1625
e o extenso mar que se prolongava para além dele.
Repentinamente Zéfiro arrefeceu, irrompeu da popa
a brisa de Noto e, com o som, o ânimo deles se rejubilou.
Quando o sol se pôs e se ergueu a estrela vespertina,
que traz o repouso aos fatigados lavradores,   1630

δὴ τότ᾽ ἔπειτ᾽, ἀνέμοιο κελαινῇ νυκτὶ λιπόντος,
ἱστία λυσάμενοι περιμήκεά τε κλίναντες
ἱστόν, ἐυξέστῃσιν ἐπερρώοντ᾽ ἐλάτῃσιν
παννύχιοι καὶ ἐπ᾽ ἦμαρ, ἐπ᾽ ἤματι δ᾽ αὖτις ἰοῦσαν
1635 νύχθ᾽ ἑτέρην· ὑπέδεκτο δ᾽ ἀπόπροθι παιπαλόεσσα
Κάρπαθος. ἔνθεν δ᾽ οἵγε περαιώσεσθαι ἔμελλον
Κρήτην, ἥ τ᾽ ἄλλων †ὑπερέπλετο εἰν ἁλὶ νήσων·
τοὺς δὲ Τάλως χάλκειος, ἀπὸ στιβαροῦ σκοπέλοιο
ῥηγνύμενος πέτρας, εἶργε χθονὶ πείσματ᾽ ἀνάψαι
1640 Δικταίην ὅρμοιο κατερχομένους ἐπιωγήν.

τὸν μέν, χαλκείης μελιηγενέων ἀνθρώπων
ῥίζης λοιπὸν ἐόντα μετ᾽ ἀνδράσιν ἡμιθέοισιν,
Εὐρώπῃ Κρονίδης νήσου πόρεν ἔμμεναι οὖρον,
τρὶς περὶ χαλκείοις Κρήτην ποσὶ δινεύοντα·
1645 ἀλλ᾽ ἤτοι τὸ μὲν ἄλλο δέμας καὶ γυῖα τέτυκτο
χάλκεος ἠδ᾽ ἄρρηκτος, ὑπαὶ δέ οἱ ἔσκε τένοντος
σύριγξ αἱματόεσσα κατὰ σφυρόν· ἀμφ᾽ ἄρα τήνγε
λεπτὸς ὑμὴν ζωῆς ἔχε πείρατα καὶ θανάτοιο.
οἱ δέ, δύῃ μάλα περ δεδμημένοι, αἶψ᾽ ἀπὸ χέρσου
1650 νῆα περιδδείσαντες ἀνακρούεσκον ἐρετμοῖς.
καί νύ κ᾽ ἐπισμυγερῶς Κρήτης ἑκὰς ἠέρθησαν
ἀμφότερον δίψῃ τε καὶ ἄλγεσι μοχθίζοντες,
εἰ μή σφιν Μήδεια λιαζομένοις ἀγόρευσεν·
"Κέκλυτέ μευ, μούνη γὰρ ὀίομαι ὔμμι δαμάσσειν
1655 ἄνδρα τὸν ὅστις ὅδ᾽ ἐστί, καὶ εἰ παγχάλκεον ἴσχει
ὃν δέμας, ὁππότε μή οἱ ἐπ᾽ ἀκάματος πέλοι αἰών.
ἀλλ᾽ ἔχετ᾽ αὐτοῦ νῆα θελήμονες ἐκτὸς ἐρωῆς
πετράων, εἵως κεν ἐμοὶ εἴξειε δαμῆναι."
Ὣς ἄρ᾽ ἔφη· καὶ τοὶ μὲν ὑπὲκ βελέων ἐρύοντο
1660 νῆ᾽ ἐπ᾽ ἐρετμοῖσιν, δεδοκημένοι ἥντινα ῥέξει
μῆτιν ἀνωίστως· ἡ δὲ πτύχα πορφυρέοιο
προσχομένη πέπλοιο παρειάων ἑκάτερθεν
βήσατ᾽ ἐπ᾽ ἰκριόφιν, χειρὸς δέ ἑ χειρὶ μεμαρπὼς
Αἰσονίδης ἐκόμιζε διὰ κληῖδας ἰοῦσαν.
1665 ἔνθα δ᾽ ἀοιδῇσιν μειλίσσετο θέλγε τε Κῆρας

LIVRO 4 357

então, com a partida do vento durante a escura noite,
após soltarem as velas e baixarem o longo
mastro, moviam com força os remos polidos
durante toda a noite e todo o dia e novamente após esse dia,
quando a outra noite veio. Recebeu-os a longínqua e escarpada 1635
Cárpatos. De lá eles estavam prestes a passar por
Creta, que ultrapassa as outras ilhas situadas no mar.
Mas o brônzeo Talos, arrancando rochas de um firme
promontório, impedia-os de prender as amarras em terra,
ao atingirem o porto de Dicte para a ancoragem. 1640
Sendo o último descendente dos homens brônzeos
oriundos do freixo habitando entre os semideuses,
o Cronida o concedeu a Europa para ser o vigia da ilha
e três vezes ele contornava Creta com seus brônzeos pés.
Ainda que todo o resto do corpo e dos membros fosse 1645
brônzeo e invulnerável, havia abaixo do tendão,
no calcanhar, uma veia sanguínea. Sobre ela uma fina
membrana detinha os limites da vida e da morte.
Os heróis, apesar de subjugados pela fadiga, prontamente,
por temerem, afastavam com os remos a nau da terra. 1650
E míseros teriam partido para longe de Creta,
abatidos por conta da sede e das dores,
se Medeia não tivesse lhes falado ao se distanciarem:
"Escutai-me, pois creio que sozinha poderei derrotar
este homem, seja ele quem for, mesmo se todo o seu corpo 1655
for brônzeo, desde que não possua uma existência inesgotável.
Vamos, mantende aqui a nau tranquilos, longe do alcance
das rochas, até que ele recue derrotado por mim."
Assim ela falou. E eles, com os remos, mantiveram a nau
distante dos dardos, esperando para ver qual plano 1660
Medeia inesperadamente efetuaria. Cobrindo o rosto
de ambos os lados com a prega do peplo purpúreo,
ela se dirigiu ao convés e o Esônida, segurando
a mão dela em sua mão, levava-a entre os assentos.
Ali, com cantos, Medeia propiciava e encantava as Ceres, 1665

θυμοβόρους, Ἀίδαο θοὰς κύνας, αἵ †περὶ πᾶσαν†
†ἠέρα δινεύουσαι ἐπὶ ζωοῖσιν †ἄγονται.
τὰς γουναζομένη τρὶς μὲν παρακέκλετ᾽ ἀοιδαῖς,
τρὶς δὲ λιταῖς· θεμένη δὲ κακὸν νόον, ἐχθοδοποῖσιν
1670 ὄμμασι χαλκείοιο Τάλω ἐμέγηρεν ὀπωπάς·
λευγαλέον δ᾽ ἐπὶ οἷ πρῖεν χόλον, ἐκ δ᾽ ἀίδηλα
δείκηλα προΐαλλεν, ἐπιζάφελον κοτέουσα.
Ζεῦ πάτερ, ἦ μέγα δή μοι ἐνὶ φρεσὶ θάμβος ἄηται,
εἰ δὴ μὴ νούσοισι τυπῇσί τε μοῦνον ὄλεθρος
1675 ἀντιάει, καὶ δή τις ἀπόπροθεν ἄμμε χαλέπτει,
ὡς ὅγε, χάλκειός περ ἐών, ὑπόειξε δαμῆναι
Μηδείης βρίμῃ πολυφαρμάκου· ἂν δὲ βαρείας
ὀχλίζων λάιγγας ἐρυκέμεν ὅρμον ἱκέσθαι,
πετραίῳ στόνυχι χρίμψε σφυρόν, ἐκ δέ οἱ ἰχώρ
1680 τηκομένῳ ἴκελος μολίβῳ ῥέεν. οὐδ᾽ ἔτι δηρόν
εἱστήκει προβλῆτος ἐπεμβεβαὼς σκοπέλοιο·
ἀλλ᾽ ὥς τίς τ᾽ ἐν ὄρεσσι πελωρίη ὑψόθι πεύκη,
τήν τε θοοῖς πελέκεσσιν ἔθ᾽ ἡμιπλῆγα λιπόντες
ὑλοτόμοι δρυμοῖο κατήλυθον, ἡ δ᾽ ὑπὸ νυκτί
1685 ῥιπῇσιν μὲν πρῶτα τινάσσεται, ὕστερον αὖτε
πρυμνόθεν ἐξαγεῖσα κατήριπεν – ὣς ὅγε ποσσίν
ἀκαμάτοις τείως μὲν ἐπισταδὸν ἠωρεῖτο,
ὕστερον αὖτ᾽ ἀμενηνὸς ἀπείρονι κάππεσε δούπῳ.
Κεῖνο μὲν οὖν Κρήτῃ ἐνὶ δὴ κνέφας ηὐλίζοντο
1690 ἥρωες· μετὰ δ᾽ οἵγε νέον φαέθουσαν ἐς ἠῶ
ἱρὸν Ἀθηναίης Μινωίδος ἱδρύσαντο,
ὕδωρ τ᾽ εἰσαφύσαντο, καὶ εἰσέβαν, ὥς κεν ἐρετμοῖς
παμπρώτιστα βάλοιεν ὑπὲρ Σαλμωνίδος ἄκρης.
αὐτίκα δὲ Κρηταῖον ὑπὲρ μέγα λαῖτμα θέοντας
1695 νὺξ ἐφόβει τήνπερ τε κατουλάδα κικλήσκουσιν
νύκτ᾽ ὀλοήν· οὐκ ἄστρα διίσχανεν, οὐκ ἀμαρυγαί
μήνης, οὐρανόθεν δὲ μέλαν χάος, ἠδέ τις ἄλλη
ὠρώρει σκοτίη μυχάτων ἀνιοῦσα βερέθρων·
αὐτοὶ δ᾽ εἴτ᾽ Ἀίδῃ εἴθ᾽ ὕδασιν ἐμφορέοντο
1700 ἠείδειν οὐδ᾽ ὅσσον, ἐπέτρεψαν δὲ θαλάσσῃ

LIVRO 4

devoradoras da alma, velozes cadelas do Hades,
que vagando por todo o ar acossam os vivos.
De joelhos ela as invocava três vezes com cantos,
três vezes com preces. E adquirindo uma mente maléfica,
enfeitiçou, com olhares hostis, a visão do brônzeo Talos. 1670
Rangia contra ele terrível cólera e lhe enviava
alucinações invisíveis, tomada por um violento ódio.
Zeus pai, de fato um grande assombro agita minha alma,
se a morte não se acerca somente por meio de doenças
e feridas, mas alguém longínquo pode nos arruinar, 1675
assim como ele, ainda que fosse brônzeo, recuou derrotado
pelo poder de Medeia de muitos feitiços. Ao erguer
pedras pesadas para evitar que chegassem ao porto,
raspou o calcanhar numa pontiaguda rocha e seu sangue
escorria semelhante ao chumbo fundido. Não por muito 1680
tempo ele se manteve erguido sobre o saliente promontório.
Mas como um enorme pinheiro no alto das montanhas,
que os lenhadores, ao deixarem a floresta, abandonaram
após tê-lo partido pela metade com afiados machados e, à noite,
é primeiro sacudido pelo sopro do vento e depois 1685
tomba ao quebrar na base; assim Talos por um tempo
cambaleava, mantendo-se sobre seus pés infatigáveis,
mas depois tombou extenuado, provocando intenso fragor.
Naquela noite os heróis acamparam em Creta.
Tão logo a aurora começou a brilhar, eles ergueram 1690
um santuário dedicado a Atena minoide,
armazenaram água e embarcaram para, com remos,
dobrarem o quanto antes o cabo Salmônide.
Subitamente, ao navegarem sobre as profundas águas
de Creta, assustou-os a funesta noite que chamam 1695
de tenebrosa. As estrelas não eram perceptíveis, nem
o brilho da lua, mas havia um negro abismo no céu
ou outra forma de escuridão oriunda do profundo báratro.
Eles nem mesmo sabiam se eram transportados
pelo Hades ou sobre as águas, mas confiaram ao mar o retorno, 1700

360 ARGONÁUTICAS

νόστον, ἀμηχανέοντες ὅπη φέροι. αὐτὰρ Ἰήσων
χεῖρας ἀνασχόμενος μεγάλη ὀπὶ Φοῖβον ἀύτει,
ῥύσασθαι καλέων, κατὰ δ᾽ ἔρρεεν ἀσχαλόωντι
δάκρυα· πολλὰ δὲ Πυθοῖ ὑπέσχετο, πολλὰ δ᾽ Ἀμύκλαις,
1705 πολλὰ δ᾽ ἐς Ὀρτυγίην ἀπερείσια δῶρα κομίσσειν.
Λητοΐδη, τύνη δὲ κατ᾽ οὐρανοῦ ἵκεο πέτρας
ῥίμφα Μελαντείους ἀριήκοος, αἵ τ᾽ ἐνὶ πόντῳ
ἧνται· δοιάων δὲ μιῆς ἐφύπερθεν ὀρούσας,
δεξιτερῇ χρύσειον ἀνέσχεθες ὑψόθι τόξον,
1710 μαρμαρέην δ᾽ ἀπέλαμψε βιὸς πέρι πάντοθεν αἴγλην·
τοῖσι δέ τις Σποράδων βαιὴ ἀνὰ τόφρ᾽ ἐφαάνθη
νῆσος ἰδεῖν, ὀλίγης Ἱππουρίδος ἀγχόθι νήσου·
ἔνθ᾽ εὐνὰς ἐβάλοντο καὶ ἔσχεθον. αὐτίκα δ᾽ ἠώς
φέγγεν ἀνερχομένη, τοὶ δ᾽ ἀγλαὸν Ἀπόλλωνι
1715 ἄλσει ἐνὶ σκιερῷ τέμενος σκιόεντά τε βωμόν
ποίεον, Αἰγλήτην μὲν εὐσκόπου εἵνεκεν αἴγλης
Φοῖβον κεκλόμενοι, Ἀνάφην δέ τε λισσάδα νῆσον
ἴσκον, ὃ δὴ Φοῖβός μιν ἀτυζομένοις ἀνέφηνεν.
ῥέζον δ᾽ οἷά κεν ἄνδρες ἐρημαίῃ ἐνὶ ῥέζειν
1720 ἀκτῇ ἐφοπλίσσειαν· ὃ δή σφεας ὁππότε δαλοῖς
ὕδωρ αἰθομένοισιν ἐπιλλείβοντας ἴδοντο
Μηδείης δμωαὶ Φαιηκίδες, οὐκέτ᾽ ἔπειτα
ἰσχέμεν ἐν στήθεσσι γέλω σθένον, οἷα θαμειάς
αἰὲν ἐν Ἀλκινόοιο βοοκτασίας ὁρόωσαι·
1725 τὰς δ᾽ αἰσχροῖς ἥρωες ἐπιστοβέεσκον ἔπεσσιν
χλεύῃ γηθόσυνοι· γλυκερὴ δ᾽ ἀνεδαίετο μέσσῳ
κερτομίη καὶ νεῖκος ἐπεσβόλον. ἐκ δέ νυ κείνης
μολπῆς ἡρώων νήσῳ ἔνι τοῖα γυναῖκες
ἀνδράσι δηριόωνται, ὅτ᾽ Ἀπόλλωνα θυηλαῖς
1730 Αἰγλήτην Ἀνάφης τιμήορον ἱλάσκωνται.
Ἀλλ᾽ ὅτε δὴ καὶ κεῖθεν ὑπεύδια πείσματ᾽ ἔλυσαν,
μνήσατ᾽ ἔπειτ᾽ Εὔφημος ὀνείρατος ἐννυχίοιο,
ἀζόμενος Μαίης υἷα κλυτόν. εἴσατο γάρ οἱ
δαιμονίη βῶλαξ ἐπιμάστιος ᾧ ἐν ἀγοστῷ
1735 ἄρδεσθαι λευκῇσιν ὑπαὶ λιβάδεσσι γάλακτος,

LIVRO 4   361

pois eram incapazes de saber aonde os levava. Então Jasão
ergueu as mãos e invocou Febo em voz alta,
solicitando socorro. Por estar aflito ele vertia
lágrimas. Prometeu levar muitos dons a Pito,
muitos a Amiclas, muitos a Ortígia, incontáveis.   1705
E tu, Letida, ao ouvir rapidamente vieste do céu
até as rochas Melâncias, que em alto-mar
situam-se. Irrompendo sobre uma das duas,
com a destra ergueste ao alto o arco áureo
e o instrumento irradiou, por toda parte, um brilho luminoso.   1710
Então uma minúscula ilha das Espórades tornou-se
visível a eles, perto da pequena ilha de Hipúride.
Lá lançaram as âncoras e permaneceram. De imediato
reluziu a ascendente aurora e eles construíram a Apolo,
num bosque umbroso, um glorioso santuário e um sombrio   1715
altar, invocando Febo Brilhante por causa do brilho
perceptível. E denominaram Ánafe a escarpada ilha,
porque Febo a revelou diante deles, angustiados.
Sacrificaram aquilo que os homens teriam à disposição
para sacrificar numa costa erma. Quando as servas   1720
feácias de Medeia os viram vertendo água sobre
o tição em brasa, não mais puderam em seguida
conter a risada no peito, pois sempre, no palácio
de Alcínoo, observavam abundantes sacrifícios de bois.
Os heróis, divertindo-se com a zombaria, debochavam   1725
delas com palavras obscenas. Entre eles se acenderam
um agradável escárnio e uma disputa difamatória. A partir
daquele jogo dos heróis, as mulheres na ilha disputam
de forma semelhante com os homens, quando propiciam
Apolo Brilhante, guardião de Ánafe, com sacrifícios.   1730
Mas quando, de lá, soltaram os cabos com o bom tempo,
Eufemo se recordou de um sonho que tivera à noite,
em respeito ao glorioso filho de Maia. Pois lhe pareceu
que o divino torrão, mantido na palma da mão sobre
o peito, estava molhado com gotas brancas de leite   1735

ἐκ δὲ γυνὴ βώλοιο πέλειν ὀλίγης περ ἐούσης
παρθενικῇ ἰκέλη· μίχθη δέ οἱ ἐν φιλότητι
ἄσχετον ἱμερθείς· ὀλοφύρατο δ᾽ ἠύτε κούρην
ζευξάμενος, τὴν αὐτὸς ἐῷ ἀτίταλλε γάλακτι·
1740 ἡ δέ ἑ μειλιχίοισι παρηγορέεσκεν ἔπεσσιν·
"Τρίτωνος γένος εἰμί, τεῶν τροφὸς ὦ φίλε παίδων,
οὐ κούρη, Τρίτων γὰρ ἐμοὶ Λιβύη τε τοκῆες.
ἀλλά με Νηρῆος παρακάτθεο παρθενικῇσιν
ἂμ πέλαγος ναίειν Ἀνάφης σχεδόν· εἶμι δ᾽ ἐς αὐγάς
1745 ἠελίου μετόπισθε τεοῖς νεπόδεσσιν ἑτοίμη."
Τῶν ἄρ᾽ ἐπὶ μνῆστιν κραδίη βάλεν, ἔκ τ᾽ ὀνόμηνεν
Αἰσονίδῃ· ὁ δ᾽ ἔπειτα, θεοπροπίας Ἑκάτοιο
θυμῷ πεμπάζων, ἀνενείκατο φώνησέν τε·
"Ὦ πέπον, ἦ μέγα δή σε καὶ ἀγλαὸν ἔμμορε κῦδος.
1750 βώλακα γὰρ τεύξουσι θεοὶ πόντονδε βαλόντι
νῆσον, ἵν᾽ ὁπλότεροι παίδων σέθεν ἐννάσσονται
παῖδες, ἐπεὶ Τρίτων ξεινήιον ἐγγυάλιξεν
τήνδε τοι ἠπείροιο Λιβυστίδος· οὔ νύ τις ἄλλος
ἀθανάτων ἢ κεῖνος, ὅ μιν πόρεν ἀντιβολήσας."
1755 Ὣς ἔφατ᾽· οὐδ᾽ ἁλίωσεν ὑπόκρισιν Αἰσονίδαο
Εὔφημος, βῶλον δὲ θεοπροπίῃσιν ἰανθεὶς
ἧκεν ὑποβρυχίην. τῆς δ᾽ ἔκτοθι νῆσος ἀέρθη
Καλλίστη, παίδων ἱερὴ τροφὸς Εὐφήμοιο·
οἳ πρὶν μέν ποτε δὴ Σιντηίδα Λῆμνον ἔναιον,
1760 Λήμνου τ᾽ ἐξελαθέντες ὑπ᾽ ἀνδράσι Τυρσηνοῖσιν
Σπάρτην εἰσαφίκανον ἐφέστιοι· ἐκ δὲ λιπόντας
Σπάρτην Αὐτεσίωνος ἐὺς πάις ἤγαγε Θήρας
Καλλίστην ἐπὶ νῆσον, ἀμείψατο δ᾽ οὔνομα Θήρα
ἐκ σέθεν. ἀλλὰ τὰ μὲν μετόπιν γένετ᾽ Εὐφήμοιο·
1765 κεῖθεν δ᾽ ἀπτερέως διὰ μυρίον οἶδμα ταμόντες
Αἰγίνης ἀκτῇσιν ἐπέσχεθον. αἶψα δὲ τοίγε
ὑδρείης πέρι δῆριν ἀμεμφέα δηρίσαντο,
ὅς κεν ἀφυσσάμενος φθαίη μετὰ νῆάδ᾽ ἱκέσθαι·
ἄμφω γὰρ χρειώ τε καὶ ἄσπετος οὖρος ἔπειγεν.
1770 ἔνθ᾽ ἔτι νῦν, πλήθοντας ἐπωμαδὸν ἀμφιφορῆας

LIVRO 4 363

e que uma mulher surgia do torrão, embora fosse pequeno,
semelhante a uma virgem. Uniu-se a ela em amor,
ao ter sido tomado por um desejo irresistível. Mas se lamentava
como se tivesse subjugado a filha que nutrira com o próprio leite.
E ela estava a consolá-lo com melífluas palavras: 1740
"Sou da raça de Tritão, ó caro, nutriz de teus filhos,
não tua filha. Pois Tritão e Líbia são meus genitores.
Mas me confia às virgens de Nereu para que eu habite
o mar nas proximidades de Ánafe. Emergirei, no futuro,
até os raios de sol, zelosa por teus descendentes." 1745
Ele mantinha a recordação desse sonho no coração
e o contou ao Esônida, que, refletindo no ânimo
quanto às palavras do Arqueiro, ergueu a voz e disse:
"Realmente, coube a ti uma grande e esplêndida glória.
Pois, após lançares ao mar o torrão, os deuses o transformarão 1750
numa ilha, onde os filhos vindouros dos teus filhos
habitarão, já que Tritão lhe concedeu como dom
de hospitalidade este pedaço do território líbio. Foi ele e nenhum
outro dos imortais quem veio até nós e te ofertou esse dom."
Assim falou. Eufemo não desprezou a interpretação 1755
do Esônida e, exultante com a profecia, lançou
o torrão nas profundezas. Dele se ergue a ilha
Caliste, sagrada nutriz dos descendentes de Eufemo,
os quais, outrora, habitavam Lemnos dos síntios,
mas, ao serem expulsos de lá pelos tirrenos, 1760
chegaram a Esparta como residentes. Após abandonarem
Esparta, o nobre filho de Autesião, Teras, guiou-os
à ilha Caliste e ela mudou de nome, Teras,
por tua causa. Mas esses eventos aconteceram após Eufemo.
De lá, rapidamente cortando a vastidão do mar, 1765
pararam na costa de Egina. Prontamente eles entraram
numa disputa amigável para buscarem água,
para verem quem a recolheria e retornaria primeiro à nau.
Pois ambas, a necessidade e uma brisa constante, apressava-os.
Lá, ainda hoje, os filhos dos mirmidões, carregando 1770

364 ARGONÁUTICAS

ἀνθέμενοι, κούφοισιν ἄφαρ κατ' ἀγῶνα πόδεσσιν
κοῦροι Μυρμιδόνων νίκης πέρι δηριόωνται.
Ἴλατ' ἀριστῆες, μακάρων γένος, αἵδε δ' ἀοιδαί
εἰς ἔτος ἐξ ἔτεος γλυκερώτεραι εἶεν ἀείδειν
1775 ἀνθρώποις· ἤδη γὰρ ἐπὶ κλυτὰ πείραθ' ἱκάνω
ὑμετέρων καμάτων, ἐπεὶ οὔ νύ τις ὕμμιν ἄεθλος
αὖτις ἀπ' Αἰγίνηθεν ἀνερχομένοισιν ἐτύχθη,
οὐδ' ἀνέμων ἐριωλαὶ ἐνέσταθεν, ἀλλὰ ἔκηλοι
γαῖαν Κεκροπίην παρά τ' Αὐλίδα μετρήσαντες
1780 Εὐβοίης ἔντοσθεν Ὀπούντιά τ' ἄστεα Λοκρῶν,
ἀσπασίως ἀκτὰς Παγασηίδας εἰσαπέβητε.

LIVRO 4   365

ânforas cheias sobre os ombros, entram em disputa
em busca de vitória, competindo com ágeis pés.
Sede propícios, valorosos, raça de afortunados, e que estes cantos,
ano após ano, sejam mais doces de cantar
aos homens. Pois agora chego ao glorioso final   1775
de vossos esforços, já que nenhum outro obstáculo
ocorreu quando vos pusestes a retornar de Egina,
nem tempestades de vento bloquearam vosso caminho, mas depois
de atravessardes tranquilamente a terra Cecrópia e Áulide,
por dentro da Eubeia, e as cidades lócridas de Opunte,   1780
jubilosamente desembarcastes na costa de Págasas.

ENSAIOS CRÍTICOS

ALGUMAS CONSIDERAÇÕES SOBRE
AS "ARGONÁUTICAS"

1. O Contexto

As *Argonáuticas* de Apolônio de Rodes foram escritas no século
III a.C., durante o período helenístico (323-31 a.C.), possivel-
mente na cidade de Alexandria, capital do Império Ptolomaico.
Em Alexandria, como em vários outros reinos helenísticos,
houve o estabelecimento de uma cultura letrada. Os Ptolomeus,
por conseguinte, patrocinaram atividades relacionadas aos mais
diversos ramos do conhecimento, incentivando a migração de
poetas e eruditos oriundos de diferentes localidades e fazendo
da cidade um grande centro cultural. A construção do museu e
da biblioteca exemplifica essa política e sinaliza uma nova pos-
tura quanto ao armazenamento e assimilação de informação,
gerando marcas indeléveis na produção poética do período.

De acordo com Plutarco (1095d), o Museu de Alexandria
foi criado por Ptolomeu I Sóter e consistiria em uma espécie
de *synodos* (reunião ou comunidade) regido por um sacerdote,
denotando, em alguma medida, um caráter religioso. As ativida-
des ocorridas em seu recinto estariam relacionadas ao culto às

370 ENSAIOS CRÍTICOS

musas e às investigações em variados campos do saber. O poeta helenístico Herodas (III a.c.) menciona a existência do museu no *Mimiambo* 1.31, ao elencar diferentes atrações encontradas no Egito[1], mas curiosamente não faz nenhuma alusão à biblioteca. Já o geógrafo Estrabão (I a.c.), poucos anos após a queda do Império Ptolomaico, afirma que o museu seria parte do palácio real e consistiria em uma residência grande na qual eram sustentados os filólogos[2] que a frequentavam (17.1.8)[3]. São incertas as informações sobre as condições dos membros do museu, bem como sobre os ramos de estudo aos quais eles se dedicavam. Suas querelas se tornaram célebres e as polêmicas acadêmicas foram constantes por todo o período. O poeta Timão de Fliunte (786*sh*) sugere uma curiosa imagem para ilustrar essa questão ao descrever os frequentadores do museu como homens bem alimentados que se sustentam com o conhecimento livresco e vivem infindáveis disputas na gaiola das musas[4]. Segundo Pfeiffer[5], a cena

1 Todas as coisas/que existem e surgem no mundo, existem no Egito./Riqueza, palestra, poder, bom tempo, glória/espetáculos, filósofos, ouro, jovens,/templo dos deuses irmãos, rei valoroso,/Museu, vinho, todas as coisas nobres que se possa desejar, mulheres etc.

τὰ γὰρ πάντα,/ὅσσ᾽ ἔστι κου καὶ γίνετ᾽, ἔστ᾽ ἐν Αἰγύπτωι·/πλοῦτος, παλαίστρη, δύναμι[ς], εὐδίη, δόξα,/θέαι, φιλόσοφοι, χρυσίον, νεηνίσκοι,/θεῶν ἀδελφῶν τέμενος, ὁ βασιλεὺς χρηστός,/Μουσῆιον, οἶνος, ἀγαθὰ πάντ᾽ ὅσ᾽ ἂν χρῄζῃι,/γυναῖκες, κτλ. *Mimiambo* 1.26-32.

2 O termo φιλόλογος (*philologos*), na Antiguidade, abarcava diferentes sentidos. O primeiro autor a ter atribuído a esse vocábulo uma definição próxima ao conceito moderno foi Eratóstenes de Cirene, como nos informa Suetônio em *Sobre os Gramáticos e os Retores* 10, designando o indivíduo que se dedica a vários ramos do conhecimento e possui grande erudição. Ver também Plutarco (133e).

3 De acordo com Estrabão, "o museu é parte do palácio real e possui um local para passeio, uma êxedra e uma grande residência na qual ocorrem as refeições comuns dos filólogos que compartilham o museu. Esse grupo possuía os bens em comum e um sacerdote, antes designado pelos reis, mas agora por César". (τῶν δὲ βασιλείων μέρος ἐστὶ καὶ τὸ Μουσεῖον, ἔχον περίπατον καὶ ἐξέδραν καὶ οἶκον μέγαν ἐν ᾧ τὸ συσσίτιον τῶν μετεχόντων τοῦ Μουσείου φιλολόγων ἀνδρῶν. ἔστι δὲ τῇ συνόδῳ ταύτῃ καὶ χρήματα κοινὰ καὶ ἱερεὺς ὁ ἐπὶ τῷ Μουσείῳ τεταγμένος τότε μὲν ὑπὸ τῶν βασιλέων νῦν δ᾽ ὑπὸ Καίσαρος). Talvez, para esta descrição, Estrabão tenha usado o livro de seu contemporâneo Aristonico, *Sobre o Museu de Alexandria* (ver Fócio *Biblioteca* 104b38). Calímaco, de acordo com o *Suda* (κ 227), teria escrito um *Museu*, mas nada sabemos sobre o conteúdo dessa obra.

4 Muitos são alimentados no Egito de muitos povos,/pedantes empoleirados em querela infinita/na gaiola das musas. (πολλοὶ μὲν βόσκονται ἐν Αἰγύπτῳ πολυφύλῳ/βιβλιακοὶ χαρακῖται ἀπείριτα δηριόωντες/Μουσέων ἐν ταλάρῳ).

5 R. Pfeiffer, *History of Classical Scholarship from the Beginnings to the End of the Hellenistic Age*, p. 97-98.

ALGUMAS CONSIDERAÇÕES SOBRE AS "ARGONÁUTICAS"   371

inusitada reforça a distância desses indivíduos instruídos e, de certa maneira, excêntricos em relação ao restante da sociedade[6]. Possuímos mais informações quanto à biblioteca, mas pouco sabemos sobre sua relação com o museu[7]. É possível estabelecer um paralelo com a Biblioteca de Pérgamo, localizada junto ao templo de Atena, permitindo-nos associar o espaço no qual os livros eram armazenados ao templo dedicado às musas em Alexandria[8]. Estrabão, na descrição da capital do império Ptolomaico, não menciona a biblioteca talvez por conta de sua eventual destruição em 48 a.c., durante a Guerra Alexandrina, ou simplesmente por ela ser um anexo do museu já apresentado.

No entanto, segundo Tzetzes (século XII) nos *Prolegômenos* às comédias de Aristófanes, havia uma biblioteca menor, ligada ao templo de Serápis erguido por Ptolomeu I Sóter. Nesse testemunho, é destacada a diferença quantitativa de rolos de papiro nas duas bibliotecas (2.5-12): na externa (ou seja, a do templo de Serápis) haveria 42.800 rolos, enquanto na interna (ligada ao palácio) haveria quatrocentos mil rolos *symmigeis* (contendo mais de uma obra) e noventa mil *amigeis* (contendo uma só obra ou trecho). Apesar dos números apresentados por Tzetzes serem bastante tardios, certamente a biblioteca do templo de Serápis seria muito menor se comparada à do museu. Quanto à sua finalidade, muitos conjecturam, de modo bastante imaginativo, se estaria reservada aos nativos egípcios, no intuito de torná-los aptos a ler em grego, ou ao acesso da população geral.

6   Em consonância com essa visão, no jambo 1 de Calímaco o poeta Hipônax volta à vida para propor a trégua entre os filólogos localizados em frente ao templo de Serápis, ocupados em infindáveis polêmicas entre si.

7   Possuímos evidências de que coleções de rolos de papiro existiriam antes da formação dos reinos helenísticos. Ateneu (3a-b) afirma que Larênsio obteve muitos livros, ultrapassando os acervos de Polícrates de Samos, de Pisístrato de Atenas, de Euclides, de Nicócrates de Chipre, dos reis de Pérgamo, do poeta Eurípides, de Aristóteles e de seus sucessores Teofrasto e Neleu. Isidoro (*Etimologias* 6.3.3-5), por sua vez, pressupõe que a ideia de uma biblioteca de uso público teria sido criada na época de Pisístrato, quando foi tirano de Atenas. R. Pfeiffer, op. cit., p. 7-8, supõe que as bibliotecas orientais teriam, em grande medida, influenciado o estabelecimento dessa instituição em Alexandria, mas é bastante cético quanto aos testemunhos de coleções dos séculos VI e V a.C., considerando-as invenções a partir de modelos do período helenístico.

8   Ver P. Fraser, *Ptolemaic Alexandria*, v. 1, p. 323-324.

372 ENSAIOS CRÍTICOS

O objetivo da biblioteca, de acordo com Eusébio em *História Eclesiástica* (5.8.11), seria fornecer para Alexandria uma coleção contendo todos os escritos que fossem considerados importantes. Logo, o maior número possível de textos era coletado, tanto em grego como em língua bárbara devidamente traduzida[9]. Pretendia-se obter um *corpus* completo da literatura helênica e de importantes textos estrangeiros, apesar de muitas obras já terem se perdido no processo de transmissão oral antes de serem catalogadas. Galeno (séculos II-III), em seus comentários ao terceiro livro das *Epidemias*, de Hipócrates (17a.606), exemplifica alguns métodos usados para a aquisição de rolos de papiro. Ptolomeu III Evérgeta recomendava que todos os rolos encontrados nos navios que descarregassem seus produtos em Alexandria deveriam ser levados à biblioteca, copiados, e as cópias entregues aos seus proprietários[10]. Da mesma forma, Evérgeta providenciou uma cópia das tragédias de Ésquilo, Sófocles e Eurípides e a entregou aos atenienses, retendo o original em seu acervo. Assistimos, nessa época, a uma disputa entre bibliotecas rivais para a obtenção do maior número possível de livros, estimulando a criação de obras apócrifas e de autorias forjadas.

Quanto à organização, a biblioteca era presidida por um bibliotecário-chefe escolhido pelo rei e, segundo alguns exemplos fornecidos por biografias antigas, também lhe era imputada a função de tutor dos filhos da casa real. O primeiro bibliotecário teria sido Zenódoto (285-270 a.C.), sendo-lhe igualmente atribuída a primeira correção/edição (*diorthosis/ekdosis*) dos

9 Ibidem, p. 330. Fraser supõe que no acervo da biblioteca, além dos trechos em língua grega, haveria somente traduções de obras em língua estrangeira. Segundo Eusébio (*História Eclesiástica* 5.8.10-15), Ptolomeu I Sóter teria solicitado aos habitantes de Jerusalém uma tradução de suas escrituras para o grego, sendo então enviado a Alexandria um grupo de setenta anciãos peritos nesses textos para realizarem tal empreitada. Manetão, contemporâneo de Ptolomeu II Filadelfo, escreveu as *Egípcias* em três tomos (ver Flávio Josefo, *Contra Ápio* 1.73), além de traduzir para o grego a cronologia das dinastias egípcias. Textos persas também foram vertidos para a língua grega por Hermipo, pupilo de Calímaco (ver Plínio, *História Natural* 30.4).

10 De acordo com Galeno, esses rolos eram designados ἐκ πλοίων (oriundos dos navios), para distingui-los dos comprados em mercados de papiros como Atenas e Rodes (ver Ateneu 3b).

ALGUMAS CONSIDERAÇÕES SOBRE AS "ARGONÁUTICAS" 373

textos de Homero[11]. De acordo com Tzetzes nos *Prolegômenos*, nessa mesma época Alexandre da Etólia havia sido encarregado de fazer uma edição dos textos trágicos e Licofrão, dos textos cômicos (2.1-4). Ateneu (século II-III) informa, em diversas passagens, que Licofrão teria escrito um tratado intitulado *Sobre a Comédia* em nove livros[12], mas nada sabemos com precisão sobre esse trabalho crítico. O mesmo pode ser dito sobre Alexandre da Etólia, visto que ambos jamais são mencionados nos escólios das obras dramáticas preservadas[13]. Já a edição de Zenódoto e o glossário que a acompanharia são constantemente citados nos escólios da *Ilíada* e da *Odisseia*. Também eram atribuídas a Zenódoto correções da *Teogonia* de Hesíodo e das odes de Píndaro.

Há certa confusão concernente a quem teria sido, de fato, o sucessor de Zenódoto no comando da biblioteca. De acordo com um fragmento papiráceo datado do século II, no qual são listados os nomes dos bibliotecários-chefes de Alexandria (*Papiro de Oxirrinco* 1241), Apolônio de Rodes assumiu o cargo após Zenódoto e foi sucedido por Eratóstenes, Aristófanes de Bizâncio, Apolônio de Alexandria e Aristarco. As duas breves *Vitae* de Apolônio, preservadas nos manuscritos medievais que contêm as *Argonáuticas,* nada informam acerca dessa função, no entanto, o *Suda* (α 3419) afirma que o poeta floresceu durante

11 Ver *Suda* ζ 74. R. Pfeiffer, op. cit., p. 94, interpreta o termo διόρθωσις como reunião de papiros (no caso, contendo os poemas homéricos), comparação entre eles e necessárias correções ao texto devidamente conjecturadas. Porém, contra o testemunho do *Suda*, Plutarco (*Vida de Alexandre* 8.1-2) diz que Alexandre sempre mantinha debaixo de seu travesseiro um punhal e uma cópia da *Ilíada* corrigida por Aristóteles. Tal afirmação é improvável, pois uma correção da *Ilíada* feita por Aristóteles nunca é mencionada nos escólios dos poemas de Homero, além de nunca ser citada entre os títulos de obras perdidas do filósofo.

12 Ver Ateneu 140a, 278b, 485d, 501d-e, 555a.

13 Tzetzes informa que Zenódoto foi encarregado da correção das obras poéticas (τὰς δὲ ποιητικὰς), seguido, algumas gerações depois, por Aristarco, enquanto Alexandre da Etólia e Licofrão foram encarregados das obras cênicas (τὰς δὲ σκηνικὰς). Para R. Pfeiffer, op. cit., p. 106-107, a falta de evidências das edições de Alexandre da Etólia e de Licofrão sugere que elas não ocorreram (ao contrário das várias menções à διόρθωσις de Zenódoto). É possível que ambos tenham simplesmente catalogado o material dramático e o estabelecido numa determinada ordem.

374 ENSAIOS CRÍTICOS

o reino de Ptolomeu III Evérgeta (cujo reinado durou de 246 a 222 a.C.) e teria sucedido Eratóstenes. O *P.Oxy.* 1241 e o *Suda* possuem informação divergente quanto à posição de Apolônio e Eratóstenes no comando da biblioteca, talvez motivada pela confusão entre Apolônio de Rodes e Apolônio de Alexandria, também conhecido como *eidographos* e substituto de Aristófanes de Bizâncio no comando da instituição. A *Vita* 2 fornece um dado dúbio acerca dessa questão, pois, após o fracasso de uma leitura pública de seus poemas em Alexandria, Apolônio teria se mudado para Rodes, ensinado retórica, polido seus versos e obtido êxito, de modo a ser considerado digno de ingressar na biblioteca. Alguns comentadores questionam se tal informação alude à função de comando exercida por Apolônio na Biblioteca de Alexandria ou à indicação de que seus poemas foram considerados dignos de fazerem parte do acervo[14].

Calímaco, por sua vez, apesar de não ter ocupado o cargo de bibliotecário-chefe, teria executado uma importante tarefa ao desenvolver um sistema de catalogação e organização para todos os textos coletados. Os seus *Pinakes*, segundo o *Suda* (κ 227), reuniram os textos dos que se distinguiram em todo tipo de instrução. Esse catálogo seria dividido em várias categorias e subcategorias, e os autores estariam dispostos em ordem alfabética em cada seção. As obras seriam acompanhadas de uma breve biografia sobre o autor e de uma citação do primeiro verso ou frase, evitando a ambiguidade causada por títulos semelhantes e facilitando a identificação. Apesar das constantes tentativas posteriores de correção e acréscimos aos *Pinakes* de Calímaco (por exemplo, o tratado intitulado *Contra os Pinakes de Calímaco* de Aristófanes de Bizâncio), não resta dúvida de que seu sistema de catalogação ordenou o montante de obras coletadas e tornou acessível o acervo da biblioteca.

14 Ver R. Pfeiffer, op. cit., p. 142.

2. O Poeta

As duas *Vitae* presentes nos manuscritos das *Argonáuticas*, bem como o verbete do *Suda* (α 3419), são unânimes ao afirmar que Apolônio seria oriundo de Alexandria e só tardiamente obteve a designação "de Rodes", após ter passado parte de sua vida nessa ilha. O motivo da mudança está relacionado a uma exibição pública de seus poemas não bem recebida pelos alexandrinos. De acordo com a *Vita* 1, o poema apresentado seriam as *Argonáuticas*. Apolônio teria sentido tamanha vergonha do fracasso e sido tão censurado por outros poetas que optou por abandonar a cidade natal e migrar para Rodes, onde pôde burilar seus versos de modo a obter aceitação posterior por parte da crítica. Por esse motivo, segundo as duas *Vitae*, Apolônio adquiriu a cidadania em Rodes e seu nome acabou sendo associado à ilha. O autor da *Vita* 2 ainda informa que, depois da boa recepção de seus versos, Apolônio retornou a Alexandria e, ao final da vida, foi enterrado junto a Calímaco, seu antigo mestre.

É possível que a história do exílio em Rodes e da revisão das *Argonáuticas* tenha sido criada para tentar explicar a existência de seis passagens presentes nos escólios do livro 1 em que é feita referência a uma versão alternativa do texto preservado[15]. Os comentadores, por conseguinte, teriam acreditado que esses seis trechos derivariam da primeira versão (*proekdosis*) das *Argonáuticas*, apresentada ainda em Alexandria e tardiamente revisada em Rodes. Independente de aceitarmos ou não a veracidade da história sobre o fracasso da primeira performance, é provável que haveria na Antiguidade uma versão alternativa do texto – ao menos do livro 1 – possivelmente circulando durante a vida de Apolônio. De acordo com Richard Hunter, esse texto poderia funcionar como uma forma de exibição parcial do

---

15   Ver M. Lefkowitz, *The Lives of the Greek Poets*, p. 130. As passagens em que há referência à προέκδοσις são: 1.285-286, 516-523, 543, 726-727, 788-789 e 801-803. Para mais informações, ver M. Fantuzzi, Varianti d'autore nelle *Argonautiche* di Apollonio Rodio, *Antike und Abendland*, v. 29, p. 146-161.

376 ENSAIOS CRÍTICOS

poema em construção ou uma divulgação entre os amigos do poeta visando à avaliação crítica de seus versos.

A partir dos dados coletados nas duas *Vitae*, Émile Delage propõe, em 1930, a seguinte cronologia: Apolônio teria nascido aproximadamente em 295 a.C., faria a primeira leitura das *Argonáuticas* até 275 a.C.[16], depois disso teria partido para o "exílio" em Rodes e retornaria a Alexandria em 265 a.C. Somente após essa data ele teria assumido o posto de bibliotecário-chefe em Alexandria e se tornado preceptor do futuro Ptolomeu III Evérgeta. Sua morte ocorreria entre 235 e 230 a.C. Hans Herter, por sua vez, propõe uma sequência diferenciada de eventos[17]: Apolônio teria nascido entre 300 e 295 a.C., tornar-se-ia bibliotecário-chefe e preceptor de Evérgeta em 265 a.C., faria a primeira leitura das *Argonáuticas* entre 250 e 240 a.C. e, após a recepção negativa, partiria para o exílio em Rodes e lá teria morrido. O principal inconveniente dessa reconstrução hipotética é o fato de Apolônio ser nomeado bibliotecário-chefe e preceptor do futuro monarca quando contava apenas com trinta anos, contrariando o costume de confiar cargos de tal importância a indivíduos de idade mais avançada. Em ambas as possibilidades cronológicas propostas, a questão da estadia em Rodes é um dado importante a ser considerado, pois nenhuma fonte especifica o tempo em que o poeta lá teria permanecido. Todavia o fato de o nome da ilha ser sempre associado a ele implica uma conexão duradoura que não poderia se resumir a uma hospedagem breve ou temporária[18]. Tendo em vista que o

16 Deve-se notar que, segundo a *Vita* 1, Apolônio fez uma exibição pública não exitosa das *Argonáuticas* quando ainda era um efebo.

17. Zur Lebensgeschichte des Apollonios von Rhodos, *Rheinisches Museum für Philologie*, v. 91, p. 310-326.

18 R. Hunter, *Apollonius of Rhodes. Argonautica Book III*, p. 5, fornece algumas sugestões para compreender essa conexão: talvez a família de Apolônio fosse originária de Rodes ou o poeta tivesse se mudado para lá quando foi substituído por Eratóstenes no comando da biblioteca. Deve-se notar que Ateneu (283d) faz referência a Apolônio demonstrando dúvida quanto à sua cidade de origem, pois não sabe se seria Rodes ou Náucratis. Tendo em vista que Alexandria era uma cidade recém-fundada e havia uma proposta de mecenato financiada pelos Ptolomeus de modo a atrair eruditos ao Império Lágida, era muito mais comum, no início do século III a.C., que os poetas viessem de fora do Egito atraídos por essa política cultural.

ALGUMAS CONSIDERAÇÕES SOBRE AS "ARGONÁUTICAS"

reino de Ptolomeu III Evérgeta teve início em 247-246 a.c., Apolônio deve ter exercido a função de tutor dos filhos da casa real em torno de 260 a.c., sob o reinado de Ptolomeu II Filadelfo[19], provavelmente ocupando ao mesmo tempo o posto de bibliotecário-chefe em Alexandria, como parece ter sido o costume[20].

3. A Querela Com Calímaco

Outra informação unânime mencionada nas duas *Vitae*, no verbete do *Suda* e até mesmo no *P.Oxy.* 1241 é o fato de Apolônio de Rodes ter sido discípulo de Calímaco, que atuava como gramático em Alexandria[21]. A proximidade entre os dois poetas seria corroborada na *Vita* 2, quando o biografista informa, sem indicar qualquer fonte precisa, que, após morrer, Apolônio foi enterrado ao lado de Calímaco. No entanto é possível interpretar os vários relatos biográficos antigos nos quais uma relação entre mestre e discípulo é delineada como uma maneira tradicional de indicar alguma espécie de influência que um autor teria exercido sobre a obra de outro. A conexão biográfica entre os dois poetas poderia ilustrar a influência desempenhada pela poética calimaquiana sobre as *Argonáuticas*. Mas, a despeito dos contatos existentes entre suas obras, possibilitando a percepção de um ideal de composição poética com semelhanças, a tradição biográfica antiga criou relatos sobre a existência de uma famosa querela opondo ambos[22].

No célebre *Prólogo aos Telquines*, o proêmio que encabeça a longa elegia etiológica de Calímaco intitulada *Aetia*, há um discurso endereçado aos telquines, classificados como ignorantes que não são amigos das musas (fr. 1.1-2Pf), pois o criticam por

19 Seu reinado durou de 283 a 247-246 a.C.
20 Ver R. Hunter, op. cit., p. 4.
21 Ver *Suda* κ 227
22 Ver Mais informações em M.R. Lefkowitz, The Quarrel Between Callimachus and Apollonius, *Zeitschrift für Papyrologie und Epigraphik*, v. 40, p. 1-19; T.M. Klein, Callimachus, Apollonius Rhodius and…, *Eranos*, p. 16-25); R. Pfeiffer, op. cit., p. 140-144; e R. Hunter, op. cit., p. 6-9.

378 ENSAIOS CRÍTICOS

ele não ter composto um canto contínuo (*hen aeisma dienekes*) celebrando reis ou heróis em milhares de versos[23]. Segundo o historiador Diodoro da Sicília (5.55.1-3), os telquines seriam feiticeiros habitantes de Rodes que teriam primeiro moldado estátuas de deuses, sendo invejosos demais para ensinar sua perícia aos outros[24]. A associação desses artífices com a ilha de Rodes corroboraria, para alguns comentadores, a existência da querela entre os dois poetas helenísticos, já que, de acordo com as duas *Vitae*, Apolônio seria originário de Alexandria mas teria passado muitos anos em Rodes em virtude do fracasso da primeira redação de sua epopeia. Logo, a alusão aos telquines nos remeteria implicitamente ao autor das *Argonáuticas*. Além disso, há no *Suda* a menção a um obscuro poema de Calímaco, repleto de injúrias, chamado *Íbis* e dirigido a um rival. O autor do verbete esclarece que esse *Íbis* invectivado seria o autor das *Argonáuticas*[25].

23 Para uma tradução do *Prólogo aos Telquines* acompanhada de comentários minuciosos, ver E. Werner, *Os Hinos de Calímaco: Poesia e Poética*, p. 13-141. O poema é carregado de imagens referentes à brevidade e à leveza próprias da poética calimaquiana. A preferência pela Μοῦσα λεπταλέη (musa delgada) em oposição à vítima sacrificial πάχιστον (espessa) sugere a defesa de uma poesia refinada associada ao conceito de λεπτότης (leveza). Para M. Campbell, Three Notes on Alexandrine Poetry, *Hermes*, p. 38-48, este seria um jargão técnico já empregado no âmbito da retórica no século v a.C. (ver R. Pfeiffer, op. cit., p. 131). O emprego metafórico de λεπτός (leve), por exemplo, aparece no *agon* entre Ésquilo e Eurípides em *Rãs* 828, 876, 956, 1108 e 1111. O sentido de παχύς (espesso, pesado) nessa passagem poderia designar tanto algo excessivamente ornamentado (como em Pseudo-Longino *Sobre o Sublime* 29.2) quanto algo rude, áspero ou grosseiro (como em Arato *Fenômenos* 953). Calímaco faz uso desse mesmo adjetivo para se referir ao poema *Lide* de Antímaco, opondo-o a τορός (claro, fácil de compreender): Λύδη καὶ παχὺ γράμμα καὶ οὐ τορόν, fr. 398Pf (*Lide* é um texto pesado e não claro). Além disso, Calímaco se volta a um ἔπος δ' ἐπὶ τυτθὸν (*epos* pequeno ou breve) no quinto verso do *Prólogo aos Telquines* e no nono verso o adjetivo [ὀλ]ιγόστιχος parece designar alguém (um poeta?) que opta pelo emprego de poucos versos. Essa discussão estética também se vale imageticamente da oposição entre animais de pequeno e de grande porte, como podemos notar na menção aos rouxinóis (ἀ[ηδονίδες], fr. 1.16Pf), caracterizados, por causa de seu canto, como os mais doces (μελιχρ[ό]τεραι) e, na sequência (fr. 1.29-30Pf), no contraste entre o som melodioso das cigarras (λιγὺν ἦχον [τέττιγος]) e o barulho (θ]όρυβον) dos asnos.

24 O termo τελχῖνες é glosado como adjetivo em Hesíquio (Τελχῖνες· βάσκανοι γοήτες φθονεροί) e aparece com esse valor em Felipe *AP* 11.321 (τελχῖνες βίβλων) e Nono *Dionisíacas* 8.108 (νόον τελχῖνα).

25 "Este era Apolônio, o autor das Argonáuticas" (ἦν δὲ οὗτος Ἀπολλώνιος, ὁ γράψας τὰ Ἀργοναυτικά, ver *Suda* κ 227). Há também o testemunho de um epigrama contra Calímaco em *AP* 11.275, erroneamente atribuído a Apolônio de Rodes, mas provavelmente escrito por um gramático homônimo.

ALGUMAS CONSIDERAÇÕES SOBRE AS "ARGONÁUTICAS"   379

Apesar das evidências, deve-se levar em conta que todas as fontes elencadas são tardias e não há referências, nos textos supérstites de ambos os poetas, a uma rivalidade explícita que os envolvesse em lados opostos em meio a um debate poético. É significativo que o autor dos escólios florentinos[26], ao redigir comentários aos *Aetia*, forneça a suposta identidade dos opositores a quem Calímaco endereçaria seu prólogo sob o pseudônimo de telquines (dois Dionisos, Asclepíades de Samos, Posídipo e Praxífanes de Mitilene)[27], sem mencionar o nome de Apolônio.

Em uma passagem do *Banquete dos Sofistas* de Ateneu (72a) é feita referência à opinião de Calímaco segundo a qual um grande livro (*mega biblion*) seria semelhante a um grande mal (*mega kakon*). Tal afirmação se coaduna, para muitos críticos, à defesa da brevidade poética em contraste com a proporção monumental da épica, corroborando a tese da recusa de Calímaco em escrever uma epopeia e a consequente desaprovação a seu discípulo Apolônio por ter se aventurado nessa empreitada. A concepção de que qualquer poema longo seria inadequado à poética calimaquiana não se sustenta, sobretudo se levarmos em conta que os *Aetia* teriam cerca de 6 mil versos divididos em quatro livros. Além disso, a recusa à épica sugerida no *Prólogo aos Telquines* poderia ser entendida como inadequada ao ser inserida no prefácio de uma elegia etiológica cujos poetas aludidos direta ou indiretamente (Mimnermo, Filetas de Cós e Antímaco) são elegíacos (fr. 1. 9-12Pf).

De acordo com os escólios florentinos comentando o *Prólogo aos Telquines*, os poemas breves de Mimnermo e de Filetas

---

26   Os escólios florentinos seriam comentários incompletos aos *Aetia* de Calímaco, preservados por meio de fragmentos papiráceos datados do século II ou III. Todos os fragmentos que possuímos glosam passagens pertencentes somente ao livro 1.

27   Nada sabemos sobre quem seriam esses dois Dionisos. A menção a Asclepíades e Posídipo entre os opositores de Calímaco se deveria, segundo M.R. Lefkowitz, *The Lives of Greek Poets*, p. 124-127, a seus respectivos epigramas (*AP* 9.63 e *AP* 12.168) louvando a elegia *Lide* de Antímaco, diferente do posicionamento crítico adotado por Calímaco (Λύδη καὶ παχὺ γράμμα καὶ οὐ τορόν, fr. 398 Pf). Temos ainda a informação de que Calímaco teria escrito uma obra em prosa contra Praxífanes de Mitilene (fr. 460 Pf).

380 ENSAIOS CRÍTICOS

seriam considerados superiores aos de muitos versos dos mesmos autores. Outros pressupõem que seria estabelecida uma oposição entre os poemas breves desses autores e a *Lide* de Antímaco de Colofão, um catálogo de histórias eróticas desafortunadas, escrito em dístico elegíaco mas dotado de elocução épica[28]. Esse poema obteve certa reputação no século III a.C., como pode ser notado nos epigramas de Asclepíades de Samos (*AP* 9.63) e de Posídipo (*AP* 12.168), ao contrário das histórias relativas à sua fria recepção no século V a.C., quando o poeta o recitou no festival de Lisandreia, em Samos, e acabou por entediar e dispersar toda a audiência, à exceção de Platão[29].

---

28 Dado o estado muito fragmentado do texto em fr. 1. 9-12Pf, há dificuldade em identificar os poemas e os poetas mencionados. Citamos a passagem em questão de acordo com a edição de Pfeiffer:

> [...] era de poucos versos, mas em muito
> a senhora Tesmofória supera a grande [...];
> dos dois, que Mimnermo é doce, as [...]
> [...], a grande mulher não ensinou.
> ......].. ρεην [ὀλ]ιγόστιχος· ἀλλὰ καθέλ|κει
> ....πο]λὺ τὴν μακρὴν ὄμπνια Θεσμοφόρο[ς·
> τοῖν δὲ] δυοῖν Μίμνερμος ὅτι γλυκύς, α[ἱ κατὰ λεπτόν
> ......] ἡ μεγάλη δ' οὐκ ἐδίδαξε γυνή.

A tradução citada acima é de E. Werner, op. cit.. A edição do *Prólogo aos Telquines* realizada por Housman trazia como suplemento ao verso 10 a palavra δρῦν (carvalho), em confronto com ὄμπνια Θεσμοφόρο[ς. Teríamos uma alusão a dois poemas elegíacos de Filetas de Cós (mencionado nos escólios florentinos): ὄμπνια Θεσμοφόρο[ς se referiria a *Deméter* ao passo que δρῦν faria alusão a um poema elegíaco desconhecido por nós, mas provavelmente mais extenso. V. Matthews, Antimachus in the *Aitia* Prologue, *Mnemosyne*, p.128-137, sugere outro suplemento ao verso 10: o substantivo θεῦν que, junto a μακρήν, aludiria ao poema *Ártemis* de Antímaco de Colofão. Como os escólios florentinos deixam dúvida se os poemas curtos de Filetas e de Mimnermo são melhores que os poemas longos compostos por eles próprios ou por outros autores, Matthews propõe que a oposição criada seria entre a *Deméter* de Filetas e a *Ártemis* de Antímaco ([παρα]τίθεταί τε ἐν σ(υγ)κρίσει τὰ ὀλίγων στί[χ(ων) ὄν]τ(α) ποιήματα Μιμνέρμου τοῦ Κο[λοφω]νίου καὶ Φιλίτα τοῦ Κῴου βελτίονα [τ(ῶν) πολ]υστίχων αὐτ(ῶν) φάσκων εἶναι, ver escólios florentinos 1.12-15). Nos dois versos seguintes, Mimnermo é classificado como γλυκύς em oposição à μεγάλη γυνή. Por meio dessa imagem, Calímaco poderia estar fazendo menção à *Esmirneida* de Mimnermo, uma longa elegia, contrastada negativamente com os poemas breves do mesmo autor. No entanto, pressupondo a crítica endereçada a Antímaco na comparação acima, a μεγάλη γυνή poderia se referir à *Lide* e, dessa forma, as elegias breves de Filetas e de Mimnermo se anteporiam às longas elegias de Antímaco, não apreciadas por Calímaco (ver fr. 398Pf).

29 Antímaco de Colofão é um precursor dos poetas eruditos da literatura helenística. Teria sido o único autor pré-helenístico a elaborar uma suposta edição dos poemas de Homero, mencionada em algumas passagens dos escólios da *Ilíada* e da ▶

ALGUMAS CONSIDERAÇÕES SOBRE AS "ARGONÁUTICAS"

Além disso, possuímos os fragmentos de um poema épico que Calímaco escreveu, intitulado *Hécale*[30]. Através de uma narrativa etiológica em que o autor procuraria explicar as origens do culto a Zeus Hecaleu, é relatada a história da hospedagem concedida a Teseu pela anciã Hécale, quando o herói perseguia o touro de Maratona. Contudo, ao invés de enfatizar os atos gloriosos perpetrados pelo filho do rei de Atenas, o narrador centraria sua atenção na trágica e indefesa Hécale e em suas inúmeras desventuras contadas durante a noite de hospedagem, quando o herói se dirigia a Maratona para capturar o touro. Calímaco afastaria da épica o tom elevado, próprio do gênero, e criaria um poema hexamétrico de elocução média e de tamanho relativamente breve[31]. Por mais que a matéria seja épica – uma façanha heroica empreendida por Teseu na juventude – o título já sinaliza um tratamento nada tradicional conferido ao *epos*. O poema abre com a apresentação de Hécale (fr. 230 Pf) e termina não com o glorioso retorno do herói a Atenas portando o touro capturado, mas com as honras fúnebres póstumas dedicadas à anciã[32]. Para Cameron[33], os *Aetia* apresentariam a visão de Calímaco acerca da elegia narrativa, ao passo que *Hécale* sintetizaria sua concepção da épica, ainda que os dois poemas trabalhem com um recurso semelhante: os motivos etiológicos.

A desaprovação ao *mega biblion* deve ser compreendida não como uma alusão literal ao tamanho do poema, mas propriamente ao estilo, de modo a se valorizar a identificação com a musa delgada (fr. 1.24Pf), em contraste com a grandiloquência. Sob essa

▷ *Odisseia*. Apesar disso, não sabemos quais métodos foram empregados, já que seu trabalho nunca é chamado de διόρθωσις (Zenódoto no *Suda* é descrito como o primeiro editor de Homero). Teria também redigido uma βίος de Homero, naturalizando-o em Colofão, seguida de um estudo sobre a linguagem homérica.

30 Segundo o escoliasta do *Hino a Apolo* 106, muitos censuravam Calímaco por não conseguir escrever um μέγα ποίημα (poema grande), de modo que ele se sentiu obrigado a compor *Hécale* para demonstrar exatamente o contrário. Ver Crinágoras (*AP* 9.545).

31 De acordo com Adrian S. Hollis (*Callimachus. Hecale*, p. 337-340), *Hécale* possuiria cerca de mil versos.

32 Ver *Diegesis* 10.18-11.7.

33 Ver A. Cameron, Genre and Style in Callimachus, *Transactions of the American Philological Association*, v. 122, p. 311-312.

perspectiva, não há oposição entre Apolônio e Calímaco, mas ambos compartilham de uma mesma concepção poética baseada na constante experimentação em linguagem e no uso da erudição, perceptível por meio das várias alusões – diretas ou não – à poesia anterior, do gosto por mitos recônditos e do interesse pelas narrativas etiológicas. Mary Margolies De Forest classifica as *Argonáuticas* como um épico calimaquiano, sugerindo que Apolônio reuniria em um enredo heroico uma voz narrativa carente de grandiloquência, criando um conflito interno entre o narrador e as personagens[34]. Nessa releitura da poesia épica, a mescla de Homero e Calímaco geraria um poema bastante diferenciado. É inegável que, se houve de fato um debate poético em Alexandria envolvendo Calímaco, referente ao *epos* ou a qualquer outro gênero, Apolônio, com muita probabilidade, não esteve entre seus opositores. As *Argonáuticas* exibem características de um programa poético que pretende trazer à épica inovações poéticas e recursos estilísticos discutidos e defendidos nos círculos intelectuais desse período.

4. As "Argonáuticas"

As *Argonáuticas* seriam a obra mais famosa de Apolônio de Rodes. Trata-se de um poema épico dividido em quatro livros centrados especificamente na expedição dos argonautas, saindo de Iolco, no norte da Grécia, rumo à Cólquida[35] em busca do velocino de ouro. A unidade narrativa é baseada na viagem e em todos os perigos que os heróis enfrentam durante a travessia pelo mar e nos locais onde desembarcam. Há uma tripartição do enredo demarcada pela inserção de três prólogos que distinguem diferentes estágios da navegação: a ida (livros 1-2), a estadia na Cólquida (livro 3) e o retorno (livro 4). Apolônio fornece algumas breves informações acerca dos motivos que suscitaram a expedição no primeiro prólogo, entre a proposição

---

34 Ver M.M. De Forest, *Apollonius' Argonautica: A Callimachean Epic*, p. 18-36.
35 A Cólquida ocuparia a região onde atualmente se localiza a Geórgia.

da matéria e a menção às musas (v. 5-17). Os antecedentes são resumidos em treze versos e, após a inserção do catálogo de heróis (v. 18-233), a narrativa tem início. O mesmo pode ser dito em referência ao final do poema, quando a nau Argo, depois de passar pela Ática, Eubeia e Lócrida, alcança por fim o porto de Págasas. Não importam a esse *epos* os eventos que se sucederam quando a expedição terminou e que resultaram no exílio de Jasão e Medeia, já que o foco da narrativa seria a nau e o poeta se centraria em eventos estritamente ligados à viagem.

Poucos poemas épicos gregos sobreviveram até os dias de hoje por tradição manuscrita. Apesar de sabermos que o *epos* era um gênero bastante comum, a maioria das epopeias gregas chegou até nós através de menções, citações ou fragmentos papiráceos, independente da grande circulação e recepção favorável que parte desses poemas obteve na Antiguidade. Os únicos poemas épicos gregos sobreviventes, anteriores ao período de dominação romana sobre todos os territórios gregos, foram a *Ilíada* e a *Odisseia* de Homero e as *Argonáuticas* de Apolônio[36]. Apesar do intervalo de cinco séculos separando as obras desses dois poetas, é impossível negar a enorme influência exercida pela poesia homérica sobre a narrativa de Apolônio, tendo em vista que Homero seria o grande modelo seguido por todos os poetas épicos na Antiguidade, fato perceptível pela equiparação a um grande oceano de onde emanam pequenos cursos d'água influenciados por sua natureza[37].

Ao comparar as *Argonáuticas* com os poemas homéricos, Pseudo-Longino (*Sobre o Sublime* 33) descreve Apolônio como um poeta impecável, no entanto inferior a Homero, da mesma forma que todas as tragédias de Íon de Quios reunidas não são equiparáveis a uma única peça de Sófocles – como *Édipo Rei* – ou a irreprochável *Erígone* de Eratóstenes é inferior aos poemas

---

36 Essa afirmação exclui demais poemas hexamétricos também designados *epos* na Antiguidade, mas concebidos como uma espécie poética diferenciada, como a *Teogonia* e os *Trabalhos e Dias* de Hesíodo, os *Fenômenos* de Arato, as *Teríacas* de Nicandro ou até mesmo os idílios de Teócrito.

37 Ver Quintiliano *Instituição Oratória* 10.1.46-58.

caóticos e inspirados compostos por Arquíloco. O autor justifica suas preferências alegando que a grandeza com alguns defeitos é preferível a uma mediocridade correta. Muitas falhas não intencionais, portanto, seriam perceptíveis em Homero e entendidas como descuidos ocasionais, no entanto elas não causam prejuízo à excelência de seu talento poético, revelando uma grandeza de pensamento (*megalophrosyne*) típica da genialidade.

A crítica antiga sempre localizou Apolônio à sombra de Homero, de modo que os comentadores modernos, herdeiros dessa tradição filológica, demoraram a notar as qualidades poéticas das *Argonáuticas*, destoando do modelo homérico e influenciadas pela poética calimaquiana. Apolônio era considerado uma espécie de Homero sem fôlego, e sua epopeia era mal avaliada por ser sempre lida à sombra da *Ilíada* e da *Odisseia*. O julgamento negativo da literatura produzida durante o período helenístico, em voga por boa parte da crítica até as primeiras décadas do século XX, produzia a percepção de que essas obras seriam extremamente pedantes e compostas por e para poetas doutos e eruditos, em uma espécie de círculo literário fechado. A partir da segunda metade do século XX, os comentadores passaram a ler os autores helenísticos não como membros de uma época de decadência literária posterior ao apogeu do período clássico, mas como representantes de uma concepção poética reformulada e baseada em valores próprios de uma cultura na qual o texto escrito se impõe sobre o modo de transmissão oral. Reflexos dessa nova configuração seriam notados nos modos de composição e recepção das obras, evidenciando que os poetas helenísticos não deveriam ser avaliados a partir de critérios idênticos aos empregados para julgar as obras dos poetas clássicos ou arcaicos. As *Argonáuticas*, por conseguinte, não mais são consideradas compostas por um Homero inferior ou sem fôlego, mas como um *epos* que reflete questões estéticas pertinentes à sua época e se torna, a partir de então, um novo modelo épico ao estabelecer diálogo entre a tradição homérica e a poética calimaquiana e servir de inspiração, por exemplo, para a criação da *Eneida* de Virgílio.

ALGUMAS CONSIDERAÇÕES SOBRE AS "ARGONÁUTICAS" 385

5. O Mito dos Argonautas em Poetas Anteriores a Apolônio

A viagem dos argonautas seria conhecida por Homero, pois, em *Ilíada* 7.467-469, os aqueus receberam navios carregados de vinho enviados por Euneu, o soberano de Lemnos e filho de Hipsípile e Jasão (ver também *Ilíada* 21.40-41 e 23.745). A primeira menção explícita à expedição ocorre em *Odisseia* 12.69-72, quando Circe fornece a Odisseu instrução sobre qual rota seguir por mar após passar pelas sirenas. Ao descrever as rochas que se entrechocam e frisar a quase impossibilidade de atravessá-las, a feiticeira faz uma pequena ressalva:

> Só navegou por aí aquela nau cruza-mar,
> Argo, por todos conhecida, navegando desde Eeta;
> presto a teriam lançado contra as grandes rochas,
> mas Hera a guiou, pois que Jasão lhe era caro.[38]

Dois importantes aspectos devem ser destacados nesses versos. Em primeiro lugar, há a proteção de Hera para a segurança e o sucesso da missão, dado recorrente nas abordagens posteriores do mito[39]. Em segundo lugar, é feita referência à fama adquirida pela nau Argo – e consequentemente pela tripulação por ela transportada – no período em que os poemas homéricos foram compostos, permitindo pressupor que eventos relacionados à expedição dos argonautas seriam objeto de canto por todo o território grego. Como infere Martin L. West[40], haveria, paralelo ao ciclo mítico troiano, um ciclo de histórias relacionado a Iolco servindo de matéria para a poesia heroica arcaica, abrangendo Pélias e seus jogos fúnebres, Jasão e a travessia da nau Argo.

A localização onde a história dos argonautas se passa é fornecida por Hesíodo em *Teogonia* 340, ao listar os rios descendentes

---

38 οἴη δὴ κείνη γε παρέπλω ποντοπόρος νηῦς/Ἀργὼ πᾶσι μέλουσα, παρ' Αἰήταο πλέουσα·/καί νύ κε τὴν ἔνθ' ὦκα βάλεν μεγάλας ποτὶ πέτρας,/ἀλλ'Ἥρη παρέπεμψεν, ἐπεὶ φίλος ἦεν Ἰήσων (*Od.* 12.69-72). A tradução citada é de Werner (2014).

39 Ver Píndaro *Pítica* 4.184-185, Apolodoro 1.9.16, Apolônio de Rodes *Argonáuticas* 1.14 e 3.61-75 e Ferecides 3F15 Jacoby.

40 M.L. West, *The Hesiodic Catalogue of Women: Nature, Structure and Origins*, p. 138.

386 ENSAIOS CRÍTICOS

da união entre Tétis e Oceano, dentre os quais está o Fásis. A menção ao mesmo rio volta a aparecer no *Catálogo das Mulheres* (fr. 241M.W.). A partir desse fragmento, é possível inferir por qual rota a expedição seguiu no quadro de uma geografia mítica, já que, após cruzar o Mar Negro, Argo navegou pelo Fásis, desembocou no Oceano e alcançou a Líbia, onde os heróis carregaram o navio nos ombros até chegarem ao Mar Mediterrâneo[41].

Em *Teogonia* 956-962, Hesíodo expõe a genealogia de Eeta e pela primeira vez menciona o nome de Medeia. De acordo com o poeta elegíaco Mimnermo (fr. 11.2W), a região onde está o velocino de ouro se chama Ea (*Aie*), de onde o nome Eeta (*Aietes*) derivaria. Da mesma forma, sua irmã Circe possui o epíteto *Aiaie*[42], pois habitava a ilha Eea (*Aiaie*)[43]. Nas *Argonáuticas* 2.417-418, Ea é considerada uma cidade pertencente ao reino da Cólquida, situada "nos extremos limites do mar e da terra". Semelhante localização já ocorre nas *Argonáuticas* 1.84-85, ao se afirmar que a distância entre a Cólquida e a Líbia é idêntica ao espaço entre o nascer e o pôr do sol, ou seja, uma está situada no extremo leste e a outra no extremo oeste[44].

Medeia reaparece em *Teogonia* 992-1002, quando o poeta menciona sua união com Jasão e o nascimento do filho Medeio:

> Virgem do rei Eeta sustentado por Zeus,
> o Esônida[45] por desígnios dos Deuses perenes
> levou-a de Eeta após cumprir gemidosas provas,
> as muitas impostas pelo grande rei soberbo
> o insolente Pélias estulto e de obras brutais.
> Cumpriu-as, e chegou a Iolco após muito penar
> o Esônida, levando em seu navio veloz

41 Segundo Hecateu de Mileto (1F18a Jacoby), Argo cruzaria o Fásis até o Oceano para desembocar no Nilo e finalmente alcançar o Mediterrâneo. Para mais informações sobre a rota adotada por Apolônio, ver L. Pearson, Apollonius of Rhodes and the Old Geographers, *The American Journal of Philology*, p. 443-459; D. Ensdjo, Placing the Unplaceable: The Making..., *Greek, Roman and Byzantine Studies*, p. 373-385.

42 Ver *Odisseia* 9.31-32 e 12.268 e 273.

43 Ver *Odisseia* 10.135, 11.70 e 12.3.

44 De acordo com o escoliasta das *Argonáuticas* 2.413-418c, Ea seria uma cidade da Cólquida situada nos confins da terra habitada (ἡ Αἴη πόλις τῆς Κολχίδος, αὕτη ἐπ᾽ἐσχάτοις κεῖται τῆς οἰκουμένης).

45 Esônida é o patronímico de Jasão, ou seja, o filho de Esão.

ALGUMAS CONSIDERAÇÕES SOBRE AS "ARGONÁUTICAS" 387

a virgem de olhos vivos, e desposou-a florescente.
Ela, submetida a Jasão pastor de homens,
pariu Medeio, criou-o nas montanhas Quirão
Filírida, e cumpriu-se o intuito do Grande Zeus.[46]

Nessa passagem da *Teogonia*, temos, pela primeira vez, um relato breve de parte dos eventos ocorridos durante a expedição dos argonautas. As tarefas realizadas na Cólquida seriam impostas por Pélias, caracterizado como excessivo (*hybristes*), insensato (*atasthalos*) e de obras violentas (*obrimoergos*). Não é possível detectar se Jasão encabeçaria a expedição dos argonautas desejoso por adquirir renome ou seria compelido a realizá-la. A adjetivação conferida a Pélias poderia ser justificada pela usurpação do trono de Iolco[47] e pela intenção de impor ao sobrinho uma missão cujo êxito seria considerado inviável[48]. Apesar das dificuldades, as provas foram cumpridas e o herói retornou à Grécia acompanhado de Medeia. No entanto não é possível saber em qual circunstância a garota partiu com os argonautas: se fugindo ou com a permissão do pai. Dessa união, somente o filho Medeio é mencionado, posteriormente alçado à condição de rei dos medos[49].

Contudo não há vestígio preservado até o período helenístico de uma narrativa hexamétrica dedicada exclusivamente à viagem da nau Argo. A mais antiga epopeia conhecida que, em alguma medida, narrou esse evento foram as *Corintíacas*, de Eumelo (século VII a.C.), porém ele seria abordado incidentalmente durante o relato sobre a história da cidade de Corinto,

46 κούρην δ' Αἰήταο διοτρεφέος βασιλῆος/ Αἰσονίδης βουλῆσι θεῶν αἰειγενετάων/ ἦγε παρ' Αἰήτεω, τελέσας στονόεντας ἀέθλους,/τοὺς πολλοὺς ἐπέτελλε μέγας βασιλεὺς ὑπερήνωρ,/ὑβριστὴς Πελίης καὶ ἀτάσθαλος ὀβριμοεργός·/τοὺς τελέσας ἐς Ἰωλκὸν ἀφίκετο πολλὰ μογήσας/ὠκείης ἐπὶ νηὸς ἄγων ἑλικώπιδα κούρην/Αἰσονίδης, καί μιν θαλερὴν ποιήσατ' ἄκοιτιν./καί ῥ' ἥ γε δμηθεῖσ' ὑπ' Ἰήσονι ποιμένι λαῶν/Μήδειον τέκε παῖδα, τὸν οὔρεσιν ἔτρεφε Χείρων/Φιλλυρίδης· μεγάλου δὲ Διὸς νόος ἐξετελεῖτο (*Teog.* 992-1002). A tradução citada é de Jaa Torrano (1995).
47 Ver Píndaro *Pítica* 4.106-16 e Pausânias 4.2.5.
48 Contudo notar que, nas *Argonáuticas* 1.902-903, Jasão não pretende reivindicar o trono de Iolco, mas só deseja poder residir tranquilamente em sua cidade natal após o retorno.
49 Ver Ésquilo *Persas* 765, Diodoro da Sicília 4.55.4-6 e Apolodoro 1.9.28.

388 ENSAIOS CRÍTICOS

assunto central do poema. É provável que as narrativas argonáu-
ticas conhecidas pelo poeta da *Odisseia* só tenham circulado de
forma oral. Mas se foram fixadas por escrito, de modo similar
ao que ocorreu com os poemas homéricos, esse texto desapa-
receu antes do século III a.C.[50] Inúmeros contatos entre os dois
ciclos míticos podem ser inferidos a partir das semelhanças
ou relações existentes entre episódios ocorridos ao longo das
travessias marítimas de Odisseu e de Jasão, como no caso das
Planctas, de Circe, das sirenas ou dos feácios[51].

Não é possível saber qual seria o espaço reservado por Eumelo
à expedição e de que maneira precisa ela estaria ligada à narrativa
sobre Corinto, todavia um número significativo de fragmentos
relacionados a Jasão e à viagem à Cólquida – pela primeira vez
mencionada com esse nome[52] – sugere certo destaque. Segundo
o escoliasta das *Argonáuticas* 3.1354-1356a, os versos nos quais
Apolônio descreve o surgimento dos Nascidos da Terra armados
derivariam das *Corintíacas*, no momento em que Medeia ende-
reçaria um discurso ao adivinho Idmão (fr. 9K). Essa é a primeira
menção explícita às provas impostas a Jasão para a aquisição do
velocino. A fala de Medeia nesse contexto sugere alguma espécie
de vínculo com os argonautas, justificando o possível conselho
ou instrução de como se portar para alcançar a vitória (ver Apo-
lônio *Argonáuticas* 3.1026-1062). Podemos inferir, portanto, que
desde as mais antigas versões conhecidas desse mito a ajuda de
Medeia seria parte integrante da narrativa e condição funda-
mental para o êxito de Jasão. No entanto não é possível afirmar
com precisão quanto da expedição dos argonautas seria contado

50 Ver M.L. West, *Odyssey and Argonautica*, p. 40.
51 Ver V. Knight, *The Renewal of Epic*, p. 122-266; M.L. West, *Odyssey and Argo-
nautica*, p. 39-64.
52 Heródoto (2.104-105) afirma que os colcos são originários do Egito, descenden-
tes de membros do exército de Sesóstris, fato demonstrável, segundo o historiador, não
somente pela pele escura, mas também pela prática da circuncisão e pela semelhança
entre os costumes e a língua (ver também Diodoro da Sicília 11.2.17). O historiador
ainda diz que a Cólquida se localiza na Ásia, após a região habitada pelos sáspires,
e seu território chegaria até o Mar Negro (4.37). Estrabão situa a Cólquida ao leste da
Armênia (11.14. 4) e ao norte da Capadócia (12.1. 1).

ALGUMAS CONSIDERAÇÕES SOBRE AS "ARGONÁUTICAS"　　389

nas *Corintíacas*, nem se os eventos estariam dispostos em uma narrativa contínua[53].

A história dos argonautas também seria abordada nas *Naupácticas*, um *epos* genealógico do século VI a.C., definido por Pausânias (9.38.11) como um poema sobre mulheres, sugerindo alguma proximidade com o *Catálogo das Mulheres* hesiódico. Seria atribuído a Carcino de Náupacto, no entanto Pausânias discorda quanto à autoria e ao título preservado. Grande parte dos fragmentos supérstites é extraída dos escólios das *Argonáuticas* de Apolônio de Rodes e se refere a diferentes etapa da expedição, abordando eventos ocorridos desde a viagem de ida à Cólquida (como o episódio das harpias no fr. 3K), até o retorno a Iolco e os desdobramentos da missão em solo grego (fr. 10K)[54].

Em *Argonáuticas* 3.523-524, após Jasão expor aos companheiros as tarefas exigidas por Eeta, Argos sugere o auxílio dos feitiços de Medeia para cumpri-las com segurança. O contato entre os gregos e a princesa colca é feito através da irmã Calcíope, interessada em ajudar os estrangeiros para proteger seus filhos. Referente a essa passagem, o escoliasta das *Argonáuticas* comenta que, nas *Naupácticas*, Idmão se ergueria e exortaria Jasão a suportar as tarefas (fr. 6K). A hesitação do Esônida seria justificada pela dificuldade quanto ao cumprimento de provas sobre-humanas com pouca possibilidade de êxito. No poema de Apolônio, após ouvir a sequência de tarefas exigidas, Jasão se cala e fixa os olhos no chão em total estado de desolação (ver 3.422-425). Por parecer um feito difícil de ser realizado, o herói tardou por decidir empreendê-lo.

Ao comentar a passagem da fuga deliberada de Medeia do palácio real, o escoliasta das *Argonáuticas* 4.66a relata que, nas *Naupácticas*, os gregos seriam convidados por Eeta para um banquete, contudo o rei arquitetava arruinar a expedição

---

53　Para mais informações sobre as *Corintíacas*, ver G.L. Huxley, *Greek Poetry from Eumelos to Panyassis*, p. 60-68; M.L. West, "Eumelos": A Corinthian Epic Cycle?, *The Journal of Hellenic Studies*, v. 122, p. 109-133.

54　Ver Σ *Arg.* 2.299 (fr. 3K), Σ *Arg.* 3.515 (fr. 5K), Σ *Arg.* 3.523 (fr. 6K), Σ *Arg.* 4.86 (fr. 7-8K), Σ *Arg.* 4.87 (fr. 9K).

incendiando a nau Argo e os privando do retorno[55]. Em comentário, o escoliasta complementa a narrativa dizendo que Afrodite interveio e insuflou o desejo em Eeta para que ele se unisse à esposa, possibilitando a fuga dos argonautas acompanhados de Medeia. A partir do argumento resumido desse episódio, pode ser notado que o auxílio de Afrodite aos heróis, bem explorado no livro 3.6-166 das *Argonáuticas*, já encontra um antecedente nas *Naupácticas*, apesar de não ficarem claros os motivos que levaram a deusa a colaborar com o sucesso da expedição. Na *Medeia* de Eurípides, o próprio Jasão demonstra ciência da participação de Afrodite para o retorno seguro e exitoso a Iolco (v. 526-528)[56].

A princesa colca fugiria provavelmente para evitar a fúria do pai, pois seria evidente a todos o auxílio prestado aos argonautas. Ela levaria consigo o velo de ouro (fr. 9к), pois, nas *Naupácticas*, a relíquia não ficava guardada no bosque sagrado vigiada por uma serpente, mas no próprio palácio. A primeira menção, na poesia supérstite, à serpente guardiã ocorre em Píndaro (*Pítica* 4.249-250), mas, baseando-se na iconografia, o motivo certamente é anterior ao século v a.C.[57]

Resta ainda mencionar a existência de um poema dedicado aos argonautas atribuído a Epimênides de Creta, no século vi a.C. Segundo Diógenes Laércio 1.10.111, esse autor teria composto um *epos* de 6500 versos sobre a construção da nau Argo e a viagem de Jasão à Cólquida. Praticamente nada se sabe sobre

---

55 Ver fr. 7-8к.

56 Para mais informações sobre a temática erótica nas *Argonáuticas*, ver E. Phinney Jr., Narrative Unity in the *Argonautica*, *Transactions of the American Philological Association*, v. 98, p. 327-341; C. Beye, Jason as Love..., *Greek, Roman and Byzantine Studies*, p. 31-55), G. Zanker, The Love Theme..., *Wiener Studien*, v. 92, p. 52-75; H. Shapiro, Jason's Cloak, *Transactions of the American Philological Association*, v. 110, p. 163-186; C. Beye, *Epic and Romance...*, p. 120-166; G. Hutchinson, *Hellenistic Poetry*, p. 105-121; R. Hunter, *The Argonautica of Apollonius*, p. 46-74; M.M. De Forest, *Apollonius' Argonautica*, p. 107-124; J. Clauss, Conquest of the..., *Medea*, p. 149-177; C. Byre, The Narrator's Addresses..., *Transactions of the American Philological Association*, p. 67-107; G. Berkowitz, *Semi-Public Narration in...*, p. 128-148.

57 Para mais informações sobre as *Naupácticas*, ver G.L. Huxley, op. cit., p. 68-73; e V. Matthews, "Naupaktia" and "Argonautika", *Phoenix*, p. 189-207.

ALGUMAS CONSIDERAÇÕES SOBRE AS "ARGONÁUTICAS"   391

o conteúdo dessa obra – exceto as referências à origem coríntia de Eeta[58] e a um quinto filho de Frixo[59] – mas, dadas as raras alusões a Epimênides nos escólios das *Argonáuticas*, talvez seu poema tenha exercido pouca ou nenhuma influência em narrativas posteriores sobre o assunto. Para Francis Vian[60], provavelmente se trata de uma obra apócrifa ou tardia.

A primeira narrativa completa sobre a expedição dos argonautas a chegar até nós foi a *Pítica* 4 de Píndaro, dedicada à vitória de Arcesilau, rei de Cirene, na corrida de carroça em 462 a.C. O poeta relata a busca pelo tosão (v. 70-262), estabelecendo um vínculo genealógico entre o regente louvado no epinício e o argonauta Eufemo, ancestral da dinastia real da qual Arcesilau fazia parte. A história narrada abrange acontecimentos desde a chegada de Jasão a Iolco e os preparativos para a navegação até a obtenção do velocino e o consequente retorno à Grécia.

Em sua primeira aparição no poema, o Esônida causou espanto na multidão, portando duas lanças, trajando uma pele de leopardo sobre os ombros e exibindo madeixas ainda não cortadas (v. 73-83), o que indicaria, segundo o escoliasta de *Pítica* 4.145, a condição de efebo prestes a alcançar a idade adulta. Ao fitarem-no, as pessoas cogitaram tratar-se de um deus, associando-o a Apolo ou Ares[61]. Ainda de acordo com o escoliasta de *Pítica* 4.154a, Píndaro estabelece um paralelo entre Jasão e os deuses por causa de sua florescência e beleza. Da mesma forma, os nautas que ingressaram na expedição são chamados de semideuses (*hemitheoi*, v. 12, 184 e 211) e de heróis equiparáveis aos deuses (*heroes antitheoi*, v. 58). Contudo, apesar do catálogo pindárico de argonautas enumerar somente os descendentes de imortais (v. 169-187)[62], a maioria da tripulação não possui

58   Ver escólios das *Argonáuticas* 3.240.
59   Ver escólios das *Argonáuticas* 2.1122a.
60   F. Vian, em Apollonios de Rhodes, *Argonautiques*, t. I, p. xxxi.
61   Em *Argonáuticas* 3.1282-1283, Jasão é comparado a Ares e a Apolo quando se arma para realizar as provas.
62   São mencionados os seguintes membros: Héracles, Cástor e Polideuces (filhos de Zeus), Eufemo e Periclímeno (filhos de Posidão), Orfeu (filho de Apolo), Equião e Érito (filhos de Hermes) e Zeta e Cálais (filhos de Bóreas).

qualquer ascendência divina e só se compara aos deuses por aparência e excelência, não por natureza[63].

Ao ser questionado por Pélias, Jasão revela a identidade e declara suas intenções diante de todos os presentes: recuperar a antiga realeza concedida por Zeus a seu pai em Iolco e retirar Pélias do poder (v. 104-110). A reivindicação estabelece um contraste com a posição do protagonista da epopeia de Apolônio, cujo objetivo é cumprir a missão designada para ter o direito de residir tranquilamente em sua terra natal com o consentimento do rei (*Argonáuticas* 1.901-903). Na ode pindárica, Jasão rejeita a possibilidade de reaver o poder por meio da força (v. 147-148) e aceita a proposta de buscar o velo de ouro na distante Cólquida (v. 159-162)[64].

Píndaro destaca somente dois eventos ocorridos durante o trajeto de ida da nau Argo: a construção do santuário de Posidão às margens do Mar Inospitaleiro (v. 204-206) e a travessia pelas Rochas Cianeias (v. 207-211). A estadia em Lemnos é transferida para o trajeto de retorno, em oposição à maioria das demais versões (v. 251-256). Essa alteração gera inconsistência geográfica ao se tentar entender a rota seguida e causa a omissão do relacionamento amoroso entre Jasão e Hipsípile, tendo em vista a presença de Medeia entre os tripulantes. Os eventos ocorridos na Cólquida são concisamente narrados em trinta e cinco versos (v. 211-246), centrando-se sobretudo na realização das provas (v. 224-243) e na maneira como Medeia foi seduzida (v. 213-223).

---

63 Em *Argonáuticas* 1.548, os tripulantes de Argo são chamados de ἡμιθέων ἀνδρῶν γένος (raça de homens semidivinos), apesar de grande parte não possuir qualquer ascendência divina.

64 O escoliasta de Píndaro (*Pítica* 4.281a) sugere que a expedição dos argonautas representaria um ritual para trazer de volta à Grécia as almas dos que morreram em terras estrangeiras. Portanto, através do velocino, os heróis estariam resgatando a alma de Frixo. Em *Argonáuticas* 2.1192-1195, Jasão alega que a expedição tem por fim expiar o sacrifício de Frixo e apaziguar a cólera de Zeus contra os Eólidas. O mesmo motivo é mencionado em *Argonáuticas* 3.333-339. Segundo o escoliasta das *Argonáuticas* 3.336-339a, trata-se de uma maldição iniciada por Atamante e que deve ser purificada. Porém, em *Argonáuticas* 1.16-17, Pélias simplesmente teme perder o cetro e impõe a árdua navegação a Jasão na esperança de provocar sua ruína pela impossibilidade do retorno.

ALGUMAS CONSIDERAÇÕES SOBRE AS "ARGONÁUTICAS" 393

Antes da realização das tarefas impostas, Eeta incitou o chefe do navio a se apresentar para cumpri-las diante de todos os presentes (v. 229-230). Enquanto as executa, Jasão é chamado de homem vigoroso (v. 236) e ao finalizá-las o rei se surpreendeu com sua condição robusta (v. 238-239). Píndaro não o representa como uma personagem fraca e subordinada a circunstâncias ou auxílios alheios[65], mas como um herói cuja virilidade se impõe aos oponentes. A importância de Medeia na versão de Píndaro não pode ser subestimada, no entanto seu auxílio se deve a um encantamento realizado por Jasão, a partir dos ensinamentos de Afrodite, para torná-la aliada dos gregos (v. 213-223).

O emprego dos *pharmaka* para a realização das provas não provoca necessariamente o rebaixamento heroico do líder dos argonautas, mas talvez seja um dado presente desde as mais remotas versões do mito. O enfrentamento da serpente guardiã do velo é outra instância da narrativa em que o uso de alguma espécie de magia é recorrente. Nas *Argonáuticas*, ao lado de um Jasão aterrorizado ao se deparar com a fera (*Arg.* 4.149), Medeia usa seus feitiços para fazer com que ela adormeça e o tosão possa ser roubado. No momento em que a princesa colca aspergia os *pharmaka* sobre os olhos da serpente proferindo fórmulas mágicas, o Esônida, seguindo suas ordens, retira o velo do carvalho e retorna ao navio (*Arg.* 4.110-182). Medeia indubitavelmente é a protagonista da cena ao coordenar toda a ação, enquanto Jasão permanece imóvel e assustado à espera de recomendações para agir no instante preciso e sem nenhum perigo a enfrentar. Na versão de Píndaro, o assassinato do monstro é mencionado, no entanto a maneira como isso ocorre é pouco clara (v. 249-250). As artimanhas (*technai*) empregadas para realizar tal feito não são explicitadas, gerando dúvidas sobre

---

65 Ver A. Körte, *Hellenistic Poetry,* p. 183; M. Hadas, The Tradition of a Feeble Jason, *Classical Philology,* p. 166-168; J.F. Carspecken, Apollonius Rhodius and..., *YCS,* n. 13, p. 99-125; G. Lawall, Apolloniu's Argonautica: Jason as..., *YCS,* n. 19, p. 121-169; F. Vian, ΙΗΣΩΝ ΑΜΗΧΑΝΕΩΝ, em E. Livrea; G.A. Privitera, *Studi in onore di Anthos Ardizzoni,* p. 1025-1041; T.M. Klein, Apollonius' Jason: Hero..., *Quaderni Urbinati di Cultura Classica,* v. 13, n. 1, p. 115-126; J. Clauss, op. cit., p. 149-177.

394 ENSAIOS CRÍTICOS

quem de fato as detém e de que forma elas atuam. Na peça de
Eurípides, Medeia afirma ser ela própria quem abatera o animal
(*Medeia* 480-482). Segundo o escoliasta de *Pítica* 4.443, as *tech-
nai* citadas pertenceriam a Medeia, em provável referência ao
encanto através do qual a feiticeira adormeceu a serpente, tal
como Apolônio narrou nas *Argonáuticas*. Se assim for, Jasão
teria assassinado a fera entorpecida, fato que diminuiria sensi-
velmente o caráter heroico do episódio[66].

O ciclo dos argonautas foi bastante utilizado para a criação
de tragédias entre os séculos VI e IV a.C., no entanto, só che-
gou até nós inteira uma única peça sobre o assunto: a *Medeia*
de Eurípides[67]. Talvez Ésquilo tenha composto uma tetralo-
gia argonáutica, mas não sabemos quando foi encenada nem
a ordem exata das peças[68], apesar de Vian[69] apresentar uma
sequência hipotética formada por *Argo, Os Lemnienses, Hipsípile*
e *Os Cabiros*. Pouco conhecemos sobre cada um desses dramas
e os raros fragmentos preservados não possibilitam a compreen-
são de seus conteúdos. Em *Argo*, a viga da nau é dotada de voz
(fr. 20TGrF) em consonância com a capacidade de falar atri-
buída à embarcação na epopeia de Apolônio (*Arg.* 1.525-527 e
4.580-592)[70]. A única informação sobre *Hipsípile* consta dos
escólios das *Argonáuticas* 1.769-773: as lemnienses se arma-
ram para evitar o desembarque dos argonautas, mas, após um
acordo selado por juramento, uniram-se sexualmente a eles.
Sobre *Os Lemnienses* não há fragmentos supérstites e a única

66 Sobre outras versões dessa cena nas quais Medeia se valia de seus *pharmaka*
contra a serpente, ver Antímaco (fr. 73 Matthews), Apolodoro (1.9.23) e Valério Flaco
(8.68-120). Havia também versões em que o animal era morto por Jasão, como em
Ferecides (3F31 Jacoby) e Heródoro (31F52 Jacoby).

67 Outros tragediógrafos também compuseram peças chamadas *Medeia* entre os
séculos V e IV a.C. Foram eles Neofrão (fr. 1-3TGrF), Diceógenes (fr. 1aTGrF), Diógenes
de Atenas (ver *Suda* δ 1142), Eurípides II (ver *Suda* ε 3694), Melâncio (fr. 1TGrF) e Dió-
genes de Sinope (fr. 1eTGrF).

68 Ver B.K. Braswell, *A Commentary on the Fourth Pythian Ode of Pindar*, p. 14-15.

69 F. Vian, em Apollonios de Rhodes, *Argonautiques*, t. I, p. xxxvi.

70 A nau também é capaz de falar em Calímaco fr. 16Pf, Licofrão *Alexandra* 1319,
Apolodoro 1.9.16 e 19, Valério Flaco *Argonáuticas* 1.302 e *Argonáuticas Órficas* 244,
1155-1157 e 1345. Segundo Ferecides (3F111a Jacoby), a nau reclama do peso de Héracles,
forçando o abandono do herói.

ALGUMAS CONSIDERAÇÕES SOBRE AS "ARGONÁUTICAS"   395

menção preservada se encontra no catálogo de peças atribuídas a Ésquilo, todavia não há evidência para comprovar que essa tragédia abordasse diretamente a expedição.

Os Cabiros ilustram as dúvidas acerca da existência dessa tetralogia argonáutica. Ateneu, em *Banquete dos Sofistas* (428f), cita essa peça ao afirmar que Jasão e seus companheiros apareceriam embriagados diante dos espectadores. A matéria abarcaria a viagem em busca do velocino, já que o escoliasta de Píndaro (*Pítica* 4.303b) informa haver um catálogo de argonautas nos *Cabiros*. A trama se passaria na ilha de Lemnos, um dos mais importantes lugares visitados durante a expedição. A referência ao vinho no fr. 97TGrF explica a embriaguez dos heróis, rememorando a célebre e apreciada bebida de Lemnos consumida pelos guerreiros gregos em Troia (*Ilíada* 7.467-469). A localização do enredo também é sugerida pelo próprio título, pois os cabiros eram divindades ctônicas associadas a Hefesto e cultuadas em ilhas ao norte do mar Egeu, sobretudo Samotrácia e Lemnos[71]. Não é tarefa simples inferir o conteúdo de um drama cujo título é baseado em um grupo de divindades misteriosas, mas se realmente as quatro peças aqui listadas pertenceram a uma tetralogia, talvez estivesse adequada aos *Cabiros* a posição de drama satírico[72].

Sófocles abordou o ciclo mítico dos argonautas em um número significativo de tragédias, abarcando inclusive eventos posteriores ao retorno dos heróis a Iolco. Nas *Lemnienses*, segundo o comentário do escoliasta das *Argonáuticas* 1.769-773, as mulheres da ilha travariam uma ferrenha batalha contra os gregos, possivelmente provocada pelo reconhecimento equivocado dos argonautas como trácios[73], antecedendo a união amorosa entre os dois exércitos. Apolônio não explora o caráter bélico do episódio, mas somente faz uma breve alusão ao descrever o armamento das lemnienses quando a nau Argo se

71   Ver Heródoto (2.51) e Apolônio de Rodes *Argonáuticas* (1.915-921).
72   Para mais informações sobre a suposta tetralogia argonáutica de Ésquilo, ver B. Deforge, *Eschyle et la légende des Argonautes, Revue des Études Grecques*, v. 100, n. 475-476, p. 30-44.
73   Ver *Argonáuticas* 1.636-637.

396 ENSAIOS CRÍTICOS

aproxima da ilha[74]. No fr. 387TGrF, a anciã Polixo retrataria os costumes viris e marciais das lemnienses, enquanto em *Argonáuticas* 1.675-696 essa mesma personagem exorta as cidadãs a se unirem aos estrangeiros recém-chegados para obterem proteção e descendência.

As *Colcas* de Sófocles teriam influenciado a composição do livro 3 das *Argonáuticas*, já que, segundo os escólios da epopeia, vários eventos ocorridos durante a estadia na Cólquida se basearam na peça hoje perdida. No fr. 340TGrF, é mencionado o unguento prometeico, o mesmo *phármakon* oferecido a Jasão para sua imunização durante o cumprimento das provas nas *Argonáuticas* 3.844-853[75]. O escoliasta das *Argonáuticas* 3.1354-1356a (fr. 341TGrF) cita o momento da peça em que os Nascidos da Terra germinavam armados do solo. As tarefas evidentemente não foram encenadas diante dos espectadores, mas reportadas por um mensageiro a Eeta que, ao contrário da versão de Apolônio, não as presenciara.

A tragédia trataria ainda do assassinato de Apsirto (fr. 343TGrF), não representado como o protetor de Medeia[76] ou o comandante da frota colca a perseguir os argonautas[77], mas como uma criança degolada no palácio do pai. O mesmo diz Eurípides (*Medeia* 1334) e Calímaco (fr. 8Pf) sobre a morte do garoto. Já

74 Ver *Argonáuticas* 1.635. Interessa a Apolônio expor o erotismo do protagonista, portanto a descrição de um artefato marcial de Jasão é substituída pela ἔκφρασις do manto púrpura com o qual ele seduz a rainha Hipsípile (*Argonáuticas* 1.721-767). Para mais informações sobre o manto de Jasão, ver G. Lawall, op. cit., p. 149-151 e 158; C. Beye, Jason as Love..., *Greek, Roman and Byzantine Studies*, n. 10, p. 43-44; E.V. George, Poet and Character..., *Hermes*, n. 100, p. 48-52; H. Shapiro, Jason's Cloak, *Transactions of the American Philological Association*, v. 110, p. 163-186; J. Clauss, *The Best of the Argonauts*, p. 119-129; R. Hunter, *The Argonautica of Apollonius*, p. 52-59; G. Berkowitz, op. cit., p. 122-126; A. Bulloch, Jason's Cloak, *Hermes*, n. 134, p. 44-68). Segundo o escoliasta de *Argonáuticas* 1.721-722, Jasão não se vale de um objeto de guerra no encontro com Hipsípile, mas se veste elegantemente, pois recebeu o convite sem qualquer intenção marcial. Além disso, a cidade é habitada somente por mulheres que se alegram com a presença dos heróis (γυναικῶν μόνων ἡ πόλις αἵ μάλιστα τοῖς τοιούτοις χαίρουσι). Contudo, relatos tardios ainda atribuem um caráter bélico a esse encontro (ver Estácio *Tebaida* 5.376-397).

75 Nos escólios das *Argonáuticas* 3.1040c, é dito que, nas *Colcas*, Medeia instruiria Jasão sobre como agir durante as tarefas impostas por Eeta.

76 Ver *Argonáuticas* 4.407.

77 Ver *Argonáuticas* 4.305-337.

ALGUMAS CONSIDERAÇÕES SOBRE AS "ARGONÁUTICAS" 397

Ferecides (3F32 Jacoby) relata que os argonautas embarcaram com Apsirto e, ao serem perseguidos pelos navios colcos, desmembraram a criança e jogaram as partes de seu corpo ao mar com o intuito de retardar os inimigos. Ferecides não esclarece se o responsável pelo infanticídio seria Jasão ou Medeia[78], mas fica evidente a intenção por trás do crime: esquivar-se, por todos os meios possíveis, do confronto direto entre gregos e colcos.

As peças *Citas* e *Cortadoras de Raízes* de Sófocles também pertenceriam ao ciclo mítico dos argonautas, mas abordariam eventos posteriores à aquisição do velocino de ouro. A primeira encenaria o retorno dos argonautas a Iolco (fr. 547TGrF), enquanto a segunda mostraria Medeia persuadindo dolosamente as Pelíades a matarem o pai de modo a rejuvenescê-lo (fr. 534TGrF). O mesmo assunto seria abordado nas *Pelíades* de Eurípides.

6. A "Medeia" de Eurípides

O ciclo mítico dos argonautas foi pouco explorado por Eurípides, apesar de pertencer a ele a única tragédia sobre o assunto a chegar inteira até nós. Além de *Medeia* e das *Pelíades*, ele compôs uma peça parcialmente preservada, intitulada *Hipsípile*. No entanto, a ação ocorre cerca de vinte anos após a passagem dos argonautas pela ilha de Lemnos, quando a rainha precisa escapar da fúria das lemnienses ao descobrirem que ela havia preservado a vida do pai, contrariando a recomendação de matarem todos os homens que residissem na cidade. Fugindo para Tebas, ela vai se associar à disputa entre Etéocles e Polinices e participar da fundação dos Jogos Nemeicos[79].

78 Em *Argonáuticas* 4.450-481, o assassinato é cometido por Jasão, mas em *Medeia* 167 e 1334-1335, pela própria irmã.

79 Para mais informações sobre essa peça, consultar G.W. Bond, *Euripides'* Hypsipyle. O ciclo mítico dos argonautas também foi trabalhado por outros tragediógrafos. Ver *Mínias* de Queremão (fr. 12TGrF), *Jasão* de Antifonte (fr. 1aTGrF) e *Frixo* de Acaio (fr. 38TGrF). Dentre as comédias dos séculos V a III a.C., várias peças se chamaram *Medeia* (Dinóloco fr. 4-5K.A., Rintão fr. 7K.A., Cântaro fr. 1-4K.A., Êubulo fr. 64K.A. e Estrátis fr. 34-35K.A.) e *Lemnienses* (Aristófanes fr. 372-91K.A., Dífilo fr. 53-54K.A., ▸

A *Medeia* de Eurípides, apesar de dramatizar eventos que ocorreram anos após o término da expedição, desempenhou uma influência significativa na composição das *Argonáuticas* de Apolônio, principalmente na maneira como o caráter de Jasão e o de Medeia são moldados na epopeia. Na peça de Eurípides, depois de um breve encontro com Egeu, no qual lhe é prometido asilo em Atenas por ter sido expulsa de Corinto, Medeia revela seu plano de vingança às mulheres do coro justificando não ser fraca ou indefesa, mas "de maneira diferente,/grave para inimigos e benfazeja para os amigos./A vida é a mais gloriosa para os que agem assim"[80]. O princípio ético de prejudicar os desafetos e beneficiar os aliados é recorrente na poesia grega, sendo mencionado por autores como Arquíloco (fr. 23.14-15W), Sólon (fr. 1.5-6W), Teógnis (v. 869-872), Píndaro (*Pítica* 2.151), Platão (*República* 332b) e Xenofonte (*Memoráveis* 2.6). Em *Héracles* de Eurípides, após salvar os familiares da morte iminente pelas mãos de Lico, o herói ouve do pai Anfitrião que é próprio de sua natureza ser amável aos amigos e odiar os inimigos (v. 585-586). Nas *Coéforas* de Ésquilo, ao rememorar o nome de Orestes, o coro roga aos deuses que alguém venha punir os crimes cometidos por Egisto e Clitemnestra, pois sempre se deve retribuir males a inimigos (v. 122). A partir desse modelo de conduta, podemos inferir que a Medeia de Eurípides incorpora o conceito heroico de virtude[81].

A preocupação com a reputação é responsável por inseri-la em um ambiente masculino. A fama advinda da participação na expedição dos argonautas é mencionada por Jasão durante

▷ Nicócares fr. 14-17K.A.), além do *Fineu* de Teopompo (fr. 63K.A.), do *Ámico* de Epicarmo (fr. 6-8K.A.) e das *Pelíades* de Dífilo (fr. 64K.A.).

80 ἀλλὰ θατέρου τρόπου,/βαρεῖαν ἐχθροῖς καὶ φίλοισιν εὐμενῆ·/τῶν γὰρ τοιούτων εὐκλεέστατος βίος (*Medeia* 808-810).

81 Ver E.B. Bongie, Heroic Elements in the Medea of Euripides, *Transactions of the American Philological Association*, v. 207, p. 27. Para mais informações, ver B. Knox, The Medea of Euripides, *YCS*, n. 25, p.193-225; R. Rehm, The Medea and..., *Eranos*, n. 87, p. 97-115; D. Boedeker, Becoming Medea: Assimilation in Euripides, em J.J. Clauss; S.I. Johnston (eds.), *Medea: Essays on Medea in Myth, Literature, Philosophy and Art*, p. 127-148; M. Mueller, *The Language of Reciprocity in Euripides' Medea*, The American Journal of Philology, v. 122, n. 4, p. 471-504; D.J. Mastronarde, *Euripides. Medea*, p. 7-36.

ALGUMAS CONSIDERAÇÕES SOBRE AS "ARGONÁUTICAS" 399

o primeiro confronto verbal com a antiga esposa (v. 534-541). Reiteradas vezes durante a peça se afirma que a honra (*time*) de Medeia foi atingida (v. 20, 33, 438, 660, 696 e 1354). Consequentemente, ela teme se tornar alvo de zombaria (v. 383, 404, 797, 1049-1050, 1355 e 1362)[82], revelando constante interesse pela manutenção da glória (*kleos*, v. 218, 236 e 810). Qualquer ato que atinja a honra ou o renome demanda necessária retaliação.

A linguagem militar e o emprego de metáforas aludindo a um contexto bélico são frequentes nas falas de Medeia e colaboram para a masculinização de seus valores. O apelo às armas, apesar de sua condição feminina, é formulado pela primeira vez em 250-251, "eu preferiria três vezes/empunhar o escudo a ter parido uma única vez"[83], já indicando a conduta adotada pela heroína para vingar o abandono pelo marido. Ao contrário da reação de Dejanira nas *Traquínias*, tentando reaver o amor de Héracles e restabelecer a posição de esposa, Medeia almeja, por meio de planos dolosos, a completa ruína de Jasão[84]. A intenção de matar os rivais com armas chega a ser cogitada (v. 379), mas logo é descartada, tendo em vista a vergonha pela possibilidade do fracasso. Ante as adversidades, a feiticeira deve mostrar resistência e distinguir o melhor momento de atacar, mesmo que seu oponente seja equiparável a uma torre firme (v. 390). O uso da violência física ainda não está totalmente rejeitado (v. 393-394), mas Medeia prefere o dolo (v. 391) como forma eficaz de retaliação.

Ela se refere ao marido, a Creonte e à sua filha como inimigos (*echthroi*, v. 376, 383, 734, 750, 765 e 1050) e, após obter o apoio de Egeu mediante juramento, se intitula vencedora (v. 765). Os conflitos entre marido e esposa são chamados de certames

---

82 De forma semelhante, Ájax, na peça de Sófocles, será objeto de riso alheio ao descobrirem que ele havia atacado o gado julgando se tratar dos aqueus (*Ájax* 367). Ironicamente o herói é tomado por um riso intenso ao ferir os animais, pressupondo triunfo sobre os adversários (*Ájax* 303).

83 ὡς τρὶς ἂν παρ' ἀσπίδα/στῆναι θέλοιμ' ἂν μᾶλλον ἢ τεκεῖν ἅπαξ (*Medeia* 250-251).

84 Na peça de Sófocles, Dejanira embebe uma túnica com o sangue do centauro Nesso e a envia a Héracles em resposta à sua intenção de desposar Iole. Ver *Traquínias* 531-587.

400 ENSAIOS CRÍTICOS

(*agones*, v. 235 e 366), rememorando o uso desse vocábulo em contexto esportivo para designar a reunião de participantes de jogos públicos[85]. Ao ouvir o relato do mensageiro sobre os eventos ocorridos no interior do palácio de Creonte, Medeia decide assassinar imediatamente os filhos para que não caiam em mãos adversas. Buscando coragem para ser capaz de matar os próprios rebentos, ela empunha a espada e "se arrasta para o doloroso marco (*balbis*) da vida"[86]. O termo *balbis* empregado na passagem designa as balizas presentes nos estádios, nas quais uma corda era presa para servir de ponto de partida e chegada aos corredores do diaulo. A imagem criada equipara a mãe, prestes a cometer infanticídio, a um corredor prestes a iniciar uma disputa esportiva. O vocabulário utilizado durante a peça busca associar Medeia a um combatente ou atleta em vias de realizar feitos a serem gloriados pelos pósteros.

Ao se apropriar de valores masculinos, Medeia acaba se adequando a uma moldura heroica que supostamente deveria pertencer a Jasão. A preocupação com a *time* (honra) e a vergonha pública ao ser desonrada pelo marido são com frequência evocadas (v. 20, 33, 438, 660, 696, 1354)[87]. A indignação e o desejo por retaliação, tentando evitar o riso alheio, decorrem do fato de Medeia se considerar equivalente a Jasão e possuir o mesmo *status* ou pertencer ao mesmo grupo do qual seu cônjuge faz parte na sociedade grega. O juramento trocado por ambos no momento do casamento, tendo os deuses como testemunhas, indica a isonomia entre o casal, já que o pacto de união não foi travado entre Jasão e Eeta[88]. A garota não passou das mãos do antigo mantenedor e guardião legal para as de seu marido mediante um acordo estabelecido entre iguais. Jasão é acusado de impiedade por quebrar o juramento de união feito diretamente

85   Ver *Ilíada* 23.258 e 24.1, *Odisseia* 8.200, Heródoto 2.91, Tucídides 3.104 e Platão *Leis* 658a.
86   ἔρπε πρὸς βαλβῖδα λυπηρὰν βίου (*Medeia* 1245).
87   Ver D.J. Mastronarde, op. cit., p. 167.
88   Em *Olímpicas* 13.53-54, Píndaro diz que Medeia desposou Jasão a despeito do pai e se tornou a salvadora da nau Argo.

ALGUMAS CONSIDERAÇÕES SOBRE AS "ARGONÁUTICAS"   401

a ela[89]. Se as juras somente são feitas entre os pares, as acusações de Medeia sugerem que o Esônida desonrou o código de reciprocidade entre indivíduos de mesma condição (v. 21-22 e 439), levando-a a rogar pela intervenção de Têmis (v. 160-163, 169-170), personificação da justiça divina aliada a Zeus (v. 208-209).

O desrespeito aos deuses e a adoção de novas regras desconsiderando os vínculos e relações de reciprocidade entre os pares, ligados por juramento, contribuem para a caracterização negativa de Jasão no decorrer da peça. Apesar de todos os argumentos para justificar o acordo nupcial e desposar a filha de Creonte, o Esônida é incapaz de se defender da acusação de perjúrio. Egeu, por sua vez, censura-o por vileza (v. 695, 699 e 707) e cumpre o juramento feito a Medeia em nome da Terra, do Sol e de todos os demais deuses (v. 752-753). Curiosamente Jasão afirma que, ao vir para a Grécia, ela conheceu a prática da justiça e o uso das leis, ao invés do emprego da força, bastante comum em terras bárbaras (v. 536-538). Essa referência à superioridade helênica se revela irônica, pois, segundo o comentário do escoliasta de *Medeia* 538, o marido julga não agir injustamente, apesar de desrespeitar as leis e quebrar um juramento.

Jasão tende a considerar pequena a participação de Medeia para o êxito da expedição dos argonautas e atribui a Afrodite o papel de "única salvadora da navegação" (v. 527-528). Para ele a esposa é portadora de uma maldição provocada pelo assassinato do irmão Apsirto e causadora da ruína presente. De modo contrário, Medeia se proclama responsável pelo sucesso da missão na Cólquida (v. 476-487). No verso 515 ela afirma ter a condição de mendigo errabundo como retribuição por salvá-lo. O auxílio ocorreu em três diferentes momentos: nas provas contra os touros que cospem fogo e os Nascidos da Terra (v. 478-479), no confronto com a serpente guardiã do velo de ouro (v. 480-482) e no dolo contra Pélias, resultando no regicídio cometido pelas próprias filhas (v. 486-487), deixando o Esônida na iminência

89 Ver *Argonáuticas* 4.95-98.

402   ENSAIOS CRÍTICOS

de ocupar o poder[90]. Para ele, Medeia agiu como instrumento de Afrodite e Eros, os grandes responsáveis pelo retorno do velo de ouro à Grécia (v. 530-531). Medeia, por sua vez, acusa o marido de falta de virilidade (v. 466), já que não possuiria audácia e bravura (v. 469). Jasão recebe tal acusação por quebrar um juramento e por não agir com a devida coragem esperada por um herói em sua posição, visto estar quase sempre à sombra de Medeia durante a realização de suas façanhas.

7. *Outras Obras de Apolônio*

Além das *Argonáuticas*, Apolônio também compôs alguns poemas hexamétricos, voltados a narrar a fundação mítica de cidades, denominados *ktiseis*. O interesse por esse tipo de narrativa seria recorrente entre os poetas helenísticos, tendo em vista a abordagem de Calímaco à fundação de cidades sicilianas no segundo livro dos *Aetia* (fr. 43.1-83Pf). Também são relatadas, nessa mesma obra, fundações de cidades empreendidas por colcos temerosos com a fúria de Eeta após o assassinato de Apsirto (fr. 11-12Pf), a colonização de Tripodisco (fr. 31aPf) e um catálogo de fundadores de cidades em Ceos (fr. 75.70-7Pf). Ainda de acordo com o *Suda* (κ 227), Calímaco escreveu uma obra intitulada *Fundações de Ilhas e de Cidades e Suas Mudanças de Nomes*. Dentre as *ktiseis* compostas por Apolônio, possuímos informações ou fragmentos das fundações de Cauno, Alexandria, Cnido, Náucratis, Rodes e, talvez, Lesbos[91]. Também é atribuído

---

90   Ao provocar a morte de Pélias por esquartejamento, Medeia interrompe a manutenção da sua linhagem, dada a inexistência de herdeiro masculino a sucedê-lo (v. 487). Em outras versões, Acasto é filho de Pélias (ver Hesíodo fr. 208-9M.W., Eurípides *Alceste* 739, *Troianas* 1128, Apolônio de Rodes *Argonáuticas* 1.224-227 e Higino *Fábulas* 24). Em Diodoro da Sicília (4.53.1-2), após a morte de Pélias por conta do dolo de Medeia, Jasão oferece o trono de Iolco a Acasto e assume a responsabilidade pelas filhas do antigo rei.

91   Partênio (*Histórias de Amor* 21.2) cita um longo fragmento de uma κτίσις de Lesbos sem indicar a autoria desse poema hexamétrico. Comentadores modernos consideram tratar-se de Apolônio ou de algum imitador.

a ele um poema em coliambos intitulado *Canobo* (fr. 1-2Powell), cujo enredo estaria relacionado ao templo de Serápis, localizado em Canobo. A designação dessa região derivaria do nome do timoneiro de Menelau, morto após ter sido picado por uma serpente enquanto dormia na areia de uma praia egípcia. Por fim, Antonino Liberal (*Metamorfoses* 23) faz referência a uma coleção de epigramas atribuída a Apolônio, no entanto nada conhecemos acerca desses poemas com a exceção de um único epigrama invectivo contra Calímaco (*AP* 11.275), considerado espúrio por quase todos os comentadores modernos.

Apolônio também exerceu a função de gramático em Alexandria e redigiu algumas obras em prosa sobre as quais possuímos escassas informações. Reflexos de seus estudos filológicos podem ser notados ao longo dos quatro livros das *Argonáuticas*, no entanto Apolônio também teria escrito um tratado no qual questões voltadas à interpretação dos textos homéricos seriam abordadas em forma de resposta a Zenódoto, primeiro editor da *Ilíada* e da *Odisseia* e seu predecessor no comando da Biblioteca de Alexandria. Também teria redigido um tratado sobre Arquíloco de Paros, comentários aos poemas de Hesíodo (em ao menos três livros) e um estudo voltado à discussão sobre o vocabulário náutico.

A DISCUSSÃO SOBRE O HEROÍSMO NAS "ARGONÁUTICAS"[1]

A abordagem crítica das *Argonáuticas* de Apolônio de Rodes costumeiramente foi feita à sombra das epopeias de Homero, não somente por sua inserção em um período da literatura grega pouco comentado até a metade do século xx, mas também pela comparação qualitativa entre as figuras heroicas descritas nos diferentes poemas. Apesar da variedade de tópicos abordados na narrativa, a discussão sobre o modo como Jasão é representado foi responsável pela produção da parte mais numerosa e significativa de artigos e livros a respeito dessa obra. A questão mais formulada pelos comentadores poderia ser assim simplificada: seria Jasão, com seu modo de ação peculiar, a principal personagem na expedição dos argonautas? Auguste Couat, autor de um dos mais antigos compêndios sobre literatura helenística, intitulado *La Poésie alexandrine sous les trois premiers Ptolémées*, afirma que Jasão jamais poderia ser definido como um herói

---

[1] Uma parte deste estudo já foi publicada, com alterações, nos *Cadernos de Letras da* UFF número 28. Ver F. Rodrigues Junior, Héracles e o Heroísmo nas Argonáuticas de Apolônio de Rodes, Cadernos de Letras da UFF, n. 28, 2018.

406 ENSAIOS CRÍTICOS

ardoroso buscando se lançar à glória e aos perigos[2]. Seguindo o mesmo ponto de vista, Alfred Körte nota a falta de proeminência e a fraqueza de Jasão como impeditivos para ocupar a posição de protagonista[3]. Alguns comentadores, de maneira menos polida, descrevem-no como personagem egoísta[4], desinteressante ou, até mesmo, repelente[5].

O artigo de John Frederick Carspecken intitulado "Apollonius Rhodius and the Homeric Epic", voltado à comparação entre as *Argonáuticas* e a poesia homérica, contribuiu de forma consistente para a consolidação dessa leitura. Segundo o autor, Jasão raramente possui papel de destaque, sendo um contumaz observador de façanhas alheias: no momento de a nau partir de Iolco, Orfeu cessa a discussão entre Idas e Idmão e restaura a paz, enquanto Jasão permanece impassível; após os companheiros perceberem o abandono de Héracles na Mísia, Jasão sofre em silêncio apesar de ser acusado de conspiração, até o instante em que todo o ocorrido é explicado por Glauco ao emergir do mar; Polideuces enfrenta Ámico na Bebrícia e os Boréadas perseguem e derrotam as Harpias em Tínia. O único feito executado pelo Esônida nos dois primeiros livros, de acordo com a leitura de Carspecken, teria sido o assassinato acidental do hospitaleiro Cízico durante um embate equivocado contra os dolíones (*Arg.* 1.1032-1035). Sua inadequação como líder seria evidenciada no momento em que ele se assusta ao ouvir as profecias de Fineu sobre os futuros desafios da expedição, prostrando-se sem esperanças quanto ao desfecho de toda a viagem (*Arg.* 2.622-637 e 886-893).

No entanto Carspecken avalia a importância de Jasão em relação aos demais argonautas a partir do terceiro livro, quando

---

2. A. Couat, *La Poésie alexandrine sous les trois premiers Ptolémées*, p. 319-320.
3. A. Körte, *Hellenistic Poetry*, p. 183.
4. J.W. Mackail, *Lectures on Greek Poetry*, p. 263.
5. C.M. Bowra, *Ancient Greek Poetry*, p. 221. Valendo-se de critérios semelhantes, F. Wright, *History of Later Greek Literature...*, p. 100, considera Jasão um herói fraco e insignificante, enquanto G.W. Mooney, *The Argonautica*, p. 37, o classifica como personagem controlada e insípida, sem qualidades típicas que o alçassem à condição de líder.

A DISCUSSÃO SOBRE O HEROÍSMO NAS "ARGONÁUTICAS" 407

se tornaria fundamental para o desenrolar dos acontecimentos. A missão passaria, pela primeira vez, a depender de suas ações e isso lhe conferiria certa proeminência, distanciando-o da personagem irrelevante e opaca predominante na primeira parte do poema. Mas esse protagonismo responsável pelo cumprimento das tarefas impostas por Eeta – sua grande *aristeia* em toda a narrativa – só é possível mediante a imunização proporcionada pelas drogas de Medeia[6].

Carspecken considera que a unidade narrativa de uma epopeia é alcançada através da presença de uma figura heroica central[7]. A suposta ausência de tal personagem nas *Argonáuticas* levou a crítica a apontar a falta de unidade do poema, tendo em vista a inserção de um líder quase imperceptível ante o grande número de argonautas destacados em diferentes episódios. Durante a viagem, alguns companheiros se tornam protagonistas momentâneos, resolvendo problemas que poderiam ameaçar a continuidade da missão[8]. Carspecken sugere, por conseguinte, que o herói central não deve ser buscado em uma figura isolada e, sim, em toda a tripulação, já aludida de forma coletiva no início do poema ("as glórias dos antigos homens", ver *Arg.* 1.1-2)[9]. Apesar de ser o grande motivador da expedição, o nome de Jasão só aparece no oitavo verso do prólogo e todos os eventos antecedentes ao início da viagem são brevemente resumidos em dezessete versos. A narrativa termina com a chegada da nau Argo ao porto de Págasas, sem qualquer referência explícita ao futuro do Esônida após a entrega do velocino ao rei Pélias. O foco do narrador é a ação do grupo, e todos os eventos anteriores ou posteriores à formação desse conjunto de varões são brevemente aludidos ou não abordados. Dessa maneira, a suposta caracterização débil de Jasão não comprometeria a unidade do *epos* proporcionada pela presença de uma figura

6. J. Carspecken, Apollonius Rhodius and..., *YCS*, n. 13, p. 101-102.
7. Ibidem, p. 109.
8. Ibidem, p. 112.
9. παλαιγενέων κλέα φωτῶν.

408 ENSAIOS CRÍTICOS

heroica central, pois o poeta optaria por destacar não exclusi-
vamente uma única personagem mas todo o grupo, como pode
ser notado pela menção aos *klea photon* no primeiro verso do
poema (*Arg.* 1.1). Ao contrário da *Ilíada* e da *Odisseia,* as *Argo-
náuticas* seriam um poema épico de herói coletivo.

Gilbert Lawall, no artigo "Apollonius' 'Argonautica': Jason as
Anti-Hero", discorda da concepção de heroísmo vaga e amorfa
proposta por Carspecken. Segundo sua leitura, no início do
poema Jasão seria mera vítima da profecia de Apolo e das maqui-
nações ambiciosas de Pélias. O poeta teria a intenção de retra-
tá-lo como líder fraco e irresoluto nas três primeiras grandes
aventuras da expedição[10]: em Lemnos, Héracles é o responsável
por encerrar a permanência dos argonautas junto às mulhe-
res encontradas na ilha, viabilizando a continuidade da viagem
(*Arg.* 1.865-874); em Cízico, Héracles evita a destruição da nau
matando os Nascidos da Terra (*Arg.* 1.989-1011); na Mísia, por
pura negligência, Jasão parte deixando Héracles e mais dois
argonautas para trás (*Arg.* 1.1273-1289).

As aparentes debilidades, de acordo com Lawall, ocultam
um minucioso processo de instrução ao qual Jasão se submete
durante a trajetória de ida da nau Argo. Isso o capacitaria a, final-
mente, tornar-se a figura de destaque no terceiro livro. Os livros 1 e
2, portanto, não deveriam ser compreendidos como uma sequên-
cia de episódios desconectados, mas como um processo de *pai-
deia* por meio da qual Jasão se transformaria na personagem
mais apta a enfrentar os desafios presentes a partir da chegada
na Cólquida[11]. Tratar-se-ia de uma jornada concomitantemente
geográfica e educativa, na qual diferentes lições seriam aprendidas
pelo protagonista, de modo a torná-lo capaz de encontrar solu-
ções mais adequadas para problemas a serem enfrentados. Em
Lemnos, é introduzido o emprego da sedução e do erotismo como

---

10. De acordo com G. Lawall, op. cit., p. 149, ao longo do livro 1, "Jasão aparece
como um jovem inexperiente que pouco conhece do mundo através do qual ele deve
seguir a sua rota e que ainda não desenvolveu respostas fixas aos desafios da vida. Ele
ainda não é um herói pronto".

11. Ibidem, p. 150.

A DISCUSSÃO SOBRE O HEROÍSMO NAS "ARGONÁUTICAS"

meio eficiente para alcançar um objetivo. Em Cízico, os perigos da guerra são enfatizados, pois Jasão mata acidentalmente seu antigo hospedeiro em uma batalha noturna. Após esse assassinato equivocado, o uso da força será evitado ao máximo pelos argonautas, só sendo empregado quando qualquer outra forma de acordo não produzir resultados (*Arg.* 3.179-190). Na Bebrícia, foi assimilada a prática precisa da perícia ao invés da mera violência. Em Tínia, Jasão aprende a ter um comportamento pio em relação aos deuses, no entanto, no quarto livro, o herói demonstra não ter assimilado bem essa lição ao assassinar Apsirto de modo traiçoeiro em frente ao templo de Ártemis, cometendo um crime que exigirá expiação e retardará o retorno à Grécia.

Em diversas localidades, diferentes lições foram aprendidas pelo Esônida, fazendo-o gradativamente responder com mais presteza e eficiência às situações adversas surgidas[12]. Lawall conclui que a expedição teria moldado Jasão em uma figura anti-heroica, enganadora e constantemente baseada na ajuda alheia, tanto humana (Medeia) quanto divina (Apolo, Hera ou Afrodite). Ele estaria capacitado a agir segundo artimanhas, engodos e quebra de juramento. Os argonautas obtêm o tosão e retornam a Iolco, no entanto o preço a ser pago seria o abandono do heroísmo tradicional. Em outras palavras, a corrupção de caráter do protagonista teria proporcionado o sucesso da missão[13].

Charles Beye, no artigo "Jason as Love Hero in Apollonius' 'Argonautica'", discorda parcialmente dessa interpretação ao afirmar que, lendo as *Argonáuticas*, o leitor não se depara com um anti-herói moldado gradativamente, mas com uma antiepopeia. Ou seja, a matéria-prima do poema de Apolônio seria a poesia homérica alterada de modo a revelar dessemelhanças quando cotejada com seu modelo original[14]. Um exemplo dessa "desmontagem" da elocução homérica seria a recusa de Apolônio em se

12. Ibidem, p. 166. "Durante o trajeto de ida, Jasão se familiarizou com o mundo no qual deve agir e aprendeu a agir de modo eficiente e com êxito. As personagens menores e estereotipadas, ao contrário, permanecem inalteradas no decorrer da viagem."
13. Ibidem, p. 168.
14. C. Beye, op. cit., p. 34.

410   ENSAIOS CRÍTICOS

valer de linguagem formular, embora faça referência explícita a ela.
A expressão *klea andron* (as glórias dos varões, *Ilíada* 9.189) é alte-
rada no prólogo das *Argonáuticas* para *klea photon* (as glórias dos
homens) sugerindo que o tipo de heroísmo abordado é rebaixado e
acessível a todos que compartilham da condição mortal[15]. O uso de
símiles em Apolônio também apresenta muita proximidade com
a poesia homérica[16], como pode ser notado em *Arg.* 3.1294-1295
e *Il.* 15.618-621; *Arg.* 3.1359-1362 e *Il.* 9.555-559, 12.278-286 e 19.357-
361; *Arg.* 1.879-882 e *Il.* 2.87-90; *Arg.* 2.26-29 e *Il.* 20.164-173; *Arg.*
2.123-128 e *Il.* 4.471, 16.156-163 e 352-355; *Arg.* 4.139-142 e *Il.* 18.207-
214 e 21.522-525. Há 82 símiles nas *Argonáuticas*, enquanto a *Ilíada*
se vale de 206 e a *Odisseia* possui 45. No entanto Apolônio evita
a repetição de símiles em diferentes cenas de maneira a enfatizar
que seu poema ilustra uma forma diferente de escrever uma epo-
peia e não é uma imitação servil da *Ilíada* e da *Odisseia*. Por fim,
é frequente a descrição de cenas recorrentes na poesia homérica
inseridas em contextos díspares nas *Argonáuticas*, provocando no
leitor a sensação de inadequação ou incompletude. A única cena
extensa de armamento de um guerreiro no poema ocorre em *Argo-
náuticas* 3.1225-1234, quando Eeta se prepara para assistir às provas
impostas a Jasão (ver cenas de armamento na *Ilíada* em 11.16-44,
16.130-139 e 19.369-398). Porém o rei da Cólquida não empunha
suas armas como prenúncio de uma batalha iminente, mas sim-
plesmente o faz para exercer a função de expectador de uma luta
alheia cujo protagonista se encontra imune e invencível.

Apesar de pertencer à tradição épica, Beye pressupõe que
as *Argonáuticas* causariam estranheza ao leitor acostumado ao

15. Ver J. Carspecken, op. cit., p. 111; para a distinção entre ἀνήρ e φώς.
16. Ver E.G. Wilkins, A Classification of the Similes in the *Argonautica* of Apol-
lonius Rhodius. *The Classical Weekly*, v. 14, n. 21, p. 162-166; J. Carspecken, op. cit.,
p. 58-99; R.W. Garson, Homeric Echoes in Apollonius Rhodius' *Argonautica*. *Classi-
cal Philology*, v. 67, n. 1, p. 7-9; R.L. Hunter, *The* Argonautica *of Apollonius: Literary
Studies*, p. 129-138; V. Knight, *The Renewal of Epic*, p. 17-20; T. Kouremenos, Herakles,
Jason and 'Programmatic' Similes in Apollonius Rhodius' *Argonautica*. *Rheinisches
Museum für Philologie*, v. 139, p. 233-250; B. Effe, The Similes of Apollonius Rhodius.
Intertextuality and Epic Innovation, em T.D. Papanghelis; A. Rengakos, *A Companion
to Apollonius Rhodius*, p. 147-169; e L.M. Vieira, *Ruptura e Continuidade em Apolônio
de Rodes: Os Símiles nas* Argonáuticas *1*, p. 59-116).

estilo da *Ilíada* e da *Odisseia* por parecer uma narrativa oblíqua ou fora de foco[17]. Seria natural, portanto, nos defrontarmos com um protagonista igualmente oblíquo ou fora de foco. Não um anti-herói, mas um herói bem adequado a uma antiepopeia. Em oposição à leitura de Carspecken, segundo a qual o herói do poema não seria o fraco Jasão e, sim, toda a tripulação, Beye destaca a insistência de Apolônio em ressaltar a condição do Esônida como figura principal, apesar de suas discutíveis qualidades e da passividade reiteradamente enfatizada. O líder acabaria escondido sob decisões e escolhas tomadas por outros, fora de sua esfera de influência[18]. Por conta disso, o poeta o caracterizaria de forma recorrente como *amechanos*. A partir do episódio de Lemnos, contudo, nos é apresentada uma outra faceta de Jasão: trajando, no encontro com a rainha Hipsípile, um manto brilhante, artisticamente bordado e descrito de modo semelhante à armadura de um guerreiro antes da realização de alguma *aristeia*, ele executaria uma façanha no campo da sedução e da sexualidade. Para Beye, Jasão é uma espécie de *love hero*, uma personagem relativamente nova em contexto épico, cuja atuação exitosa se dá por meio da manipulação das afecções alheias em benefício próprio. Essa seria a principal diferença em relação a Héracles, o verdadeiro anti-herói do poema. Seu desaparecimento na Mísia já fornece um indício claro do tipo heroico que passará a prevalecer na epopeia, pouco habituado ao emprego eficiente da força física. Através da sedução de Medeia, Jasão estará capacitado a cumprir as provas exigidas pelo rei da Cólquida e saquear o velocino de ouro, sempre seguindo de perto as instruções da princesa bárbara.

17 C. Beye, op. cit., p. 35.

18 Segundo Beye, "desde o início, Jasão já é apresentado como não responsável por suas ações; Heracles escolheu o líder dos argonautas, Hipsípile precisava de um parceiro, a escuridão fez de Cízico um inimigo anônimo e uma vítima. Dessa forma ele foi, desde o início, descrito como sendo levado pelos acontecimentos ao longo de todo o poema. Ainda que possamos considerar tal fato como singularmente inusitado, não podemos negar que Jasão seja retratado constantemente como passivo. Tal consistência sugere que Apolônio escolheu conscientemente representar Jasão dessa maneira".

412 ENSAIOS CRÍTICOS

A introdução da matéria amorosa como tema principal, na visão de Graham Zanker em "The Love Theme in Apollonius Rhodius' 'Argonautica'"[19], seria a grande contribuição de Apolônio ao gênero épico[20]. *Eros* se tornaria o tema em destaque não somente no terceiro livro, no qual é narrada a sedução de Medeia e a realização das provas, mas em todo o poema. Ao abordar programaticamente esse assunto, o poeta não renunciaria à tradição na qual sua epopeia está inserida – os *klea photon* no proêmio do livro 1 evidenciam esse fato –, mas representaria o heroísmo segundo um comportamento mais condizente com a estrutura narrativa desenvolvida[21]. Em uma epopeia de temática erótica, um *love hero* seria o protagonista mais adequado e com maiores possibilidades de sucesso. Mas em que consiste essa personagem e qual o seu modo de atuação?

O tipo de heroísmo desempenhado pelo argonauta Idas seria visto, segundo Zanker[22], como obsoleto e representaria uma oposição à estratégia adotada por Jasão. Sua arrogância ao criticá-lo no momento da partida foi severamente censurada por Idmão, e sua oposição ao plano de Argos para conseguir os *pharmaka* de Medeia se mostrou equivocada. Quando o Esônida retornou ao acampamento munido das drogas imunizadoras, todos os companheiros o rodearam fazendo perguntas, exceto Idas, por se encontrar encolerizado (*Arg.* 3.1167-1170). Antes da realização das provas, Jasão derramou no escudo, na lança e na espada os *pharmaka* cedidos. Em seguida os argonautas começaram a golpear o armamento imunizado a fim de testar a resistência, no entanto foram incapazes de provocar qualquer dano. Idas, por sua vez, resolveu atingi-lo com a espada, embora o ataque também tenha sido ineficaz. A partir de então os companheiros

19   G. Zanker, The Love Theme in Apollonius Rhodius' *Argonautica*, *Wiener Studien*, v. 92.

20   Para mais informações sobre o tratamento dado à matéria amorosa na poesia épica, ver C. Beye, *Epic and Romance...*, p. 120-166; R. Hunter, *The Argonautica of Apollonius: Literary Studies*, p. 46-74; M.M. De Forest, *Apollonius' "Argonautica": A Callimachean Epic*, p. 107-124; B. Pavlock, *Eros, Imitation and the Epic Tradition*, p. 1-68.

21   G. Zanker, op. cit., p. 72.

22   Idem, p. 64.

A DISCUSSÃO SOBRE O HEROÍSMO NAS "ARGONÁUTICAS"   413

começaram a festejar esperançosos, considerando a vitória ine-
vitável (*Arg.* 3.1246-1255). Sendo esta a última menção de Idas
no poema, fica evidente a intenção de Apolônio em lhe conferir
certo destaque em oposição aos demais homens. Todos apoiaram
a decisão de contar com o auxílio de Medeia, exceto ele por con-
fiar exclusivamente na força dos braços (*Arg.* 1.466-471 e 3.558-
563). Por ironia, essa mesma força vai se mostrar impotente em
sua última menção na narrativa. Zanker interpreta essa cena
como o ocaso de uma espécie de heroísmo abordada de modo
ridículo pelo poeta, ao passo que uma forma mais "humana" ou
"realista" de ação despontaria[23].

Essa perspectiva estaria ligada, com alguma proximidade, ao
conceito de *love hero*, pois, ao tratar o amor como matéria cen-
tral do poema, implicitamente é desenvolvido um debate acerca
da natureza heroica do protagonista. As qualidades sedutoras
de Jasão e sua beleza enfatizada em diversos símiles (*Arg.* 1.307-
310, 774-781; 3.919-923, 956-961), tornando-o bastante receptivo
entre as mulheres, fariam dele o herói mais adequado à narrativa
erótica delineada. Em *Argonáuticas* 1.774-781, quando se dirige
ao encontro com Hipsípile, Jasão é equiparado a um astro bri-
lhante a encantar os olhos das recém-casadas e agradar a virgem
que deseja o noivo oriundo de terras distantes, escolhido pelos
pais. Uma imagem próxima aparece em cenário bélico em *Ilíada*
22.26-31. Segundo o escoliasta das *Argonáuticas* 1.781a, a cena
é adequada ao contexto, visto que a luminosidade irradiada
pelo Esônida é fruto de sua beleza. Jasão volta a ser novamente
comparado a um astro luminoso em *Argonáuticas* 3.956-961,
durante o encontro com Medeia. No entanto o astro Sírio evo-
cado na passagem indica a miséria vindoura entre os rebanhos,
prenunciando as funestas consequências que se seguirão após
a união entre Jasão e Medeia[24]. Por fim, em *Argonáuticas* 3.919-

---

23   Sobre o conceito de "realismo" na poesia helenística, ver G. Serrao, La Genesi
dei..., em E. Livrea; G. Privitera (orgs.), *La letteratura ellenistica*, p. 911-948.
24   Ver a desgraça que se segue aos homens após o aparecimento do cachorro de
Oríão no céu em *Ilíada* 22.26-31.

923, a beleza de Jasão é realçada por ação de Hera com o fim de prepará-lo para o encontro com a princesa bárbara[25].

O "realismo" na poesia do período helenístico e a consequente redefinição do conceito de herói são assuntos explorados no livro de Zanker intitulado *Realism in Alexandrian Poetry*. Segundo o autor, além da variação no uso da linguagem e das formas métricas, da extrema erudição e do recorrente caráter alusivo, a poesia alexandrina também seria caracterizada por uma tentativa de aproximar ao máximo possível o poema do leitor a partir de "experiências sensoriais, intelectuais ou emocionais"[26]. Em outras palavras, a poesia alexandrina seria dotada de um realismo pouco explorado na produção poética dos períodos anteriores, baseado, entre outras coisas, no excesso de detalhes descritos de modo a gerar verossimilhança aos acontecimentos retratados e buscar uma experiência comum e familiar aos leitores. A presença de cenas do cotidiano é um bom exemplo dessa representação[27], bem como o uso da erudição para os mais variados fins, perceptível na exibição de conhecimento geográfico preciso ou na tentativa de harmonizar versões divergentes de uma mesma história. Através disso, o mito se torna mais plausível à audiência, estabelecendo uma estreita relação entre a experiência contemporânea e a reproduzida na poesia.

Zanker aponta três características que fazem de Jasão um herói peculiar[28]. Em primeiro lugar, deve ser destacada a preferência pela via diplomática para a resolução de conflitos prestes a acontecer. Jasão constantemente evita o emprego da força e só

---

25 Odisseu é alvo da mesma ação divina em *Odisseia* 6.229-231 e 235-237 (diante de Nausícaa) e *Odisseia* 16.172-176 (diante de Telêmaco).

26 G. Zanker, *Realism in Alexandrian Poetry*, p. 3.

27 Ibidem, p. 70. Zanker cita como exemplo de cena do cotidiano a descrição da toalete de Afrodite, penteando suas tranças no momento em que é surpreendida por Hera e Atena (ver *Arg.* 3.43-50). Segundo o autor, "o objetivo da descrição de Apolônio e seu uso do cotidiano são evidentes. Trata-se de humor e de uma tentativa de fazer as deusas do Olimpo se parecerem conosco, de modo a fixá-las numa escala de realidade que nos auxilia a estabelecermos uma conexão com elas".

28 Ibidem, p. 201-204.

A DISCUSSÃO SOBRE O HEROÍSMO NAS "ARGONÁUTICAS"   415

se vale dela quando todas as possibilidades de estabelecer um acordo foram esgotadas (*Arg.* 1.336-340 e 3.179-184). As decisões são preferencialmente tomadas em grupo, como no momento de escolher o líder da expedição. Apesar de grande motivador e principal responsável pela viagem à Cólquida, ele não impôs seu comando sobre os demais, mas propôs uma eleição (*Arg.* 1.333-340). De forma idêntica, quando os argonautas se encontravam perdidos no deserto da Líbia, Jasão ouviu o confuso conselho das ninfas líbias segundo o qual os heróis deveriam pagar às suas mães as dívidas por carregá-los no ventre durante tanto tempo (*Arg.* 4.1237-1278). Sem compreender com exatidão o conteúdo de tais palavras, ele resolveu convocar a assembleia para tomar uma decisão conjunta, afinal "melhor é o plano da maioria"[29].

O uso excessivo da força não faz parte do modo de ação exercido por Jasão, e seus feitos nunca são vistos como sobre-humanos. Uma exceção ocorre quando o Esônida secretamente lança na direção dos Nascidos da Terra uma pedra enorme que nem mesmo quatro homens contemporâneos estariam capacitados a erguer (*Arg.* 3.1365-1369). Cenas semelhantes acontecem com frequência na *Ilíada* (5.302-304, 12.447-449 e 20.285-287), no entanto, ao contrário dos heróis homéricos, Jasão se encontra sob o efeito das poções de Medeia e, portanto, ostenta qualidades superiores à sua condição mortal. A ênfase do poeta em ecoar um modelo homérico de atuação marcial intenciona contrastar dois diferentes modos de ação heroica baseada na força. Somente através da magia Jasão consegue equiparar seus feitos a Diomedes, Aquiles ou Heitor. Sem o efeito sobrenatural dos *pharmaka*, ele se iguala a um dos quatro homens contemporâneos incapacitados de levantar a enorme pedra.

A segunda característica apontada por Zanker, responsável pela redefinição heroica de Jasão, seria sua enfatizada beleza física, traço fundamental para a aliança com Medeia. Se na *Ilíada* Heitor critica Páris por, sobretudo, cultivar a aptidão para seduzir

29   Ver um posicionamento exatamente contrário a esse em *Ilíada* 2.198-206.

416 ENSAIOS CRÍTICOS

mulheres ao invés da virilidade marcial exigida por um comba-
tente em defesa da cidade (*Il.* 3.43-45 e 54-57), nas *Argonáuti-
cas* a conquista amorosa será o grande trunfo do protagonista,
e sua exuberante beleza – salientada pela ação divina (*Arg.*
3.919-926) –, a arma mais eficiente. Para Heitor, os dons de
Afrodite se opõem aos conceitos de *bie* (violência) e *alke* (força),
responsáveis por distinguir o herói em batalha e lhe conferir
renome. Em Apolônio, por sua vez, os argonautas devem se fiar
em Afrodite para obterem o velocino de ouro (*Arg.* 2.423-424)
e, por consequência, se tornarem gloriosos.

Apolônio destaca minuciosamente a impressão causada por
Jasão na filha de Eeta. Ao receber o golpe de Eros, Medeia se
calou enquanto o projétil incendiava seu coração. Alheia à razão,
ela não conseguia desviar os olhos do Esônida, enquanto a face
oscilava entre pálida e ruborizada (*Arg.* 3.284-298). Quando a
embaixada dos argonautas deixou o palácio, Jasão se sobres-
saía entre os demais por beleza e graça (*Arg.* 3.444), motivo
pelo qual a princesa bárbara continuava a contemplá-lo fixa-
mente, tendo o peito consumido por dores (*Arg.* 3.444-447).
A beleza de Jasão volta a ser enfatizada durante o encontro
secreto com a garota (3.960-961). Após as palavras sedutoras
do estrangeiro – citando de maneira astuta o mito de Teseu e
Ariadne em situação semelhante[30] –, Medeia lhe ofereceu os
pharmaka sem hesitação e, segundo o poeta, teria lhe ofertado
a própria alma caso o herói assim desejasse (*Arg.* 3.1015-1016). Se

30 A história de Teseu e Ariadne possui paralelos com os acontecimentos relativos
a Jasão e Medeia. Em ambos os mitos, um estrangeiro é submetido às ordens funestas
de um rei, mas é auxiliado pela filha do monarca e, após superar os perigos, parte com
a garota. A alusão a Ariadne como exemplo de precedente à ação de Medeia se dá em
Argonáuticas 3.997-1001, 1074-1076, 1097-1101 e 1106-1108. Deve-se notar que, além das
semelhanças entre os dois mitos, Pasífae, mãe de Ariadne, é filha de Hélio e, portanto,
irmã de Eeta. No entanto Jasão opta por um recorte oportuno da história, pois relata a
partida de Creta com a permissão de Minos, mas silencia sobre o abandono de Ariadne
em Dia. O poeta teria informações sobre esse episódio, pois, no livro 4, é mencionada
a túnica sagrada dada a Toante por seu pai Dioniso, a qual retinha um perfume divino
desde quando o deus tivera relações sexuais com a filha de Minos sobre ela, após Teseu
tê-la deixado para trás (*Arg.* 4.421-434). Sobre o conhecimento de Apolônio acerca do
mito de Teseu e Ariadne e suas fontes, ver S. Jackson, Apollonius' "Argonautica": The
Theseus..., *Hermes*, n. 142, p. 152-157.

A DISCUSSÃO SOBRE O HEROÍSMO NAS "ARGONÁUTICAS"   417

os *pharmaka* foram fundamentais para a vitória, eles só puderam ser adquiridos por meio da sedução.

A última característica apresentada por Zanker se baseia no constante estado de *amechania*[31] demonstrado por Jasão. Essa qualificação é recorrente em diferentes momentos da narrativa[32] e acaba por contrastá-lo com Odisseu, seu principal modelo na poesia homérica. Em situações nas quais uma liderança firme e resoluta seria esperada por seus pares, o Esônida demonstra insegurança e desolação, como, por exemplo, na partida da nau Argo em Págasas (*Arg.* 1.460), no abandono de Héracles na Mísia (*Arg.* 1.1286), na necessidade de cumprir as provas impostas por Eeta (*Arg.* 3.432) ou nas dificuldades ao se encontrar perdido com a tripulação em pleno deserto líbio (*Arg.* 4.1318). Para Zanker, o poeta deliberadamente apresenta Jasão de modo rebaixado em relação a um suposto modelo heroico reproduzido pela tradição épica. Nas próprias palavras do comentador, "Apolônio parece pretender demonstrar, de modo perfeitamente claro, que seu novo herói possui todas as falhas humanas e confronta seus desafios mais como um homem normal, ao contrário de Odisseu."[33]

Mas em que realmente consiste o estado de *amechania*? Ele está necessariamente relacionado ao rebaixamento heroico? Somente Jasão é assim representado ou outras personagens exibem semelhante caracterização? Francis Vian tenta responder a essas perguntas no artigo intitulado "ΙΗΣΩΝ ΑΜΗΧΑΝΕΩΝ"[34]. É perceptível certo paradoxo na maneira como Jasão é apresentado, pois ele é cumulado de qualidades tais como o brilho fulgurante comparado a um astro celeste (*Arg.* 1.774 e 3.957), o porte real ressaltado pelo manto luzente recebido da deusa Atena (*Arg.* 1.721-729), o apreço dos deuses a ponto de aumentarem sua

---

31   Esse termo designa a ausência de recursos ou denota uma situação em que não se sabe como agir e, por conseguinte, gera desespero ou desolação.

32   Ver 1.460, 1286; 2.410, 885; 3.432 e 4.1318.

33   G. Zanker, *Realism in Alexandria Poetry*, p. 204.

34   F. Vian, ΙΗΣΩΝ ΑΜΗΧΑΝΕΩΝ, em E. Livrea; G.A. Privitera, *Studi in onore di Anthos Ardizzoni*, p. 1025-1041.

418 ENSAIOS CRÍTICOS

beleza durante o encontro com Medeia (*Arg.* 3.919-926), a designação de belicoso (*areios*) em associação a um combatente (*Arg.* 1.349 e 2.122) e, por fim, a equiparação a Apolo, divindade que protege a expedição desde o início (*Arg.* 1.307-310)[35]. No entanto, ao mesmo tempo, Jasão aparenta ser uma personagem hesitante e indecisa, capaz de se abater com facilidade diante de adversidades imprevistas, revelando traços típicos de um comportamento dotado de *amechania*.

Segundo Vian, "Jasão é, de todos os argonautas, o herói mais humano e esta é precisamente a razão do interesse de Apolônio por ele."[36] Uma grande parte dos companheiros descende de divindades e todos participam da viagem voluntariamente. A razão de unir tão distinta tripulação é o anseio por glória e renome. Jasão, ao contrário, se encontra à margem dessa motivação, uma vez que navega por imposição alheia, seguindo as ordens cruéis de Pélias (*Arg.* 3.390)[37]. A imortalidade de seu nome não é vista como finalidade a ser alcançada, mas, após cumprir a missão, o herói simplesmente almeja ter o direito de residir em Iolco com o consentimento do rei (*Arg.* 1.901-903). Como a questão da sucessão ao trono nunca é mencionada, não é sequer aludida a hipótese de despojar Pélias do poder. A distância existente entre Jasão e a tripulação é evidenciada no momento da partida, quando, isolado dos demais heróis tomados pelo entusiasmo, ele verte lágrimas ao desviar os olhos da terra natal (*Arg.* 1.533-535).

A expedição é considerada irrealizável desde o início do poema. Apesar da junção de homens valentes e desejosos por grandes feitos, os habitantes de Iolco sabiam que o caminho por mar era árduo e futuros sofrimentos os aguardavam (*Arg.* 1.246). Da mesma forma, após serem informados pelo Esônida sobre as tarefas exigidas por Eeta, os argonautas se desesperaram por

35 Em *Argonáuticas* 3.1278-1283, Jasão é comparado a Ares e Apolo ao iniciar as provas impostas por Eeta.

36 F. Vian, ΙΗΣΩΝ ΑΜΗΧΑΝΕΩΝ, em E. Livrea; G.A. Privitera, op. cit., p. 1027.

37 No entanto Jasão menciona o κῦδος (renome) advindo da missão em *Argonáuticas* 1.351, ao ser escolhido o líder da tripulação.

A DISCUSSÃO SOBRE O HEROÍSMO NAS "ARGONÁUTICAS"   419

estarem cientes da impossibilidade de cumpri-las. O impasse seria facilmente resolvido caso Héracles estivesse presente, por ser o único herói com força suficiente para levar a cabo tais provas sobre-humanas (*Arg.* 3.1231-1234), porém ele fora abandonado na Mísia no final do primeiro livro. Nesse contexto, Jasão não pode ser considerado inferior ou rebaixado em relação aos demais companheiros, uma vez que, apesar da perícia específica de cada um, todos são incapazes de realizar as tarefas necessárias para a obtenção do velocino. A conclusão é exatamente contrária: as características específicas de Jasão fazem dele o único herói com chance de êxito. O emprego da força não é suficiente para subjugar os touros que cospem fogo e derrotar os Nascidos da Terra. Apesar de Peleu – seguido por outros argonautas – ter se prontificado a lutar caso Jasão recusasse aceitar o desafio por temor, não havia dúvida sobre o infortúnio que se seguiria, afinal "o pior de todos os males será a morte" (*Arg.* 3.514). Diante da possível ruína, o líder foi tomado por um estado de *amechania* (*Arg.* 3.423 e 432) e seus companheiros demonstraram reação muito parecida. Após Eeta proferir seu veredito, Jasão ficou em silêncio, baixou os olhos e permaneceu imóvel refletindo sobre qual decisão tomar (*Arg.* 3.422-424). Os demais argonautas, após ouvirem, mais tarde, as mesmas palavras reportadas, calaram-se, olharam entre si e ficaram em estado de *amechania* (*Arg.* 3.502-504). Vian conclui, por conseguinte, que o Esônida não poderia ser considerado o único herói tendente ao impasse no poema[38].

Se a realização efetiva das provas não pode se fiar no simples emprego da força, as qualidades diplomáticas e sedutoras vão se revelar as mais adequadas para evitar o fracasso. Os companheiros devem se submeter ao *modus operandi* escolhido como mais eficiente nesse contexto ou permanecer à parte, isolados dos

---

38   O adjetivo κατηφής ("baixar os olhos por vergonha, tristeza ou confusão") – correlato ao termo ἀμήχανος – é associado a Jasão em uma única ocorrência (*Arg.* 1.461), quando o herói se afastou dos demais argonautas na noite anterior à partida e foi censurado por Idas. Já seus companheiros recebem essa designação quatro vezes (2.888, 3.502, 4.594 e 1344).

420 ENSAIOS CRÍTICOS

acontecimentos, como é o caso de Idas. A liderança confiada a Jasão já é indício das escolhas táticas a serem tomadas no decorrer da expedição. Sua adequação à posição de comando pode ser percebida a partir de dois episódios mencionados abaixo, nos quais a condição de *amechania* é destacada.

Algum tempo após a morte de Tífis, Anceu se predispôs a assumir a função do antigo piloto e comunicou sua decisão a Peleu. Este, por sua vez, incitou os argonautas a abandonarem o luto e escolherem um novo timoneiro, a fim de não retardarem mais a viagem, já que muitos naquela embarcação poderiam assumir o posto (*Arg.* 2.880-884). Jasão, ainda desolado (*amechaneon*, ver *Arg.* 2.885), revelou certa desesperança, pois os considerados capazes de guiar a nau agora se encontravam tristes e confusos diante da provável ruína (*Arg.* 2.886-893). Qual seria o motivo desse discurso desencorajador no momento em que a solução para a crise havia sido encontrada? Segundo Hermann Fränkel[39], trata-se de uma prova (*peira*) baseada em modelo iliádico, ou seja, o herói testaria os companheiros para alguém voluntariamente assumir a função vaga. Portanto, o emprego de *amechaneon* sugeriria simulação e evidenciaria uma estratégia de Jasão, ao invés de indicar embaraço real. No entanto essa interpretação proposta por Fränkel não encontra suporte em outras ocorrências do vocábulo.

O desespero do herói parece ignorar que, após a travessia pelas Simplégades, as rochas que se entrechocam não mais representam perigo (*Arg.* 2.889-892, 1190-1191), mesmo se a tripulação retornasse à Grécia pela rota empreendida durante a viagem de ida. Jasão menciona a velhice inglória que lhes aguarda caso permaneçam inertes e confusos. Esse argumento relembra a exortação de Héracles para abandonarem Lemnos e voltarem à missão (*Arg.* 1.869-870). Apelar para o renome junto a um grupo de heróis cujo principal interesse em participar da viagem marítima a uma terra tão distante é o anseio por fama surte o efeito

---

39 Ver H. Fränkel, Apollonius Rhodius as a Narrator in Argonautica, *Transactions of the American Philological Association*, v. 83, p. 242.

A DISCUSSÃO SOBRE O HEROÍSMO NAS "ARGONÁUTICAS"   421

desejado por quem profere o discurso. Os argonautas logo se despediram das mulheres na ilha e retornaram ao navio, bem como Anceu impetuosamente garantiu ter condições de ser o novo timoneiro e guiar a nau, seguido de imediato por Ergino, Náuplio e Eufemo (*Arg.* 2.894-898).

Jasão não se portou como líder ineficiente nesse episódio, mas demonstrou habilidade diplomática ao evitar designar o novo piloto sem o consentimento ou a concordância da grande maioria. Ele testou a bravura dos companheiros e suscitou reações condizentes com o pretendido. Vários homens se disponibilizaram a substituir Tífis, e a escolha recaiu sobre o mais capacitado, segundo a opinião consensual. A partir dessa intenção, Vian sugere que o uso de *amechaneon* não implicaria um embaraço simulado, mas uma situação de dúvida real em virtude do receio na escolha do novo timoneiro diante de um grande número de possíveis candidatos ao posto[40]. A indecisão de Jasão não decorreria da irresolução sobre o que fazer para retirar a tripulação da inércia, mas da maneira como escolher o mais habilitado para guiar a nau.

O outro episódio comentado por Vian se passa durante o banquete noturno dos argonautas antes da partida, no momento em que Jasão se isola e reflete sobre toda a expedição com certa desolação e incerteza (*amechanos*)[41]. Seu comportamento é pouco claro, visto que ele havia aceitado com alegria o posto de líder (*Arg.* 1.350) e, em seguida, se encarregado de todos os preparativos para o início imediato da navegação (*Arg.* 1.351-362). A menção a um vaticínio apolíneo, segundo o qual o deus sinalizaria os caminhos marítimos caso fosse invocado com sacrifícios antes de zarparem, sugere uma consulta anterior feita ao oráculo acerca da viagem à Cólquida (*Arg.* 1.411-414). Se a própria divindade já anunciara auxílio, não haveria motivo para preocupação durante o banquete. Por que, então, Jasão se distancia dos demais e permanece *amechanos* quando estava prestes a iniciar a empreitada?

40   F. Vian, ΙΗΣΩΝ ΑΜΗΧΑΝΕΩΝ, em E. Livrea; G.A. Privitera, op. cit., p. 1030-1031.
41   Ibidem, p. 1036-1037.

Idas interpreta a reação como medo típico dos homens sem força (*Arg.* 1.465) e garante protegê-lo por meio de sua lança impetuosa[42]. Idmão, por sua vez, considera as palavras de Idas ímpias em relação aos deuses (*Arg.* 1.467-468), todavia reconhece a necessidade de encorajar Jasão (*Arg.* 1.479-480). Talvez o abatimento demonstrado pelo Esônida nesse episódio seja fruto da profecia de Idmão realizada antes do banquete, na qual eram previstas inúmeras tarefas a serem cumpridas (*Arg.* 1.441-442), além da morte de companheiros durante a travessia (*Arg.* 1.443-447)[43]. Porém, o vaticínio isoladamente não explica a *amechania*, uma vez que o próprio adivinho já revelara o sucesso da expedição conforme o destino traçado pelos deuses (*Arg.* 1.440-441).

Vian assinala que foi conferida a Jasão a liderança graças às suas qualidades diplomáticas e à preocupação com o coletivo. Como o herói deixa bem claro no episódio em questão, "é comum o retorno posterior à Hélade/e são comuns a nós as rotas até Eeta" (*Arg.* 1.336-337). O receio pela segurança da tripulação é comportamento frequente, como pode ser notado na revelação feita a Tífis, após quase perecerem durante a travessia pelas Simplégades (*Arg.* 2.622-637). Constantemente o Esônida afirma passar as noites em claro, refletindo sobre a salvação da dileta tripulação que decidiu acompanhá-lo, pois não se inquieta pela própria vida, mas pela dos companheiros. Sua filantropia também

42 Caracterizado como ὑπέρβιος em *Argonáuticas* 1.151, tal como foram chamados os pretendentes de Penélope por Telêmaco em *Odisseia* 1.368, Idas já conta com um precedente de comportamento ímpio em *Ilíada* 9.558-560 ao desafiar Apolo por causa de sua noiva. Esse fato é rememorado pelo escoliasta das *Argonáuticas* 1.475. A arrogância de Idas seria punida por Zeus com a morte ao se desentender com os Dióscuros (ver *argumentum* dos *Cantos Cíprios,* Píndaro *Nemeicas* 10.60-72 e Teócrito 22.210-211).

43 Por todo o poema, nenhum argonauta morreu em batalha, no entanto, oito homens não chegam até o final da expedição: Hilas foi raptado pelas ninfas (1.1221-1239), Buta abandonou Argo encantado pelo som das sirenas (4.912-919) e Héracles e Polifemo foram deixados na Mísia (1.1240-1279). Os quatro restantes faleceram durante a travessia pelo Mar Negro (Idmão em 2.815-834 e Tífis em 2.851-863) e durante o longo regresso pelo deserto líbio (Mopso em 4.1502-1536 e Canto em 4.1485-1501). Das mortes registradas, duas não são tipicamente homéricas: a doença de Tífis e o envenenamento de Mopso por peçonha de serpente não têm precedentes na *Ilíada* ou na *Odisseia* – salvo a segunda situação em caso de símile (*Il.* 3.30-37). Para R. Hunter, op. cit., p. 44, a epopeia estaria abordando uma forma de morte possivelmente muito comum em Alexandria no século III a.C.

A DISCUSSÃO SOBRE O HEROÍSMO NAS "ARGONÁUTICAS"   423

é perceptível na prece endereçada a Apolo antes de a expedição partir: ao invés de rogar pela aquisição do velo de ouro, o herói solicita ao deus o retorno de seus homens sãos e salvos (*Arg.* 1.415-416). É natural, portanto, a demonstração de embaraço antes de singrarem o mar. A *amechania* não decorre da covardia ou da indecisão sobre qual o próximo passo a ser tomado, mas reflete preocupação com os companheiros e ciência das eventuais baixas a ocorrer. Independente do sucesso já vaticinado, a missão trará inevitáveis sofrimentos aos heróis que decidiram empreendê-la.

Apresentando uma argumentação próxima à de Vian, James Joseph Clauss, no livro *The Best of the Argonauts*, defende que as *Argonáuticas* tratariam explicitamente da redefinição de um novo tipo heroico para a poesia épica em oposição a modelos tradicionais. Toda a discussão se centraria na oposição entre as duas figuras de maior destaque no primeiro livro: Jasão e Héracles. Apesar de este contraste já ter sido bastante explorado por parte da crítica, Clauss não se baseia em argumentos de caráter erótico, como fizeram os comentadores ao classificarem o protagonista de "anti-herói" ou *love hero*. Ao contrário, a discussão parte de uma compreensão adequada do sentido atribuído ao termo *aristos* (o melhor) aplicado ao contexto da expedição. Em outras palavras, quem seria o melhor dos argonautas? E por quais motivos seria assim considerado?

O conceito de *aristos* aparece no momento da escolha do líder da expedição:

> Mas, caros, o retorno à Hélade, no porvir, nos é comum
> e nos são comuns as rotas até a terra de Eeta,
> por isso, sem receio, escolhei dentre nós o melhor
> para ser o líder, a quem caberá se ocupar de cada detalhe,
> como travar disputas e pactos com estrangeiros.[44]

---

44 ἀλλὰ φίλοι, ξυνὸς γὰρ ἐς Ἑλλάδα νόστος ὀπίσσω,/ξυναὶ δ' ἄμμι πέλονται ἐς Αἰήταο κέλευθοι,/τούνεκα νῦν τὸν ἄριστον ἀφειδήσαντες ἕλεσθε/ὄρχαμον ἡμείων, ᾧ κεν τὰ ἕκαστα μέλοιτο,/νείκεα συνθεσίας τε μετὰ ξείνοισι βαλέσθαι. (*Arg.* 1.336-340).

424   ENSAIOS CRÍTICOS

O termo utilizado por Apolônio para se referir ao líder é *orchamos*, empregado por Homero para designar o chefe de um grupo de homens, como podemos notar em *Ilíada* 2.837, 6.99 e 12.210. No entanto esse vocábulo não se restringe ao uso marcial, mas abrange qualquer situação de liderança, já que Eumeu é considerado *orchamos* em vista de seu ofício como porqueiro (*Od.* 14.22). A palavra escolhida para nomear o comandante da expedição dos argonautas não se limita a um jargão técnico militar, mas pressupõe contextos contrários à própria prática guerreira. Por fim, Jasão especifica que esse líder deve ser o melhor (*aristos*) dentre os membros do grupo.

Segundo Gregory Nagy, a condição de *aristos Achaion* (o melhor dos aqueus) é constantemente atribuída a alguns heróis por toda a *Ilíada* em virtude de suas façanhas bélicas[45]. Considerar Aquiles o *aristos Achaion* é um tema claramente iliádico (ver *Il.* 1.244 e 412, 16.271 e 274), mas tal atribuição não lhe é exclusiva. Por ser o líder da expedição que conduziu os gregos até Troia, Agamêmnon é igualmente chamado dessa forma (*Il.* 1.91, 2.92 e 580). Também receberam semelhante designação Ájax (*Il.* 2.768) e Diomedes, especificamente no livro em que é narrada sua *aristeia* (*Il.* 5.103, 414 e 839). O poeta, ao final do catálogo das naus, questiona a musa sobre quem seria o melhor dos guerreiros (*Il.* 2.761-762) e, de acordo com Nagy, tal resposta poderia ser aplicada, sobretudo, a estes quatro heróis mencionados. Em *Ilíada* 17.689-690, Menelau, ao contemplar Pátroclo morto no campo de batalha, distingue-o como *aristos Achaion*, no entanto ele só é assim chamado por ocupar a posição de Aquiles durante esse embate contra os troianos, sendo, por conseguinte, natural evocá-lo com atributos próprios do Pelida. Segundo este mesmo raciocínio, notamos Ájax e Diomedes serem denominados *aristos Achaion* em momentos nos quais Aquiles está voluntariamente afastado da guerra, implicando uma tácita disputa pela excelência bélica entre os guerreiros.

45   G. Nagy, *The Best of the Achaeans*, p. 26-41.

A DISCUSSÃO SOBRE O HEROÍSMO NAS "ARGONÁUTICAS"   425

É possível concluir que, à exclusão de Agamêmnon, considerado o melhor por conta de sua posição como líder, o termo *aristos* se encontra na *Ilíada* conectado à figura de Aquiles e associado à ideia de virtude heroica.

Demódoco narra a discussão entre Aquiles e Odisseu na primeira canção proferida à audiência de feácios em *Odisseia* 8.72-82. A disputa (*neikos*) entre os dois *aristoi* (*Od.* 8.75) alegra o coração de Agamêmnon, pois ele se recorda da profecia feita em Delfos, sinalizando o início da derrota dos troianos. A querela entre os dois heróis não é encontrada em nenhuma outra passagem dos poemas homéricos, mas talvez aluda a um tema tradicional explorado pelo poeta nesse canto. Segundo o escoliasta da *Ilíada* 8.77, a contenda seria fruto da oposição quanto à melhor forma de conquistar Troia: ou por meio de "artifício e reflexão" (*mechane kai phronesis*), representados por Odisseu, ou por meio da "virilidade" (*andreia*), representada por Aquiles[46]. O fato de Odisseu rogar o auxílio de Aquiles na cena da embaixada ao acampamento dos mirmidões em *Ilíada* 9 talvez implique a primazia do emprego da força em ambiente iliádico. O próprio Pelida chega a desafiar o interlocutor a suportar os troianos sem o auxílio de seu braço (*Il.* 9.423-426), demonstrando clara consciência de que o uso de estratagemas e artimanhas não se mostra suficiente para alcançar o êxito. Portanto, nesse contexto, o emprego de *aristos* deve pressupor a primazia bélica associada à força.

Tendo em vista a discussão desenvolvida por Nagy e a ocorrência do termo *aristos* ao longo do livro 1 das *Argonáuticas*, é possível notar que há uma disputa implícita entre Héracles e Jasão pela imposição de seus modos de atuação e consequente discussão sobre as reações mais adequadas para cada tipo de situação particular. Em duas passagens, o superlativo *aristos* é

---

46   ἔχαιρε δὲ ὁ Ἀγαμέμνων ἐπὶ τῇ τούτων φιλονεικίᾳ οὐχ ὡς χαιρέκακος, ἀλλὰ διὰ τὸ ἔχειν ἀπὸ χρησμοῦ, τότε ἐγγίζειν τὴν τῆς Τροίας ἅλωσιν ὅτε ἴδη τοὺς τῶν Ἀχαιῶν ἀρίστους φιλονεικοῦντας. καὶ ὁ μὲν Ἀχιλλεὺς ἔλεγε δι' ἀνδρείαν ἁλῶναι τὸ Ἴλιον, ὁ δὲ Ὀδυσσεὺς διὰ μηχανῆς καὶ φρονήσεως (Σ *Il.* 8.77).

426 ENSAIOS CRÍTICOS

mencionado em relação aos argonautas. Na segunda ocorrência (*Arg.* 1.1285-1286), o destinatário é claramente Héracles. Ao perceberem que o herói foi deixado para trás na Mísia, enquanto tentava encontrar o escudeiro Hilas desaparecido, o poeta afirma que "partiram tendo abandonado/o melhor de seus companheiros"[47]. Héracles seria, de fato, o melhor dos argonautas? Se o questionamento se baseasse em qualidades físicas e no emprego excessivo da força, a resposta seria indubitavelmente positiva. Contudo, a força não deve ser o principal elemento para caracterizar o *aristos* no poema, como a conduta de Jasão ao notar o abandono dos companheiros sugere. Ao invés de reagir ante o ocorrido para se pronunciar contra qualquer acusação ou para ordenar o retorno imediato à Mísia, ele prefere permanecer em silêncio, em estado de *amechania* (*Arg.* 1.1286). Telamão interpreta esse gesto como evidência de um plano secreto para se livrar de Héracles e obter maior renome por conta dessa ausência (*Arg.* 1.1290-1295). A força bruta do filho de Zeus não conhece limites e sua presença certamente ofuscaria a ação individual dos demais heróis, mas o abandono não foi fruto de um dolo arquitetado por Jasão a fim de ser alçado à condição de novo *aristos* entre os pares.

A *amechania* demonstrada por Jasão nesse episódio não deriva de um sentimento de responsabilidade pelo abandono involuntário do herói. Seria um erro considerá-lo culpado por um equívoco não planejado dolosamente. De acordo com o escoliasta das *Argonáuticas* 1.1287, Jasão, em total desolação, não pronuncia nem boas nem más palavras. Tendo em vista o conflito causado pela ausência de alguns companheiros, qualquer palavra dita poderia ser compreendida como partidária e comprometer a neutralidade da liderança. Segundo Vian, "sua *amechania* é prova de lucidez e não um sinal de incapacidade"[48], já que, ciente da inexistência de um ardil para prejudicar aliados, Jasão não dispõe de explicação alguma para justificar o abandono de Héracles. Nessa situação, o silêncio seria a melhor resposta.

47 εἰ τὸν ἄριστον ἀποπρολιπόντες ἔβησαν/σφωιτέρων ἑτάρων (*Arg.* 1.1285-1286).
48 F. Vian, em Apollonios de Rhodes, *Argonautiques*, t. I, p. 111.

A DISCUSSÃO SOBRE O HEROÍSMO NAS "ARGONÁUTICAS"

A primeira ocorrência de *aristos* se dá no momento da escolha do líder (*Arg.* 1.338), como já foi dito. O termo é proferido pelo próprio Jasão, incitando os companheiros a eleger o herói mais adequado às funções exercidas por quem estiver no comando. As atribuições desse líder devem ser a preocupação com todas as coisas concernentes à preparação e realização da expedição e a ciência para empreender disputas e pactos com povos estrangeiros. Cabe ao líder uma abordagem diplomática baseada em acordos benéficos para as partes envolvidas ao invés do mero emprego da violência cada vez que uma situação de perigo se avizinha. No entanto, após a exortação do Esônida, todos os nautas fitaram o corajoso Héracles e, em uníssono, exortaram-no a ocupar essa posição.

Héracles é marcado por uma força descomunal, fato explorado em inúmeras passagens do primeiro livro. Podemos citar a luta contra os Nascidos da Terra na ilha de Cízico, empreendida pelo herói sem a ajuda dos demais (*Arg.* 1.985-1011). Outra cena destacada seria a competição de remos entre os argonautas antes de desembarcarem na Mísia, quando Héracles demonstra capacidade de guiar a nau sozinho. Após ter seu remo quebrado, ele desce à ilha e arranca uma árvore do chão com os próprios braços para lhe servir nessa função (*Arg.* 1.1187-1206). Suas façanhas são executadas quando ele se encontra só e não dependem de qualquer auxílio, como a conquista dos dríopes (*Arg.* 1.1211-1219) ou o assassinato da serpente guardiã dos pomos de ouro no jardim das Hespérides (*Arg.* 4.1433-1449).

A inserção de Héracles na expedição diverge segundo as diferentes versões do mito preservadas. Sabemos que em alguns relatos o herói não teria participado[49] ou teria desistido durante o percurso. Para Antímaco de Colofão (fr. 69 Matthews), ele precisou abandonar a empreitada, pois sua presença tornava o navio muito pesado. A mesma história seria relatada por Ferecides (3F11 Jacoby) e Apolodoro (*Biblioteca* 1.9.19). De acordo

49   Ver Éforo 70F14 Jacoby.

428 ENSAIOS CRÍTICOS

com Aristóteles (*Política* 1284a22-5), havia versões da história nas quais a nau Argo se recusaria a transportá-lo por causa de seu peso. Por fim, o escólio das *Argonáuticas* 1.1287 testemunha que Héracles chegaria até a Cólquida nas versões de Dioniso de Mitilene e Demaretes. Diante de tantas possibilidades, por que Apolônio opta por inseri-lo como membro da tripulação para posteriormente abandoná-lo na Mísia, no final do primeiro livro?

A lista de argonautas participantes não é fixa, mas encontra inúmeras alterações de acordo com a versão do mito reproduzida. Poucos são os heróis consensuais que aparecem em todas as narrativas. Um exemplo dessas variações seria a presença de Teseu, confirmada em alguns relatos, mas, em virtude da cronologia de eventos estruturada por Apolônio, ausente nas *Argonáuticas*. No momento da navegação ele estava preso no Hades, junto de Píritoo (*Arg.* 1.101-104)[50]. A necessidade de uma justificativa para a exclusão de Teseu nos leva a outra conclusão: a inserção de Héracles representaria uma escolha temática. Apolônio conhecia a versão do mito reportada por Antímaco, de modo que, para evitar o peso do herói sobrecarregando Argo e a inclinando, estabeleceu um banco no meio da nau como assento fixo para ele, enquanto todos os outros tiveram o lugar definido mediante sorteio (*Arg.* 1.394-400). Outra reminiscência dessa versão ocorre em *Argonáuticas* 1.531-533, quando Héracles embarca e deposita sua clava no chão, provocando a submersão da carena da nau. A opção por lhe conferir um assento central pressupõe a ideia de proporcionar o equilíbrio da embarcação e aludir implicitamente a outras versões em que Héracles declinou de participar da missão. A presença do filho de Zeus, portanto, responderia a uma exigência da narrativa.

Héracles destoa do restante da tripulação, sobretudo de Jasão. Isso se deve, em parte, a seu caráter ambivalente por participar ao mesmo tempo de uma natureza divina e humana. Ele

---

50 Teseu participaria da expedição dos argonautas nas versões de Apolodoro (1.9.16) e Estácio (*Aquileida* 1.157 e *Tebaida* 5.432), no entanto Apolônio julga sua inserção errônea por considerá-la cronologicamente inadequada.

A DISCUSSÃO SOBRE O HEROÍSMO NAS "ARGONÁUTICAS"   429

ascende ao Olimpo e é deificado, recebendo de Píndaro o título de *heros theos* (herói-deus, ver *Nemeicas* 3.22). A dubiedade de sua natureza humano-divina já se encontra presente na *Odisseia*. Em 11.601-627, Odisseu contempla Héracles no Hades portando arco e flecha junto a um escudo de ouro representando figuras de animais selvagens, combates e mortes. Entretanto o narrador se apressa a argumentar, nos versos 602-603, que aquele é somente um simulacro (*eidolon*), pois o verdadeiro Héracles estaria entre os imortais, tendo Hebe como esposa[51].

Nas *Argonáuticas*, a participação de Héracles como membro da tripulação se encerra quando os heróis partem da Mísia sem perceber sua ausência. Ao se darem conta do abandono, inicia-se uma breve discussão somente rompida com a aparição de Glauco, divindade marinha descrita como intérprete do sábio Nereu (*Arg.* 1.1311). O deus afirma ser a vontade de Zeus que Héracles finalize os trabalhos impostos por Euristeu e possa, por fim, residir junto aos imortais (*Arg.* 1.1315-1320). Além da força sobre-humana, a previsão de apoteose situa Héracles a uma distância considerável em relação aos demais argonautas. Trata-se de um herói cuja força ilimitada não encontra oponentes e cujo futuro aponta para uma ascensão à condição de deus.

Mas não é somente em virtude da natureza humano-divina que Héracles é uma figura dúbia. Suas ações ora são marcadas pela violência brutal, ora têm caráter civilizatório, posto em evidência em grande parte dos poemas sobre suas façanhas. Em *Héracles* de Eurípides, Anfitrião considera o herói ínclito (v. 12) e nobre (v. 50) por ter livrado a terra de figuras monstruosas (v. 20), tornando-a uma região pacífica e habitável[52]. A ação civilizadora de Héracles é constantemente mencionada na peça (os versos 225-226 destacam a purificação dos mares e da terra, ideia reproduzida nos versos 851-853). Sua força descomunal

51   Deve-se notar que a mortalidade já fora descrita como um fado inescapável em *Ilíada* 18.117-119.

52   Ver Virgílio, *Geórgicas* 4.17 e Aristófanes ,*Vespas* 1043. Em Sêneca, *Dos Benefícios* 1.13.3, Héracles é considerado um salvador.

430 ENSAIOS CRÍTICOS

lhe possibilita participar como aliado, ao lado dos deuses, na luta contra os gigantes (v. 180) e derrotar os violentos centauros na Arcádia. Héracles também está conectado ao assassinato de vários homens ímpios, como Cicno (Hesíodo, *Escudo* 345-423, Estesícoro PMG 207 e Eurípides *Héracles* 389-393)[53], Diomedes (Eurípides, *Alceste* 481-506, *Héracles* 380-388 e Diodoro da Sicília 4.15.3)[54] e Busíris (Heródoto 2.45 e Apolodoro 2.5.11)[55], além de ter sido responsável pela criação dos Jogos Olímpicos a partir do butim do rei Áugias (Píndaro, *Olímpicas* 10.43-46 e 55-59).

Esse caráter ambíguo de Héracles, mesclando selvageria e civilização, atua em sua caracterização nas *Argonáuticas*. Herdando um herói oriundo de uma longa tradição na qual diferentes facetas foram justapostas, Apolônio acabou por representá-las exibindo uma figura contraditória em algumas situações. Um exemplo disso seria o assassinato de Tiodamante, pai de Hilas (*Arg.* 1.1211-1219). Por recusar dar o boi com o qual arava a terra, Tiodamante foi impiamente trucidado por Héracles. A motivação por trás da exigência do animal não é clara, mas Calímaco (fr. 24-5Pf) menciona a pretensão de Héracles em devorá-lo, numa possível referência à sua fome voraz. Na sequência, Apolônio justifica o assassinato por meio de uma causa nobre: todo o ocorrido serviria de pretexto para Héracles, sozinho, empreender uma guerra contra os dríopes visto não se preocuparem com a prática da justiça[56]. O narrador não opta por uma razão ou outra para compreender o ocorrido, mas apresenta simultaneamente uma dupla motivação concatenando os conceitos de violência e justiça como norteadores de seu comportamento.

A inserção de Héracles representa uma interrupção na realização dos célebres doze trabalhos, de maneira que ele estaria

---

53 Segundo a versão de Estesícoro, Cicno roubava os peregrinos, matava-os e construía templos com seus crânios.

54 Diomedes, apresentado como irmão de Cicno em *Alceste*, alimentava suas éguas com a carne dos estrangeiros que hospedava.

55 Rei do Egito que costumava sacrificar os estrangeiros recém-chegados em sua terra.

56 Em concordância com essa motivação (e talvez usando o texto de Apolônio como fonte), o escólio chama os dríopes de "raça injusta".

A DISCUSSÃO SOBRE O HEROÍSMO NAS "ARGONÁUTICAS"

se desviando dos desígnios de Zeus (*Arg.* 1.1315 e 2.154). Sua primeira menção no poema ocorre justamente no catálogo de argonautas, ao ocupar uma posição central (*Arg.* 1.122-132) como o vigésimo nono herói nomeado de um total de cinquenta e cinco participantes, incluindo Jasão. Ele ouvira um rumor acerca da expedição quando retornava da Arcádia, carregando nas costas um javali ainda vivo, cumprindo um dos doze trabalhos. Além desse feito, outras tarefas já haviam sido realizadas antes da participação na viagem à Cólquida, como a luta com o Leão de Nemeia (*Arg.* 1.1195), a aquisição do cinto de Hipólita, rainha das amazonas (*Arg.* 2.777-779), o abatimento das aves do lago Estinfalo (*Arg.* 2.1052-1057) e o assassinato da Hidra de Lerna (*Arg.* 4.1404). O roubo dos pomos de ouro das Hespérides ocorrerá depois do abandono do herói na Mísia e será narrado no quarto livro.

Héracles é uma figura anômala entre os argonautas[57]. Em primeiro lugar, sua força excessiva o transforma em um herói praticamente invencível e capaz de realizar façanhas sem o auxílio alheio. Seu desempenho pode ser contraposto ao dos demais companheiros (*Arg.* 1.1161-1163) e sua ausência é reiteradamente lamentada pelo restante da tripulação. Segundo um herói anônimo, ele teria facilmente derrotado Ámico na Bebrícia antes mesmo do pugilato ter sido organizado (*Arg.* 2.145-153). Quando Eeta surge armado, agitando o escudo e a lança para assistir às provas, Jasão se apavora (*Arg.* 3.1221-1234), pois, de acordo com o poeta, nenhum herói suportaria sequer contemplar as armas do rei, com a exceção de Héracles, já que "ele sozinho combateria de frente". Sua ausência é até mesmo lamentada por Lico, rei dos mariandinos (*Arg.* 2.774-795). Subjaz a ideia, em todas essas passagens, de que sua força excessiva seria suficiente para derrotar Eeta e adquirir o velocino de ouro.

Em segundo lugar, Hera é uma das divindades protetoras da expedição e, ao mesmo tempo, age deliberadamente contra

---

57 Ver D. Levin, *Apollonius' "Argonautica" Re-Examined*, p. 22; R.L. Hunter, *The Argonautica of Apollonius*, p. 26; R.J. Clare, *The Path of the Argo*, p. 88-89.

432 ENSAIOS CRÍTICOS

Héracles, enviando, em Cízico, os Nascidos da Terra para lhe servirem de desafio (*Arg.* 1.996-997)[58]. Enquanto a maior parte dos nautas sobe o monte Díndimo para observar a rota a seguir por mar, Héracles é deixado próximo à nau no porto, junto a alguns jovens, quando é surpreendido pelos Nascidos da Terra irrompendo do outro lado da montanha e lançando pedras contra eles. Estendendo o arco, o filho de Zeus os derruba ao chão um após o outro (*Arg.* 1.994). Somente após essa rápida investida os demais heróis aparecem e terminam a matança. Devemos notar não somente que as ações dos argonautas afastados são retardadas pelo narrador, mas também que seus nomes permanecem no anonimato, enquanto a presença de Héracles figura como fundamental para o cumprimento dessa tarefa incidental destinada a ele[59].

Em terceiro lugar, há uma marcante diferença de idade entre Héracles e os demais argonautas, constantemente caracterizados como novos (*neoi*, ver *Arg.* 1.382, 1134, 3.194, 555, 4.184, 503)[60]. Em *Argonáuticas* 1.341, esse contraste é evidenciado quando Jasão propõe a escolha do líder e todos os *neoi* reunidos voltam os olhos para Héracles. Hunter lembra que há um número considerável de mitos gregos contando os sofrimentos impostos a jovens heróis antes de ocuparem seu lugar na sociedade adulta[61]. A expedição dos argonautas poderia ser compreendida como uma iniciação ou rito de passagem baseado em tarefas a serem cumpridas, cujo sucesso possibilitará o acesso reconhecido ao mundo adulto. Para o êxito da missão, é necessário seguir à risca os conselhos do adivinho Fineu, caracterizado como um homem

---

58 Ver F. Vian, em Apollonios de Rhodes, *Argonautiques*, t. I, p. 34; R.J. Clare, op. cit., p. 90.

59 Esse embate deve ser contrastado com a luta entre Jasão e os Nascidos da Terra no livro 3. Apesar de ambos lutarem sozinhos contra os respectivos oponentes, Jasão está ungido pelos φάρμακα de Medeia, de modo a se tornar invulnerável e, consequentemente, invencível (*Arg.* 3.1354-1404).

60 Em *Arg.* 1.408, 1107 e 2.263, 495 é empregado o comparativo κουρότεροι.

61 Ver R.L. Hunter, Short on Heroics, *The Classical Quarterly*, v. 38, n. 2, p. 448-450; idem, *The Argonautica of Apollonius*, p. 15; A. Moreau, *Le Mythe de Jason et Médée*, p. 117-142.

A DISCUSSÃO SOBRE O HEROÍSMO NAS "ARGONÁUTICAS" 433

velho (*geron*, ver *Arg.* 2.411) instruindo crianças (*tekos*, ver *Arg.* 2.420) sobre como agir em cada situação para alcançar o fim almejado. Portanto Héracles, com um número considerável de façanhas realizadas e interrompendo seus doze trabalhos responsáveis pelo renome e imortalidade posteriores, não encontra espaço adequado nesse grupo de rapazes.

Sendo, dessa forma, uma personagem inadequada para a trama desenvolvida, por que Apolônio opta por inseri-la na narrativa? E por que lhe confere posição central no catálogo de heróis (*Arg.* 1.23-223)? Essa enumeração de argonautas possui um arranjo baseado na ordem geográfica de onde as personagens são oriundas, sendo iniciado na Trácia, com Orfeu, e terminado no mesmo lugar com os Boréadas. Duas figuras acabam sendo realçadas, tendo em vista a posição no catálogo e os modos de ação opostos: Orfeu, o primeiro a ser mencionado, e Héracles, o herói central e iniciador da segunda parte do catálogo.

O catálogo das *Argonáuticas* está organizado em forma bipartida, sendo cada uma de suas metades encabeçada por uma figura emblemática ao tema proposto: Orfeu (*Arg.* 1.23-121) e Héracles (*Arg.* 1.122-223)[62]. Segundo Heródoro (31F43 Jacoby), Jasão convidou Orfeu para participar orientado por Quirão, pois seu canto salvaria a tripulação do perigo das sirenas. Apolônio, igualmente, destaca a perícia de Orfeu em encantar as pedras e a correnteza dos rios, enquanto os carvalhos selvagens se alinhavam em sequência ao som de sua forminge (*Arg.* 1.26-31). Há, implícito nessa passagem, um elemento de sedução claramente associado à música. O canto de Orfeu põe fim à discussão entre Idas e Idmão em um potencial momento de desintegração da tripulação, na hora da partida do porto de Págasas (*Arg.* 1.492-518). Ao fim, todos se encontravam atentos em virtude da sedução do canto (*thelktyn aoides*, ver *Arg.* 1.515). O emprego do termo *thelktys* nos conecta ao verbo *thelgo* (encantar) empregado nas formas infinitiva

---

62 Ver J. Clauss, op. cit., p. 29-32.

(*Arg.* 1.27) e participial (*Arg.* 1.31), no momento da apresentação de Orfeu no catálogo. O elemento erótico também comporta a ideia de encanto, fato comprovado pela reincidência desse vocábulo no contexto da sedução de Medeia por Jasão (ver *Arg.* 3.4-5, 28, 86, 143, 739, 766 e 820-821).

Contrabalançando a influência de Orfeu, o narrador apresenta Héracles como figura oposta e enfatiza sua esfera de atuação contrária à perícia encantatória do filho de Apolo (*Arg.* 1.122-123). Héracles é destacado pela força, realçada por meio do adjetivo que acompanha seu nome: *kraterophron* significa "de forte coração" ou, simplesmente, "corajoso". É o mesmo termo usado para designar o ânimo violento dos homens da Idade do Bronze, cujo interesse estava focado nas obras gementes de Ares, sendo marcados por vigor e braço invencível (ver Hesíodo *Trabalhos e Dias* 146-148). Em conformidade com isso, o herói surge portando um javali vivo nas costas. O ingresso na expedição ocorre contra o desejo de Euristeu, interrompendo a execução dos doze trabalhos. O objetivo da empreitada seria tornar-se glorioso (*Arg.* 1.869), como fica claro na reprimenda feita aos companheiros quando a expedição é interrompida na ilha de Lemnos. Héracles independe da participação na missão para obter renome (*kleos*), já que sua glória antecede a própria viagem[63]. A representação de Héracles portando o javali de Erimanto serve como paradigma de seu *modus operandi*, explorado pelos quatro livros das *Argonáuticas* (mesmo depois de ter sido abandonado), estabelecendo uma distinção em relação à ação baseada na perícia, representada no catálogo por Orfeu.

A predisposição de Héracles para agir solitariamente é outra marca distintiva que o opõe à ação deliberativa e conjunta por parte dos demais argonautas. Isso se deve à sua força descomunal. A luta contra os Nascidos da Terra ilustra tal afirmação, sendo sucedida pelo combate noturno entre os dolíones e

---

63 É importante notar que Héracles integra a expedição deliberadamente e essa vontade é expressa (*Arg.* 1.130), opondo-o a Jasão, cuja tarefa imposta por Pélias é lamentada em diversas circunstâncias (ver *Argonáuticas* 1.840-841, 901-3 e 3.388-390).

A DISCUSSÃO SOBRE O HEROÍSMO NAS "ARGONÁUTICAS"   435

os helenos. Depois de serem recebidos hospitaleiramente em Cízico, os heróis partem com o tempo propício, mas durante a noite a tempestade contrária os obriga a retornar à terra de onde haviam saído. Não percebendo tratar-se do mesmo local, pressuperam que os soldados ao redor fossem membros do exército dos pelasgos e acabaram entrando em confronto. Os dolíones também não imaginaram que se defrontavam com os antigos hóspedes e os atacaram como se fossem invasores. Nenhum argonauta saiu ferido, contudo muitos dolíones morreram e os sobreviventes fugiram apavorados como pombas diante de falcões de asas velozes (*Arg.* 1.1015-1052). Os nomes de doze vítimas são registrados, mas o rei Cízico é o único herói cuja morte é destacada em detalhe, abatido por Jasão em virtude do lote que lhe fora destinado (*Arg.* 1.1030-1039).

Clauss pressupõe um paralelo entre a luta contra os Nascidos da Terra e o confronto com os dolíones[64]. Os principais realizadores de cada gesta – ambos surpreendidos pelo inimigo – seriam Héracles e Jasão. De um lado, o herói solitário defendendo a nau contra as pedras lançadas por seres monstruosos, praticamente sem a colaboração de nenhum outro guerreiro. De outro lado, o líder da expedição, em conjunto com o restante do grupo, combatendo um exército de amigos hospitaleiros, fato que provoca o assassinato do rei, o suicídio da rainha e gera luto e desespero à população local.

Herdeiro de uma tradição que representa Héracles de forma propositalmente exagerada[65], Apolônio o concebe como um

---

64   J. Clauss, Conquest of the Mephistophelian Nausicaa, em J. Clauss; S. Johnston (orgs.), *Medea*, p. 160-167.

65. Os excessos de Héracles atingem também o apetite sexual e a glutonaria. Vários são os relatos míticos associando o herói a diversas uniões com mulheres. Da mesma forma, sua voracidade para devorar os alimentos é apresentada de modo jocoso em vários gêneros poéticos, tais como a comédia, os hinos e até mesmo a tragédia. Em Aristófanes *Rãs* 503-518, a serva de Perséfone oferece várias iguarias ao seu gosto, como pães, bolos de mel, carnes de aves, peixes, um boi inteiro, vinho doce, uma tocadora de flauta e algumas dançarinas. A seguir, as taberneiras reclamam da última vez em que Héracles esteve no Hades, quando devorou dezesseis pães, toda carne disponível, os alhos e o queijo com o cesto e nada pagou pelo que foi servido. Em Eurípides *Alceste* 773-802, Héracles recebe hospedagem no palácio de Admeto ignorando a morte da ►

436 ENSAIOS CRÍTICOS

paradoxo, servindo de contraste e auxílio à ação dos argonautas[66]. A primeira aventura dos argonautas serve de exemplo. Durante a estadia em Lemnos, Héracles não participa da *aristeia* erótica travada entre os argonautas e as moradoras da ilha, sendo deixado próximo à nau por vontade própria, junto a alguns poucos companheiros (*Arg.* 1.854-855), todavia suas reprimendas fazem com que os heróis retornem ao objetivo da expedição. A descrição de um Héracles prudente e casto entra em contradição com sua representação costumeira na poesia grega, conferindo-lhe um caráter paradoxal, porque dotado de excesso na força e moderação nos costumes.

Demonstrando o domínio das paixões, o filho de Zeus censura os argonautas por se dirigirem a uma terra distante para desposarem mulheres estrangeiras e insultarem as concidadãs. O afastamento da missão não lhes concederá *kleos* nem fará o velocino chegar até eles por si só. O alvo principal de suas palavras é Jasão, a quem são destinados os três últimos versos do discurso:

▷ rainha. Servido pelo criado e não ciente do luto dos familiares, o filho de Zeus canta grosseiramente enquanto espera lhe servirem o vinho. Por fim, no *Hino a Ártemis* de Calímaco (v. 145-161), Héracles recolhe os animais de grande porte abatidos pela deusa e provoca o riso entre os imortais, pois a deificação não fez com que ele abandonasse a glutonaria.

66. Ao caminharem sedentos pelo deserto da Líbia, os argonautas atingem a região das Hespérides, onde eram guardados os pomos de ouro (*Arg.* 4.1393-1536). Orfeu roga às ninfas que lhe indiquem uma nascente para saciarem a sede e Egle fornece uma preciosa informação: um homem chegara àquela região um dia antes, matara a serpente protetora e roubara os pomos de ouro. A descrição da vestimenta e da arma do assassino não suscita dúvidas: a pele de leão não curtida, a clava feita com tronco de oliveira e o arco com flechas envenenadas são as insígnias de Héracles (*Arg.* 4.1438-1440). Após matar a serpente, ele partiu à procura de água e encontrou um rochedo próximo ao lago Tritão. Ao golpeá-lo com o pé, a água começou a jorrar em abundância de modo a lhe saciar sede. Segundo Egle, o herói bebia do curso d'água com as mãos e os pés apoiados no solo, em grandes goles, como um animal no pasto (*Arg.* 4.1447-1449). A função de Héracles nessa cena é dupla, pois, ao mesmo tempo, ele é o salvador dos argonautas ao disponibilizar água corrente, e figura monstruosa, descrita pela ninfa como funesta, excessiva e impiedosa (*Arg.* 4.1433-1437). Ao encontrarem o rochedo vertendo água, os argonautas o circundam, equiparados a formigas fendendo a terra ou moscas ao redor de poucas gotas do doce mel (*Arg.* 4.1452-1455). Se o excesso marca a sede descomunal de Héracles, comparado a um animal de grande porte com ventre avantajado, a moderação caracteriza os demais heróis, assemelhados a insetos pequenos rodeando um líquido que jorra escassamente.

A DISCUSSÃO SOBRE O HEROÍSMO NAS "ARGONÁUTICAS" 437

Retornemos, cada um de nós, às nossas casas e abandonemos
Jasão no leito de Hipsípile por todo o dia, até que povoe
Lemnos com filhos e obtenha uma grande reputação.[67]

A autoridade de Héracles restaura a missão[68], lembrando
o apelo feito pelos companheiros de Odisseu para abando-
nar Circe e retornar a Ítaca (*Od.* 10.469-474). Nos dois casos,
o líder é censurado por seus subordinados e a navegação é reto-
mada. No entanto, se na *Odisseia* os companheiros constituem
um grupo de anônimos, nas *Argonáuticas* o censor é Héracles,
o melhor dos argonautas (ver *Arg.* 1.1285), cujas qualidades lhe
outorgariam a liderança caso a desejasse.

Na Mísia, o poeta pode explorar os elementos contraditórios
de Héracles e fazer com que o herói não se recorde da prudência
e da austeridade com as quais exortara seus pares em Lemnos.
Ao desembarcarem em terra firme, o filho de Zeus aconselha
os companheiros a se alimentarem enquanto ele próprio vai
procurar algo para substituir o remo partido (*Arg.* 1.1187-1189).
Nesse ínterim, o escudeiro Hilas é raptado por uma ninfa aquá-
tica maravilhada por sua beleza. Polifemo escuta os gritos do
rapaz e, após vasculhar o local em sua procura, informa Héra-
cles sobre o desaparecimento. Ao ouvir o relato, o herói passa
a suar em excesso e um sangue negro começa a borbulhar em
suas entranhas, configurando claros indícios de descontrole
(*Arg.* 1.1261-1262). Passa então a correr sem rumo certo, bra-
dando pelo nome do pupilo, semelhante a um boi mugindo
ao ser alvejado por uma mosca (*Arg.* 1.1265-1272). Uma ima-
gem similar aparece em *Argonáuticas* 3.275-277, quando Eros
é comparado a um tavão ao se preparar para atingir Medeia
com um dardo. O desinteresse momentâneo pela expedição e
o anseio desesperado por encontrar o escudeiro, sem o auxílio
dos outros homens, marcam a saída de Héracles da viagem à

---

67. ἴομεν αὖτις ἕκαστοι ἐπὶ σφεά· τὸν δ' ἐνὶ λέκτροις/Ὑψιπύλης εἰᾶτε πανήμερον,
εἰσόκε Λῆμνον/παισὶν ἐπανδρώσῃ, μεγάλη τέ ἑ βάξις ἔχῃσιν (*Arg.* 1.872-874).

68. Ver M.M. De Forest, op. cit., p. 58.

Cólquida. Se *eros* for um fator relevante para o comportamento do herói, o narrador ironiza os modos castos exibidos em Lemnos. A renúncia aos prazeres de Afrodite por ele exposta assegura a continuidade da navegação. Posteriormente, uma suposta adesão a esses mesmos prazeres gera o abandono de Héracles, vítima das afecções que ele próprio reprochara.

Sua presença como participante da expedição no primeiro livro está em oposição ao modelo de comportamento heroico representado por Jasão. Apolônio propositalmente justapõe as duas personagens visando a reforçar a inadequação do filho de Zeus nesse novo cenário épico. Não é intenção do poeta contrastar um modelo de heroísmo baseado na força e outro baseado na astúcia. Apesar do extremo vigor físico, Héracles sabe também se valer de artimanhas quando a situação assim exige, bem como Jasão também emprega violência quando todos os recursos diplomáticos ou acordos pacíficos não surtem o efeito desejado. É redutor compreender as oposições entre as duas personagens como simples antagonismo entre duas tradições épicas baseadas em valores distintos. Seria o equivalente a afirmar que Héracles está para Aquiles assim como Jasão está para Odisseu. As semelhanças entre Jasão e Odisseu são perceptíveis em diferentes momentos da narrativa, no entanto o protagonista das *Argonáuticas* não é mero reflexo de uma tradição odissíaca que o antecederia e moldaria sua conduta. Jasão é alçado à condição de *aristos* porque suas respostas são as melhores e mais vantajosas para a resolução dos problemas surgidos durante a expedição. Graças à diplomacia, aos pactos não bélicos, à habilidade para seduzir e persuadir os oponentes e à preocupação constante com todos os acompanhantes, Jasão coleciona vitórias, alcança o objetivo e prova ser a personagem mais adequada para exercer a liderança. Jasão age inserido em seu grupo, já Héracles opta por façanhas isoladas cumpridas graças à força descomunal. Se Jasão constantemente apela ao coletivo, Héracles é um herói desagregador que segue solitário realizando feitos de bravura. Ele se revela incapaz de demonstrar preocupação com cada detalhe

A DISCUSSÃO SOBRE O HEROÍSMO NAS "ARGONÁUTICAS" 439

da viagem, estabelecer acordos com oponentes e zelar pela segurança e sobrevivência de todos os tripulantes. O abandono da expedição para procurar por Hilas indica claramente a falta de interesse pelo grupo. Se no primeiro livro das *Argonáuticas* é proposta uma redefinição de herói a partir de diferentes modelos, a recusa de Héracles, considerado símbolo de um *modus operandi* inadequado – ou, nos termos empregados por Clauss, arcaico[69] –, faz com que Jasão seja compreendido como um novo paradigma de herói épico alexandrino[70].

Para Mary Margolies De Forest, em *Apollonius' "Argonautica": A Callimachean Epic*, esse novo modelo é reflexo da influência exercida pela poesia de Calímaco sobre as *Argonáuticas*. A recusa, no *Prólogo aos Telquines*, em compor um canto contínuo sobre reis e heróis em muitos versos e a defesa do estilo delgado (*leptos*) foram compreendidas como crítica à temática heroica baseada em valores transmitidos pela poesia épica arcaica[71]. A representação destoante de Jasão ora como anti-herói, ora como *love hero*, ora como herói diplomata – classificações que, em princípio, o distanciariam das epopeias homéricas – é consequência de um modelo poético adotado por Apolônio, responsável por afastar o *epos* de sua gravidade e lhe conferir um estilo rebaixado. Em outras palavras, ao nos defrontarmos com o protagonista das *Argonáuticas* estaríamos diante de um herói calimaquiano.

69. Ver J.J. Clauss, *The Best of the Argonauts*, p. 13.

70. Ver ibidem, p. 211.

71. Para mais informações sobre o *Prólogo aos Telquines*, ver A. Barigazzi, Mimnermo e Filita, Antimaco..., *Hermes*, n. 84, p. 186-194; V. Matthews, Antimachus in the..., *Mnemosyne*, v. 32, p. 128-137; G. Benedetto, Il Prologus Aetiorum..., em M. Harder et al., *Callimachus*, p. 67-79; A. Cameron, *Callimachus and his Critics*, p. 185-232; G. Massimilla, *Callimaco*, p. 199-233; K. Spanoudakis, Poets and Telchines..., *Mnemosyne*, v. 54, p. 425-441; M. Fantuzzi; R. Hunter, *Tradition and Innovation in Hellenistic Poetry*, p. 66-76; E. Werner, *Os Hinos de Calímaco*, p. 13-141. Sobre a influência da poesia de Calímaco sobre as *Argonáuticas*, ver E.L. Bundy, The Quarrel Between..., *California Studies in Classical Antiquity*, v. 5, p. 39-94; T.M. Klein, Callimachus, Apollonius Rhodius and the..., *Eranos*, n. 73, p. 16-25; M.R. Lefkowitz, The Quarrel Between..., *Zeitschrift für Papyrologie und Epigraphik*, v. 40, p. 1-19; A. Kahane, Callimachus, Apollonius and the Poetics of Mud, *Transactions of the American Philological Association*, v. 124, p. 121-133; R. Albis, Jason's Prayer to Apollo in *Aetia* I and the *Argonautica*, *Phoenix*, v. 49, n. 2, p. 104-109; idem, *Poet and Audience...*, p. 121-132; C. Cusset, *La Muse dans la bibliothèque*, p. 228-241.

440 ENSAIOS CRÍTICOS

A tensão é construída entre a linguagem homérica adotada pelo narrador e as ações das personagens, distantes de um comportamento propriamente heroico[72]. No entanto o sentido do termo "heroico" pressuposto na leitura de De Forest é restrito, pois sugere uma conduta unívoca, ao contrário da variedade de modelos de atuação dispersos pelos cantos da *Ilíada* e da *Odisseia*. Apesar desse fato, a comentadora sugere uma interessante leitura segundo a qual Apolônio combinaria uma tradição homérica a um modo de composição calimaquiano, e desse amálgama resultaria a hibridez das *Argonáuticas*.

Se a narrativa deve propositalmente sugerir um rebaixamento da epopeia, é esperado que o protagonista não seja ressaltado por qualidades heroicas convencionais. O caráter de Jasão seria construído em oposição ao de Aquiles[73], adequado ao conceito de magnanimidade (*megalopsychia*), conforme a definição de Aristóteles em *Ética a Nicômaco* (4.3.1-34). Um indivíduo dotado de tal característica sempre almeja realizar grandes feitos, sendo inteiramente capacitado a cumpri-los. As honras devidas são a recompensa resultante de tais ações. O *megalopsychos* deve possuir um caráter nobre, não sendo condizente com sua natureza a fuga diante da ameaça, o abandono das armas ou as ações injustas cometidas no prejuízo de outros. Ele não procura o perigo por razões de pouca importância, mas sabe enfrentá-lo quando surge a oportunidade, sem qualquer receio de sacrificar a própria vida caso seja necessário. Em *Analíticos Posteriores* (97b15), Aristóteles usa esse termo para definir o comportamento de Aquiles e Ájax por serem incapazes de tolerar a desonra.

Para De Forest, a condição de *aristos* é atributo do herói dotado de virtude guerreira. Jasão não anseia empreender grandes feitos e obter as devidas honras, como é próprio de um homem magnânimo, mas simplesmente deseja uma vida pacata em sua terra natal com a devida permissão de Pélias (*Arg.* 1.901-903).

72. Ver M.M. De Forest, op. cit., p. 8-9.
73. Ver ibidem, p. 9.

A DISCUSSÃO SOBRE O HEROÍSMO NAS "ARGONÁUTICAS"

Apesar de titubear, ele não chega a fugir do perigo, no entanto prescinde das armas para confrontá-lo, pois se vale do dolo e dos *pharmaka* como alternativa para a vitória. Todo êxito alcançado não deriva exclusivamente do esforço físico, e a ausência de qualidades marciais acaba por contrastá-lo com cada um dos companheiros, portadores de perícias específicas. A comentadora pressupõe que o narrador do poema seria irônico ao escalar tal personagem para ocupar a liderança, como pode ser notado na reprimenda feita por Héracles em oposição à longa estadia na ilha de Lemnos (*Arg.* 1.865-874). O desvio erótico de Jasão seria corrigido pelas ambições heroicas de Héracles.

As duas personagens seriam incompatíveis participando conjuntamente da mesma empreitada, de modo que o abandono de Héracles na Mísia acabou por simbolizar a adesão a um enredo de forte influência calimaquiana[74]. Sua ausência será compensada com o aparecimento de Medeia, tornando-se a personagem central do terceiro livro[75]. Essa leitura pressupõe que a ação de Jasão no poema teria pouco destaque, por demonstrar um comportamento bastante dependente do auxílio alheio. Contudo Héracles em momento algum ocupa o papel central, mas representa um modo de heroísmo alternativo e descartado no final do primeiro livro. Já o destaque dado a Medeia não se opõe, mas complementa o *modus operandi* empreendido por Jasão. Se seu plano (*metis*) se torna vitorioso[76], isso se deve aos *pharmaka* e às detalhadas instruções fornecidas pela princesa

74. Ibidem, p. 65-66.
75. Ibidem, p. 107.
76. Em *Argonáuticas* 3.184, Jasão pondera ser mais eficiente o emprego da *metis* ao invés de tomar o tosão de Eeta pela força. O auxílio de Medeia também é chamado de *metis* em *Arg.* 3.720, 781e 912. Em *Arg.* 3.475, Argos propõe a Jasão um plano (*metis*) para tornar Medeia sua aliada e conseguir os *pharmaka*. Medeia também sugere o uso da astúcia para derrotar o gigante Talos em 4.1661. Em 2.1050, 1058 e 1068, Anfidamante sugere o emprego de um artifício (*metis*) para derrotar as aves da ilha de Ares. A participação dos deuses para o êxito da expedição também se dá através de uma *metis* em *Arg.* 1.423 (Apolo) e 3.30 (Hera). Em *Arg.* 4.1336, o Esônida roga pela *metis* coletiva para interpretar o oráculo das ninfas líbias. Por fim, o termo é considerado pejorativo quando Telamão imagina que o abandono de Héracles na Mísia foi fruto da *metis* de Jasão para obter maior renome (*Arg.* 1.1291).

bárbara que, em oposição a Héracles, contribui para o rebaixamento do gênero épico proposto nas *Argonáuticas*.

No entanto a ação de Medeia é precedida por um conflito. Apesar da decisão divina de lhe suscitar o desejo durante a embaixada dos argonautas, a princesa reluta em prestar auxílio a Jasão e trava um longo embate interno entre o pudor (*aidos*) e o desejo (*eros*)[77]. Para De Forest, a defesa do pudor, entendido como um fator que influencia as decisões a partir do julgamento empreendido por outros aos atos executados[78], associa Medeia a uma figura heroica de contornos homéricos. A garota pressupõe, caso auxilie os estrangeiros, tornar-se alvo constante de injúria e chacota após sua morte e ter a reputação denegrida pelas mulheres colcas por desonrar os parentes e ceder a uma paixão insensata. A vergonha pela opinião alheia faz Medeia evitar o suicídio, mas a escolha pelo desejo vence o embate interno, transformando-a em aliada fundamental dos gregos. A opção por *eros* conectaria a epopeia ao estilo calimaquiano e se coadunaria ao tratamento pedestre conferido à ação heroica, já sinalizado com o abandono de Héracles na Mísia[79].

Por fim, a última ameaça a desafiar os argonautas durante a travessia de retorno a Iolco simboliza, segundo De Forest, a oposição entre a grandiosidade da poesia homérica e o rebaixamento proporcionado pela influência de Calímaco. Trata-se do gigante Talos, pertencente à raça de bronze, que protegia o porto de Creta e impedia a aproximação de qualquer inimigo

---

77. Ver *Argonáuticas* 3.451-470, 616-664 e 740-824. Para mais informações, cf, B. Pavlock, op. cit., p. 51-68; R. Albis, op. cit., p. 67-92; T. Papadopoulou, The Presentation of the Inner..., *Mnemosyne*, v. 50, p. 641-664; M. Fusillo, *Il tempo delle Argonautiche*, p. 127-146.

78. Ver *Argonáuticas* 3.795-801. Notar que, em Apolônio, Medeia sempre cogita a respeito da maneira como as pessoas vão compreender seus atos, evitando ser alvo de escárnio alheio (ver também o mesmo tema no símile da jovem viúva que pranteia secretamente, temendo ser alvo de zombaria por parte das demais mulheres, em *Arg.* 3.656-664). Semelhante comportamento já lhe fora atribuído na peça homônima de Eurípides, como já foi comentado no capítulo anterior. A importância da opinião pública e o conceito de αἰδώς, motivando ou evitando a ação das personagens, podem ser encontrados em *Ilíada* 6.442, 15.561-564, 17.91-93, 22.105 e *Odisseia* 16.75, 21.323-328.

79. Ver M.M. De Forest, op. cit., p. 124.

A DISCUSSÃO SOBRE O HEROÍSMO NAS "ARGONÁUTICAS"   443

(*Arg.* 4.1636-1688). Talos já havia sido mencionado por autores como Simônides (fr. 568 PMG) e Sófocles (*Dédalo*, fr. 161 TGrF). Apolônio lhe atribui uma conotação condizente com a proposta da narrativa. O gigante representaria um Colosso de Rodes dotado de movimento. Se o Colosso era uma enorme estátua do deus Hélio feita em bronze, guardando a entrada do porto, e se o nome *Talos* foi definido pelo léxico de Hesíquio (τ 87) como o próprio Sol, possivelmente haveria alguma conexão implícita entre esses dois portentos. De Forest conclui que o confronto entre os argonautas e o gigante simbolizaria o embate entre a poesia épica espessa *versus* o estilo delgado de influência calimaquiana. A associação entre Talos e um guerreiro épico é sugerida pela fragilidade do calcanhar, totalmente vulnerável ao ataque dos adversários, apesar do corpo brônzeo ser impenetrável (*Arg.* 4.1645-1647)[80]. Sua derrota revelaria a ineficácia de uma conduta heroica tida como inadequada ao longo das *Argonáuticas*.

Não é casual o fato de Medeia ser a responsável por tal abatimento. Os argonautas aproximaram a nau do gigante se desviando dos blocos de terra lançados, enquanto a feiticeira, empregando encantos (*Arg.* 4.1665 e 1668) e rogando às Ceres, enfeitiçou-o através do olhar nocivo (*Arg.* 4.1669-1670). Talos foi tomado por uma intensa cólera e acabou se ferindo acidentalmente. Durante o confronto não houve necessidade de empunhar armas, pois todo o embate ocorreu à distância, fruto de uma calculada *metis* de Medeia (*Arg.* 4.1661). Nesse momento, o narrador interrompe a trama para expressar surpresa diante da potencial ameaça representada pela conduta da princesa colca: a morte não mais é resultado somente de doenças ou ferimentos, uma vez que um inimigo do porte de Talos foi abatido sem qualquer contato físico (*Arg.* 4.1673-1677). A força sobre-humana se torna ineficaz ante a astúcia e os feitiços de Medeia, devidamente chamada de *polypharmakos* (*Arg.* 4.1677, ver também 3.27).

---

80. Ver Apolodoro, *Biblioteca* (1.9.26).

444 ENSAIOS CRÍTICOS

A morte do gigante "simboliza a vitória da poesia de Calímaco sobre Homero. Uma estátua de bronze ambulante, um Colosso vivo, Talos representa o declínio da poesia épica. Medeia fez o Mar Egeu seguro para a poesia calimaquiana"[81].

Em oposição às teorias apresentadas ao longo deste estudo, Hunter, no artigo "Short on Heroics"[82] – retrabalhado de modo mais abrangente no livro The Argonautica of Apollonius: Literary Studies – examina se haveria um real afastamento de Jasão em relação às figuras heroicas presentes na poesia homérica. Desde que as Argonáuticas começaram a receber a devida atenção por parte da crítica, é comum aludir à ausência de um status heroico ao protagonista por conta de um desígnio poético ou por pura imperícia narrativa. No entanto Hunter questiona se a Ilíada e a Odisseia transmitiriam uma caracterização monolítica e fixa do que possa ser considerado "herói", de modo que Apolônio pudesse reproduzir fidedignamente ou contestar sistematicamente esse modelo[83].

Grande parte da dificuldade enfrentada pelos comentadores se deve ao modo lacônico com o qual o narrador descreveu as ações de Jasão. Somos vagamente informados sobre suas intenções e muitas vezes não há qualquer justificativa para um comportamento inusitado. O plano de matar Apsitro seria resultado de um dolo previamente calculado ou simplesmente fora criado de imediato para conter as reprimendas de Medeia ao se sentir traída (Arg. 4.395-409)?[84] Ao persuadir a princesa

81. M.M. De Forest, op. cit., p. 136. Para mais informações sobre o episódio de Talos, ver F. Vian, em Apollonios de Rhodes, Argonautiques, t. III, p. 64-66; A.R. Dyck, On the Way From Colchis..., Hermes, n. 117, p. 468-470; R. Albis, op. cit., p. 86-89.
82. R.L. Hunter, "Short on Heroics", The Classical Quarterly, v. 38, n. 2.
83. Idem, The Argonautica of Apollonius: Literary Studies, p. 10.
84. O pacto estabelecido entre Jasão e Apsirto visava à devolução de Medeia aos colcos, mas permitia aos gregos a manutenção do velocino de ouro. Ao aceitar o acordo com o inimigo, Jasão estaria contradizendo o juramento feito em nome de Zeus Olímpio e Hera Conjugal, segundo o qual se comprometia a conduzir a filha de Eeta à Hélade e desposá-la (Arg. 4.95-98). Resta saber em qual circunstância o herói não estaria sendo sincero. Segundo Vian (em Apollonios de Rhodes, Argonautiques, t. III, p. 21-22), não há indícios para justificar o falso juramento feito a Medeia, portanto o Esônida aceitou o acordo proposto por Apsirto para deliberadamente assassiná-lo, já que ele desempenhava o papel de tutor legal da irmã (Arg. 4.407). Com a morte desse ▶

A DISCUSSÃO SOBRE O HEROÍSMO NAS "ARGONÁUTICAS"   445

colca a lhe ceder os *pharmaka*, Jasão mencionara o auxílio que Ariadne havia prestado a Teseu para livrá-lo da morte nas mãos do Minotauro (*Arg.* 3.997-1004). Como silenciou acerca do posterior abandono de Ariadne em Dia (*Arg.* 4.430-434), ele já estaria maquinando uma forma de deixar Medeia para trás? Por qual motivo, no banquete anterior à partida da nau em Págasas, o Esônida se encontrava consternado e afastado dos companheiros, em estado de *amechania* (*Arg.* 1.460-461)? Estaria simulando preocupação ou estaria realmente preocupado? Seria uma preocupação com o bem-estar da tripulação, adequada à sua condição de líder, ou estaria angustiado com as profecias feitas por Idmão sobre os perigos a enfrentar no porvir? Acaso Idas estaria correto em censurá-lo e acusá-lo de covardia ao revelar um suposto sinal de fraqueza incompatível com sua posição? Ao contrário de Medeia, cujas motivações são minuciosamente descritas, Apolônio não fornece dados sobre as intenções de Jasão no decorrer da narrativa. A inexistência de justificativa para sua *amechania* cria uma permanente discussão capaz de gerar leituras completamente divergentes sobre a forma de atuação do protagonista das *Argonáuticas*.

Hunter indaga se há de fato um distanciamento programático entre Jasão e as figuras heroicas da poesia homérica. A constante angústia e a *amechania* do Esônida encontram paralelos na épica arcaica, seja entre guerreiros durante a batalha (*Il.* 7.92-95), seja na gruta de Polifemo, após Odisseu e os companheiros assistirem à refeição antropofágica realizada pelo ciclope (*Od.* 9.295). Em *Argonáuticas* 4.338-341, os argonautas evitam o confronto direto com a frota colca por ser previsível a derrota e optam por negociar com os inimigos. Nada há de anti-heroico nessa decisão, já que o emprego da força deve ser compatível com as

▷ protetor por direito, o litígio sobre o destino de Medeia perderia sentido. Vian pressupõe um comportamento doloso de ambas as partes, pois Apsirto pretenderia reaver a princesa colca para, mais tarde, recuperar o tosão, fingindo concedê-lo aos argonautas de bom grado. Ora, em nenhum momento o poeta analisa as reais intenções de Apsirto ao propor o pacto. Da mesma forma o leitor se surpreende – tal como Medeia – com o plano arquitetado por Jasão para matar o adversário durante a trégua momentânea.

446 ENSAIOS CRÍTICOS

possibilidades de êxito. Da mesma maneira, Heitor é persuadido por Polidamante a recuar ante um ataque às naus dos aqueus, tendo em vista que a ruína seria certa (*Il.* 13.740-748). Tal como Jasão opta por liderar uma embaixada até o palácio de Eeta para requisitar o velocino através da diplomacia e da troca de favores (*Arg.* 3.350-353), assim também fizeram os aqueus antes de travarem uma guerra contra os troianos (*Il.* 3.204-224).

No entanto, apesar das similaridades entre as personagens de Apolônio e seus modelos arcaicos, as *Argonáuticas* não são uma epopeia de temática bélica. Em oposição às extensas e constantes cenas de luta em solo troiano, as *Argonáuticas* só dispõem de cinco batalhas ao longo dos quatro livros que compõem o poema. Em ordem cronológica, temos os seguintes episódios marciais: a batalha contra os Nascidos da Terra (*Arg.* 1.898-1011); o confronto noturno contra os dolíones (*Arg.* 1.1018-1052); o embate contra os bébrices após a morte de Ámico (*Arg.* 2.98-136); as tarefas de Jasão na Cólquida (*Arg.* 3.1277-1398); o sucinto confronto naval com os colcos (*Arg.* 4.482-491).

As tarefas de Jasão dificilmente poderiam ser classificadas como uma batalha. Apesar da fraseologia empregada e do uso excessivo de símiles estabelecendo uma proximidade temática com a épica arcaica[85], o episódio parece propor um afastamento desse modelo, já que o herói se encontra imune às ameaças externas por ter sido ungido pelos *pharmaka* e não poder ser derrotado[86]. Já a luta contra os Nascidos da Terra é praticamente um feito individual realizado por Héracles. Os outros participantes tardam a chegar para auxiliá-lo e permanecem anônimos, isentos de um *kleos* individual.

---

85. Ver J. Carspecken, op. cit., p. 91-92. Quanto aos modelos homéricos para os símiles dessa passagem: *Arg.* 3.1259-1262 e *Il.* 6.506-511 (ver também 15.263-268); *Arg.* 3.1294-1295 e *Il.* 15.618-621; *Arg.* 3.1299-1303 e *Il.* 18.470-472; *Arg.* 3.1350-1353 e *Il.* 13.471-475 (ver também 17.281); *Arg.* 3.1359-1363 e *Il.* 8.555-559 (ver também 12.278-286 e 19.357-361); *Arg.* 3.1374-1376 e *Il.* 17.53-58; *Arg.* 3.1377-1381 e *Il.* 4.75-79; *Arg.* 3.1399-1404 e *Il.* 8.306-308.

86. De modo similar, em *Odisseia* 10.281-306 Hermes oferece um *pharmakon* (ver versos 287 e 302) a Odisseu para imunizá-lo contra os encantos de Circe. Dessa forma, o herói pode enfrentar a feiticeira sem correr o risco de ser transformado em animal.

A DISCUSSÃO SOBRE O HEROÍSMO NAS "ARGONÁUTICAS" 447

No embate contra os dolíones, Jasão desempenha um importante papel, embora a vítima do ataque seja seu antigo hospedeiro, assassinado por conta da total ignorância quanto à sua identidade. Como já fora notado desde Carspecken[87], a narração do episódio é repleta de símiles para conectá-lo às cenas de batalha em Homero. Todavia a semelhança de elocução acaba por ressaltar as disparidades entre as epopeias. Ao contrário dos confrontos diurnos na *Ilíada*, a luta contra Cízico ocorre durante a noite, impossibilitando a identificação dos adversários. Caso os dois exércitos se defrontassem durante o dia, os heróis se reconheceriam e a refrega seria evitada[88]. A breve batalha é emoldurada por dois símiles com precedente homérico, destacando a cena em relação ao restante do episódio. O primeiro equipara os homens armados com lanças e escudos a se entrechocarem ao fogo se erguendo sobre os arbustos ressequidos (*Arg.* 1.1026-1029; ver *Il.* 11.155-159 e 15.605-606). O segundo compara os dolíones sobreviventes se retirando apavorados a pombas assustadas com as velozes aves de rapina (*Arg.* 1.1049-1050; ver *Il.* 22.139-144). A batalha é equivocada e ímpia em contexto de hospitalidade[89], sugerindo a inadequação dos argonautas no emprego da tática bélica. Por esse motivo, o número de confrontos de fato travados é inferior em relação às potenciais batalhas que foram evitadas, como em Lemnos (*Arg.* 1.634-638), no cabo das amazonas (*Arg.* 2.985-995), e na Cólquida contra Eeta (*Arg.* 3.1225-237) ou contra os colcos (*Arg.* 4.214-225, 1000-1010, 1055-1057 e 1180-1181). Ou seja, a luta armada vai ser insistentemente substituída por outras formas não marciais de resolver conflitos, tais como diplomacia, atração sexual ou artimanhas[90].

---

87. J. Carspecken, op. cit., p. 91-93.

88. Uma exceção a essa constatação é a matança narrada em *Ilíada* 10.465-525, quando Odisseu e Diomedes participam de uma emboscada dirigindo-se secretamente ao acampamento inimigo, durante a madrugada, e golpeando vários trácios indefesos enquanto dormiam.

89. A morte de Cízico e da esposa provoca violentas ventanias (*Arg.* 1.1078), retendo a nau no porto e evitando a partida dos argonautas até a realização de um rito de expiação (*Arg.* 1.1091-1102).

90. Ver V. Knight, *The Renewal of Epic*, p. 117.

448 ENSAIOS CRÍTICOS

As duas últimas batalhas a serem comentadas apresentam peculiaridades. Após a morte de Ámico no pugilato, os bébrices atacaram os argonautas. A cena segue de perto o estilo e a fraseologia homéricos[91], sendo um dos poucos eventos narrados nas *Argonáuticas* em que o poeta afirma ocorrer segundo a vontade de Zeus (*Arg.* 2.154)[92]. Todavia armas como o bastão (*koryne*, ver *Arg.* 2.115; ver também 2.99), com o qual Areto golpeia Ífito, e a lança de caçador (*sigynnoi*, ver *Arg.* 2.99) não são empregadas na *Ilíada* e na *Odisseia*[93]. Outro distanciamento em relação ao modelo imitado é perceptível na entrada tardia de alguns heróis no embate. A presença nominal de um guerreiro durante o confronto supõe destaque às façanhas a serem realizadas. Entretanto Apolônio frustra a expectativa do leitor, visto que, quando Anceu, os Eácidas e o Esônida se prontificaram a lutar (*Arg.* 2.118-122), os bébrices se dispersaram e fugiram anunciando a todos os habitantes a ruína de Ámico. Como já ocorrera no episódio dos Nascidos da Terra, a presença de Jasão no momento da contenda não

91. Quanto aos modelos homéricos para os símiles dessa passagem: *Arg.* 2.25-29 e *Il.* 20.164-173; *Arg.* 2.70-73 e *Il.* 21.306-307; *Arg.* 2.88-89 e *Il.* 23.756-758; *Arg.* 2.123-128 e *Il.* 4.471 (ver também 16.156-163 e 352-355); *Arg.* 2.130-134 e *Il.* 2.87-90 (ver também 12.167-170).

92. Ao contrário da *Ilíada*, que menciona o desígnio de Zeus no proêmio (1.5), as *Argonáuticas* são bastante reticentes em associar os acontecimentos narrados a um plano divino previamente arquitetado. O desígnio da missão é atribuído a um mortal, Pélias, e não a uma divindade específica (*Arg.* 1.242). No entanto os deuses não estão indiferentes à ação, mas muitas vezes interagem para seu cumprimento. Apesar de Zeus não ser representado na narrativa, há uma motivação expiatória que conecta a viagem à necessidade de apaziguar sua ira (*Arg.* 2.1194-1195 e 3.190-193). O sacrifício de Atamante a ser realizado no altar de Zeus exige purgação através da recondução do velocino de ouro à Grécia (*Arg.* 3.336-339). Zeus também se encontra envolvido com o destino estabelecido a outras personagens, exigindo a retirada de Héracles da missão (*Arg.* 1.1315-1316). Mas nem tudo ocorre segundo seu desígnio, já que o assassinato de Apsirto desencadeou a cólera do deus e obrigou os heróis a se deslocarem até a ilha de Circe para se purificarem por conta do sangue derramado (*Arg.* 4.557-561, 576-577, 584-585). Parece, portanto, possível agir contra o destino estabelecido por Zeus (*Arg.* 4.54), apesar de ele tudo ver (*Arg.* 2.1123) e punir aqueles que agem contra sua justiça (*Arg.* 4.1100). Não cabe ao homem revelar com precisão os desígnios de Zeus (*Arg.* 2.313-316). Os mortais devem conhecer com imprecisão os planos divinos para constantemente rogarem o auxílio dos imortais. A desobediência a essa ordem causou a cegueira de Fineu (*Arg.* 2.178-193). Da mesma forma, o narrador só revela parcialmente os desígnios de Zeus. Mais informações em D. Feeney, *The Gods in Epic*, p. 55-98; R.L. Hunter, *The Argonautica of Apollonius*, p. 75-100; V. Knight, op. cit., p. 267-305.

93. A única ocorrência do emprego da κορύνη em Homero se dá em *Ilíada* 7.141-143.

A DISCUSSÃO SOBRE O HEROÍSMO NAS "ARGONÁUTICAS"

foi fundamental, mas, ao contrário, totalmente dispensável. Sua menção só ocorre quando o conflito já terminou.

Por fim, o último confronto narrado nas *Argonáuticas* não tem precedente na poesia homérica. Trata-se de uma batalha naval entre Argo e a nau colca que trouxera Apsirto até a ilha de Ártemis para uma possível negociação, resultando em seu assassinato de modo desleal (*Arg.* 4.452-481). O massacre do navio inimigo é brevemente relatado em dez versos, sendo quase metade utilizada para descrever símiles de precedente iliádico (*Arg.* 4.485-486 e *Il.* 22.139-142; *Arg.* 4.486-487 e *Il.* 15.323-327). O crime foi fruto da traição, uma vez que os navios se dirigiram à ilha de Ártemis para selarem um pacto e evitarem o enfrentamento por mar. No entanto o dolo já estava cuidadosamente arquitetado pelos argonautas, de maneira que a nau Argo só avançou contra a embarcação colca quando Medeia sinalizou com uma tocha o momento propício para o ataque. Novamente a presença de Jasão no confronto foi prescindível. O poeta enfatiza o desejo do herói por participar da luta (*Arg.* 4.490), porém não havia necessidade de sua presença para a aniquilação completa do navio inimigo (*Arg.* 4.490-491). O atraso do Esônida foi motivado pelo longo sepultamento dado a Apsirto, visando a expiar o assassinato cometido (*Arg.* 4.475-481). Mas além da motivação proporcionada pela trama, notamos a recorrência do narrador em excluí-lo das cenas marciais, por meio do retardamento ou da inserção de maneira desastrosa, como no episódio de Cízico. Ainda que Jasão se mostre disposto a participar de confrontos contrários (*Arg.* 3.183) ou favoráveis (*Arg.* 3.351-353 e 394-395) a Eeta, reiteradas vezes sua inadequação nesse tipo de cena é destacada. O êxito se encontra no acordo, não no campo de batalha[94].

Em linhas gerais, as *Argonáuticas* podem ser lidas como uma recriação livre da Idade Heroica, na qual as personagens ora se aproximam de modelos de caracterização reproduzidos pela

---

94. Ver R.L. Hunter, *The Argonautica of Apollonius*, p. 43.

450   ENSAIOS CRÍTICOS

poesia épica arcaica, ora destoam. O narrador pretenderia testar os limites e as possibilidades poéticas proporcionadas pela epopeia, apesar de a crítica sempre tender a explorar as diferenças ao invés das semelhanças em relação a Homero[95]. Somente por se inserirem na tradição épica e se valerem de linguagem compartilhada, ideologia e cenas recorrentes, as *Argonáuticas* podem "distorcer" esses elementos, não visando a criar uma "antiepopeia", mas um *epos* que pretende causar estranhamento ao leitor acostumado às características e lugares-comuns do gênero.

Como exemplo desse ponto de vista, citamos a exortação feita à tripulação após a aquisição do velocino de ouro (*Arg.* 4.190-205). Jasão incita a bravura em seus homens dizendo estar nas mãos de cada um o futuro dos filhos, da pátria e dos genitores. Através do esforço ou empreendimento coletivo (*ephorme*, ver *Arg.* 4.204), a Grécia será motivo de vergonha ou de muita glória (*kleos*, ver *Arg.* 4.205) no porvir. O termo *ephorme*, pertencente ao vocabulário militar, indica uma incursão ou ataque (ver *Arg.* 4.148)[96]. A fala de Jasão encontra paralelo no discurso feito por Heitor aos troianos para estimulá-los a avançar sobre os aqueus ao redor das naus, alegando ser glorioso morrer pela pátria, pela mulher, pelos filhos e pelas propriedades (*Il.* 15.494-499)[97]. Apesar das diferenças entre as falas de Jasão e Heitor, ambos exortam os homens por motivos semelhantes, no entanto o troiano insufla em seus aliados o desejo por um bom desempenho na batalha, enquanto o grego aconselha a fuga. A glória da Grécia será consequência da força dos braços dos argonautas, capaz de conduzir Argo ao mar antes dos colcos bloquearem

95   Idem, "Short on Heroics", *The Classical Quarterly*, v. 38, n. 2, p. 452-453.

96. Ver *Odisseia* 22.130.

97. Combatei pois cerrados nas naus! E se algum de vós,/alvejado ou golpeado, encontrar a morte e o destino,/que morra! Pois não é vergonha nenhuma morrer/pela pátria. Pois a salvo ficam a mulher e os filhos,/e a sua casa e propriedade incólumes, se os Argivos/partirem nas naus para a amada terra pátria. (Trad. de Frederico Lourenço.)

ἀλλὰ μάχεσθ' ἐπὶ νηυσὶν ἀολλέες· ὃς δέ κεν ὕμεων/βλήμενος ἠὲ τυπεὶς θάνατον καὶ πότμον ἐπίσπῃ/τεθνάτω· οὔ οἱ ἀεικὲς ἀμυνομένῳ περὶ πάτρης/τεθνάμεν· ἀλλ' ἄλοχός τε σόη καὶ παῖδες ὀπίσσω,/καὶ οἶκος καὶ κλῆρος ἀκήρατος, εἴ κεν Ἀχαιοὶ/ οἴχωνται σὺν νηυσὶ φίλην ἐς πατρίδα γαῖαν. (*Il.* 15.494-499)

A DISCUSSÃO SOBRE O HEROÍSMO NAS "ARGONÁUTICAS"   451

a passagem pelo rio Fásis. Para isso é necessário que metade dos homens maneje os remos enquanto a outra metade os proteja com escudos contra os dardos inimigos (*Arg.* 4.199-202). Apesar do emprego do vocábulo *ephorme* e de um princípio de armamento evidenciado por meio de escudos, não se segue uma cena de confronto, mas de retirada. Reiterando um traço comum ao comportamento de Jasão, a batalha é novamente evitada. Ao partir de um modelo tradicional que funciona como preâmbulo a um embate, Apolônio subverte o desfecho e faz do Esônida uma espécie de exortador da fuga, não por covardia ou falta de qualidades heroicas, mas por ser essa a única forma de evitar a aniquilação e assegurar o êxito e a glória da missão.

* * *

Retornando, finalmente, à discussão desenvolvida no início deste estudo, é possível perceber com mais clareza os motivos que levaram Jasão a ser indicado líder da expedição. Ao sugerir à tripulação que elegesse o comandante, os companheiros foram unânimes ao escolherem Héracles, considerado o *aristos* (*Arg.* 1.338) por consenso. A mesma classificação reaparece em *Agonáuticas* 1.1284-1286. Subentende-se uma associação entre o sentido de melhor e a ideia de mais forte, inegavelmente conectada a Héracles por todo o poema. Como já foi comentado, esse sentido de *aristos* decorre de uma tradição iliádica na qual a excelência do herói é medida por proezas bélicas executadas durante a batalha. Ao propor a seleção do líder, Jasão traz uma distinta conotação a esse termo, inviabilizando a escolha de Héracles para tal função:

> Mas, caros, o retorno à Hélade, no porvir, nos é comum
> e nos são comuns as rotas até a terra de Eeta,
> por isso, sem receio, escolhei dentre nós o melhor
> para ser o chefe, a quem caberá se ocupar de cada detalhe,
> como travar disputas e pactos com estrangeiros. (*Arg.* 1.1336-1340)

O Esônida igualmente defenderá a ideia da expedição como algo comum a todos os participantes em *Arg.* 3.171-176, em seu primeiro discurso ao chegarem à Cólquida, exortando os companheiros a deliberarem sobre como cumprir a missão. Essa fala introduz uma discussão acerca da natureza e qualificação do líder, elementos que devem ser levados em conta para a escolha adequada. Trata-se de optar pelo melhor herói a exercer a liderança nas circunstâncias exigidas pela expedição.

O líder da missão deve se preocupar com cada detalhe (*ta hekasta*, ver *Arg.* 1.339) e com a salvação de cada membro da tripulação (*Arg.* 1.339 e 461). Como bem afirma Jasão após a passagem pelas Simplégades, a continuidade da navegação lhe causa pavor e traz preocupações por ele temer pela vida de todos os companheiros, com os quais pretende retornar em segurança à Grécia (*Arg.* 2.631-637). Héracles é um herói que age independente de auxílios, e a força imensurável o capacita a prescindir dos demais. A reação ao desaparecimento de Hilas na Mísia comprova que o filho de Zeus se move por afecções pessoais (*Arg.* 1.1261-1272), tornando-se inadequado para exercer a liderança em um contexto no qual a preocupação com a coletividade é uma exigência para o bom desempenho da missão.

Por fim, o líder deve ser hábil em realizar disputas e pactos (*neikea synthesias te*) com os estrangeiros. É necessária uma postura diplomática[98], de forma similar à exibida por Jasão durante a viagem. O combate armado acaba se tornando a última alternativa viável, só executada quando toda forma de negociação não funciona (ver *Arg.* 3.177-190).

A condição de *aristos Argonauton* pressupõe o emprego da perícia e do ardil – associados ao conceito de *metis* – pelo bem do grupo, ao contrário do uso imediato e individual da violência. No momento em que é concedida a Jasão a glória de chefiar a expedição (*Arg.* 1.345-347), sua estratégia de atuação acaba se destacando sobre o modo de ação baseado estritamente

---

98 Ver *Argonáuticas* 4.340 e 378.

A DISCUSSÃO SOBRE O HEROÍSMO NAS "ARGONÁUTICAS" 453

na força, e o abandono de Héracles no final do primeiro livro confirma essa tese[99]. Até o final do poema, a ausência do filho de Zeus será constantemente lamentada, mas seu *modus operandi* não será seguido. Apesar de Jasão não agir reiteradamente de forma magnânima, como Aquiles ou Ájax, mas se encontrar quase à periferia do conceito de *megalopsychos*, nenhuma personagem estaria mais adequada para exercer a liderança da nau Argo e, portanto, ser considerada o melhor dos argonautas que ele próprio.

99 Devemos notar que Héracles não se vale exclusivamente da violência, mas também sabe fazer uso de artimanhas em alguns contextos, como no caso das aves do lago Estinfalo (*Arg.* 2.1052-1057). Impossibilitado de atingi-las com suas flechas, ele agitou um instrumento de bronze e produziu um estrondoso barulho, fazendo com que as aves se dispersassem. Rememorando a façanha de Héracles, Anfidamante sugere a elaboração de um artifício semelhante para os argonautas se defenderem das aves na ilha de Ares (*Arg.* 2.1058).

BIBLIOGRAFIA

ALBIS, Robert V. Jason's Prayer to Apollo in *Aetia* I and the *Argonautica*. *Phoenix*, v. 49, n. 2, 1995.

____ *Poet and Audience in the* Argonautica *of Apollonius*. London: London, Rowman & Littlefield, 1996.

APOLLONIO RODIO *Le Argonautiche*. Traduzione di Guido Paduano, introduzione e commento di Guido Paduano e Massimo Fusillo. Milano: Biblioteca Universale Rizzoli, 1986.

APOLLONIOS DE RHODES. *Argonautiques*. Texte établi, commenté par Francis Vian et traduit par Émile Delage. Paris: Les Belles Lettres, 1976. Tomo I.

APOLLONIOS DE RHODES *Argonautiques*. Texte établi, commenté par Francis Vian et traduit par Émile Delage. Paris: Les Belles Lettres, 1980. Tomo II.

APOLLONIOS DE RHODES *Argonautiques*. Texte établi, commenté et traduit par Émile Delage et Francis Vian. Paris: Les Belles Lettres, 1981. Tomo III.

APOLLONIUS RHODIUS *Argonautica*. Recognouit breuique adnotatione critica instruxit Hermann Fränkel. Oxford: Clarendon, 1961.

APOLLONIUS RHODIUS *The Argonautica*. Edited and translated by William H. Race. London: Harvard University Press, 2008.

ARDIZZONI, Anthos. *Apollonio Rodio Le Argonautiche: Libro I*. Testo, traduzione e commentario. Roma: Edizioni dell'Ateneo, 1967.

BARIGAZZI, Adelmo. Mimnermo e Filita, Antimaco e Cherilo nel proemio degli "Aitia" di Calimaco. *Hermes*, n. 84, 1956.

BENEDETTO, Giovanni. Il Prologus Aetiorum de A. Hecker. In: HARDER, M. Annete; REGTUIT, Remco Ferdinand; WAKKER, Gerrigje Catharina (eds.). *Callimachus*. Groningen: Egbert Forsten, 1993. Hellenistica Groningana I.

BERKOWITZ, Gary. *Semi-Public Narration in Apollonius' "Argonautica"*. Leuven: Peeters, 2004.

456   ARGONÁUTICAS

BERNABÉ, Alberto. *Poetarum Epicorum Graecorum: Testimonia et Fragmenta: Pars 1*. Leipzig: Bibliotheca Scriptorum Graecorum et Romanorum Teubneriana, 1996.

BEYE, Charles. Jason as Love Hero in Apollonios' "Argonautika". *Greek, Roman and Byzantine Studies*, v. 10, 1969.

_____. *Epic and Romance in the "Argonautica" of Apollonios' Rhodius*. Carbondale: Southern Illinois University Press, 1982.

BOEDEKER, Deborah. Becoming Medea: Assimilation in Euripides. In: CLAUSS, James J.; JOHNSTON, Sarah Iles (eds.). *Medea: Essays on Medea in Myth, Literature, Philosophy and Art*. New Jersey: Princeton University Press, 1997.

BOND, Godfrey William. *Euripides' "Hypsipyle"*. Oxford: Oxford University Press, 1963.

_____. *Euripides' "Heracles"*. Oxford: Oxford University Press, 1988.

BONGIE, Elizabeth Bryson. Heroic Elements in the "Medea" of Euripides. *Transactions of the American Philological Association*, v. 107, 1977.

BOWRA, Cecil Maurice. *Ancient Greek Poetry*. Oxford: Oxford University Press, 1933.

BRASWELL, Bruce Karl. *A Commentary on the Fourth Pythian Ode of Pindar*. Berlin: Walter de Gruyter, 1988.

BREMER, Jan Maarten. Full Moon and Marriage in Apollonius' "Argonautica". *The Classical Quarterly*, v. 37, n. 2, 1987.

BULLOCH, Anthony W. Jason's Cloak. *Hermes*, n. 134, 2006.

BUNDY, Elroy L. The Quarrel Between Kallimachos and Apollonios' – Part I: The Epilogue of Kallimachos' "Hymn to Apollo". *California Studies in Classical Antiquity*, v. 5, 1972.

BYRE, Calvin S. The Narrator's Addresses to the Narratee in Apollonius Rhodius' "Argonautica". *Transactions of the American Philological Association*, v. 121, 1991.

_____. *A Reading of Apollonius Rhodius' "Argonautica": The Poetics of Uncertainty*. Lewiston: Edwin Mellen, 2002.

CAMERON, Alan. Genre and Style in Callimachus. *Transactions of the American Philological Association*, v. 122, 1992.

_____. *Callimachus and His Critics*. Princeton: Princeton University Press, 1995.

CAMPBELL, Malcolm. Three Notes on Alexandrine Poetry. *Hermes* 102, 1974.

_____. *Studies in the Third Book of Apollonius Rhodius' "Argonautica"*. Hildesheim/ Zürich/New York: Georg Olms, 1983.

_____ *A Commentary on Apollonius Rhodius "Argonautica" III 1-471*. Leiden/New York: Brill, 1994.

CARSPECKEN, John Frederick. Apollonius Rhodius and the Homeric Epic. *Yale Classical Studies*, n. 13, 1952.

CLARE, R.J. *The Path of the Argo*. Cambridge: Cambridge University Press, 2002.

CLAUSS, James Joseph. *The Best of the Argonauts: The Redefinition of the Epic Hero in Book 1 of Apollonius' "Argonautica"*. Berkeley: University of California Press, 1993.

_____. Conquest of the Mephistophelian Nausicaa: Medea's Role in Apollonius' Redefinition of the Epic Hero. In: CLAUSS, James Joseph; JOHNSTON, Sarah Iles (eds.). *Medea: Essays on Medea in Myth, Literature, Philosophy and Art*. New Jersey: Princeton University Press, 1997.

COUAT, Auguste. *La Poésie alexandrine sous les trois premiers Ptolémées (324-222 av. J.)*. Paris: Hachette, 1882.

CUSSET, Christophe. *La Muse dans la bibliothèque (Réécriture et intertextualité dans la poésie alexandrine)*. Paris: CNRS, 1999.

BIBLIOGRAFIA 457

____. Le Nouveau héros épique comme interface intertextuelle entre Callimaque et Apollonios de Rhodes. *Revue des Études Grecques*, v. 114, n. 1, jan.-juin 2001.

DAVIES, Malcolm. *The Greek Epic Cycle*. London: Bristol Classical, 2001.

DE FOREST, Mary Margolies. *Apollonius' "Argonautica": A Callimachean Epic*. Leiden/ New York/Köln: Brill, 1994.

DEFORGE, Bernard. Eschyle et la légende des Argonautes. *Revue des Études Grecques*, v. 100, n. 475-476, 1987.

DELAGE, Émile. *La Géographie dans les "Argonautiques" d'Apollonios de Rhodes*. Bordeaux: Féret, 1930.

____. *Biographie d'Apollonios de Rhodes*. Bordeaux: Féret, 1930.

DINIZ, Fábio Gerônimo Mota. *A Passagem do Cetro: Aspectos dos Personagens Héracles e Jasão na "Argonáutica" de Apolônio de Rodes*. Dissertação (Mestrado em Estudos Literários), Faculdade de Ciência e Letras da Universidade Estadual Paulista, Araraquara, 2010.

DYCK, Andrew R. On the Way from Colchis to Corinth: Medea in Book 4 of the "Argonautica". *Hermes*, n. 117, 1989.

EFFE, Bernd. The Similes of Apollonius Rhodius. Intertextuality and Epic Innovation. In: PAPANGHELIS, Theodore D.; RENGAKOS, Antonios. *A Companion to Apollonius Rhodius*. Leiden: Brill, 2001.

ELDERKIN, George Wicker. Repetition in the "Argonautica" of Apollonius. *The American Journal of Philology*, v. 34, n. 2, 1913.

ENDSJO, Dag Oistein. Placing the Unplaceable: The Making of Apollonius' Argonautic Geography. *Greek, Roman and Byzantine Studies*, v. 38, n. 4, 1997.

FANTUZZI, Marco; HUNTER, Richard. *Tradition and Innovation in Hellenistic Poetry*. Cambridge: Cambridge University Press, 2004.

FANTUZZI, Marco. Varianti d'autore nelle "Argonautiche" di Apollonio Rodio. *Antike und Abendland*, v. 29, 1983.

____. *Ricerche su Apollonio Rodio. Diacronie della dizione epica*. Roma: Edizioni dell'Ateneo, 1988.

FEENEY, Denis C. *The Gods in Epic*. Oxford: Oxford University Press, 1991.

FORD, Andrew. Epic as a Genre. In: MORRIS, Ian; POWELL, Barry B. (eds.). *A New Companion to Homer*. Leiden: Brill, 1997.

FRÄNKEL, Hermann Ferdinand. Apollonius Rhodius as a Narrator in "Argonautica" 2. 1 – 140. *Transactions of the American Philological Association*, v. 83, 1952.

____. *Noten zu den "Argonautika" des Apollonios*. München: C.H. Beck, 1968.

FRASER, Peter Marshall. *Ptolemaic Alexandria: V. 1: Text*. Oxford: Oxford University Press, 1972.

____. *Ptolemaic Alexandria: V. 2: Notes*. Oxford: Oxford University Press, 1972.

FUSILLO, Massimo. *Il tempo delle "Argonautiche": Un' analisi del racconto in Apollonio Rodio*. Roma: Edizioni dell'Ateneo, 1985.

____. Apollonius Rhodius as Inventor of the 'Interior' Monologue. In: PAPANGHELIS, Theodore D.; RENGAKOS, Antonio. *A Companion to Apollonius Rhodius*. Leiden: Brill, 2001.

GALINSKY, Gotthard Karl. *The Herakles Theme: The Adaptations of the Hero in Literature from Homer to the Twentieth Century*. Oxford: Blackwell, 1972.

GARSON, R.W. Homeric Echoes in Apollonius Rhodius' "Argonautica". *Classical Philology*, v. 67, n. 1, jan. 1972.

GEORGE, Edward V. Poet and Character in Apollonius Rhodius' Lemnian Episode. *Hermes*, n. 100, 1972.

458 ARGONÁUTICAS

GIANGRANDE, Giuseppe. "Arte allusiva" and Alexandrian Epic Poetry. *The Classical Quarterly*, v. 17, n. 1, 1967.

GOLDHILL, Simon. *The Poet's Voice*. Cambridge: Cambridge University Press, 1991.

GONZALES, José M. "Musai Hypophetores": Apollonius of Rhodes on Inspiration and Interpretation. *Harvard Studies in Classical Philology*, v. 100, 2000.

GRAF, Fritz. Medea, the Enchantress from Afar: Remarks on a Well-Known Myth. In: CLAUSS, James J.; JOHNSTON, Sarah Iles (eds.). *Medea: Essays on Medea in Myth, Literature , Philosophy and Art*. New Jersey: Princeton University Press, 1997.

GUTZWILLER, Kathryn J. *A Guide to Hellenistic Literature*. Oxford: Blackwell, 2007.

HADAS, Moses. The Tradition of a Feeble Jason. *Classical Philology*, v. 31, n. 2, 1936.

HARDER, Annette. Aspects of the Structure of Callimachus' "Aetia". In: HARDER, Annette; REGTUIT, Remco Ferdinand; WAKKER, Gerrigje Catharina (eds.). *Callimachus*. Groningen: Egbert Forsten, 1993. Hellenistica Groningana I.

_____. *Callimachus. Aetia. V. 1: Introduction, Text and Translation*. Oxford: Oxford University Press, 2012.

_____. *Callimachus. Aetia. V. 2: Commentary*. Oxford: Oxford University Press, 2012.

HARDER, Annette; REGTUIT, Remco Ferdinand; WAKKER, Gerrigje Catharina (eds.). *Apollonius Rhodius*. Groningen: Peeters, 2000. Hellenistica Groningana IV.

HERTER, Hans. Zur Lebensgeschichte des Apollonios von Rhodos. *Rheinisches Museum für Philologie*, v. 91, 1942.

HESÍODO. *Teogonia*. Estudo e trad. de Jaa Torrano. São Paulo: Iluminuras, 1995.

HOLMBERG, Ingrid. Metis and Genre in Apollonius Rhodius' "Argonautica". *Transactions of the American Philological Association*, v. 128, 1999.

HOLLIS, Adrian S. *Callimachus. Hecale*. Oxford: Oxford University Press, 1990.

HOMERO. *Ilíada*. Trad. de Frederico Lourenço. Lisboa: Cotovia, 2005.

_____. *Odisseia*. Trad. de Christian Werner. São Paulo: Cosac Naify, 2014.

HUNTER, Richard Lawrence. Medea's Flight: The Fourth Book of the "Argonautica". *The Classical Quarterly*, v. 37, n. 1, 1987.

_____. "Short on Heroics": Jason in the "Argonautica". *The Classical Quarterly*, v. 38, n. 2, 1988.

_____. *Apollonius of Rhodes: "Argonautica" Book III*. Cambridge: Cambridge University Press, 1989.

_____. *The "Argonautica" of Apollonius: Literary Studies*. Cambridge: Cambridge University Press, 1993.

_____. *Apollonius of Rhodes: "Argonautica" Book IV*. Cambridge: Cambridge University Press, 2015.

HUTCHINSON, Gregory O. *Hellenistic Poetry*. Oxford: Clarendon, 1988.

_____. *Talking Books: Readings in Hellenistic and Roman Books of Poetry*. Oxford: Oxford University Press, 2008.

HUXLEY, George Leonard. *Greek Poetry from Eumelos to Panyassis*. London: Faber, 1969.

JACKSON, Steven. Apollonius' Jason: Human Being in an Epic Scenario. *Greece & Rome*, v. 39, n. 2, 1992.

_____. Apollonius' "Argonautica": The Theseus/Ariadne Desertion. *Hermes*, n. 142, 1999.

KAHANE, A. Callimachus, Apollonius and the Poetics of Mud. *Transactions of the American Philological Association*, v. 124, 1994.

KLEIN, Theodore M. Callimachus, Apollonius Rhodius and the Concept of the "Big Book". *Eranos*, n. 73, 1975.

BIBLIOGRAFIA 459

_____. Apollonius' Jason: Hero and Scoundrel. *Quaderni Urbinati di Cultura Classica*, v. 13, n. 1, 1983.

KNIGHT, Virginia. *The Renewal of Epic: Responses to Homer in the "Argonautica" of Apollonius*. Leiden/New York: Brill, 1995.

KNOX, Bernard M.W. The "Medea" of Euripides. *Yale Classical Studies*, n. 25, 1977.

KINKEL, Gottifried. *Epicorum Graecorum Fragmenta*. Leipzig: Aedibus B.G. Teubneri, 1877.

KÖHNKEN, Adolf. Hellenistic Chronology: Theocritus, Callimachus and Apollonius Rhodius. In: PAPANGHELIS, Theodore D.; RENGAKOS, Antonio. *A Companion to Apollonius Rhodius*. Leiden: Brill, 2001.

KÖRTE, Alfred. *Hellenistic Poetry*. New York: Columbia University Press, 1929.

KOUREMENOS, Theokritos. Herakles, Jason and 'Programmatic' Similes in Apollonius Rhodius' "Argonautica". *Rheinisches Museum für Philologie*, v. 139, 1996.

LAWALL, Gilbert. Apollonius' "Argonautica": Jason as Anti-Hero. *Yale Classical Studies*, n. 19, 1966.

LEFKOWITZ, Mary R. The Quarrel Between Callimachus and Apollonius. *Zeitschrift für Papyrologie und Epigraphik*, v. 40, 1980.

_____. *The Lives of the Greek Poets*. London: Bristol Classical Press, 1981.

LENNOX, P.G. Apollonius' "Argonautica" 3, 1ff. and Homer. *Hermes*, n. 108, 1980.

LEVIN, Donald Norman. *Apollonius' "Argonautica" Re-Examined. 1: The Neglected First and Second Books*. Leiden: Brill, 1971.

LIVREA, Enrico. *Apollonii Rhodii Argonauticon: Liber quartus*. Firenze: La Nuova Italia, 1973.

LLOYD-JONES, Hugh; PARSONS, Peter J. *Supplementum Hellenisticum*. Berlin: Walter de Gruyter, 1983.

MACKAIL, John William. *Lectures on Greek Poetry*. London: Longmans and Green, 1910.

MACKIE, C.J. The Earliest Jason. What's in a Name? *Greece & Rome*, v. 48, n. 1, 2001.

MASSIMILLA, Giulio. *Callimaco: Aitia libri primo e secondo – Introduzione, testo critico, traduzione e commento*. Pisa: Giardini, 1996.

MASTRONARDE, Donald John. *Euripides. "Medea"*. Cambridge: Cambridge University Press, 2002.

MATTEO, Rocchina. *Apollonio Rodio: Argonautiche Libro II*. Lecce: Pensa Multimedia, 2007.

MATTHEWS. Victor. J. "Naupaktia" and "Argonautika". *Phoenix*, v. 31, n. 3, 1977.

_____. Antimachus in the "Aitia" Prologue. *Mnemosyne*, v. 32, 1979.

_____. *Antimachus of Colophon: Text and Commentary*. Leiden: Brill, 1996.

MOONEY, George W. *The "Argonautica": Introduction and Commentary*. London: Longmans, 1912.

MOREAU, Alain. *Le Mythe de Jason et Médée: Le Va-nu-pied et la sorcière*. Paris: Les Belles Lettres, 1994.

MUELLER, Melissa. The Language of Reciprocity in Euripides' "Medea". *The American Journal of Philology*, v. 122, n. 4, 2001.

NAGY, Gregory. *The Best of the Achaeans: Concepts of the Hero in Archaic Greek Poetry*. Baltimore/London: The Johns Hopkins University Press, 1986.

NELIS, Damien P. Iphias: Apollonius Rhodius, "Argonautica" 1. 311 – 61. *The Classical Quarterly*, v. 41, 1991.

PAGE, Denys Lionel. *Euripides – "Medea"*. Oxford: Oxford University Press, 1988.

PAPADOPOULOU, Thalia. The Presentation of the Inner Self: Euripides' "Medea" 1021-55 and Apollonius Rhodius' "Argonautica" 3, 772-801. *Mnemosyne*, v. 50, 1997.

460   ARGONÁUTICAS

PAPANGHELIS, Theodore D.; RENGAKOS, Antonio. *A Companion to Apollonius Rhodius*. Leiden: Brill, 2001.

PAVLOCK, Barbara. *Eros, Imitation and the Epic Tradition*. New York: Cornell University Press, 1990.

PEARSON, Lionel. Apollonius of Rhodes and the Old Geographers. *The American Journal of Philology*, v. 59, n. 4, 1938.

PFEIFFER, Rudolf. *History of Classical Scholarship from the Beginnings to the End of the Hellenistic Age*. Oxford: Oxford University Press, 1968.

_____. *Callimachus. V. 1: Fragmenta*. Oxford: Clarendon, 1949.

_____. *Callimachus. V. 2: Hymni et Epigrammata*. Oxford: Clarendon, 1949.

PHINNEY JR., E. Narrative Unity in the "Argonautica": The Medea – Jason Romance. *Transactions of the American Philological Association*, v. 98, 1967.

PIETSCH, Christian. *Die "Argonautika" des Apollonios von Rhodos: Untersuchungen zum Problem der einheitlichen Konzeption des Inhalts*. Stuttgart: Franz Steiner, 1999.

PIKE, David L. Jason's Departure: Apollonius Rhodius and Heroism. *Acta Classica*, v. 36, 1993.

POWELL, John Undershell. *Collectanea Alexandrina*. Oxford: Clarendon, 1925.

PRETAGOSTINI, Roberto (ed.). *La letteratura ellenistica: Problemi e prospettive di ricerca*. Roma: Quasar, 2000.

RACE, W.H. Pindar's Heroic Ideal at "Pyth". 4. 186 – 87. *The American Journal of Philology*, v. 106, 1985.

REHM, Rush. Medea and the λόγος of the Heroic. *Eranos*, n. 87, 1989.

RODRIGUES JUNIOR, Fernando. As "Argonáuticas" de Apolônio de Rodes e a Poesia Épica. In: OLIVA NETO, João Angelo (org.). *Primeira Semana de Estudos Helenísticos*. São Paulo: Humanitas, 2010.

_____. A *Hécale* de Calímaco: Uma Nova Abordagem à Poesia Épica. In: RODRIGUES JUNIOR, Fernando; SEBASTIANI, Breno Battistin; SILVA, Barbara da Costa (orgs.). *Estudos de Poesia e Prosa Helenística*. São Paulo: Humanitas, 2017.

_____. O Heroísmo de Medeia nas "Argonáuticas" de Apolônio de Rodes. *Archai*. 2018.

_____. Héracles e o Heroísmo nas "Argonáuticas" de Apolônio de Rodes. *Cadernos de Letras da UFF*, n. 28, 2018.

ROSSI, Luigi Enrico. I generi letterari e le loro leggi scritte e non scritte nelle letterature classiche. *Bulletin of the Institute of Classical Studies*, n. 18, 1971.

_____. La letteratura alessandrina e il rinnovamento dei generi letterali della tradizione. In PRETAGOSTINI, Roberto (ed.). *La letteratura ellenistica: Problemi e prospettive di ricerca*. Roma: Quasar, 2000.

SERRAO, Gregorio. La genesi del "poeta doctus" e le aspirazioni realistiche nella poetica del primo ellenismo. In: LIVREA, Enrico; PRIVITERA, G. Aurelio (eds.). *Studi in onore de Anthos Ardizzoni*. Roma: Edizioni dell'Ateneo & Bizzarri, 1978.

SHAPIRO, Harvey Alan. Jason's Cloak. *Transactions of the American Philological Association*, v. 110, 1980.

SPANOUDAKIS, Konstantinos. Poets and Telchines in Callimachus' "Aetia" Prologue. *Mnemosyne*, v. 54, 2001.

STEPHENS, Susan A. Transculturation and Identity in the "Argonautica". In: HARDER, Annette; REGTUIT, Remco Ferdinand; WAKKER, Gerrigje Catharina (eds.). *Apollonius Rhodius*. Groningen: Peeters, 2000. Hellenistica Groningana IV.

THEODORAKOPOULOS, Elena M. Epic Closure and Its Discontents in Apollonius' "Argonautica". In: HARDER, Annette; REGTUIT, Remco Ferdinand; WAKKER, Gerrigje

Catharina (eds.). *Genre in Hellenistic Poetry.* Groningen: Egbert Forsten, 1998. Hellenistica Groningana III.

VIAN, Francis. ΙΗΣΩΝ ΑΜΗΧΑΝΕΩΝ. In: LIVREA, Enrico; PRIVITERA, G. Aurelio. *Studi in onore di Anthos Ardizzoni.* Roma: Edizioni dell' Ateneo & Bizzarri, 1978.

_____. *L' Épopée posthomérique.* Alessandria: Edizioni dell' Orso, 2005.

VIEIRA, Leonardo Medeiros. *Ruptura e Continuidade em Apolônio de Rodes: Os Símiles nas "Argonáuticas" I.* Dissertação (Mestrado em Letras), Faculdade de Letras da Universidade Federal de Minas Gerais, Belo Horizonte, 2006.

WERNER, Erika. *Os Hinos de Calímaco: Poesia e Poética.* São Paulo: Humanitas, 2012.

WEST, Martin L. *Theogony.* Oxford: Clarendon, 1966.

_____. *The Hesiodic Catalogue of Women: Nature, Structure and Origins.* Oxford: Oxford University Press, 1985.

_____. 'Eumelos': A Corinthian Epic Cycle? *The Journal of Hellenic Studies,* v. 122, 2002.

_____. *Greek Epic Fragments.* Cambridge/London: Harvard University Press, 2003.

_____. "Odyssey" and "Argonautica". *The Classical Quarterly,* v. 55, 2005.

WHEELER, Graham. Sing, Muse…: The Introit from Homer to Apollonius. *The Classical Quarterly,* v. 52, 2002.

WILKINS, Eliza G. A Classification of the Similes in the "Argonautica" of Apollonius Rhodius. *The Classical Weekly,* v. 14, n. 21. 1921.

WRIGHT, Frederick Adam. *History of Later Greek Literature from the Death of Alexander in 323 b.c. to the Death of Justinian in 565 a.d.* London: Routledge, 1932.

ZANKER, Graham. The Love Theme in Apollonius Rhodius' "Argonautica". *Wiener Studien,* v. 92, 1979.

_____. *Realism in Alexandrian Poetry: A Literature and its Audience.* London: Croom Helm, 1987.

_____. The Concept and the Use of Genre – Marking in Hellenistic Epic and Fine Art. In: HARDER, Annette; REGTUIT, Remco Ferdinand; WAKKER, Gerrigje Catharina (eds.). *Genre in Hellenistic Poetry.* Groningen: Egbert Forsten, 1998. Hellenistica Groningana III.

ZIEGLER, Konrat. *L'epos ellenistico: Un capitolo dimenticato della poesia greca.* Bari: Levante, 1988.

ÍNDICE DE NOMES

Abante: avô do argonauta Canto, 1.78; pai do argonauta Idmão, 1.142; 2.185, 824, 857.

Abântide: epíteto de uma ilha situada na Eubeia, 4.1135.

Abárnide: cidade situada na Tróade, 1.932.

Ábido: cidade situada na Tróade, 1.931.

Acacálide: filha de Minos, 4.1491.

Acasto: argonauta filho de Pélias, 1.224, 321, 1041, 1082.

Acmão: bosque perto do rio Termodonte, 2.992.

Áctor: pai do argonauta Menécio, 1.69; avô do argonauta Euricião, 1.72; pai de Estênelo, 2.911, 916.

Admeto: argonauta soberano de Feres, 1.49.

Adrasteia: cidade na região da Propôntide, 1.1116; ninfa que cuidou de Zeus, 3.133.

Afareu: pais dos argonautas Idas e Linceu, 1.151, 485; 3.556, 1252.

Afidante: rei de Tegea, pai de Aleu, 1.162.

Agamestor: herói cultuado pelos beócios e pelos niseus no lugar de Idmão, 2.850.

Agenor: pai de Fineu, 2.178, 237, 240, 293, 426, 490, 618; 3.943; pai de Cadmo, 3.1186.

Alcímede: mãe de Jasão, 1.47, 233, 251, 259, 277.

Alcínoo: rei dos feácios, 4.769, 995, 1009, 1013, 1069, 1116, 1123, 1161, 1169, 1176, 1200, 1220, 1724.

Alcão: pai do argonauta Falero, 1.97.

Aleu: avô do argonauta Anceu e pai dos argo-nautas Anfidamante e Cefeu, 1.163, 166, 170; 2.1046.

Aloeu: pai de Oto e Efialtes, 1.482, 489.

Amantos: população oriunda do Épiro, 4.1214.

Amarântio: relativo a Amarantos, 3.1220.

Amarantos: montanhas onde se localiza a fonte do rio Fásis, 2.399.

Amazonas: tribos de mulheres ao longo da costa do Mar Negro, 2.374, 386, 912, 965, 985, 987, 995, 1173.

Ambrácios: habitantes do Épiro, 4.1228.

Amiclas: cidade da Lacônia, 4.1704.

Amico: rei dos bébrices, 2.1, 48, 51, 90, 110, 136, 303, 754, 768, 792.

Amímone: filha de Dânao, 1.137.

Amiro: rio da Tessália, 1.596; 4.617.

Amniso: rio de Creta, 3.877, 882.

Ampícida, referente a Ampico, pai do argonauta Mopso, 1.1083, 1106; 2.923; 3.917, 926; 4.1502.

Ánafe: uma das ilhas Espórades, 4.1717, 1730, 1744.

Anauro: rio da Tessália, 1.9; 3.67.

Anceu: argonauta filho de Licurgo, 1.161, 398, 426, 429, 531; 2.118; argonauta oriundo de Samos, filho de Posidão, 1.188; 2.865, 801, 898, 1276; 4.210, 1260.

Anfião: argonauta oriundo de Pelene, 1.176; filho de Zeus e Antíope, 1.736, 740.

464 ARGONÁUTICAS

Anfidamante: argonauta oriundo da Arcádia, 1.161; 2.1046.

Anfitêmide: herói líbio, filho de Apolo e Acacálide, 4.1494, 1495.

Anfítrite: esposa de Posidão, 4.1325, 1355.

Anfriso: rio da Tessália, 1.54.

Anguro: montanha na Cítia, 4.323, 324.

Anquíale: ninfa de Creta, 1.1130.

Antemôessa: ilha das sirenas, no mar Tirreno, 4.892.

Antemoíside: lago na Bitínia, 2.724.

Antianira: mãe dos argonautas Érito e Equião, 1.56.

Antíope: mãe de Zeto e Anfião, 1.735; 4.1090; rainha das amazonas, 2.387.

Aônio: Beócio, 3.1178, 1185.

Apidaneus: relativo aos árcades, 4.263.

Apídano: rio da Tessália, 1.36, 38; 2.515.

Ápis: antigo nome do Peloponeso, 4.1564.

Apolo: divindade, filho de Zeus e Leto, 1.307, 360, 403, 410, 759; 2.493, 502, 927, 952; 3.1181, 1283; 4.528, 612, 1548, 1714, 1729; divindade costeira, 1.404; protetor dos desembarques, 1.966, 1186; protetor dos embarques, 1.359, 404; divindade matinal, 2.686, 700; salvador das naus, 2.927; divindade pastoral, 4.1218; divindade brilhante, 4.1730.

Apsírtios: colcos que se estabeleceram nas ilhas do Adriático, 4.481.

Apsirto: filho de Eeta, 3.241, 604; 4.225, 306, 314, 332, 399, 422, 451, 455, 515, 557, 587, 737.

Aqueloo: rio da Etólia, 4.293, 893, 895.

Aqueronte: rio situado no Hades, 1. 644; rio situado na Bitínia, 2.355, 743, 901.

Aqueu: oriundo de uma região no norte do Peloponeso, 1.177; oriundo da Grécia, 1.284; 3.601, 639, 775, 1081; 4.195, 1226, 1329, 1419.

Aquiles: filho de Peleu e Tétis, 1.558, 4.868.

Araxe: rio da Cólquida, 4.133.

Árcades: habitantes da Arcádia, 4.263, 264.

Arcádia: região no centro do Peloponeso, 1.125, 161; 2.1052.

Arcturo: uma estrela, 2.1099.

Areio: argonauta oriundo de Argos, filho de Biante e Pero, 1.118.

Arene: cidade da Messênia, 1.152, 471.

Ares: divindade, filho de Zeus e Hera, 1.743; 2.385, 404, 966, 989, 990, 991, 1031, 1033, 1047, 1169, 1205, 1230, 1268; 3.322, 325, 409, 411, 495, 754, 1180, 1187, 1227, 1270, 1282, 1357, 1366; 4.166.

Arete: esposa de Alcínoo, 4.1013, 1029, 1070, 1098, 1101, 1123, 1200, 1221.

Aretireia: cidade da Argólida, 1.115.

Areto: um bebrício, 2.65, 114.

Argantônio: montanha na Mísia, 1.1178.

Argo: nome da nau, 1.4, 319, 386, 525, 591, 633, 724, 953; 2.211, 340; 4.509, 554, 592, 763, 938, 993, 1473, 1546, 1609; porto em Etália, 4.658; porto na Líbia, 4.1620.

Argos: cidade do Peloponeso, 1.125, 140, 1317; Hélade em geral, 4.1074.

Argos: filho de Arestor e construtor da nau, 1.19, 111, 226, 321, 325, 367, 912, 1119; 2.613, 1188; filho de Frixo, 2.1122, 1140, 1156, 1199, 1260, 1281; 3.318, 367, 440, 474, 521, 554, 568, 610, 722, 826, 902, 914, 944, 1200; 4.80, 122, 256.

Ariadne: filha de Minos, 3.998, 1003, 1097, 1107.

Aristeu: filho de Apolo e Cirene, 2.506; 4.1132.

Ártaces: um dolíone, 1.1047.

Artácia: fonte próxima de Cízico, 1.957.

Ártemis: divindade, filha de Zeus e Leto, 1.312, 571, 1225; 3.774; 4.330, 452, 470.

Asopo: rio do Peloponeso, 1.117; pai de Antíope, 1.735; pai de Sinope, 2.947; pai de Córcira, 4.567.

Assíria: região no Mar Negro, 2.946, 964.

Asterião: argonauta oriundo da Tessália, 1.35.

Astério: argonauta oriundo de Pelene, 1.176.

Asteródia: mãe de Apsirto, 3.242.

Astipaleia: mãe do argonauta Anceu, 2.866.

Atalanta: guerreira da Arcádia, 1.769.

Atamante: rei de Orcômeno, pai de Frixo e Hele, 1.927; 2.653, 1153, 1162; 3.266, 360, 361; 4.117.

Atena: divindade, filha de Zeus, 1.19, 110, 226, 300, 527, 551, 629, 768, 960; 2.537, 598, 602, 612, 1187; 3.8, 10, 17, 30, 91, 111, 340; 4.583, 959, 1309, 1691.

Atos: montanha na Calcídica, 1.601.

Atlas: pai de Electra, 1.916; pai de Calipso, 4.575; local habitado pelas Hespérides na Líbia, 4.1398.

Áugias: argonauta oriundo da Élida, 1.172; 3.197, 363, 440.

Aulião: caverna na Bitínia, 2.910.

Áulis: cidade na Beócia, 4.1779.

Aurora: divindade, 1.519, 1280, 1360; 2.450, 1285; 3.824, 828, 1224; 4.885, 981, 1170.

Ausônio: italiano, 4.553, 590, 660, 828, 846.

Autesião: pai de Teras, 4.1762.

Autólico: filho de Deímaco, 2.956.

Baquíadas: regentes de Corinto, 4.1212.

Basileu: um dolíone, 1.1043.

Bébrices: habitantes da Bebrícia, 2.2, 13, 70, 98, 121, 129, 758, 768, 792, 798.

Bebrícia: região na Bitínia, 2.136.

ÍNDICE DE NOMES

Bela Boca: entrada para o rio Istro, 4.306, 313.

Beócios: habitantes da Beócia, 2.846.

Béquires: habitantes da costa do Mar Negro, 2.394, 1242.

Biante: pai dos argonautas Tálao, Areio e Leódoco, 1.118; 2.63, 111.

Bileu: rio da Paflagônia, 2.791.

Bistônide: trácio, 1.34; 2.704; 4.906.

Bitínio: da região da Bitínia, 2.4, 177, 347, 619, 730, 788.

Bízeres: habitantes da costa do Mar Negro, 2.396, 1244.

Bóreas: vento norte, pai de Zeta e Cálais, 1.211, 212, 214, 1300; 2.234, 241, 273, 288, 308, 427, 440, 492; 4.1464, 1484.

Bósforo: estreito na entrada do Mar Negro, 1.1114; 2.168.

Brígides: ilhas próximas à Ilíria, 4.330.

Brigos: um povo da Ilíria, 4.470.

Brimo: outro nome para Hécate, 3.861, 862, 1211.

Buta: argonauta oriundo de Atenas, 1.95; 4.914.

Cabo Geneteu: no Mar Negro, 2.378, 1009.

Cabo Negro ou Cume Negro: promontório no Mar Negro, 2.349, 651.

Cadésias: tribo de amazonas, 2.1000.

Cadmeus: tebanos, 3.1095.

Cadmo: fundador de Tebas, 3.1179, 1186; 4.517.

Cafauro: um líbio, 4.1490, 1496.

Cálais: argonauta filho de Bóreas, oriundo da Trácia, 1.211; 2.282.

Caláuria: ilha do golfo sarônico, 3.1243.

Calcíope: filha de Eeta e irmã de Medeia, 2.1149; 3.248, 254, 270, 370, 449, 605, 667, 688, 718, 727, 776, 903, 1156; 4.32.

Calcodônio: montanha na Tessália, 1.50.

Calícoro: rio da Paflagônia, 2.904, 909.

Cálibes: povo situado na costa do Mar Negro, 1.1323; 2.375, 1001; 4.1475.

Calidão: cidade da Etólia, 1.190.

Calíope: uma das nove musas, mãe do argonauta Orfeu, 1.24.

Calipso: filha de Atlas, 4.574.

Caliste: antigo nome de Tera, 4.1758, 1763.

Calpe: rio da Bitínia, 2.659.

Campo Elísio: local onde Aquiles desposa Medeia após morrerem, 4.811.

Campos Nepeios: perto de Cízico, 1.1116.

Canastra: promontório na Calcídica, 1.599.

Caneto: pai do argonauta Canto, 1.77.

Canto: argonauta oriundo da Eubeia, 1.77; 4.1467, 1485, 1497.

Carâmbis: promontório na Paflagônia, 2.361, 943; 4.300.

Caríbdis: turbilhão próximo ao estreito de Messina, 4.789, 825, 923.

Cárpatos: uma ilha do Mar Egeu, 4.1636.

Cáspia: oriunda do Mar Cáspio, 3.859.

Cástor: argonauta filho de Tíndaro e irmão de Polideuces, 1.147; 2.62; 4.589.

Cáucaso: região montanhosa, 2.1210, 1247, 1267; 3.242, 852, 1224, 1276.

Caulíaco: promontório que divide o curso do Istro, 4.324.

Cecrópia: antigo nome de Atenas, 1.95, 214; 4.1779.

Cefeu: argonauta oriundo da Arcádia, 1.161.

Celtas: povos que habitam ao longo do Ródano, 4.611, 635, 646.

Ceneu: pai do argonauta Corono, 1.58, 59.

Centauro: criatura fabulosa meio humana, meio equina, 1.42, 60; 4.812.

Ceo: pai de Leto, 2.710.

Ceos: uma ilha das Cíclades, 2.520, 526.

Ceráunias: montanhas da Ilíria, 4.519, 576, 1214; antigo nome do Mar Jônico, 4. 983.

Ceres: divindades ligadas à morte, 1.690; 2.258; 4.1485, 1665.

Cerinto: cidade da Eubeia, 1.79.

Cerosso: ilha próxima à Ilíria, 4.573.

Cianeias: rochas localizadas na entrada do Bósforo, 1.3; 2.318, 770; 4.304, 1003.

Ciclopes: trabalhadores da oficina de Hefesto, 1.510, 730.

Cila: filha de Fórcis, 4.789, 827, 828, 922.

Cileno: um dos Dáctilos do Ida, 1.1126.

Cio: rio da Mísia, 1,1177, 1178, 1321; 2.766; habitantes de Cio, 1.1354.

Cípris: outro nome de Afrodite, 1.615, 803, 850, 860, 1233; 2.424; 3.3, 25, 37, 76, 80, 90, 127, 549, 559, 936, 942; 4.918.

Circe: irmã de Eeta, 3.311; 4.559, 587, 590, 662, 683, 691, 699, 752; planície de Circe, 2.400; 3.200.

Cirene: mãe de Aristeu, 2.500.

Citas: habitantes do norte da Trácia, 4.288, 320.

Citereia: outro nome de Afrodite, 1.742; 3.108, 553.

Citeu: colco, 2.399, 403, 1094, 1267; 3.228; 4.511.

Cízico: rei dos dolíones, 1.949, 962, 1056, 1076; cidade na região da Propôntide, 2.765.

Claro: cidade da Jônia, 1.308.

Cleópatra: esposa de Fineu, 2.239.

Clite: esposa de Cízico, 1.976, 1063; nome de uma fonte, 1.1069.

Clício: argonauta oriundo da Tessália, 1.86, 1044; 2.117, 1043.

Clímene: avó de Jasão, 1.233.

466 ARGONÁUTICAS

Clitoneu: avô do argonauta Náuplio, 1.134.

Cnosso: cidade de Creta, 4.434.

Colcos: habitantes da Cólquida, 1.84, 174, 175; 2.397, 417, 1095, 1204, 1225, 1277; 3.203, 212, 245, 313 341, 576, 680, 714, 794, 1245, 1275, 1370, 1405; 4.2, 5, 33, 132, 212, 236, 303, 314, 327, 335, 406, 408, 414, 420, 484, 485, 507, 563, 689, 731, 1002, 1014, 1050, 1073, 1079, 1099, 1117, 1175, 1206.

Colone: rochedo na Bitínia, 2.650, 789.

Cometa: pai do argonauta Asterião, 1.35.

Córcira: filha de Asopo, 4.568; ilha do Adriático, 4.566, 571.

Corício e corícias: oriundo(as) de Córico, uma montanha na Cilícia, 2.711; 3.855.

Corônis: mãe de Asclépio, 4.617.

Corono: argonauta oriundo da Tessália, 1.57.

Cratais: outro nome para Hécate, 4.829.

Creta: ilha grega, 1.1129; 2.299, 1233; 4.1578, 1637, 1644, 1651, 1689, 1694.

Creteu: irmão de Atamante, pai de Esão, 2.1162, 1163; 3.357, 358, 360.

Crobíalo: cidade da Paflagônia, 2.942.

Cromna: cidade da Paflagônia, 2.942.

Crono: divindade, pai de Zeus, 1.505, 1101; 2.524, 1083, 1147, 1211, 1232; 4.520, 753, 986, 1643; mar de Crono, 4.327, 509, 548.

Ctímene: cidade da Tessália, 1.68.

Ctímeno: pai do argonauta Euridamante, 1.67.

Curetes: divindades de Creta, 2.1234; habitantes da Etólia, 4;1229.

Dáctilos: personagens mitológicas associadas ao Monte Ida, em Creta, 1.1129.

Dânae: mãe de Perseu, 4.1091.

Dânaos: helenos, 4.262.

Dardânia: cidade da Trôade, 1.931.

Dáscilo: rei dos mariandinos e pai de Lico, 2.776; filho de Lico, 2.803.

Deante: região habitada pelas amazonas, 2.373, 988.

Deileonte: filho de Deímaco, 2.956.

Deímaco: pai de Deileonte, Autólico e Flógio, 2.955.

Delfine: serpente em Delfos, 2.706.

Delos: ilha consagrada a Apolo e Ártemis, 1.308.

Deméter: divindade, 3.413; 4.896, 986, 988.

Dera: outro nome de Hécate, 3.847.

Deucalião: filho de Prometeu, 3.1087; filhos de Deucalião e regentes na Tessália, 4.266.

Dia: ilha no Mar Egeu onde Ariadne foi abandonada, 4.425, 434.

Dicte: uma montanha em Creta, 1.509, 1130; 2.434; um porto em Creta, 4.1640.

Díndimo: uma montanha em Cízico, 1.985, 1093, 1125, 1147.

Dioniso, divindade, filho de Zeus e Sêmele, 1.116; 4.424, 540.

Dípsaco: filho do rio Fílide, 2.653.

Discélado: uma das ilhas Libírnides, no Adriático, 4.565.

Dodona: região do Épiro, 1.527; 4.583.

Dolíones: habitantes de Cízico, 1.947, 952, 961, 1018, 1022, 1029, 1058, 1070; 2.765.

Dólops: herói da Tessália, cuja tumba se localiza na costa da Magnésia, 1.585.

Dólopes: habitantes da Tessália, 1.68.

Drépane: ilha dos feácios, 4.990, 1223.

Dríopes: habitantes do norte da Grécia punidos por Héracles, 1.1213, 1218.

Ea: cidade situada na Cólquida, 2.417, 422, 1094, 1141, 1185, 1267; 3.306, 1061; 4.131, 255, 277, 278.

Éaco: filho de Zeus e pai de Peleu e Telamão, 1.90, 1301, 1330; 2.122, 869, 886; 3.364, 382, 515; 4. 503, 853.

Eagro: pai de Orfeu, 1.25, 570; 2.703; 4.905, 1193.

Ecália: cidade da Eubeia, 1.87.

Eea: ilha de Circe: 3. 1074, 1093; 4.559, 661, 850.

Eéria: antigo nome do Egito, 4.267, 270.

Eeta: rei da Cólquida, 1.175, 245, 337, 1316; 2.403, 459, 775, 890, 1094, 1143, 1148, 1151, 1164, 1197, 1203, 1207, 1221, 1279; 3.13, 27, 86, 142, 153, 177, 212,214, 228, 240, 241, 247, 268, 269, 302, 320, 386, 427, 449, 460, 492, 508, 528, 538, 576, 609, 621, 1082, 1106, 1173, 1177, 1184, 1188, 1225, 1245, 1275, 1314, 1373, 1404; 4.9, 84, 102, 198, 212, 220, 236, 342, 440, 512, 684, 697, 731, 740, 814, 1007, 1044, 1051, 1076, 1077, 1101, 1102, 1204, 1297.

Éfira: antigo nome de Corinto, 4.1212.

Egeão: gigante da Mísia, 1.1165.

Egeu: rio de Drépane, 4.542, 1149.

Egíalo: costa da Acaia, 1.178; costa do Mar Negro, 2.365.

Egina: ilha próxima à região da Ática, 1.92, 4.1766 1777.

Egito, 4.268.

Egle: uma Hespéride, 4.1428, 1430, 1450.

Elara: mãe de Tício, 1.762.

Electra: filha de Atlas, 1.916.

Electrião: herói micênico, 1.748.

Eléctride: ilha no norte do Adriático, 4.505, 580.

Eleios: habitantes da Élida, no Peloponeso, 1.173.

Endimião: pastor da Cária apaixonado pela Lua, 4.58.

Enécio: oriundo da Paflagônia, 2.358.

ÍNDICE DE NOMES   467

Eneia: ilha no Mar Egeu, 1.623; ninfa, 1.626.

Eneta: mãe de Cízico, 1.950.

Eneu: pai de Cízico, 1.948, 1055.

Eneu: pai do argonauta Meleagro, 1.190, 192, 193, 1046; 3.518.

Eniálio: outro nome para Ares, 3.322, 560, 1366.

Enipeu: rio da Tessália, 1.38.

Enomau: pai de Hipodâmia, 1.756.

Enqueleus: povoado da Ilíria, 4.518.

Eólida: filho ou descendente de Éolo, 1.121, 143; 2.849, 1141, 1195; 3.335, 339, 361, 584, 1094; 4.119.

Éolo: filho de Zeus e pai de Creteu e Atamante, 3.360; rei dos ventos, 4.764, 765, 778, 820.

Équeto: rei do Épiro, 4.1093.

Equião: argonauta oriundo da Tessália, 1.52.

Equínades: ilhas situadas na embocadura do Aqueloo, 4.1230.

Érato: uma das nove musas, 3.1.

Erectidas, referente aos filhos de Erecteu, antigo rei de Atenas, 1.101, 212.

Érice: montanha na Sicília, 4.917.

Erítide: uma das Hespérides, 4.1427.

Eritinos: rochedos na Paflagônia, 2.941.

Érito: argonauta oriundo da Tessália, 1.52.

Ergino: argonauta filho de Posidão, oriundo de Mileto, 1.187; 2.896; rio da Trácia, 1.217.

Eríbota: argonauta oriundo de Opunte, 1.71, 73; 2.1039.

Erídano: rio da Itália (Pó), 4.506, 596, 610, 623, 628.

Erínias: divindade vingadoras, 2.220; 3.704, 712, 776; 4.386, 476, 714, 1042

Eros: filho de Afrodite, 3.120, 215, 297, 972, 1018, 1078; 4.445; Amores, 3.452, 687, 765, 937.

Esão: filho de Creteu e pai de Jasão, 1.47, 253, 331, 899, 1336; 2.410, 885, 1134; 3.357, 443, 1380.

Escíato: ilha próxima à Magnésia, 1.583.

Esepo: rio da Mísia, 1.940, 1115.

Esfodre: um dolíone, 1.1041.

Esônida: Jasão, o filho de Esão, 1.33, 46, 123, 228, 407, 436, 460, 463, 494, 854, 887, 1032, 1084, 1092, 1133, 1288, 1332; 2.437, 444, 615, 762, 1178, 1271; 3.58, 60, 86, 169, 194, 282, 288, 318, 385, 475, 491, 509, 542, 574, 752, 913, 941, 961, 973, 1017, 1142, 1163, 1214, 1221, 1262, 1278; 4.73, 92, 114, 149, 187, 253, 355, 427, 464, 477, 530, 688, 785, 1012, 1087, 1116, 1162, 1313, 1528, 1593, 1664, 1747, 1755.

Esparta: cidade no Peloponeso, 1.148; 4.1761, 1762.

Espórades: ilhas situadas no Mar Egeu, 4.1711.

Estécades: ilhas perto da Ligúria, 4.544, 650, 654.

Estênelo: companheiro de Héracles contra as amazonas, 2.911, 916, 925.

Estige: rio no Hades, 2.291.

Estinfalo: lago, 2.1053.

Estrófades: ilhas no Mar Jônico, 2.296.

Etália: ilha do Mediterrâneo (atual Elba), 4.654.

Etálida: argonauta filho de Hermes, 1.54, 641, 649; 3.1175.

Etíopes: habitantes dos limites oriental e ocidental da Terra, 3.1192.

Eubeia: ilha situada no Mar Egeu, 1.77; 4.1135, 1780.

Eufemo: argonauta oriundo de Tênaro, 1.179; 2.536, 556, 562, 588, 896; 4.1466, 1483, 1563, 1732, 1756, 1758, 1764.

Eupolêmia: mãe do argonauta Etálida, 1.55.

Euricião: argonauta oriundo de Opunte, 1.71.

Euridamante: argonauta oriundo da Tessália, 1.67.

Eurimedonte: nome de Perseu, 4.1514.

Eurímenas: cidade da Tessália, 1.597.

Eurínome: esposa de Ofião e antecessora de Reia no Olimpo, 1.503.

Eurípilo: outro nome de Tritão, 4.1561.

Euristeu: rei de Micenas, 1.130, 1317, 1347.

Êurito: pai dos argonautas Clício e Ífito, 1.87, 88; 2.114, 1043.

Europa: filha de Tício, 1.181; filha de Agenor, 3.1179; 4.1643; divisão da Terra, 4.273.

Eusoro: avô de Cízico, 1.949.

Faetonte: outro nome de Apsirto, 3.245, 1236; filho de Hélio, 4.598, 623.

Faetusa: filha de Hélio, 4.971.

Falero: argonauta oriundo de Atenas, 1.96.

Fásis: rio na Cólquida, 2.401, 1261, 1278; 3.57, 1220; 4.134.

Feácios, 4.539, 549, 769, 822, 991, 992, 1139, 1181, 1211, 1222, 1722.

Febo: Apolo, 1.1, 301, 353, 536, 759; 2.216, 506, 702, 713, 847; 4.529, 1490, 1493, 1550, 1702, 1717, 1718.

Feras: cidade na Tessália, 1.49.

Fílace: cidade na Tessália, 1.45.

Filácida, referente a Fílaco, pai de Alcímede e avô de Jasão, 1.47.

Fílide: rio na Bitínia, 2.652.

Fílira: filha de Oceano e mãe de Quirão, 1.554, 2.1232, 1239; uma ilha nomeada a partir de Fílira, 2.1231.

Fílires: habitantes de um povoado na costa do Mar Negro, 2.393.

Fineu: adivinho cego, 2.178, 236, 277, 294, 305, 436, 438, 530, 618, 647, 769, 1051, 1090, 1135;

468 ARGONÁUTICAS

3.549, 555, 943; 4.254.
Flegra: local onde ocorreu a Gigantomaquia, 3.234, 1227.
Fliante: argonauta oriundo de Aretireia, 1.115.
Fliunte: cidade no Peloponeso, 4.568.
Flógio: um dolíone. 1.1045; filho de Deímaco, 2.956.
Foceus: habitantes da Fócida, região próxima a Pito, 1.207.
Foco: irmão de Telamão e Peleu, 1.92.
Fórcis: pai de Cila, 4.828, 1598.
Frígia: região na Propôntide, 1.937, 1126, 1166.
Frígios: oriundos da Frígia, 1.1139; 2.787.
Frixo: filho de Atamante, 1.256, 291, 763; 2.1093, 1107, 1119, 1141, 1143, 1151, 1194; 3.178, 190, 196, 263, 304, 330, 338, 361, 374, 584, 595; 4.22, 71, 81, 119, 441, 736.
Frôntide: filho de Frixo, 2.1155; 4.72, 76, 80.

Ganimedes: companheiro de Eros nos jogos, 3. 115.
Garamante: filho de Apolo, 4.1494.
Géfiro: um dolíone, 1.1042.
Geresto: promontório da Eubeia, 3.1244.
Glauco: divindade marinha, intérprete de Nereu, 1.1310; 2.767.
Górgona: Medusa, 4.1515.
Graças, 4.425.
Graucênios: habitantes de um povoado próximo ao Istro, 4.321.
Gruta Látmia: na Cária, 4.57.

Hades: divindade associada à região subterrânea, aos mortos, 2.353; 4.1666; o subterrâneo, 2.609, 642, 735; 3.61, 704, 810; 4.1510, 1699.
Hagníada, referente a Hágnias, pai do argonauta Tífis, 1.105, 560, 1296; 2.557, 854.
Hális: rio da Paflagônia, 2.366, 953, 963; 4.245.
Harmonia: ninfa mãe das amazonas, 2.990; esposa de Cadmo, 4.517.
Harpias: figura mitológica que atormentava Fineu, 2.188, 223, 252, 264, 289, 298, 461.
Hécate: filha de Perses, 3.251, 478, 529, 738, 842, 915, 985, 1035, 1211; 4.247, 829.
Hefesto: divindade, filho de Hera, 1.203, 851; 3.40, 136, 223, 229; 4.761, 775, 818, 929, 958.
Hélade: Grécia, 1.336, 416, 904, 1292; 2.414, 459, 637, 891, 1141, 1164, 1192; 3.12, 29, 262, 339, 356, 375, 391, 406, 993, 1060, 1105, 1122, 1134; 4.98, 204, 349, 369, 741, 1103.
Hele: filha de Atamante e irmã de Frixo: 1.256.
Helesponto: estreito na entrada da Propôntide, 1.935.

Helíades: filhas de Hélio, 4.604, 625.
Hélice: a grande Ursa, 2.360; 3.745, 1195.
Hélio: divindade, o Sol, 1.172; 2.1204; 3.233, 309, 362, 698, 999; 4.221, 229, 591, 698, 727, 965, 971, 1019.
Hemônia: outro nome da Tessália, 2.504, 690; 3.1090, 1244; 4.1000, 1034; habitantes da Hemônia, 2.507; 4.1075.
Hera: divindade, esposa de Zeus, 1.14, 187, 859, 997; 2.216, 865; 3.8, 10, 19, 23, 32, 55, 77, 83, 91, 106, 210, 214, 250, 818, 931, 1134; 4.11, 21, 96, 242, 510, 577, 640, 646, 774, 781, 846, 858, 1137, 1152, 1185, 1199.
Héracles: argonauta filho de Zeus, 1.122, 197, 341, 349, 397, 426, 631, 855, 864, 993, 997, 1040, 1163, 1242, 1253, 1291, 1303, 1316; 2.146, 767, 772, 793, 913, 957, 967, 1052; 3.1233; 4.538, 1400, 1459, 1469, 1477.
Hermes: filho de Zeus e Maia, 1.51, 642; 2.1145; 3.197, 588, 1175; 4.121, 1137.
Héspere: uma das Hespérides, 4.1427.
Hespérides: ninfas que guardam as maçãs no jardim de Atlas, 4.1399, 1406.
Hiantes: beócios, 3.1242.
Hidra de Lerna: figura mitológica morta por Héracles, 4.1404.
Hilas: escudeiro de Héracles, 1.131, 1207, 1258, 1324, 1350, 1354.
Hileus: povos que habitam ao longo do Adriático, 4.524, 527, 562.
Hilo: filho de Héracles, 4.535, 538, 543; um porto na Feácia, 4.1125.
Hiperásio: pai dos argonautas Astério e Anfião, 1.176.
Hiperbóreos: habitantes míticos do norte, 2.675; 4.614.
Hípio: rio da Bitínia, 2.795.
Hipodâmia: esposa de Pélops, 1.754.
Hipólita: rainha das amazonas, 2.779, 968, 999.
Hípota: pai de Éolo, 4.778, 819.
Hipsípile: rainha de Lemnos, 1.621, 637, 650, 654, 675, 699, 713, 718, 786, 836, 848, 853, 873, 886, 897, 900; 3.1206; 4.423, 426.
Hipúride: uma das ilhas Espórades, 4.1712.
Hômola: cidade da Tessália, 1.594.

Ida: montanha na Trôade, 1.930, 1128, 1129; 2.1234; 3.134.
Idas: argonauta oriundo de Arene, 1.151, 462, 470, 485, 1044; 2.830; 3.516, 556, 1170, 1252.
Ídia: esposa de Eeta e mãe de Medeia e Calcíope, 3.243, 269.
Idmão: argonauta oriundo de Argos, 1.139, 436, 449, 475; 2.816, 850.

ÍNDICE DE NOMES   469

Ifíade: sacerdotisa de Ártemis em Iolco, 1.312.

Ifíclo: tio de Jasão, 1.45, 121; argonauta oriundo da Etólia, 1.201.

Ifínoe: uma lemniense, 1.702, 703, 709, 788.

Ífito: argonauta oriundo da Ecália, 1.86; 2.115; argonauta oriundo da Fócida, 1.207.

Ilátida, referente a Ílato, pai do argonauta Polifemo, 1.41, 1241, 1248, 1347; 4.1470.

Ilisso: rio da Ática, 1.215.

Ilítia: divindade associada aos partos, 1.289.

Imbrásia: epíteto de Hera, 1.187; relativo ao rio Ímbraso em Samos, 2.866.

Imbro: ilha no Mar Egeu, 1.924.

Indianos, 2.906.

Iolco: cidade da Tessália, 1.572, 906; 3.2, 89, 1091, 1109, 1114, 1135; 4.1163.

Íris: divindade mensageira, 2.286, 298, 432; 4.753, 757, 770; rio na região do Mar Negro, 2.367, 963.

Iro: pai do argonauta Euricião, 1.72, 74.

Ismeno: rio da Beócia, 1.537.

Issa: uma das ilhas Libírnides, no Adriático, 4.565.

Istro: rio da Trácia (Danúbio), 4.284, 302, 309, 325.

Itimoneu: um dolíone, 1.1046; um bébrice, 2.105.

Itônide: epíteto de Atena, 1.551, 721, 768.

Ixião: acorrentado no Hades após tentar violentar Hera, 3.62.

Jacinto: um dolíone, 1.1044.

Jápeto: titã pai de Prometeu, 3.866, 1087.

Jasão: filho de Esão e Alcímede, 1.8, 206, 232, 349, 409, 534, 960, 988, 1148, 1330; 2.122, 211, 491, 871, 1158, 1281; 3.2, 28, 66, 143, 357, 439, 474, 566, 922, 1147, 1194, 1246, 1363; 4.63, 79, 107, 165, 170, 352, 393, 454, 489, 1083, 1122, 1152, 1331, 1701.

Jônico/Jônio: relativo à Jônia, 1.959, 1076; 4.289, 308, 632, 982.

Lacéria: cidade da Tessália, 4.616.

Ladão: serpente guardiã das Hespérides, 4.1396.

Lampécia: filha de Hélio, 4.973.

Lampeia: montanha na Arcádia, 1.127.

Laocoonte: argonauta oriundo da Etólia, 1.191, 192.

Lápitas: habitantes de um povoado na Tessália, 1.41, 42.

Larisa: cidade da Tessália, 1.40.

Láurio: região próxima ao rio Istro, 4.321, 326.

Leda: mãe de Cástor e Polideuces, 1.146.

Leito do Carneiro: nome de um prado na Cólquida, 4.115.

Lemniense: oriundo da ilha de Lemnos, 1.653; 2.32, 764; 3.1206.

Lemnos: ilha no Mar Egeu, 1.602, 608, 852, 868, 873; 4.1759, 1760.

Leódoco: argonauta oriundo de Argos, 1.119.

Lerna: lago na Argólida, 3.1241.

Lerno: filho de Preto, 1.135; suposto pai do argonauta Palemônio, 1.202, 203.

Leto: mãe de Apolo, 1.66, 144, 439, 484; 2.181, 213, 257, 674, 698,710, 771, 938; 3.878; 4.346, 612, 1706.

Líbia: a região, 1.81, 83; 2.505; 4.1227, 1309, 1313, 1323, 1358, 1384, 1485, 1492, 1513, 1561, 1753; uma ninfa, 4.1742.

Libírnides: ilhas situadas no Adriático, 4.564.

Licaão: rei da Arcádia, 2.521.

Licástias: tribo de amazonas, 2.999.

Lícia: região da Ásia Menor consagrada a Apolo, 1.309; 2.674.

Lico: rei dos mariandinos, 2.139, 752, 759, 813, 839; 4.298; rio da Bitínia, 2.724; rio da Cólquida, 4.132.

Licoreu: oriundo de Licória, uma cidade próxima a Delfos, 4.1490; servo de Ámico, 2.51.

Licurgo: pai do argonauta Anceu da Arcádia, 1.164; 2.118.

Lígios: nome grego para os lígures, habitando ao longo do Ródano, 4.647.

Ligístides: ilhas lígures (também chamadas Estécades), 4.553.

Lilibeu: um cabo na Sicília, 4.919.

Linceu: argonauta oriundo de Arene, irmão de Afareu, 1.151, 153; 4.1466, 1478.

Lira: região na Paflagônia, 2.929.

Lirceia: epíteto da cidade de Argos (do Monte Lirceio), 1.125.

Lócrios: habitantes de Opunte, 4.1780.

Longa Praia: na costa do Mar Negro, 2.365, 945.

Lua (Mene): divindade, 4.55

Macríades: relativo aos macrieus, 1.1112.

Macrieus: povoado próximo a Cízico, 1.1025.

Mácris: filha de Aristeu, associada à ilha de Drépane, 4.540, 990, 1131, 1175.

Mácrones: habitantes de um povoado situado na costa do Mar Negro, 2.394, 1242.

Megalossaces: um dolíone, 1.1045.

Magnésia: região na Tessália, 1.238, 584.

Maia: mãe de Hermes, 4.1733.

Mar Caucasiano: Mar Negro, 4.135.

Mar Negro: Ponto, Euxino, 1.2; 2.330, 346, 413, 418, 579, 984; 4.304, 1002; golfo de Saros, 1.922.

Mariandinos: membros de um povoado da Bitínia, 2.140, 352, 723, 748, 753.

470 ARGONÁUTICAS

Medeia: filha de Eeta, 3.3, 248, 284, 611, 751, 948, 1070, 1246, 1364; 4.213, 243, 345, 449, 815, 1004, 1154, 1222, 1677, 1722.

Megabronte: um dolíone, 1.1041.

Melampo: irmão de Biante, 1.121.

Melanipa: uma amazona, 2.966.

Melas: filho de Frixo, 2.1156.

Meleagro: argonauta oriundo da Etólia, 1.191.

Mélia: ninfa mãe de Ámico, 2.4.

Melibeia: cidade da Tessália, 1.592.

Mélite: ninfa mãe de Hilo, 5.538, 543; ilha no Adriático, 4.572; montanha em Drépane, 4.1150.

Mênalo: monte na Arcádia, 1.168, 770.

Menécio: argonauta oriundo de Opunte, 1.69.

Menetide, referente a Meneta, pai de Antianira, 1.56.

Mêntores: habitantes de um povoado da Ilíria, 4.551.

Mérope: pai de Clite, 1.975.

Micênica: de Micenas, 1.128.

Migdones: habitantes de um povoado na costa do Mar Negro, 2.787.

Mileto: cidade da Jônia, 1.186.

Mimante: um bébrice, 2.105; gigante morto por Ares, 3.1227.

Mínia: descendente de Mínias, 1.763; 4.117.

Mínias: os argonautas, 1.229, 709, 1055; 2.97; 3.578; 4.338, 509, 595, 1074, 1220, 1364, 1456, 1500.

Mínias: filho de Éolo, 1.230, 233; 3.1039, 1094.

Minoide: referente a Minos, cretense, 2.299, 516; 4.1564, 1691.

Minos: rei de Creta, pai de Ariadne, 3.998, 1000. 1098, 1100, 1107; 4.433, 1491.

Mirina: cidade de Lemnos, 1.604, 634.

Mirmidão: pai de Eupolêmia e avô do agonauta Etálida, 1.55.

Mirmidões: habitantes de Egina, 4.1772.

Mirtilo: auriga de Enomau, 1.755.

Mirtosa: colina na Líbia, perto de Cirene, 2.505.

Mísia: região da Propôntide, 1.1349; 2.766.

Mísio: oriundo da Mísia, 1.1115, 1164, 1179, 1298, 1322, 1345; 2.781, 786; 4.1472.

Moiras: divindades associadas ao destino, 4.1217.

Montanhas Ripeias: ao norte, na foz do rio Istro, 4.287.

Monte Fileio: na Tessália, 1.37.

Monte Hercínio: próximo ao Reno, 4.640.

Mopso: argonauta oriundo da Tessália, 1.65, 80, 1083, 1086, 1106; 2.923; 3.543, 916, 938; 4.1502, 1518.

Mossínecos: habitantes de um povoado na costa do Mar Negro, 2.379, 1016, 1117

Musas: divindades filhas de Zeus e Memória, 1.22; 2.512, 845; 4.2, 552, 984, 1381.

Náiade: ninfas, 1.626; 4.543, 711, 813.

Nárece: entrada para o Istro, 4.312.

Nasamão: líbio filho de Anfitêmide, 4.1469.

Náubolo: filho de Lerno e pai de Clitoneu, 1.134, 135; pai do argonauta Ífito, 1.208.

Náuplio: argonauta oriundo da Argólida, 1.134; 2.896; filho de Posidão e pai de Proteu, 1.136, 138.

Nausítoo: rei dos feácios antes de Alcínoo, 4.539, 547, 550.

Neleu: rei de Pilo, 1.120, 156, 158, 959.

Nereidas: filhas de Nereu, 4.844, 859, 930.

Nereu: divindade marinha, 1.1311; 4.772, 780, 1599, 1743.

Nesteia: oriunda do território dos nesteus, 4.337.

Nesteus: habitantes de um povoado da Ilíria, 4.1215.

Nicteu: pai de Antíope, 4.1090.

Ninfeia: ilha de Calipso, 4.574.

Nisa: planície próxima ao lago Serbônide, 2.1214.

Niseu: epíteto de Dioniso, 2.905; 4.431, 1134.

Niseu: oriundo de Niseia, cidade próxima a Mégara, 2.747, 847.

Noite: divindade, 3.1193; 4.630, 1059.

Oaxo: cidade em Creta, 1.1131.

Oceano: rio que circunda a Terra, 1.506; 3.957, 1230; 4.282, 632, 638; divindade, 1.504; 2.1239; 3.244; 4.1414.

Ofião: predecessor de Crono no Olimpo, 1.503.

Ogígia: epíteto de Tebas, 3.1178.

Oileu: argonauta oriundo de Opunte, 1.74; 2.1037.

Oleno: cidade na Etólia, 1.202.

Olimpo: montanha na Tessália, 1.598; morada dos deuses, 1.504, 1099; 2.300, 603, 1232; 3.113, 159, 1358; 4.95, 770, 781.

Onquesto: cidade na Beócia, 3.1242.

Opunte: cidade na Lócrida, 1.69; 4.1780.

Orcômeno: filho de Mínias e rei de Orcômeno, 2.654, 1093, 1186; 3.265, 266; cidade da Beócia, 2.1153; 3.1073, 1094; 4.257.

Orfeu: argonauta oriundo da Trácia, filho de Eagro e Calíope, 1.23, 32, 494, 540, 915, 1134; 2.161, 685, 928; 4.905, 1159, 1409, 1547.

Orião: constelação, 1.1202; 3.745.

Órico: cidade no Épiro, 4.1215.

Orites: servo de Ámico, 2.110.

Orítia: filha de Erecteu, 1.212.

Órnito: pai de Náubolo, 1.207; um bébrice, 2.65.

Ortígia: outro nome de Delos, 1.419, 537; 4.1705.

Ossa: montanha na Tessália, 1.598.

ÍNDICE DE NOMES   471

Otrera: rainha das amazonas, 2.387.

Ótris: montanha na Tessália, 2.515.

Pactolo: rio na Lídia, 4.1300.

Paflagones: habitantes de um povoado na costa do Mar Negro, 2.358, 790; 4.245, 300.

Págasas: porto em Iolco, 1.238, 318, 411, 524; 4.1781.

Palas: Atena, 1.723; 3.340.

Palemônio: argonauta oriundo da Etólia, 1.202.

Palene: promontório na Calcídica, 1.599.

Pântano de Erimanto: na Arcádia, 1.127.

Parébio: companheiro de Fineu, 2.456, 463.

Parnaso: montanha entre a Fócida e a Lócrida, 2.705.

Parrásio: oriundo de Parrásia, na Arcádia, 2.521.

Partênia: outro nome da ilha de Samos, 1.188; 2.872.

Partênio: rio da Paflagônia, 2.936; 3.876.

Pasífae: filha de Hélio e esposa de Minos, 3.999, 1076, 1107.

Peã: epíteto de Apolo, 4.1511

Pegas: fonte na Mísia, 1.1222, 1243.

pelásgica: da Tessália, 1.14, 906; 3.1323; 4.243, 265.

Pelene: cidade da Acaia, 1.177.

Peles: fundador de Pelene, 1.177.

Peleu: argonauta oriundo da Ftia, 1.94, 558, 1042; 2.829, 868, 1217; 3.504; 4.494, 816, 853, 880, 1368.

Pelíade: oriundo do monte Pelião, 1.386, 525, 550.

Pelião: montanha na Tessália, 1.520, 581; 2.1188.

Pélias: rei de Iolco, 1.3, 5, 12, 225, 242, 279, 323, 902, 981, 1304; 2.624, 763; 3.64, 75, 1135; 4.242.

Pelópia: filha de Pélias, 1.326.

Pélops: filho de Tântalo, rei do Peloponeso, 1.753, 758; 2.359, 790; 4.1231, 1570, 1577.

Peneu: rio da Tessália, 2.500.

Percote: cidade na Trôade, 1.932, 975.

Periclímeno: argonauta oriundo de Pilo, 1.156.

Pero: filha de Neleu, 1.119.

Perse: mãe de Circe, 4.591.

Perséfone: divindade, filha de Deméter, 2.916.

Perses: titã, pai de Hécate, 3.467, 478, 1035; 4.1020.

Perseu: assassino de Medusa, 4.1513.

Petra: cidade na Tessália, 3.1244.

Peuce: ilha na embocadura do rio Istro, 4. 309.

Piéria: região na Tessália associada às musas e a Orfeu, 1.31, 34.

Piérides: musas, 4.1388.

Pilo: cidade da Messênia, 1.157.

Pimpleia: montanha na Piéria, 1.25.

Pirésias: cidade da Tessália, 1.37; cidade na costa da Magnésia, 1.584.

Píritoo: rei dos lápitas e companheiro de Teseu, 1.103.

Pitieia: cidade na Trôade, 1.933; uma das ilhas Libírnides, no Adriático, 4.565.

Pito: outro nome de Delfos, 1.209, 308, 413, 418, 536; 4.530, 1704.

Plancta: ilha onde se localiza a oficina de Hefesto, 3.42.

Planctas: próximas ao estreito de Messina, 4.860, 924, 932, 939.

Plégades: 2.596, 645.

Plêiades: constelação, 3.226.

Plisto: rio próximo a Pito, 2.711.

Plotas: ilhas flutuantes, 2.285, 297.

Polideuces: argonauta oriundo de Amiclas, filho de Zeus ou Tíndaro, 1.146; 2.20, 100, 756; 4.588.

Polifemo: argonauta oriundo da Tessália, 1.40, 1241, 1321, 1347; 4.1470.

Polixo: nutriz de Hipsípile, 1.668.

Posidão: divindade associada aos mares, 1.13, 136, 158, 180, 185, 951, 1158; 2.3, 867; 3.1240; 4.567, 1326, 1356, 1370, 1559, 1621

Prado: região próxima a Cízico, 1.1061.

Preto: pai de Lerno, 1.136.

Príolas: irmão de Lico, 2.780.

Prometeu: filho de Jápeto, 2.1249, 1257; 3.845, 853.

Promeu: um dolíone, 1.1044.

Promontório de Posidão: na Bitínia, 1.1279.

Propôntide: região marinha entre o Helesponto e o Bósforo, 1.936, 983.

Quersoneso: península no Helesponto, 1.925.

Quirão: centauro tutor de vários heróis, 1.33, 554; 2.510, 1240; 4.812.

Quito: porto de Cízico, 1.987, 990.

Reba: rio na Bitínia, 2.349, 650, 789.

Reia: esposa de Crono e mãe de Zeus, 1.506, 1139, 1151; 2.1235.

Reteu: promontório no Helesponto, 1.929.

Ríndaco: um rio da Frígia, 1.1165.

Rocha Sagrada: em Cízico, 1;1019, 1109.

Rocha Sarpedônia: localizada na Trácia, 1.216.

Rochas Melâncias: situadas no Mar Egeu, 4.1707.

Ródano: rio que desemboca no Erídano, 4.627.

Salangão: rio da Ilíria, 4.337.

Salmônide: cabo localizado em Creta, 4.1693.

Salvanauta: nome tardio para o rio Aqueronte, 2.746.

Sápires: habitantes de um povoado na costa do Mar Negro, 2.395, 1243.

472 ARGONÁUTICAS

Sauromatas: habitantes de um povoado na Cítia.

Sépias: promontório na Tessália, 1.582.

Serbônide: lago no Egito, 2.1215.

Sicino: ilha no Mar Egeu, 1.624; filho de Toante, 1.625.

Sifeu: oriundo de Sifas, na Beócia, 1.105.

Siginos: membros de um povoado às margens do Istro, 4.320.

Sindos: membros de um povoado às margens do Istro, 4.322.

Sinope: filha de Asopo, 2.946.

Síntia: epíteto da ilha de Lemnos, 1.608; 4.1759.

Sirenas: filhas de Terpsícore, 4.893, 914.

Sírio: um astro, 2.517, 524; 3.957.

Sono: divindade, 4.146.

Táfios: habitantes das ilhas próximas à Acarnânia, teleboas 1.750.

Tálao: argonauta oriundo de Argos, 1.118; 2.63, 111.

Talos: gigante de bronze, guardião de Creta, 4.1638, 1670.

Tebas: cidade na Beócia, 1.736; 2.906; 3.1178.

Tebe: ninfa da Tebas egípcia, 4.260.

Tegeia: cidade na Arcádia, 1.162, 398.

Telamão: argonauta oriundo de Salamina, 1.93, 1043, 1289, 1330; 3.196, 363, 440, 515, 1174.

Teleão: pai do argonauta Eríbota, 1.72, 73; pai do argonauta Buta, 1.96; 4.912.

Teleboas: táfios, 1.748.

Télecles: um dolíone, 1.1040.

Têmis: divindade associada à justiça, 4.800.

Temíscera: promontório na região do Mar Negro, 2.371, 995.

Tênaro: cidade da Lacônia, 1.102, 179; 3.1241.

Teno: ilha no Mar Egeu, 1.1305.

Tera: ilha no Mar Egeu, 4.1763.

Terapneu: oriundo de Terapna, cidade próxima a Esparta, 2.163.

Teras: filho de Autesião, colonizador de Tera, 4.1762.

Termodonte: rio na região do Mar Negro, 2.370, 805, 970.

Terpsícore: uma das nove musas, 4.896.

Terra: divindade (Gaia), 1.762; 2.39, 1209, 1273; 3.699, 716.

Teseu: herói ateniense, 1.101; 3.997; 4.433.

Téspio: oriundo de uma região da Beócia, 1.106.

Testíada, referente a Téstio, pai do argonauta Íficlo, 1.201.

Tétis: nereida, esposa de Peleu, 4.759, 773, 780, 783, 800, 833, 845, 881, 932, 938.

Tétis: esposa de Oceano, 3.244.

Tíades: bacantes, 1.636.

Tibarenos: habitantes de um povoado na costa do Mar Negro, 2.377, 1010.

Tícias: um dos Dáctilos, 1.1126; lutador mariandino, 2.783.

Tício: pai de Europa, morto por Apolo, 1.181, 761.

Tifão: monstro derrotado por Zeus, 2.1211

Tífis: argonauta oriundo da Beócia, piloto da nau Argo, 1.105, 381, 401, 522, 561, 956, 1274, 1296; 2.175, 557, 574, 584, 610, 622, 854.

Tifeu: outro nome para Tifão, 2.38.

Tíndaro: suposto pai de Cástor e Polideuces, 1.148, 1045; 2.30, 41, 74, 798, 806; 3.517, 1315; 4.593.

Tínia: ilha próxima à Bitínia, 2.350, 673.

Tínios: oriundos de uma região no lado europeu do Bósforo chamada Tínia, 2.177, 460, 485, 529, 548.

Tiodamante: rei dos dríopes, pai de Hilas, 1.1213, 1216, 1355.

Tirreno: etrusco, 3.312; 4.660, 850, 856, 1760.

Tiseu: promontório na Tessália, 1.568.

Titarésio: oriundo de Titareso, um rio na Tessália, 1.65.

Titãs: predecessores do Olimpo, 1.507; 2.1233; 4.989; descendente dos titãs, 3.865; 4.54, 131.

Toante: pai de Hipsípile, antigo rei de Lemnos, 1.621, 625, 637, 712, 718, 798, 829; 4.426.

Trácia: região ao norte da Grécia, 1.213, 614, 799, 826, 1113.

Trácio: oriundo da Trácia, 1.24, 29, 214, 602, 632, 637, 678, 795, 821, 923, 954, 1110, 1300; 2.238, 427; 4.288, 320, 905, 1482.

Tráquis: cidade na Tessália, 1.1356.

Trica: cidade na Tessália, 2.955.

Trinácia: Sicília, 4.291, 965, 994.

Tritão: divindade marinha, 4.1552, 1589, 1598, 1621, 1741, 1742, 1752; o rio Nilo, 4.260, 269; um lago na Líbia, 4.1311, 1391, 1444, 1539.

Tritônide: epíteto de Atena, 1.109, 3.1183; epíteto de Tebe, 4.260; epíteto de uma ninfa, 4.1195.

Urano: Céu, pai de Crono, 2.342, 1232; 3.699, 715; 4.992.

Ventos Etésios: ventos anuais enviados por Zeus, 2.498, 525.

Xanto: rio na Lícia, 1.309.

Xiníade: lago na Tessália, 1.68.

Zéfiro: o vento oeste, 4.768, 821, 837, 910, 1624, 1627.

Zéli: um dolíone, 1.1042.

ÍNDICE DE NOMES

Zeta: argonauta oriundo da Trácia, 1.211; 2.243, 282, 430.

Zeto: filho de Zeus e Antíope, 1.736, 738.

Zeus: 1.150, 242, 468, 508, 731, 997, 1071, 1101, 1188, 1315, 1345; 2.43, 154, 163, 181, 196, 215, 275, 289, 313, 378, 461, 499, 522, 525, 547, 905, 948, 993, 1009, 1098, 1123 1120, 1123, 1131, 1132, 1147, 1179, 1195, 1211, 1234; 3.8, 11, 38, 114, 115, 132, 158, 193, 328, 337, 364, 587, 920, 922, 986, 1399; 4.2, 95, 96, 119, 185, 229, 270, 334, 358, 378, 382, 520, 558, 577, 585, 651, 653, 700, 709, 753, 793, 959, 967, 1100, 1134, 1152, 1254, 1276, 1673.

Zone: cidade na Trácia, 1.29.

AGRADECIMENTOS

Agradeço à Fapesp o auxílio concedido para a publicação deste livro (processo 2019/11984-8), resultado de uma longa jornada que teve início desde o meu ingresso no Programa de Pós-Graduação em Letras Clássicas da Universidade de São Paulo com uma pesquisa de mestrado (2002-2005) e uma de doutorado (2006-2010) sobre as *Argonáuticas* de Apolônio de Rodes, sob a orientação da professora Adriane da Silva Duarte (a quem sou particularmente grato por ter acolhido minha pesquisa e possibilitado o seu desenvolvimento). Agradeço também a todos os colegas que, participando de minhas bancas examinadoras ou de eventos acadêmicos ao longo de duas décadas, proporcionaram, por meio de pertinentes observações, um trabalho final muito melhor. Portanto, deixo registrado meus agradecimentos a Maria Celeste Consolin Dezotti, Breno Battistin Sebastiani, Christian Werner, Daniel Rossi Nunes Lopes, André Malta Campos, Erika Werner, João Ângelo Oliva Neto, Teodoro Rennó Assunção, Flávia Vasconcellos Amaral, Bárbara da Costa e Silva e Samea Rancovas Ghandour Cunha Giraldes. Por fim, agradeço especialmente a Cremilda da Silva Aguiar Wanderley pelo companheirismo e apoio nessa longa travessia.

Este livro foi impresso na cidade de Cotia,
nas oficinas da Meta Brasil,
para a Editora Perspectiva.